K-IFRS

제 8 판

NEW 회계원리

Principles of Accounting

| 김권중 지음 |

창 민 사

개정판(제8판)을 내면서

본서(本書)의 제7판이 출간된 이후 기업회계기준서 제1001호('재무제표 표시') 중 '부채의 유동 · 비유동 분류'가 개정되었고, 이 개정 내용은 2024년 1월부터 실무에 적용됩니다. 이러한 기준서 개정 내용을 충실히 반영하고 또 회계원리에 대한 학생들의 학습효과를 높이기 위해 여러 장(章)의 내용을 보완하여 이 제8판을 출간하게 되었습니다.

구체적으로 제8판에서는 본서의 내용을 다음과 같이 보완하였습니다.

첫째, 본서의 제6장은 '재무보고와 재무제표 표시'를 다루고 있는바, 2024년 1월부터 실무에 적용되는 기업회계기준서 제1001호의 개정 내용('부채의 유동 · 비유동 분류')을 제6장에 반영하였습니다.

둘째, 제6장에서 '재무제표 주석'을 소개함에 있어 '부문별 보고'에 대한 설명을 추가하였고, 실무에서 이루어지고 있는 '부문별 보고'의 실제 사례도 소개하였습니다.

셋째, 회계원리를 학습하는 학생들이 기업의 회계정책 선택 · 적용에 대한 내용을 잘 이해할 수 있도록 도와주기 위해 실무에서 이루어지고 있는 회계정책 선택 · 적용의 실제 사례들을 다음과 같이 소개하였습니다.

- 제7장 현금 · 수취채권 · 지급채무
  실무에서 상장회사가 매출채권에 대한 기대신용손실을 추정할 때 실무적 간편법('충당금 설정률표')을 적용하고 있는 실제 사례 소개

- 제8장 재고자산
  실무에서 상장회사가 재고자산 회계방법(원가배분방법)을 선택 · 적용하고 있는 실제 사례 소개

- 제9장 유형자산과 무형자산
  실무에서 상장회사가 유형자산에 대한 감가상각방법을 선택 · 적용하고 있는 실제 사례 소개

- 제10장 비유동부채
  실무에서 상장회사가 사채할인발행 관련 정보를 공시하고 있는 실제 사례 소개

- 제12장 금융자산 투자와 기업간 투자
  실무에서 상장회사가 채무증권 투자 및 지분증권 투자를 분류하고 있는 실제 사례 소개

넷째, 본서의 제11장('자본')에는 '주당순이익과 PER(주가이익비율)'에 대한 내용이 포함되어 있는데, 이번의 제8판에는 '주당순자산과 PBR(주가순자산비율)'에 대한 설명을 추가하였습니다.

다섯째, 본서의 부록에 있는 기업회계기준서 제1001호('재무제표 표시')의 내용은 2024년 1월 현재 기준서 내용으로 전부 업데이트하였습니다.

본서의 초판은 대학에서 회계학을 처음 배우는 학생들이 회계학의 성격과 유용성을 올바로 이해하게 하는 목표 하에서 집필되었습니다. 이번의 제8판 집필에서도 그러한 목표는 변함이 없으며, 학생들의 회계학에 대한 관심과 학습의욕을 높이는 데 이 제8판이 계속 기여하였으면 하는 마음입니다. 본서가 출간되었을 때 여러 대학의 교수들께서 호평해 주신 데 대해 이 자리를 빌어서 감사의 뜻을 표하며, 이 제8판을 출간해 주신 창민사 대표께도 감사의 말씀을 드립니다.

2024년 1월

저 자

신판을 내면서

2005년 초에 본서(本書)를 처음 출간하여 그동안 미력이나마 회계학 교육에 기여한 것을 기쁘게 생각한다. 2007년부터 적용되는 「기업회계기준서 제21호 재무제표의 작성과 표시 I」을 반영하고 또 구판을 대폭 개선하기 위하여 이번에 새 출판사를 통해 신판을 출간하게 되었다. 본 신판에서 수정, 보완한 내용을 요약하면 다음과 같다.

첫째, 「기준서 제21호」의 내용을 전부 반영하였다. 즉, 재무상태표, 손익계산서 등의 항목 분류구조와 항목명칭의 변경 그리고 재무제표 체계와 표시방법의 변경을 반영하여 각 장의 관련 부분(연습문제 포함)을 전부 수정하였다. 또한 제6장에서는 재무제표 작성 및 표시원칙에 대한 설명을 추가하였고, 최근에 개정된 「기준서 제2호 중간재무제표」도 반영하였다.

둘째, 「기준서 제21호」에서 도입된 자본변동표와 관련하여 재무제표의 상호관계에 대한 제2장 및 제3장의 내용을 보완하였으며, 제2장의 재무제표 소개에서는 현금흐름표에 대한 기초적 내용도 소개하였다.

셋째, 회계요소별 정보 측정을 다루는 제3부의 경우도 학생들의 '빠른 이해'를 돕기 위하여 많은 부분을 수정하였으며, 또 설명이 부족하다고 판단된 부분은 보완하였다. 예를 들면, 제7장에서 신용카드매출을 소개하였고, 제8장에서는 저가기준 평가의 적용방법에 대한 설명을 추가하였다. 또한 제10장에서는 사채 투자수익에 대한 개념을 소개함으로써 사채발행차금 상각의 의미를 쉽게 이해할 수 있게 하였다. 그리고 주당순이익의 손익계산서 표시와 관련하여, 제11장에서 주당순이익 정보의 유용성과 측정방법을 소개하였다.

넷째, 현금흐름표에 관한 제13장에서도 간접법에 의한 영업활동 현금흐름 측정과 관련하여 설명과 예제를 보완하였다.

다섯째, 주요 개념과 주제에 대한 학생들의 이해도를 높이기 위하여 연습문제도

보완하였다. 즉, 문제의 유형을 더 다양화하는 한편 학생들의 사고능력을 배양하는 데 도움이 될 문제들을 추가하였다.

위와 같이 구판의 다수 장들이 개정되었지만 신판 역시 이전과 동일한 특징을 갖고 있다. 즉, 본서는 회계원리 교과를 수강하는 학생들이 「회계학이 무엇인가」에 대해 올바로 이해할 수 있게 하고 또 '나무보다 숲'을 볼 수 있게 하는 목표하에 집필되었으며, 구체적으로 본서의 특징은 다음과 같다.

(1) 회계정보의 역할과 사회적 기능을 소개

학생들이 회계학을 처음 배울 때, 회계학을 (기술이 아니라) '사회과학'으로 인식할 수 있도록 가르치는 것은 회계학교수들에게 주어진 임무라고 믿는다. 따라서 본서의 제1장은 우리의 경제사회에서 회계정보의 역할과 사회적 기능이 무엇인지를 구체적으로 소개하고 있다. 즉, 회계정보가 경제주체들(투자자, 채권자, 경영자 등)의 의사결정에서 어떤 역할을 하는지를 설명하고, 또 회계정보가 자본시장(capital markets)을 통해 자원배분에 기여하는 중요한 사회적 기능을 갖고 있음을 소개하고 있다. 이러한 소개는 학생들로 하여금 회계기준과 외부감사제도의 필요성도 자연스레 이해할 수 있게 해 줌은 물론, 기업들이 재무제표를 작성 · 공시하는 이유가 무엇인지도 분명히 알게 해 줄 것으로 믿는다.

(2) '나무보다 숲'을 볼 수 있도록 내용 설계

회계학 입문과목인 회계원리 교과에서는 학생들이 '나무보다 숲'을 볼 수 있도록 유도하는 지혜가 특히 필요하다고 믿는다. 따라서 본서는 중급회계 교과에서 다루는 세부적 회계처리사항들은 생략하였으며, 학생들이 재무회계의 주요 개념과 주제들을 단기간에 소개받을 수 있도록 내용을 설계하였다.

이와 관련하여 본서는 자본(11장)을 유가증권(12장)에 앞서 다루고 있다. 이러한 배치는 강의시간에 '자본'을 충분히 다룰 수 있게 할 것으로 믿는다. 종래의 순서에서는 '자본'을 충분히 다루지 못하는 어려움이 있었으며, 이는 학생들이 '숲'을 보기 어렵게 하는 원인의 하나였다고 생각된다. 또한 사채(10장)와 주식(11장)을 다룬 다음에 유가증권회계를 다루므로 12장의 진행도 훨씬 쉬워질 것으로 기대된다.

(3) 회계정보의 '의미'를 충분히 설명

회계학에 대한 올바른 인식을 유도하고 또 학습효과를 극대화하기 위해서는 학생들이 회계정보의 '의미'를 이해하게 할 필요가 있다고 믿는다. 따라서 본서는 많은 부분에서 회계정보의 의미를 충분히 설명하여 학생들의 이해를 돕고자 하였다.

또한, 현금흐름표에 대해서는 기업의 활동과 현금흐름의 의미를 충분히 설명함과 아울러 기업의 현금흐름 창출과 배분에 관한 개념구조를 소개함으로써 현금흐름 측정과 현금흐름표 작성이 용이해지도록 하였다.

(4) 쉬운 설명과 연습문제의 난이도 조절

본서는 처음 배우는 학생들이 재무회계의 기본개념과 주제들을 '빨리 이해' 할 수 있도록 각 장의 내용을 쉽게 설명하고 있다. 또한 주요 부분에서는 '요점' 박스를 추가하여 학생들의 이해도를 높이고자 하였다. 그리고 장마다 상당한 분량의 연습문제를 제공하고 있으며, 또 문제의 난이도를 조절하여 학생들의 학습만족도가 높아지도록 하였다.

본서의 내용을 위와 같이 설계한 것은 저자의 학생시절 경험을 고려한 것이다. 즉, 회계원리 교과를 어떻게 배우는가에 따라 「회계학이 무엇인가」라는 물음에 학생들이 서로 다른 대답을 하게 된다. 저자 역시 처음 배울 때 회계학을 사회과학이 아닌 기술로 오해하였으며, 그 후 오해를 푸는 데에도 10년이 걸렸다. 따라서 본서는 회계원리 교과를 배우는 학생들이 회계학의 성격과 유용성을 올바로 이해하게 하는 목표하에서 집필되었다. 학생들이 회계학의 성격을 올바로 이해하면 회계학에 대한 관심과 학습의욕도 자연히 높아질 것으로 믿는다. 학생들의 관심과 학습의욕을 높이는 데 본서가 계속 기여했으면 하는 마음이다.

본서의 구판이 출간되었을 때 여러 대학의 교수님들께서 호평해 주신 데 대해 감사드리며, 또 회계원리 교육의 개선에 관해 의견을 나누었던 여러 교수님들께도 이 자리를 빌어서 감사의 뜻을 표한다. 그리고 이번에 신판을 출간하게 해 주신 창민사 윤동구 대표께도 감사의 말씀을 드린다. 마지막으로, 본서를 집필하는 동안 언제나 따뜻이 격려해 준 우리 가족들에게 다시 한 번 고마움을 느낀다.

2007년 1월

저 자

차례 요약

차 례

제I부 회계학의 기초개념

제1장 회계와 회계정보의 역할

제2장 재무회계의 기본개념과 재무제표

제Ⅱ부 회계측정의 기본원리와 회계순환

제3장 회계거래의 인식과 기록

제4장 회계순환

제5장 상품매매기업의 회계

제6장 재무보고와 재무제표 표시

제Ⅲ부 회계요소별 정보의 측정

제7장 현금 · 수취채권 · 지급채무

제8장 재고자산

제9장 유형자산과 무형자산

제10장 비유동부채

제11장 자 본

제12장 금융자산 투자와 기업간 투자

제IV부 현금흐름표와 회계정보의 활용

제13장 기업의 현금흐름과 현금흐름표

제14장 회계정보의 활용: 재무제표분석

제 I 부

회계학의 기초개념

제 1 장　회계와 회계정보의 역할

제 2 장　재무회계의 기본개념과 재무제표

제1장

회계와 회계정보의 역할

회계학을 효과적으로 학습하기 위해서는, 회계의 의미는 물론 회계정보가 정보이용자들의 경제적 의사결정에서 어떠한 역할을 하는지를 이해하는 것이 중요하다. 또한 회계정보의 사회적 기능이 무엇인지 이해하는 것도 중요하다. 이러한 개념적 이해는 회계학을 처음 학습하는 사람들이 회계학의 본질과 중요성을 올바로 이해하는 데 큰 도움이 된다. 본 장에서는 그러한 기본개념들을 설명하며, 또 사회적 제도로서 회계기준(accounting standards)과 외부감사제도를 소개한다.

제1절 회계와 회계정보란?

회계(會計, accounting)는 우리의 경제사회에서 중요한 역할을 하고 있다. 회계의 정의는 아래에 소개되지만, 회계의 의미와 역할을 잘 이해하기 위해서 먼저 기업이 무엇인지 알아보자. **기업**(firms)이란 사회구성원들이 필요로 하는 재화 · 용역(service)을 생산하는 영리목적의 경제실체(economic entities)를 일컫는다. 예를 들면, 우리에게 잘 알려진 삼성전자주식회사, LG전자주식회사 등의 회사들은 우리나라의 대표적 기업들이다.[1] 이와 같이 규모가 큰 기업은 회사 형태로 운영되지만, 개인이 소유하는 사업체도 기업의 범위에 포함된다. 이때의 기업은 '개인기업'이라 부르고, 회사 형태의 기업은 '회사기업'이라고 부른다. 이하에서 특별한 언급이 없는 한 기업은 회사기업을 지칭한다.

우리의 경제사회는 기업과 기업에 대해 이해관계를 갖고 있는 다양한 경제주체들로 구성되어 있다. 예를 들면, 기업의 제품을 구매하는 소비자, 기업에 노동력을 공급하는 종업원, 기업이 발행한 주식에 투자하는 **투자자**(investors), 기업에 자금을 대여하는 **채권자**(creditors)(예: 금융기관) 등은 기업과 일정한 관계를 맺고 있는 경제주체들이다. 여기서 **주식**(stocks)이란 주식회사의 법적 소유권을 나타내는 증권(securities)을 말한다. 그러한 경제주체 중에서 특히, 투자자와 채권자는 기업에 자본을 투자하는 주체들이기 때문에 기업에 대해 직접적인 이해관계를 가지고 있다. 여기서 **자본**(capital)이란 기업을 설립하고 유지하는 데 투입되는 화폐자원(자금)을 말한다. 기업이 재화 · 용역의 생산활동을 하는 데에는 많은 자금이 소요되는데 기업에 그러한 자금을 투자하는 주체는 투자자와 채권자이다.

기업과 기업의 이해관계자들이 소개되었으므로 이제 회계가 무엇인지 알아보

---

1) 주식회사는 법률적 용어인데, 많은 기업들이 법률적으로 주식회사의 형태로 설립되고 있다. 회사의 유형에는 주식회사, 유한회사, 합자회사 등이 있지만, 현실적으로는 대부분의 회사들이 주식회사이다. 회사의 유형별 특징은 상법 교과에서 자세히 다룬다.

자. 회계는 다음과 같이 정의할 수 있다.[2)]

> 회계(accounting)란 기업의 이해관계자들이 기업에 대한 합리적 의사결정을 할 수 있게 하기 위하여 기업의 재무상태와 경영활동에 관한 정보를 측정하여 제공하는 정보생산체계(information-generating system)이다.

위에서 보듯이, 회계는 **정보시스템**(information system)으로서의 성격을 갖고 있으며, 회계에 의해 제공되는 정보를 **회계정보**(accounting information)라고 부른다. 예를 들면, 다음은 A사에 대한 회계정보인데, 이 정보는 A사가 20×1년도에 수행한 경영활동의 결과를 보여주고 있다.

> **A사에 대한 회계정보의 예:**
> - 20×1년도의 제품 판매에 따른 매출액은 200억원이다.
> - 20×1년도에 경영활동으로 발생한 비용은 170억원이다.
> - 20×1년도에 경영활동에서 달성한 이익실적은 30억원이다.
> - 20×1년 말 현재, 금융기관에서 조달한 차입부채는 80억원이다.

위의 예에서 보는 바와 같이, 회계정보는 **계량적 정보**이고 또 **화폐액**으로 표현되어 있다. 위와 같이 회계정보가 제공되면 우리는 A사가 20×1년도에 수행한 경영활동의 성과와 A사의 재무상태를 쉽게 이해할 수 있게 된다. 이러한 이유로 **회계는 기업의 언어**(the language of business)라고도 한다.

● 왜 회계정보를 제공하는가?

회계가 기업의 이해관계자들에게 기업의 활동에 관한 정보를 제공하는 이유는 이들이 기업에 관한 의사결정을 함에 있어 그러한 정보가 필요하기 때문이다. 즉, 투자자 · 채권자와 같은 외부 이해관계자들이 기업에 대한 자본공급(투자) 여부 등

---

2) 회계를 정의할 때 **비영리조직**(학교, 정부, 지방자치단체, 종교재단 등)도 포함하여 넓게 정의할 수 있다. 본서는 영리조직인 기업에 대한 것이므로 위에서 기업을 대상으로 회계를 정의한다.

을 결정하기 위해서는 기업의 여러 측면에 대한 정보가 필요하다. 예를 들면, A사가 과연 수익성(profitability)이 높고 재무적 건전성이 높은 우량기업인지 여부를 투자자·채권자들은 알고자 한다. 왜냐하면, A사가 우량기업이면 투자를 하지만, 그렇지 않고 비우량기업이면 투자를 해서는 안되기 때문이다.

이와 같이 투자자·채권자와 같은 외부 이해관계자들은 기업의 여러 측면에 대해 **'알고자 하는' 정보수요**(information demand)를 가지고 있으며, 이들은 회계정보에 기초하여 자본공급(투자) 여부 등의 의사결정을 하게 된다.

● 회계정보를 공급하는 주체는?

기업에 대한 회계정보를 생산하여 외부 이해관계자들에게 공급하는 주체는 기업의 **경영자**이다. 경영자는 기업경영에 필요한 자본을 조달하기 위하여 투자자·채권자들에게 자신이 운영하는 기업에 대한 회계정보를 제공하게 된다. 만일 회계정보를 제공하지 않는다면 자본조달이 불가능해질 것이기 때문에 경영자는 투자자·채권자들에게 회계정보를 제공할 유인(incentives)을 가지고 있다.

경영자는 회계정보를 공급하는 주체이지만, 다른 한편으로는 기업을 효율적으로 운영하기 위한 목적에서 자신도 회계정보에 대한 수요를 갖고 있다. 즉, 자신이 운영하는 기업의 영업활동이 어떻게 이루어지고 있는지, 그리고 이익은 얼마나 창출되었는지 등에 대해 경영자는 당연히 알고 있어야 한다. 따라서 경영자는 수시로 기업 내의 회계시스템에서 필요한 정보를 추출해서 자신의 경영의사결정에 활용하게 된다.

이와 같이 경영자는 기업 외부에 대해서는 회계정보의 공급자이면서 동시에 기업 내에서는 회계정보의 수요자이다.

[그림 1-1]은 위에서 설명한 회계정보의 수요와 공급을 요약적으로 나타내고 있다. 기업 외부의 이해관계자 중에서 대표적인 정보수요자는 투자자와 채권자이다. 이들은 기업에 자본을 투자하는 경제주체들이기 때문에 기업에 대해 직접적인 이해관계를 가지고 있다. 후술하는 제2절에서는 정보수요자별로 회계정보의 역할이 구체적으로 설명될 것이다.

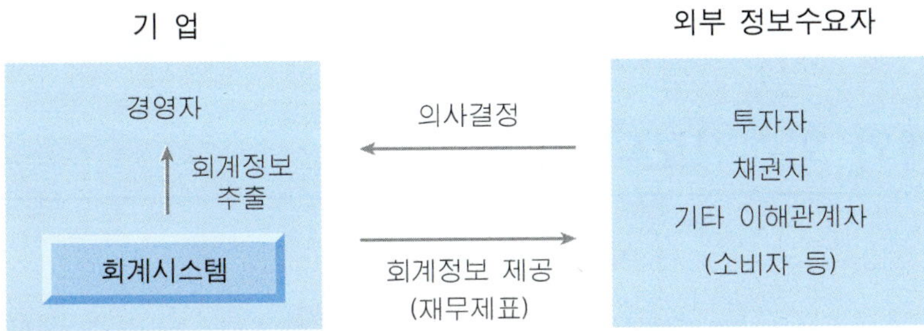

그림 1-1

회계정보의 수요와 공급

● 회계정보를 제공하는 수단은?

[그림 1-1]에서 보는 바와 같이, 기업의 경영자가 외부 이해관계자(정보수요자)들에게 회계정보를 제공하는 주된 수단은 **재무제표**(financial statements)이다. 재무제표는 **재무보고서**라고도 하며, 경영자는 정기적으로 재무제표를 작성하여 기업 외부에 공시(disclose)한다. 재무제표에는 일정기간 동안 기업이 수행한 경제적 활동의 결과가 다양한 정보의 형태로 제시된다. 즉, 앞에서 예로 들었던 A사의 회계정보는 재무제표를 통해 기업 외부의 이해관계자들에게 제공된다. 재무제표의 유형과 구체적 형태는 후술하는 제2장에서 설명될 것이다.

[그림 1-1]에서 유추될 수 있듯이, 이하에서는 기업의 이해관계자, 회계정보수요자 그리고 **회계정보이용자**(또는 **재무제표이용자**)라는 용어들이 동의어로 사용될 것이다. 기업의 이해관계자들이 회계정보의 수요자임은 앞에서 설명하였다. 또한 이들은 의사결정을 하기 위해서 회계정보를 이용하므로 회계정보이용자 역시 동의어로 사용된다.

참고 **회계와 부기는 동의어인가?**

회계에 익숙하지 않은 사람은 회계와 부기(簿記, book-keeping)가 동의어인 것으로 잘못 생각할 수 있다. 부기는 기업활동의 결과를 장부에 기입한다는 말이며, 부기는 회계의 한 기술적 측면을 일컫는 데 불과하다. 회계는 기업에 관련된 경제주체들(경영자, 투자자, 채권자 등)의 의사결정을 위해 정보를 제공한다는 데 그 본연의 의의가 있다. 따라서 회계는 부기보다 넓은 개념이며, 경제주체들의 '정보 활용'이라는 중요한 측면을 포함하고 있다.

제2절 경제주체와 회계정보의 역할

앞에서 회계의 의미와 회계정보의 수요 · 공급에 대해 간략히 설명하였다. 본절에서는 회계정보이용자들의 의사결정과 회계정보의 역할에 대해 구체적으로 논의한다. 회계와 회계정보의 중요성을 잘 이해하기 위해서는, 정보이용자들의 의사결정이 구체적으로 무엇이고 또 회계정보는 그러한 의사결정에서 어떠한 역할을 하는지를 알아야 할 필요가 있다.

2.1 투자자 · 채권자와 회계정보의 역할

(1) 투자자와 회계정보의 역할

기업의 외부 이해관계자 중에서 대표적인 정보수요자는 투자자와 채권자이다. 먼저 투자자의 의사결정과 회계정보의 역할에 대해 살펴보자. 아래에서 투자자는 '주식투자자'를 가리킨다.

투자자들은 자신의 여유자금을 증식시킬 투자대상의 하나로서 기업의 주식에 대한 투자(즉, 주식의 매수)를 고려한다. 주식투자에서 기대할 수 있는 미래 투자수익으로는 기업의 이익배당은 물론 주식가격 상승에 따른 가격차익도 있다. 그런데 미래의 투자수익이 얼마나 될 것인지는 투자대상기업의 미래 수익성(profitability)에 달려 있다. 기업의 미래 수익성이 높으면 이익배당이 많아지고 주가도 상승하여 투자수익이 높아지나, 반대의 경우에는 투자수익이 낮아지기 때문이다. 그래서 투자자들은 투자대상기업의 미래 수익성을 전망하기 위하여 당해 기업이 현재 어느 정도의 수익성을 실현하고 있는가를 알고자 한다. 현재의 수익성을 파악하면 그에 기초하여 미래의 수익성을 전망해 볼 수 있기 때문이다.

이러한 이유로 투자자들은 투자대상기업의 재무제표에서, 예를 들면, 다음에 대한 정보를 추출하게 된다.

- 투자대상기업은 현재 얼마만큼 이익실적을 달성하고 있는가?
- 투자대상기업의 이익실적을 이익률로 계산하면 몇 % 수준인가?
- 투자대상기업의 연도별 이익률은 어떤 변화추세를 보이고 있는가?
- 투자대상기업의 연도별 매출액은 어떤 변화추세를 보이고 있는가?

위에 대한 정보는 기업의 현재 수익성이 어느 정도인지, 그리고 수익성이 어떻게 변화해 왔는지를 알 수 있게 하는 회계정보의 예이다. 요컨대, 투자자들은 기업의 주식에 대한 투자 여부를 결정하기 위하여 기업의 수익성에 관한 회계정보를 활용한다.[3)]

(2) 채권자와 회계정보의 역할

채권자는 일정한 이자수익을 기대하면서 기업에 자금을 공급(대여)한다. 기업에 자금을 공급하는 채권자의 대표적인 예로는 금융기관과 채무증권투자자(예: 회사채 투자자)가 있다. 기업은 금융기관에서 자금을 대출받거나 또는 시장에서 채무증권(예: 회사채)을 발행하여 일반 투자대중으로부터 공개적으로 차입할 수도 있다. 어느 경우이든 채권자의 의사결정을 위한 회계정보의 역할은 본질적으로 같다.

채권자의 자금공급은 채권자와 기업 사이에 체결되는 계약에 의해 이루어진다. 즉, 채권자는 기업과 체결한 계약에 따라 일정기간 동안 자금을 대여해 주고 이자를 받는다. 계약기간이 만료되면 채권자는 대여한 원금을 상환받는다. 따라서 채권자 입장에서 자금대여결정(신용의사결정)을 하려면 채무기업이 이자와 원금을 지급할 능력이 어느 정도인가를 평가해야 한다. 그러한 채무지급능력을 평가하는 데에는 채무기업의 수익성에 관한 정보와 채무기업의 기존 채무규모에 관한 정보들

---

3) 위의 논의는 주식의 매수 여부를 결정해야 하는 잠재적 투자자(potential investors)를 대상으로 한 것이지만, 이미 주식을 보유하고 있는 투자자(주주)들의 경우에도 회계정보의 역할은 마찬가지이다. 이들도 기업의 수익성에 관한 회계정보를 활용하여 주식의 계속 보유, 추가 매수 또는 매각의 의사결정을 한다.

이 활용되게 된다. 왜냐하면, 채무기업의 수익성이 높을수록 채무불이행위험(default risk)이 낮을 것이고, 다른 한편으로는 채무기업의 기존 채무규모가 작을수록 채무불이행위험이 낮을 것이기 때문이다.[4)]

마지막으로, 기업에 원자재, 물품 등을 '신용'으로 공급하는 공급자(suppliers)도 채권자의 범주에 포함된다. 공급자는 거래대상기업이 거래대금을 약정기일에 지불할 능력이 있는지를 판단하기 위해서 당해 기업에 대한 회계정보를 필요로 한다. 그래서 공급자의 정보수요는 앞에서 설명한 채권자(자금대여자)의 정보수요와 본질적으로 다를 바 없다.

2.2 경영자와 회계정보의 역할

경영자는 기업 외부에 대해서는 회계정보의 공급자이지만, 다른 한편으로는 기업 내부의 회계정보이용자이다. 경영자는 기업 내의 인적 · 물적 자원을 효율적으로 운용함으로써 기업의 가치(value of the firm)를 높이고자 한다. 이를 위해 경영자는 기업의 여러 활동에 대한 계획을 수립하고 실행해 나가며, 이러한 과정은 경영의사결정의 연속이라고 할 수 있다.

예를 들면, 다음은 기업의 경영자가 당면하게 되는 경영의사결정의 일부를 나타내고 있다.

- 제품 판매량을 증가시키기 위해 TV 광고비 지출을 늘려야 하는가?
- 제품 생산비용을 낮추려면 어떤 비용을 절감해야 하는가?
- 판매관리활동에서 발생하는 비용 중에서 어떤 비용을 절감해야 하는가?
- 회사 전체의 수익성을 높이기 위해서는 어느 사업부문을 확대하고, 또 어느 사업부문은 축소해야 하는가?

4) 위의 논의는 잠재적 채권자(potential creditors)를 대상으로 한 것이지만, 이미 기업에 자금을 대여한 채권자들의 경우에도 회계정보의 역할은 마찬가지이다. 이들도 채무기업의 채무이행능력에 변화가 있는지 판단하기 위하여 회계정보를 활용한다. 만일 채무이행능력이 약화될 가능성이 있다고 판단되면 금융기관은 원금의 조기 회수를 추진하고, 채무증권투자자는 채무증권을 매각하여 투자액을 회수한다.

기업의 경영성과를 높이기 위해서는 앞의 여러 문제들에 대한 경영자의 적절한 의사결정이 필요하고, 이를 위해 경영자는 다음에 대한 회계정보들을 활용하게 된다.

- 올해의 매출액과 이익실적은 얼마이고 지난해에 비해 얼마나 증가하였나?
- 제품 판매가격에서 생산비용을 차감하면 판매마진이 얼마나 되는가?
- 판매관리활동에서 발생한 비용은 매출액과 비교할 때 몇 %인가?
- 회사의 사업부문별 매출액과 이익실적은 각각 얼마이며 또 지난해에 비해 각각 얼마나 증가하였나?

위의 예들에서 보듯이, 경영자의 여러 의사결정에서 회계정보는 필수적인 투입요소이다. 만일 회계정보가 없다면 경영자는 그와 같은 의사결정을 제대로 할 수 없을 것이다. 경영자는 기업의 경영성과(performance)를 높이기 위해 회계정보를 최대한 활용해야 할 위치에 있다.

또한 위의 예들이 시사하는 것은 유능한 경영자가 되려면 회계지식을 구비하고 있어야 한다는 점이다. 회계지식을 갖추고 있지 않다면 경영자는 자신이 운영하는 기업이 어떤 상태에 있는지 알 수 없을 것이다. 경영자는 기업경영을 위한 여러 계획을 수립하고 실행하는 과정에서 '필연적으로' 회계정보에 의존하게 된다.

2.3 기타 정보이용자

투자자와 채권자 이외에도 다양한 외부 이해관계자들이 회계정보를 활용한다. 예를 들면, 소비자, 정보중개인, 종업원과 노동조합, 세무당국, 정부기관, 금융감독기관 등이 회계정보를 활용한다. 여기서 세무당국과 금융감독기관도 정부기관의 범주에 포함되나, 편의상 구분하여 설명한다.

1 소비자: 기업의 제품을 구입하는 소비자도 회계정보의 도움을 받는다. 예를 들면, 소비자는 기업의 제품보증서비스 능력을 판단하기 위해 기업의 회계정보를 활

용한다. 판매하는 기업이 우량기업인지 여부에 따라 추후 제품보증서비스를 받을 가능성에 차이가 있을 수 있기 때문이다.

② **정보중개인**: 투자자와 채권자들이 투자 · 신용의사결정을 하는 데에는 많은 시간이 소요될 수도 있으므로 이들을 돕는 정보중개인(information intermediaries)이 존재한다. 대표적인 정보중개인으로는 **재무분석가**(financial analysts)와 **신용평가기관**이 있다. 재무분석가는 기업의 주식가치 평가에 관한 정보를 주식투자자들에게 제공하고, 신용평가기관은 채무증권(회사채, 기업어음)에 관한 신용등급(credit rating) 정보를 채무증권투자자들에게 제공한다. 따라서 재무분석가와 신용평가기관은 그러한 투자정보를 제공하기 위해서 기업의 회계정보를 활용한다.

③ **종업원과 노동조합**: 임금협상을 위해서 기업의 회계정보를 활용한다. 예를 들면, 기업이 많은 이익실적을 올리고 있는데도 임금인상폭이 너무 작지 않은지 판단하기 위하여 종업원과 노동조합은 당해 기업의 수익성 정보를 활용하게 된다.

④ **세무당국**: 개인과 마찬가지로 기업도 소득에 대해 세금을 납부한다. 특히 회사기업의 경우에는 소득의 규모가 크므로 세무당국은 회사기업의 소득세("법인세"라고 부름)를 정확히 계산하기 위하여 당해 기업의 회계정보를 필요로 한다. 법인세액을 결정하는 기준은 세법에 규정되어 있는데 세법의 많은 규정들이 회계수치를 적용하고 있다.

⑤ **정부기관**: 경제정책을 수립하거나 기업을 규제하는 정부기관도 회계정보에 대한 수요를 갖고 있다. 예를 들면, 기획재정부는 특정 산업이 얼마나 많은(또는 적은) 이익을 얻고 있는지 조사하여 산업정책을 수립하는 데 활용한다. 또한 독과점규제나 가격규제를 하는 데에도 관련 기업들의 회계정보가 활용된다.

⑥ **금융감독기관**: 금융감독원과 같은 규제기관은 기업들이 자본시장법 등의 제반 법규를 준수하고 있는지 감독하는 기관이다. 이러한 감독은 자본시장의 투자자 · 채권자들이 부당한 피해를 입지 않도록 하는 데 목적이 있다. 그래서 금융감독원은 기업들이 자본시장에 관한 제반 법규를 준수하고 있는지 감독하기 위하여 회계정보를 활용한다.

회계정보의 사회적 기능 제3절

앞에서 대표적 외부 정보이용자인 투자자 · 채권자의 의사결정과 회계정보의 역할에 대해 살펴보았다. 이들은 자본시장에서 기업에 자본을 공급하는 주체들이다. **자본시장**(capital markets)이란 자본수요자(기업)와 자본공급자(투자자 · 채권자)가 만나서 자본의 공급이 이루어지는 시장을 말한다. 예를 들면, 주식시장, 채권시장 등이 자본시장에 해당한다. 개개의 투자자 · 채권자 입장에서 보면, 그러한 자본공급은 투자수익(이익배당, 이자 등)을 얻기 위한 행위이다. 그런데 사회 전체적으로 보면, 이들의 투자는 '한정된 경제적 자원'이 어떻게 배분되는가의 문제가 된다. 즉, 자본시장의 투자자 · 채권자들이 기업의 재화 · 용역의 생산에 투입할 수 있는 자본의 총액은 한정되어 있다. 그래서 투자자 · 채권자들이 어느 기업에 얼마만큼 자본을 공급하는가의 문제는 **사회 전체적으로 볼 때 자원배분**(resource allocation)의 문제가 된다.

그러면 어떤 기업에 자본이 많이 투입되고 또 어떤 기업에는 덜 투입되어야 사회 전체적으로 바람직할까? 한 나라의 경제 내에는 많은 기업들이 있다. 그러나 모든 기업이 효율적으로 운영되고 있지는 않다. 어떤 기업은 제품수요를 충분히 창출하지 못해서 생산설비를 다 가동하지 못하기도 한다. 이런 기업은 수익성이 낮고 또 미래 성장가능성이 희박하다. 반면에 어떤 기업은 제품수요를 많이 창출하여 생산설비를 전부 가동하고 있다. 이런 기업은 수익성이 높고 또 성장할 수 있는 기업이다.

이 예에서 짐작할 수 있듯이, 후자의 기업에 투자자 · 채권자들의 자본이 더 많이 공급되는 것이 사회적으로 바람직할 것이다. 그렇게 되어야만 재화 · 용역의 생산이 확대되어 많은 사회구성원들에게 혜택이 돌아갈 수 있다. 소비자들의 수요에 부응함은 물론, 타기업(공급자)의 생산확대를 유발하고 종업원의 고용확대도 가능하게 하며, 또 자본을 공급한 투자자 · 채권자들에게는 기대했던 투자수익이 지급될 수 있다.

회계정보는 사회의 한정된 자원이 효율적으로 배분되도록 도와주는 기능을 가지고 있다. 즉, 회계정보는 자본공급자들이 **우량기업**(efficient firms)과 **비우량기업**(inefficient firms)을 '구별'할 수 있도록 도와준다. 후술하는 제2장 이하에서 설명하는 바와 같이, 기업이 정기적으로 공시하는 재무제표(재무보고서)에는 다양한 회계정보들이 포함되어 있다. 예를 들면, 기업이 재화 · 용역을 얼마나 생산하여 판매하였는가, 그러한 판매에서 모든 비용(원자재, 노동력, 설비 등의 사용액)이 회수되고 이익이 획득되었는가, 또 재화 · 용역의 판매액과 이익실적은 매년 증가하고 있는가 등의 정보들이 재무제표를 통해 제공된다. 이러한 정보들을 통해서 시장의 자본공급자들은 기업별 투자규모를 결정하고 그에 따라 사회의 한정된 자원이 배분된다. 그러므로 회계정보는 사회의 한정된 자원이 효율적으로 배분되도록 도와주는 **사회적 기능**을 가지고 있다.

그림 1-2

회계정보와 자원배분

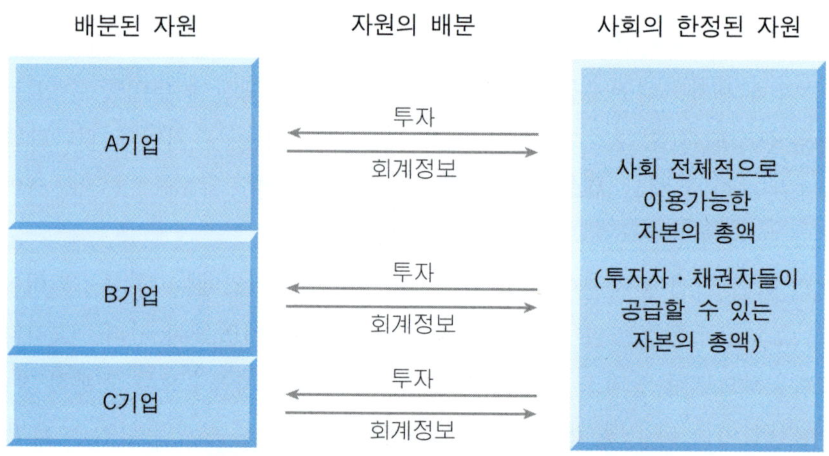

(사회 전체적으로 세 기업이 있다고 가정한 경우임)

[그림 1-2]는 회계정보가 자원의 배분에 기여함을 요약적으로 나타내고 있다. 사회 전체적으로 A, B, C의 세 기업이 있다고 가정할 때, 회계정보를 통해서 사회의 한정된 자원이 기업 간에 다른 크기로 배분되고 있음을 나타내고 있다. 회계정보의 그러한 사회적 기능을 생각할 때 자본주의 경제체제에서 회계정보가 얼마나 중요한지 이해되었을 것이다. 회계는 자본주의 경제체제를 떠받치고 있는 중요한 하부구조(infra-structure)이다.

회계기준과 외부감사제도의 필요성 제4절

앞의 두 절에서 투자자 · 채권자를 포함한 외부 정보이용자들의 의사결정과 회계정보의 역할 그리고 회계정보의 사회적 기능에 대해서 살펴보았다. 그런데 회계정보가 그러한 역할과 기능을 제대로 하게 하려면 그 전제로서 정보이용자들이 회계정보를 신뢰할 수 있어야 한다. 정보이용자들은 기업 외부자이기 때문에 회계정보의 생산과정에 참여할 수가 없고 따라서 회계정보가 어떻게 생산되었는지 알지 못하고 있다. 그래서 정보이용자들의 의사결정에 회계정보가 활용되려면 회계정보의 신뢰성이 확보되어야 한다.

만일 회계정보의 생산방법을 기업의 경영자에게 일임하면 어떻게 될까? 그러나 경영자들이 기업의 경제적 실상을 그대로 알려줄 것이라는 보장이 없다. 예를 들면, 수익성이 높지 않은 기업의 경영자는 자본을 끌어들이기 위해 의도적으로 회계정보를 왜곡시킬 유인(incentives)을 가질 수 있다. 이러한 문제 때문에 투자자 · 채권자들은 경영자가 일방적으로 만든 재무제표(재무보고서)를 그대로 믿지 않을 것이다. 또 다른 문제로서, 정보생산방법을 경영자들에게 일임하면 정보생산방법에 차이가 있게 되어 정보이용자들이 기업간 비교를 하기 어렵게 된다.

그러므로 위와 같은 문제들을 예방하여 회계정보가 본래의 역할과 기능을 할 수 있게 하기 위해서는 다음과 같은 제도적 장치가 필요하게 된다.

첫째, 기업의 경제적 활동을 효과적으로 측정할 수 있는 정보생산방법을 체계화하여, 즉 국가적 차원에서 **회계기준**(accounting standards)을 제정함으로써 모든 기업들이 준수하게 하고,

둘째, 기업 외부의 독립된 회계전문가로 하여금 경영자가 회계기준을 준수하여 재무제표를 작성하였는지 여부를 **감사**(audit)하게 한다.

회계기준은 경영자가 기업활동을 측정하고 재무제표를 작성할 때 반드시 준수

해야 할 규범으로서의 성격을 갖는다. 이와 같이 국가적 차원에서 회계기준을 제정하여 모든 기업들이 준수하게 하고 또 외부감사를 받도록 제도화하면 회계정보의 신뢰도가 높아져서 외부 이해관계자들은 회계정보를 의사결정에 활용할 수 있게 될 것이다. 이러한 이유로 우리나라를 포함한 많은 나라들에서는 위와 같은 제도적 장치를 법제화하고 있다.

우리나라의 회계기준은 「주식회사의 외부감사에 관한 법률」에 그 법적 근거를 두고 있으며, 현재 회계기준의 제정업무를 맡고 있는 기관은 한국회계기준원(회계기준위원회)이다.

오랫동안 우리나라의 회계기준은 국내의 기업환경을 고려하여 외국과는 독자적으로 제정되어 왔다. 그러나 자본시장이 글로벌화 됨에 따라 국제적으로 통일된 회계기준에 대한 요구가 세계적으로 증가하였고 이에 따라 많은 국가들이 국제회계기준위원회(International Accounting Standards Board, IASB)에서 제정한 **국제회계기준**(International Financial Reporting Standards, IFRS)을 자국의 회계기준으로 채택하기에 이르렀다.[5] 이러한 움직임에 맞추어 우리나라도 2011년부터 국제회계기준을 우리나라의 회계기준으로 전면 도입하였다. 따라서, 지금 모든 상장기업(증권시장에서 주식이 거래되는 회사)들은 의무적으로 국제회계기준을 적용하여 재무제표를 작성하고 있다.[6] 이와 같이 2011년부터 우리나라에서 사용되는 위 국제회계기준을 「**한국채택국제회계기준**(K-IFRS)」이라고 부르며, 상장기업에 대해서는 K-IFRS가 우리나라의 회계기준이다. 한국회계기준원(회계기준위원회)에서는 국제회계기준을 한글로 표현한 K-IFRS를 「**기업회계기준서**」라는 설명서 형태로 제정, 공표한다. 본서의 제2장 이하에서는 K-IFRS의 주요 내용이 설명될 것이다.

기업의 재무제표를 감사하는 **외부감사인**은 회계기준을 잘 알고 있는 회계전문가여야 할 것이다. 그래서 정부가 주관하는 시험을 거쳐 전문자격을 부여받은 공인회계사(certified public accountants, CPA)만이 외부감사인이 될 수 있다. **공인회계사**는 기업에 대한 회계감사를 함으로써 회계정보의 신뢰성이 확보되게 하는 중요한 임무를 맡고 있으며, 따라서 자본시장이 원활히 기능하게 하는 데 중요한 역할을

---

5) 금융감독원의 조사에 따르면, 2011년 말 현재 세계적으로 150여개국의 국가들이 국제회계기준을 자국의 회계기준으로 도입하고 있다.

6) 비상장기업에 대해서는 국제회계기준보다 덜 엄격한 회계기준이 별도로 제정되어 사용되며, 이 회계기준은 '일반기업회계기준'이라고 부른다.

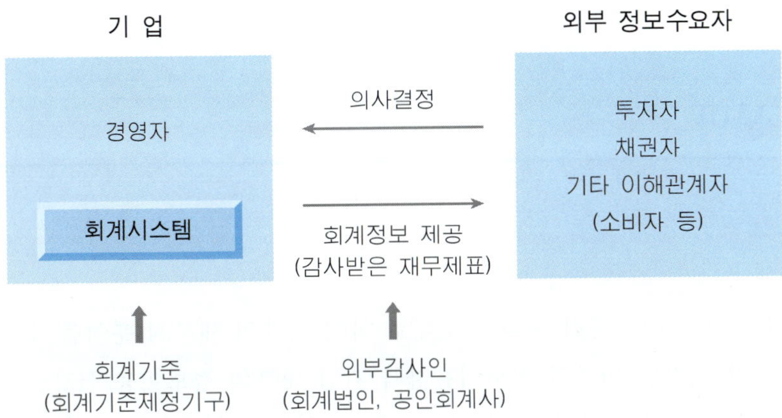

그림 1-3
회계기준과 외부감사의 역할

한다. 이러한 이유로 공인회계사는 '자본주의의 파수꾼'이라는 별칭을 갖고 있다.

[그림 1-3]은 앞에서 설명한 내용을 요약적으로 나타내고 있다. 여기서 회계법인(accounting firms)은 대규모 회사들에 대한 감사업무를 수행하기 위하여 다수의 공인회계사들이 조직한 법인체를 말한다.

참고 공인회계사 자격시험

공인회계사 자격시험은 금융감독원에서 주관하며, 다음의 1~2차 시험으로 구성되어 있다.

1차: 회계학, 세법개론, 경영학, 경제원론, 상법, 영어(토플, 토익, 텝스시험)

2차: 재무회계, 원가회계, 회계감사, 세법, 재무관리

위 1차 시험에 응시하려면 먼저 일정 학점을 취득하여야 한다. 대학 등에서 일정 학점(회계학 및 세무 관련 과목 12학점, 경영학과목 9학점, 경제학과목 3학점)을 취득해야 응시자격이 있다.

제5절 회계의 분야

본절에서는 앞에서의 여러 논의를 토대로 하여 회계의 세부적 분야를 소개한다. 회계정보수요자는 기업 외부의 정보이용자와 기업 내부의 정보이용자(경영자)로 구분된다. 이러한 구분에 대응하여 회계는 재무회계와 관리회계로 구분된다. 그리고 회계감사와 세무회계도 회계의 영역에 포함된다.

5.1 재무회계와 관리회계

재무회계(financial accounting)는 기업 외부의 정보이용자들의 의사결정을 위해 정보를 제공하는 회계이다. 제2절에서 논의하였듯이, 기업 외부에는 투자자 · 채권자를 포함하여 다양한 정보이용자들이 있다. 재무회계는 그러한 외부 정보이용자들의 정보수요(information demand)를 충족시키는 역할을 하며, 또 회계정보의 사회적 기능도 재무회계정보에 관한 것이다. 그리고 국가적 차원에서 회계기준을 제정하는 것도 재무회계에 관한 것이다. 이러한 관점에서 볼 때 재무회계는 회계의 본원적 영역이라고 할 수 있다.

재무회계는 기업이 일정기간 동안 수행한 경제적 활동의 결과를 적절히 측정하여 기업 외부의 이해관계자들에게 유용한 정보를 제공한다. 회계정보는 **재무제표**(재무보고서)를 통해서 제공되며, 기업의 경영자는 **회계기준을 적용**하여 정기적으로 재무제표를 작성하고 기업 외부에 **공시**(disclose)한다.

재무회계는 기업활동의 결과를 측정하고 있으므로 시간적 관점에서 볼 때, 재무회계가 제공하는 정보는 기업의 '과거활동'에 대한 것이다. 예를 들면, 2×20년 초에 외부 정보이용자들에게 제공되는 회계정보는 2×19년에 수행되었던 기업활동에 대한 것이다. 즉, 2×19년에 기업이 달성한 매출액이 얼마이고 또 이익실적은 얼마인가 등의 정보들이 제공된다. 이러한 정보들은 기업 외부의 투자자 · 채권자들로 하여금 당해 기업의 2×19년도 수익성 수준을 알 수 있게 하고 나아가서 2×20년도의 수익성을 전망할 수 있게 해 준다.

관리회계(managerial accounting)는 기업 내부자인 경영자의 정보수요를 충족시키는 역할을 하는 회계이다. 경영자가 기업의 여러 활동에 관한 계획을 수립하여 의사결정을 하고 또 그 결과를 평가하기 위해서는 회계정보가 필요하다.

경영자가 경영계획을 수립하는 데에는 미래에 대한 **예측정보**가 중요한 역할을 한다. 예를 들면, 올해의 목표이익을 달성하기 위해서는 제품매출액과 생산원가가 얼마만큼 되어야 하는가를 알기 위하여 매출액과 생산원가에 대한 예측정보가 활용된다. 또한 기업의 채무를 상환하는 데 필요한 현금소요액을 파악하기 위해서 현금예산을 편성하기도 한다. 이러한 예에서 유추할 수 있듯이, 관리회계는 기업 내부자를 위한 회계이므로 당면한 의사결정 상황에 따라 필요한 정보의 내용이 정해진다. 그리고 그러한 정보를 생산함에 있어 모든 기업이 반드시 준수해야 할 규범이 있는 것도 아니다. 경영자는 경영의사결정에 필요한 정보를 기업 내의 회계시스템에서 재량적으로 추출하면 된다.

〈표 1-1〉은 위에서 설명한 재무회계와 관리회계의 특징과 차이점을 여러 면에서 요약하여 나타내고 있다.

표 1-1

재무회계와 관리회계의 비교

구 분	재 무 회 계	관 리 회 계
정보를 제공하는 목적	외부 정보이용자의 의사결정을 위해 회계정보 제공	내부 정보이용자의 의사결정을 위해 회계정보 제공
주된 정보이용자	현재 및 잠재 투자자 · 채권자	기업 내의 경영자
정보의 생산방법과 내용	회계기준을 준수해야 함	회계기준에 구속되지 않음
정보의 성격	기업의 과거활동에 대한 정보임	미래 예측정보도 생산됨
정보 제공의 주된 수단	재무제표(재무보고서)	일정한 형식이 정해져 있지 않음
정보 제공의 강제성과 외부감사 여부	일정 규모 이상의 주식회사는 재무제표의 공시가 의무화되며, 외부감사를 받아야 함	경영자의 필요에 따라 정보를 추출해서 활용하며, 외부감사가 요구되지 않음

회계가 재무회계와 관리회계로 대별되듯이, 회계를 연구하는 학문인 회계학도 재무회계학과 관리회계학으로 구분할 수 있다. 또한 대학에서 회계학을 학습할 때에도 교과목들이 재무회계와 관리회계 과목으로 구성되어 있다. 다만, 재무회계와 관리회계의 학습분량에는 차이가 있으므로 두 분야의 교과목 수가 같지는 않다. 일반적으로 재무회계 분야의 교과목이 더 많으며, 본서의 제2장 이하에서 다루는 내용이 재무회계의 기초적 내용에 해당한다.

회계가 재무회계와 관리회계로 구분된다 해서 두 분야의 상호관련성이 없다는 것은 아니다. 관리회계 분야의 여러 주제들을 이해하는 데에는 재무회계 지식이 필요하다. 이러한 이유로 대학에서 가장 먼저 개설되는 회계학과목인 「회계원리」에서는 주로 재무회계의 기초적 내용을 다룬다.

5.2 회계감사와 세무회계

회계감사(auditing)는 재무제표를 통해 제공되는 회계정보의 신뢰성을 확보하기 위한 것이므로 이 또한 회계의 영역에 포함된다. 외부감사인(공인회계사)은 기업의 재무제표가 회계기준을 준수하여 작성되었는지 여부를 확인한다. 즉, 재무제표에 표시되는 회계수치들이 (회계기준에서 정한 방법에 따라) 기업의 경제적 실상을 나타내고 있는지 여부가 감사를 통해서 확인된다. 만일 어느 기업이 회계기준을 준수하지 않고 재무제표를 작성하였다면 외부감사인은 재무제표에 첨부되는 **감사보고서**에 그 위반사항을 기재하여 정보이용자들이 알 수 있게 해 준다. 반면에 기업의 재무제표가 회계기준에 따라 적절히 작성된 경우에는 재무제표가 적정히 작성되었다는 **감사의견**(audit opinion)이 감사보고서에 기재된다. 이와 같이 회계감사는 재무제표에 표시되는 회계정보의 신뢰도를 높여서 자본시장이 원활히 작동되게 하는 중요한 기능을 갖고 있다.

세무회계(tax accounting)에서는 세법규정을 적용하여 기업의 과세대상소득을 측정하고 세액을 계산한다. 세법의 많은 규정들이 회계수치를 적용하고 있으므로 세무회계도 회계의 영역에 포함된다. 세무회계는 재무회계와도 관련이 있다. 재무회계에서 기업의 경제적 활동의 결과를 측정하고 있으므로 그러한 측정결과는 기업의 과세대상소득과 세액을 계산하는 데 관련이 있다. 그러므로 세무회계를 학습하고자 할 때에는 재무회계 지식을 갖추고 있어야 한다.

한편, 세무회계를 학문적으로 연구할 때에는 세법이 납세자(기업, 투자자, 채권자, 일반 개인 등)의 경제행위에 어떤 영향을 미치고 있는가의 문제도 다룬다. 이러한 연구의 결과는 세법을 개선하거나 보완하는 데 활용된다.

5.3 회계학과 타학문분야

회계학은 기업활동에 대한 정보생산체계를 연구하고 또 회계정보를 활용하는 경제주체들(경영자, 투자자, 채권자 등)의 경제행위(의사결정)를 연구하는 학문이다. 그러므로 회계학은 경제주체들의 경제행위를 연구하는 타학문분야와 관련이 있다. 예를 들면, 재무학(finance)에서는 기업의 설비투자, 자본조달 등의 재무의사결정 문제를 연구하고, 미시경제학(micro economics)에서는 기업의 생산활동과 소비수요 등의 문제를 연구한다. 또한 재무학에서는 자본시장에서 주식과 회사채의 가격이 어떻게 결정되고 있는가의 문제도 연구한다. 이러한 주제들은 자본시장과 실물시장에 참여하는 경제주체들의 경제행위에 관한 것이다. 그래서 회계학과 재무학 및 미시경제학은 경제주체들의 경제행위를 연구한다는 점에서 공통성을 갖고 있다.

그동안 회계학이 본격적으로 발전하게 된 배경에는 재무학과 미시경제학의 도움이 있었다. 즉, 재무회계와 관리회계 분야의 많은 주제들을 연구하는 데 재무학

그림 1-4

회계학과 타학문분야의 관계

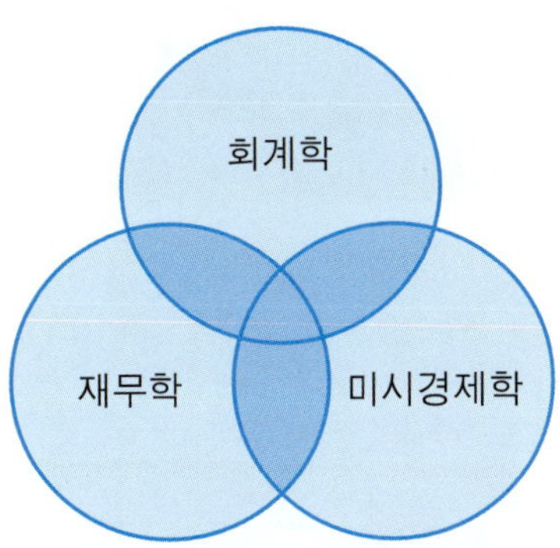

* 짙은 색 부분은 세 학문이 공유하는 부분을 나타냄.

과 미시경제학의 여러 개념과 이론이 도움을 주었다. 그래서 재무학과 미시경제학의 여러 개념과 이론은 회계학이론을 정립할 때 그 구성요소가 되었다. 한편, 회계학연구가 진전됨에 따라 회계학연구에서 밝혀진 새로운 연구결과는 재무학과 미시경제학에서 새로운 이론을 개발하는 데 활용되고 있다. 이러한 관계는 재무학과 미시경제학 간에도 존재한다. 이와 같이 회계학과 재무학 및 미시경제학은 서로 밀접한 관련이 있으며 일정 부분을 공유하고 있다. 그러므로 독자들이 추후 회계학을 깊이 있게 이해하고자 한다면 재무학과 미시경제학을 함께 학습하는 것이 큰 도움이 될 것이다.

익힘문제

1. 기업(firms)이란 무엇인지 간략히 설명하라.
2. 투자자와 채권자는 기업에 대해 직접적인 이해관계를 갖고 있다고 하는 바, 그 이유가 무엇인가?
3. 회계와 회계정보의 개념이 무엇인지 설명하라.
4. 투자자와 채권자가 기업에 대한 정보수요(information demand)를 갖게 되는 이유가 무엇인가?
5. 경영자는 투자자와 채권자에게 회계정보를 제공할 유인을 갖고 있다고 하는 바, 그 이유가 무엇인가?
6. 기업 내부자인 경영자도 회계정보에 대한 수요를 갖고 있다고 하는데, 그 이유가 무엇인지 설명하라.
7. 회계(accounting)와 부기(book-keeping)가 어떻게 다른 것인지 설명하라.
8. 회계정보는 주식투자자의 의사결정에서 어떠한 역할을 하는지 설명하라.
9. 회계정보는 채권자의 의사결정에서 어떠한 역할을 하는지 설명하라.
10. 투자자와 채권자 이외의 회계정보이용자로는 어떤 주체들이 있는가?
11. 회계정보의 사회적 기능이란 무엇인지 설명하라.
12. 회계기준(accounting standards)과 외부감사제도가 필요한 이유가 무엇인지 설명하라.
13. 우리나라의 상장기업에 적용되는 회계기준은 어떤 이름을 갖고 있고 또 그 제정기관은 어디인가?
14. 기업의 재무제표를 감사하는 외부감사인이 되려면 어떤 자격을 보유하고 있어야 하는가?
15. 재무회계와 관리회계의 차이점을 설명하라.
16. 회계학과 재무학 및 미시경제학은 어떤 면에서 공통성이 있는가?

연습문제

[1-1] 기본개념의 이해

아래의 빈칸에 알맞은 단어나 문구를 기입하라.

(1) 기업(firms)이란 사회구성원들이 필요로 하는 (　　　) 또는 (　　　)을 생산하는 영리목적의 경제실체(economic entity)이다.

(2) 우리의 경제사회는 기업과 기업에 대해 이해관계를 갖고 있는 다양한 경제주체들로 구성되어 있다. 예를 들면, 기업의 제품을 구매하는 (　　　), 기업에 노동력을 공급하는 (　　　), 기업이 발행한 주식에 투자하는 (　　　), 기업에 자금을 대여하는 (　　　) 등은 기업과 일정한 관계를 맺고 있는 경제주체들이다.

(3) (　　　)이란 주식회사의 법적 소유권을 나타내는 증권(securities)을 말한다.

(4) (　　　)이란 기업을 설립하고 유지하는 데 투입되는 화폐자원(자금)을 말한다.

(5) 회계(accounting)란 기업의 이해관계자들이 기업에 대한 합리적 의사결정을 할 수 있게 하기 위하여 기업의 재무상태와 경영활동 성과에 대한 정보를 측정하여 제공하는 (　　　)이다.

(6) 기업 외부의 이해관계자 중에서 대표적인 회계정보수요자는 (　　　)와 (　　　)이다. 이들은 기업에 (　　　)을 투자하는 주체이기 때문에 기업에 대해 직접적인 이해관계를 가지고 있다.

(7) 기업의 경영자가 기업 외부의 이해관계자들에게 회계정보를 제공하는 주된 수단은 (　　　)이다.

(8) 주식투자자는 투자대상기업의 미래 수익성을 전망하기 위하여 당해 기업이 현재 어느 정도의 (　　　)을 실현하고 있는지를 알고자 한다.

(9) 채권자가 기업에 대한 신용의사결정(자금대여결정)을 하려면 채무기업이 약정된 (　　　)와 (　　　)을 지급할 능력이 어느 정도인가를 평가해야 한다.

(10) 유능한 경영자가 되기 위해서는 (　　　) 지식을 구비하고 있어야 한다. 만일

경영자가 (   ) 지식을 갖추고 있지 않다면 자신이 운영하는 기업이 어떠한 상태에 있는지 알 수 없을 것이다. 경영자는 기업을 운영하기 위한 여러 계획을 수립하고 실행하는 과정에서 필연적으로 (   )에 의존하게 된다.

(11) 회계정보는 사회의 (   )이 효율적으로 배분되도록 도와주는 기능을 가지고 있다.

(12) 경영자가 기업의 경제적 활동을 측정하고 재무제표를 작성할 때 반드시 준수해야 할 규범은 (   )이다.

(13) 기업 외부의 이해관계자들의 의사결정을 위해 정보를 제공하는 회계는 (   )이고, (   )는 기업 내부자인 경영자의 정보수요를 충족시키는 역할을 하는 회계이다.

(14) 회계감사는 재무제표를 통해 제공되는 회계정보의 (   )을 확보하기 위한 것이다. 외부감사인(공인회계사)은 기업의 재무제표가 (   )을 준수하여 작성되었는지 여부를 확인한다.

[1-2] 회계정보의 개념과 역할

다음 중에서 회계정보에 대해 올바로 기술한 것을 모두 고른다면?

① 회계정보는 기업의 경영활동 성과를 측정한 정보이다.
② 회계정보는 비계량적 정보이다.
③ 회계정보는 화폐액으로 표현되어 있다.
④ 회계정보는 계량적 정보이다.
⑤ 회계정보는 우량기업과 비우량기업을 구별할 수 있게 해 준다.

제2장

재무회계의 기본개념과 재무제표

제1장 5절에서 논의하였듯이 재무회계는 회계의 본원적 영역이다. 또한 관리회계와 세무회계 분야의 주제들을 이해하는 데에도 재무회계 지식이 필요하다. 이러한 이유로 본서에서는 재무회계를 중점적으로 다루며, 본장에서는 먼저 재무회계의 여러 기본개념을 소개한다. 즉, 재무보고의 목적, 재무회계의 기본가정, 재무상태표와 포괄손익계산서를 포함한 재무제표의 의미와 구성요소, 재무제표의 연계관계 등에 대해 설명한다.

제1절 개념체계와 재무보고의 목적

재무회계를 효과적으로 학습하기 위해서는 먼저 재무회계의 여러 기본개념을 잘 이해하는 것이 중요하다. 예를 들면, 정보이용자들에게 제공되어야 할 회계정보란 구체적으로 무엇에 대한 정보인가 그리고 어떤 수단을 통해 회계정보가 제공되는가 등에 대한 이해가 필요하다. 이러한 기본개념은 이른바 **재무회계 개념체계**(conceptual framework for financial accounting)로 구체화되어 있다. 재무회계 개념체계는 기업의 재무보고 목적을 명확히 하고 이를 달성하는 데 관련된 주요 개념을 논리적으로 구체화한 것이다. [그림 2-1]은 재무회계 개념체계의 내용을 요약적으로 나타내고 있다.

[그림 2-1]에서 보는 바와 같이, 기업의 회계실무를 규율하는 **회계기준**(accounting standards)은 재무회계 개념체계에 근거하여 제정된다. 우리나라에도 재무회계 개념체계가 성문화되어 있으며, 회계기준제정기구인 한국회계기준원(회계기준위원회)

그림 2-1
재무회계 개념체계와 회계기준

재무회계 개념체계
- 재무보고의 목적: 의사결정에 유용한 정보의 제공
- 회계정보가 갖추어야 할 질적 특성
- 회계의 기본가정: 기업실체, 계속기업, 기간별 보고
- 정보 제공 수단인 재무제표와 회계의 기본요소
- 회계의 기본요소를 인식, 측정하는 기준

↓

회계기준제정기구: 회계기준의 제정

↓

기업의 회계실무

에서 우리나라의 「재무회계 개념체계」를 제정한 바 있다. 또한 국제회계기준위원회(IASB)에서도 「재무보고를 위한 개념체계」를 제정한 바 있으며, 그 내용은 우리나라의 「재무회계 개념체계」의 내용과 큰 차이가 없다.

「재무회계 개념체계」는 기업의 **재무보고**(financial reporting)를 다음과 같이 정의하고 있다.

> "재무보고는 기업실체 외부의 다양한 이해관계자의 경제적 의사결정을 위해 경영자가 기업실체의 경제적 자원과 의무, 경영성과, 현금흐름, 자본변동 등에 관한 재무정보를 제공하는 것을 말한다."

여기서 **재무정보**(financial information)란 화폐액으로 측정된 정보를 뜻하며, 회계정보와 동의어이다. 「개념체계」가 위와 같이 '재무보고'를 정의하고 있는 것은 회계의 '정보 제공' 측면을 강조하기 위해서이다. 이에 대해서는 제1장에서 회계의 의의를 소개할 때도 설명하였다.

위에서 재무보고는 특정 이해관계자가 아니라 다양한 이해관계자들의 공통적 정보수요 충족을 위한 것으로 되어 있으며, 이러한 의미에서 위에 정의된 재무보고를 **일반목적 재무보고**(general-purpose external financial reporting)라고 한다. 이하에서 별다른 언급이 없는 한 재무보고는 일반목적 재무보고를 의미한다.

본절에서는 재무보고의 목적과 재무회계의 기본가정을 설명하고, 재무제표와 회계의 기본요소 등은 제2절 이하에서 순차적으로 설명될 것이다.

1.1 재무보고의 목적

재무보고의 목적(objectives of financial reporting)은 「개념체계」의 최상위 개념으로서 「개념체계」의 모든 내용을 구체화하는 토대가 된다. 우리나라 「재무회계 개념체계」는 재무보고의 목적을 다음과 같이 제시하고 있다.

① 재무보고는 현재 및 잠재 투자자와 채권자가 기업실체에 대한 합리적인 투자의사결정과 신용의사결정을 하는 데 유용한 정보를 제공하여야 한다.

② 재무보고는 기업실체의 미래 현금흐름 창출능력을 평가하는 데 유용한 정보를 제공하여야 한다.

③ 재무보고는 기업실체의 재무상태, 경영성과, 현금흐름 및 자본변동에 관한 정보를 제공하여야 한다.

위에서 보듯이, 「재무회계 개념체계」는 투자자와 채권자의 정보수요를 중심으로 재무보고의 목적을 표현하고 있다. 그 이유는 투자자와 채권자가 기업실체에 대해 직접적인 이해관계를 갖고 있는 경제주체로서 회계정보를 가장 많이 사용하는 대표적 정보이용자들이고, 또 이들의 의사결정이 사회 전체적인 자원배분에 중대한 영향을 미치기 때문이다.[1)]

「재무회계 개념체계」는 재무보고의 목적을 ① → ② → ③으로 구체화하고 있다. ①은 재무보고의 목적이 "투자 · 신용의사결정을 위한 정보 제공에 있다"고 함으로써 재무보고의 목적을 간결하게 표현하고 있다.

투자자가 기업의 주식에 대한 투자의사결정을 하려면 미래의 투자수익(배당과 주가상승)을 예측해야 하고, 채권자가 자금대여에 관한 신용의사결정을 하려면 기업의 미래 채무이행능력(이자 및 원금의 지급능력)을 평가하여야 한다. 이러한 미래의 투자수익과 기업의 원리금 지급은 기업이 미래의 영업활동에서 얼마나 많은 현금흐름을 창출하는가에 달려 있다. 그래서 위의 ②는 "재무보고는 기업의 미래 현금흐름 창출능력을 평가하는 데 유용한 정보를 제공하여야 한다"고 표현하고 있다.

투자자 · 채권자가 기업의 미래 현금흐름 창출능력을 평가할 수 있기 위해서는 기업의 현재 재무상태, 경영성과, 현금흐름 등에 대한 정보가 필요하다. 그래서 위의 ③은 "재무보고는 기업의 재무상태, 경영성과, 현금흐름 등에 대한 정보를 제공하여야 한다"고 표현하고 있다. 여기서 **재무상태**(financial position)란 기업이 경영활동을 위해 얼마만큼 경제적 자원을 보유하고 있는지 그리고 기업이 조달한 자본은 어떻게 구성되어 있는가에 대한 것이다. **경영성과**(재무성과, performance)는 기업이 경영활동에서 얼마만큼 이익을 획득하였는가, 즉 수익성에 대한 것이고, **현금흐름**(cash flows)이란 기업의 각 활동(영업, 투자 및 재무활동)별로 얼마만큼 현금유입 · 유출이 있었는가에 대한 것이다. 재무상태, 경영성과, 현금흐름 등에 대한 정보가 구체적으로 무엇인지는 제2절 이하에서 자세히 설명될 것이다.

이상의 논의를 요약하면, 재무보고의 목적은 투자자 · 채권자의 의사결정에 유

1) 투자자와 채권자에게 유용한 회계정보는 기타 정보이용자들(예: 소비자, 노동조합 등)에게도 유용할 수 있다. 예를 들어, 기업실체의 수익성과 채무이행능력에 관한 정보는 기타 정보이용자들도 관심을 갖는 정보이다.

용한 정보를 제공하는 데 있으며, 구체적으로는 기업의 현재 재무상태, 경영성과(수익성), 현금흐름 등에 대한 정보를 제공하는 데 재무보고의 목적이 있다.

IASB의 「재무보고를 위한 개념체계」도 재무보고의 목적을 다음과 같이 제시하고 있다.

> "일반목적 재무보고의 목적은 현재 및 잠재 투자자, 채권자(대여자 및 기타 채권자)가 기업에 자원을 제공하는 것에 대한 의사결정을 할 때 유용한 재무정보를 제공하는 것이다."

그러므로 IASB의 위 개념체계에 제시된 재무보고의 목적은 앞에서 살펴본 우리나라 「재무회계 개념체계」에 제시된 재무보고의 목적과 사실상 동일하다.

참고 유용한 회계정보의 질적 특성

회계정보가 정보이용자들의 의사결정에 '실제로 유용'하려면 일정한 질적 특성(qualitative characteristics)을 갖추어야 한다. IASB의 「재무보고를 위한 개념체계」에 의하면, 회계정보의 근본적 질적 특성으로는 '목적적합성'과 '충실한 표현'의 두 가지가 있다.

① **목적적합성**(relevance)이란 회계정보가 기업의 미래 수익성, 채무이행능력 등을 '예측'할 수 있게 하는 능력을 말한다. 회계정보가 이러한 특성을 갖추어야 하는 것은 투자·신용의사결정이 미래에 대한 '예측'에 기초하여 이루어지기 때문이다.

② **표현충실성**(faithful representation)이란 회계정보가 그 나타내고자 하는 현상을 충실하게 표현하여야 한다는 것을 말한다.

위와 같은 회계정보의 질적 특성은 IASB가 국제회계기준을 제정(즉, 국제회계기준의 내용을 구체화)하는 데 중요한 역할을 한다.

1.2 재무회계의 기본가정

재무회계는 기업의 재무상태, 경영성과 등에 대한 정보를 측정하여 외부 정보이용자들에게 제공한다. 그러한 정보가 전달되는 보고수단은 재무제표(financial statements)이다. 재무회계에서 정보를 측정하고 재무제표를 작성하는 것은 일정한 가정하에서 이루어지며, 그러한 기본가정으로서는 기업실체, 계속기업 및 기간별 보고가 있다.

(1) 기업실체

기업실체의 가정(business entity assumption)이란 기업을 그 소유주(주주)와는 독립적으로 존재하는 실체(entity)로 본다는 가정이다. 즉, 기업은 소유주와 분리되어 별도로 존재하고 또 독립적으로 활동하는 경제실체라는 것이다. 이러한 가정하에서 재무회계는 기업실체의 관점에서 그 경제적 활동의 결과(기업실체의 재무상태, 경영성과 등)에 대한 정보를 측정하고 재무제표를 작성한다.

그러면 왜 그와 같은 가정이 필요한 것일까? 기업의 경영자는 소유주가 투자한 자본을 사용하여 경영활동을 하는데, 그러한 자본사용의 성과(경영성과)를 올바로 파악하려면 기업과 소유주를 분리시킬 필요가 있다. 만일 분리시키지 않는다면 기업활동에 투입된 자본이 얼마나 잘 활용되었는지 알 수 없게 될 것이다. 이러한 이유로 회계에서는, 예를 들면, 기업활동에 투입되지 않은 소유주의 개인적 재산은 기업의 재무제표에 포함시키지 않는다. 즉, 기업활동과 관련이 없는 소유주 자신의 재산이나 개인적 경제행위는 회계정보 측정의 대상이 되지 않는다.

(2) 계속기업

계속기업의 가정(going concern assumption)이란 기업은 청산(liquidation)을 예정함이 없이 장기간 활동하고 존속한다는 가정을 말한다. 자본주의 경제체제에서는 많은 기업들이 오랫동안 유지되고 또 성장하고 있다. 기업이 설립될 때에도 일정기간 후 청산을 계획하는 게 아니라, 지속적으로 활동할 목표를 갖고서 설립되고 있다. 계속기업의 가정은 그러한 실태를 반영한 것이다. 물론 실제로는 일부 기업들이 도산하기는 하나, 그보다 훨씬 많은 기업들이 장기간에 걸쳐 기업활동을 하고 있으므로 회계에서는 계속기업의 가정을 도입한다.

(3) 기간별 보고

위에서 설명한 계속기업의 가정이 나타내고 있듯이, 기업은 예정된 청산시점이 없이 계속적으로 활동하고 있다. 그런데 기업 외부의 정보이용자들이 기업에 관련된 의사결정을 하기 위해서는 적시에 회계정보가 필요하다. 이러한 필요성 때문에 **기간별 보고의 가정**(periodicity assumption)이 도입되며, 이는 기업의 활동기간을 일정기간 단위로 분할하여 그렇게 분할된 기간마다 재무보고를 한다는 것을 말한다. 이와 같이 재무보고의 기간으로 설정되는 기간을 **회계기간**(accounting period) 또는 **보고기간**(reporting period)이라고 부른다.

회계기간으로 설정되는 기간은 일반적으로 분기(3개월), 반기(6개월) 그리고 일년이다. 회계기간이 일년일 때 실무에서는 **회계연도**라고 부른다.

> **요점**
>
> **재무회계의 기본가정**
>
> 기업실체의 가정: 기업은 소유주와 분리되어 독립적으로 존재하는 경제실체이다.
> 계속기업의 가정: 기업은 청산(liquidation)을 예정함이 없이 장기간 존속한다.
> 기간별보고 가정: 기업은 일정기간(회계기간) 단위로 재무보고를 한다.

제2절 재무상태표

재무제표(financial statements)는 기업의 경영자가 외부 이해관계자들에게 기업실체의 재무상태, 경영성과(재무성과), 현금흐름 등에 관한 정보를 제공하는 핵심적 수단이다. 재무제표에는 재무상태표, 포괄손익계산서, 자본변동표, 현금흐름표의 네 가지가 있다. 본절에서는 기업의 재무상태에 대한 정보를 제공하는 재무상태표를 설명하고, 이어서 제3절에서는 기업의 경영성과(재무성과)에 관한 정보를 제공하는 포괄손익계산서를 설명한다. 자본변동표는 제4절에서 소개하고, 현금흐름표는 제6절에서 소개될 것이다.

2.1 재무상태표의 의의와 구조

재무상태표(statement of finanical position)는 **일정시점 현재 기업실체의 재무상태에 대한 정보를 제공**하는 재무보고서이다. 여기서 '일정시점'이란 일반적으로 '회계기간 말'(보고기간 말)을 의미한다. 재무상태표는 회계기간 말 현재 기업실체가 보유하고 있는 **자산**(경제적 자원)과 부담하고 있는 **부채**(경제적 의무), 그리고 기업실체의 **자본**(소유주의 청구권)에 대한 정보를 제공한다. 자산, 부채 및 자본은 기업의 재무상태를 결정하는 세 요소이며, 재무상태표의 기본적 구조는 다음과 같다.

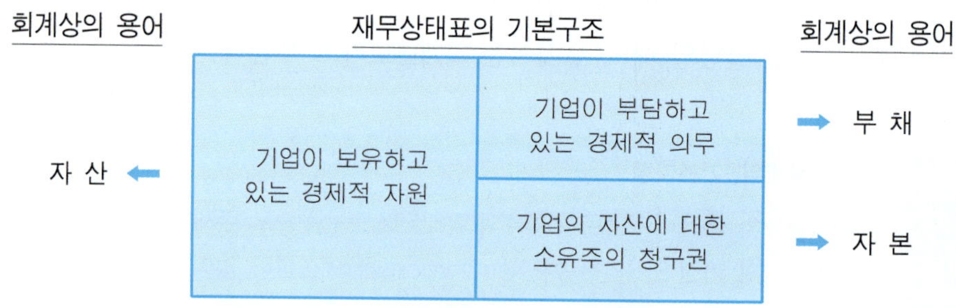

(각 요소는 화폐액으로 측정됨)

〈표 2-1〉은 재무상태표의 예로서, 상품매매업을 하는 ABC회사의 2×24년 12월 31일 현재의 재무상태표를 보여주고 있다.

표 2-1

재무상태표의 예

재무상태표

ABC회사 2×24년 12월 31일 현재 (단위: 백만원)

자 산:		부 채:	
현 금	100	매입채무	500
매출채권	800	장기차입금	4,500
상 품	1,000	부채 총계	5,000
소 모 품	100		
토 지	6,500	자 본:	
건 물	5,500	자 본 금	8,500
비 품	500	이익잉여금	1,000
차량운반구	500	재평가잉여금	500
		자본 총계	10,000
자산 총계	15,000	부채와 자본 총계	15,000

〈표 2-1〉에서 보듯이, 2×24년 12월 31일 현재 ABC회사는 상품매매업을 하기 위해 현금, 상품, 건물, 차량운반구 등과 같이 다양한 경제적 자원을 가지고 있다. ABC회사는 고객에게 판매하기 위해 10억원의 상품을 보유하고 있으며, 또 여러 경비지출에 사용하기 위해 현금 1억원을 보유하고 있다. 〈표 2-1〉에서 '매출채권'은 ABC회사가 외상으로 판매한 상품에 대해 갖고 있는 판매대금채권을 말하며, 이는 추후 현금으로 회수된다. 또한 소모품, 토지, 건물, 비품, 차량운반구도 ABC회사가 상품매매업을 하는 데 사용되는 경제적 자원이다.

이와 같이 ABC회사는 다양한 경제적 자원을 가지고 있는데, 경영활동을 하기 위해 **기업이 보유하고 있는 경제적 자원**(economic resources)을 회계에서 **자산**(assets)이라고 부른다.

기업이 자산을 보유하게 된 '원천'에는 여러 가지가 있다. 예를 들면, 기업은 채권자(예: 금융기관)로부터 차입한 자금과 소유주(주주)가 투자한 자금을 사용해서 상품, 건물, 차량운반구 등을 구입한다. 또한 때에 따라서는 상품공급자(suppliers)로부터 상품을 신용구입하기도 한다(채권자를 넓은 의미로 정의하면 공급자도 채권자의 범주에 포함된다).

그런데 소유주(주주)를 제외한 모든 법적 채권자(공급자 포함)에 대해서는 기업은 미래에 채무금액의 지급과 같은 의무를 이행하여야 한다. 이와 같이, 과거의 거래나 사건의 결과로서 현재 **기업이 부담하고 있는 경제적 의무**(economic obligations)를 회계에서 **부채**(liabilities)라고 부른다. 기업이 미래에 그러한 의무를 이행할 때에는 자산이 유출되거나(예: 현금의 지급) 사용되게 된다. 〈표 2-1〉의 재무상태표는 2×24년 12월 31일 현재 ABC회사의 부채 총액이 50억원임을 보여주고 있으며, ABC회사의 부채는 매입채무와 장기차입금으로 구성되어 있다. 여기서 '매입채무'란 상품공급자로부터 신용매입한 상품에 대해 추후 지급해야 할 매입대금을 말한다.

한편, 소유주(주주)가 투자한 금액은 기업이 반환해야 할 의무가 없고 기업이 존속하는 한 영구적으로 사용할 수 있다. 이 점에서 소유주의 투자는 그 본질이 부채와는 다르다. 그러나 기업이 청산할 때에는 당연히 소유주는 기업의 자산을 분배받을 권리가 있다. 또한 기업의 자산에 대한 소유주의 권리는 기업활동에서 이익이 창출되면 그만큼 증대된다(이익이 획득되면 그만큼 자산이 증가하며, 이익은 소유주에게 귀속된다). 이와 같이 **기업의 자산에 대한 소유주의 청구권**(claim)을 회계에서 **자본**(owners' equity)이라고 부른다.

〈표 2-1〉을 보면 자본의 항목이 자본금, 이익잉여금, 재평가잉여금으로 구분 표시되어 있다. 여기서 **자본금은 소유주**(주주)**가 출자한 금액**을 나타내는 자본항목이다(회사의 주식을 매수하면서 주주가 자금을 투자하는 것을 '출자'(出資)라고 한다). **이익잉여금**은 기업활동에서 획득된 이익 중 소유주에게 **배당**(dividends)으로 분배되지 않고 기업 내에 유보되어(retain) 있는 부분을 의미한다. 소유주에게 배당으로 분배되지는 않았지만 **이익잉여금은 소유주에게 귀속**된다. 이는 은행예금에 이자가 붙었을 때 예금통장 잔액이 그만큼 커지는 것과 같은 이치이다. 한편, **재평가잉여금**은 토지, 건물 등의 자산가치를 재평가하였을 때 그 가치 상승액을 표시하는 항목이다. 그러한 가치 상승액도 기업의 소유주(주주)에게 귀속되므로 자본항목으로 표시되고 있다.

본절이 시작되기 전에는 자본이라는 용어가 넓은 의미로 사용되었다. 즉, 주주와 채권자가 기업에 투자한 자금을 모두 자본(capital)이라고 불렀다. 그런데 우리나라 회계기준에서는 주주가 투자한 자금에 대해서만 자본이라는 용어를 사용하고 있으므로 이하에서도 '자본'이라는 용어는 그러한 의미로 사용될 것이다.[2)]

요점

재무상태표와 자산, 부채 및 자본

재무상태표: 일정시점 현재 기업의 재무상태에 대한 정보를 제공하는 재무보고서
자 산: 기업이 보유하고 있는 경제적 자원(economic resources)
부 채: 기업이 부담하고 있는 경제적 의무(economic obligations)
자 본: 기업의 자산에 대한 소유주(주주)의 청구권(claim)

2.2 회계등식

〈표 2-1〉의 재무상태표를 보면 자산 총액(150억원)이 부채 총액(50억원)과 자본 총액(100억원)의 합계와 같음을 볼 수 있다. 재무상태표에서는 그러한 관계가 '항상 성립'하며, 이 관계를 표현한 아래의 등식을 **회계등식**(accounting equation) 또는 **재무상태표등식**이라고 부른다.

2) 회계기준상의 자본은 영어로 owners' equity 또는 stockholders' equity라고 한다. 이에 비해 넓은 의미의 자본은 영어로 capital이라고 한다.

재무상태표등식:	자 산	=	부 채	+	자 본
	(총액)		(총액)		(총액)

위의 등식관계가 성립하는 이유는 채권자의 신용공여와 소유주(주주)의 투자가 바로 기업이 자산을 보유하게 된 '원천'이고, 또 기업의 이익창출에 의해 증가한 자산에 대해서도 소유주가 청구권을 갖고 있기 때문이다.

재무상태표등식의 의미를 구체적으로 이해하기 위해서 다음의 예를 고려해 보자. 지금 ABC회사가 은행에서 10억원을 차입해서 받으면 ABC회사는 10억원의 현금을 보유하게 된다. 이 현금은 ABC회사가 상품매매업에 사용할 수 있는 자산이다. 그러나 이와 동시에 ABC회사는 미래에 10억원을 갚아야 할 의무를 부담하게 된다. 즉, ABC회사는 갖게 된 자산(10억원의 현금)과 '똑 같은 금액'의 부채를 부담하게 된다.

만일 ABC회사가 10억원을 차입하지 않고 상품공급자로부터 10억원의 상품을 외상으로 매입하였다면 이때에도 ABC회사는 10억원의 자산(상품)을 보유하게 되면서 동시에 10억원의 부채(매입채무)를 부담하게 된다.

ABC회사가 소유주로부터 자금투자를 받는 경우도 마찬가지이다. 예를 들어, 주주가 ABC회사에 20억원의 현금을 출자하면 ABC회사는 20억원의 자산(현금)을 보유하게 된다. 동시에 주주의 입장에서는 20억원을 투자하였기 때문에 ABC회사의 자산에 대해 20억원만큼 권리를 가지게 되고 이 권리가 자본이다. 또한 ABC회사가 상품매매업에서 이익을 획득하면 자산이 증가하는데 이익은 소유주에게 귀속되므로 그만큼 자본이 증가한다. 이러한 여러 예들에서 알 수 있듯이 결국 ABC회사의 자산 총액은 부채 총액과 자본 총액의 합계와 같게 된다.

여기서 부채의 본질을 채권자의 시각에서 살펴보자. 위의 예들에서 은행과 상품공급자는 대여 또는 공급한 금액을 받을 권리가 있다. 이들이 대여 또는 공급한 금액은 기업이 자산으로 보유하고 있다. 그러므로 채권자의 관점에서 부채의 본질을 표현하면, **부채는 기업의 자산에 대한 채권자의 청구권**이라고 할 수 있다. 이와 같이 부채가 채권자의 청구권이고 자본은 소유주의 청구권이므로 위에 기술된 재무상태표등식은 「**자산 = 자산에 대한 청구권**」의 관계를 나타내는 등식이다.

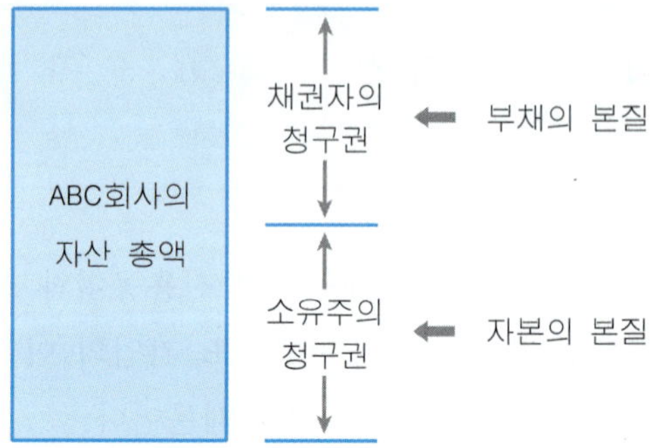

재무상태표등식은 산술적으로 항상 성립하므로 자본을 기준으로 등식관계를 표현하면 다음과 같이 나타낼 수 있다.

$$\underset{(\text{총액})}{\text{자 본}} = \underset{(\text{총액})}{\text{자 산}} - \underset{(\text{총액})}{\text{부 채}}$$

이 등식은 자산 총액에서 부채 총액을 차감하고 남은 금액이 자본 총액임을 나타내고 있으며, 이러한 의미에서 자본을 **순자산**(net assets)이라고도 부른다. 자본을 그렇게 부르는 것은 채권자와 소유주의 권리행사에 차이가 있음을 반영하고 있다. 기업이 청산될 때 채권자는 기업의 자산에 대해 우선적인 청구권을 갖는다. 소유주(주주)는 채권자의 권리가 행사된 후 남는 자산에 대해서만 자신의 청구권을 행사할 수 있다. 이와 같이 자본은 기업의 자산에 대한 **잔여청구권**(residual claim)으로서의 성격을 갖는다.

예제 2-1

다음은 2×24년 12월 31일 현재 서울기업(주)이 보유하고 있는 자산, 부채 및 자본항목들의 금액이다.

현 금	₩100,000	기계장치	₩200,000
매입채무	250,000	매출채권	350,000
단기차입금	500,000	토 지	3,000,000
상 품	700,000	건 물	2,500,000
장기차입금	3,000,000	자 본 금	?
이익잉여금	400,000	차량운반구	300,000

물음

2×24년 12월 31일 현재 서울기업(주)의 자본금이 얼마인가? 또한 2×24년 12월 31일 현재의 재무상태표를 작성하라.

풀이

재무상태표

서울기업(주) 2×24년 12월 31일 현재

자 산:		부 채:	
현 금	₩100,000	매입채무	₩250,000
매출채권	350,000	단기차입금	500,000
상 품	700,000	장기차입금	3,000,000
토 지	3,000,000	부채 총계	₩3,750,000
건 물	2,500,000	자 본:	
기계장치	200,000	자 본 금	₩3,000,000*
차량운반구	300,000	이익잉여금	400,000
		자본 총계	₩3,400,000
자산 총계	₩7,150,000	부채와 자본 총계	₩7,150,000

*자본금은 재무상태표등식(자산 = 부채 + 자본)을 이용해서 구한다.

포괄손익계산서 제3절

3.1 포괄손익계산서의 의의와 구조

포괄손익계산서(statement of comprehensive income)는 **일정기간(회계기간) 동안의 기업실체의 경영성과(재무성과)에 대한 정보를 제공**하는 재무보고서이다. 즉, 포괄손익계산서는 일정기간 동안 기업이 재화의 판매, 용역의 제공 등에서 획득한 **수익**

과 그러한 수익을 획득하는 과정에서 발생한 **비용** 그리고 수익과 비용의 차액인 **순이익**(net income) 등에 대한 정보를 제공한다.

포괄손익계산서의 의미를 구체적으로 이해하기 위하여 앞에서 예로 사용된 ABC회사의 포괄손익계산서를 살펴보자. 〈표 2-2〉에는 2×24년 1월 1일부터 12월 31일까지의 기간에 대한 ABC회사의 포괄손익계산서가 제시되어 있다.

〈표 2-2〉의 포괄손익계산서의 기본적 구조는 다음과 같다.

수익의 총액
− 비용의 총액
= 당기순이익
± 기타포괄손익
= 당기포괄이익

위에서 **당기순이익**(net income for the period)은 '이번 회계기간의 순이익'을 가리키는 용어이다. 이하에서는 당기순이익과 순이익이 동의어로 사용될 것이다. 당기순이익에 **기타포괄손익**(other comprehensive income)을 가산하면 최종적으로 **당기포괄이익**, 즉 당해 기간의 **포괄이익**(total comprehensive income)이 결정된다.

〈표 2-2〉에 제시된 포괄손익계산서의 내용을 구체적으로 살펴보자. 먼저, ABC회사는 2×24년 중 상품판매로 총 56억원의 수익을 획득하였다. 여기서 '매출액'

표 2-2
포괄손익계산서의 예

포괄손익계산서

ABC회사 2×24년 1월 1일~2×24년 12월 31일 (단위: 백만원)

수 익:	매 출 액		5,600
비 용:	매출원가	3,200	
	종업원급여	560	
	소모품비	40	
	감가상각비	200	
	이자비용	200	
	법인세비용	400	4,600
당기순이익			1,000
기타포괄손익:	자산재평가차익		50
당기포괄이익			1,050

이란 상품판매수익을 가리키는 수익항목이다. 한편, 그러한 상품판매를 하는 과정에서 총 46억원의 비용이 발생하였고, 비용항목은 매출원가(판매된 상품의 매입원가), 종업원급여, 소모품비, 감가상각비, 이자비용, 법인세비용으로 구성되어 있다. 이와 같이 수익 총액이 56억원이고 비용 총액은 46억원이므로 ABC회사는 10억원의 순이익을 얻고 있다.

〈표 2-2〉의 예에서 유추될 수 있듯이 수익, 비용 등의 개념은 각각 다음과 같이 표현할 수 있다.

1 **수익**(revenues)은 기업의 경영활동과 관련된 **재화의 판매, 용역의 제공 등의 대가로 발생하는 자산의 유입**(또는 부채의 감소)이다.[3] 예를 들어, 기업이 상품을 현금판매하면 판매대가로서 현금이 유입되고, 상품을 신용판매하면 판매대가로서 매출채권이 유입되게 된다. 어느 경우이든 상품판매에 따라 획득되는 수익은 포괄손익계산서에서 **매출액**으로 표시된다. 매출액은 기업의 대표적인 수익항목이다.[4]

2 **비용**(expenses)이란 기업의 경영활동과 관련된 **재화의 판매, 용역의 제공 등에 따라 발생하는 자산의 유출이나 사용**(또는 부채의 증가)이다. 〈표 2-2〉의 포괄손익계산서에 표시된 비용항목들의 의미는 각각 다음과 같다.

- **매출원가**: 기업이 상품을 판매하면 보유하고 있던 상품이 외부로 유출되는데, 이때의 상품 유출액을 '매출원가'라고 부른다.
- **종업원급여**: 기업은 경영활동에서 종업원의 노동력을 사용하고 현금을 지급하는데 이때의 비용을 '종업원급여'라고 부른다. 만일 현금을 지급하지 않았으면 '미지급급여'라는 부채가 생기게 된다.
- **소모품비**: 기업이 사무용품과 같은 소모품을 사용하였을 때 인식하는 비용이다.
- **감가상각비**: 건물, 기계장치, 차량운반구 등과 같은 자산은 기업활동에 장기간 사용되는 자산인데, 이들 자산은 사용함에 따라 조금씩 마모된다. '감가상각비'는 그러한 자산의 마모를 인식하는 비용이다.
- **이자비용**: 기업이 차입금을 사용하였을 때 자금사용대가로서 채권자에게 이자를

3) 대부분의 경우 자산의 유입이 일어난다. 부채의 감소가 일어나는 예를 들면, 기업이 채권자에게 상품을 판매하고 그 판매대가로 차입금을 상계시키면 부채가 감소하게 된다.
4) 매출액보다 '매출수익'이 더 적절한 표현인데, 실무에서는 전통적으로 '매출액'이라는 용어가 사용되고 있다.

지급하는데 이를 '이자비용'이라고 부른다. 회계에서는 순이익을 기업의 소유주(주주) 관점에서 측정하므로 차입금의 이자는 비용으로 취급된다.

- **법인세비용**: 기업이 경영활동에서 번 소득에 대해 세금을 내면 현금이 유출되는데, 회사기업의 그러한 세금비용을 '법인세비용'이라고 부른다.

3 한 기간의 **순이익**(net income)은 당해 기간에 발생한 수익 총액에서 비용 총액을 차감한 차액으로 측정된다. 순이익을 측정할 때 이자비용도 차감되었으므로 **순이익은 소유주에게 귀속**된다. 따라서 순이익이 획득되면 소유주의 청구권인 자본이 그만큼 증가하게 된다. 순이익이 음수인 경우에는 **순손실**이라고 부르며 이때는 순손실만큼 자본이 감소하게 된다.

4 **기타포괄손익**(other comprehensive income)은 회계기준의 규정에 의해 당기순이익의 산정에 포함시키지 않는 손익을 가리킨다. 우리나라 상장기업들이 적용하는 「**한국채택국제회계기준**(K-IFRS)」에서는 토지, 건물 등에 대한 자산재평가차익을 기타포괄손익의 하나로 규정하고 있다. 이러한 이득(gains)도 당기순이익처럼 자본을 증가시키지만, 기업의 주된 경영활동과는 무관하게 발생한 것이라는 이유에서 당기순이익과는 구별하고 있다.

5 **포괄이익**(total comprehensive income)은 당기순이익에 기타포괄손익을 가산한 것이다. 따라서 소유주의 청구권인 자본은 정확하게 포괄이익만큼 증가한다. 물론 여기서 말하는 자본의 증가는 소유주의 추가출자로 인한 증가를 포함시키지 않은 것이다. 자본을 변동시키는 여러 원천에 대한 자세한 설명은 뒤의 제4절에서 제시될 것이다.

요약하면, 전통적으로 순이익은 기업의 경영성과(performance)를 나타내는 것으로 인식되어 온 유용한 정보이다. 즉, 순이익은 수익과 비용을 대비시킨 결과이므로 순이익은 기업의 경영활동이 얼마나 효과적으로 수행되었는지를 요약적으로 나타내고 있다. 또한 포괄이익은 (기업과 소유주 간의 거래를 제외할 때) 순이익을 포함한 모든 원천에서 일어난 자본의 변동을 나타낸다. 이러한 이유로 수익, 비용 및 순이익과 포괄이익을 보여주는 포괄손익계산서는 중요한 재무제표의 하나가 된다.

요점

포괄손익계산서와 수익, 비용, 순이익 및 포괄이익

포괄손익계산서: 일정기간 동안의 기업의 경영성과에 대한 정보를 제공하는 재무보고서
수 익: 기업의 경영활동과 관련된 재화의 판매, 용역의 제공 등의 대가로 발생하는 자산의 유입(또는 부채의 감소)
비 용: 기업의 경영활동과 관련된 재화의 판매, 용역의 제공 등에 따라 발생하는 자산의 유출이나 사용(또는 부채의 증가)
순 이 익: 수익 총액에서 비용 총액을 차감한 것으로서 자본의 증가를 가져 옴
포괄이익: 순이익에 기타포괄손익을 가산한 것으로서 한 회계기간 동안 발생한 자본의 증가(기업과 소유주 간의 거래는 제외)

예제 2-2

다음은 서울기업(주)의 2×24년도 수익 및 비용항목들의 금액이다.

매 출 액	₩2,500,000	종업원급여	₩150,000
통 신 비	50,000	운 송 비	100,000
매출원가	1,500,000	임 차 료	50,000
이자비용	200,000	당기순이익	?

물음

서울기업(주)의 2×24년도 당기순이익이 얼마인가? 또한 포괄손익계산서를 작성하라.

풀이

포괄손익계산서

서울기업(주) 2×24년 1월 1일~2×24년 12월 31일

수 익:	매 출 액		₩2,500,000
비 용:	매출원가	1,500,000	
	종업원급여	150,000	
	통 신 비	50,000	
	운 송 비	100,000	
	임 차 료	50,000	
	이자비용	200,000	2,050,000
당기순이익			450,000
기타포괄손익			0
당기포괄이익			₩450,000

3.2 수익 · 비용의 발생과 자산 · 자본의 변동

(1) 수익 · 비용의 발생과 자산의 변동

수익과 비용의 개념을 잘 이해하기 위하여 이들과 자산의 변동과의 관계를 더 구체적으로 살펴보자. 수익은 '자산의 유입'이므로 수익은 어떤 '기간'에 대해 정의되는 **유량**(流量, flow)의 개념이다. 이에 비해 자산(및 부채)은 어느 '시점'에서 정의되는 **저량**(貯量, stock)의 개념이다. 수익이 발생하면 그 '결과'로서 기업의 자산이 증가하게 된다. 예를 들면, 상품이 판매되었을 때 매출수익을 인식하는데 그 결과로서 기업의 현금 또는 매출채권이 증가한다. 물론 이때 매출수익의 금액과 그러한 자산 증가액은 같으며, 모두 상품의 판매가격으로 측정된다.

비용은 '자산의 유출 또는 사용'이므로 비용 역시 어떤 기간에 대해 정의되는 **유량**의 개념이다. 그래서 비용이 발생하면 그 '결과'로서 기업의 자산이 감소하게 된다. 예를 들면, 〈표 2-2〉에 있는 ABC회사의 경우 상품판매에 따라 매출원가라는 비용을 인식하였는데 그 결과로서 ABC회사의 상품자산이 32억원 감소하였다. 물론 이때에도 매출원가의 금액과 상품자산의 감소액은 같다. 여기서 32억원은 상품을 생산자로부터 매입할 당시의 매입원가(상품매입가격)이다.

(2) 수익 · 비용의 발생과 자본의 변동

수익과 비용은 각각 자산의 증가와 감소를 초래하므로 수익 또는 비용이 발생하면 결과적으로 자본(순자산)이 변동하게 된다. 즉, 수익의 발생으로 증가한 자산에 대해서는 소유주가 청구권을 가지고 있으므로 자본이 증가하고, 반면에 비용의 발생으로 자산이 감소하면 소유주의 청구권인 자본이 감소한다.

수익의 발생 → 자산의 증가를 초래하여 자본이 증가
비용의 발생 → 자산의 감소를 초래하여 자본이 감소

이러한 관계를 구체적으로 이해하기 위하여 다음의 예를 살펴보자.

[예] ABC회사는 보유하고 있던 상품(매입원가 10억원)을 고객에게 판매하고 판매대금 15억원을 현금으로 받았다.

위의 예에서, 상품이 판매됨에 따라 15억원의 매출수익이 발생하였다. 판매대금을 현금으로 받았으므로 ABC회사의 자산이 15억원만큼 증가하였다. 이 증가된 자산 15억원에 대해서는 ABC회사의 '소유주'가 청구권(claim)을 가지고 있다. 회사의 자산이 증가해도 채권자가 갖고 있는 청구권의 크기는 변함이 없다. 따라서 수익이 발생하면 소유주의 청구권인 자본이 증가하게 된다.

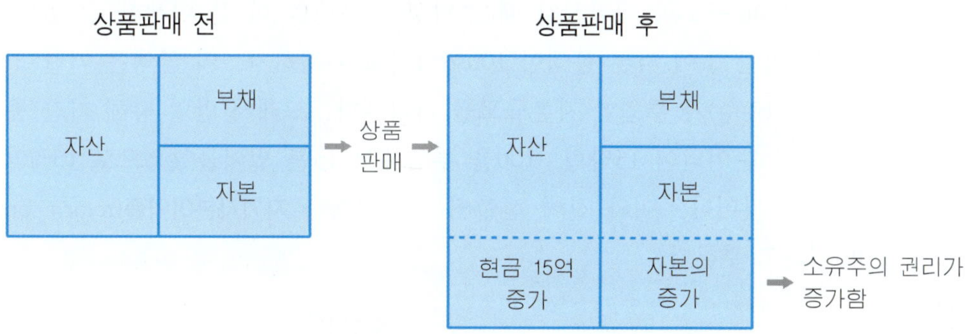

비용발생의 효과는 수익발생의 경우와 반대이다. 앞의 예에서 상품판매로 비용인 매출원가가 발생하여 ABC회사의 자산인 상품 보유액이 10억원 감소하였다. 이러한 자산의 감소는 소유주의 청구권을 그만큼 감소시킨다. 회사의 자산이 감소해도 채권자가 갖고 있는 청구권의 크기는 변함이 없다.

때에 따라서는 수익이 부채의 감소를 초래하고 또 비용은 부채의 증가를 초래하기도 한다(이러한 예는 제3장 이하에서 설명된다). 그러한 경우에도 수익과 비용이 자본에 미치는 영향은 마찬가지이다.

수익의 발생 → 부채의 감소를 초래하여 자본이 증가
비용의 발생 → 부채의 증가를 초래하여 자본이 감소

순이익이 자본의 증가를 가져옴은 앞의 소절에서 언급한 바 있다. 「순이익=수익−비용」의 관계에 있으므로 순이익은 수익의 자본증가효과에서 비용의 자본감소효과를 차감한 순효과를 포착한다.

3.3 기업의 수익성과 ROE

순이익은 소유주의 청구권인 자본을 증가시키므로 소유주의 관점에서 보면 순이익은 **자본투자의 수익성**(profitability)을 나타낸다. 그래서 기업의 '경영성과'(재무성과)라는 용어와 '수익성'이라는 용어는 흔히 동의어로 사용된다.

순이익이 기업의 수익성을 나타내지만, 수익성의 수준을 더 의미 있게 파악하기 위해서는 재무상태표의 정보를 함께 사용할 필요가 있다. 즉, 순이익을 기업에 투입된 자본(순자산)의 규모와 대비시킬 때 수익성의 수준을 더 잘 이해할 수 있다. 예를 들어, 회계기간 초에 자본 총액이 100이었다고 가정하자. 이 금액은 기간 초에 기업의 소유주(주주)가 투입한 자본규모를 나타낸다. 그래서 만일 당해 기간 동안 기업이 획득한 순이익이 15라면, 100을 투입해서 15를 벌어들였으므로 15%의 이익률을 달성한 것이다. 이와 같이 산출되는 이익률을 **자기자본이익률**(return on equity, ROE)이라고 부른다.

$$\text{자기자본이익률(ROE)} = \frac{\text{순이익}}{\text{기초자본}}$$

ROE는 기업의 소유주가 투자한 자본 1원당 얼마만큼 순이익이 획득되었는가를 나타낸다.[5] 이러한 이유로 ROE는 주식투자자의 관점에서 볼 때 가장 중요한 기업의 수익성비율이라고 할 수 있다.[6] 순이익과 포괄이익이 상당히 다른 경우에는 포괄이익을 분자로 사용하여 ROE를 산정하면 소유주 입장에서의 투자이익률을 더 정밀히 측정할 수 있다.

5) 만일 회계기간 중에 소유주의 추가출자가 있었으면 자본투자액이 증가하였으므로 이때에는 회계기간의 평균 자본을 분모로 사용하여 ROE를 계산한다(제14장 3절 참조).

6) 본서의 제14장은 재무제표의 정보를 활용하는 방법을 다루고 있다.

재무제표의 연계관계와 자본변동표 제4절

4.1 재무상태표와 포괄손익계산서의 연계관계와 자본의 변동

재무제표는 매 회계기간마다 작성된다. 한 회계기간 말의 재무상태표는 다음 회계기간의 관점에서 보면 기간 초의 재무상태표이다. 다음 기간에는 그 기간에 대한 포괄손익계산서가 새로이 작성되고, 또 그 기간 말의 재무상태표도 새로이 작성되게 된다. 이러한 관계는 [그림 2-2]에 요약되어 있다.

기업은 회계기간 초의 재무상태에서 출발하여 경영활동을 한다. 경영활동에 의해 수익과 비용이 발생하면 이로 인해 자산, 부채 및 자본의 크기가 변동하게 된다. 수익과 비용이 발생할 때마다 그러한 변동이 일어나서 재무상태가 변화하게 된다. 또한, 수익 · 비용의 발생은 아니지만, 자금의 차입과 같은 재무활동이 있게 되면 이로 인해 자산 및 부채의 크기가 변동한다(제3장에서 구체적 사례가 설명된다). 이러한 변화를 계속 겪으면서 회계기간 말에 이르면, 기말에 작성되는 재무상태표가 기말시점의 재무상태를 나타낸다.

회계기간 중에 발생한 수익과 비용의 차액인 당기순이익과 기타포괄손익으로

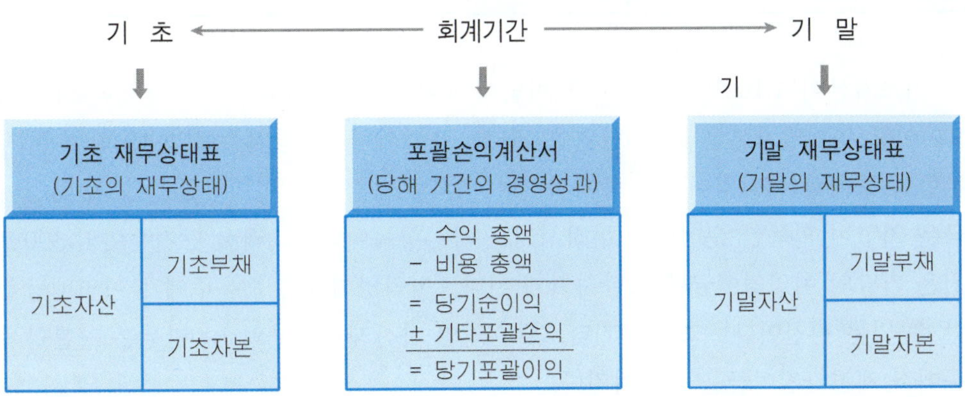

그림 2-2
기초 및 기말 재무상태표와 포괄손익계산서

인해 기말시점의 자본은 기초시점의 자본과 다르게 된다. 다른 요인(예: 추가출자, 배당)에 의한 자본변동이 없다면, 기말자본은 기초자본에 당해 기간의 포괄이익을 더한 것과 같다.

기초자본 + 포괄이익 = 기말자본

기초 및 기말 재무상태표는 기초 및 기말시점에서 자본의 크기를 보여주고, 포괄손익계산서는 회계기간 동안 자본을 증가시킨 포괄이익이 얼마인지 보여준다. 이러한 관점에서 위의 등식은 **재무상태표와 포괄손익계산서의 연계관계**(articulation)를 나타내고 있다. 즉, 위의 등식은 기초 및 기말의 재무상태표와 당해 기간의 포괄손익계산서가 서로 어떻게 연관되어 있는지를 나타내고 있다.

위의 관계를 확인하기 위해서, 예를 들어, K사의 2×24년의 기초자본이 1,100만원인데 자본금 800만원, 이익잉여금 200만원, 재평가잉여금 100만원으로 구성되어 있었다고 하자. 2×24년의 수익 총액이 800만원이고 비용 총액이 500만원이어서 당기순이익이 300만원이라면 그리고 기타포괄손익으로서 자산재평가차익이 100만원 발생하였다면, 2×24년의 기말자본 총액과 그 구성은 다음과 같이 변화하게 된다.

2×24년 초					2×24년 말	
자 본 금	800				자 본 금	800
이익잉여금	200	+ 당기순이익	300	→	이익잉여금	500
재평가잉여금	100	+ 기타포괄손익	100	→	재평가잉여금	200
기초자본	1,100				기말자본	1,500

기초자본이 1,100만원이고 포괄이익이 400만원(=당기순이익 300+기타포괄손익 100)이므로 기말자본은 1,500만원이 된다. 포괄이익 중 당기순이익 300만원은 자본항목 중에서 이익잉여금을 증가시킨다. 앞의 2.1절에서 설명하였듯이, 이익잉여금은 기업이 획득한 순이익을 누적시키는 자본항목이다. 그래서 당기순이익 300만원은 기말의 이익잉여금에 포함시키게 된다. 이익잉여금은 소유주에게 이익배당을 할 수 있는 원천이다. 그리고 기타포괄손익인 자산재평가차익 100만원은 자본항목 중에서 재평가잉여금을 증가시킨다.

만일 회계기간 중에 소유주의 추가출자('유상증자'라고도 부른다)가 있었으면 이 역시 기말자본을 증가시킨다. 다만, 소유주의 추가출자는 수익이 아니므로 포괄손익계산서를 거치지 않고서 기말자본을 증가시킨다. 회계기간 중에 추가출자가 있었을 경우 기말자본의 크기는 다음과 같이 결정된다.

기초자본 + 포괄이익 + 추가출자액 = 기말자본

추가출자는 자본항목 중에서 자본금을 증가시키며, 이익잉여금은 추가출자와 관련이 없다. 예를 들어, 앞에서 K사의 경우 2×24년 중에 200만원의 추가출자가 있었다고 가정하면 기말자본 총액과 그 구성은 다음과 같이 된다.

2×24년 초					2×24년 말	
자 본 금	800	+ 추가출자	200	→	자 본 금	1,000
이익잉여금	200	+ 당기순이익	300	→	이익잉여금	500
재평가잉여금	100	+ 기타포괄손익	100	→	재평가잉여금	200
기초자본	1,100				기말자본	1,700

한편, 기업이 소유주에게 이익배당(dividends)을 하면 배당 지급액만큼 자산(현금)이 감소하고 동시에 소유주의 청구권인 자본이 감소하게 된다. 이는 은행에서 이자를 인출하면 예금통장 잔액이 감소하는 것과 같은 이치이다. 다만, 배당을 하면 기업의 현금이 감소하지만, **배당은 비용이 아니다.** 배당으로 인한 현금의 감소는 재화 · 용역의 판매활동과는 아무 관련이 없다. 배당은 기업이 벌어들인 순이익을 소유주에게 분배하는 것이다. 따라서 배당은 포괄손익계산서를 거치지 않고서 자본을 감소시킨다. 이와 같이 회계기간 중에 배당이 있었을 경우 기말자본의 크기는 다음과 같이 결정된다.

기초자본 + 포괄이익 + 추가출자액 − 배당금 = 기말자본

배당은 순이익을 소유주에게 분배하는 것이므로, 배당을 하면 자본항목 중에서 '이익잉여금'이 그만큼 감소하게 된다. 예를 들어, 위에서 K사가 2×24년 말에 100만원의 배당을 하였다고 가정하면 기말자본 총액과 그 구성은 다음과 같이 된다.

2×24년 초				2×24년 말	
자 본 금	800	+ 추가출자 200	→	자 본 금	1,000
이익잉여금	200	+ 순이익 300 − 배당금 100	→	이익잉여금	400
재평가잉여금	100	+ 기타포괄손익 100	→	재평가잉여금	200
기초자본	1,100			기말자본	1,600

배당은 비용이 아니기 때문에 포괄손익계산서의 순이익과 포괄이익은 영향을 받지 않는다. 순이익과 포괄이익은 기업의 경영성과를 나타내므로 배당의 지급 여부와는 관련이 없다. 이 점은 은행예금의 경우를 생각하면 쉽게 이해될 수 있을 것이다. 예를 들어, 연 5%의 이자율로 100만원을 예금하였을 경우 이자수익은 5만원이다. 이때 예금자가 이자수익 중에서 3만원을 인출하였다 하더라도 예금에서 얻은 이자수익은 5만원이지 2만원이 아니다.

예제 2-3

아래의 두 문제는 서로 독립적이다. 당기순이익과 포괄이익은 같다고 가정한다. 각 빈칸의 금액을 산정하라(단위: 천원).

	기초 재무상태표		포괄손익계산서		추가출자 · 배당		기말 재무상태표	
(1)	기초자산	32,000	총 수 익	28,000	추가출자	5,000	기말자산	( )
	기초부채	10,000	총 비 용	22,000	배 당	3,000	기말부채	22,000
	기초자본	( )	당기순이익	( )			기말자본	( )
(2)	기초자산	45,000	총 수 익	( )	배 당	4,000	기말자산	( )
	기초부채	25,000	총 비 용	25,000			기말부채	32,000
	기초자본	( )	당기순이익	( )			기말자본	28,000

풀이

(1) 회계등식(기초자산 = 기초부채 + 기초자본)을 이용하여 기초자본을 먼저 구하고, 당기순이익도 산정한다. 당기순이익과 추가출자액 및 배당금을 기초자본에 가감하면 기말자본이 구해지고, 이를 기말부채에 더하면 기말자산이 구해진다.

기초자본 = 기초자산 − 기초부채 = 32,000 − 10,000 = 22,000

당기순이익 = 총수익 − 총비용 = 28,000 − 22,000 = 6,000
기말자본 = 기초자본 + 당기순이익 + 추가출자액 − 배당금
= 22,000 + 6,000 + 5,000 − 3,000 = 30,000
기말자산 = 기말부채 + 기말자본 = 22,000 + 30,000 = 52,000

(2) 회계등식을 이용하여 기초자본을 먼저 구한 후, 재무상태표와 포괄손익계산서의 연계관계를 이용하여 당기순이익을 구한다. 총수익은 총비용과 당기순이익의 합과 같다. 기말자산은 회계등식을 이용하여 구한다.

기초자본 = 기초자산 − 기초부채 = 45,000 − 25,000 = 20,000
당기순이익 = 기말자본 − 기초자본 + 배당금
= 28,000 − 20,000 + 4,000 = 12,000
총수익 = 총비용 + 당기순이익 = 25,000 + 12,000 = 37,000
기말자산 = 기말부채 + 기말자본 = 32,000 + 28,000 = 60,000

4.2 자본변동표

앞의 4.1절에서 살펴본 바와 같이, 재무상태표와 포괄손익계산서는 서로 연관되어 있고 그러한 관계의 초점은 자본의 변동이었다. 그리고 자본의 크기를 변동시키는 요인에는 당기순이익과 기타포괄손익 외에도 추가출자(유상증자), 배당 등이 있었다. 자본은 소유주의 청구권이므로 자본이 어떤 요인에 의해 어떻게 변동하였는가는 중요한 정보라고 할 수 있다. 따라서 그러한 정보를 외부 정보이용자들에게 직접 제공하기 위하여 기업은 자본변동표(statement of changes in equity)라는 재무보고서를 작성하여 공시한다. 자본변동표는 기초와 비교하여 기말자본의 각 항목이 어떻게 변동하였는가를 일목요연하게 보여주며, 〈표 2-3〉은 자본변동표를 예시하고 있다.

〈표 2-3〉의 자본변동표는 앞의 4.1절에서 논의한 K사에 대한 것인데, 4.1절에 제시되었던 K사의 자본변동내역을 재무보고서 형태로 나타낸 것이다. 즉, 2×24년의 기초 자본금이 800만원이었는데 200만원의 추가출자(유상증자)에 의하여 기말 자본금이 1,000만원으로 증가하였음을 보여주고 있다. 그리고 기초 이익잉여

표 2-3

자본변동표의 예

자본변동표

K사 2×24년 1월 1일~2×24년 12월 31일 (단위: 만원)

	자 본 금	이익잉여금	재평가잉여금	합 계
기 초: 2×24년 1월 1일	800	200	100	1,100
변동원인: 추가출자(유상증자)	200			200
당기순이익		300		300
배 당		(100)		(100)
자산재평가차익			100	100
기 말: 2×24년 12월 31일	1,000	400	200	1,600

* 위에서 ( )는 차감된다는 의미임.

금은 200만원이었는데, 당기순이익 300만원(이익잉여금 증가)과 배당 100만원(이익잉여금 감소)에 의하여 기말 이익잉여금이 400만원으로 변동하였음을 보여주고 있다. 또한, 기초 재평가잉여금은 100만원이었는데, 당기에 자산재평가차익 100만원이 발생하여 기말 재평가잉여금이 200만원으로 증가하였음을 보여주고 있다. 그리고, 그러한 모든 변동으로 인하여 자본 총액이 기초의 1,100만원에서 기말에는 1,600만원으로 증가하였음을 보여주고 있다.

제5절 수익 · 비용과 발생기준 회계

기업에 대한 소유주 청구권인 자본은 순이익(포괄이익)에 의해 증가함을 앞에서 살펴보았다. 그런데 순이익은 수익과 비용의 차액이므로 한 회계기간의 순이익(포괄이익)을 측정하려면 먼저 당해 기간의 수익과 비용의 총액이 확정되어야 한다. 수익과 비용의 총액이 확정되면 순이익은 그 차액으로서 곧바로 측정된다. 이 점을 생각할 때 수익과 비용을 언제 인식하는가는 매우 중요한 문제이며, 따라서 본 절에서는 수익과 비용의 인식기준에 대해 설명한다. 여기서 **인식**(recognition)이란 수익과 비용의 금액을 공식적으로 포괄손익계산서에 계상하는 것을 말한다.

개개의 수익항목과 비용항목을 '언제' 인식하는가를 구체적으로 이해하기 위해서 다음의 예를 살펴보자.

> [예] ABC회사는 2×24년 8/31일에 20억원의 상품을 신용매입하고 매입대금은 3개월 후인 11/30일에 지급하였다. 이 상품 전부를 같은 해 10/31일에 고객에게 신용판매하고 판매대금 30억원은 6개월 후인 2×25년 4/30일에 받기로 하였는데, 6개월 후 30억원을 현금으로 받았다.

위의 예에서 매출수익은 30억원이고 비용인 매출원가(판매된 상품의 매입원가)는 20억원이다. 그런데 매출수익과 매출원가를 인식함에 있어 현금수입시점과 현금지출시점을 기준으로 해야 할까, 아니면 현금수지와 관계없이 고객에게 상품을 인도한 시점에서 매출수익과 매출원가를 인식하여야 할까? 여기서 어느 기준을 적용하는가에 따라 각 연도의 순이익은 아래와 같이 다르게 산출된다(편의상 다른 수익 · 비용항목은 없다고 가정한다).

현금수입시점과 현금지출시점에서 수익 · 비용을 인식한 경우	2×24	2×25	현금수지와 관계없이 상품인도시점에서 수익 · 비용을 인식한 경우	2×24	2×25
수 익: 매 출 액	0	30	수 익: 매 출 액	30	0
비 용: 매출원가	20	0	비 용: 매출원가	20	0
순이익	−20	30	순이익	10	0

위에서 보는 바와 같이, 현금수입시점과 현금지출시점에서 수익과 비용을 인식하면 2×24년의 순이익은 −20억원이고 2×25년의 순이익은 30억원이다. 그러나 현금수지와 상관없이 고객에게 상품을 인도한 시점에서 매출수익과 매출원가를 인식하면, 2×24년의 순이익이 10억원으로 측정되고 2×25년의 순이익은 0이다. 여기서 어느 방법에 의한 순이익 수치가 각 연도의 '경영성과'를 더 잘 나타낸다고 보아야 할까? 현금수지를 기준으로 한 2×24년 순이익 수치(−20억원)는 당해 연도에 이루어진 영업활동(상품의 판매)을 반영하지 못하고 있다. 또한 2×25년에는 상품의

판매활동이 없었음에도 불구하고 순이익이 30억원으로 계상되고 있다. 따라서 이러한 순이익 수치들은 각 연도의 경영성과를 잘 나타내지 못하고 있다. 이에 비해 상품의 인도를 기준으로 매출수익과 매출원가를 인식하면 순이익 수치들이 각 연도의 경영성과를 제대로 나타내게 된다.

위의 간단한 예는 수익과 비용을 인식함에 있어 두 가지 회계절차가 있음을 나타내고 있다. 현금수입이 있을 때 수익을 인식하고 현금지출이 있을 때 비용을 인식하는 회계절차를 **현금기준 회계**(cash accounting)라고 부른다. 반면에, 현금수지와 상관없이 수익 · 비용을 발생시키는 가장 중요한 사건(예: 상품의 인도)이 일어났을 때 수익 · 비용을 인식하는 회계절차를 **발생기준 회계**(accrual accounting)라고 부른다. 발생기준 회계를 적용하여 매출수익을 인식하면 '매출채권'이라는 자산이 인식되게 된다. 앞의 2.1절에서 재무상태표를 소개할 때 매출채권이 있었는데(〈표 2-1〉 참조) 이는 바로 발생기준 회계를 적용한 결과 인식된 것이다.

우리나라의 「재무회계 개념체계」와 IASB의 「재무보고를 위한 개념체계」는 수익 · 비용을 인식함에 있어 발생기준 회계를 채택하고 있다. 발생기준 회계절차를 적용하여 수익 · 비용을 인식하는 구체적 기준은 아래와 같다.

(1) 수익의 인식기준

기업은 고객과의 계약에서 재화나 용역을 고객에게 이전(transfer)할 약속('수행의무'라고 부름)을 한다. 따라서 기업은 그 수행의무를 이행할 때, 즉 그 약속된 **재화나 용역을 고객에게 이전할 때 수익을 인식**한다.[7] 일반적으로 재화판매거래의 경우 그 수행의무는 판매시점(재화 인도시점)에서 이행되고, 용역제공거래(예: 건물 임대)의 경우 그 수행의무는 일정기간에 걸쳐 이행된다. 그래서 일반적으로 재화판매거래의 경우 그 판매시점(인도시점)에서 수익을 인식하고, 용역제공거래의 경우 그 용역이 제공되는 기간에 걸쳐 수익을 인식한다.

이와 같이 재화나 용역을 이전할 때 현금을 받는 경우는 물론, 현금을 받지 않는 신용거래의 경우에도 그 대가로서 현금청구권을 받으면 매출수익을 인식할 수 있다. 이때 기업이 갖게 되는 현금청구권을 '매출채권'이라고 부른다. 매출채권은

---

7) 기업회계기준서 제1115호 '고객과의 계약에서 생기는 수익'

추후 현금으로 회수되는데, 이 회수시점에서는 매출채권이 현금으로 바뀔 뿐이고, 수익이 인식되는 것은 아니다.

(2) 비용의 인식기준

비용에는 많은 항목들이 있다. 비용을 언제 인식하는가에 대해서는 비용항목의 성격에 따라 다음의 기준이 적용된다.

1 특정 수익을 획득하는 데 '직접 관련되어' 발생한 비용항목은 당해 수익을 인식할 때 대응적으로 함께 인식한다. 이렇게 비용을 인식하는 대표적인 예는 매출원가이다. 앞에서 논의한 ABC회사의 경우에도 상품이 판매될 때 매출수익 30억원을 인식하면서 판매된 상품 20억원을 매출원가로 인식하였다. 이 매출원가 20억원은 매출수익 30억원에 직접 관련되어 발생한 비용이다.

2 특정 수익과의 직접적 관련성을 확인하기 어려운 비용항목은 재화 또는 용역의 사용으로 현금이 지급되거나 (사용대가를 지급하지 않아서 지급해야 할) 부채가 발생하는 회계기간에 인식한다. 예를 들면, 판매 및 관리활동에 소요되는 대부분의 비용항목들(종업원급여, 임차료, 보험료, 통신비, 수도광열비 등)은 그 발생한 회계기간에 비용으로 인식된다.

3 기업이 자신의 자산을 사용함으로써 발생하는 비용항목은 회계기간 동안 사용한 금액을 비용으로 인식한다. 예를 들면, 회계기간 동안 소비한 소모품을 소모품비라는 비용으로 인식한다. 또한 건물, 기계장치, 비품, 차량운반구 등의 자산도 회계기간 중에 사용되어 부분적으로 마모되는데 회계기간 동안의 사용액을 감가상각비(depreciation expense)라는 비용으로 인식한다.

위에 제시된 비용의 인식기준은 **수익 · 비용 대응의 원칙**(matching principle)이라고도 부른다. 비용은 수익을 획득하는 과정에서 발생하는 것이기 때문에 수익을 인식하면 그에 관련된 비용을 대응적으로 함께 인식해야 한다는 의미이다.

위에서 논의한 수익 · 비용의 인식기준은 후술하는 제3장 이하에서 여러 사례를 통해 다시 설명될 것이다.

제 6 절 현금흐름표

앞의 여러 절에서 재무상태표와 포괄손익계산서의 구성요소인 자산, 부채, 자본, 수익, 비용, 순이익 및 포괄이익과 발생기준 회계의 개념을 설명하였다. 본절에서는 기업의 현금흐름(cash flows)에 대한 정보를 제공하는 재무보고서인 현금흐름표를 소개한다.

재무상태표와 포괄손익계산서는 기업의 재무상태와 경영성과에 대한 정보를 제공하지만, 기업의 현금흐름에 대한 정보는 제공하지 못한다. 즉, 기업이 재화 · 용역의 판매에서 실제로 얼마나 현금흐름을 창출하였는가, 창출된 현금흐름은 어떻게 자본공급자들에게 배분되었고 또 부족자금은 어떻게 조달하였는가 등에 대한 정보는 재무상태표와 포괄손익계산서가 제공하지 못한다. 이러한 현금흐름정보도 투자자 · 채권자의 의사결정에 유용한 정보이다. 예를 들면, 채권자가 기업의 채무이행능력을 평가할 때 기업이 얼마만큼 현금흐름을 창출하고 있는지를 중요시한다. 왜냐하면, 기업이 채무를 지급하려면 현금이 있어야 하기 때문이다.

현금흐름표(statement of cash flows)는 기업의 활동별로 현금흐름에 관한 정보를 직접 보여주는 재무보고서이다. 기업이 수행하는 활동에는 영업활동, 투자활동 및 재무활동의 세 가지가 있다. **영업활동**은 기업을 경영하는 목적이 되는 활동으로서, 재화 · 용역을 생산, 판매하는 활동이다. 기업은 영업활동을 하기 위해 건물, 기계장치, 차량운반구 등의 자산이 필요한데, 이러한 영업용자산을 취득하는 것을 **투자활동**이라고 한다. **재무활동**은 영업 및 투자활동에 필요한 자금(즉, 타인자본과 자기자본)을 조달하거나 과거에 조달했던 자금을 반환하는 활동 그리고 자금의 사용대가를 지급하는 활동을 총칭한다.

〈표 2-4〉는 현금흐름표의 예로서, XYZ회사의 2×24년도 현금흐름표를 보여주고 있다. 이 현금흐름표를 보면, XYZ회사는 2×24년도의 영업활동에서 1,500만원의 현금흐름을 창출하였다. 이 영업활동 현금흐름은 매출로부터의 현금유입에서 모든 영업비용 지급액을 차감한 순현금유입으로 측정된다. 그런데 영업용자산인

표 2-4

현금흐름표의 예

현금흐름표		
XYZ회사 2×24년 1월 1일~2×24년 12월 31일		(단위: 만원)
영업활동 현금흐름:		
매출로부터의 현금유입	5,300	
영업비용 지급	(3,800)	1,500
투자활동 현금흐름:		
차량운반구 구입	(800)	(800)
재무활동 현금흐름:		
단기차입금 상환	(200)	
배당금 지급	(500)	(700)
현금의 증가		0
기초의 현금		100
기말의 현금		100

* 위에서 ( )는 현금유출을 의미함.

차량운반구를 구입하는 투자활동에 800만원이 지출되었기 때문에 XYZ회사가 2×24년에 최종적으로 창출한 순현금흐름은 700만원(=1,500−800)이다. XYZ회사는 재무활동에서 단기차입금 200만원을 상환하였고 또 주주에게 배당금 500만원을 지급하였다. 즉, 순현금흐름 창출액 700만원이 차입금 상환과 배당금 지급에 사용되었고, 이러한 과정에서 XYZ회사는 현금이 부족하지 않았기 때문에 새로이 자금을 조달한 것은 없었다. 그 결과 기말의 현금 보유액은 100만원으로서 기초와 같은 금액이다.

이와 같이 현금흐름표는 기업이 현금흐름을 얼마나 창출하여 어떻게 사용하였는가 그리고 현금이 부족한 경우 어떻게 조달하였는가에 대한 정보를 제공한다. 이러한 정보 역시 기업의 이해관계자들에게 유용한 정보이기 때문에 현금흐름표는 중요한 재무제표의 하나가 된다.

위의 논의는 현금흐름표에 대한 기초적 내용을 소개한 것인데, 활동별 현금흐름의 측정과 현금흐름표의 작성방법은 제13장에서 자세히 설명될 것이다.

익힘문제

1. 「재무회계 개념체계」란 무엇인가?
2. 재무보고(financial reporting)의 목적이 무엇인지 설명하라.
3. 재무회계의 기본가정으로서 '기업실체의 가정'이란 무엇이며, 또 왜 그러한 가정이 필요한지 설명하라.
4. 재무회계의 기본가정으로서 '기간별 보고의 가정'이란 무엇이며, 또 왜 그러한 가정이 필요한지 설명하라.
5. 재무상태표는 무엇에 대한 정보를 제공하는 재무보고서인가?
6. 재무상태표의 구성요소인 자산, 부채, 자본의 개념을 각각 설명하라.
7. 자본금과 이익잉여금은 어떻게 다른 것인지 설명하라.
8. 회계등식(재무상태표등식)이란 무엇이며, 또 그러한 등식이 성립하는 이유가 무엇인지 설명하라.
9. 포괄손익계산서는 무엇에 대한 정보를 제공하는 재무보고서인가?
10. 포괄손익계산서의 구성요소인 수익, 비용, 순이익, 기타포괄손익, 포괄이익의 개념을 각각 설명하라.
11. 자기자본이익률(ROE)이란 무엇인지 설명하라.
12. 회계기간 중에 소유주의 추가출자와 배당이 없다면 재무상태표와 포괄손익계산서의 연계관계는 어떻게 표현할 수 있는가?
13. 배당(dividends)은 비용이 아니라고 한다. 그 이유가 무엇인가?
14. 현금기준 회계(cash accounting)와 발생기준 회계(accrual accounting)의 의미를 각각 설명하라.
15. 수익은 일반적으로 어느 시점에서 인식되는지 설명하라.
16. 비용을 인식하는 기준이 무엇인지 설명하라.

연습문제

[2-1] 기본개념의 이해

아래의 빈칸에 알맞은 단어나 문구를 기입하라.

(1) 기업의 회계실무를 규율하는 회계기준은 (   )에 근거하여 제정된다.

(2) 재무보고는 기업실체 외부의 다양한 이해관계자의 경제적 (   )을 위해 경영자가 기업실체의 (   )과 의무, 경영성과, 현금흐름, 자본변동 등에 관한 재무정보를 제공하는 것을 말한다.

(3) 재무보고는 기업실체에 대한 현재 및 잠재 투자자와 채권자들이 합리적인 (   )과 (   )을 하는 데 유용한 정보를 제공하여야 한다. 투자자와 채권자에게 유용한 정보는 사회 전체적인 (   )의 효율성을 높이는 데 기여한다.

(4) 재무보고는 기업실체의 (   ), (   ), 현금흐름 및 자본변동에 관한 정보를 제공하여야 한다.

(5) 기업실체의 가정이란 기업을 (   )와는 독립적으로 존재하는 실체로 본다는 가정이다.

(6) 재무상태표는 일정시점 현재 기업실체의 (   )에 대한 정보를 제공하는 재무보고서이다. 재무상태표는 기업실체가 보유하고 있는 (   )과 부담하고 있는 (   ), 그리고 기업실체의 (   )에 대한 정보를 제공한다.

(7) 소유주(주주)가 기업에 출자한 금액을 나타내는 자본항목은 (   )이고, 기업활동에서 획득된 순이익 중 소유주에게 분배되지 않고 기업 내에 유보되어 있는 것은 (   )이다.

(8) 자산 총액에서 (   )을 차감하고 남은 금액은 자본 총액이며, 이러한 의미에서 자본을 (   )이라고도 부른다.

(9) 포괄손익계산서는 일정기간 동안의 기업실체의 (   )에 대한 정보를 제공하는 재무보고서이다. 포괄손익계산서는 일정기간 동안 기업실체가 재화의 판매

나 용역의 제공을 통해 획득한 ( )과 이를 획득하는 과정에서 발생한 ( ), 그리고 이들의 차이인 ( )과 포괄이익에 대한 정보를 제공한다.

(10) 수익은 기업의 주요 경영활동으로서 재화의 판매, 용역의 제공 등의 대가로 발생하는 ( )(또는 부채의 감소)이다.

(11) 비용이란 기업의 주요 경영활동으로서 재화의 판매, 용역의 제공 등에 따라 발생하는 ( )(또는 부채의 증가)이다. 기업이 상품을 판매하면 보유하고 있던 상품이 외부로 유출되는데, 이때의 상품 유출액을 ( )라고 부른다.

(12) 수익과 비용은 각각 ( )의 증가와 감소를 초래하므로 수익 또는 비용이 발생하면 결과적으로 ( )이 변동하게 된다.

(13) 회계기간 중에 소유주의 추가출자나 배당이 없다면, 기말자본은 기초자본에 당해 기간의 ( )을 더한 것과 같다.

(14) 기업이 소유주에게 이익배당을 하면 배당 지급액만큼 자산이 감소하고 동시에 소유주의 청구권인 ( )이 감소하게 된다. 배당은 비용이 아니기 때문에 포괄손익계산서의 ( )과 포괄이익은 배당의 영향을 받지 않는다.

(15) 재화의 인도나 용역의 제공으로 현금을 받는 경우는 물론, 현금을 받지 않는 신용판매의 경우에도 판매대가로서 현금청구권을 받으면 ( )을 인식할 수 있다. 이때 기업이 갖게 되는 현금청구권을 ( )이라고 부른다.

[2-2] 자산, 부채 및 자본항목의 식별

다음은 재무상태표와 포괄손익계산서에 표시되는 항목들을 열거한 것이다.

매입채무	상 품	매출채권
현 금	매 출 액	토 지
매출원가	차 입 금	자 본 금
소모품비	건 물	이자비용
이익잉여금	차량운반구	종업원급여
법인세비용	소 모 품	감가상각비

물음

(1) 자산에 속하는 항목은?
(2) 부채에 속하는 항목은?
(3) 자본에 속하는 항목은?

[2-3] 수익 및 비용항목의 식별

문제 [2-2]에 주어진 자료를 이용하여 다음 물음에 답하라.

물음

(1) 수익에 속하는 항목은?
(2) 비용에 속하는 항목은?

[2-4] 재무상태표등식

아래의 문제들은 서로 독립적이다. 각 물음에 답하라.

물음

(1) 총자산이 ₩1,500,000이고 총부채가 ₩800,000이면 자본은 얼마인가?
(2) 총부채가 ₩1,200,000이고 자본이 ₩1,400,000이면 총자산은 얼마인가?
(3) 총자산이 ₩3,500,000이고 자본이 ₩2,500,000이면 총부채가 얼마인가?
(4) 총자산이 ₩2,800,000이고, 자본금이 ₩1,000,000이며, 이익잉여금이 ₩300,000이면 총부채가 얼마인가? 단, 자본에 다른 항목은 없다.
(5) 총자산이 ₩2,500,000이고, 자본금이 ₩900,000이며, 총부채가 ₩1,200,000이면 이익잉여금은 얼마인가? 단, 자본에 다른 항목은 없다.

[2-5] 포괄손익계산서등식

아래의 문제들은 서로 독립적이다. 아래의 각 문제에서 기타포괄손익은 없다고 가정한다. 각 물음에 답하라.

물음

(1) 총수익이 ₩2,500,000이고 총비용이 ₩1,800,000이면 당기순이익은 얼마인가?
(2) 당기순이익이 ₩500,000이고 총비용이 ₩1,300,000이면 총수익이 얼마인가?
(3) 총비용이 ₩1,800,000이고 당기순손실이 ₩300,000이면 총수익이 얼마인가?

[2-6] 재무상태표(I)

다음은 2×24년 12월 31일 현재 양지기업(주)의 자산, 부채 및 자본항목들이다.

현 금	₩100,000	매입채무	₩300,000
비 품	700,000	매출채권	400,000
이익잉여금	400,000	상 품	1,300,000
소 모 품	100,000	자 본 금	?
단기차입금	400,000	차량운반구	1,500,000

물음

(1) 자산에 속하는 항목은?
(2) 부채에 속하는 항목은?
(3) 자본에 속하는 항목은?
(4) 자본금이 얼마인지 산정하라.
(5) 재무상태표를 작성하라.

[2-7] 재무상태표(II)

다음은 2×24년 12월 31일 현재 양양기업(주)의 자산, 부채 및 자본항목들이다.

현 금	₩200,000	매입채무	₩200,000
매출채권	300,000	비 품	500,000
단기차입금	400,000	건 물	1,500,000
상 품	800,000	토 지	4,000,000
장기차입금	2,000,000	자 본 금	5,000,000
이익잉여금	?	차량운반구	800,000

물음

(1) 자산에 속하는 항목은?
(2) 부채에 속하는 항목은?
(3) 자본에 속하는 항목은?
(4) 이익잉여금이 얼마인지 산정하라.
(5) 재무상태표를 작성하라.

[2-8] 포괄손익계산서(Ⅰ)

다음은 강남기업(주)의 2×24년 한 해 동안 발생한 수익 및 비용항목들이다.

운 송 비	₩100,000	종업원급여	₩250,000
소모품비	50,000	매 출 액	1,800,000
매출원가	900,000	임 차 료	200,000
당기순이익	?	기타포괄손익	0

물음

(1) 당기순이익의 계산에 포함되는 수익항목은?
(2) 당기순이익의 계산에 포함되는 비용항목은?
(3) 포괄손익계산서를 작성하라.

[2-9] 포괄손익계산서(Ⅱ)

다음은 강북기업(주)의 2×24년 한 해 동안 발생한 수익 및 비용항목들이다.

매 출 액	₩3,600,000	통 신 비	₩80,000
종업원급여	350,000	운 송 비	120,000
매출원가	2,500,000	이자비용	120,000
감가상각비	80,000	임 차 료	120,000
광 고 비	120,000	이자수익*	100,000

* 강북기업(주)이 갖고 있는 은행예금에서 얻어진 이자를 말함.

물음

(1) 수익에 속하는 항목은?
(2) 비용에 속하는 항목은?
(3) 포괄손익계산서를 작성하라.

[2-10] 회계등식과 재무제표의 연계관계(Ⅰ)

아래의 문제들은 서로 독립적이다. 문제에서 언급되지 않은 사항에 대해서는 금액이 없는 것으로 가정하고, 물음에 답하라.

물음

(1) 기초자본이 ₩1,200,000, 당기순이익이 ₩500,000이면 기말자본은 얼마인가?
(2) 기초자본이 ₩1,400,000, 총수익이 ₩1,500,000, 총비용이 ₩900,000이면 기말자본은 얼마인가?
(3) 기초자본이 ₩1,500,000, 총수익이 ₩1,400,000, 당기순손실이 ₩200,000이면 기말자본은 얼마인가?
(4) 총수익이 ₩1,800,000, 총비용이 ₩1,200,000, 기말자본이 ₩2,300,000이면 기초자본은 얼마인가?

[2-11] 회계등식과 재무제표의 연계관계(II)

아래의 문제들은 서로 독립적이다. 문제에서 언급되지 않은 사항에 대해서는 금액이 없는 것으로 가정하고, 물음에 답하라.

물음

(1) 기초자본이 ₩2,400,000, 당기순이익이 ₩600,000, 추가출자액이 ₩1,000,000이면 기말자본은 얼마인가?
(2) 기초자본이 ₩1,200,000, 당기순이익이 ₩600,000, 배당금이 ₩400,000이면 기말자본은 얼마인가?
(3) 기초자본이 ₩1,800,000, 총수익이 ₩1,200,000, 총비용이 ₩800,000 그리고 추가출자액이 ₩600,000이면 기말자본은 얼마인가?
(4) 기초자본이 ₩1,500,000, 총수익이 ₩1,400,000, 총비용이 ₩900,000 그리고 추가출자액이 ₩800,000이고 배당금이 ₩300,000이면 기말자본은 얼마인가?
(5) 기초자본이 ₩1,400,000, 당기순손실이 ₩400,000, 추가출자액이 ₩600,000이면 기말자본은 얼마인가?

[2-12] 회계등식과 재무제표의 연계관계(III)

아래의 문제들은 서로 독립적이다. 아래에서 기타포괄손익은 없다고 가정한다. 빈칸의 금액을 산정하라(단위: 천원).

문제	기초자산	기초부채	기말부채	기말자본	총수익	총비용	배당금
(1)	3,200	①	2,200	2,500	2,800	2,200	300
(2)	4,500	2,500	3,200	2,800	②	2,500	400

[2-13] 기초 및 기말 재무상태표와 순이익 산정

다음은 영동기업(주)의 2×24년의 기초 및 기말시점의 회계자료이다.

기초시점의 자료

현　　금	₩200,000	매입채무	₩300,000
매출채권	500,000	단기차입금	400,000
상　　품	1,400,000	차량운반구	1,300,000
자 본 금	2,500,000	이익잉여금	?

기말시점의 자료

현　　금	₩250,000	매입채무	₩250,000
매출채권	550,000	단기차입금	450,000
상　　품	1,500,000	차량운반구	1,200,000
자 본 금	2,500,000	이익잉여금	?

물음

(1) 기초시점의 재무상태표를 작성하라.
(2) 기말시점의 재무상태표를 작성하라.
(3) 추가출자와 배당이 없었다면 2×24년의 순이익은 얼마인가? 기타포괄손익은 없다고 가정하며, 이 가정은 아래의 물음에도 적용된다.
(4) 만일 2×24년 중에 ₩80,000의 배당이 있었다면 2×24년의 순이익은 얼마인가?
(5) 위의 (4)에 연속된 문제이다. 2×24년의 자기자본이익률(ROE)은 몇 %인가?

[2-14] 수정후 포괄손익계산서의 작성

다음은 홍길동 씨가 작성한 한성기업(주)의 2×24년도 포괄손익계산서이다. 그런데 홍길동 씨는 회계에 익숙하지 않은 까닭에 아래의 포괄손익계산서에는 오류가 있다.

포괄손익계산서

한성기업(주) 2×24년 1월 1일~2×24년 12월 31일

수 익:	매 출 액		₩4,500,000
	이익잉여금		100,000
비 용:	매출원가	2,800,000	
	종업원급여	550,000	
	매입채무	120,000	
	광 고 비	100,000	
	감가상각비	80,000	
	단기차입금	500,000	
	이자비용	50,000	4,200,000
당기순이익			400,000
기타포괄손익			0
당기포괄이익			₩400,000

물음

(1) 포괄손익계산서에 포함되지 않아야 할 항목은 무엇인가?

(2) 올바른 포괄손익계산서를 작성하라.

(3) 위의 잘못된 포괄손익계산서에 표시된 이익잉여금 ₩100,000은 기초 이익잉여금이다. 2×24년 중에 배당이 없었다면 기말 이익잉여금은 얼마인가?

[2-15] 수정후 재무제표의 작성

다음은 김길동 씨가 작성한 인천기업(주)의 2×24년도 재무상태표와 포괄손익계산서이다. 그런데 김길동 씨는 회계원리 학습을 소홀히 한 까닭에 아래의 재무제표에는 오류가 있다.

재무상태표

인천기업(주) 2×24년 12월 31일 현재

현 금	₩100,000	매출채권	₩450,000
매입채무	550,000	단기차입금	500,000
상 품	1,200,000	이자비용	100,000
차량운반구	1,000,000	자 본 금	1,500,000
		이익잉여금	300,000*
자산 총계	₩2,850,000	부채와 자본 총계	₩2,850,000

* 김길동 씨는 회계등식(자산 = 부채 + 자본)을 이용하여 이익잉여금을 산출하였다.

포괄손익계산서

인천기업(주)	2×24년 1월 1일~2×24년 12월 31일		
수 익:	매 출 액		₩4,800,000
비 용:	매출원가	2,500,000	
	종업원급여	800,000	
	임 차 료	500,000	
	감가상각비	100,000	3,900,000
당기순이익			₩900,000

물음

(1) 위의 재무상태표에서 잘못 분류되었거나 또는 포함되지 않아야 할 항목은 무엇인가?

(2) 올바른 재무상태표를 작성하라(힌트: 이익잉여금은 회계등식을 이용해서 구한다).

(3) 올바른 포괄손익계산서를 작성하라.

(4) 기초 이익잉여금이 ₩150,000이었다면 2×24년 중에 얼마의 배당금 지급이 있었던 것으로 추정되는가?

제 Ⅱ 부

회계측정의 기본원리와 회계순환

제 3 장　회계거래의 인식과 기록
제 4 장　회계순환
제 5 장　상품매매기업의 회계
제 6 장　재무보고와 재무제표 표시

제3장

회계거래의 인식과 기록

본장과 이하의 여러 장에서는 제2장에서 설명한 회계의 기본개념에 근거하여 회계정보를 실제로 생산하는 방법과 절차를 다룬다. 먼저 본장에서는 정보생산의 첫 번째 단계로서 기업의 활동과 기타 경제적 사건의 결과를 측정하고 기록하는 방법을 설명한다. 즉, 회계측정의 대상은 구체적으로 무엇이고 또 이를 어떻게 기록하는가에 대해 자세히 설명한다. 본장에서 소개하는 복식부기방법은 제4장 이하에서도 계속 사용되므로 그 의미와 구조를 잘 이해해야 할 필요가 있다.

제 1 절 회계상의 거래

1.1 기업활동과 회계상의 거래

회계는 일정기간별로 기업의 재무상태와 경영성과를 측정하여 재무제표를 통해 정보를 제공한다. 기업의 재무상태는 자산, 부채 및 자본의 크기와 그 구성에 의해 결정되고, 기업의 경영성과를 결정하는 기본요소는 수익과 비용이다. 이러한 요소들은 기본적으로 기업활동의 결과로서 그 크기가 결정된다. 그러므로 회계에서는 회계기간 동안 수행된 모든 기업활동이 정보측정의 대상이 된다. 재화를 판매하거나 용역을 제공하는 영업활동은 물론, 그러한 영업활동을 하기 위해 기업이 설비자산 등에 투자하는 활동도 회계측정의 대상이 된다. 또한 기업이 자본시장에서 자금을 조달하는 활동도 당연히 회계측정의 대상에 포함된다.

기업의 자산, 부채 및 자본은 대부분 기업의 적극적인 경영활동의 결과로서 변동하지만, 때에 따라서는 기업이 통제할 수 없는 외부적 사건의 영향을 받기도 한다. 예를 들면, 재해로 인해 상품이 멸실되는 경우가 있고, 또 환율상승으로 인해 외화차입금의 상환부담액이 커지기도 한다. 전자의 경우에는 기업의 자산(상품)이 감소하였고, 후자의 경우에는 기업의 부채(상환부담액)가 증가하였다. 이러한 변동은 기업의 의사와 상관없이 통제불가능한 외부적 사건에 의해 초래된 것이다.

이와 같이 기업과 타실체 간의 경제적 거래(transactions)가 아닌 외부적 사건도 기업의 자산, 부채, 자본에 영향을 미치면 회계측정의 대상에 포함된다. 자산, 부채 및 자본이 기업의 재무상태를 결정하는 요소들이기 때문에 이들 요소에 영향을 미치는 모든 경제적 거래와 사건이 회계측정의 대상에 포함되게 된다. 수익과 비용도 자산, 부채 및 자본의 변동을 초래하므로 결국 회계측정의 대상은 다음과 같이 요약할 수 있다.

회계측정의 대상: 기업실체의 자산, 부채 또는 자본항목의 변동을 초래하고 또 그러한 변동의 크기를 측정할 수 있는 모든 경제적 거래와 사건

회계측정의 대상에 포함되기 위해서는 당해 거래 또는 사건의 영향이 **화폐액**으로 측정가능하여야 한다. 회계에서는 자산, 부채 및 자본을 화폐액으로 측정하고 있기 때문에, 거래 또는 사건의 영향을 화폐액으로 측정할 수 없으면 그러한 거래 또는 사건은 회계측정의 대상이 되지 않는다.

위와 같이 회계측정의 대상이 되는 경제적 거래와 사건을 총칭하여 전통적으로 **회계거래**(accounting transactions)라고 불러왔다. 회계거래의 약어로서 '거래'라는 용어도 흔히 사용된다. 이러한 용어들이 다소 불완전한 표현이기는 하지만 간편하다는 이점은 있으므로 본서에서도 그러한 용어들을 사용하기로 한다.

한편, 기업이 타실체와 일정한 계약(예: 건물임대차계약, 물품공급계약)을 체결하고 문서를 주고받으면 법적으로는 그러한 계약체결이 거래라고 할 수 있다. 그러나 계약금을 수수하지 않으면 당해 기업의 자산 · 부채에 변화가 없기 때문에 그러한 계약체결은 회계거래가 아니다. 이에 비해, 만일 계약금을 받았다면 그로 인해 당해 기업의 자산(현금)이 증가하므로 계약금 수취는 회계거래가 된다.

1.2 거래의 양면성

회계거래는 자산, 부채 또는 자본항목의 변동을 초래한다. 자산, 부채, 자본 중에서 어느 요소의 어떤 항목이 영향을 받는가는 당해 거래의 성격에 달려 있다. 예를 들어, 어느 기업이 은행에서 자금을 차입하면 자산(현금)이 증가한다. 그런데 차입한 금액은 추후 상환해 주어야 하므로 부채(차입금)도 증가하고 있다. 그리고 이 기업이 조달한 현금을 사용해서 상품을 매입하면 상품이 증가하고 현금이 감소하게 된다.

위의 두 거래에서 공통적으로 볼 수 있는 것은 자산, 부채 또는 자본의 세부항목 중 2개 항목이 '동시에' 영향을 받고 있다는 점이다.

현금의 차입 → 자산항목(현금) 증가, 부채항목(차입금) 증가
상품의 매입 → 자산항목(상품) 증가, 자산항목(현금) 감소

현금차입 거래의 경우 자산과 부채가 함께 변동하였는데, 자산이 증가한 이유는 은행에서 차입하였기 때문이다. 한편, 상품매입 거래의 경우 자산 총액에 변동이 없지만 자산항목의 변동이 발생하였고, 상품을 매입한 까닭에 현금이 감소하였다(또는 현금을 지급하고 상품을 매입하였기 때문에 상품이 증가하였다).

이와 같이 거래에는 두 가지 내용이 담겨져 있으며, 하나는 '원인'이고 다른 하나는 '결과'에 해당한다(어느 쪽이 원인이고 어느 쪽이 결과인지는 이해하기 쉬운 방향으로 생각하면 된다). 이러한 **거래의 양면성**(duality of transactions)은 거래의 기록방법으로서 이른바 **복식부기**(double-entry book-keeping)를 가능케 하고 있다. 복식부기에서는 모든 거래에 대해 그 원인과 결과의 양 측면을 함께 기록한다. 이러한 양면적 기록은 회계기입의 정확성 여부도 검증할 수 있게 해준다(회계기입의 검증방법은 제4장에서 설명될 것이다). 다음 절 이하에서는 거래의 양면성을 이용한 복식부기의 원리를 설명한다.

제2절 거래의 효과와 회계등식

기업이 회계기간에 대한 재무제표를 작성하기 위해서는 당해 기간 중에 발생한 모든 거래에 대해 기록을 유지하여야 한다. 회계기록을 유지하는 방법으로서 오래 전부터 복식부기가 사용되고 있다. 본절에서는 복식부기의 원리를 이해하기 위한 첫 단계로서, 제2장 2절에서 소개한 회계등식 「자산 = 부채 + 자본」을 이용한 거래의 기록방법을 설명한다. 본절의 목적은 어떠한 거래가 발생하더라도 회계등식이 '항상' 유지됨을 확인하고 이를 토대로 재무제표를 작성하는 데 있다. 이러한 확인은 제3절에서 설명하는 회계기록방법을 신뢰할 수 있게 하는 전제가 된다.

거래가 발생하면 거래의 양면성에 따라 자산, 부채 또는 자본의 세부항목 중 적어도 2개 이상의 항목이 영향을 받는다. 그러나 그러한 효과를 반영한 후에도 회계등식은 성립한다. 다만, 거래발생 후의 자산, 부채 또는 자본의 개별적 총액은 거래발생 전과 비교하여 달라질 수 있다.

거래 발생 전		거래의 발생		거래 발생 후
자 산 = 부 채 + 자 본 (총액) (총액) (총액)	+	자산, 부채, 자본항목의 변동	➡	자 산 = 부 채 + 자 본 (총액) (총액) (총액)

아래에서 회계등식을 이용한 거래의 기록방법을 살펴보는 데에는 다음의 사례가 이용될 것이다.

클린복사(주)의 사례

2×24년 9월 1일에 복사영업을 하는 클린복사(주)가 설립되었으며, 9월 1일부터 9월 30일까지의 기간 동안 다음의 거래들이 발생하였다. 이 거래들을 기록한 후 2×24년 9월의 포괄손익계산서와 9월 30일 현재의 재무상태표를 작성하도록 한다.

① 9월 1일: 주주들이 출자하여 현금 ₩400,000이 클린복사(주)에 납입되었다. 클린복사(주)는 사무실과 복사기계를 사용하기 위한 임차계약을 체결하고, 2개월마다 임차료 ₩200,000을 지급하기로 계약하였다. 또한 매월 급여 ₩100,000을 주기로 하고 종업원을 채용하였다.

② 9월 3일: 복사용 소모품 ₩100,000을 구입하였다. 구입대금 중 ₩50,000은 현금으로 지급하고 나머지는 2개월 후에 지불하기로 하였다.

③ 9월 5일: 은행에서 연 6%의 이자율로 ₩300,000을 차입하였다. 차입금에 대한 이자는 매월 말에 지급한다.

④ 9월 10일: K사로부터 ₩100,000 상당의 복사주문을 받고 복사용역을 제공하였으며, 용역대금을 현금으로 받았다.

⑤ 9월 15일: H사로부터 ₩200,000 상당의 복사주문을 받고 복사용역을 제공하였으며, 용역대금 중 ₩100,000은 현금으로 받고, 나머지는 2개월 후에 받기로 하였다.

⑥ 9월 25일: 종업원급여 ₩100,000을 현금으로 지급하였다.

⑦ 9월 30일: 은행차입금의 이자 ₩1,250을 현금으로 지급하였다.

⑧ 9월 30일: 이익배당을 결정하고 주주들에게 배당금 ₩50,000을 현금으로 지급하였다.

그러면 각 거래의 내용을 분석하고 회계등식을 이용하여 거래를 기록해 보자.

[거래 ① 주주의 출자]

9월 1일: 주주들이 출자하여 현금 ₩400,000이 클린복사(주)에 납입되었다. 클린복사(주)는 사무실과 복사기계를 사용하기 위한 임차계약을 체결하고, 2개월마다 임차료 ₩200,000을 지급하기로 계약하였다. 또한 매월 급여 ₩100,000을 주기로 하고 종업원을 채용하였다.

거래분석: 주주들의 출자로 자본금(자본항목) ₩400,000이 증가하고, 현금이 납입되었으므로 현금(자산항목)이 ₩400,000 증가한다. 클린복사(주)가 임차계약을 체결한 것 자체는 회계거래가 아니다. 또한 종업원을 채용한 것 자체도 회계거래가 아니다(왜냐하면, 임차계약 체결과 종업원 채용으로 클린복사(주)의 자산, 부채 또는 자본항목이 영향을 받지 않았기 때문이다).

회계등식:	자 산	=	부 채	+	자 본
	현 금				자본금
〈거래 ①〉	+400,000	=			+400,000
〈거래 후〉	400,000	=			400,000

거래의 양면성에 따라 자산과 자본이 같은 금액으로 증가하였다. 위 거래는 자본의 본질이 자산에 대한 소유주의 청구권이라는 것을 잘 나타내는 예이다. 클린복사(주)가 현금 ₩400,000을 보유하게 된 것은 주주들의 출자가 있었기 때문이다. 만일 이 시점에서 클린복사(주)가 청산한다면 주주들은 ₩400,000을 다시 받게 된다.

클린복사(주)는 2×24년 9/1일에 설립되었으므로 9/1일의 재무상태표가 회계기간 초의 재무상태표가 된다. 9/1일 현재의 재무상태표를 작성하면 다음과 같다.

재무상태표

클린복사(주) 2×24년 9월 1일 현재

자 산:		부 채:	₩0
현 금	₩400,000	자 본:	
		자 본 금	₩400,000
		자본 총계	₩400,000
자산 총계	₩400,000	부채와 자본 총계	₩400,000

[거래 ② 소모품의 신용구입]

9월 3일: 복사용 소모품 ₩100,000을 구입하였다. 구입대금 중 ₩50,000은 현금으로 지급하고 나머지는 2개월 후에 지불하기로 하였다.

거래분석: 소모품을 구입했으므로 소모품(자산항목)이 ₩100,000 증가한다. 구입대금 중 ₩50,000을 지급했으므로 현금(자산항목)이 ₩50,000 감소하고, 나머지 미지급액 ₩50,000은 추후 지급해야 하므로 미지급금(부채항목)이 ₩50,000 증가한다.

회계등식:	자 산		=	부 채	+ 자 본
	현 금	소모품		미지급금	자본금
〈거래 전〉	400,000	0	=	0	400,000
〈거래 ②〉	−50,000	+100,000	=	+50,000	0
〈거래 후〉	350,000	100,000	=	50,000	400,000

위 거래에서는 자산의 두 항목과 부채의 한 항목이 영향을 받았다. 그러나 자산의 순증가는 ₩50,000이고 이는 부채의 증가액과 같으므로 거래 후에도 여전히 회계등식이 유지되고 있다. 9/1일과 비교하여 자산 총액이 ₩450,000으로 증가하였지만, 부채도 증가함에 따라 자산 총액은 부채 총액 ₩50,000과 자본 총액 ₩400,000의 합계와 같다.

[거래 ③ 현금의 차입]

9월 5일: 은행에서 연 6%의 이자율로 ₩300,000을 차입하였다. 차입금에 대한 이자는 매월 말에 지급한다.

거래분석: 현금을 차입하였으므로 현금(자산항목)이 ₩300,000 증가한다. 차입한 금액은 미래에 상환해야 하므로 차입금(부채항목)이 ₩300,000 증가한다.

회계등식:	자 산		=	부 채	+	자 본
	현 금	소모품		미지급금	차입금	자본금
〈거래 전〉	350,000	100,000	=	50,000	0	400,000
〈거래 ③〉	+300,000	0	=	0	+300,000	0
〈거래 후〉	650,000	100,000	=	50,000	300,000	400,000

현금의 차입은 자산증가와 부채증가의 양면성을 갖고 있으므로 거래가 발생한 후에도 여전히 회계등식이 유지되고 있다. 이제는 자산 총액이 ₩750,000(=650,000+100,000)이고 이는 부채 총액 ₩350,000과 자본 총액 ₩400,000의 합계와 같다. 아래에서 보는 바와 같이, 나머지 거래들이 발생한 후에도 거래의 양면성으로 인해 회계등식이 항상 성립한다.

● 수익과 비용의 인식

위의 세 거래에서는 수익과 비용이 발생하지 않았다. 이제 수익과 비용을 발생시키는 거래들이 회계등식에 어떻게 반영되는지 살펴보자. 수익과 비용은 소유주의 청구권인 자본의 증감을 초래하는데 자본항목 중에서도 **이익잉여금**을 증감시킨다(제2장 4절 참조). 자본항목 중에서 **자본금**은 주주의 출자액을 나타내는 항목이고, 회계기간 동안 발생한 수익과 비용, 따라서 그 차액인 순이익은 이익잉여금에 누적된다. 그리고 이익잉여금은 주주에게 **이익배당**을 할 수 있는 원천이 되고, 실제로 배당을 하면 그만큼 이익잉여금이 감소한다.

수익과 비용을 인식하는 기준은 제2장 5절에서 설명한 바 있다. 여기서 다시 언급하면, 수익과 비용은 **발생기준 회계**(accrual accounting)에 따라 인식한다. 즉, 재화·용역의 판매로 현금을 받는 경우는 물론, 현금수입이 없어도 판매대가로서 현금청구권을 받으면 매출수익을 인식한다. 또한 비용항목의 경우 매출원가(판매된 재화의 매입원가)는 관련된 매출수익을 인식할 때 그에 대응적으로 함께 인식한다(이에 대한 사례는 제5장에서 다룬다). 판매 및 관리활동에 소요되는 대부분의 비용항목들(종업원급여, 임차료, 통신비, 수도광열비 등)은 그 발생한 회계기간에 비용으로 인식한다. 즉, 기업이 종업원의 노동력을 사용하거나 타실체의 건물 등을 사용하고 그 대가를 지급한 경우는 물론, 사용대가를 지급하지 않은 경우에도 사용대가 부담액을 당해 회계기간의 비용금액으로 기록한다. 그리고 기업이 자신의 자산(예: 소모품)을 사용함으로써 발생하는 비용항목의 경우에는 회계기간 동안 사용한 금액을 비용금액으로 기록한다.

위에서 설명한 수익·비용의 인식기준이 아래의 거래에서 수익과 비용을 기록하는 데 적용된다. 또한 후술하는 제4장 이하에서 다른 사례를 다룰 때에도 위에 언급한 수익·비용의 인식기준이 계속 적용될 것이다.

[거래 ④ 복사용역 제공과 현금수취]

9월 10일: K사로부터 ₩100,000 상당의 복사주문을 받고 복사용역을 제공하였으며, 용역대금을 현금으로 받았다.

거래분석: 복사용역을 제공하여 용역수익이 발생하였으므로 이익잉여금(자본항목)이 ₩100,000 증가한다. 또한 용역대가로 현금을 받았으므로 현금(자산항목)이 ₩100,000 증가한다.

회계등식:	자 산		=	부 채		+	자 본	
	현 금	소모품		미지급금	차입금		자본금	이익잉여금
〈거래 전〉	650,000	100,000	=	50,000	300,000		400,000	0
〈거래 ④〉	+100,000	0	=	0	0		0	+100,000
〈거래 후〉	750,000	100,000	=	50,000	300,000		400,000	100,000

위 거래에서는 복사용역을 제공하여 수익이 실현되었고 현금을 수취하였다. 수익의 실현으로 증가한 자산 ₩100,000에 대해서는 소유주가 청구권을 가지고 있으므로 자본항목인 이익잉여금이 그만큼 증가한다.

[거래 ⑤ 복사용역 제공과 매출채권의 인식]

9월 15일: H사로부터 ₩200,000 상당의 복사주문을 받고 복사용역을 제공하였으며, 용역대금 중 ₩100,000은 현금으로 받고, 나머지는 2개월 후에 받기로 하였다.

거래분석: 복사용역을 제공하여 용역수익이 발생하였으므로 이익잉여금(자본항목)이 ₩200,000 증가한다. 용역대금 중 ₩100,000은 현금으로 받았으므로 현금(자산항목)이 ₩100,000 증가하고, 나머지는 2개월 후에 받기로 하였으므로 매출채권(자산항목)이 ₩100,000 증가한다.

회계등식:	자 산			=	부 채		+	자 본	
	현 금	매출채권	소모품		미지급금	차입금		자본금	이익잉여금
〈거래 전〉	750,000	0	100,000	=	50,000	300,000		400,000	100,000
〈거래 ⑤〉	+100,000	+100,000	0	=	0	0		0	+200,000
〈거래 후〉	850,000	100,000	100,000	=	50,000	300,000		400,000	300,000

위 거래의 경우 용역대가의 일부를 현금으로 수취하지 않았다. 그러나 복사용역을 제공한 대가로서 추후 ₩100,000을 받을 권리가 생겼으므로, **발생기준 회계**에 따라 용역대가 총액 ₩200,000을 수익으로 인식한다. 추후 ₩100,000을 받을 권리는 자산항목인 매출채권으로 기록한다.

[거래 ⑥ 종업원급여의 지급]

9월 25일: 종업원급여 ₩100,000을 현금으로 지급하였다.

거래분석: 종업원급여는 비용이므로 이익잉여금(자본항목)이 ₩100,000 감소하고, 현금을 지급하였으므로 현금(자산항목)이 ₩100,000 감소한다.

회계등식:	자 산			=	부 채		+	자 본	
	현 금	매출채권	소모품		미지급금	차입금		자본금	이익잉여금
〈거래 전〉	850,000	100,000	100,000	=	50,000	300,000		400,000	300,000
〈거래 ⑥〉	−100,000	0	0	=	0	0		0	−100,000
〈거래 후〉	750,000	100,000	100,000	=	50,000	300,000		400,000	200,000

[거래 ⑦ 차입금이자의 지급]

9월 30일: 은행차입금의 이자 ₩1,250을 현금으로 지급하였다.

거래분석: 차입금이자는 비용이므로 이익잉여금(자본항목)이 ₩1,250 감소하고, 이자를 지급하였으므로 현금(자산항목)이 ₩1,250 감소한다.

회계등식:	자 산			=	부 채		+	자 본	
	현 금	매출채권	소모품		미지급금	차입금		자본금	이익잉여금
〈거래 전〉	750,000	100,000	100,000	=	50,000	300,000		400,000	200,000
〈거래 ⑦〉	−1,250	0	0	=	0	0		0	−1,250
〈거래 후〉	748,750	100,000	100,000	=	50,000	300,000		400,000	198,750

[거래 ⑧ 배당금의 지급]

9월 30일: 이익배당을 결정하고 주주들에게 배당금 ₩50,000을 현금으로 지급하였다.

거래분석: 이익배당을 하였으므로 이익잉여금(자본항목)이 ₩50,000 감소하고, 현금을 지급하였으므로 현금(자산항목)이 ₩50,000 감소한다.

회계등식:	자 산			=	부 채		+	자 본	
	현 금	매출채권	소모품		미지급금	차입금		자본금	이익잉여금
〈거래 전〉	748,750	100,000	100,000	=	50,000	300,000		400,000	198,750
〈거래 ⑧〉	−50,000	0	0	=	0	0		0	−50,000
〈거래 후〉	698,750	100,000	100,000	=	50,000	300,000		400,000	148,750

이상과 같이 8개의 거래들을 모두 기록하였다. 그런데 2×24년 9월의 순이익을 측정하려면 9월에 발생한 모든 수익과 비용이 기록되어야 하는데, 과연 발생한 수익과 비용이 전부 기록되었을까? 거래 ①에 따르면, 9월 1일에 사무실과 복사기계의 임차계약을 체결하였을 때, 2개월마다 ₩200,000의 임차료를 지급하게 되어 있다. 그래서 이 계약에 의거하여, 클린복사(주)는 9월 중에 임차료를 지급하지 않았

다. 그러나 클린복사(주)는 9월 동안 실제로 사무실과 복사기계를 사용하였기 때문에 9월 한 달의 임차료 비용 ₩100,000(=200,000/2)이 발생하였고 동시에 임대자는 9월 한 달의 임대료를 받을 권리가 있다. 따라서 클린복사(주)는 **발생기준 회계**를 적용하여 9월 한 달의 임차료 ₩100,000을 비용으로 인식해야 한다.

또한 거래 ②에서 구입한 복사용 소모품은 9월 중에 복사용역을 제공하면서 일부 사용되었음에도 불구하고 아직 그 사용액을 비용으로 인식하지 않은 상태이다. 이러한 사용액 역시 발생기준 회계에 따라 9월의 비용으로 인식해야 한다. 클린복사(주)가 9/30일 현재 소모품 재고를 파악한 결과 ₩60,000의 소모품이 남아 있다고 하자. 그러면 앞의 8개 거래 이외에도 다음의 두 거래가 추가적으로 발생하였으며, 이들을 반영해야만 9월의 순이익을 측정할 수 있다.

⑨ 9월 30일: 임차료가 지급되지는 않았지만, 9월의 임차료 ₩100,000이 발생하였다.

⑩ 9월 30일: 소모품의 재고를 파악한 결과, 9월 중에 ₩40,000의 소모품이 사용되었다.

[거래 ⑨ 미지급된 비용의 인식]

거래분석: 임차료 비용이 발생하였기 때문에 이익잉여금(자본항목)이 ₩100,000 감소하고, 또 추후에 임차료를 지급해야 하므로 미지급비용(부채항목)이 ₩100,000 증가한다(비용의 미지급을 나타내는 부채항목은 '미지급비용'이라고 부르고, 소모품, 비품, 건물 등의 구입대금 미지급을 나타내는 부채항목은 '미지급금'이라고 부른다).

회계등식:	자 산			=	부 채			+	자 본	
	현 금	매출채권	소모품		미지급금	미지급비용	차입금		자본금	이익잉여금
〈거래 전〉	698,750	100,000	100,000	=	50,000	0	300,000		400,000	148,750
〈거래 ⑨〉	0	0	0	=	0	+100,000	0		0	−100,000
〈거래 후〉	698,750	100,000	100,000	=	50,000	100,000	300,000		400,000	48,750

[거래 ⑩ 소모품비의 인식]

거래분석: ₩40,000의 소모품이 사용되었으므로 비용인 소모품비 ₩40,000이 발생하여 이익잉여금(자본항목)이 ₩40,000 감소하고, 또한 소모품(자산항목)도 ₩40,000 감소한다.

회계등식:	자 산	=	부 채	+	자 본

	현 금	매출채권	소모품		미지급금	미지급비용	차입금	자본금	이익잉여금
〈거래 전〉	698,750	100,000	100,000	=	50,000	100,000	300,000	400,000	48,750
〈거래 ⑩〉	0	0	−40,000	=	0	0	0	0	−40,000
〈거래 후〉	698,750	100,000	60,000	=	50,000	100,000	300,000	400,000	8,750

위와 같이 ⑨와 ⑩의 두 거래를 추가적으로 기록한 후에도 회계등식은 여전히 유지되고 있다. 9/30일 현재 클린복사(주)의 자산 총액은 ₩858,750이고, 부채 총액은 ₩450,000, 그리고 자본 총액은 ₩408,750이다.

이제 위의 회계기록을 이용하여 클린복사(주)의 재무제표를 작성하면 〈표 3-1〉과 같다. 먼저 9/1~9/30일의 회계기간에 대한 포괄손익계산서를 보면, 수익 총액이 ₩300,000이고 비용 총액은 ₩241,250이어서 9월의 순이익이 ₩58,750이다. 수익 총액 ₩300,000은 거래 ④와 ⑤의 용역수익 합계이다. 비용 총액 ₩241,250은 거래 ⑥, ⑦, ⑨ 및 ⑩에서 발생한 비용의 합계이다. 그리고 기타포괄손익은 없으므로 당기순이익과 포괄이익은 동일하다.

9/30일 현재의 재무상태표는 마지막 거래인 거래 ⑩이 발생한 후의 회계등식 내용을 그대로 옮겨 놓은 것과 같다. 자본항목인 이익잉여금의 9/30일 현재 금액 ₩8,750은 포괄손익계산서의 당기순이익 ₩58,750과 다른데, 이는 거래 ⑧에서 주주들에게 이익배당을 했기 때문에 이익잉여금 기말금액이 감소한 데 따른 것이다. 제2장 4절에서 설명하였듯이, **배당은 비용이 아니다**. 그러나 배당을 하면 그만큼 소유주(주주)의 청구권이 감소하므로 자본항목인 이익잉여금이 감소한다.

〈표 3-1〉의 중간에 있는 **자본변동표**는 재무상태표에서 이익잉여금 기말금액이 ₩8,750으로 표시된 이유를 직접 설명하고 있다. 회계기간 초인 9/1일 당시 이익잉여금이 없었는데 9월의 경영활동에서 ₩58,750의 순이익이 획득됨에 따라 주주들

에게 배당가능한 이익은 ₩58,750이다. 이 중에서 ₩50,000을 배당으로 지급하였으므로 회계기간 말인 9/30일 현재 이익잉여금 잔액은 ₩8,750이 된다.

표 3-1
클린복사(주)의 2×24년 9월의 재무제표

포괄손익계산서

클린복사(주) 2×24년 9월 1일~2×24년 9월 30일

수 익:	용역수익		₩300,000
비 용:	종업원급여	100,000	
	임 차 료	100,000	
	소모품비	40,000	
	이자비용	1,250	241,250
당기순이익			58,750
기타포괄손익			0
당기포괄이익			₩58,750

자본변동표

클린복사(주) 2×24년 9월 1일~2×24년 9월 30일

	자 본 금	이익잉여금	합 계
2×24년 9월 1일 설립시 출자	₩400,000	₩0	₩400,000
당기순이익		58,750	58,750
배 당		(50,000)	(50,000)
2×24년 9월 30일	₩400,000	₩8,750	₩408,750

재무상태표

클린복사(주) 2×24년 9월 30일 현재

자 산:		부 채:	
현 금	₩698,750	미지급금	₩50,000
매출채권	100,000	미지급비용	100,000
소 모 품	60,000	차 입 금	300,000
		부채 총계	₩450,000
		자 본:	
		자 본 금	₩400,000
		이익잉여금	8,750
		자본 총계	₩408,750
자산 총계	₩858,750	부채와 자본 총계	₩858,750

앞에서와 같이 회계등식 자체를 이용하여 거래를 기록하고 재무제표를 작성해 보았다. 이러한 기록방법도 재무제표를 작성할 수 있게 하는 한 방법이다. 그러나 그와 같이 거래가 발생할 때마다 회계등식에서 관련 항목의 금액을 증감시키고 또 모든 항목의 금액을 표시하는 기록방법은 실제의 상황에서는 사용하기 어려운 방법이다. 앞의 사례에서는 자산, 부채 및 자본의 항목이 다 합쳐서 8개밖에 되지 않았고, 거래의 수도 10개에 불과하였다. 그러나 실제의 상황에서는 자산, 부채 및 자본의 항목들이 훨씬 많으며 또 회계기간 중에 수많은 거래들이 발생한다. 이때 많은 항목들을 옆으로 나열하면서 아래로는 수많은 거래들을 기록하는 것은 매우 불편하고 시간도 많이 소요된다. 뿐만 아니라, 회계기간 말에 와서 포괄손익계산서를 작성하려면, 이익잉여금을 증감시킨 모든 거래들을 수익 · 비용항목별로 그룹핑해서 항목별로 발생액을 집계해야 한다.

이와 같이 회계등식 자체를 이용하는 기록방법은 시간과 노력의 관점에서 비효율적인 방법이다. 그러므로 개념적으로는 회계등식에 일치하면서 효율적으로 거래를 기록할 수 있는 방법이 필요하며, 다음 절에서는 그러한 방법이 소개될 것이다.

제3절 계정과 분개 및 전기

3.1 계정의 이용

회계기간 중에 발생하는 수많은 거래들은 발생할 때마다 기업의 자산, 부채 및 자본항목들을 변동시킨다. 이러한 상황에서 거래발생의 효과를 체계적으로 기록하기 위해서는 항목별로 증가 · 감소를 기록할 장소가 필요하며 이를 위해 회계에서는 각 항목에 대해 계정을 설정한다.

> **계정**(accounts)이란 자산, 부채, 자본, 수익 및 비용의 **세부항목별**로 그 증가 · 감소를 기록하는 장소를 말한다.

포괄손익계산서의 작성을 용이하게 하기 위하여 수익과 비용에 대해서도 그 항목별로 계정을 설정한다. 즉, 수익 또는 비용항목이 발생하였을 때 자본항목인 이익잉여금을 증감시키는 대신에 해당 수익항목 또는 비용항목의 계정에 기록한다. 이와 같이 회계기간 중에 수익과 비용항목을 별도로 기록해 놓으면 포괄손익계산서를 쉽게 작성할 수 있다. 또 언제든지 수익과 비용항목의 발생액을 즉시 파악할 수 있어서 경영관리에도 도움이 된다.

계정이 어떤 구조로 되어 있는지 구체적으로 살펴보자. 예를 들면, 자산항목인 현금에 대해 설정되는 계정은 다음의 구조로 되어 있다.

현금계정

현금의 증가를 기록하는 장소	현금의 감소를 기록하는 장소
↓	↓
차변이라고 부름 (계정의 왼쪽)	**대변**이라고 부름 (계정의 오른쪽)

위에서 보듯이, 현금계정은 왼쪽과 오른쪽의 두 부분으로 구성되어 있으며, 왼쪽에는 현금의 증가를 기록하고 반대편인 오른쪽에는 현금의 감소를 기록한다. 여기서 **계정의 왼쪽**을 **차변**(debit)이라 부르고, **계정의 오른쪽**을 **대변**(credit)이라고 부른다. 위의 계정은 영문자 T의 형태를 갖고 있으므로 흔히 **T-계정**이라고 불린다. 현금계정의 차변에는 현금의 증가를 기록하고 대변에는 현금의 감소를 기록하므로, 어느 시점에서든지 「현금잔액=차변기입액 합계−대변기입액 합계」의 관계가 성립하게 된다(이는 우리가 예금통장의 잔액을 계산하는 것과 같은 원리이다).

현금을 포함한 모든 자산항목에 대해 위와 같은 계정이 설정되며, 계정의 차변에는 해당 자산항목의 증가를 기록하고 반대편인 대변에는 해당 자산항목의 감소를 기록한다.

한편, 부채와 자본항목에 대해서는 그 증가를 계정의 대변에 기록하고, 그 감소는 반대편인 차변에 기록한다. 이와 같이 부채와 자본의 경우 그 증가 · 감소를 기록하는 위치가 자산의 경우와 반대인 것은 회계등식에서 부채 · 자본이 자산의 반대편 위치에 있기 때문이다.

회계등식: 자 산 = 부 채 + 자 본

↓ (자산) 등식의 왼쪽에 있으므로 계정의 왼쪽(차변)에 증가를 기록

↓ (부채, 자본) 등식의 오른쪽에 있으므로 계정의 오른쪽(대변)에 증가를 기록

자산계정	
(차변)	(대변)
증가를 기록	감소를 기록
↓ 잔액이 있는 위치	

부채계정	
(차변)	(대변)
감소를 기록	증가를 기록
	↓ 잔액이 있는 위치

자본계정	
(차변)	(대변)
감소를 기록	증가를 기록
	↓ 잔액이 있는 위치

위에서 회계기간 중에 자본항목의 변동을 기록할 때에는 수익과 비용을 자본항목(이익잉여금)에 포함시키지 않는다. 앞에서 언급하였듯이, 회계기간 중에는 수익과 비용항목들을 각각 별도의 수익계정과 비용계정에 기록한다. 수익과 비용항목들을 별도의 계정에 기록하는 방법은 자본항목의 기록방법과 같다. 즉, 수익의 발생은 자본의 '증가'를 초래하므로 수익항목의 발생은 해당 수익계정의 '대변'에 기록한다. 반면에 비용의 발생은 자본의 '감소'를 초래하므로 비용항목의 발생은 해당 비용계정의 '차변'에 기록한다.

비용계정	
(차변)	(대변)
발생을 기록	
↓ 비용은 자본을 감소시키므로 왼쪽인 차변에 기록	

수익계정	
(차변)	(대변)
	발생을 기록
	↓ 수익은 자본을 증가시키므로 오른쪽인 대변에 기록

수익과 비용항목들은 발생한 금액이 전부 순이익 측정에 포함되며, **발생한 금액이 다시 감소할 수가 없다.** 따라서 수익계정의 경우 대변에만 금액이 기록되고, 비용계정의 경우에는 차변에만 금액이 기록된다. 이러한 이유로 수익과 비용에 대해서는 증가 · 감소라는 표현을 사용하지 않는다. 다만, 회계기간 말에 와서 계정의 기록을 정리할 때에는 위의 빈 부분에 금액이 기입될 수 있다(이러한 정리절차는 제4장에서 소개된다).

각 계정의 차변기입액과 대변기입액은 서로 반대의 의미를 갖고 있으므로 어느 시점에서 각 계정의 '잔액'은 차변기입액 합계와 대변기입액 합계의 '차이'가 된다. 어느 시점에서 자산, 부채 및 자본계정의 잔액이 있는 위치와 그 이유는 다음과 같이 요약할 수 있다.

- 자산계정의 잔액: 자산의 증가를 항상 차변에 기입하기 때문에 차변에 잔액이 있게 된다.
- 부채계정의 잔액: 부채의 증가를 항상 대변에 기입하기 때문에 대변에 잔액이 있게 된다.
- 자본계정의 잔액: 자본의 증가를 항상 대변에 기입하기 때문에 대변에 잔액이 있게 된다.

회계기간 말 시점에서 자산, 부채 및 자본계정의 그러한 잔액들이 재무상태표에 계상될 금액이 된다. 또한 위에서 언급하였듯이, 수익항목의 경우 발생한 금액이 항상 대변에 기입되고, 반면에 비용항목의 경우는 발생한 금액이 항상 차변에 기입된다. 따라서 회계기간 전체에 대한 수익계정의 대변기입액 합계와 비용계정의 차변기입액 합계가 각각 포괄손익계산서에 계상될 금액이 된다.

〈표 3-2〉는 자산, 부채, 자본, 수익 및 비용의 세부항목으로서 여러 계정과목들을 예시하고 있다. 여기에 예시된 계정과목의 일부는 이미 앞의 제2절에서 사용된 바 있다. 〈표 3-2〉에서 보는 바와 같이, 각 계정과목에는 당해 항목의 성격을 잘 나타낼 수 있는 명칭이 부여되어 있다. 그런데 여기서 유의해야 할 것은 '당기순이익'과 '포괄이익'에 대해서는 계정이 설정되지 않는다는 점이다. 즉, (기타포괄손익을 포함하여) 수익과 비용에 대해 계정이 설정되었기 때문에 당기순이익과 포괄이익에 대해서는 계정이 설정되지 않으며, 당기순이익은 포괄손익계산서에서 수익과 비용의 차이로 표시되고, 포괄이익은 당기순이익과 기타포괄손익의 합계로 표시된다.

표 3-2
계정과목의 예

구분	계정과목	구분	계정과목
〈자 산〉	현 금	〈수 익〉	매 출(재화의 판매)
	대 여 금(단기, 장기)		용역수익
	매출채권		임 대 료
	미 수 금		이자수익
	미수수익		배당금수익
	선급비용		자산재평가차익
	상 품		
	제 품	〈비 용〉	매출원가
	소 모 품		종업원급여
	토 지		임 차 료
	건 물		통 신 비
	기계장치		운 송 비
	비 품		보 험 료
	차량운반구		소모품비
			광 고 비
〈부 채〉	매입채무		복리후생비
	차 입 금(단기, 장기)		수도광열비
	미지급금		감가상각비
	선수수익		대손상각비
	미지급비용		이자비용
			법인세비용
〈자 본〉	자 본 금		자산재평가차손
	이익잉여금		
	재평가잉여금		* 당기순이익과 포괄이익에 대해서는 계정이 설정되지 않음.

3.2 거래분석과 계정기입: 분개와 전기

앞에서 소개한 계정을 이용하여 회계기입을 하는 방법을 구체적으로 살펴보자. 제2절에서 다루었던 클린복사(주)의 사례를 이용하여 계정기입의 절차를 설명하면 다음과 같다.

[거래 ① 주주의 출자]

9월 1일: 주주들이 출자하여 현금 ₩400,000이 클린복사(주)에 납입되었다. 클린복사(주)는 사무실과 복사기계를 사용하기 위한 임차계약을 체결하고, 2개월마다 임차료 ₩200,000을 지급하기로 계약하였다. 또한 매월 급여 ₩100,000을 주기로 하고 종업원을 채용하였다.

거래분석: 현　금(자산항목) ₩400,000 증가 → 현금계정 차변에 기입
자본금(자본항목) ₩400,000 증가 → 자본금계정 대변에 기입

위의 분석은 관련 계정에 기입할 내용을 구체화한 것인데, 이를 좀더 간결하게 표현하면 다음과 같이 나타낼 수 있을 것이다.

(차변) 현　금	400,000	(대변) 자 본 금	400,000

↓ 현금이 증가하였으므로 현금계정의 차변에 기입해야 함을 의미함

↓ 자본금이 증가하였으므로 자본금계정의 대변에 기입해야 함을 의미함

위와 같이, 거래로 인해 자산, 부채, 자본, 수익, 비용의 어떤 항목이 얼마만큼 영향을 받았는지 구체화함으로써 해당 계정의 차변 또는 대변에 기입하도록 표시한 것을 **분개**(分介, journal entries)라고 부른다. 위 분개의 내용을 해당 계정의 차변 또는 대변에 기입하면 다음과 같이 기입되게 된다.

계정에 전기

현　금

① 400,000	

자 본 금

	① 400,000

분개에 있는 차변의 현금 증가액은 현금계정의 차변에 그대로 기입하고, 대변의 자본금 증가액은 자본금계정의 대변에 그대로 기입한다. 이와 같이 분개의 내용을 해당 계정의 차변과 대변에 옮겨 적는 것을 **전기**(轉記, posting)라고 부른다. 아래에서 나머지 거래들에 대해서도 분개와 전기를 하도록 하자.

[거래 ② 소모품의 신용구입]

9월 3일: 복사용 소모품 ₩100,000을 구입하였다. 구입대금 중 ₩50,000은 현금으로 지급하고 나머지는 2개월 후에 지불하기로 하였다.

거래분석: 소 모 품(자산항목) ₩100,000 증가 → 소모품계정 차변에 기입
현　　금(자산항목) ₩50,000 감소 → 현금계정 대변에 기입
미지급금(부채항목) ₩50,000 증가 → 미지급금계정 대변에 기입

(차변)	소 모 품	100,000	(대변)	현　　금	50,000
				미지급금	50,000

계정에 전기

현　금

차변	대변
① 400,000	② 50,000

소 모 품

차변	대변
② 100,000	

미지급금

차변	대변
	② 50,000

[거래 ③ 현금의 차입]

9월 5일: 은행에서 연 6%의 이자율로 ₩300,000을 차입하였다. 차입금에 대한 이자는 매월 말에 지급한다.

거래분석: 현　금(자산항목) ₩300,000 증가 → 현금계정 차변에 기입
차입금(부채항목) ₩300,000 증가 → 차입금계정 대변에 기입

(차변)	현　　금	300,000	(대변)	차 입 금	300,000

계정에 전기

현　금

차변	대변
① 400,000	② 50,000
③ 300,000	

차 입 금

차변	대변
	③ 300,000

[거래 ④ 복사용역 제공과 현금수취]

9월 10일: K사로부터 ₩100,000 상당의 복사주문을 받고 복사용역을 제공하였으며, 용역대금을 현금으로 받았다.

거래분석: 현 금(자산항목) ₩100,000 증가 → 현금계정 차변에 기입
용역수익(수익항목) ₩100,000 발생 → 용역수익계정 대변에 기입

(차변) 현 금	100,000	(대변) 용역수익	100,000

이 거래에서는 수익이 발생하였는데, 이익잉여금계정 대신에 해당 수익계정의 대변에 기입한다. 아래의 거래들에서도 수익과 비용은 해당 수익·비용계정에 기입될 것이다.

계정에 전기

현 금 (차변)		현 금 (대변)		용역수익 (차변)		용역수익 (대변)	
①	400,000	②	50,000			④	100,000
③	300,000						
④	100,000						

[거래 ⑤ 복사용역 제공과 매출채권의 인식]

9월 15일: H사로부터 ₩200,000 상당의 복사주문을 받고 복사용역을 제공하였으며, 용역대금 중 ₩100,000은 현금으로 받고, 나머지는 1개월 후에 받기로 하였다.

거래분석: 현 금(자산항목) ₩100,000 증가 → 현금계정 차변에 기입
매출채권(자산항목) ₩100,000 증가 → 매출채권계정 차변에 기입
용역수익(수익항목) ₩200,000 발생 → 용역수익계정 대변에 기입

(차변) 현 금	100,000	(대변) 용역수익	200,000
매출채권	100,000		

계정에 전기

현 금

①	400,000	②	50,000
③	300,000		
④	100,000		
⑤	100,000		

용역수익

		④	100,000
		⑤	200,000

매출채권

⑤	100,000		

[거래 ⑥ 종업원급여의 지급]

9월 30일: 종업원급여 ₩100,000을 현금으로 지급하였다.

거래분석: 현　금(자산항목) ₩100,000 감소 → 현금계정 대변에 기입
종업원급여(비용항목) ₩100,000 발생 → 종업원급여계정 차변에 기입

(차변) 종업원급여	100,000	(대변) 현　금	100,000

계정에 전기

현 금

①	400,000	②	50,000
③	300,000	⑥	100,000
④	100,000		
⑤	100,000		

종업원급여

⑥	100,000		

[거래 ⑦ 차입금이자의 지급]

9월 30일: 은행차입금의 이자 ₩1,250을 현금으로 지급하였다.

거래분석: 현　금(자산항목) ₩1,250 감소 → 현금계정 대변에 기입
이자비용(비용항목) ₩1,250 발생 → 이자비용계정 차변에 기입

(차변) 이자비용	1,250	(대변) 현　금	1,250

계정에 전기

현 금			
①	400,000	②	50,000
③	300,000	⑥	100,000
④	100,000	⑦	1,250
⑤	100,000		

이자비용			
⑦	1,250		

[거래 ⑧ 배당금의 지급]

9월 30일: 이익배당을 결정하고 주주들에게 배당금 ₩50,000을 현금으로 지급하였다.

거래분석: 현　　금(자산항목) ₩50,000 감소 → 현금계정 대변에 기입
이익잉여금(자본항목) ₩50,000 감소 → 이익잉여금계정 차변에 기입

(차변) 이익잉여금	50,000	(대변) 현　　금	50,000

계정에 전기

현 금			
①	400,000	②	50,000
③	300,000	⑥	100,000
④	100,000	⑦	1,250
⑤	100,000	⑧	50,000

이익잉여금			
⑧	50,000		

이익잉여금계정은 자본계정인데 지금 차변에만 금액이 기입되어 있다. 나중에 9월의 순이익을 이익잉여금계정에 포함시키면 그때 대변에 잔액이 생기게 된다.

[거래 ⑨ 미지급된 비용의 인식]

9월 30일: 임차료가 지급되지는 않았지만, 9월의 임차료 ₩100,000이 발생하였다.

거래분석: 임 차 료(비용항목) ₩100,000 발생 → 임차료계정 차변에 기입
미지급비용(부채항목) ₩100,000 증가 → 미지급비용계정 대변에 기입

(차변) 임 차 료	100,000	(대변) 미지급비용	100,000

계정에 전기

임 차 료			
⑨	100,000		

미지급비용			
		⑨	100,000

[거래 ⑩ 소모품비의 인식]

9월 30일: 소모품의 재고를 파악한 결과, 9월 중에 ₩40,000의 소모품이 사용되었다.

거래분석: 소모품비(비용항목) ₩40,000 발생 → 소모품비계정 차변에 기입
소 모 품(자산항목) ₩40,000 감소 → 소모품계정 대변에 기입

(차변) 소모품비	40,000	(대변) 소 모 품	40,000

계정에 전기

소 모 품			
②	100,000	⑩	40,000

소모품비			
⑩	40,000		

이상과 같이 9월의 거래들을 분개하고 또 해당 계정에 모두 전기하였다. 위에서 각 거래에 대해 분개한 결과를 보면 몇 가지 공통점을 발견할 수 있을 것이다. 아래에는 그러한 분개의 원리(복식부기의 원리)가 요약되어 있다. 이는 어떤 거래이든지 간에 항상 적용되는 것이므로 반드시 기억하도록 하자.

요점

분개의 원리(복식부기의 원리)

- 어떤 회계거래이든지 간에, 거래를 분개하면 반드시 한 개 이상의 차변기입과 한 개 이상의 대변기입이 동시에 발생한다.
- 어떤 회계거래이든지 간에, 거래를 분개하면 차변기입액의 합계와 대변기입액의 합계는 항상 같다.

[각 계정의 잔액]

9월의 거래들을 모두 기입한 결과, 9/30일 현재 각 계정의 잔액은 다음과 같다.

자산계정

현 금

① 400,000	② 50,000
③ 300,000	⑥ 100,000
④ 100,000	⑦ 1,250
⑤ 100,000	⑧ 50,000

잔액 698,750

매출채권

⑤ 100,000	

잔액 100,000

소 모 품

② 100,000	⑩ 40,000

잔액 60,000

부채계정

미지급금

	② 50,000

잔액 50,000

미지급비용

	⑨ 100,000

잔액 100,000

차 입 금

	③ 300,000

잔액 300,000

자본계정

자 본 금

	① 400,000

잔액 400,000

이익잉여금

⑧ 50,000	

잔액 50,000

수익계정

용역수익

	④ 100,000
	⑤ 200,000

잔액 300,000

비용계정

종업원급여

⑥ 100,000	

잔액 100,000

이자비용

⑦ 1,250	

잔액 1,250

임 차 료

⑨ 100,000	

잔액 100,000

소모품비

⑩ 40,000	

잔액 40,000

이와 같은 계정기입의 결과로부터 다음을 확인할 수 있다.

첫째, 자산계정의 경우 차변에 잔액이 있고 부채계정의 경우는 대변에 잔액이 있으며, 이들 잔액은 제2절에 있는 클린복사(주)의 재무상태표상의 금액들과 정확히 일치하고 있다.

둘째, 수익계정의 경우 잔액이 대변에 있고 비용계정의 경우는 잔액이 차변에 있으며, 이들 금액은 제2절에 있는 클린복사(주)의 포괄손익계산서상의 금액들과 정확히 일치하고 있다.

셋째, 자본의 경우 자본금계정의 잔액이 대변에 있고 이 또한 제2절의 재무상태표상의 금액과 일치하고 있다. 그런데 이익잉여금계정의 잔액이 차변에 있으면서 제2절의 재무상태표상의 금액과 일치하지 않고 있다.

이익잉여금계정의 잔액이 제2절의 재무상태표상의 금액과 다른 것은 수익과 비용을 별도의 계정에 기입하였기 때문이다. 수익과 비용계정의 금액들을 이익잉여금계정으로 옮기면 아래와 같이 이익잉여금계정의 대변잔액이 제2절의 재무상태표상의 금액과 일치하게 된다.

이익잉여금

		차변		대변	
배당금 지급	⑧	50,000	④	100,000	용역수익
종업원급여	⑥	100,000	⑤	200,000	용역수익
이자비용	⑦	1,250			
임 차 료	⑨	100,000			
소모품비	⑩	40,000			
			잔액	8,750	

위에서 수익계정의 금액(④와 ⑤)을 이익잉여금계정의 대변으로 옮긴 것은 수익이 이익잉여금을 증가시키기 때문이다(제2절에서 회계등식을 이용할 때에도 수익이 발생하면 이익잉여금을 증가시켰다). 한편, 비용의 경우는 그 반대이기 때문에 비용계정의 금액(⑥, ⑦, ⑨ 및 ⑩)은 이익잉여금계정의 차변으로 옮겨지게 된다. 이와 같이 수익과 비용(따라서, 순이익)을 이익잉여금계정으로 옮겨서 이익잉여금계정의 잔액을 확정시키는 것은 회계기간 말에 분개를 통해 이루어진다. 이 절차는 제4장에서 자세히 설명될 것이다.

제4절 회계장부와 전산회계시스템

4.1 분개장 · 전표와 총계정원장

앞에서 거래를 기록하는 방법으로서 '분개와 전기'를 설명하였다. 이와 같이 기업이 회계기간 중에 거래기록을 유지하기 위해서는 일정한 회계장부를 갖추고 있어야 한다. 자산, 부채, 자본, 수익 및 비용에는 많은 항목들이 있고 또 회계기간 중에 수많은 거래들이 발생하기 때문에 거래기록을 유지하기 위해서는 회계장부가 필요하다.

기업은 거래가 발생할 때마다 분개를 해야 하므로 분개내용을 기록하는 장부가 필요하고, 또 모든 계정을 모아 놓은 장부도 있어야 한다. 거래가 발생하였을 때 분개내용을 기록할 장부로서 **분개장** 또는 **분개전표**가 사용된다. 분개전표란 개개의 거래에 대해 그 분개내용을 기록하는 서식을 말한다. 이에 비해 분개장은 책자 형식의 장부이다.

한편 자산, 부채, 자본, 수익 및 비용의 모든 계정을 모아 놓은 장부로서 **총계정원장**(general ledger)이 사용된다. 분개장 또는 분개전표에서 분개가 이루어지면 차변과 대변의 금액이 총계정원장의 해당 계정으로 각각 전기된다. 그러므로 총계정원장 내의 각 계정에는 그동안 발생한 모든 거래의 결과가 기록되어 있다.

〈표 3-3〉에는 분개장과 총계정원장이 예시되어 있다. 여기에는 제3절에서 사례로 이용된 클린복사(주)의 9월 중 거래의 일부가 기록되어 있다. 〈표 3-3〉의 분개장에서 '원면'에 있는 숫자는 총계정원장에 있는 해당 계정의 번호를 나타낸다. 또한 총계정원장에서 '분면'에 있는 숫자는 분개장의 페이지 번호를 나타낸다. 이와 같이 원면과 분면을 기입해 놓으면 언제든지 분개장과 총계정원장의 기록내용을 쉽게 대조할 수 있다.

표 3-3
분개장과 총계정원장의 예

분 개 장 1면

일 자		계정과목 및 설명	원면	차 변	대 변
2×24년					
9월	1일	현 금	101	400,000	
		자 본 금	301		400,000
		주주가 출자하다.			
	3일	소 모 품	115	100,000	
		현 금	101		50,000
		미지급금	205		50,000
		소모품 ₩100,000을 구입하고 대금 중 ₩50,000은 2개월 후에 지불하기로 하다.			

총계정원장

현 금 계정번호 101

일 자		적 요	분면	차 변	대 변	잔 액
2×24년						
9월	1일	주주의 출자	1	400,000		400,000

자 본 금 계정번호 301

일 자		적 요	분면	차 변	대 변	잔 액
2×24년						
9월	1일	주주의 출자	1		400,000	400,000

4.2 전산회계시스템

앞에서 살펴본 바와 같이 거래를 기록하기 위해 분개와 전기를 해야 하지만, 일단 분개가 이루어지면 분개내용을 총계정원장의 해당 계정에 전기하는 것 자체는 단순하고 기계적인 작업이다. 기업의 회계실무에 전산시스템이 도입되기 전에는 수작업을 통해 원장전기를 하였다.

그러나 이제는 많은 기업들이 전산 소프트웨어를 이용하여 원장전기를 하고 있다. 즉, 컴퓨터에 분개내용을 입력하면 컴퓨터에 설치된 소프트웨어가 원장전기를 해 준다. 이처럼 전산시스템이 구축되면서 원장전기에 소요되는 시간과 노력을 크게 절감할 수 있게 되었고, 또 총계정원장을 항상 책자 형태로 유지해야 할 필요도 없게 되었다. 컴퓨터 내의 하드디스크에 총계정원장이 설치되어 있으며, 필요할 때 언제든지 총계정원장의 전부 또는 일부를 프린트해서 볼 수 있다. 그리고 거래를 분개할 때에도 많은 기업들이 분개장보다는 분개전표를 이용하고 있다.

전산시스템의 도입으로 총계정원장의 기록유지가 간편해졌음은 물론이고, 회계기간 말의 재무제표 작성에 소요되는 시간도 단축할 수 있게 되었다. 재무제표에 계정과목과 금액을 표시하는 것도 프로그래밍이 가능하다. 그래서 수작업으로 각 계정의 잔액을 일일이 재무제표에 옮기는 노력을 하지 않아도 된다.

그림 3-1
전산회계시스템

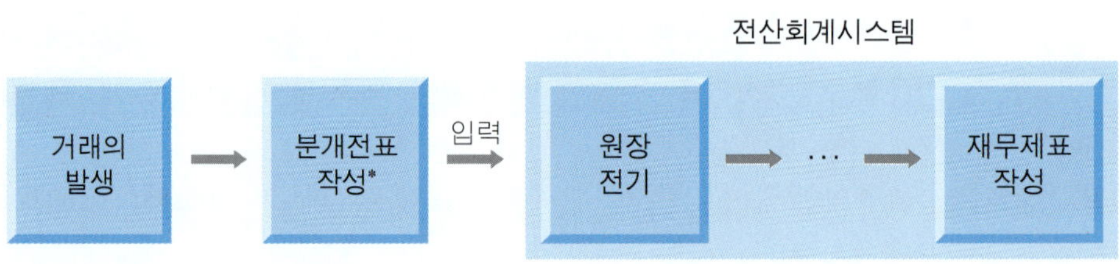

* 컴퓨터에 분개내용을 먼저 입력하고 보관용 분개전표를 출력할 수도 있음.

위와 같이 이제는 많은 기업들이 전산시스템을 이용하여 회계업무를 수행하고 있다. 그렇다면 컴퓨터가 모든 회계업무를 대신 해 줄 수 있을까? 그렇지는 않다. '분개'는 컴퓨터가 대신 해 줄 수 없다. 거래를 분개하는 데에는 사람의 판단이 필요하므로 컴퓨터가 분개를 해 줄 수는 없다. 그러므로 재무회계 학습자는 분개하는 데 익숙해질 수 있도록 일정한 노력을 투입해야 한다. 그리고 비록 많은 기업들이 전산시스템을 활용하고 있지만, 재무회계 학습자는 회계기입 및 재무제표 작성의 전체적 과정을 이해하고 있어야 한다. 그래야만 실제의 상황에서 컴퓨터를 이용한 회계업무도 효과적으로 수행할 수 있다. 이러한 이유로 본서는 다음 장 이하에서도 수작업시스템을 전제로 하여 설명을 계속하기로 한다.

종 · 합 · 예 · 제

회계등식과 분개 및 전기

서울퀵서비스(주)는 2×24년 7월 1일에 설립되었으며, 7월 1일부터 7월 31일까지의 기간 동안 다음의 거래들이 발생하였다.

① 7월 1일: 주주들이 현금 ₩300,000을 출자하여 회사를 설립하였다. 서울퀵서비스(주)는 사무실 임차계약을 체결하고, 2개월마다 임차료 ₩100,000을 지급하기로 계약하였다. 또한 매월 급여 ₩50,000을 주기로 하고 종업원을 채용하였다.

② 7월 3일: 영업을 위한 차량을 ₩100,000에 구입하였다. 구입대금 중 ₩50,000은 현금으로 지급하고 나머지는 2개월 후에 지불하기로 하였다.

③ 7월 7일: K사로부터 ₩50,000 상당의 퀵서비스 주문을 받고 용역을 제공하였으며, 용역대금을 현금으로 받았다.

④ 7월 15일: L사로부터 ₩100,000 상당의 퀵서비스 주문을 받고 용역을 제공하였으며, 용역대금 일부인 ₩40,000을 현금으로 받았다. 나머지 용역대금 중 ₩30,000은 일주일 후에, 그리고 ₩30,000은 1개월 후에 받기로 하였다.

⑤ 7월 22일: L사로부터 용역대금 ₩30,000을 현금으로 회수하였다.

⑥ 7월 25일: 종업원급여 ₩50,000을 현금으로 지급하였다.

⑦ 7월 28일: 7월의 통신비 ₩3,000을 현금으로 지급하였다.

⑧ 7월 31일: 임차료가 지급되지는 않았지만, 7월의 임차료 발생액 ₩50,000을 비용으로 인식하였다.

물음

(1) 회계등식을 이용하여 7월의 거래를 기록하라.
(2) 7월의 거래를 일자별로 분개하라.
(3) 위의 각 분개를 T-계정에 전기하라.
(4) 7/31일 현재 각 계정의 잔액이 얼마인지 산출하라.
(5) 7월의 포괄손익계산서를 작성하라. 단, 차량운반구의 감가상각비는 무시한다.

풀이

(1) 회계등식을 이용한 기록

회계등식: 자 산 = 부 채 + 자 본

	현 금	매출채권	차량운반구		미지급금	미지급비용	자 본 금	이익잉여금
거래 ①	+300,000			=			+300,000	
거래 ②	−50,000		+100,000	=	+50,000			
거래 ③	+50,000			=				+50,000
거래 ④	+40,000	+60,000		=				+100,000
거래 ⑤	+30,000	−30,000		=				
거래 ⑥	−50,000			=				−50,000
거래 ⑦	−3,000			=				−3,000
거래 ⑧				=		+50,000		−50,000
	317,000	30,000	100,000	=	50,000	50,000	300,000	47,000

자산 총액 447,000 = 부채 총액 100,000 + 자본 총액 347,000

(2) 거래의 분개

	차변	금액	대변	금액
① 7/1일:	(차) 현 금	300,000	(대) 자 본 금	300,000
② 7/3일:	(차) 차량운반구	100,000	(대) 현 금	50,000
			미지급금	50,000
③ 7/7일:	(차) 현 금	50,000	(대) 용역수익	50,000
④ 7/15일:	(차) 현 금	40,000	(대) 용역수익	100,000
	매출채권	60,000		
⑤ 7/22일:	(차) 현 금	30,000	(대) 매출채권	30,000
⑥ 7/25일:	(차) 종업원급여	50,000	(대) 현 금	50,000
⑦ 7/28일:	(차) 통 신 비	3,000	(대) 현 금	3,000
⑧ 7/31일:	(차) 임 차 료	50,000	(대) 미지급비용	50,000

(3) T-계정 전기

현 금

차변	대변
① 300,000	② 50,000
③ 50,000	⑥ 50,000
④ 40,000	⑦ 3,000
⑤ 30,000	

매출채권

차변	대변
④ 60,000	⑤ 30,000

차량운반구

차변	대변
② 100,000	

미지급금

차변	대변
	② 50,000

미지급비용

차변	대변
	⑧ 50,000

자 본 금

차변	대변
	① 300,000

용역수익

차변	대변
	③ 50,000
	④ 100,000

종업원급여

차변	대변
⑥ 50,000	

통 신 비

차변	대변
⑦ 3,000	

임 차 료

차변	대변
⑧ 50,000	

(4) 계정별 잔액

현 금:	317,000	매출채권:	30,000	차량운반구:	100,000
미지급금:	50,000	미지급비용:	50,000	자 본 금:	300,000
용역수익:	150,000	종업원급여:	50,000	통 신 비:	3,000
임 차 료:	50,000				

(5) 7월의 포괄손익계산서

수 익:	용역수익		150,000
비 용:	종업원급여	50,000	
	통 신 비	3,000	
	임 차 료	50,000	103,000
당기순이익			47,000
기타포괄손익			0
당기포괄이익			47,000

익힘문제

1. 회계측정의 대상이 되는 것을 '거래'(accounting transactions)라고 부른다. 거래의 의미가 무엇인지 설명하라.

2. 거래의 양면성(duality of transactions)이 무엇인지 설명하라.

3. 어떠한 거래가 발생하더라도 회계등식(자산 = 부채 + 자본)이 항상 성립한다고 한다. 그러면 거래가 발생한 후에도 자산, 부채 또는 자본의 각 총액이 거래 발생 전과 항상 같은가?

4. 계정(accounts)이란 무엇인지 설명하라.

5. 수익 또는 비용이 발생하였을 때 자본항목인 이익잉여금을 증감시키는 대신에 해당 수익항목 또는 비용항목의 계정에 기록하는 이유가 무엇인지 설명하라.

6. 자산항목의 경우 계정의 잔액이 차변에 있게 되는 이유가 무엇인가?

7. 부채항목의 경우 계정의 잔액이 대변에 있게 되는 이유는?

8. 자본항목의 경우 계정의 잔액이 대변에 있게 되는 이유는?

9. 수익항목을 계정에 기록할 때 차변이 아니고 대변에 기록하는 이유는?

10. 비용항목을 계정에 기록할 때 대변이 아니고 차변에 기록하는 이유는?

11. 분개(journal entries)와 전기(posting)의 의미가 무엇인지 설명하라.

12. 분개의 원리(복식부기의 원리) 두 가지를 약술하라.

13. 기업은 최소한 두 종류의 회계장부를 유지해야 한다고 하는데, 이들 회계장부는 무엇인가?

14. 현재 많은 기업들이 전산시스템을 이용하여 회계업무를 수행하고 있다. 그러면 컴퓨터가 모든 회계업무를 다 해 줄 수 있는가? 만일 그렇지 않다면 그 이유가 무엇인가?

연습문제

[3-1] 기본개념의 이해

아래의 빈칸에 알맞은 단어나 문구를 기입하라.

(1) 기업과 타실체간의 거래(transactions)가 아닌 외부적 사건도 기업의 자산, 부채 (   )에 영향을 미치면 회계측정의 대상에 포함된다.

(2) 회계측정의 대상에 포함되기 위해서는 당해 거래 또는 사건의 영향이 (   )으로 측정가능하여야 한다. 회계에서는 자산, 부채 및 자본을 (   )으로 측정하고 있기 때문에, 거래 또는 사건의 영향을 (   )으로 측정할 수 없으면 그러한 거래 또는 사건은 회계측정의 대상이 되지 않는다.

(3) 거래가 발생하면 거래의 양면성에 따라 자산, 부채 또는 자본의 세부항목 중 적어도 (   )개 이상의 항목이 영향을 받지만, 그러한 효과를 반영한 후에도 회계등식은 성립한다.

(4) 수익과 비용은 소유주의 청구권인 (   )의 증감을 초래하는데 (   )항목 중에서도 (   )을 증감시킨다. 그리고 (   )은 주주에게 이익배당을 할 수 있는 원천이 된다.

(5) 수익과 비용은 (   ) 회계에 따라 인식한다. 그러므로 재화 · 용역의 판매로 현금을 받는 경우는 물론, 현금수입이 없어도 판매대가로서 현금청구권을 받으면 (   )을 인식한다. 또한 비용항목의 경우 (   )(판매된 재화의 매입원가)는 관련된 매출수익을 인식할 때 그에 대응적으로 함께 인식한다.

(6) 판매 및 관리활동에 소요되는 대부분의 비용항목들(종업원급여, 임차료, 광고비 등)은 그 (   )한 회계기간에 비용으로 인식한다. 즉, 기업이 종업원의 노동력을 사용하거나 타실체의 건물 등을 사용하고 그 대가를 지급한 경우는 물론, 사용대가를 지급하지 않은 경우에도 (   ) 부담액을 당해 회계기간의 비용금액으로 기록한다. 그리고 기업이 자신의 (   )(예: 소모품)을 사용함으로써 발생하는 비용항목의 경우에는 회계기간 동안 사용한 금액을 비용금액으로 기록한다.

(7) 계정의 왼쪽을 (   )(debit)이라 부르고, 계정의 오른쪽을 (   )(credit)이라고 부른다.

(8) 부채와 자본의 경우 증가 · 감소를 계정에 기록하는 위치가 ( )의 경우와 반대인 것은 회계등식에서 부채 · 자본이 ( )의 ( ) 위치에 있기 때문이다.

(9) 수익의 발생은 자본의 증가를 초래하므로 수익항목의 발생은 해당 수익계정의 ( )에 기록한다. 이에 비해 비용의 발생은 자본의 감소를 초래하므로 비용항목의 발생은 해당 비용계정의 ( )에 기록한다.

(10) 자산은 그 증가액을 항상 계정의 ( )에 기입하므로 ( )에 잔액이 있게 된다. 부채와 자본은 그 증가액을 항상 계정의 ( )에 기입하므로 ( )에 잔액이 있게 된다.

(11) 거래로 인해 자산, 부채, 자본, ( ), ( )의 어떤 항목이 얼마나 영향을 받았는지 구체화함으로써 해당 계정의 차변 또는 대변에 기입하도록 표시한 것을 ( )라고 부른다.

(12) 분개의 차변에 있는 금액은 해당 계정의 ( )에 그대로 옮기고, 대변에 있는 금액은 해당 계정의 ( )에 그대로 옮긴다. 이렇게 분개의 내용을 해당 계정의 차변과 대변에 옮겨 적는 것을 ( )라고 부른다.

(13) 어떤 회계거래이든지 간에, 거래를 분개하면 반드시 한 개 이상의 ( )과 한 개 이상의 ( )이 동시에 발생한다. 또한 어떤 회계거래이든지 간에, 거래를 분개하면 ( )의 합계와 ( )의 합계는 항상 같다.

(14) 거래가 발생하였을 때 분개내용을 기록할 장부로서 ( ) 또는 ( )가 사용된다. ( )란 개개의 거래에 대해 그 분개내용을 기록하는 서식을 말한다. 한편, 자산, 부채, 자본, 수익 및 비용의 모든 계정을 모아 놓은 장부로서 ( )이 사용된다.

(15) 거래를 분개하는 데에는 사람의 판단이 필요하므로 컴퓨터가 ( )를 해 줄 수는 없다. 그러므로 재무회계 학습자는 ( )하는 데 익숙해질 수 있도록 일정한 노력을 투입해야 한다.

[3-2] 회계거래의 식별

아래에서 회계상의 거래에 해당하는 것은 어느 것인가?

(1) 사무실 임차계약을 체결하고, 임차료는 매월 말에 지급하기로 약정하였다.
(2) 상품 ₩500,000을 매입하여 인도받았는데 대금을 지급하지 않았다.
(3) 월 급여 ₩300,000을 주기로 약정하고 종업원을 채용하였다.
(4) 은행에서 현금 ₩1,000,000을 차입하였다. 이자는 1년 후에 지급한다.

(5) 고객으로부터 ₩200,000 상당의 복사용역 주문을 받았다.
(6) 영업활동을 하면서 ₩50,000의 소모품을 소비하였다.
(7) 보험료 1년분 ₩250,000을 전액 현금으로 미리 지급하였다.
(8) 폭우로 인하여 창고에 있던 상품 5개가 떠내려가는 피해가 발생하였다.
(9) ₩600,000의 상품을 매입하기 위하여 주문서를 우편으로 보냈다.
(10) 사무실에서 사용할 책상, 의자 및 회의용 탁자를 외상으로 구입하였다.
(11) 월말이 되어 종업원급여를 줘야 하는데 자금부족 때문에 주지 못하였다.
(12) 이번 달의 사무실 전기료가 ₩50,000이라는 통지서를 받았다.

[3-3] 자산, 부채, 자본, 수익 및 비용항목(계정과목)의 식별

다음은 자산, 부채, 자본, 수익 및 비용항목(계정과목)을 일부 열거한 것이다.

현 금	매 출	매출채권
종업원급여	비 품	토 지
매출원가	자 본 금	단기차입금
소모품비	건 물	소 모 품
이익잉여금	차량운반구	용역수익
임 대 료	통 신 비	이자비용
미지급금	광 고 비	보 험 료
단기대여금	기계장치	임 차 료
운 송 비	수도광열비	미 수 금*
선급비용*	미지급비용	매입채무
상 품	이자수익*	미수수익*

*미 수 금: 건물, 비품 등을 처분하였으나 처분대가를 추후 받기로 한 때의 미수액
선급비용: 미래에 발생할 비용의 금액을 미리 지급한 것
이자수익: 은행예금에서 얻는 이자, 또는 타인에게 돈을 대여하고 받는 이자
미수수익: 이자수익 등이 발생하였으나 아직 받지 못한 것

물음

(1) 자산에 속하는 계정과목은?
(2) 부채에 속하는 계정과목은?
(3) 자본에 속하는 계정과목은?
(4) 수익에 속하는 계정과목은?
(5) 비용에 속하는 계정과목은?

[3-4] 거래의 분석(I)

거래의 양면성 개념에 기초하여 아래의 각 거래가 자산, 부채 또는 자본에 미친 영향을 분석하되, 〈보기〉에서 예시한 것처럼 표시하라.

〈보기〉 상품배달용 차량을 구입하고 대금을 현금으로 지급하다.
→ 자산(차량운반구)의 증가, 자산(현금)의 감소

(1) 주주로부터 현금으로 출자받아서 회사를 설립하다.
(2) 고객에게 용역을 제공하고 용역대금을 은행 자기앞수표로 받다.
(3) 소모품을 구입하였는데 구입대금은 1개월 후에 지급하기로 하다.
(4) 월말이 되어 종업원급여를 현금으로 지급하다.
(5) 고객에게 용역을 제공하고 용역대금은 2개월 후에 받기로 하다.
(6) 은행에서 연 7%의 이자율로 현금을 차입하고 1년 후에 갚기로 하다.
(7) 외상으로 구입했던 소모품의 구입대금을 현금으로 지급하다.
(8) 이익배당을 결정하고 주주에게 배당금을 현금으로 지급하다.

[3-5] 거래의 분석(II)

아래의 각 거래가 자산, 부채 또는 자본에 미친 영향을 분석하되, 문제 [3-4]의 〈보기〉에서 예시한 방법으로 표시하라.

(1) 용역을 제공하고 대금의 일부는 현금으로 받았으나 나머지는 외상으로 하다.
(2) 사무실에서 사용할 컴퓨터(자산항목: 비품)를 외상으로 구입하다.
(3) 사무실 임차료비용이 발생하였는데 자금부족 때문에 지급하지 못하다.
(4) 가지고 있던 소모품의 일부를 사용하여 소모품 재고가 감소하다.
(5) 이번 달 전화료를 은행에 가서 현금으로 납부하다.
(6) 고객에게 외상으로 제공했던 용역의 대금을 현금으로 받다.
(7) 은행차입금에 대한 이자를 현금으로 지급하다.
(8) 밀렸던 사무실 임차료를 이제야 현금으로 지급하다.

[3-6] 회계등식을 이용한 거래의 기록

다음은 컨설팅 영업을 하기 위해 2×24년 8월 초에 설립된 서울컨설팅(주)의 2×24년 8월의 거래이다.

① 주주들이 현금 ₩500,000을 출자하여 회사를 설립하였다.

② 사무실에서 사용할 비품을 ₩200,000에 구입하였다. 구입대금 중 ₩100,000은 현금으로 지급하고 나머지는 외상으로 하였다.
③ S사에 컨설팅용역을 제공하고, 용역대금 ₩100,000을 현금으로 받았다.
④ P사에 컨설팅용역을 제공하고, 용역대금의 일부인 ₩60,000을 현금으로 받았으며, 나머지 대금 ₩40,000은 9월에 받기로 하였다.
⑤ 종업원급여 ₩50,000을 현금으로 지급하였다.
⑥ 사무실 임차료 ₩60,000이 발생하였는데 아직 지급하지 않았다.

물음

(1) 회계등식을 이용하여 위의 거래들을 기록하라.
(2) 8월의 총수익과 총비용, 그리고 당기순이익이 각각 얼마인가? 단, 비품의 감가상각비는 무시한다.
(3) 8월 말의 재무상태표를 작성하라.

[3-7] 거래의 분개 및 전기

문제 [3-6]에 제시된 서울컨설팅(주)의 자료를 이용하여 다음 물음에 답하라.

물음

(1) 8월의 각 거래를 분개하라(수익과 비용에 대해서는 이익잉여금 대신에 수익 및 비용의 계정과목을 사용한다).
(2) 위의 분개 내용을 해당 계정에 각각 전기하라.

[3-8] 거래의 분개(I)

다음은 서로 독립적인 거래들이다. 각 거래를 분개하라.

(1) 주주들이 현금 ₩800,000과 비품 ₩400,000을 출자하여 회사를 설립하다.
(2) 회의용 탁자(계정과목: 비품) ₩100,000을 외상으로 구입하다.
(3) 소모품 ₩50,000을 구입하고 대금을 현금으로 지급하다.
(4) 보험료 ₩80,000을 현금으로 지급하다.
(5) 고객에게 용역을 제공하였는데 용역대금 중 ₩100,000은 현금으로 받고, 나머지 ₩200,000은 1개월 후에 받기로 하다.
(6) 은행에서 연 8% 이자율로 현금 ₩500,000을 차입하고 1년 후에 갚기로 하다.
(7) 2개월 전에 제공한 용역의 외상대금 ₩100,000을 현금으로 회수하다.
(8) 광고비 ₩50,000을 현금으로 지급하다.

[3-9] 거래의 분개(II)

다음은 2×24년 9월 한 달 동안 발생한 영서기업(주)의 거래들이다.

9월 1일: 은행에 당좌예금계좌를 개설하고 현금 ₩500,000을 예입하였다.
(당좌예금계좌를 개설하면 기업도 당좌예금계정을 설정하여 당좌예금의 증감을 기록한다. 당좌예금은 예금자가 수표를 발행하여 인출할 수 있는 예금이다.)
2일: 주주로부터 현금 ₩200,000을 추가로 출자받았다.
5일: 사무용 책상(계정과목: 비품) ₩100,000을 외상으로 구입하였다.
8일: 고객에게 용역을 제공하고 용역대금 ₩300,000은 보름 후에 받기로 하였다.
10일: 자동차 수리비(계정과목: 수리비) ₩80,000을 현금으로 지급하였다.
15일: 전화료(계정과목: 통신비) ₩50,000을 우체국에 가서 납부하였다.
20일: 당좌수표를 발행하여 비품의 외상구입대금 ₩100,000을 지급하였다.
23일: 9/8일의 용역대금 중에서 ₩200,000을 현금으로 회수하였다.
25일: 종업원급여 ₩50,000을 현금으로 지급하였다.
26일: 당좌수표를 발행하여 사무실 임차료 ₩60,000을 지급하였다.
30일: 은행차입금의 1개월분 이자 ₩30,000이 발생하였는데 아직 지급되지 않았다.

물음

(1) 위의 각 거래를 분개하라.
(2) 9월의 총수익과 총비용, 그리고 당기순이익이 각각 얼마인가?
(3) 당좌예금의 증감을 당좌예금계정에 전기하라. 그리고 9월 30일 현재 당좌예금계정의 잔액은 얼마인가?

[3-10] 거래요소별 거래의 추정(I)

다음은 거래를 분개할 때 나타나는 차변요소와 대변요소의 조합이다. 각 조합에 해당되는 거래의 예를 들되, 〈보기〉에서 예시한 것처럼 제시하라.

〈보기〉 (차) 자산의 증가 (대) 자산의 감소
→ 현금을 지급하고 비품을 구입하였다.

(1) (차) 자산의 증가 (대) 자산의 감소
(2) (차) 자산의 증가 (대) 부채의 증가
(3) (차) 자산의 증가 (대) 자본의 증가
(4) (차) 자산의 증가 (대) 수익의 발생

(5) (차) 부채의 감소 (대) 자산의 감소
(6) (차) 자본의 감소 (대) 자산의 감소
(7) (차) 비용의 발생 (대) 자산의 감소
(8) (차) 비용의 발생 (대) 부채의 증가

[3-11] 거래요소별 거래의 추정(II)

다음은 거래를 분개할 때 나타나는 차변요소와 대변요소의 조합이다. 각 조합에 해당되는 거래의 예를 들되, 문제 [3-10]의 〈보기〉에서 예시한 것처럼 제시하라.

(1) (차) 자산의 증가 (대) 자산의 감소
부채의 증가

(2) (차) 자산의 증가 (대) 수익의 발생
자산의 증가

(3) (차) 부채의 감소 (대) 자산의 감소
비용의 발생

(4) (차) 자산의 증가 (대) 자산의 감소
수익의 발생

[3-12] 거래의 추정

다음은 발생한 거래를 분개한 것이다. 어떤 거래가 발생했는지 추정하라.

	차변	금액	대변	금액
(1)	(차) 현　　금	10,000	(대) 매출채권	10,000
(2)	(차) 임 차 료	20,000	(대) 미지급비용	20,000
(3)	(차) 매출채권	50,000	(대) 용역수익	50,000
(4)	(차) 현　　금	30,000	(대) 단기차입금	30,000
(5)	(차) 비　　품	50,000	(대) 현　　금	20,000
			미지급금	30,000
(6)	(차) 이자비용	20,000	(대) 미지급비용	20,000
(7)	(차) 소모품비	15,000	(대) 소 모 품	15,000
(8)	(차) 이익잉여금	50,000	(대) 현　　금	50,000
(9)	(차) 현　　금	40,000	(대) 용역수익	70,000
	매출채권	30,000		

(10)	(차) 단기차입금	50,000	(대) 현 금	55,000
	이자비용	5,000		
(11)	(차) 미지급금	30,000	(대) 현 금	30,000
(12)	(차) 미지급비용	20,000	(대) 현 금	20,000

[3-13] 분개 오류의 수정

아래의 각 거래에 대한 분개에서 차변 또는 대변의 계정과목이 잘못되어 있다. 오류를 수정하라.

(1) 비품 ₩80,000을 구입하고 구입대금은 1개월 후에 지급하기로 하다.
(차) 비 품 80,000 (대) 미지급비용 80,000

(2) 용역을 제공하고 용역대금 ₩50,000은 2개월 후에 받기로 하다.
(차) 대 여 금 50,000 (대) 용역수익 50,000

(3) 비품의 외상구입액 ₩40,000을 현금으로 지급하다.
(차) 차 입 금 40,000 (대) 현 금 40,000

(4) 은행의 당좌예금계좌에 현금 ₩100,000을 예입하였다.
(차) 미 수 금 100,000 (대) 현 금 100,000

[3-14] T-계정 기록과 거래의 추정

다음은 9월 한 달 동안 발생한 영진기업(주)의 거래를 분개하고 해당 계정에 전기한 결과이다.

현 금

차변		대변	
9/1	500,000	9/5	50,000
9/15	80,000	9/25	50,000
9/22	50,000		

매출채권

차변		대변	
9/7	50,000	9/22	50,000
9/15	70,000		

비 품

차변		대변	
9/5	100,000		

미지급금

차변		대변	
		9/5	50,000

미지급비용

차변		대변	
		9/30	80,000

자 본 금

차변		대변	
		9/1	500,000

용역수익

차변		대변	
		9/7	50,000
		9/15	150,000

종업원급여

차변		대변	
9/25	50,000		

임 차 료

차변		대변	
9/30	80,000		

물음

(1) 9월 중에 발생한 거래가 무엇이었는지 발생일자순으로 서술하라.
(2) 9월 30일 현재, 현금계정의 잔액은 얼마인가?
(3) 9월 30일 현재, 매출채권의 미회수액은 얼마인가?
(4) 9월의 당기순이익은 얼마인가? 단, 비품의 감가상각비는 무시한다.

[3-15] 거래의 분개 및 재무제표 작성

다음은 퀵서비스 영업을 하는 서울퀵서비스(주)의 2×24년 8월의 기초 재무상태표와 8월 한 달 동안의 거래 자료이다.

기초 재무상태표

서울퀵서비스(주) 2×24년 8월 1일 현재

현 금	₩317,000	미지급금	₩50,000
매출채권	30,000	미지급비용	50,000
차량운반구	100,000	자 본 금	300,000
		이익잉여금	47,000
자산 총계	₩447,000	부채와 자본 총계	₩447,000

〈8월 중의 거래〉

8월 2일: 주주로부터 현금 ₩200,000을 추가로 출자받았다.
4일: 미지급비용 ₩50,000을 현금으로 지급하였다.
5일: 은행에 당좌예금계좌를 개설하고 현금 ₩200,000을 예입하였다.
8일: 사무용 책상 ₩70,000을 외상으로 구입하였다.
10일: 고객에게 퀵서비스를 제공하고 대금 ₩100,000은 보름 후에 받기로 하였다.
15일: 당좌수표를 발행하여 8/8일의 책상 구입대금 ₩70,000을 지급하였다.
20일: 고객에게 퀵서비스를 제공하고 대금 중 ₩150,000은 현금으로 받고 나머지 ₩50,000은 9월에 받기로 하였다.
24일: 8/10일의 용역대금 미수액 ₩100,000을 현금으로 회수하였다.
25일: 종업원급여 ₩80,000을 현금으로 지급하였다.
31일: 당좌수표를 발행하여 8월의 통신비 ₩30,000과 사무실 임차료 ₩50,000을 지급하였다.

물음

(1) 8월의 거래를 각각 분개하라.

(2) 위 (1)의 분개를 해당 계정에 각각 전기하라.

(3) 8월의 포괄손익계산서를 작성하라. 단, 차량운반구와 비품의 감가상각비는 무시한다.

(4) 8월 31일 현재의 재무상태표를 작성하라.

제4장

회 계 순 환

앞의 제3장에서 회계거래를 기록하는 방법을 다루었다. 본장에서는 기업이 거래기록을 유지하고 회계기간 말에 재무제표를 작성하여 재무보고를 하는 실제적 절차를 구체적으로 설명한다. 기업은 회계기간마다 그와 같은 일련의 절차를 밟아야 하는데, 본장에서는 먼저 그러한 '회계순환'(accounting cycle)의 개념을 소개한다. 그런 다음 회계기간 중의 거래기록을 검증하고 수정분개를 통해 재무제표를 작성하는 절차를 설명한다. 또한, 다음 회계기간을 위한 준비로서 회계장부를 마감하는 절차도 설명한다.

제 1 절 회계순환의 단계

제2장에서 회계의 기본개념으로서 **기간별 보고**를 설명하였듯이 기업은 매 회계기간마다 재무제표를 작성하여 회계정보를 제공한다. 예를 들면, 2×23년의 거래기록에 의해 2×23년의 재무제표가 작성되고, 또 2×24년의 거래기록에 의해 2×24년의 재무제표가 작성된다. 이 같이 기업은 매 회계기간마다「거래의 기록 ⟶ 재무제표 작성」의 과정을 반복적으로 밟아야 하는데, 그러한 일련의 과정을 **회계순환**(accounting cycle)이라고 부른다.

회계순환을 더 구체화하면 [그림 4-1]과 같이 여러 단계로 구성된다. 이 중에서 1~2단계의 절차는 회계기간 중에 수행되고, 3~6단계의 절차는 회계기간 말에 수행된다. 아래에서 각 단계의 내용을 개관하며, 제2절에서는 회계순환의 구체적 사례가 제시될 것이다.

그림 4-1
회계순환
(accounting cycle)

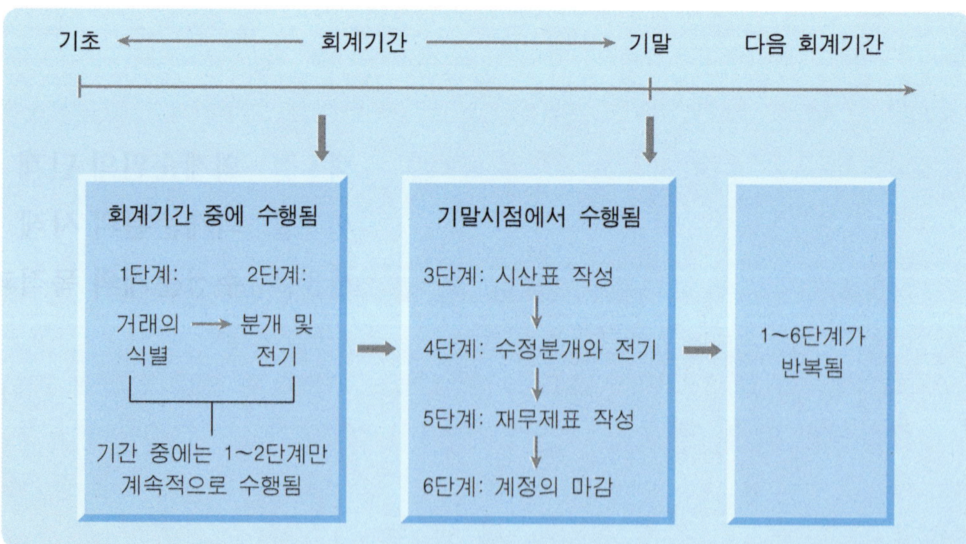

1.1 회계기간 중의 절차

회계기간 중에는 1~2단계 절차만 계속적으로 수행된다. 거래가 발생하면 분개를 하고 해당 계정에 전기를 한다. 1~2단계에 대해 보충설명하면 아래와 같다.

제1단계: 회계거래의 식별

회계순환은 거래를 식별하는 것에서부터 시작된다. 기업과 타실체 간의 거래와 기타 경제적 사건이 발생할 때마다 그러한 거래 또는 사건이 회계거래에 해당하는지를 판단한다. 즉, 당해 거래 또는 사건으로 인해 기업의 자산, 부채, 자본, 수익 또는 비용이 영향을 받았는지 또 그러한 영향을 화폐액으로 측정할 수 있는지를 판단한다. 이러한 판단에는 회계거래의 발생사실을 입증하는 여러 자료가 사용된다. 예를 들면, 주문서 또는 계약서, 대금청구서, 영수증, 급여명세서, 은행거래명세서 등과 같이 다양한 증빙자료들이 사용된다.

제2단계: 분개 및 전기

식별된 거래를 분개하고 총계정원장의 해당 계정에 전기한다. 이와 같이 분개 및 전기를 함으로써 자산, 부채, 자본, 수익, 비용계정의 금액이 새로이 측정되게 된다. 분개와 원장전기는 매 거래에 대해 이루어져야 하므로 1단계와 2단계 절차는 패키지로 수행되어야 하는 절차이다. 기업에 따라서는, 같은 유형의 거래가 빈번히 발생할 경우, 일 또는 주 단위로 모아서 분개와 원장전기를 하기도 한다.

1.2 회계기간 말의 절차

회계기간 말에 이르면 당해 기간에 대한 재무제표를 작성한다. 그런데 재무제표를 작성하기 위해서는 그 전제로서 자산, 부채, 자본, 수익 및 비용의 모든 계정잔액이 확정되어야 한다. 또한 당해 기간에 대한 장부마감(closing)을 하고 다음 기간의 회계기입을 위한 준비도 해야 한다. 그래서 회계기간 말에는 아래의 3~6단계 절차를 밟게 된다.

제3단계: 시산표 작성

회계기간 말이 되면, 기간 중에 이루어진 계정기록의 정확성 여부를 점검하기 위해 일반적으로 시산표(trial balance)를 먼저 작성한다. 시산표는 자산, 부채, 자본, 수익 및 비용의 모든 계정잔액을 차변과 대변으로 구분하여 나열해 놓은 표이다. 여기에 나열된 계정잔액은 (뒤에서 설명할) 수정분개를 하기 전의 금액이므로 3단계에서 작성되는 시산표를 흔히 **수정전시산표**(unadjusted trial balance)라고 부른다.

제4단계: 수정분개 및 전기

수정전시산표를 통해 계정기록의 정확성이 확인되면 각 계정잔액을 확정시키는 절차에 들어가게 된다. 후술하는 제3절에서 설명하는 바와 같이, 일정한 항목들은 회계기간 말이 되어야 그 금액이 확정된다. 그래서 이 단계에서는 자산, 부채, 자본, 수익 및 비용의 계정잔액을 확정시키는 데 필요한 **수정분개**(adjusting entries)를 하고 이를 각 해당 계정에 전기한다. 이러한 수정분개는 재무제표 작성을 위해 필수적으로 거쳐야 하는 절차이다. 수정분개의 필요성과 유형은 뒤의 제3절에서 자세히 설명될 것이다.

제5단계: 재무제표 작성

필요한 수정분개와 전기를 한 후 모든 계정의 잔액이 확정되면 재무상태표와 포괄손익계산서를 작성한다. 자산, 부채 및 자본계정의 잔액은 재무상태표를 작성하는 데 사용되고, (기타포괄손익을 포함한) 수익과 비용계정의 금액은 포괄손익계산서를 작성하는 데 사용된다. 재무제표의 작성을 용이하게 하기 위해서 흔히 **수정후시산표**(adjusted trial balance)를 먼저 작성하기도 한다. 수정후시산표는 수정분개 후의 모든 계정잔액을 모아 놓은 시산표이다.

제6단계: 계정의 마감

회계순환의 마지막 단계로서, 계정을 마감하기 위한 **마감분개**(closing entries)와 전기를 한다. 마감분개는 수익 · 비용계정의 금액을 0(零)으로 만드는 동시에 이익잉여금계정을 업데이트시키는 분개이다. 수익과 비용은 회계기간별로 측정되므로 한 회계기간이 끝나면 그 계정금액을 0으로 만들어줘야 다음 회계기간에 발생하는 수익과 비용을 '새로이' 기록할 수 있다. 또한, 기타포괄손익의 경우도 그 계정금액을 0으로 만들면서 해당 자본항목의 계정을 업데이트시킨다. 그러나 자산, 부채 및 자본계정의 잔액은 다음 회계기간으로 이월되어야 하므로 이들 계정의 잔액을 0으로 만들지는 않는다.

회계순환의 사례 제2절

회계순환의 각 단계를 구체적으로 이해하기 위하여 아래의 사례를 살펴보자. 포스디자인(주)은 건축설계업을 하기 위해 2×24년 5월 1일에 설립되었는데, 회계기간이 1개월(5/1~5/31일)이라고 가정하자. 그러면 5월에 대한 회계순환의 각 단계는 다음과 같이 진행된다.

제1~2단계 거래의 식별과 기록

회계기간(5/1~5/31일) 중에 다음의 거래들이 발생하였다.

① 5/1일: 주주들이 출자하여 현금 ₩1,000,000이 납입되었다.
② 5/2일: 사무실 임차계약을 하고 5~7월의 3개월 임차료 ₩300,000을 현금으로 지급하였다.
③ 5/15일: K사에 설계용역을 제공하고 용역대금 ₩300,000을 현금으로 받았다.
④ 5/25일: 종업원급여 ₩100,000을 현금으로 지급하였다.
⑤ 5/31일: 소모품 ₩50,000을 구입하고 대금은 1개월 후에 지급하기로 하였다.

위의 거래들이 증빙자료에 의해 모두 확인되었다고 가정하자. 그러면 거래가 발생할 때마다 분개를 하고 총계정원장의 해당 계정에 전기한 결과는 다음과 같다.

거래의 분개

①	(차) 현 금	1,000,000	(대) 자 본 금	1,000,000
②	(차) 선급임차료	300,000	(대) 현 금	300,000
	(3개월 임차료를 '선급'하였으므로 선급임차료(자산항목) 계정에 기입한다.)			
③	(차) 현 금	300,000	(대) 용역수익	300,000
④	(차) 종업원급여	100,000	(대) 현 금	100,000
⑤	(차) 소 모 품	50,000	(대) 미지급금	50,000

계정에 전기

현 금

차변	대변
① 1,000,000	② 300,000
③ 300,000	④ 100,000

잔액 900,000

선급임차료

차변	대변
② 300,000	

소 모 품

차변	대변
⑤ 50,000	

미지급금

차변	대변
	⑤ 50,000

자 본 금

차변	대변
	① 1,000,000

용역수익

차변	대변
	③ 300,000

종업원급여

차변	대변
④ 100,000	

제3단계 수정전시산표 작성

위와 같이 회계기간 동안의 모든 거래를 기록하고 기말에 이르면, 계정기록의 정확성을 점검하기 위해 다음과 같이 (수정분개 전의) 시산표를 작성한다.

수정전시산표

포스디자인(주) 2×24년 5월 31일 현재

	계정과목	차 변	대 변
자 산:	현 금	₩900,000	
	선급임차료	300,000	
	소 모 품	50,000	
부 채:	미지급금		₩50,000
자 본:	자 본 금		1,000,000
수 익:	용역수익		300,000
비 용:	종업원급여	100,000	
	합 계	₩1,350,000	₩1,350,000

위의 시산표에는 총계정원장에 있는 모든 계정(자산, 부채, 자본, 기타포괄손익을 포함한 모든 수익 및 비용)의 차변잔액과 대변잔액이 나열되어 있다.

자산 및 비용계정 → 차변잔액을 시산표의 차변에 옮김
부채, 자본 및 수익계정 → 대변잔액을 시산표의 대변에 옮김

위의 시산표에서 보는 바와 같이, 차변잔액 합계(₩1,350,000)와 대변잔액 합계(₩1,350,000)가 일치하고 있다. 만일 일치하지 않으면, 회계기간 중의 「분개 → 원장전기」 과정에 오류가 있었음을 의미한다. 예를 들어, 분개의 차변을 원장계정의 대변에 전기하였거나 또는 금액을 잘못 기입하였다면 시산표에서 차변잔액 합계와 대변잔액 합계는 같지 않게 된다. 그래서 그러한 기록오류가 있었는지 확인하기 위하여 시산표를 통해 차변잔액 합계와 대변잔액 합계를 비교한다.

회계기간 중에 계정기입이 올바로 이루어졌을 경우 시산표에서 「차변잔액 합계=대변잔액 합계」의 관계가 성립해야 하는 이유를 살펴보자. 앞에서 우리는 거래를 분개할 때 차변과 대변으로 나누어 같은 금액으로 양쪽에 표시한 다음, 차변의 금액은 해당 계정의 차변에 전기하고 또 대변의 금액은 해당 계정의 대변에 전기하였다. 따라서 회계기간 중에 모든 거래의 분개를 올바로 전기하였다면 모든 계정의 차변합계는 그 대변합계와 일치하게 되고, 또 모든 계정의 차변잔액 합계는 그 대변잔액 합계와 일치하게 된다.

시산표에서 모든 계정의 차변잔액 합계와 대변잔액 합계가 일치하는 것은 제3장에서 설명한 회계등식의 기록결과를 생각해도 이해될 수 있을 것이다.

회계등식: 자산 = 부채 + 자본 + [수익 − 비용]
(수익 · 비용을 이익잉여금에 포함시키지 않은 등식임)

→ 시산표등식: 자산 + 비용 = 부채 + 자본 + 수익
↓ 차변잔액 합계 ↓ 대변잔액 합계

회계기간 중에 모든 계정기입이 올바로 이루어졌다면 기말시점에서도 회계등식이 성립하여야 한다. 회계등식을 재구성하면 위와 같이 시산표등식이 성립하므로 이를 이용하여 계정기록의 정확성을 점검할 수 있다.

시산표는 기업이 의무적으로 작성해야 하는 것은 아니다. 그러나 시산표가 위와 같은 유용성을 가지고 있으므로 많은 기업들이 시산표를 작성하고 있다. 다만, 시산표를 통해 모든 오류를 발견할 수 있는 것은 아님을 유의할 필요가 있다. 예를 들어, 특정 거래에 대해 분개 자체를 하지 않았다면 계정에 전기도 하지 않았을 것이므로 이러한 오류는 시산표에서 발견되지 않는다. 이때에도 시산표에서 차변잔액 합계와 대변잔액 합계는 일치한다. 또 다른 경우로서, 분개는 올바로 하였지만 분개내용과 무관한 계정에 전기하는 오류도 시산표에서 발견되지 않는다. 예를 들면, 매출채권계정의 차변에 기록해야 하는데 현금계정의 차변에 기록했다면 이러한 오류는 시산표에서 발견되지 않는다. 이때에도 시산표에서 차변잔액 합계와 대변잔액 합계는 일치한다.

시산표는 계정기록의 정확성 점검은 물론, 재무제표의 작성도 쉽게 해 주는 유용성을 가지고 있다. 시산표에는 모든 계정의 잔액이 나열되므로 시산표로부터 재무상태표와 포괄손익계산서를 바로 작성할 수 있다. 이러한 이유로 아래의 제4단계에서 수정분개를 한 후, 제5단계에서 수정후시산표를 다시 작성하게 된다.

제4단계 수정분개 및 전기

자산, 부채, 자본, 수익 및 비용의 각 계정잔액을 확정시키기 위해 필요한 수정분개를 한다. 앞의 1~2단계에서 기록된 거래 중에서 5/2일의 거래 ②에 대한 분

개를 보면, 5~7월의 3개월 임차료 ₩300,000을 선급하면서 이를 자산항목인 선급임차료로 계상하였다. 그러나 5월 동안 사무실을 사용하였으므로 5월분 ₩100,000은 더 이상 선급액이 아니다. 따라서 ₩100,000을 5월의 임차료 비용으로 인식하고(차변) 또 선급임차료도 그만큼 감소시키는(대변) 수정분개를 해야 한다.

수정분개

⑥	(차) 임 차 료	100,000	(대) 선급임차료	100,000

임차료 선급액 중에서 기간이 지난 ₩100,000을 5월의 임차료 비용으로 계상하다.

계정에 전기

선급임차료

차변	대변
② 300,000	⑥ 100,000
잔액 200,000	

임 차 료

차변	대변
⑥ 100,000	

제5단계 재무제표 작성

위에서 수정분개 및 전기를 하였으므로 이제 모든 계정의 잔액이 확정되었다. 이 확정잔액들을 집합시킨 수정후시산표는 다음과 같다.

수정후시산표

포스디자인(주) 2×24년 5월 31일 현재

	계정과목	차 변	대 변
자 산:	현 금	₩900,000	
	선급임차료	200,000	
	소 모 품	50,000	
부 채:	미지급금		₩50,000
자 본:	자 본 금		1,000,000
수 익:	용역수익		300,000
비 용:	종업원급여	100,000	
	임 차 료	100,000	
	합 계	₩1,350,000	₩1,350,000

이 수정후시산표와 앞의 제3단계에서 작성한 수정전시산표를 비교하면, 선급임차료 잔액이 ₩200,000으로 수정되었음을 알 수 있다. 또한 수정전시산표에는 없었지만 임차료 ₩100,000이 수정후시산표에 계상되어 있음도 볼 수 있다.

이제 앞의 수정후시산표로부터 (즉, 확정된 계정잔액 자료를 이용하여) 포괄손익계산서와 재무상태표를 각각 작성한다. 수익과 비용계정의 금액을 이용하여 포괄손익계산서를 작성하고, 또 자산, 부채 및 자본계정의 금액을 이용하여 재무상태표를 작성한다.

포괄손익계산서

포스디자인(주) 2×24년 5월 1일~2×24년 5월 31일

수 익:	용역수익		₩300,000
비 용:	종업원급여	100,000	
	임 차 료	100,000	200,000
당기순이익			100,000
기타포괄손익			0
당기포괄이익			₩100,000

재무상태표

포스디자인(주) 2×24년 5월 31일 현재

자 산:		부 채:	
현 금	₩900,000	미지급금	₩50,000
선급임차료	200,000	부채 총계	₩50,000
소 모 품	50,000		
		자 본:	
		자 본 금	₩1,000,000
		이익잉여금	100,000*
		자본 총계	₩1,100,000
자산 총계	₩1,150,000	부채와 자본 총계	₩1,150,000

*수정후시산표에 이익잉여금이 없었으므로 기말 이익잉여금은 당기순이익과 같다.

제6단계 계정의 마감

회계순환의 마지막 단계로서 총계정원장의 계정들을 마감(closing)한다. 이는 모든 수익 · 비용계정을 대상으로 하는데 그 목적은 다음과 같다.

첫째, 현재 수익 · 비용계정에는 5월에 발생한 금액이 기록되어 있는데 5월의 회계기간이 종료되었다. 앞으로 새로운 회계기간인 6월이 시작되므로 6/1일부터는 모든 수익 · 비용계정의 금액이 0(零)에서 새로 출발하여야 한다. 즉, 6월이 되면 모든 수익 · 비용계정의 금액은 6월에 발생한 수익 · 비용만을 나타내도록 해 줘야 한다. 이를 위해 수익 · 비용의 각 계정잔액을 0으로 만들어주는 **마감분개**(closing entries)와 전기를 한다.

둘째, 5월의 수익 · 비용, 즉 5월의 당기순이익은 5월 말의 이익잉여금을 증가시켰는데도 아직 이익잉여금계정이 업데이트되어 있지 않다. 따라서 이익잉여금계정의 대변에 5월의 당기순이익이 포함되게 하는 분개와 전기를 한다.

셋째, 당기순이익에 포함되지 않은 손익인 기타포괄손익(예: 자산재평가차익)이 있는 경우 이에 대해서도 위와 같이 마감분개를 하면서 해당 자본항목(예: 재평가잉여금)의 계정에 그 금액을 누적시킨다.

● 수익 · 비용계정의 마감

수익계정의 대변잔액이 0이 되게 하려면 그 반대편인 차변에 대변금액과 동일한 금액이 기입되도록 분개를 해 주면 된다. 마찬가지로, 비용계정의 차변잔액이 0이 되게 하려면 그 반대편인 대변에 차변금액과 동일한 금액이 기입되도록 분개를 해 주면 된다. 이러한 마감분개를 하기 위해서 **집합손익**이라는 계정을 임시로 설정하여 이용한다. 마감분개를 통해서 집합손익계정의 대변에 수익계정의 대변금액을 옮기고, 또 집합손익계정의 차변에는 비용계정의 차변금액을 옮긴다.

⑦ 수익계정을 마감하는 분개:

(차) 용역수익	300,000	(대) 집합손익	300,000
↓ 이를 전기하면 수익계정의 대변잔액이 0이 됨		↓ 수익계정의 대변금액을 집합손익계정 대변에 옮김	

⑧ 비용계정을 마감하는 분개:

(차) 집합손익	200,000	(대) 종업원급여	100,000
		임 차 료	100,000
↓ 비용계정의 차변금액을 집합손익계정 차변에 옮김		↓ 이를 전기하면 비용계정의 차변잔액이 0이 됨	

계정에 전기

용역수익

차변		대변	
⑦	300,000	③	300,000
		잔액	0

집합손익

차변		대변	
⑧	200,000	⑦	300,000
(비용금액임)		(수익금액임)	
		잔액	100,000

종업원급여

차변		대변	
④	100,000	⑧	100,000
잔액	0		

임 차 료

차변		대변	
⑥	100,000	⑧	100,000
잔액	0		

위에서 보는 바와 같이, 포괄손익계산서계정인 용역수익, 종업원급여 및 임차료의 계정잔액이 모두 0이 되었다. 이와 동시에 집합손익계정의 대변에는 수익계정의 금액이 기입되었고, 또 차변에는 비용계정의 금액이 모두 기입되었다. 그 결과 집합손익계정의 구조는 포괄손익계산서와 유사하게 되었고, 집합손익계정의 대변잔액 ₩100,000은 당기순이익을 나타낸다.

이상의 논의를 요약하면, 수익 · 비용계정의 잔액을 0으로 만들기 위하여 마감분개를 통해 수익계정의 대변금액을 집합손익계정의 대변에 옮기고, 비용계정의 차변금액은 집합손익계정의 차변에 옮긴다.

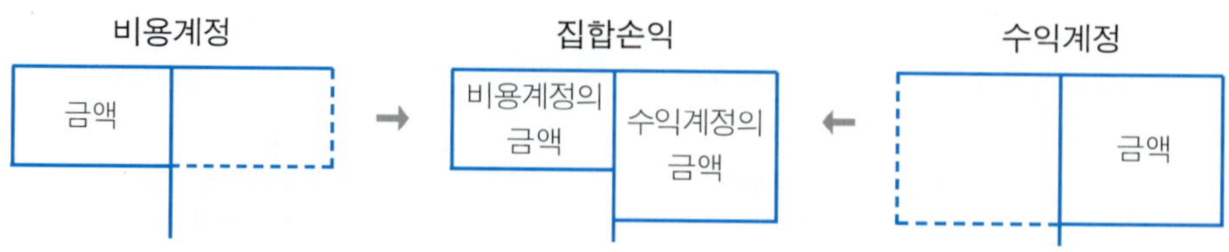

● 집합손익계정의 마감과 이익잉여금계정의 수정

이익잉여금계정의 대변에 5월의 당기순이익 ₩100,000이 기입되게 하는 것도 분개를 통해 이루어진다. 집합손익계정의 대변잔액이 바로 5월의 당기순이익이므로 이를 이익잉여금계정의 대변에 옮기면 된다. 만일 비용계정들의 총액이 수익계정들의 총액보다 커서 당기순손실이 발생하였으면 집합손익계정의 잔액은 차변에 있게 된다. 이때에는 집합손익계정의 차변잔액을 이익잉여금계정의 차변에 옮긴다.

⑨ 집합손익계정을 마감하는 분개:

(차) 집합손익	100,000	(대) 이익잉여금	100,000
↓ 이를 전기하면 집합손익계정의 잔액이 0이 됨		↓ 이를 전기하면 당기순이익이 이익잉여금계정에 기입됨	

계정에 전기

집합손익

차변		대변	
⑧	200,000	⑦	300,000
⑨	100,000		
		잔액	0

이익잉여금

차변		대변	
		⑨	100,000
		(5월의 당기순이익)	

위와 같이 이익잉여금계정의 대변에 5월의 당기순이익이 기입됨으로써 이익잉여금계정의 대변잔액이 5/31일 재무상태표상의 이익잉여금과 일치하게 되었다.

● 기타포괄손익계정의 마감

위의 사례에서는 기타포괄손익이 없으므로 이에 대한 마감분개는 필요하지 않다. 만일 기타포괄손익이 있었다면 그 계정의 금액을 해당 자본항목의 계정에 옮기는 분개를 해주면 된다. 예를 들어, 자산재평가차익이 있었다면 이 계정의 대변금액을 재평가잉여금계정의 대변에 옮기는 분개를 한다. 이 분개를 전기하면, 자산재평가차익의 계정잔액은 0이 되고, 자산재평가차익은 재평가잉여금계정에 누적된다.

참고 수익 · 비용계정을 마감하기 위해 반드시 집합손익계정을 설정해야 하나?

집합손익계정을 설정하지 않아도 수익 · 비용계정을 마감할 수 있다. 수익 · 비용계정의 금액을 아래와 같이 이익잉여금계정에 바로 옮겨도 수익 · 비용계정이 마감된다.

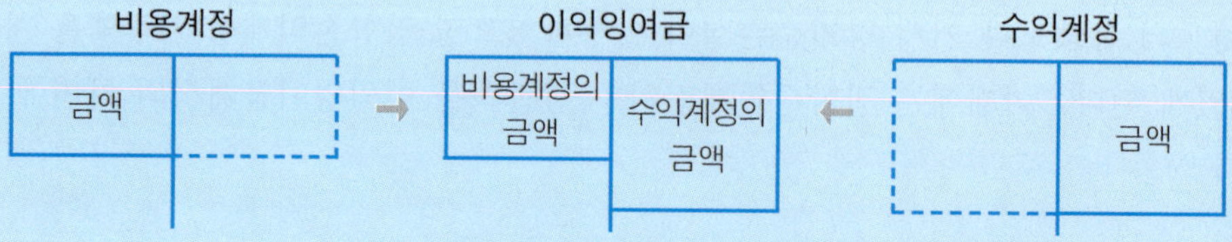

위에서 보듯이, 이익잉여금계정에서 대변의 순증가는 5월의 당기순이익과 같다. 위의 방법을 사용해도 되지만, 관습적으로 집합손익계정을 경유해서 당기순이익을 이익잉여금계정에 옮긴다. 그와 같이 하면 이익잉여금계정의 기입내용을 단순화할 수 있는 이점이 있다.

제3절 수정분개의 목적과 유형

앞의 사례에서 본 바와 같이, 한 회계기간에 대한 재무제표를 작성하기 위해서는 그 전제로서 수정분개(adjusting entries)를 해야 한다. 본절에서는 그러한 수정분개를 하는 목적과 수정분개의 유형을 구체적으로 살펴보자.

3.1 수정분개의 목적

제2절의 사례에서 수정분개의 대상이 됐던 것은 선급임차료(자산항목)이었다. 회계기간 말인 5/31일에 5월분 임차료비용을 계상하는 동시에 선급임차료를 감소시켰다. 이러한 분개를 하는 이유는 5월 동안 사무실을 사용함으로써 1개월분의 임차료비용이 발생하였기 때문이다.

이 예에서 볼 수 있듯이, 수정분개를 하는 목적은 회계기간 동안 발생한 수익과 비용을 모두 정확히 계상하고 동시에 기말시점 현재의 자산, 부채 및 자본을 정확히 측정하려는 데 있다. 즉, 수정분개의 목적은 당해 기간의 경영성과와 기말시점 현재의 재무상태를 정확히 파악하려는 데 있다.

회계기간의 수익과 비용을 '인식'하는 것은 현금수입 · 지출보다는 **발생기준 회계**(accrual accounting)에 따라야 함을 제2장 5절에서 설명한 바 있다. 그러므로 기말시점에서 수정분개를 하는 것은 발생기준 회계를 적용하여 당해 기간의 수익과 비용, 그리고 기말시점 현재의 자산, 부채 및 자본의 크기를 최종적으로 측정하려는 것이다.

3.2 수정분개의 유형

기말시점에서 수정분개를 해야 할 대상에는 많은 항목들이 있다. 그중 상당수는 본서의 제3부에서 순차적으로 다루어지며, 여기서는 일부 전형적 항목들을 소개한다. 이들 항목은 크게 나누어 <표 4-1>과 같이 구분할 수 있다.

표 4-1
수정분개의 유형

구 분	기말시점에서 하는 수정분개
수익 · 비용이 발생하였으나 현금수입 · 지출이 없음	• 미수수익: 수익이 발생했는데 현금을 받지 않은 경우 → 수정분개: (차) 자산의 증가 (대) 수익의 발생 • 미지급비용: 비용이 발생했는데 현금을 지급하지 않은 경우 → 수정분개: (차) 비용의 발생 (대) 부채의 증가
현금수입 · 지출이 먼저 있고 그 후에 수익 · 비용이 발생함	• 선수수익: 현금을 먼저 받고 그 후에 수익이 실현된 경우* → 수정분개: (차) 부채의 감소 (대) 수익의 발생 • 선급비용: 현금이 먼저 지급되고 그 후에 비용이 발생한 경우** → 수정분개: (차) 비용의 발생 (대) 자산의 감소
자산을 사용함에 따라 비용이 발생함 (선급비용이 비용화 되는 것과 유사함)	• 소모품비: 소모품의 사용을 비용으로 인식 → 수정분개: (차) 비용의 발생 (대) 자산의 감소 • 감가상각비: 유형자산(예: 건물)의 사용을 비용으로 인식 → 수정분개: (차) 비용의 발생 (대) 자산의 감소

* 현금 수취시에 선수액이 부채로 기록되었음을 가정한 것임.
** 현금 지급시에 선급액이 자산으로 기록되었음을 가정한 것임.

앞에서 보는 바와 같이, 기말시점에서 아무런 현금수입 · 지출이 없어도 수정분개를 해서 수익 · 비용을 인식하고 자산 · 부채의 증감을 기록한다. 아래에서 〈표 4-1〉의 각 항목에 대해 구체적으로 설명한다.

(1) 미수수익

회계기간 중에 수익이 발생하였는데 그 금액을 받지 않아서 기록하지 않았으면 기말시점에서 수익을 기록한다. 해당 수익계정의 대변에 그 발생액을 기록하는 한편, 받을 권리를 자산인 미수수익(accrued revenues)으로 기록한다. 아래의 예를 이용하여 수정분개를 해 보자.

> [예1] 건축설계업을 하는 P사는 2×24년 5/1일에 연 6% 이자율로 ₩1,000,000을 N사에게 1년간 대여하였는데 이자 ₩60,000은 만기인 1년 후에 받기로 하였다.

회계기간이 1개월이라고 가정하면, P사는 2×24년 5/31일에 다음의 수정분개를 해야 한다.

수정분개: (5/31)	(차) 미수이자 (자산)	5,000	(대) 이자수익 (수익)	5,000

5월분 이자 발생액(= ₩60,000/12월)을 이자수익으로 인식하다.

N사가 5월 동안 자금을 사용하였으므로 P사는 1개월 이자 ₩5,000을 받을 권리가 있다. 따라서 아직 현금으로 받지 않았지만, 1개월 이자 ₩5,000을 이자수익으로 인식하고 같은 금액을 자산항목인 미수이자계정의 차변에 기록한다. 추후 이자를 받는 시점에서는 현금의 증가와 미수이자의 감소를 기록하는 분개를 하게 된다.

만일 5/31일에 위의 수정분개를 하지 않는다면 어떻게 될까? 실제로 발생한 이자수익이 계상되지 않아서 5월의 당기순이익이 작게 측정되고 5/31일 현재의 이익잉여금도 그만큼 작게 측정될 것이다. 또한, 5/31일 현재의 자산 총액도 실제보다 작게 표시되는 결과가 초래될 것이다.

앞에서 자산항목에 대해 '미수이자'라는 계정과목을 사용하였는데, 그 대신에 '미수수익'이라는 포괄적 명칭의 계정과목을 사용할 수도 있다. 그런데 미수수익에는 여러 항목이 있을 수 있기 때문에, 각각의 금액을 구체적으로 파악하려면 위와 같이 세분된 계정과목을 사용하는 것이 편리할 수 있다. 예를 들면, 위와 같이 대여금이자의 미수액에 대해 '미수이자'라는 계정과목을 사용하고, 임대료수익의 미수액에 대해서는 '미수임대료'라는 계정과목을 사용하면 각각의 미수액을 쉽게 파악할 수 있을 것이다.

참고 매출채권과 미수수익의 구별

기업의 '주된 영업활동'에서 획득된 수익의 미수액은 미수수익계정이 아니라 매출채권계정에 기록한다. 만일 위 예에서 P사가 '건축설계용역'을 제공하고 용역대금을 받지 않았다면, 미수대금을 매출채권계정의 차변에 기록하고 획득된 수익은 용역수익계정의 대변에 기록한다(다른 예로는 제3장 3절에 있는 클린복사(주)의 사례 참조).

(2) 미지급비용

회계기간 중에 비용이 발생하였는데 그 금액을 지급하지 않아서 기록하지 않았으면 기말시점에서 비용을 기록한다. 비용 발생액을 해당 비용계정의 차변에 기록하는 한편, 지급의무를 부채인 미지급비용(accrued expenses)으로 기록한다. 이에 관한 수정분개의 예는 다음과 같다.

[예 2] K사는 2×24년 5/25일에 지급해야 할 5월분 종업원급여 ₩500,000을 회사의 자금사정 때문에 지급하지 못하고, 6/10일에 지급하였다.

회계기간이 1개월이라고 가정하면, K사는 2×24년 5/31일에 다음의 수정분개를 해야 한다.

수정분개: (5/31)	(차) 종업원급여 (비용)	500,000	(대) 미지급급여 (부채)	500,000
	5월분 종업원급여 미지급액을 계상하다.			

K사는 5월 동안 종업원의 노동력을 사용했기 때문에 5월의 종업원급여가 비용으로 발생하였다. 따라서 현금으로 지급하지는 않았지만, 종업원급여 ₩500,000을 비용으로 인식한다. 또한 종업원급여 ₩500,000은 미래에 지급해야 하므로 이를 부채항목인 미지급급여계정의 대변에 기록한다. 6/10일에 급여를 지급할 때에는 미지급급여의 감소와 현금의 감소를 기록하는 분개를 하게 될 것이다.

위에서 부채항목에 대해 '미지급급여'라는 계정과목을 사용하였는데, 그 대신에 '미지급비용'이라는 포괄적 명칭의 계정과목을 사용할 수도 있다. 그런데 미수수익의 경우처럼 미지급비용에도 여러 항목이 있을 수 있기 때문에, 위와 같이 세분된 계정과목을 사용하는 것이 편리할 수 있다. 예를 들면, 위와 같이 급여 미지급액에 대해 '미지급급여'의 계정과목을 사용하고, 또한 차입금이자의 미지급액에 대해서는 '미지급이자'의 계정과목을 사용하면 각각의 미지급액을 쉽게 파악할 수 있을 것이다.

(3) 선수수익

회계기간 중의 어느 시점에서 타실체로부터 미래의 수익금액을 미리 받으면 이때 현금의 증가를 기록하는 분개를 한다. 그러나 아직 수익이 실현되지 않았기 때문에 분개의 대변은 부채인 선수수익(unearned revenues)이 된다. 그런 후 회계기간이 경과하면서 수익이 실현되면 나중에 수정분개를 하게 된다. 아래의 예를 이용하여 수정분개를 해 보자.

[예 3] H사는 2×24년 5/1일에 사무실 일부를 Y사에게 1년간 임대해 주면서 5~7월의 3개월 임대료 ₩600,000을 받았다.

회계기간이 1개월이라고 가정하고, 5/1일에 H사가 임대료 선수액을 부채항목인 선수임대료계정에 기록했다고 가정하자.

수취시점: (5/1)	(차) 현 금 (자산)	600,000	(대) 선수임대료 (부채)	600,000

3개월 임대료 선수액을 선수임대료로 기록하다.

위 분개의 대변과목인 선수임대료는 선수수익의 세분된 계정과목이다. 이제 기말인 5/31일이 되면, H사는 아래의 수정분개를 해서 5월의 임대료 수익을 인식하는 동시에 선수임대료의 계정잔액을 그만큼 감소시켜야 한다.

5월분 임대료: ₩600,000×(1/3) = ₩200,000
미실현된 임대료: ₩600,000×(2/3) = ₩400,000

수정분개: (5/31)	(차) 선수임대료 (부채)	200,000	(대) 임 대 료 (수익)	200,000

선수임대료

차변	대변
5/31 200,000	5/1 600,000
	잔액 400,000

임 대 료

차변	대변
	5/31 200,000
	잔액 200,000

위와 같이 수정분개를 전기한 결과, 선수임대료계정의 대변잔액은 미실현된 임대료(₩400,000)만을 나타내고 있다. 또한 임대료계정의 대변에는 5월분 임대료 수익(₩200,000)이 계상되고 있다.

대체적 회계처리방법

위의 회계처리방법과는 달리, 수취시점에서 선수액을 먼저 임대료계정에 기록하고 기말에 이를 수정할 수도 있다. 즉, 기말의 수정분개에서 임대료계정의 금액을 수정하는 한편 미실현된 임대료를 선수임대료계정에 기록한다. 이 방법을 위의 예에 적용하면 다음과 같다.

수취시점: (5/1)	(차) 현 금	600,000	(대) 임 대 료	600,000
수정분개: (5/31)	(차) 임 대 료	400,000	(대) 선수임대료	400,000

선수임대료

	5/31 400,000
	잔액 400,000

임 대 료

5/31 400,000	5/1 600,000
	잔액 200,000

위에서 보듯이, 선수임대료계정의 기말잔액(₩400,000)과 임대료계정의 기말잔액(₩200,000)은 앞의 방법과 같은 금액들이다. 그러므로 어느 방법을 사용해도 무방하며, 수취시점의 분개내용에 맞추어 기말에 적절히 수정분개를 하면 된다.

(4) 선급비용

회계기간 중의 어느 시점에서 타실체에게 미래의 비용금액을 미리 지급하면 이 때 현금의 감소를 기록하는 분개를 한다. 그러나 아직 비용이 발생하지 않았기 때문에 분개의 차변은 자산인 선급비용(prepaid expenses)이 된다. 그런 후 회계기간이 경과하면서 비용이 발생하면 나중에 수정분개를 하게 된다. 선급비용에 관한 예는 앞의 제2절에서도 다루었다. 여기서는 다른 예를 살펴보자.

[예4] L사는 2×24년 5/1일에 보험계약을 체결하고 1년간 화재보험료 ₩120,000을 보험회사에게 지급하였다.

회계기간이 1개월이라고 가정하고, 5/1일에 L사가 보험료 선급액을 자산항목인 선급보험료계정에 기록하였다고 가정하자.

지급시점: (5/1)	(차) 선급보험료 (자산)	120,000	(대) 현 금 (자산)	120,000

1년간 보험료 지급액을 선급보험료로 기록하다.

위 분개의 차변과목인 선급보험료는 선급비용의 세분된 계정과목이다. 이제 기말인 5/31일이 되면 L사는 아래의 수정분개를 해서 5월분 보험료를 비용으로 인식하는 동시에 선급보험료 계정잔액을 그만큼 감소시켜야 한다.

5월분 보험료: ₩120,000×(1/12) = ₩10,000
미경과된 보험료: ₩120,000×(11/12) = ₩110,000

수정분개: (5/31)	(차) 보 험 료 (비용)	10,000	(대) 선급보험료 (자산)	10,000

선급보험료

차변	대변
5/1 120,000	5/31 10,000
잔액 110,000	

보 험 료

차변	대변
5/31 10,000	
잔액 10,000	

위와 같이 수정분개를 전기한 결과, 선급보험료계정의 차변잔액은 미경과된 보험료(₩110,000)만을 나타내고 있다. 또한 보험료계정의 차변에는 5월분 보험료 비용(₩10,000)이 계상되고 있다.

대체적 회계처리방법

대체적 방법으로서, 지급시점에서 선급액을 먼저 보험료계정에 기록하고 기말에 이를 수정하는 방법도 있다. 즉, 기말의 수정분개에서 보험료계정의 금액을 수정하는 한편 미경과된 보험료를 선급보험료계정에 기록한다. 이 방법을 위의 예에 적용하면 아래와 같다.

지급시점: (5/1)	(차) 보 험 료	120,000	(대) 현 금	120,000
수정분개: (5/31)	(차) 선급보험료	110,000	(대) 보 험 료	110,000

선급보험료

차변	대변
5/31 110,000	
잔액 110,000	

보 험 료

차변	대변
5/1 120,000	5/31 110,000
잔액 10,000	

여기서 보는 바와 같이, 선급보험료계정의 기말잔액(₩110,000)과 보험료계정의 기말잔액(₩10,000)은 앞의 방법과 같은 금액들이다.

(5) 소모품비

기업이 영업활동 과정에서 소모품을 사용함에 따라 발생하는 비용인 소모품비는 제3장에서도 다룬 바 있다. 소모품 자체는 자산이므로 이를 구입한 때에는 소모품계정의 차변에 기록한다. 구입 후 소모품이 사용되어 가는데, 회계기간 중에는 매일 그 사용액을 계정에 기록할 실익이 없을 것이다. 그래서 대부분의 기업들은 회계기간 중에는 소모품비를 기록하지 않는다. 그 대신 기말시점에서 수정분개를 통해 회계기간 동안의 소모품 사용액을 소모품비로 계상한다. 회계기간 동안의 사용액은 기말의 소모품 재고를 조사하면 파악할 수 있다. 즉, 소모품 구입액에서 기말의 재고액을 차감하면 소모품 사용액이 계산된다. 아래의 예를 살펴보자.

[예5] K사는 2×24년 5/7일에 소모품 ₩100,000을 구입하고 현금을 지급하였다. 기말인 5/31일에 소모품 재고를 조사한 결과 ₩40,000의 소모품이 남아 있다.

기말의 소모품 재고액이 ₩40,000이므로 회계기간 동안의 소모품 사용액, 즉 소모품비는 ₩60,000이다. 소모품 구입시점의 분개와 기말의 수정분개는 각각 다음과 같다.

구입시점: (5/7)	(차) 소 모 품	100,000	(대) 현 금	100,000
수정분개: (5/31)	(차) 소모품비 (비용)	60,000	(대) 소 모 품 (자산)	60,000

소 모 품

차변	대변
5/7 100,000	5/31 60,000
잔액 40,000	

소모품비

차변	대변
5/31 60,000	
잔액 60,000	

대체적 회계처리방법

앞에서 살펴본 선급비용의 경우처럼, 소모품과 소모품비에 대해서도 대체적 회계처리방법이 있다. 즉, 소모품 구입시에 구입액을 먼저 소모품비계정에 계상하였다가, 기말에 수정분개를 통해 소모품비를 수정하고 소모품 재고액을 소모품계정에 기록하는 방법이다. 이 방법을 앞의 예에 적용하면 아래와 같다.

구입시점: (5/7)	(차) 소모품비	100,000	(대) 현 금	100,000
수정분개: (5/31)	(차) 소 모 품	40,000	(대) 소모품비	40,000

소 모 품

차변	대변
5/31 40,000	
잔액 40,000	

소모품비

차변	대변
5/1 100,000	5/31 40,000
잔액 60,000	

(6) 유형자산의 감가상각비

많은 기업들은 영업활동 과정에서 건물, 기계장치, 비품, 차량운반구와 같은 유형자산을 사용한다. 유형자산(tangible assets)이란 물리적 형체가 있는 자산으로서 장기간 사용하기 위해 보유하는 자산을 말한다. 유형자산은 사용되면서 그 경제적 효용이 조금씩 소멸되어 간다. 이렇게 소멸된 부분은 비용이 되는데 이 비용을 **감가상각비**(depreciation expense)라고 부른다.

감가상각비는 현금지출을 수반하지 않는 비용이다. 기업은 회계기간 중에 매일 감가상각비 기록을 하지 않고, 기말에 와서 당해 기간 전체에 대한 감가상각비를 추정하여 비용으로 계상한다. 예를 들어, K사가 2×24년 5/1일에 사무용 복사기를 ₩600,000에 구입하였는데, 이 복사기는 5년간 사용가능하고 5년 후에 잔존가치는 없을 것으로 추정된다고 하자. 그러면 복사기 취득원가 ₩600,000이 5년 동안에 걸쳐 조금씩 각 회계기간의 감가상각비로 배분되게 된다. 만일 복사기의 경제적 효용이 매월 균등한 정도로 소멸된다면, 1개월 사용하였을 때 감가상각비는 ₩10,000(=600,000/60월)이다. 회계기간이 1개월이라면 K사는 기말인 5/31일에 다음의 수정분개를 해서 5월의 감가상각비를 인식한다.

수정분개: (5/31)	(차) 감가상각비	10,000	(대) 비 품	10,000
	5월의 비품 감가상각비를 인식하다.			

위에서 비품은 회사의 사무실에서 사용되는 유형자산(복사기, 컴퓨터, 책상, 의자 등)을 기록하는 계정과목이다. 위의 수정분개를 전기하면 비품계정의 잔액은 ₩590,000(= 600,000 − 10,000)이 된다.

위의 수정분개처럼 비품을 대변과목으로 사용하면 비품계정의 금액이 바로 감소된다. 그래서 위와 같이 비품계정의 금액을 직접 감소시키는 대신에 **감가상각누계액**이라는 계정과목을 분개의 대변에 사용하는 기록방법이 널리 사용되고 있다. 이 계정과목은 회계기간마다 계상되는 감가상각비를 누적시키는 과목이다. 여기에 감가상각비를 누적시킨 후, 재무상태표에서는 비품 취득원가에서 감가상각누계액을 차감하는 형태로 표시한다. 따라서 재무상태표에는 비품계정의 잔액이 표시된다. 이러한 표시방법을 사용하면 회계정보이용자들이 비품 취득원가와 그동안의 감가상각누계액을 모두 알 수 있게 되는 효과가 있다. 감가상각에 관한 회계처리와 재무상태표 표시방법은 제9장에서 상세히 설명될 것이다.

종 · 합 · 예 · 제

수정분개와 재무제표 작성 및 마감분개

다음은 경영자문업을 하는 제일경영(주)의 2×24년 7/31일 현재 수정전시산표이다.

수정전시산표

제일경영(주) 2×24년 7월 31일 현재

계정과목	차 변	대 변
현 금	₩340,000	
매출채권	30,000	
선급보험료	120,000	
단기차입금		₩100,000
자 본 금		300,000
용역수익		150,000
종업원급여	50,000	
통 신 비	10,000	
합 계	₩550,000	₩550,000

회계기간은 1개월이며, 위의 시산표는 7월 중의 거래를 반영하고 있다. 그러나 아직 기말의 수정분개는 하지 않은 상태이다. 수정분개에 관한 사항은 아래와 같고, 기타포괄손익은 없다.

수정분개사항

① 선급보험료는 1년간 보험료를 7/1일에 지급한 것이다.
② 7월분 사무실 임차료 ₩30,000은 8월 말에 지급하기로 되어 있어서 7월에는 임차료를 지급하지 않았다.
③ 단기차입금 ₩100,000은 7/1일에 연 6% 이자율로 1년간 차입한 것인데, 연간 이자 ₩6,000은 원금을 상환할 때 지급한다.
④ 7/28일에 S사에 자문용역을 제공하였는데 용역대금 미수액 ₩100,000을 기록하지

않은 사실이 발견되었다.

⑤ 7월의 광고비 ₩20,000을 아직 지급하지 않았다.

물음

(1) 재무제표 작성에 필요한 수정분개를 하라.
(2) 수정후시산표를 작성하라.
(3) 2×24년 7월의 포괄손익계산서를 작성하라.
(4) 2×24년 7/31일 현재의 재무상태표를 작성하라.
(5) 마감분개를 하라.

풀이

(1) 수정분개

① 1년간 보험료 ₩120,000을 7/1일에 선급하였는데, 7월분 보험료는 ₩10,000(=120,000/12월)이다. 따라서 보험료 비용으로 ₩10,000을 인식하고(차변) 또 그만큼 선급보험료를 감소시킨다(대변).

(차) 보 험 료	10,000	(대) 선급보험료	10,000

② 7월분 임차료를 지급하지 않았으므로 미지급임차료 ₩30,000을 계상하고(대변) 또 그만큼 임차료 비용을 인식한다(차변).

(차) 임 차 료	30,000	(대) 미지급임차료	30,000

③ 연간 이자 ₩6,000 중에서 1개월분 이자 ₩500(=6,000/12월)이 발생하였다. 따라서 이자비용 ₩500을 인식하고(차변) 또 그만큼 미지급이자를 계상한다(대변).

(차) 이자비용	500	(대) 미지급이자	500

④ 자문용역을 제공하여 용역수익이 발생하였는데 기록하지 않은 오류이다. 따라서 매출채권 ₩100,000을 인식하고(차변) 동시에 그만큼 용역수익을 인식한다(대변).

(차) 매출채권	100,000	(대) 용역수익	100,000

⑤ 광고비가 발생했는데 지급하지 않은 것이므로 광고비 ₩20,000을 인식하고(차변) 또 그만큼 미지급광고비를 계상한다(대변).

(차) 광 고 비	20,000	(대) 미지급광고비	20,000

(2) 수정후시산표

수정후시산표		
제일경영(주)	2×24년 7월 31일 현재	
계정과목	차 변	대 변
현 금	₩340,000	
매출채권[1]	130,000	
선급보험료[2]	110,000	
단기차입금		₩100,000
미지급임차료[3]		30,000
미지급광고비[4]		20,000
미지급이자[5]		500
자 본 금		300,000
용역수익[1]		250,000
종업원급여	50,000	
통 신 비	10,000	
보 험 료[2]	10,000	
임 차 료[3]	30,000	
광 고 비[4]	20,000	
이자비용[5]	500	
합 계	₩700,500	₩700,500

〈해설〉

1) 매출채권: 수정전시산표상의 30,000 + 수정분개 ④의 100,000 = 130,000
   용역수익: 수정전시산표상의 150,000 + 수정분개 ④의 100,000 = 250,000

2) 선급보험료: 수정전시산표상의 120,000 − 수정분개 ①의 10,000 = 110,000
   보 험 료: 수정분개 ①의 10,000

3) 미지급임차료: 수정분개 ②의 30,000
   임 차 료: 수정분개 ②의 30,000

4) 미지급광고비: 수정분개 ⑤의 20,000
   광 고 비: 수정분개 ⑤의 20,000

5) 미지급이자: 수정분개 ③의 500
   이자비용: 수정분개 ③의 500

(3) 포괄손익계산서

수정후시산표에 있는 수익과 비용계정의 금액을 이용하여 포괄손익계산서를 작성한다.

포괄손익계산서

제일경영(주) 2×24년 7월 1일~2×24년 7월 31일

수 익:	용역수익		₩250,000
비 용:	종업원급여	50,000	
	통 신 비	10,000	
	보 험 료	10,000	
	임 차 료	30,000	
	광 고 비	20,000	
	이자비용	500	120,500
당기순이익			129,500
기타포괄손익			0
당기포괄이익			₩129,500

(4) 재무상태표

수정후시산표에 있는 자산, 부채 및 자본계정의 금액을 이용하여 재무상태표를 작성한다.

재무상태표

제일경영(주) 2×24년 7월 31일 현재

자 산:		부 채:	
현 금	₩340,000	단기차입금	₩100,000
매출채권	130,000	미지급임차료	30,000
선급보험료	110,000	미지급광고비	20,000
		미지급이자	500
		부채 총계	₩150,500
		자 본:	
		자 본 금	₩300,000
		이익잉여금	129,500*
		자본 총계	₩429,500
자산 총계	₩580,000	부채와 자본 총계	₩580,000

* 수정후시산표에 이익잉여금이 없었으므로 기말 이익잉여금은 당기순이익과 같다.

(5) 마감분개

① 수익계정을 마감하기 위해 용역수익계정의 대변금액을 집합손익계정의 대변에 옮긴다.

(차) 용역수익	250,000	(대) 집합손익	250,000

② 비용계정을 마감하기 위해 각 비용계정의 차변금액을 집합손익계정의 차변에 옮긴다.

(차) 집합손익	120,500	(대) 종업원급여	50,000
		통 신 비	10,000
		보 험 료	10,000
		임 차 료	30,000
		광 고 비	20,000
		이자비용	500

③ 집합손익계정을 마감하기 위해 그 대변잔액(즉, 당기순이익)을 이익잉여금계정의 대변에 옮긴다.

(차) 집합손익	129,500	(대) 이익잉여금	129,500

익힘문제

1. 회계순환(accounting cycle)이란 무엇인지 간략히 설명하라.
2. 회계기간 말이 되면 수정전시산표를 작성하는 이유가 무엇인가?
3. 회계기간 말에 밟는 필수적 절차로서 수정분개가 있다. 수정분개를 하는 목적이 무엇인지 설명하라.
4. 회계순환의 마지막 단계로서 마감분개를 한다. 마감분개란 무엇인가?
5. 시산표등식이란 무엇이고 또 시산표등식이 성립하는 이유가 무엇인지 설명하라.
6. 시산표에서 발견할 수 없는 기록오류의 예를 두 가지만 제시하라.
7. 수익 및 비용계정을 마감(closing)하는 이유가 무엇인지 설명하라.
8. 수익 및 비용계정은 어떻게 마감하는지 설명하라.
9. 이익잉여금계정에 당기순이익을 기록하는 것은 어떤 분개를 통해 이루어지나?
10. 수익이 발생했는데 그 대가를 받지 않아서 기록하지 않았으면 기말시점에서 수정분개를 해야 한다. 이 수정분개의 차변요소와 대변요소는 각각 무엇인가?
11. 비용이 발생했는데 지급하지 않아서 기록하지 않았으면 기말시점에서 수정분개를 해야 한다. 이 수정분개의 차변요소와 대변요소는 각각 무엇인가?
12. 회계기간 중에 미래의 수익금액을 미리 받았으면 기말시점에서 수정분개를 해야 한다. 이 수정분개의 차변요소와 대변요소는 각각 무엇인가?
13. 회계기간 중에 미래의 비용금액을 미리 지급하였으면 기말시점에서 수정분개를 해야 한다. 이 수정분개의 차변요소와 대변요소는 각각 무엇인가?
14. 자산을 사용한 결과로서 비용이 발생하는 예를 두 가지만 제시하라.

연습문제

[4-1] 기본개념의 이해

아래의 빈칸에 알맞은 단어나 문구를 기입하라.

(1) 회계기간 중에는 거래가 발생할 때마다 (   )를 하고 해당 계정에 (   )를 한다.

(2) 시산표(trial balance)는 자산, 부채, 자본, 수익 및 비용의 모든 계정의 잔액들을 (   )과 (   )으로 구분하여 나열해 놓은 표이다.

(3) 회계기간 중에 모든 계정기입이 올바로 이루어졌다면 시산표에서 차변잔액 합계는 (   )와 일치해야 한다.

(4) 회계기간 말이 되면 자산, 부채, 자본, 수익 및 비용의 계정잔액을 확정시키는 데 필요한 (   )를 하고 이를 각 해당 계정에 전기한다. 이러한 (   )는 재무제표 작성을 위해 필수적으로 거쳐야 하는 절차이다.

(5) 마감분개는 포괄손익계산서의 구성요소인 수익 · 비용계정의 잔액을 (   )으로 만드는 동시에 (   ) 계정을 업데이트시키는 분개이다.

(6) 수익 · 비용계정에 대한 마감분개를 하기 위해 (   )이라는 계정을 임시로 설정하여 이용한다. 마감분개를 통해서 (   ) 계정의 대변에 (   )의 대변금액을 옮기고, (   ) 계정의 차변에는 (   )의 차변금액을 옮긴다. 이러한 마감분개의 결과로서 (   ) 계정의 대변잔액은 포괄손익계산서의 (   )을 나타낸다.

(7) 회계기말에 수정분개를 하는 목적은 회계기간 동안 발생한 수익과 (   )을 정확히 계상하고 동시에 기말시점 현재의 자산, 부채 및 자본을 정확히 측정하려는 데 있다. 즉, 수정분개의 목적은 당해 기간의 (   )와 기말시점 현재의 재무상태를 정확히 파악하려는 데 있다.

(8) 기말시점에서 아무런 현금수입 · 지출이 없어도 (   ) 회계를 적용하여 수익 · 비용을 인식하는 수정분개를 실시한다.

(9) 거래처에 자금을 대여하고 이자는 내년에 받기로 약정하였다면, 기말시점에서는 그동안의 이자 발생액을 (   )으로 인식하는 동시에 받을 권리를 자산인

(　　　　)으로 기록한다.

(10) 회계기간 중에 비용이 발생하였는데 지급하지 않아서 기록하지 않았다면, 기말시점에서는 그 비용 발생액을 해당 비용계정의 (　　　　)에 기록하는 동시에 지급해야 할 의무를 부채인 (　　　　)으로 기록한다.

(11) 회계기간 중의 어느 시점에서 비용금액을 선급하였으면 이때 선급액은 자산인 (　　　　)으로 기록한다. 기말시점에서는 해당 비용을 인식하는 동시에 (　　　　)을 감소시킨다.

(12) 건물, 기계장치, 비품, 차량운반구 등과 같은 유형자산은 경영활동에 사용되면서 그 경제적 효용이 조금씩 소멸되어 간다. 이렇게 소멸된 부분은 비용이 되는데 이 비용을 (　　　　)라고 부른다.

[4-2] 시산표(I)

다음은 서울퀵서비스(주)의 2×24년 8월 31일의 각 계정잔액이다.

현　　금	₩437,000	당좌예금	₩50,000
매출채권	?	차량운반구	100,000
비　　품	70,000	미지급금	50,000
자 본 금	500,000	이익잉여금	47,000
용역수익	300,000	종업원급여	80,000
통 신 비	30,000	임 차 료	50,000

물음

(1) 대변잔액의 합계가 얼마인가?
(2) 매출채권의 금액은 얼마인가?
(3) 시산표를 작성하라.

[4-3] 시산표(II)

아래의 시산표는 회계원리 학습을 소홀히 한 홍길동 씨가 작성한 것인데, 차변합계와 대변합계가 일치하지 않고 있다.

시 산 표		
계정과목	차 변	대 변
현 금	₩530,000	
매출채권		₩70,000
비 품	100,000	
미지급금	50,000	
미지급임차료	80,000	
자 본 금		500,000
용역수익		200,000
종업원급여		50,000
임 차 료	80,000	
합 계	₩840,000	₩820,000

물음

(1) 위의 시산표에서 잘못 기재된 항목은 무엇인가?
(2) 오류를 수정하여 올바른 시산표를 작성하라.

[4-4] 수정분개시 나타나는 항목의 식별

다음은 회계기말에 수정분개를 할 때 흔히 나타나는 항목들을 열거한 것이다.

미지급이자	미수이자	선수임대료
선급보험료	미지급급여	미지급임차료
미수임대료	선급임차료	미지급통신비
미지급운송비	미지급광고비	

물음

(1) 자산에 속하는 항목이 있다면 어느 것인가?
(2) 부채에 속하는 항목이 있다면 어느 것인가?
(3) 자본에 속하는 항목이 있다면 어느 것인가?

[4-5] 수정분개(Ⅰ)

다음은 서로 독립적인 수정분개사항들이다. 각 사항에 대해 수정분개를 하라.

(1) 차입금의 이자 ₩80,000이 발생했는데 미지급 상태에 있다.
(2) 종업원급여 ₩100,000을 줘야 하는데 자금부족 때문에 지급하지 못하였다.
(3) 대여금의 이자 ₩50,000이 발생했는데 아직 받지 못한 상태에 있다.
(4) 선급보험료계정의 차변에 ₩150,000이 기록되어 있으나, 기말 현재 선급액은 ₩100,000이다.
(5) 사무실을 임대하면서 미리 받은 임대료 ₩300,000을 선수임대료계정에 기록하였는 데, 기말 현재 남아 있는 선수액은 ₩200,000이다.

[4-6] 수정분개(Ⅱ)

다음은 서로 독립적인 수정분개사항들이다. 각 사항에 대해 수정분개를 하라.

(1) 전화요금이 ₩80,000이라는 청구서가 나왔는데 아직 납부하지 않았다.
(2) 광고대행사를 통해 광고를 했는데 광고비 ₩100,000을 지급하지 않았다.
(3) K사에 광고용역을 제공하였는데 용역대금 미수액 ₩200,000을 그 당시 기록하지 않았다.
(4) 사무용 책상 ₩80,000을 외상으로 구입했는데 그 당시 기록하지 않았다.
(5) 소모품계정의 차변에 ₩100,000이 기록되어 있으나, 기말 현재 남아 있는 소모품은 ₩40,000이다.

[4-7] 수정분개(Ⅲ)

풀무서비스(주)의 회계담당자는 실수로 다음 사항들에 대한 수정분개를 하지 못하였다.

① 종업원급여 미지급액 ₩300,000
② 선급보험료 중에서 기간이 경과한 금액 ₩100,000
③ 선수임대료 중에서 기간이 경과하여 실현된 금액 ₩150,000
④ 소모품비 발생액 ₩80,000

물음

(1) 위의 각 실수가 당기순이익에 미치는 영향을 표시하되, 당기순이익을 과대표시하는 실수이면 '과대'로, 과소표시하는 실수이면 '과소'로 표시하라.
(2) 위의 네 가지 실수가 당기순이익에 미치는 순효과는 얼마인가?

[4-8] 수정분개의 추정(I)

아래의 각 분개는 기말시점에서 행한 수정분개이다. 수정분개사항이 무엇이었는지 추정하라.

(1)	(차) 보 험 료	20,000	(대) 선급보험료	20,000
(2)	(차) 선수임대료	50,000	(대) 임 대 료	50,000
(3)	(차) 미수이자	40,000	(대) 이자수익	40,000
(4)	(차) 이자비용	30,000	(대) 미지급이자	30,000
(5)	(차) 미수임대료	60,000	(대) 임 대 료	60,000

[4-9] 수정분개의 추정(II)

다음은 회계자문업을 하는 제일서비스(주)의 2×24년 12월 31일의 수정전시산표와 수정후시산표이다(단위: 만원).

계정과목	수정전시산표		수정후시산표	
	차 변	대 변	차 변	대 변
현 금	2,400		2,400	
매출채권	2,300		2,300	
선급보험료	150		120	
단기차입금		1,000		1,000
미지급이자				100
미지급임차료				300
자 본 금		2,000		2,000
용역수익		2,500		2,500
종업원급여	600		600	
통 신 비	50		50	
보 험 료			30	
이자비용			100	
임 차 료			300	
합 계	5,500	5,500	5,900	5,900

물음

(1) 위의 두 시산표를 비교하면 어떤 수정분개를 했었는지 알 수 있다. 수정후시산표에 반영된 수정분개를 제시하라.

(2) 당기순이익은 얼마인가?

[4-10] 오류를 수정하는 분개

다음의 〈보기〉는 회계기간 중에 잘못 분개한 것을 기말에 수정한 것이다.

〈보기〉 소모품 ₩50,000을 구입하고 대금은 2개월 후에 주기로 하였다.

(차) 소 모 품 50,000 (대) 미지급비용 50,000

수정분개: 대변의 미지급비용을 제거하고 미지급금의 증가로 기록한다.

(차) 미지급비용 50,000 (대) 미지급금 50,000

물음

아래의 각 분개에 내포된 오류를 수정하는 분개를 하라.

(1) 용역을 제공하고 용역대금 ₩100,000을 1개월 후에 받기로 하였다.

(차) 대 여 금 100,000 (대) 용역수익 100,000

(2) 외상으로 구입했던 비품의 구입대금 ₩50,000을 현금으로 지급하였다.

(차) 차 입 금 50,000 (대) 현 금 50,000

(3) 사무실 임차료 미지급액 ₩200,000을 현금으로 지급하였다.

(차) 미지급금 200,000 (대) 현 금 200,000

(4) 2개월분 임대료 ₩400,000원을 미리 받았다.

(차) 현 금 400,000 (대) 미지급비용 400,000

[4-11] 수정분개와 정산표

아래의 작업표에는 회계기간이 1년인 두리기업(주)의 2×24년 말의 수정전시산표와 수정후시산표가 함께 포함되어 있다. 두 시산표 사이에 있는 부분은 수정분개를 기입하기 위한 곳이다. 아래 표와 같이 수정전시산표의 오른쪽에 수정분개란을 추가하면 수정후시산표와 재무제표 작성이 용이해지며, 아래와 같은 작업표를 **정산표**(worksheet)라고 부른다. 아래의 정산표에는 포괄손익계산서와 재무상태표도 수정후시산표의 오른쪽에 포함시킬 수 있다.

정 산 표

(단위: 만원)

계정과목	수정전시산표		수정분개		수정후시산표	
	차 변	대 변	차 변	대 변	차 변	대 변
현 금	1,400				1,400	
매출채권	1,230				1,230	
소 모 품	50			① 20	( )	
선급보험료	120			( )	( )	
단기차입금		1,000				1,000
자 본 금		1,000				1,000
용역수익		1,150				1,150
종업원급여	300				300	
통 신 비	50				50	
합 계	3,150	3,150				
소모품비*			① 20		( )	
보 험 료*			( )		( )	
미지급이자*				( )		( )
이자비용*			( )		( )	
합 계			140	140	3,230	3,230

* 수정분개를 하면 새로이 나타나는 계정과목들이다.

〈수정분개사항〉

① 소모품 재고액을 조사한 결과 30만원의 소모품이 남아 있다.

② 선급보험료 중에서 기간이 경과한 것은 40만원이다.

③ 단기차입금의 이자 발생액 80만원이 미지급된 상태이다.

물음

(1) 수정분개사항 ①에 대한 수정분개가 이미 위의 정산표에 기입되어 있다. 수정분개사항 ② 및 ③에 대한 수정분개를 위의 정산표에 기입하라.

(2) 수정후시산표를 완성하라.

[4-12] 수정후시산표로부터 재무제표 작성

문제 [4-11]에서 완성한 두리기업(주)의 수정후시산표를 이용하여 다음 물음에 답하라.

물음

(1) 2×24년도의 포괄손익계산서를 작성하라.

(2) 2×24년 말의 재무상태표를 작성하라.

[4-13] 마감분개(I)

문제 [4-11]에서 완성한 두리기업(주)의 수정후시산표를 이용하여 다음 물음에 답하라.

물음

(1) 수익계정을 마감하는 분개를 하라.
(2) 비용계정을 마감하는 분개는?
(3) 집합손익계정을 마감하는 분개는?

[4-14] 마감분개(II)

다음은 광고대행업을 하는 유일광고(주)의 수정후시산표이다(단위: 만원).

수정후시산표

계정과목	차 변	대 변
현 금	1,600	
매출채권	1,000	
단기차입금		1,000
미지급금		200
미지급이자		100
자 본 금		800
이익잉여금		200
용역수익		1,200
종업원급여	500	
소모품비	100	
임 차 료	200	
이자비용	100	
합 계	3,500	3,500

위의 수정후시산표에 근거하여 유일광고(주)의 회계담당자는 다음과 같이 마감분개를 하였다.

①	(차) 용역수익	1,200	(대) 집합손익	2,500
	단기차입금	1,000		
	미지급금	200		
	미지급이자	100		
②	(차) 집합손익	1,900	(대) 매출채권	1,000
			종업원급여	500
			소모품비	100
			임 차 료	200
			이자비용	100
③	(차) 집합손익	600	(대) 이익잉여금	600

물음

(1) 마감분개 ①~③에 각각 내포된 오류가 무엇인가?

(2) 올바른 마감분개를 하라.

[4-15] 종합문제

회계기간이 1년인 영도상사(주)는 2×24년 10월 1일에 설립되어 세 달간 영업을 하였는데, 다음은 기말인 2×24년 12월 31일의 시산표이다.

시 산 표

영도상사(주) 2×24년 12월 31일 현재 (단위: 만원)

계정과목	차 변	대 변
현 금	1,200	
당좌예금	4,800	
매출채권	3,000	
선급임차료	1,200	
미지급금		1,600
장기차입금		3,000
자 본 금		5,000
용역수익		3,600
종업원급여	2,800	
통 신 비	200	
합 계	13,200	13,200

위의 시산표는 다음 사항들을 반영하지 않은 것이다.

① 12월 30일에 용역을 제공하고 용역대금 200만원을 1개월 후에 받기로 하였는데 이를 기록하지 않았다.
② 장기차입금에 대한 이자 90만원이 발생하였는데 지급하지 않았다.
③ 사무실 임차료 선급액은 1년간 임차료(월 100만원)를 선급한 것이다.
④ 전화요금 50만원에 대한 청구서가 나왔는데 납부하지 않았다.
⑤ 소모품 60만원을 외상구입하여 40만원만큼 사용하였는데 구입시부터 전혀 기록하지 않았다.

물음

(1) 위의 사항들에 대한 수정분개를 하라.
(2) 수정후시산표를 작성하라.
(3) 2×24년도의 포괄손익계산서를 작성하라.
(4) 2×24년 말의 재무상태표를 작성하라.
(5) 마감분개를 하라.

제5장

상품매매기업의 회계

앞의 제3~4장에서는 용역(service)의 제공을 주된 영업으로 하는 서비스기업의 회계절차를 다루었다. 본장에서는 상품(merchandise)의 매매를 주된 영업으로 하는 상품매매기업의 회계절차를 다룬다. 회계기간 중에 발생하는 상품매매거래의 기록방법, 기말의 수정분개와 재무제표 작성 등에 대해 구체적으로 설명한다.

제1절 상품매매기업의 영업활동과 회계

제2절 상품매매거래의 기록방법

제3절 상품매매기업의 회계순환

제1절 상품매매기업의 영업활동과 회계

1.1 상품매매기업의 영업활동

기업을 영업활동의 성격에 따라 분류하면 세 유형으로 분류할 수 있다. 즉, 고객에게 용역을 제공하고 수익을 얻는 **서비스기업**, 상품매매를 통해 매출수익을 얻는 **상품매매기업**, 그리고 제품을 제조, 판매하여 매출수익을 얻는 **제조기업**의 세 유형이 있다. 상품매매기업은 상품공급자로부터 상품을 매입하여 보유하면서 이를 다시 타기업이나 소비자에게 판매하는 기업이다. 예를 들면, 컴퓨터부품 판매기업, 백화점, 할인점, 인터넷 쇼핑몰 등이 상품매매기업에 해당한다. 상품을 직접 생산하여 공급하는 기업은 제조기업인데, 제조기업에서는 생산품을 제품이라고 부른다.

본장에서는 상품매매기업의 회계절차를 다룬다. 상품매매기업을 세분하면 도매기업과 소매기업의 두 유형이 있다. 도매기업은 상품생산자인 제조기업으로부터 상품을 매입하여 주로 소매기업에게 판매한다. 소매기업은 제조기업 또는 도매기업으로부터 매입한 상품을 최종소비자에게 판매한다. 도매기업과 소매기업의 회계는 본질적으로 차이가 없으므로 이하에서는 이들을 구분하지 않고 상품매매기업이라고 부른다.

그림 5-1
상품매매기업의 영업활동

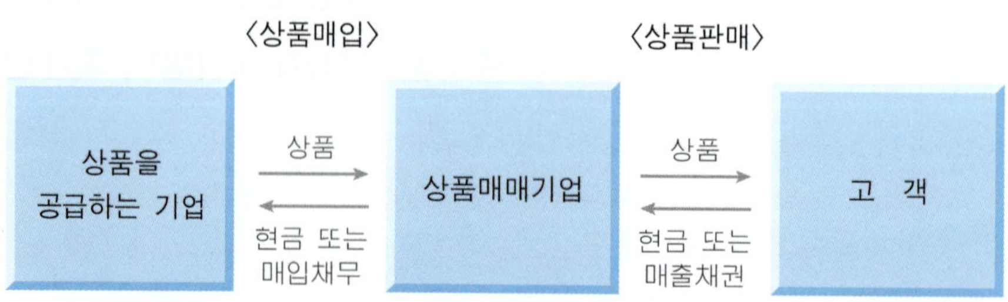

1.2 매출수익과 매출원가

서비스기업의 회계와 비교할 때, 상품매매기업 회계의 특징은 **상품**(merchandise)이라는 자산의 매입, 보유, 판매가 주요 회계문제로 대두된다는 점이다. 그 외에는 서비스기업과 상품매매기업 간에 차이가 없다.

[그림 5-1]에서 보듯이, 상품매매기업이 공급자로부터 상품을 매입할 때에는 현금매입 또는 신용매입을 한다. 신용매입을 한 때에는 **매입채무**(trade payables)라는 부채를 부담하게 되고 추후에 매입대금을 지급하여야 한다. 또한 상품매매기업이 고객에게 상품을 판매할 때에도 현금판매 또는 신용판매를 한다. 상품을 판매하면 **매출수익**(sales revenue)이 획득되는데, 신용판매를 한 경우에는 **매출채권**(trade receivables)이라는 자산이 증가하고 추후 판매대금을 회수하면 매출채권이 감소한다.

뿐만 아니라, 상품을 판매하면 상품이 유출되므로 **매출원가**(cost of goods sold)라는 비용이 발생한다. 매출원가는 판매된 상품의 매입원가(취득원가)이다. 따라서 매출수익(판매대금)과 매출원가의 차이는 상품매매이익이 되고 이는 상품매매기업의 순이익 결정에 큰 영향을 미친다.

이와 같이 상품매매기업의 경우에는 상품의 매입·매출에 관한 거래가 회계기간 중에 발생하는 대표적 주요 거래이다. 매출수익은 당연히 상품매매기업의 주된 수익항목이고, 또 매출원가는 상품매매기업의 가장 큰 비용항목이다. 그러므로 상품매매기업의 주요 회계문제는 회계기간 동안 실현된 매출수익과 이의 획득을 위해 발생한 매출원가를 잘 측정하는 것이라고 할 수 있다.

〈표 5-1〉은 상품매매기업과 서비스기업의 포괄손익계산서 구조를 비교하고 있다. 상품매매기업의 경우, **매출액**에 이어서 매출원가가 바로 표시된다(포괄손익계산서에서 매출수익을 표시할 때 '매출액'이라는 표현이 사용된다). 매출원가가 가장 큰 비용항목이므로 다른 비용항목들과는 구별하여 매출액 바로 다음에 표시되어 있다. 그리고 매출액에서 매출원가를 차감하여 **매출총이익**(gross profit)이 표시되고 있다. 이는 위에서 언급한 상품매매이익에 해당한다. 매출총이익 아래에는 판매 및 관리활동에서 발생한 여타 영업비용이 표시되어 있다. 판매 및 관리활동에서 발생한 (매출원가 이외의) 영업비용을 총칭하여 **판매비와 관리비**(selling and administrative expenses)라고 부른다. 그러나 서비스기업의 경우에는 매출원가가 없고 따라서 매출총이익도 표시되지 않는다.

표 5-1 상품매매기업과 서비스기업의 포괄손익계산서 비교

상품매매기업의 포괄손익계산서		
매 출 액		×××
매출원가		×××
매출총이익		××
판매비와 관리비:		
운 송 비	××	
통 신 비	××	
…	…	××
당기순이익		××
…		

서비스기업의 포괄손익계산서		
용역수익		×××
영업비용:		
운 송 비	××	
통 신 비	××	
종업원급여	××	
임 차 료	××	
…	…	××
당기순이익		××
…		

참고 제조기업의 매출원가와 제품원가계산

제조기업의 경우에도 제품이 판매될 때 비용인 매출원가가 발생한다. 매출원가는 판매된 제품의 제조원가로 측정된다. 제조기업은 제품을 만드는 과정에서 제조원가를 집계하여 제품의 금액으로 계상해 두고, 제품이 판매되면 그 제조원가를 매출원가로 기록한다. 그러므로 제조기업의 경우에는 판매 전에 제품의 제조원가를 산정해야 하는 회계문제가 있다. 제조기업의 제품원가계산은 원가회계 교과에서 다룬다.

제2절 상품매매거래의 기록방법

상품매매기업이 상품의 매입과 매출거래를 어떻게 기록하는지 구체적으로 살펴보자. 매입과 매출거래를 기록하는 데에는 기본적으로 두 가지 방법이 있는데, 하나는 계속기록법이고, 다른 하나는 실지재고조사법이다. 아래에서 각 방법을 설명한다.

2.1 계속기록법

계속기록법(perpetual inventory system)은 상품의 매입과 매출이 있을 때마다 상품의 증감을 상품계정에 기록하고 또 매출수익과 매출원가를 기록하는 방법이다. 상품을 매입하면 상품이 증가하고 상품이 판매되면 매출원가가 발생하면서 상품이 감소하므로, 계속기록법은 당연히 개념적으로 타당한 기록방법이다.

상품매입시: 상품계정에 상품의 증가를 기록한다.

	(차) 상　　품	×××	(대) 매입채무 (또는 현금)	×××

상품매출시: 매출수익과 매출원가를 기록하고 상품의 감소를 상품계정에 기록한다.

• 매출수익:	(차) 매출채권 (또는 현금)	×××	(대) 매　　출	×××
• 매출원가:	(차) 매출원가	×××	(대) 상　　품	×××

매출수익을 기록하는 분개에서 대변과목인 **매출**(sales)은 매출수익을 나타내는 계정과목이다(관습적으로 매출수익 대신 '매출'이 계정과목으로 사용되고 있다). 상품의 매입과 매출이 있을 때마다 계속적으로 위와 같이 기록하므로, 어느 시점에서든지 그동안의 매출원가 총액을 알 수 있고 또 남아 있는 상품재고액도 알 수 있다. 상품계정의 차변잔액이 바로 상품재고액이다. 그러므로 계속기록법은 매출원가 측정은 물론이고, 재고관리를 용이하게 해 주는 기록방법이다.

예를 들어, 다음의 매입 · 매출거래를 계속기록법으로 기록하여 보자.

[예1] 상품매입: 5/1일에 매입단가 ₩1,000인 A상품 100개를 신용으로 매입하다.

(차) 상　　품	100,000	(대) 매입채무	100,000

위와 같이 상품의 증가와 매입채무의 증가를 기록한다. 그 후에 다음과 같이 위 상품의 일부를 판매하였다고 하자.

[예2] 상품판매: 5/2일에 A상품 20개를 단위당 ₩1,500에 신용판매하다.

(차)	매출채권	30,000	(대)	매 출	30,000
	매출원가	20,000		상 품	20,000

위에서 매출액과 매출채권은 판매가격에 의해 측정되고(₩1,500×20개=₩30,000), 매출원가와 상품감소는 상품의 매입원가에 의해 측정된다(₩1,000×20개=₩20,000). 위와 같이 판매시에 매출원가와 상품감소를 기록하였으므로 판매후에 남아 있는 상품재고액도 알 수 있다. 즉, (5/1일의 매입 직전에 기초재고액이 없었다면) 5/2일 현재 ₩80,000(=₩1,000×80개)의 A상품이 남아 있다.

계속기록법에서는 상품이 판매될 때마다 매출원가를 기록하므로 회계기간 말 시점에서 매출원가계정의 차변합계는 당해 기간 전체의 매출원가를 바로 나타낸다. 그러므로 기말에 매출원가를 산정하기 위한 별도의 수정분개가 필요하지 않다. 또한 기말의 상품계정의 차변잔액도 기말 현재의 상품재고액을 바로 나타내며, 이 금액이 재무상태표에 상품자산의 금액으로 표시된다.[1)]

계속기록법을 사용할 때에는 상품 품목별로 증가 · 감소를 기록하기 위한 보조장부로서 〈표 5-2〉와 같은 상품재고장을 유지해야 한다. 위의 예에서 보듯이, 분개에서는 상품의 품목이 표시되지 않고 또 수량도 표시되지 않는다. 따라서 상품 품목별로 재고의 증감을 기록하기 위해서 상품재고장을 사용하며, 이를 통해 품목별 재고관리가 가능해진다.

표 5-2
상품재고장의 예

상품재고장: A상품

일 자		적 요	입 고			출 고			재 고		
			수량	단가	금액	수량	단가	금액	수량	단가	금액
5	1	매 입	100	1,000	100,000				100	1,000	100,000
	2	매 출				20	1,000	20,000	80	1,000	80,000
	3	매 출				30	1,000	30,000	50	1,000	50,000

1) 상품은 보관과정에서 파손, 도난 등에 의해 일부가 멸실되는 경우가 있다. 이러한 감모손실이 발생하면 그만큼 기말의 상품재고액이 감소하게 된다. 감모손실이 발생한 때에는 이를 기록하는 수정분개가 필요하며 제8장에서 다룬다.

계속기록법은 언제든지 상품재고를 알 수 있게 하므로 재고관리를 하는 데 유용하다. 다만, 빈번히 발생하는 매출거래를 매번 기록해야 하기 때문에 수작업으로 기록을 유지하려면 회계업무에 시간이 많이 소요된다. 이러한 이유로 과거에는 계속기록법이 널리 사용되지 않았다.

그러나 이제는 많은 기업들이 전산회계시스템을 도입하고 있기 때문에 계속기록법이 널리 사용되고 있다. 예를 들면, 할인점, 편의점과 같은 소매기업의 경우에도 매장에서 스캐너로 상품의 바코드(bar code)를 읽어서 상품판매를 컴퓨터에 기록한다. 그래서 수작업으로 일일이 상품재고장에 기록할 필요가 없게 되었으며 전산소프트웨어를 이용하여 모든 작업이 가능하게 되었다.

요점

계속기록법의 특징

- 상품의 매입 · 매출시마다 상품의 증감을 기록하고 또 매출수익(매출액)과 매출원가를 기록한다.
- 회계기말의 매출원가계정의 차변합계는 당해 기간 전체의 매출원가를 바로 나타낸다. 따라서 매출원가를 산정하기 위한 별도의 기말 수정분개가 필요하지 않다.
- 회계기말의 상품계정 차변잔액은 기말 현재의 (장부상) 상품재고액을 바로 나타낸다.
- 상품 품목별로 증감을 기록하기 위한 보조장부로서 상품재고장을 사용한다.

2.2 실지재고조사법

실지재고조사법(periodic inventory system)은 상품의 매입 · 매출시에 상품의 증감을 상품계정에 기록하지 않고 매출원가도 기록하지 않으며, 그 대신 기말에 재고량의 실지조사를 통해서 기말 상품재고액과 회계기간 전체의 매출원가를 한 번에 산정하는 방법이다. 상품의 매입시에는 임시적으로 **매입**(purchases)이라는 계정의 차변에 상품매입액을 기록한다. 다만, 매출수익(매출액)을 기록하는 것은 계속기록법과 같다.

상품매입시: 매입계정에 상품매입액을 기록한다.

(차)	매 입	×××	(대)	매입채무 (또는 현금)	×××

상품매출시: 매출수익만 기록하고 매출원가와 상품감소는 기록하지 않는다.

• 매출수익:	(차) 매출채권 (또는 현금)	×××	(대)	매 출	×××

• 매출원가: 분개하지 않음

앞에서의 [예 1~2]를 실지재고조사법으로 기록하면 다음과 같다.

상품매입:	(차) 매 입	100,000	(대)	매입채무	100,000
상품판매:	(차) 매출채권	30,000	(대)	매 출	30,000

위와 같이 회계기간 중에는 상품의 매입을 상품계정에 기록하지 않으므로 상품계정은 **기초재고액**(beginning inventory)만 포함하고 차변금액이 증가하지 않는다. 여기서 기초재고액이란 직전 회계기간 말의 상품재고액으로서 당해 기간 초의 상품계정 차변잔액이다. 이와 같이, 매입시에 상품계정의 차변금액을 증가시키지 않고 그 대신 매입액이 매입계정의 차변에 기록된다.

또한 판매로 인한 상품감소와 매출원가도 기록하지 않으므로 어느 시점에서 재고액과 매출원가를 알 수가 없다. 그래서 기말이 되면 **기말재고액**(ending inventory)이 얼마나 되는지 실지조사를 한다. 즉, 창고에 가서 남아 있는 기말재고량을 조사하여 기말재고액을 파악하며, 그런 다음 이를 이용해서 회계기간 전체의 매출원가를 한 번에 산정한다. 매출원가는 다음의 등식을 이용하여 산정한다.

$$\underbrace{\text{기초재고액} + \text{당기매입액}}_{\text{판매가능한 상품 총액}} = \underbrace{\text{매출원가}}_{\text{판매된 상품액}} + \underbrace{\text{기말재고액}}_{\text{남은 상품액}}$$

기초재고액과 당해 기간 중 상품매입액(당기매입액)의 합계는 당해 기간 동안 판매가능한 상품 총액이다. 이 중에서 실제 판매된 상품액은 비용인 매출원가가 되고, 판매되지 않고 남은 것은 기말재고액이 된다. 따라서 **매 회계기간에 위의 등**

식이 성립한다. 이 등식에서 기초재고액과 당기매입액은 이미 주어져 있는 수치들이다. 즉, 기초재고액은 상품계정의 기초잔액이고 당기매입액은 매입계정의 차변합계이다. 따라서 실지조사에 의해 기말재고액이 파악되면 이를 이용해서 아래와 같이 회계기간 전체의 매출원가를 산정할 수 있다.

매출원가	=	기초재고액	+	당기매입액	−	기말재고액
↓		↓		↓		↓
기간 전체의 매출원가		상품계정의 기초잔액		매입계정의 차변합계		실지조사를 통해 파악한 금액

위와 같이 기말재고액과 기간 전체의 매출원가가 파악되면, 수정분개를 통해 상품계정의 차변잔액을 기말재고액으로 수정하고 또 매출원가를 계정에 기록한다. 상품의 기말재고액은 재무상태표에 표시되고, 매출원가는 포괄손익계산서에 계상된다.

실지재고조사법에서는 상품을 판매할 때 매출원가와 상품감소를 기록하지 않기 때문에, 수작업 회계시스템의 경우 회계업무에 소요되는 시간을 상당히 줄일 수 있는 이점이 있다. 이러한 이유로 과거에 기업들이 전산회계시스템을 도입하기 전에는 실지재고조사법이 널리 사용되었다. 그러나 실지재고조사법은 재고관리를 하는 데에는 별 도움이 되지 않는 방법이다. 또한 이제는 전산회계시스템의 사용이 보편화되어 가고 있으므로 실지재고조사법을 사용하는 기업은 더욱 줄어들 것으로 예상된다.

요점

실지재고조사법의 특징

- 상품의 매입 · 매출시에 상품의 증감을 기록하지 않고 또 매출원가도 기록하지 않는다.
- 상품의 매입시에는 임시적으로 매입계정의 차변에 상품매입액을 기록한다.
- 회계기말이 되면 재고량의 실지조사를 통해 기말재고액을 파악하고 이를 이용해서 당해 기간 전체의 매출원가를 한 번에 산정한다.
- 회계기말에 상품계정의 차변잔액을 기말재고액으로 수정하고 또 매출원가를 계정에 기록하기 위한 수정분개가 필요하다.

예제 5-1

다음은 컴퓨터부품을 판매하는 컴퓨넷(주)의 2×24년 6월 중의 매입 · 매출거래이다. 컴퓨넷(주)의 회계기간은 1개월이다.

6/1일: 6월의 기초 상품재고액은 ₩200,000이다.
6/5일: ₩400,000의 상품을 매입하고 매입대금은 50일 후에 지급하기로 하다.
6/10일: ₩300,000의 상품을 ₩450,000에 판매하고 판매대금은 30일 후에 받기로 하다.
6/15일: ₩500,000의 상품을 매입하고 매입대금은 40일 후에 지급하기로 하다.
6/20일: ₩400,000의 상품을 ₩550,000에 판매하고 판매대금은 20일 후에 받기로 하다.
6/30일: 기말의 상품재고액을 실지조사한 결과 ₩400,000의 상품이 남아 있다.

물음

(1) 계속기록법과 실지재고조사법을 각각 사용하여 6월의 매입 · 매출거래를 일자별로 분개하고 해당 계정에 전기하라.
(2) 계속기록법과 실지재고조사법을 각각 사용하여 6월의 매출원가를 산정하라.

풀이

(1) 매입 · 매출거래의 분개

	계속기록법	실지재고조사법
6/5	(차) 상　　품 400,000 (대) 매입채무 400,000	(차) 매　　입 400,000 (대) 매입채무 400,000
6/10	(차) 매출채권 450,000 (대) 매　　출 450,000 (차) 매출원가 300,000 (대) 상　　품 300,000	(차) 매출채권 450,000 (대) 매　　출 450,000
6/15	(차) 상　　품 500,000 (대) 매입채무 500,000	(차) 매　　입 500,000 (대) 매입채무 500,000
6/20	(차) 매출채권 550,000 (대) 매　　출 550,000 (차) 매출원가 400,000 (대) 상　　품 400,000	(차) 매출채권 550,000 (대) 매　　출 550,000

계정에 전기

계속기록법

상 품

기초	200,000	6/10	300,000
6/5	400,000	6/20	400,000
6/15	500,000		

매출원가

6/10	300,000		
6/20	400,000		

매 출

		6/10	450,000
		6/20	550,000

실지재고조사법

상 품

기초	200,000		

매 입

6/5	400,000		
6/15	500,000		

매 출

		6/10	450,000
		6/20	550,000

(2) 6월의 매출원가

① 계속기록법: 매출원가계정의 차변합계인 ₩700,000이 6월의 매출원가이다.

② 실지재고조사법: 매출원가는 아래와 같이 산정한다.

기초재고액	200,000	←	상품계정의 기초잔액
당기매입액	+900,000	←	매입계정의 차변합계
판매가능 상품액	1,100,000		
기말재고액	−400,000	←	실지조사로 파악한 금액
매출원가	700,000		

위와 같이 구해지면, 상품계정을 기말재고액으로 수정하고 또 매출원가를 계정에 기록하는 수정분개가 필요하며, 이러한 수정분개는 뒤의 제3절에서 자세히 설명될 것이다.

2.3 매입 · 매출의 부대비용

상품을 매입하거나 판매할 때에는 일반적으로 운송비 지출이 수반된다. 이러한 운송비를 누가 부담하는가는 거래당사자 간의 계약에 달려 있다. 만일 상품매입자가 운송비를 부담한다면 이는 상품 취득원가의 일부가 된다. 즉, 운송비는 상품을 매입하는 데 소요된 것이므로 상품매입액에 포함시킨다. 예를 들어, A상품을 매입하는 데 ₩10,000의 운송비를 부담하고 지출하였다면 상품매입자는 다음의 분개를 하게 된다.

• 매입자가 계속기록법을 사용하는 경우

(차)	상 품	10,000	(대) 현 금	10,000

• 매입자가 실지재고조사법을 사용하는 경우

(차)	매 입 (또는 매입운임)*	10,000	(대) 현 금	10,000

* 매입운임계정이 사용된 경우에는 추후 매입액에 포함시키는 기말 수정분개가 필요함.

매입자가 계속기록법을 사용하고 있을 때에는 운송비 부담액이 상품계정에 기록된다. 계속기록법에서는 추후 상품을 판매할 때 매출원가를 기록해야 하므로, 이를 위해서 상품 매입시의 운송비 부담액을 바로 상품계정에 포함시킨다.[2)]

한편, 매입자가 실지재고조사법을 사용하고 있을 때에는 운송비 부담액이 매입계정에 기록된다. 이때 매입계정 대신에 **매입운임**(transportation-in) 계정을 사용하기도 한다. 매입운임계정을 별도로 사용하면 운송비에 관한 정보를 쉽게 추출할 수 있는 편리함이 있다. 그러나 기말이 되면, 매입운임계정의 금액을 매입액에 포함시키는 수정분개를 해 주어야 한다(뒤의 종합예제에서 다룬다).

위와는 달리, 만일 상품판매자가 운송비를 부담하였다면 이는 상품판매자의 판매활동비용으로 회계처리된다. 예를 들어, 위에서 ₩10,000의 운송비를 상품판

2) 운송비를 부담하면 상품의 매입단가도 재계산되어야 하고 이렇게 재계산된 매입단가가 상품재고장에 기록된다.

매자가 부담하여 지출했다고 가정하자. 그러면 상품판매자는 다음의 분개를 하게 된다.

• 판매자가 상품 운송비를 부담하여 지출한 경우

(차) 운 송 비	10,000	(대) 현 금	10,000

상품매매기업의 회계순환 제3절

본절에서는 상품매매기업의 회계순환을 살펴본다. 상품매매기업의 경우에도 회계순환은 제4장에서 설명한 1~6단계로 구성된다. 사실 회계순환의 1~6단계 절차는 모든 기업이 공통적으로 밟아야 하는 절차이다. 구태여 차이가 있다면 수정분개를 하는 대상에 차이가 있을 뿐이다.

여기서는 앞의 [예제 5-1]에서 다루었던 컴퓨넷(주)의 사례를 이용하여 기말의 3~6단계 절차를 설명한다. 상품의 매입 · 매출거래를 계속기록법으로 기록한 경우에는 매출원가 산정을 위한 수정분개가 필요하지 않으므로, 아래에서는 실지재고조사법을 사용한 경우를 대상으로 하여 기말 수정분개를 설명한다.

앞의 [예제 5-1]에 제시된 2×24년 6월의 매입 · 매출거래가 실지재고조사법으로 기록되고 또 여타의 거래도 모두 기록된 후, 기말인 6/30일의 수정전시산표를 작성한 결과 다음과 같다고 가정하자. 컴퓨넷(주)의 회계기간은 2×24년 6/1~6/30일이다.

수정전시산표

컴퓨넷(주) 2×24년 6월 30일 현재

계정과목	차 변	대 변
현 금	₩350,000	
매출채권	1,000,000	
상 품	200,000	
선급보험료	120,000	
매입채무		₩900,000
자 본 금		700,000
이익잉여금		100,000
매 출		1,000,000
매 입	900,000	
종업원급여	100,000	
운 송 비	10,000	
통 신 비	20,000	
합 계	₩2,700,000	₩2,700,000

기말의 수정분개사항에 대해서는 다음의 자료가 주어져 있다고 하자.

① 기말의 상품재고액을 실지조사한 결과 ₩400,000의 상품이 남아 있다([예제 5-1]에 주어진 자료와 동일하다).

② 선급보험료계정의 ₩120,000은 6/1일에 1년간 화재보험료를 지급한 것이다.

③ 사무실과 창고에 대한 6월분 임차료 ₩80,000이 지급되지 않았다.

3.1 수정분개

(1) 매출원가와 기말재고액에 대한 수정분개

실지재고조사법을 사용하였으므로 회계기간 중에 상품의 증감이 상품계정에 기록되지 않았고 또 매출원가도 기록되지 않았다. 그래서 위의 수정전시산표에 표시되어 있는 상품계정의 금액 ₩200,000은 6/1일 당시의 기초재고액이다. 그리고 매입계정의 금액 ₩900,000은 6월 중 상품매입액의 합계이다.

상 품			매 입		
기초 (6/1)	200,000		6/5	400,000	
			6/15	500,000	

이러한 상황에서 수정분개의 목표는 다음의 세 가지이다.

첫째, 6월의 매출원가가 매출원가계정의 차변잔액이 되게 해 주고,
둘째, 상품계정의 차변잔액이 6/30일의 기말재고액을 나타내게 하며,
셋째, 6월 중에 임시로 사용했던 매입계정을 마감하여 잔액이 0(零)이 되게 한다.

[예제 5-1]에서 설명하였듯이, 6월의 매출원가는 다음의 등식관계를 이용하여 ₩700,000으로 산정된다.

매출원가	=	기초재고액	+	당기매입액	−	기말재고액
700,000	=	200,000	+	900,000	−	400,000
↓			↓			↓
매출원가계정의 차변잔액이 될 금액			매출원가계정의 차변에 기록되게 함			매출원가계정의 대변에 기록되게 함

매출원가를 계정에 기록하기 위한 수정분개는 위의 계산구조에 맞춰주면 된다. 즉, 매출원가계정의 차변에 기초재고액과 당기매입액이 기록되게 하고 또 대변에는 기말재고액이 기록되도록 분개를 해 주면, 매출원가계정의 차변잔액은 6월의 매출원가를 나타내게 된다. 이렇게 하기 위한 수정분개는 다음과 같다.

• 상품계정의 기초재고액 ₩200,000을 매출원가계정의 차변에 옮긴다.

ⓐ (차) 매출원가 200,000 (대) 상 품 200,000

이 단계에서 상품계정의 차변잔액은 0(零)이 된다.

• 매입계정의 당기매입액 ₩900,000을 매출원가계정의 차변에 옮긴다.

ⓑ (차) 매출원가 900,000 (대) 매 입 900,000

이 단계에서 매입계정은 잔액이 0이 되어 마감된다.

• 기말재고액 ₩400,000을 상품계정의 차변과 매출원가계정의 대변에 기록한다.

ⓒ (차) 상　품　400,000　(대) 매출원가　400,000

이제 상품계정의 차변잔액이 기말재고액을 나타내게 되고, 또 매출원가계정의 차변잔액도 매출원가 ₩700,000을 나타내게 된다.

계정에 전기

상　품

기초	200,000	ⓐ	200,000
ⓒ	400,000		

잔액　400,000

매　입

6/5	400,000	ⓑ	900,000
6/15	500,000		

잔액　0

매출원가

ⓐ	200,000	ⓒ	400,000
ⓑ	900,000		

잔액　700,000

앞에서 설명하였듯이, 수정분개가 전기된 후 상품계정의 차변잔액 ₩400,000은 기말재고액을 나타내고 있고, 매출원가계정의 차변잔액 ₩700,000은 6월의 매출원가를 나타내고 있다. 그리고 매입계정도 잔액이 0이 되어 마감되었다.

요약적 수정분개: 위에 있는 ⓐ~ⓒ의 세 분개를 '결합'하여 다음과 같이 요약적 수정분개를 할 수도 있다.

요약적 수정분개 A:

(차) 매출원가　700,000　(대) 매　입　900,000
　　 상　품(기말)　400,000　　　 상　품(기초)　200,000

여기서 차변의 매출원가 ₩700,000은 6월의 매출원가 금액이며, 이는 위의 ⓐ~ⓒ에 있는 차변합계(₩1,100,000)와 대변금액(₩400,000)의 차액이다.

요약적 수정분개 B:

(차) 매출원가　700,000　(대) 매　입　900,000
　　 상　품　200,000

이 분개는 요약적 수정분개 A를 더 단순화한 것이다. 수정분개 A에 있는 차변의 상품 ₩400,000과 대변의 상품 ₩200,000의 차액만을 차변에 기입한다.

요약적 수정분개 A 또는 B를 전기하면 각 계정의 잔액이 위에 제시된 경우와 같음을 확인할 수 있다. 따라서 세 가지 방법의 수정분개(ⓐ~ⓒ, A, B) 중에서 어느 하나를 사용하면 된다.

(2) 선급보험료에 대한 수정분개

수정분개사항 ②는 선급보험료에 대한 것이다. 1년간 보험료 선급액 ₩120,000 중에서 1개월분인 ₩10,000을 6월의 보험료 비용으로 기록한다.

- 선급보험료를 ₩10,000 감소시키고(대변) 그만큼 보험료 비용을 인식한다(차변).

  ⓓ (차) 보 험 료 10,000 (대) 선급보험료 10,000

(3) 미지급임차료에 대한 수정분개

마지막으로, 수정분개사항 ③은 미지급임차료에 관한 것이다. 6월분 임차료 미지급액 ₩80,000을 6월의 임차료 비용으로 기록한다.

- 임차료 ₩80,000을 비용으로 인식하고(차변) 그 미지급액을 부채인 미지급임차료로 기록한다(대변).

  ⓔ (차) 임 차 료 80,000 (대) 미지급임차료 80,000

수정분개사항 ②~③은 상품의 매입·매출거래와 아무 관련이 없다. 따라서 상품의 매입·매출거래를 계속기록법으로 기록한 경우에도 여전히 위의 수정분개가 필요함을 기억하도록 하자.

3.2 재무제표 작성

앞에서 여러 수정분개를 하였으므로 이제 모든 계정의 잔액이 확정되었다. 이 확정된 잔액을 이용하여 수정후시산표를 작성하면 다음과 같다.

수정후시산표

컴퓨넷(주) 2×24년 6월 30일 현재

계정과목	차 변	대 변
현 금	₩350,000	
매출채권	1,000,000	
상 품[1)]	400,000	
선급보험료[2)]	110,000	
매입채무		₩900,000
미지급임차료[3)]		80,000
자 본 금		700,000
이익잉여금		100,000
매 출		1,000,000
매출원가[1)]	700,000	
종업원급여	100,000	
운 송 비	10,000	
통 신 비	20,000	
보 험 료[2)]	10,000	
임 차 료[3)]	80,000	
합 계	₩2,780,000	₩2,780,000

〈해설〉

1) 상 품: 수정분개 ⓐ와 ⓒ에 의해 기록된 기말재고액 400,000
매출원가: 수정분개 ⓐ～ⓒ에 의해 기록된 매출원가 700,000

2) 선급보험료: 수정전시산표상의 120,000 − 수정분개 ⓓ의 10,000 = 110,000
보 험 료: 수정분개 ⓓ의 10,000

3) 미지급임차료: 수정분개 ⓔ의 80,000
임 차 료: 수정분개 ⓔ의 80,000

* 수정전시산표상의 매입계정은 수정분개에 의해 마감되어 잔액이 없기 때문에 수정후시산표에 나타나지 않음을 유의해야 한다.

이제 수정후시산표상의 수익과 비용금액을 이용하여 포괄손익계산서를 작성하면 아래와 같다. 컴퓨넷(주)의 포괄손익계산서에는 매출액과 매출원가가 먼저 표시되면서 그 차이인 매출총이익이 표시되고 있다. 매출총이익 다음에는 판매비와 관리비가 표시되어 있고, 이어서 6월의 당기순이익이 표시되고 있다.

포괄손익계산서

컴퓨넷(주) 2×24년 6월 1일~2×24년 6월 30일

매 출 액			₩1,000,000
매출원가			700,000
매출총이익			300,000
판매비와 관리비:			
	종업원급여	100,000	
	운 송 비	10,000	
	통 신 비	20,000	
	보 험 료	10,000	
	임 차 료	80,000	220,000
당기순이익			80,000
기타포괄손익			0
당기포괄이익			₩80,000

수정후시산표에 있는 자산, 부채 및 자본계정의 금액을 이용하여 재무상태표를 작성한 결과는 다음과 같다.

재무상태표

컴퓨넷(주) 2×24년 6월 30일 현재

자 산:		부 채:	
현 금	₩350,000	매입채무	₩900,000
매출채권	1,000,000	미지급임차료	80,000
상 품	400,000	부채 총계	₩980,000
선급보험료	110,000	자 본:	
		자 본 금	₩700,000
		이익잉여금	180,000*
		자본 총계	₩880,000
자산 총계	₩1,860,000	부채와 자본 총계	₩1,860,000

* 기말 이익잉여금은 수정후시산표에 있는 금액(₩100,000)과 당기순이익(₩80,000)의 합계임.

3.3 계정의 마감

회계순환의 마지막 단계로서 총계정원장의 계정들을 마감(closing)한다. 제4장에서 설명하였듯이, **마감분개**(closing entries)는 수익 · 비용계정과 이익잉여금계정을 대상으로 이루어진다. 수익 · 비용계정을 마감하기 위해 수익계정의 대변금액을 집합손익계정의 대변에 옮기고, 또 비용계정의 차변금액을 집합손익계정의 차변에 옮긴다.

• 수익계정의 대변금액을 집합손익계정의 대변으로 옮겨서 수익계정을 마감한다.

(차)	매 출	1,000,000	(대)	집합손익	1,000,000

• 비용계정의 차변금액을 집합손익계정의 차변으로 옮겨서 비용계정을 마감한다.

(차)	집합손익	920,000	(대)	매출원가	700,000
				종업원급여	100,000
				운 송 비	10,000
				통 신 비	20,000
				보 험 료	10,000
				임 차 료	80,000

위의 마감분개를 전기하면 모든 수익 · 비용계정의 잔액이 0(零)이 된다. 또한 집합손익계정의 대변잔액(₩80,000)은 포괄손익계산서의 당기순이익과 같다(집합손익계정은 포괄손익계산서의 '축소판'이다).

마지막으로, 집합손익계정의 대변잔액인 당기순이익을 이익잉여금계정의 대변으로 옮기면서 집합손익계정도 마감하고 또 이익잉여금계정을 업데이트한다. 아래의 마감분개를 전기하면 이익잉여금계정의 대변잔액이 ₩180,000이 되고 이는 재무상태표에 표시된 기말 이익잉여금과 같다.

• 집합손익계정의 대변잔액을 이익잉여금계정으로 옮겨서 집합손익계정을 마감한다.

(차)	집합손익	80,000	(대)	이익잉여금	80,000

종 · 합 · 예 · 제

상품매매기업의 수정분개와 재무제표 작성

실지재고조사법을 적용하고 있는 싸다마트(주)의 2×24년 12/31일 수정전시산표와 기말 수정분개에 관한 사항은 아래와 같다. 싸다마트(주)의 회계기간은 1개월이다.

수정전시산표

싸다마트(주) 2×24년 12월 31일 현재

계정과목	차 변	대 변
현 금	₩470,000	
매출채권	100,000	
상 품	150,000	
선급보험료	70,000	
매입채무		₩200,000
자 본 금		600,000
이익잉여금		50,000
매 출		950,000
매 입	800,000	
매입운임	50,000	
종업원급여	80,000	
운 송 비	10,000	
통 신 비	20,000	
임 차 료	50,000	
합 계	₩1,800,000	₩1,800,000

수정분개에 관한 사항

① 상품의 실지재고조사를 한 결과 12/31일의 상품재고액이 ₩300,000이다.
② 12/31일 현재, 기간이 경과되지 않은 선급보험료는 ₩60,000이다.
③ 광고비 ₩20,000을 아직 지급하지 않았다.
④ 12/31일에 거래처에게 현금 ₩100,000을 1개월 대여하였는데 기록하지 않았다.

물음

(1) 재무제표 작성에 필요한 수정분개를 하라.
(2) 수정후시산표를 작성하라.
(3) 2×24년 12월의 포괄손익계산서를 작성하라.
(4) 2×24년 12/31일 현재의 재무상태표를 작성하라.
(5) 마감분개를 하라.

풀이

(1) 수정분개

① 매출원가와 기말재고액에 관한 수정분개: 상품계정의 기초재고액을 매출원가계정의 차변에 옮긴다.

(차) 매출원가	150,000	(대) 상 품	150,000

당기매입액을 산정하기 위해 매입운임 ₩50,000을 매입계정에 합산시킨 다음이 당기매입액(매입계정의 새로운 합계=800,000+50,000=₩850,000)을 매출원가계정의 차변에 옮긴다.[3)]

(차) 매 입	50,000	(대) 매입운임	50,000
(차) 매출원가	850,000	(대) 매 입	850,000

기말재고액 ₩300,000을 상품계정 차변과 매출원가계정 대변에 기록한다.

(차) 상 품	300,000	(대) 매출원가	300,000

② 기간이 경과한 선급보험료 ₩10,000을 보험료 비용으로 인식하고, 그만큼 선급보험료를 감소시킨다.

(차) 보 험 료	10,000	(대) 선급보험료	10,000

③ 광고비 ₩20,000을 비용으로 인식하고 그 미지급액을 부채인 미지급광고비로 기록한다.

(차) 광 고 비	20,000	(대) 미지급광고비	20,000

④ 단기대여금 ₩100,000을 기록하고 그만큼 현금을 감소시킨다.

(차) 단기대여금	100,000	(대) 현 금	100,000

3) 위의 두 분개를 결합하여 다음과 같이 분개할 수도 있다.

(차) 매출원가	850,000	(대) 매 입	800,000
		매입운임	50,000

(2) 수정후시산표

수정후시산표

싸다마트(주) 2×24년 12월 31일 현재

계정과목	차 변	대 변
현 금[1]	₩370,000	
단기대여금[2]	100,000	
매출채권	100,000	
상 품[3]	300,000	
선급보험료[4]	60,000	
매입채무		₩200,000
미지급광고비[5]		20,000
자 본 금		600,000
이익잉여금		50,000
매 출		950,000
매출원가[3]	700,000	
종업원급여	80,000	
운 송 비	10,000	
통 신 비	20,000	
임 차 료	50,000	
보 험 료[4]	10,000	
광 고 비[5]	20,000	
합 계	₩1,820,000	₩1,820,000

〈해설〉

1) 현 금: 수정전시산표상의 470,000 − 수정분개 ④의 100,000 = 370,000

2) 단기대여금: 수정분개 ④의 100,000

3) 상 품: 수정분개 ①에 의해 기록된 기말재고액 300,000
= 기초재고액 150,000 − 제거 150,000 + 기말재고액 300,000 = 300,000
매출원가: 수정분개 ①에 의해 기록된 매출원가
= 기초재고액 150,000 + 당기매입액 850,000(매입운임 50,000 포함)
− 기말재고액 300,000 = 700,000

4) 선급보험료: 수정전시산표상의 70,000 − 수정분개 ②의 10,000 = 60,000
보 험 료: 수정분개 ②의 10,000

5) 미지급광고비: 수정분개 ③의 20,000
광 고 비: 수정분개 ③의 20,000

(3) 포괄손익계산서

포괄손익계산서

싸다마트(주) 2×24년 12월 1일~2×24년 12월 31일

매 출 액			₩950,000
매출원가			700,000
매출총이익			250,000
판매비와 관리비:			
	종업원급여	80,000	
	운 송 비	10,000	
	통 신 비	20,000	
	임 차 료	50,000	
	보 험 료	10,000	
	광 고 비	20,000	190,000
당기순이익			60,000
기타포괄손익			0
당기포괄이익			₩60,000

(4) 재무상태표

재무상태표

싸다마트(주) 2×24년 12월 31일 현재

자 산:		부 채:	
현 금	₩370,000	매입채무	₩200,000
단기대여금	100,000	미지급광고비	20,000
매출채권	100,000	부채 총계	₩220,000
상 품	300,000	자 본:	
선급보험료	60,000	자 본 금	₩600,000
		이익잉여금	110,000*
		자본 총계	₩710,000
자산 총계	₩930,000	부채와 자본 총계	₩930,000

*기말 이익잉여금은 수정후시산표에 있는 금액(₩50,000)과 당기순이익(₩60,000)의 합계임.

(5) 마감분개

① 수익계정을 마감하기 위하여 그 대변금액을 집합손익계정의 대변에 옮긴다.

(차) 매　　출	950,000	(대) 집합손익	950,000

② 비용계정을 마감하기 위하여 각 비용계정의 차변금액을 집합손익계정의 차변에 옮긴다.

(차) 집합손익	890,000	(대) 매출원가	700,000
		종업원급여	80,000
		운 송 비	10,000
		통 신 비	20,000
		임 차 료	50,000
		보 험 료	10,000
		광고선전비	20,000

③ 집합손익계정을 마감하기 위하여 그 대변잔액(즉, 순이익=950,000−890,000=60,000)을 이익잉여금계정의 대변에 옮긴다.

(차) 집합손익	60,000	(대) 이익잉여금	60,000

익힘문제

1. 기업을 영업활동의 성격에 따라 분류하면 세 유형으로 구분할 수 있다. 각 유형의 기업은 어떤 기업인가?
2. 상품매매기업에 속하는 기업의 예를 세 가지만 들어보라.
3. 상품매매기업이 신용매입을 하면 어떤 부채가 증가하고, 또 신용판매를 하면 어떤 자산이 증가하는가?
4. 상품매매기업이 상품을 판매하면 상품이 유출되므로 비용이 발생한다. 이 비용을 무엇이라고 부르는가?
5. 상품매매기업의 주된 수익항목은 무엇이고 또 가장 큰 비용항목은 무엇인가?
6. 매출액에서 매출원가를 차감한 것을 무엇이라고 부르는가?
7. 판매 및 관리활동에서 발생한 (매출원가 이외의) 영업비용을 총칭하여 무엇이라고 부르는가?
8. 상품매매거래의 기록방법으로서 계속기록법을 간략히 설명하라.
9. 계속기록법을 사용하면 경영관리 관점에서 어떤 이점이 있는가?
10. 상품매매거래의 기록방법으로서 실지재고조사법을 간략히 설명하라.
11. 기초재고액, 당기매입액, 매출원가 및 기말재고액은 서로 어떤 관계에 있는지 등식 형태로 표현하라.
12. 실지재고조사법을 사용할 때 매출원가를 산정하는 공식이 무엇인지 제시하라.
13. 상품매입시의 운송비를 매입자가 부담하면 이 운송비는 어떻게 회계처리하는가?
14. 상품판매자가 운송비를 부담하면 이 운송비는 어떻게 회계처리하는가?
15. 계속기록법을 사용하면 기말에 매출원가를 산정하기 위한 수정분개가 필요하지 않다. 그 이유가 무엇인가?

연습문제

[5-1] 기본개념의 이해

아래의 빈칸에 알맞은 단어나 문구를 기입하라.

(1) 상품매매기업이 상품을 매입할 때는 현금매입 또는 신용매입을 한다. 신용매입을 한 때에는 (　　　　)라는 부채를 부담하게 되고 추후 매입대금을 지급하여야 한다.

(2) 상품매매기업이 상품을 판매할 때는 현금판매 또는 신용판매를 한다. 상품을 판매하면 매출수익이 획득되는데, 신용판매를 한 때에는 (　　　　)이라는 자산이 증가하고 추후 판매대금을 회수하면 (　　　　)이 감소한다.

(3) 상품을 판매하면 상품이 유출되므로 (　　　　)라는 비용이 발생한다. (　　　　)는 판매된 상품의 매입원가이다. 따라서 매출수익과 (　　　　)의 차이는 상품매매이익이 되고 이는 포괄손익계산서에서 (　　　　)으로 표시된다.

(4) (　　　　)은 상품매매기업의 주된 수익항목이고, 또 (　　　　)는 상품매매기업의 가장 큰 비용항목이다. 그러므로 상품매매기업의 주요 회계문제는 회계기간 동안 실현된 (　　　　)과 이의 획득을 위해 발생한 (　　　　)를 측정하는 문제이다.

(5) 계속기록법은 상품의 매입과 매출이 있을 때마다 상품의 증감을 (　　　　)계정에 기록하고 또 매출수익과 (　　　　)를 기록하는 방법이다. 상품을 매입하면 상품이 증가하고 상품이 판매되면 (　　　　)가 발생하면서 상품이 감소하므로, 계속기록법은 당연히 개념적으로 타당한 기록방법이다.

(6) 계속기록법을 사용하면, 어느 시점에서든지 그동안의 (　　　　) 총액을 알 수 있고 또 남아 있는 상품재고액도 알 수 있다. (　　　　)계정의 차변잔액이 바로 상품재고액이다. 그러므로 계속기록법은 (　　　　)의 측정은 물론, 재고관리를 용이하게 해 주는 기록방법이다.

(7) 계속기록법에서는 상품이 판매될 때마다 (　　　　)를 기록하므로 회계기간 말 시점에서 (　　　　) 계정의 차변합계는 당해 기간 전체의 매출원가를 바로 나타낸다. 그러므로 기말에 매출원가를 산정하기 위한 별도의 수정분개가 필요하지 않다. 또한 기말의 (　　　　)계정의 차변잔액도 기말 현재의 상품재고액을 바로 나타내며, 이 금액이 재무상태표에 상품자산의 금액으로 표시된다.

(8) 계속기록법을 사용할 때는 상품 품목별로 증가 · 감소를 기록하기 위한 보조장부로서 (　　　)을 유지해야 하며, 이를 통해 품목별 재고관리가 가능해진다.

(9) 실지재고조사법은 상품의 매입 · 매출시에 상품의 증감을 (　　　) 계정에 기록하지 않고 (　　　)도 기록하지 않으며, 그 대신 기말에 재고량의 실지조사를 통해서 (　　　)과 회계기간 전체의 (　　　)를 산정하는 방법이다.

(10) 실지재고조사법에서는 상품의 매입시에는 임시적으로 (　　　)이라는 계정의 차변에 상품매입액을 기록한다. 다만, 매출수익을 기록하는 것은 계속기록법과 같다.

(11) 실지재고조사법에서는 회계기간 중에 상품매입을 상품계정에 기록하지 않으므로 상품계정은 (　　　)만 포함하고 차변금액이 증가하지 않는다. 여기서 (　　　)이란 직전 회계기간 말의 상품재고액으로서 당해 기간 초의 상품계정 차변잔액이다.

(12) 회계기간 초의 상품재고액(기초재고액)과 (　　　)의 합계는 당해 기간 동안 판매가능한 상품 총액이다. 이 중에서 실제로 판매된 상품액은 비용인 (　　　)가 되고, 판매되지 않고 남은 것은 (　　　)이 된다.

(13) 실지재고조사법에서는 회계기말에 기말재고액과 기간 전체의 매출원가를 파악한 후, 수정분개를 통해 (　　　)계정의 차변잔액을 기말재고액으로 수정하고 또 매출원가를 계정에 기록한다.

[5-2] 상품매매기업의 특성

다음은 수익 및 비용항목과 포괄손익계산서에 표시되는 항목을 나열한 것이다.

용역수익	매 출 액	종업원급여
매출원가	통 신 비	임 차 료
감가상각비	매출총이익	운 송 비
당기순이익	광 고 비	총포괄이익

물음

(1) 상품매매기업에서 나타나는 수익항목은?

(2) 상품매매기업에서 가장 큰 비용항목은?

(3) 위에서 총계정원장의 계정과목이 아닌 것은?

[5-3] 상품매매기업의 포괄손익계산서

다음은 회계기간이 1개월인 동서기업(주)의 2×24년 말의 계정잔액 자료이다.

매출채권	₩1,800,000	매　　출	₩6,500,000
매출원가	3,700,000	종업원급여	800,000
통 신 비	200,000	임 차 료	500,000
매입채무	2,000,000	감가상각비	300,000
보 험 료	200,000	운 송 비	100,000
자산재평가차익	500,000		

물음

(1) 매출총이익이 얼마인가?

(2) 포괄손익계산서를 작성하라.

[5-4] 포괄손익계산서의 구조

아래의 네 경우는 서로 독립적이다. 각 빈칸에 적절한 금액을 기입하라(단위: 만원).

	A	B	C	D
매 출 액	1,000	1,500	(　　)	2,400
매출원가	(　　)	1,100	1,500	1,800
매출총이익	350	(　　)	600	(　　)
판매비와 관리비	170	(　　)	300	350
당기순이익	(　　)	200	(　　)	(　　)

[5-5] 매출원가와 매출총이익의 산정

다음은 용인기업(주)의 2×24년도 매출액, 상품재고액 등에 관한 자료이다.

매 출 액	₩6,200,000	당기매입액	₩4,300,000
기초재고액	900,000	기말재고액	1,200,000
판매비와 관리비	800,000		

물음

(1) 2×24년도의 판매가능 상품 총액이 얼마인가?
(2) 2×24년도의 매출원가는?
(3) 2×24년도의 매출총이익은?
(4) 2×24년도의 당기순이익은?

[5-6] 매출원가와 기말재고액의 산정

아래의 네 경우는 서로 독립적이다. 각 빈칸에 적절한 금액을 기입하라(단위: 만원).

	A	B	C	D
기초재고액	1,000	1,500	( )	1,500
당기매입액	( )	8,300	6,500	7,800
판매가능 상품 총액	9,000	( )	8,000	( )
기말재고액	1,500	( )	( )	1,200
매출원가	( )	8,000	6,200	( )

[5-7] 매출원가와 포괄손익계산서의 구조

아래의 네 경우는 서로 독립적이다. 각 빈칸에 적절한 금액을 기입하라(단위: 만원).

	A	B	C	D
매 출 액	8,500	9,000	8,000	( )
기초재고액	1,000	( )	1,200	900
당기매입액	6,500	8,000	( )	6,500
기말재고액	1,200	1,800	1,300	( )
매출원가	( )	( )	( )	6,400
매출총이익	( )	2,000	( )	1,400
판매비와 관리비	1,400	1,200	1,000	( )
당기순이익	( )	( )	500	500

[5-8] 상품매매거래의 기록-계속기록법(I)

다음은 회계기간이 1개월인 관악기업(주)의 2×24년 7월의 매입 및 매출거래이다.

7/1일: 7월의 기초 상품재고액은 ₩400,000이다.
7/5일: ₩500,000의 상품을 매입하고 매입대금은 30일 후에 지급하기로 하다.
7/10일: ₩300,000의 상품을 ₩450,000에 판매하고 판매대금은 30일 후에 받기로 하다.
7/15일: ₩400,000의 상품을 매입하고 매입대금은 40일 후에 지급하기로 하다.
7/20일: ₩500,000의 상품을 ₩700,000에 판매하고 판매대금은 20일 후에 받기로 하다.
7/31일: 기말의 상품재고액을 실지조사한 결과 ₩500,000의 상품이 남아 있다.

물음

(1) 7월의 상품매입액이 얼마인가?
(2) 계속기록법을 사용하여 매입 및 매출거래를 분개하라.
(3) 위의 분개를 상품계정과 매출원가계정에 전기하라.
(4) 7월 말 상품계정의 차변잔액(즉, 기말재고액)이 얼마인가?
(5) 7월의 매출원가는?
(6) 7월의 매출총이익은?

[5-9] 상품매매거래의 기록-실지재고조사법(I)

문제 [5-8]에 주어진 관악기업(주)의 거래 자료를 이용하는 연속된 문제이다.

물음

(1) 실지재고조사법을 사용하여 매입 및 매출거래를 분개하라.
(2) 매입거래의 경우 매입계정에 전기하라.
(3) 7월의 매출원가는 얼마인가?

[5-10] 기말 수정분개-실지재고조사법

실지재고조사법에 관한 문제 [5-9]에 연속된 문제이다. 실지재고조사법을 사용하는 경우에는 기말에 수정분개를 해야 한다.

물음

(1) 상품계정의 기초재고액을 매출원가계정에 옮기는 분개를 하라.
(2) 매입계정의 당기매입액을 매출원가계정에 옮기는 분개는?
(3) 기말재고액을 상품계정과 매출원가계정에 옮기는 분개는?
(4) 위의 세 분개를 해당 계정에 전기하라.
(5) 위의 세 분개를 결합한 요약적 분개를 제시하라.

[5-11] 상품매매거래의 기록-계속기록법(II)

다음은 회계기간이 1개월인 수지기업(주)의 2×24년 9월 1일 각 계정의 기초잔액이다.

현 금	₩500,000	매입채무	₩800,000
매출채권	1,200,000	자 본 금	2,000,000
상 품	1,500,000	이익잉여금	600,000
선급보험료	200,000		

2×24년 9월 한 달 동안 발생한 거래는 다음과 같다.

9/5일: ₩600,000의 상품을 ₩900,000에 판매하고 대금을 현금으로 받다.
9/10일: 주주에게 이익배당을 결정하고 배당금 ₩400,000을 현금으로 지급하다.
9/15일: ₩400,000의 상품을 매입하고 대금은 40일 후에 지급하기로 하다.
9/18일: 매입채무 ₩600,000을 현금으로 지급하다.
9/20일: ₩800,000의 상품을 ₩1,200,000에 판매하고 대금은 한 달 후에 받기로 하다.
9/25일: 매출채권 ₩1,000,000을 현금으로 회수하다.
9/28일: 종업원급여 ₩300,000을 현금으로 지급하다.
9/30일: ₩600,000의 상품을 매입하고 대금은 50일 후에 지급하기로 하다.

물음

(1) 9월의 상품매입액이 얼마인가?
(2) 위의 거래들을 분개하되, 매입 및 매출에 대해서는 계속기록법을 적용하라.
(3) 매입 및 매출거래의 분개를 상품계정과 매출원가계정에 전기하라.
(4) 9월 말의 상품재고액이 얼마인가?
(5) 9월의 매출원가는?
(6) 9월의 매출총이익은?

[5-12] 기말 수정분개와 재무제표 작성-계속기록법

문제 [5-11]에 연속된 문제이다. 다음은 수지기업(주)의 회계담당자가 9월 말에 작성한 **정산표**(worksheet)의 일부이다(정산표는 제4장의 연습문제 [4-11]에서 소개한 바 있다).

정 산 표

계정과목	수정전시산표		수정분개		수정후시산표	
	차 변	대 변	차 변	대 변	차 변	대 변
현 금	1,100,000				1,100,000	
매출채권	1,400,000				1,400,000	
상 품	1,100,000				1,100,000	
선급보험료	200,000					
매입채무		1,200,000				1,200,000
자 본 금		2,000,000				2,000,000
이익잉여금		200,000				200,000
매 출 액		2,100,000				2,100,000
매출원가	1,400,000				1,400,000	
종업원급여	300,000				300,000	
합 계	5,500,000	5,500,000				
보 험 료*						
통 신 비*						
미지급통신비*						
임 차 료*						
미지급임차료*						
합 계			160,000	160,000	5,610,000	5,610,000

*수정분개를 하면 새로이 나타나는 계정과목들이다.

〈수정분개사항〉

① 선급보험료 중에서 기간이 경과한 것은 ₩50,000이다.
② 9월분 통신비 ₩10,000이 미지급된 상태이다.
③ 9월분 사무실 임차료 ₩100,000이 지급되지 않았다.

물음

(1) 수정분개사항에 대한 분개를 정산표의 해당란에 각각 기입하라.
(2) 수정후시산표를 완성하라.
(3) 2×24년 9월의 포괄손익계산서를 작성하라.
(4) 2×24년 9월 말의 재무상태표를 작성하라.

[5-13] 상품매매거래의 기록-실지재고조사법(II)

문제 [5-11]에 주어진 수지기업(주)의 자료를 이용하는 연속된 문제이다.

물음

(1) 문제 [5-11]에 주어진 9월의 거래들을 분개하되, 매입 및 매출에 대해서는 실지재고조사법을 적용하라.
(2) 매입거래의 경우 매입계정에 전기하라.
(3) 9월 말의 상품재고액을 실지조사한 결과 ₩1,100,000의 상품이 남아 있다. 9월의 매출원가는 얼마인가?

[5-14] 기말 수정분개와 정산표 작성-실지재고조사법

문제 [5-13]에 연속된 문제이다. 다음은 수지기업(주)의 회계담당자가 9월 말에 작성한 정산표의 일부이다.

정 산 표

계정과목	수정전시산표		수정분개		수정후시산표	
	차 변	대 변	차 변	대 변	차 변	대 변
현 금	1,100,000				1,100,000	
매출채권	1,400,000				1,400,000	
상 품	1,500,000					
선급보험료	200,000					
매입채무		1,200,000				1,200,000
자 본 금		2,000,000				2,000,000
이익잉여금		200,000				200,000
매 출 액		2,100,000				2,100,000
매 입	1,000,000					
종업원급여	300,000				300,000	
합 계	5,500,000	5,500,000				
매출원가*						
보 험 료*						
통 신 비*						
미지급통신비*						
임 차 료*						
미지급임차료*						
합 계			1,560,000	1,560,000	5,610,000	5,610,000

*수정분개를 하면 새로이 나타나는 계정과목들이다.

〈수정분개사항〉

① 선급보험료 중에서 기간이 경과한 것은 ₩50,000이다.
② 9월분 통신비 ₩10,000이 미지급된 상태이다.
③ 9월분 사무실 임차료 ₩100,000이 지급되지 않았다.
④ 9월 말의 상품재고액을 실지조사한 결과 ₩1,100,000의 상품이 남아 있다.

물음

(1) 수정분개사항에 대한 분개를 정산표의 해당란에 각각 기입하라. 단, 매출원가에 대해서는 요약적 수정분개를 한다.
(2) 수정후시산표를 완성하라.

[5-15] 마감분개

문제 [5-14]에서 완성한 수지기업(주)의 수정후시산표를 이용하여 다음 물음에 답하라.

물음

(1) 수익계정을 마감하는 분개를 하라.
(2) 비용계정을 마감하는 분개는?
(3) 집합손익계정을 마감하는 분개는?

제6장

재무보고와 재무제표 표시

앞의 여러 장에서는 재무제표에 대한 기본개념과 회계순환을 설명하는 데 중점이 두어졌기 때문에 재무제표의 구조와 표시방법은 간략히 소개하는 데 그쳤다. 따라서 본장에서는 재무보고의 수단인 재무제표의 실제적 구조와 표시방법을 구체적으로 설명한다. 즉, 재무상태표에 자산, 부채 및 자본항목들이 어떻게 분류되어 표시되는지를 설명하며, 포괄손익계산서의 실제적 구조와 표시방법도 자세히 설명한다. 또한 지배회사와 종속회사의 재무제표를 결합한 연결재무제표도 소개한다.

제 1 절 재무보고와 재무제표 작성원칙

제2장에서 논의하였듯이, 재무보고(financial reporting)의 목적은 투자자와 채권자의 투자 · 신용의사결정에 유용한 정보를 제공하는 데 있고, 구체적으로는 기업의 현재 재무상태, 경영성과(재무성과), 현금흐름 등에 관한 정보를 제공하는 데 재무보고의 목적이 있다. 재무보고의 핵심적 수단은 재무제표(financial statements)이며, 정보이용자들은 재무제표를 통해 의사결정에 유용한 정보를 제공받는다.

그런데 재무제표가 실제로 그 본연의 역할을 제대로 하려면 정보이용자들이 기업의 현재 재무상태, 경영성과, 현금흐름 등을 잘 파악할 수 있는 방법으로 재무제표가 작성되어야 할 것이다. 이러한 이유로 「**한국채택국제회계기준**」(기업회계기준서 제1001호 '재무제표 표시')은 '일반목적 재무제표'의 작성원칙, 즉 재무제표에 회계정보를 표시(presentation)하는 방법을 구체화하고 있다.

재무제표를 작성할 때 고려해야 할 사항은 모든 재무제표에 대해 공통적인 것과 개개의 재무보고서에 관한 것으로 구분해 볼 수 있다. 아래에서는 모든 재무제표에 공통적으로 적용되는 작성원칙을 논의하며, 재무상태표와 포괄손익계산서에 개별적으로 적용되는 것은 제2절과 제3절에서 각각 설명한다. 그 외의 재무제표에 대해서는 재무상태표와 포괄손익계산서의 정보항목들을 이해한 후에 학습하는 것이 효과적이다. 따라서 자본변동표는 본서의 후반부인 제11장에서 그리고 현금흐름표는 제13장에서 각각 다루어질 것이다.

● 재무제표 작성 및 표시의 일반원칙

기업의 경영자는 재무제표를 작성하여 공시할 책임이 있다. 경영자가 재무제표를 작성하고 정보항목들을 표시(presentation)함에 있어 따라야 할 주요 일반원칙은 다음과 같다.

1 재무제표의 공정한 표시(fair presentation)

재무제표는 기업의 재무상태, 재무성과 및 현금흐름을 공정하게 표시해야 한다. 재무제표가 「한국채택국제회계기준」(K-IFRS)에 따라 작성되었으면 그 재무제표는 공정하게 표시된 재무제표로 볼 수 있다.

2 계속기업

기업의 경영자는 재무제표를 작성할 때 계속기업으로서의 존속가능성을 평가해야 한다. 기업을 청산 또는 경영활동을 중단할 의도가 있거나 경영활동을 계속할 수 없는 상황에 처한 경우를 제외하고는 계속기업(going concern)을 전제로 하여 재무제표를 작성한다.

3 발생기준 회계

기업은 현금흐름 정보를 제외하고는 발생기준 회계(accrual basis of accounting)를 사용하여 재무제표를 작성한다.

4 중요성과 통합 표시

중요한 항목은 재무제표에 구분하여 표시한다. 또한 성격이나 기능이 상이한 항목도 구분하여 표시한다. 다만, 중요하지 않은 항목은 성격이나 기능이 유사한 항목과 통합하여 표시할 수 있다.

5 비교정보의 공시

재무제표의 기간적 비교가능성을 제고하기 위하여 당기 재무제표에 보고되는 모든 금액에 대해 전기의 비교정보(comparative information)를 공시한다. 당기 재무제표를 이해하는 데 도움이 된다면 서술형 정보에 대하여도 비교정보를 공시한다.

6 표시의 계속성

재무제표의 기간적 비교가능성을 제고하기 위하여 재무제표 항목의 표시와 분류는 예외적 경우를 제외하고는 매 기간 동일해야 한다. 여기서 '예외적 경우'란 「한국채택국제회계기준」에서 표시방법의 변경을 요구하는 경우, 그리고 사업내용에 유의적인 변화가 있거나, 재무제표를 검토한 결과 다른 표시나 분류방법이 더 적절한 것이 명백한 경우를 말한다.

제2절 재무상태표의 작성 및 표시

재무상태표는 기업이 보유하고 있는 경제적 자원인 자산과 경제적 의무인 부채 그리고 자본에 대한 정보를 제공하는 재무보고서이다. 그런데 자산, 부채 및 자본에는 많은 항목들이 있고 그 성격도 다양하다. 그래서 외부 정보이용자들이 기업의 재무상태를 용이하게 파악할 수 있도록 하기 위해 자산, 부채 및 자본의 항목들은 그 유사성에 따라 적절히 분류되어 재무상태표에 표시된다. 「한국채택국제회계기준」(기업회계기준서 제1001호)은 자산, 부채 및 자본의 각각에 대해 그러한 분류기준을 구체화하고 있으며, 그에 따른 재무상태표의 구조는 [그림 6-1]과 같다.

[그림 6-1]에서 보는 바와 같이, 자산은 크게 나누어 유동자산과 비유동자산으로 구분 표시되고, 부채도 유동부채와 비유동부채로 구분 표시되고 있다. 또한 자본도 여러 항목으로 구분 표시되고 있다. [그림 6-1]에서 자본의 분류는 당해 기업이 다른 기업을 종속기업(subsidiaries)으로 갖고 있지 않은 경우이다. 당해 기업이 다른 기업(종속기업)을 지배하고 있는 경우에는 자본의 분류방법이 다소 다르며, 이에 대해서는 제4절에서 설명한다. 아래에서 자산, 부채 및 자본의 분류체계를 구체적으로 살펴보자.

그림 6-1

재무상태표의 구조

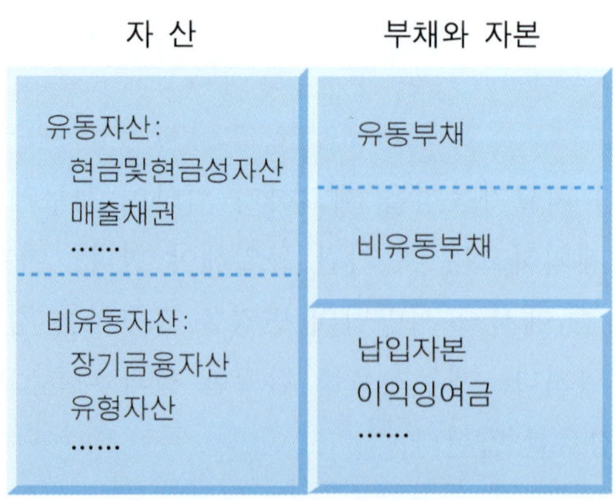

2.1 자산의 분류와 표시

자산은 유동자산과 비유동자산으로 구분 표시된다. 일반적으로 재무상태표에는 유동자산 항목들이 먼저 배열되고 그다음에 비유동자산 항목들이 배열된다.

1 **유동자산**(current assets)은 현금은 물론, **정상적 영업주기**(normal operating cycle) 내 또는 재무보고기간 말(회계기말)로부터 **1년** 이내에 현금화되거나 사용될 것으로 예상되는 자산을 가리키며,[1] 구체적으로 다음의 자산들이 유동자산으로 분류된다.

- 현금 및 현금성자산(cash equivalents)
- 기업의 정상적 영업주기 내에 현금화될 것으로 예상되거나 판매 또는 소비 목적으로 보유하는 자산
- 단기매매목적으로 보유하는 자산
- 재무보고기간 말(회계기말)로부터 1년 내에 현금화될 것으로 예상되는 자산

〈표 6-1〉은 **'비금융기업'**에 대해 재무상태표의 실제 형태를 예시하고 있다. 〈표 6-1〉에서 보는 바와 같이, 현금 및 현금성자산, 단기금융자산, 매출채권, 기타채권, 재고자산 등이 유동자산 항목으로 예시되어 있다. 여기서 **단기금융자산**은 단기예금(금융기관 예치금), 단기투자채권(채무증권에 투자한 것) 등을 통합하여 표시한 것이다. **기타채권**은 비매출채권인 미수금, 미수수익 등을 표시한 것이다. **재고자산**(inventory)은 영업활동을 통해 판매할 목적으로 보유하는 자산으로서 상품, 제품, 재공품 등을 통합하여 표시한 것이다. 〈표 6-1〉에 예시되지 않은 유동자산 항목으로는 선급비용, 선급금 등이 있다.

이러한 유동자산 항목들과 아래에서 소개하는 비유동자산 항목들에 대한 구체적 회계처리사항은 후술하는 제7장 이하에서 순차적으로 자세히 설명될 것이다.

1) '영업주기'란 제조업의 경우 제조과정에 투입될 원재료 또는 노동력을 취득한 시점부터 제품판매에 따른 현금의 회수시점까지 소요되는 기간을 가리킨다. 숙성과정이 필요한 업종이나 자본집약적인 업종의 경우에는 영업주기가 1년을 넘을 수 있지만, 대부분의 업종에서는 영업주기가 1년 이내이다.

표 6-1

재무상태표의 실제 형태 (비금융기업의 경우)

재무상태표

한국기업(주) 제×기 20××년 12월 31일 현재 (단위: 백만원)

과 목	금 액	과 목	금 액
자　산		부　채	
유동자산		유동부채	
현금 및 현금성자산	120	단기차입금	350
단기금융자산	160	매입채무	1,550
매출채권	520	기타유동부채	240
기타채권	400		2,140
재고자산	1,300	비유동부채	
기타유동자산	200	사　채	1,000
	2,700	장기차입금	800
비유동자산		장기충당부채	530
장기금융자산	530	기타비유동부채	130
관계기업투자주식	400		2,460
유형자산	7,200	부채 총계	4,600
무형자산	150		
투자부동산	1,000	자　본	
기타비유동자산	120	납입자본	5,000
	9,400	이익잉여금	2,000
		기타포괄손익누계액	500
		자본 총계	7,500
자산 총계	12,100	부채와 자본 총계	12,100

2 **비유동자산**(non-current assets)은 앞의 유동자산에 속하지 않는 자산을 말한다. 〈표 6-1〉의 재무상태표에는 장기금융자산, 관계기업투자주식, 유형자산, 무형자산 등이 비유동자산으로 예시되어 있다.

• **장기금융자산**은 여유자금의 장기적 활용 또는 타기업에 대한 장기투자 목적으로 취득한 금융자산(financial assets)을 통합하여 표시한 것이며, 여기에는 장기예금, 장기대여금, 장기투자채권, 장기투자주식 등이 포함된다.

• **관계기업투자주식**(investments in associates)는 타기업의 경영의사결정에 중대한 영향력을 행사할 수 있는 정도로 그 타기업에 거액을 투자(즉, 그 타기업의 주식

을 대량 취득)한 경우의 그 투자자산을 가리킨다.

• **유형자산**(tangible assets)은 기업활동에 장기간 사용하기 위해서 보유하는 자산으로서 물리적 형체가 있는 자산을 가리킨다. 유형자산의 예로는 토지, 건물, 기계장치, 차량운반구, 비품, 건설 중인 자산 등이 있다. 토지와 건설 중인 자산 이외의 유형자산은 사용되면서 조금씩 마모되기 때문에 감가상각(depreciation) 절차를 통해 비용화된다.

• **무형자산**(intangible assets)은 물리적 형체는 없지만 기업활동에 장기간 사용할 수 있는 자산을 말한다. 예를 들면, 산업재산권(특허권, 상표권 등), 영업권(goodwill), 컴퓨터소프트웨어 등이 무형자산에 속한다. 대부분의 무형자산도 사용과정에서 조금씩 그 경제적 효익이 소멸되기 때문에 상각절차를 통해 비용화된다.

• **투자부동산**(investment property)은 기업이 임대수익이나 시세차익 또는 둘 다 얻기 위하여 보유하고 있는 토지, 건물(또는 건물의 일부분)을 말한다.[2] 이러한 부동산은 당해 기업이 보유하고 있는 다른 자산과는 거의 독립적으로 현금흐름(수익)을 창출하므로 위 유형자산과 구별하여 투자부동산으로 표시한다.

2.2 부채의 분류와 표시

부채도 크게 나누어 유동부채와 비유동부채로 구분 표시되며, 일반적으로 재무상태표에는 유동부채 항목들이 먼저 배열되고 그다음에 비유동부채 항목들이 배열된다.

1 부채는 다음의 경우에 **유동부채**(current liabilities)로 분류한다.

• **정상영업주기** 내에 결제(지급)될 것으로 예상하고 있다.
• 주로 단기매매 목적으로 보유하고 있다.
• 재무보고기간 말(회계기말)로부터 **1년** 이내에 결제하기로 되어 있다.
• 재무보고기간 말 현재 보고기간 후 적어도 **1년** 이상 부채의 결제를 연기할 수

2) 기업이 재화나 용역의 생산 또는 제공이나 관리목적에 사용하거나 통상적인 영업과정에서 판매목적으로 보유하는 부동산은 투자부동산으로 분류하지 않는다.

있는 권리를 가지고 있지 않다.

〈표 6-1〉의 재무상태표에 예시된 유동부채는 단기차입금과 매입채무이다. 그 밖의 유동부채로는 미지급비용, 미지급금, 선수금, 선수수익 등이 있다.

이러한 유동부채 항목들과 아래에 소개하는 비유동부채 항목들에 대한 구체적 회계처리사항은 후술하는 제7장 이하에서 자세히 설명될 것이다.

2 **비유동부채**(non-current liabilities)는 유동부채에 속하지 않는 부채를 말하며, 장기차입부채, 장기충당부채 등을 포함한다. **장기차입부채**는 이자를 부담하는 차입채무(금융부채)로서 재무보고기간 말(회계기말)로부터 1년 이후에 상환기일이 도래하는 차입채무를 가리킨다. 〈표 6-1〉의 재무상태표에서 사채와 장기차입금이 장기차입부채이다. 여기서 **사채**(bonds payable)란 기업이 증권시장에서 다수의 투자대중으로부터 공개적으로 자금을 장기간 차입할 때 발행하는 채무증권을 뜻한다. 장기차입금은 은행과 같은 금융기관에서 장기간 차입한 부채를 가리킨다.

장기충당부채(long-term provisions)는 기업이 과거의 사건에 의해 현재 부담하는 의무로서 미래 지출의 시기 또는 금액이 불확실한 비유동부채를 말한다. 충당부채는 미래에 기업의 자원이 유출될 가능성이 높고 또 그 금액을 신뢰성 있게 추정할 수 있을 때 부채로 인식한다. 장기충당부채의 대표적인 예는 제품보증충당부채와 퇴직급여부채이다. 제품보증충당부채는 판매한 제품의 품질보증의무에 따라 부담하는 부채이고, 퇴직급여부채는 종업원들의 미래 퇴직급여에 관한 부채이다.

2.3 자본의 분류와 표시

〈표 6-1〉의 재무상태표에 예시된 바와 같이, 기업의 소유주지분(owners' equity)인 자본은 납입자본, 이익잉여금, 기타포괄손익누계액 등으로 구분 표시된다.

• **납입자본**은 주주들이 기업에 납입한 금액을 가리키며, 이는 자본금과 주식발행초과금의 두 계정에 나누어 기록된다.

자본금(paid-in capital or share capital)은 기업이 발행한 주식의 액면금액(par value)을 나타낸다. 액면금액이란 우리나라 상법에 따라 회사가 주식의 기본금액으로 정해 놓은 것을 말한다. 우리나라에서 주식의 액면금액은 일반적으로 1주당 ₩5,000 또는 그 이하이다.

자본금은 주식의 종류에 따라 **보통주자본금**과 **우선주자본금**으로 구분 표시된다. 보통주(common stock)란 의결권이 있는 주식이며 모든 주식회사가 발행하는 표준적 형태의 주식을 가리킨다. 이에 비해 우선주(preferred stock)는 이익배당을 우선적으로 받는 대신 의결권이 제한된 주식이며, 일부 회사들이 발행하고 있다.

주식발행초과금(additional paid-in capital or share premium)은 주식이 발행되었을 때 액면금액을 초과하여 주주들이 납입한 금액을 가리킨다. 주식이 발행될 때 주주들이 납입해야 할 발행가격은 액면금액보다 높은 금액이 될 수도 있다. 주식의 실제 시장가치(market value)가 액면금액보다 높으면 주식발행가격은 액면금액보다 높게 책정된다.[3)]

결국, 주식이 발행되었을 때 주주들이 납입한 금액은 자본금과 주식발행초과금의 두 계정에 나누어 기록된다. 주주들이 납입한 금액 중 주식의 액면금액 부분은 자본금계정에 기록되고, 액면금액을 초과하여 납입된 부분은 주식발행초과금 계정에 기록된다.

• **이익잉여금**(retained earnings)은, 제2장에서 설명한 바와 같이, 기업이 벌어들인 순이익 중에서 주주들에게 배당으로 분배되지 않고 기업 내에 유보된(retained) 부분을 가리킨다. 주주들에게 분배되지는 않았지만 이익잉여금 역시 주주들에게 귀속된다. 재무상태표상의 이익잉여금에는 과거 연도에 내부유보된 순이익도 포함되어 있다.

• **기타포괄손익누계액**(accumulated other comprehensive income)은 기업과 주주 간의 자본거래가 아닌 원천에서 발생한 자본의 증감으로서, 당기순이익에 포함되지 않은 손익인 '기타포괄손익'의 누계액을 말한다. 여기서 '누계액'이라 함은 과거 연도부터 발생한 기타포괄손익의 누계액이라는 의미이다. 예를 들면, 과거 연도부터 지금까지 발생한 자산재평가차익의 누계액을 나타내는 재평가잉여금, 장기투자주식 평가손익의 누계액 등이 기타포괄손익누계액에 속하는 항목들이다.

위와 같이 자본에는 다양한 항목들이 있는데 이들에 대한 구체적 회계처리사항은 제11장에서 자세히 설명될 것이다.

---

3) 회사의 수익성이 높으면 주식의 실제 가치는 액면금액보다 높아진다.

제3절 포괄손익계산서의 작성 및 표시

포괄손익계산서는 기업의 경영성과(재무성과)에 대한 정보를 제공하는 재무보고서이다. 그런데 순이익의 결정요소인 수익과 비용은 기업의 다양한 활동에서 발생하고 또 그 성격도 다양하다. 그래서 기업 외부의 정보이용자들이 순이익의 발생원천을 용이하게 파악할 수 있도록 하기 위해서 수익과 비용항목들은 그 기능 또는 성격에 따라 적절히 구분 표시된다. 또한, 순이익에 포함되지 않는 손익인 '기타포괄손익'도 포괄손익계산서에서 구분 표시된다. 아래에서 순이익 및 포괄이익의 결정요소와 포괄손익계산서의 구조를 구체적으로 살펴보자.

3.1 순이익 및 포괄이익의 결정요소

● 순이익의 결정요소

[그림 6-2]는 '**비금융기업**'의 경우 한 회계기간의 순이익(당기순이익)이 어떻게 결정되는지를 나타내고 있다. 여기서 보는 바와 같이, 순이익을 증가시키는 주된 요소는 영업활동의 수익인 매출액 또는 용역수익이다. **매출액** 또는 **용역수익**은 상품 · 제품의 판매, 용역의 제공과 같이 중심적 영업활동에서 획득되는 수익이다.

[그림 6-2]에서 **기타수익**(other income)은 매출 이외의 영업 관련 활동에서 발생한 수익을 통합적으로 표시한 것이다. 기타수익에 속하는 항목으로는 임대료수익, 수수료수익, 로열티수익 등이 있으며, 차익도 여기에 포함된다. **차익**(gains)이란 기업의 중심적 활동 이외의 부수적인 거래나 사건의 결과로서 발생하는 자본의 증가를 말한다. 예를 들면, 유형자산의 매각처분은 부수적인 거래에 해당한다. 영업활동에 사용하던 건물이 불필요하여 처분하거나 기계설비가 노후하여 처분하는 것은 기업의 중심적 활동이 아니다. 이때 유형자산의 처분가격이 당해 자산의 장부가액

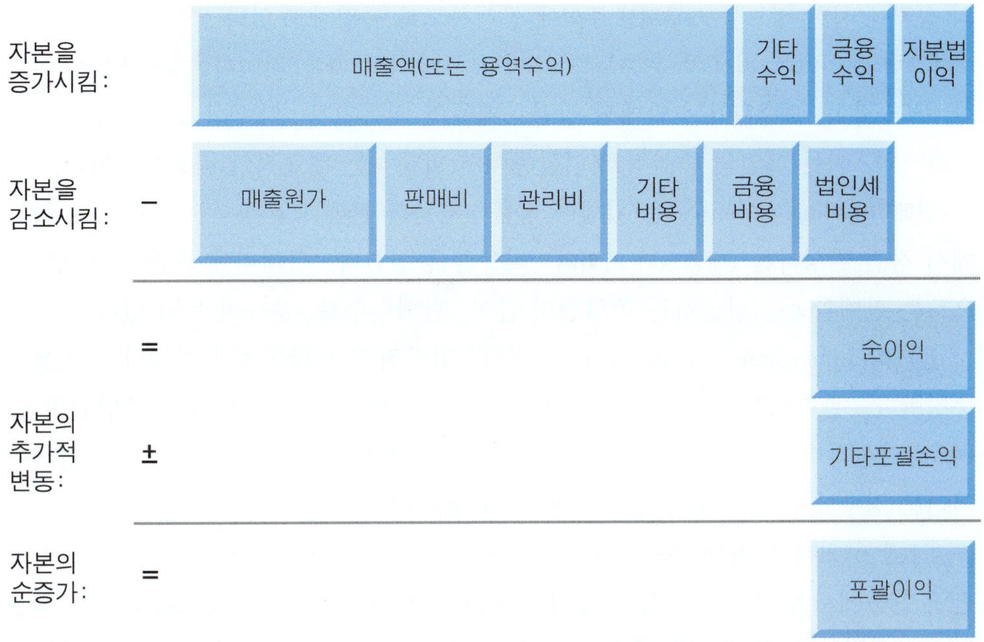

그림 6-2
순이익 및 포괄이익의 결정요소 (비금융기업의 경우)

보다 높으면 차익이 발생하는데 이를 '유형자산처분이익'이라고 부른다.

[그림 6-2]에서 **금융수익**은 기업이 재무활동과 관련하여 보유하는 금융자산(예: 금융기관 예치금, 채무증권)에서 발생하는 수익(예: 이자수익)을 가리킨다.

[그림 6-2]에서 **지분법이익**(share of the profit of associates)은 관계기업투자주식을 보유한 기업의 경우 피투자기업(관계기업)의 순이익 중 당해 투자기업에게 귀속될 몫을 말하며, 그 금액이 음수인 경우에는 **지분법손실**이라고 부른다. 이 지분법손익은 제12장에서 자세히 설명될 것이다.

한편, 순이익을 감소시키는 요소인 비용에는 많은 항목들이 있다. 「한국채택국제회계기준」은 비용을 성격별 또는 기능별로 분류하여 포괄손익계산서에 표시하도록 규정하고 있다. 비용의 **성격별 분류**는 원재료비, 소모품비, 종업원급여, 감가상각비 등과 같이 비용을 성격별로 분류하는 것이다. 이에 비해 비용의 **기능별 분류**는 매출원가, 판매비, 관리비 등과 같이 비용을 기능별로 분류하는 것을 말한다. 일반적으로 성격별 분류보다 기능별 분류가 기업활동의 내용을 더 잘 이해할 수 있게 하지만, 비용의 성격에 대한 정보 역시 재무제표이용자들에게 유용한 정보이다. 따라서 「한국채택국제회계기준」은 기업이 기능별 분류방식을 채택하는 경우에도 비용

의 성격에 관한 정보를 **재무제표 주석**에 공시하도록 규정하고 있다.[4)]

[그림 6-2]에서 비용의 분류는 기능별 분류방식에 따른 것이다. 제5장에서 설명한 바와 같이, **매출원가**는 판매된 상품 · 제품의 취득원가(매입원가 또는 제조원가)를 가리키며, 이는 기업의 중심적 영업활동에서 발생하는 대표적인 비용항목이다.

판매비(selling expenses)는 기업이 상품 · 제품을 판매(또는 용역을 제공)하는 활동에서 직접 발생하는 (매출원가 이외의) 비용을 총칭한다. 판매비에 속하는 비용항목으로는 판매활동을 담당하는 종업원의 급여, 판매수수료, 운송비 등이 있다.

관리비(administrative expenses)는 기업의 일반적 관리활동에서 발생하는 비용을 총칭한다. 관리비에 속하는 비용항목의 예로는 관리활동을 담당하는 종업원의 급여, 감가상각비, 보험료, 임차료 등이 있다. 판매비와 관리비를 구분하여 측정하기 어려운 경우에는 두 그룹을 묶어서 **판매비와 관리비**로 표시할 수 있다.

[그림 6-2]에서 **기타비용**(other expenses)은 판매와 관리활동 이외의 기타 영업 관련 활동에서 발생한 비용을 통합적으로 표시한 것으로서, 차손을 포함한다. **차손**(losses)이란 기업의 중심적 활동 이외의 부수적인 거래나 사건의 결과로서 발생하는 자본의 감소를 말한다. 예를 들면, 앞에서 언급했던 유형자산의 매각처분에서 처분가격이 당해 자산의 장부가액보다 낮으면 '유형자산처분손실'이라는 차손이 발생하며, 그 결과 자본이 감소하게 된다.

한편, **금융비용**(finance costs)은 기업이 재무활동(타인자본의 조달 및 반환)을 수행함에 따라 부담하는 금융부채에서 발생한 비용을 가리키며, 기업이 타인자본(차입부채)을 사용한 대가로서 부담하는 이자비용이 대표적인 금융비용이다.

법인세비용(income tax expense)은 회사기업의 이익에 부과되는 세금비용을 뜻하며, 일반적으로 그 금액이 크기 때문에 다른 비용항목들과는 구분하여 표시된다.

위에서 논의한 판매비와 관리비, 기타수익, 기타비용의 각 분류 내에는 많은 항목들이 포함되어 있는데, 이들에 대한 구체적 회계처리사항은 후술하는 제7장 이하에서 순차적으로 설명될 것이다.

---

4) **주석**(footnotes)이란 재무제표 본문 내의 특정 부분에 대한 추가적 정보를 재무제표 본문 바깥의 '별지'에 기재한 것을 말한다(뒤의 제4절 참조). 주석은 재무제표 본문의 내용을 이해하는 데 필요한 것이므로 주석은 재무제표의 일부이다.

● **포괄이익의 결정요소**

순이익이 발생하면 그만큼 자본(소유주지분)이 증가하지만, 순이익에 포함시키지 않는 손익인 **기타포괄손익**도 자본을 변동시킨다. 기타포괄손익의 예로는 유형자산과 무형자산에 대한 자산재평가손익, 장기투자주식의 평가손익(제12장에서 설명됨) 등이 있다.[5] 따라서 최종적으로 당기 중 자본의 순증가를 나타내는 **포괄이익**(comprehensive income)은 순이익에 기타포괄손익을 가산함으로써 측정될 수 있다. 물론 여기서 자본의 순증가는 기업과 소유주 간의 거래(예: 현금배당, 유상증자)가 아닌 원천에서 발생한 자본의 변동을 의미한다.

3.2 포괄손익계산서의 구조

포괄손익계산서는 앞에서 설명한 [그림 6-2]의 구조에 따라 작성, 공시된다. 전통적으로 순이익은 기업의 경영성과(재무성과)를 나타내는 지표로 인식되어 온 유용한 정보이지만, 자본의 변동 원인을 충분히 설명해주지 못하는 한계점이 있다. 포괄손익계산서는 순이익과 포괄이익을 모두 공시함으로써 전통적 손익계산서의 그러한 한계점을 제거하고 있다. 비용에 대해 기능별 분류방식을 적용할 경우 「한국채택국제회계기준」(기업회계기준서 제1001호)을 적용하는 많은 기업들은 [그림 6-3]과 같은 형태로 포괄손익계산서를 작성하고 있다.

[그림 6-3]에서 보는 바와 같이, 포괄손익계산서는 종전의 손익계산서와 유사하게 다단계 형태로 작성된다. 즉, 먼저 매출액에 매출원가를 대응시켜서 **매출총이익**을 표시한다. 매출원가는 매출수익을 획득하기 위해 직접 발생한 비용이므로 이를 먼저 매출액에 대응시켜서 매출로부터의 총이익을 측정하고 있다.

그 다음 단계에서는 매출총이익에서 판매비와 관리비를 차감하여 **영업이익**을 표시한다.[6] 그런 다음 영업이익에 기타수익과 기타비용 그리고 금융수익과 금융비용

---

5) 그 외의 기타포괄손익으로는 해외사업장의 재무제표 환산에 따른 손익, 현금흐름위험회피의 위험회피수단의 평가손익 등이 있다. 이들 손익항목은 중급회계 교과에서 다룬다.

6) 영업이익 산정에 포함된 손익항목 외에도 당해 기업의 영업활동 관련 손익항목들이 있을 경우(앞의 [그림 6-2]에 표시된 '기타수익이나 기타비용'에 속하는 손익항목들이 그 후보가 될 수 있다) 이러한 손익항목들을 위 영업이익에 포함시킨 것을 **'조정영업이익'**으로 주석에 공시할 수 있다.

그림 6-3

포괄손익계산서의 구조(비용에 대해 기능별 분류방식을 적용한 경우)

매 출 액	
− 매출원가	
= 매출총이익	→ 매출로부터 획득된 총이익
− 판매비와 관리비	→ 판매 및 관리활동에서 발생한 비용
= 영업이익	→ 주된 영업활동에서 발생한 이익
+ 기타수익	→ 매출 이외의 영업 관련 활동에서 발생한 수익
− 기타비용	→ 위 이외의 기타 영업 관련 활동에서 발생한 비용
+ 금융수익	→ 재무활동 관련 금융자산에서 발생한 수익
− 금융비용	→ 재무활동 관련 금융부채에서 발생한 비용
± 지분법손익	→ 관계기업 투자주식에 대해 인식한 손익
= 법인세비용차감전순이익	
− 법인세비용	→ 기업의 이익에 부과되는 세금비용
= 당기순이익	
± 기타포괄손익	
자산재평가차익	
장기투자주식평가손익	
……	
= 당기포괄이익	→ 자본의 순증가(기업과 소유주 간의 거래 제외)

을 가감하고 지분법손익도 가감하여 **법인세비용차감전순이익**을 표시한다. 네 번째 단계에서는 법인세비용차감전순이익에서 법인세비용을 차감하여 **당기순이익**을 표시한다.[7] 마지막으로, 기타포괄손익을 당기순이익에 가감하여 **포괄이익**을 표시한다. 여기서 **기타포괄손익**은 성격에 따라 항목을 구분 표시한다.

[그림 6-3]에 제시된 것은 단일의 보고서로 작성되는 포괄손익계산서의 구조이다. 기업회계기준서(제1001호)는 기업이 위의 포괄손익계산서를 두 개의 보고서로 분해하여 공시하는 것도 허용하고 있다. 즉, 당기순이익의 구성요소를 배열하는 보고서('손익계산서'라고 부른다) 그리고 당기순이익에서 시작하여 기타포괄손익의 구성요소를 배열하는 보고서(이것도 '포괄손익계산서'라고 부른다)를 모두 작성하여

7) 기업이 회계연도 중에 사업의 일부를 중단한 경우에는 그 중단된 사업에서 발생한 모든 손익(관련 법인세비용 포함)의 순액을 **'중단사업손익'**으로 구분 표시한다. 이 경우 [그림 6-3]에서 법인세비용차감전순이익 이하는 다음과 같이 표시된다.

법인세비용차감전순이익
− 법인세비용
= 계속사업순이익
± 중단사업손익
= 당기순이익

공시하는 것이다.

〈표 6-2〉는 비금융기업들이 작성하는 단일 포괄손익계산서의 실제 형태를 예시하고 있다. 판매비와 관리비, 기타수익, 기타비용, 금융수익, 금융비용 등의 각 그룹에 속하는 세부항목들은 재무제표 주석에 공시된다.

표 6-2

비금융기업들이 작성하는 단일 포괄손익계산서의 실제 형태(비용을 기능별로 분류한 경우)

포괄손익계산서

대한기업(주) 제×기 20××년 1월 1일부터 20××년 12월 31일까지 (단위: 백만원)

과 목	금 액	
매 출 액		7,580
매출원가		(5,420)
매출총이익		2,160
판매비와 관리비		(1,180)
영업이익		980
기타수익		230
기타비용		(50)
금융수익		20
금융비용		(270)
지분법이익		80
법인세비용차감전순이익		990
법인세비용		(240)
당기순이익		750
기타포괄손익:		
자산재평가차익*	30	
장기투자주식평가이익*	20	50
당기포괄이익		800

* 관련 법인세를 차감한 순액

제 4 절 개별재무제표와 연결재무제표

앞의 여러 절에서 논의한 재무제표는 기업들이 자신을 하나의 경제실체로 해서 개별적으로 작성하는 **개별재무제표**이다. 그러나 타기업을 지배(control)하는 기업의 경우에는 연결재무제표를 '주된 재무제표'로 작성해서 공시하여야 한다. 이 역시 「한국채택국제회계기준」에 따라 우리나라 상장기업들에게 적용되는 회계제도이다. **연결재무제표**(consolidated financial statements)란 법률적으로 독립적인 회사들이라 하더라도 실질적으로 지배 · 종속관계에 있는 회사들을 단일의 경제실체로 간주하여 작성되는 재무제표이다.

한 회사가 다른 회사의 주식을 50% 이상 보유하면(즉, 거액을 그 회사에 투자하면) 투자회사는 그 회사의 경영권을 확보할 수 있고, 이때 투자회사는 그 회사를 지배(control)한다고 말한다. 또한, 주식소유가 널리 분산된 회사의 경우에는 50% 미만의 지분율을 갖고 있어도 그 회사를 실질적으로 지배할 수 있다. 이와 같이 다른 회사를 지배하는 투자회사를 **지배회사**(parent company)라고 부르고, 지배받는 피투자회사는 **종속회사**(subsidiaries)라고 부른다. 지배회사는 자신의 개별재무제표와 종속회사의 개별재무제표를 결합한 연결재무제표를 작성해서 공시한다.

연결재무제표는 연결재무상태표, 연결포괄손익계산서, 연결자본변동표, 연결현금흐름표로 구성되며, 지배회사와 종속회사 간의 **내부거래**를 제거한 후 개별재무제표를 결합하여 연결재무제표를 만들게 된다.[8] 따라서 연결재무제표에는 지배회사와 종속회사 전체의 자산 · 부채, 수익 · 비용 등의 총액이 표시된다.

연결재무상태표에서 자본은 **지배기업 소유주지분**과 **비지배지분(소수주주지분)**(minority interest)으로 구분 표시된다. 또한, 연결포괄손익계산서에서도 당기순이익과 포괄이익이 각각 **지배기업 소유주 귀속분**과 **비지배지분(소수주주지분) 귀속분**으로 구분되어 표시된다. 여기서 비지배지분 또는 소수주주지분이란 종속회사의 발행주

8) 연결재무제표의 작성방법은 고급회계 교과에서 자세히 다룬다.

5.1 재무제표 주석

재무제표에는 기업의 재무상태, 경영성과 등을 파악하는 데 유용한 정보들이 제시된다. 그런데 재무제표의 **본문**(body)만으로는 중요한 정보를 전부 공시(disclose)할 수 없는 제약이 있다. 앞의 여러 절에서 본 바와 같이, 재무상태표와 포괄손익계산서의 본문에는 항목과 금액만이 표시되어 있고, 그러한 항목의 측정방법이나 내역은 표시되어 있지 않다. 이는 기업이 사용한 회계방법 등을 재무제표 본문에 함께 표시하는 것은 기술적으로 어렵기 때문이다. 이러한 이유로 재무제표 본문에 제시할 수 없는 정보를 주석으로 공시한다. **주석**(footnotes)이란 재무제표 본문의 특정 부분에 대한 추가적 정보 그리고 재무제표 본문에 표시되어 있지 않지만 재무제표 본문의 내용을 이해하는 데 도움이 되는 정보를 재무제표 본문 바깥의 '별지'에 기재한 것을 말한다. 주석은 재무제표 본문의 내용을 이해하는 데 필요한 것이므로 주석은 재무제표의 일부가 된다.

주석은 별지에 제시되기 때문에 비계량적인 정보도 주석을 통해 공시할 수 있다. 그래서 재무제표이용자들이 재무제표 본문의 내용을 충분히 이해할 수 있게 하기 위하여 여러 중요한 사항들이 주석으로 공시되고 있다. 다음은 기업회계기준서 제1001호(재무제표 표시)의 규정에 의해 공시되는 주석사항의 예이다.

주석공시사항의 예:

- 기업의 영업과 주요 활동의 내용에 대한 설명
- 한국채택국제회계기준을 준수하였다는 사실
- 재무제표 작성시 적용한 주요 회계정책(예: 자산 · 부채의 측정기준, 감가상각방법)
- 재무제표 본문에 표시된 항목에 대한 보충 정보(예: 금융자산, 재고자산, 유형자산, 충당부채, 자본을 구성하는 각 적립금의 성격과 목적, 비용의 성격에 대한 정보 등)
- 부문별 보고

위와 같이 재무제표 주석을 통해 중요한 정보들이 공시된다. 특히, 기업이 재무제표를 작성하는 데 적용한 회계정책(회계처리방법)이 주석을 통해 알려지는데, 이는 재무제표 본문의 회계수치들이 어떠한 방법으로 산출된 것인지를 알 수 있게 해

준다. 부문별 보고에 대해서는 아래에서 설명한다.

● 부문별 보고

많은 기업들이 복수의 사업부문(영업부문)을 운영하고 있어, 사업부문별 경영성과 정보(매출액, 영업이익 등)도 재무제표 주석으로 공시된다. 이러한 사업부문별 정보는 기업 외부의 재무제표이용자들(투자자, 채권자 등)이 기업의 경영성과(재무성과)를 잘 이해할 수 있도록 도와주는 유용한 정보이다. 예를 들면, 아래는 상장회사인 롯데칠성음료(주)의 2022년도 재무제표 주석 내용인데, 롯데칠성음료(주)는 음료사업부와 주류사업부의 2개 사업부문을 운영하고 있음을 알 수 있고, 2022년도에 음료사업부가 주류사업부보다 훨씬 높은 영업이익을 달성하였음을 알 수 있다.

공시 사례 **롯데칠성음료(주)의 2022년도 재무제표 주석에 공시된 사업부문 관련 정보**

2.26 영업부문

(중략)

(1) 기업회계기준서 제1108호 '영업부문'에 따른 연결회사의 보고부문은 다음과 같습니다.

영업부문	주요 재화 및 용역
음료사업부	청량음료, 과채류음료 등
주류사업부	주류

(2) 당기 및 전기 중 보고부문별 수익 및 영업손익의 내용은 다음과 같습니다.

(단위: 백만원)

구 분	당 기		
	음료사업부	주류사업부	합 계
총 부문수익	2,138,207	870,923	3,009,130
부문 간 수익	(107,674)	(59,709)	(167,383)
외부고객으로부터의 수익	2,030,533	811,214	2,841,747
보고부문 영업이익	181,105	41,753	222,858

(중략)

5.2 비교재무제표의 공시

재무제표가 공시될 때에는 당해 회계기간과 직전 회계기간의 금액을 비교하는 형태로 공시된다. 즉, 연속된 두 기간의 재무제표가 함께 제시되어 당해 기간의 금액이 직전 기간과 비교하여 어떻게 변동하였는가를 보여준다. 이와 같이 기간적으로 비교하는 형태로 재무제표가 작성될 때 이를 **비교재무제표**(comparative financial statements)라고 부른다. 비교재무제표에는 항목별로 두 기간의 금액이 함께 표시된다.

재무제표가 비교재무제표 형태로 공시되면, 재무제표이용자들이 기업의 재무상태, 경영성과 등이 과거에 비해 어떻게 변화하였는지를 쉽게 파악할 수 있다. 투자자·채권자 등의 정보이용자들이 기업의 미래 수익성을 전망하고 채무이행능력을 평가함에 있어서는 기업의 재무상태와 수익성이 어떠한 변화추세에 있는지를 파악하는 것이 중요하다. 이러한 이유로 재무제표이용자들이 기업의 재무제표를 분석할 때에는 여러 기간의 회계정보를 비교분석한다.

비교재무제표는 그러한 **추세분석**을 용이하게 하려는 데 목적이 있다. 만일 비교재무제표가 아니고 당해 기간의 재무제표만 공시한다면, 정보이용자로서는 과거 기간의 재무제표를 별도로 수집해야 하는 코스트가 발생하게 된다. 그래서 그러한 정보수집 코스트를 감소시켜 주기 위하여 기업회계기준서 제1001호(재무제표 표시)는 재무제표를 공시할 때 직전 기간과 비교하는 형태로 공시할 것을 규정하고 있다.

5.3 외부감사보고서

재무제표가 공시될 때에는 외부감사인의 감사보고서가 첨부된다. 재무제표의 신뢰성을 확보하기 위한 제도적 장치로서 외부감사가 필요함을 제1장에서 언급한 바 있다. 우리나라에서는 「주식회사의 외부감사에 관한 법률」에 의거하여 일정규모 이상의 주식회사는 외부감사인(공인회계사)에 의한 회계감사를 받게 되어 있다.

독립된 회계전문가인 외부감사인은 상장기업의 경영자가 「한국채택국제회계기준」을 준수하여 재무제표를 적정히 작성하였는지 여부를 감사하고, 감사보고서를 통해 감사의견(audit opinion)을 표명한다. 외부감사인이 감사의 결과로서 표명하는 감사의견에는 다음의 네 가지가 있다.

① **적정의견**: 이는 상장기업의 경영자가 「한국채택국제회계기준」을 준수하여 재무제표를 적정히 작성하였다고 인정되는 경우에 표명된다.
② **한정의견**: 이는 재무제표에 대한 감사범위가 부분적으로 제한되었거나 또는 재무제표가 「한국채택국제회계기준」을 부분적으로 위배하여 작성된 경우에 표명된다.
③ **부적정의견**: 이는 「한국채택국제회계기준」을 위배한 정도가 커서 재무제표가 중대한 영향을 받았을 때 표명된다.
④ **의견거절**: 이는 재무제표에 대한 감사범위가 크게 제한됨에 따라 감사의견을 표명할 수 없는 경우이다.

위의 감사의견 중에서 적정의견(unqualified opinion)이 표명된 경우에 회계정보 이용자들이 재무제표를 충분히 신뢰할 수 있다. 아래의 〈표 6-3〉은 적정의견이 표

표 6-3
적정의견 감사보고서의 예

독립된 감사인의 감사보고서

××주식회사
주주 및 이사회 귀중 2×22년 2월 27일

감사의견

우리는 ××주식회사와 그 종속기업(이하 "연결실체")의 연결재무제표를 감사하였습니다. 해당 연결재무제표는 2021년 12월 31일과 2020년 12월 31일 현재의 연결재무상태표, 동일로 종료되는 양 보고기간의 연결포괄손익계산서, 연결자본변동표, 연결현금흐름표 그리고 유의적인 회계정책의 요약을 포함한 연결재무제표의 주석으로 구성되어 있습니다.

우리의 의견으로는 별첨된 연결실체의 연결재무제표는 연결실체의 2021년 12월 31일과 2020년 12월 31일 현재의 연결재무상태와 동일로 종료되는 양 보고기간의 연결재무성과 및 연결현금흐름을 한국채택국제회계기준에 따라, 중요성의 관점에서 공정하게 표시하고 있습니다.

(중략)

서울특별시 ×××구 ×××로 ×××
××회계법인 대표이사 ○○○

명된 감사보고서의 예이다. 이 감사보고서는 재무제표의 바로 앞에 제시된다.

5.4 중간재무제표의 공시

재무제표를 통해 제공되는 회계정보가 정보이용자들의 의사결정에 실제로 유용하려면 정보의 공시가 적시에 이루어져야 할 것이다. 기업의 정규 회계기간은 일반적으로 1년인데, 1년 단위로 작성되는 **연차재무제표**(annual financial statements)는 정보이용자들에게 적시성 있는 정보를 제공하지 못하는 한계점이 있다. 투자자 · 채권자 등의 정보이용자들은 필요에 따라 연중에 수시로 의사결정을 해야 하는데 이때 최근 기간의 회계정보가 이용가능하지 않으면 정보이용자들은 의사결정을 하기 어려울 수 있다. 그래서 정보이용자들에게 적시성 있는 회계정보를 제공하기 위하여 연차재무제표에 앞서 **중간재무제표**(interim financial statements)가 공시된다.

중간재무제표는 1년보다 짧은 회계기간에 대하여 작성되는 재무제표이며, 한국거래소(증권시장)에 주식을 상장한 상장기업 등은 중간재무제표를 공시하도록 법제화되어 있다. 현재 중간재무제표는 회계연도 개시일로부터 3개월 간격으로 작성되는 **분기재무제표**(quarterly financial statements)의 형태를 취하고 있다.

중간재무제표의 신뢰성을 확보하기 위해서 중간재무제표도 외부감사인의 검토를 받는다. 기업의 감사비용 부담을 고려하여 연차재무제표의 경우처럼 엄격한 감사를 받는 것은 아니지만, 외부감사인의 검토절차를 밟아서 중간재무제표가 공시된다.

종 · 합 · 예 · 제

재무상태표와 포괄손익계산서의 작성

다음은 스포츠용품 판매회사인 아디스(주)의 회계연도 말인 2×24년 12월 31일의 계정금액 자료이다.

(단위: 백만원)

매출채권	360	상 품	650	자 본 금	7,000
매출원가	16,560	미지급비용	90	임대료수익	90
건 물	6,300	감가상각비	300	법인세비용	250
매입채무	320	이자비용	520	장기차입금	6,500
매 출 액	23,500	토 지	8,000	임 차 료	700
현 금	60	종업원급여	4,500	이익잉여금	1,460

물음

(1) 2×24년 12월 31일 현재, 유동자산과 유동부채는 각각 얼마인가?
(2) 2×24년의 매출총이익은 얼마인가?
(3) 2×24년 12월 31일 현재의 재무상태표를 작성하라.
(4) 2×24년도의 단일 포괄손익계산서를 작성하라. 단, 비용을 기능별로 분류하되, 판매비와 관리비는 구분하지 않고 하나의 그룹으로 표시한다.

풀이

(1) 유동자산과 유동부채

유동자산 = 현금 60 + 매출채권 360 + 상품 650 = 1,070 (백만원)
유동부채 = 매입채무 320 + 미지급비용 90 = 410 (백만원)

(2) 매출총이익

매 출 액	23,500
매출원가	(16,560)
매출총이익	6,940 (백만원)

(3) 재무상태표의 작성

재무상태표

아디스(주) 2×24년 12월 31일 현재 (단위: 백만원)

과 목	금 액		과 목	금 액	
유동자산			유동부채		
현 금	60		매입채무	320	
매출채권	360		미지급비용	90	410
재고자산*	650	1,070	비유동부채		
비유동자산			장기차입금	6,500	6,500
유형자산**	14,300	14,300	부채 총계		6,910
			자 본 금		7,000
			이익잉여금		1,460
			자본 총계		8,460
자산 총계		15,370	부채와 자본 총계		15,370

*재고자산의 세부항목이 하나 뿐이므로 상품으로 표시할 수도 있음.
**세부항목인 토지, 건물의 금액은 일반적으로 주석에 공시함.

(4) 단일 포괄손익계산서의 작성

포괄손익계산서

아디스(주) 2×24년 1월 1일~2×24년 12월 31일 (단위: 백만원)

과 목	금 액	
매 출 액		23,500
매출원가		(16,560)
매출총이익		6,940
판매비와 관리비*		
종업원급여	(4,500)	
임 차 료	(700)	
감가상각비	(300)	(5,500)
영업이익		1,440
기타수익*		
임대료수익	90	90
금융비용(이자비용)		(520)
법인세비용차감전순이익		1,010
법인세비용		(250)
당기순이익		760
기타포괄손익		0
당기포괄이익		760

*각 그룹의 세부항목들은 주석에 공시되지만, 학습의 편의를 위해 위 본문에 표시되었음.

익힘문제

1. 유동자산의 의미를 약술하고 유동자산 항목을 다섯 개만 제시하라.
2. 유형자산의 의미를 약술하고 유형자산 항목을 다섯 개만 제시하라.
3. 무형자산의 의미를 약술하고 무형자산 항목을 세 개만 제시하라.
4. 유동부채의 의미를 약술하고 유동부채 항목을 다섯 개만 제시하라.
5. 장기차입부채의 의미를 약술하고 그 예를 두 개만 제시하라.
6. 자본의 구성항목으로서 자본금이란 무엇인가?
7. 자본의 구성항목으로서 주식발행초과금이란 무엇인가?
8. 포괄손익계산서의 손익항목 중에서 차익(gains)이란 무엇인가?
9. 포괄손익계산서의 손익항목 중에서 차손(losses)이란 무엇인가?
10. 비용을 기능별로 분류할 경우에 단일의 포괄손익계산서는 어떠한 구조로 작성되는지 설명하라.
11. 재무제표 주석(footnotes)이란 무엇인지 약술하고 주석공시사항의 예를 들어보라.
12. 외부감사인이 기업의 재무제표를 감사할 때 표명하는 감사의견에는 어떤 것들이 있으며 각 감사의견의 의미는 무엇인가?
13. 기업이 연차재무제표에 앞서 중간재무제표를 공시하게 되어 있는 이유가 무엇인가?
14. 개별재무제표와 연결재무제표는 어떻게 다른 것인가?

연습문제

[6-1] 기본개념의 이해

아래의 빈칸에 알맞은 단어나 문구를 기입하라.

(1) 자산(assets)은 크게 나누어 (　　　　)과 (　　　　)으로 구분 표시된다.

(2) 부채(liabilities)는 크게 나누어 (　　　　)와 (　　　　)로 구분 표시된다.

(3) 유동자산(current assets)은 현금, 재무보고기간 후 (　　　　) 이내 또는 기업의 정상적 (　　　　) 내에 현금화되거나 사용될 것으로 예상되는 자산을 가리킨다.

(4) 유동부채(current liabilities)는 재무보고기간 후 (　　　　) 이내에 지급되어야 하는 부채와 기업의 정상적 (　　　　) 내에 결제 등을 통해 소멸될 것으로 예상되는 부채를 일컫는다.

(5) 장기차입부채는 (　　　　)를 부담하는 차입채무로서 재무보고기간 말(회계기말)로부터 (　　　　) 이후에 상환기일이 도래하는 차입채무를 가리킨다.

(6) 자본금은 발행된 주식의 (　　　　)을 나타낸다. (　　　　)이란 상법에 따라 회사가 주식의 기본금액으로 정해 놓은 것을 말한다.

(7) 이익잉여금(retained earnings)은 주주에게 (　　　　)으로 분배되지 않고 회사 내에 유보된 순이익을 나타낸다.

(8) (　　　　) 또는 용역수익은 상품 · 제품의 판매, 용역의 제공과 같은 기업의 중심적 영업활동에서 획득되는 수익이다.

(9) (　　　　)은 매출 이외의 영업 관련 활동에서 발생한 수익을 통합적으로 표시한 것이며, 그 예로는 (　　　　), 수수료수익, 로열티수익, 유형자산처분이익 등이 있다.

(10) 대표적 영업비용인 (　　　　)는 판매된 상품 · 제품의 취득원가(매입원가 또는 제조원가)이다.

(11) 기업이 상품 · 제품을 판매하는 활동에서 직접 발생하는 매출원가 이외의 비용을 총칭하여 (　　　　)라고 부른다. 기업의 일반적 관리활동에서 발생하는 비용을 총칭하여 (　　　　)라고 부른다.

(12) 타인자본을 조달하는 재무활동에서 발생한 비용을 총칭하여 ( )이라고 부른다.

(13) 재무제표가 공시될 때에는 당해 회계기간과 직전 회계기간의 금액을 비교하는 형태로 공시되는데 이와 같이 기간적 비교 형태로 재무제표가 작성될 때 이를 ( )라고 부른다.

(14) 기업의 정규 회계기간은 일반적으로 1년인데, 1년 단위로 작성되는 ( )는 정보이용자들에게 적시성 있는 정보를 제공하지 못하는 한계점이 있다. 그래서 정보이용자들에게 적시성 있는 정보를 제공하기 위하여 ( )에 앞서 ( )가 공시된다. ( )는 회계연도 개시일로부터 3개월 간격으로 작성되는 ( )의 형태를 취하고 있다.

(15) ( )는 법률적으로 독립적인 회사들이라 하더라도 실질적으로 지배 · 종속관계에 있는 회사들을 단일의 경제실체로 간주하여 작성되는 재무제표이다.

[6-2] 유동자산과 비유동자산의 식별

다음은 많은 기업들의 재무상태표에 표시되는 자산항목들을 열거한 것이다.

현 금	토 지	매출채권
상 품	선 급 금	차량운반구
미수이자	건 물	장기투자채권
미 수 금	상 표 권	기계장치
비 품	단기대여금	단기예금
특 허 권	장기대여금	컴퓨터 소프트웨어
제 품	선급보험료	

물음

(1) 유동자산에 속하는 항목은?
(2) 장기금융자산에 속하는 항목은?
(3) 유형자산에 속하는 항목은?
(4) 무형자산에 속하는 항목은?

[6-3] 유동부채와 비유동부채의 식별

다음은 많은 기업들의 재무상태표에 표시되는 부채항목들을 열거한 것이다.

매입채무	장기차입금	미지급금
사 채	미지급이자	단기차입금
퇴직급여부채	미지급임차료	장기제품보증충당부채
선수임대료	미지급급여	

물음

(1) 유동부채에 속하는 항목은?

(2) 비유동부채 중 장기차입부채에 속하는 항목은?

(3) 비유동부채 중 장기충당부채에 속하는 항목은?

[6-4] 단일 포괄손익계산서의 구조

다음은 단일 포괄손익계산서의 구조이다. A~G에 해당하는 것은 오른쪽의 〈보기〉에서 각각 어느 것인가?

구조	〈보기〉
매 출 액	매출순이익
− 매출원가	매출총이익
= (A)	기타포괄손익
− 판매비와 관리비	기타비용
= (B)	영업외손실
+ (C)	기타수익
− (D)	영업외수익
+ 금융수익	포괄이익
− 금융비용	지분법손익
± (E)	법인세비용차감전순이익
= (F)	영업이익
− 법인세비용	
= 당기순이익	
± (G)	
= (H)	

[6-5] 재무상태표

상품매매업을 하는 가야기업(주)의 회계연도 말인 2×24년 12월 31일의 각 계정금액은 다음과 같다.

(단위: 만원)

매출채권	320	이자비용	100
매출원가	2,450	토 지	1,500
건 물	1,300	종업원급여	350
매입채무	820	자 본 금	1,500
매 출 액	3,500	임대료수익	50
현 금	50	법인세비용	110
상 품	850	장기차입금	1,000
미지급이자	50	임 차 료	150
감가상각비	100	이익잉여금(기말)	650*

*당기순이익이 포함된 기말 이익잉여금

물음

(1) 유동자산의 총액은 얼마인가?
(2) 유동부채의 총액은?
(3) 유형자산의 총액은?
(4) 재무상태표를 작성하라.

[6-6] 포괄손익계산서

문제 [6-5]에 주어진 가야기업(주)의 자료를 이용하여 다음 물음에 답하라.

물음

(1) 매출총이익이 얼마인가?
(2) 판매비와 관리비의 총액은 얼마인가?
(3) 기타수익의 총액은?
(4) 기타비용의 총액은?
(5) 금융비용의 총액은?
(6) 단일의 포괄손익계산서를 작성하라. 단, 비용을 기능별로 분류하되, 판매비와 관리비는 하나의 그룹으로 표시한다.

[6-7] 포괄손익계산서의 구조

아래의 세 경우는 서로 독립적이다. 각 빈칸에 적절한 금액을 기입하라(단위: 만원).

손익계산서 항목	A	B	C
매 출 액	2,000	1,800	( )
매출원가	( )	1,200	1,600
매출총이익	700	( )	900
판매비와 관리비	320	( )	( )
영업이익	( )	400	600
기타수익	80	( )	70
기타비용	100	80	50
금융비용	150	50	( )
법인세비용차감전순이익	( )	( )	550
법인세비용	90	100	120
당기순이익	( )	220	( )

[6-8] 비교재무상태표

다음은 2×23~2×24년의 2개년에 대한 거제기업(주)의 비교재무상태표이다.

비교재무상태표

거제기업(주) (단위: 백만원)

과 목	2×24년 12/31일	2×23년 12/31일	2×23년 대비 2×24년 증감	
			증감액	증감률(%)
자 산				
유동자산	2,350	2,750		
현 금	60	50		
매출채권	340	250		
재고자산	1,950	2,450		
비유동자산	6,000	5,000		
자산 총계	8,350	7,750		
부 채				
유동부채	1,200	750		
단기차입금	500	300		
매입채무	700	450		
비유동부채	3,000	3,000		
부채 총계	4,200	3,750		

자 본				
자 본 금	2,500	2,500		
주식발행초과금	1,200	1,200		
이익잉여금	450	300		
자본 총계	4,150	4,000		
부채와 자본 총계	8,350	7,750		

물음

(1) 2×24년 말의 자산, 부채 및 자본의 각 항목과 총액이 2×23년 말과 비교할 때 얼마나 증가 또는 감소하였는지 그 증감액을 산출하여 빈칸에 기입하라.

(2) 위에서 산출한 증감액이 몇 %의 증감률에 해당하는지 계산하여 빈칸에 기입하라.
(힌트: 증감률 = 2×23년과 비교한 2×24년의 증감액/2×23년 금액)

(3) 2×24년 말의 총자산 규모(자산 총계)가 2×23년 말에 비해 증가한 것은 주로 어떤 자산의 증가 때문인가?

[6-9] 비교포괄손익계산서

다음은 2×23~2×24년의 2개년에 대한 안동기업(주)의 비교포괄손익계산서이다.

비교포괄손익계산서

안동기업(주) (단위: 백만원)

	2×24년 1/1~12/31일		2×23년 1/1~12/31일	
	금 액	백분율(%)	금 액	백분율(%)
매 출 액	9,200		8,500	100.0
매출원가	6,850		6,350	74.7
매출총이익	2,350		2,150	25.3
판 매 비	700		650	7.6
관 리 비	750		800	9.4
영업이익	900		700	8.2
금융비용	270		250	2.9
법인세비용차감전순이익	630		450	5.3
법인세비용	170		120	1.4
당기순이익	460		330	3.9
기타포괄손익	0		0	0
당기포괄이익	460		330	3.9

물음

(1) 앞의 비교포괄손익계산서에서 2×23년의 백분율(%)은 각 항목을 매출액에 대한 비율(=항목/매출액)로 측정한 것이다. 2×24년에 대해서도 각 항목을 매출액에 대한 비율로 측정하여 빈칸에 기입하라.

(2) 매출액 대비 영업이익의 비율(=영업이익/매출액)은 매출액 1원당 얼마의 영업이익이 획득되었는지를 측정하는 비율이다. 이 비율을 매출액영업이익률이라고 부른다. 안동기업(주)의 2×24년 매출액영업이익률이 2×23년의 8.2%보다 높아진 것은 주로 무엇 때문인가?

[6-10] 연결재무제표의 구조

다음은 연결재무상태표의 구조를 나타내고 있다. 아래의 빈칸에 알맞은 단어나 문구를 기입하라.

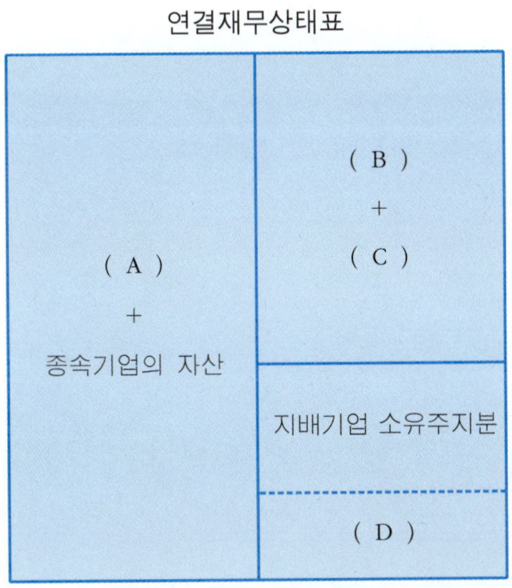

제 Ⅲ 부

회계요소별 정보의 측정

제7장

현금 · 수취채권 · 지급채무

제3부(7~12장)에서는 제6장에서 논의한 회계정보 분류체계에 따라 정보항목별로 회계처리 및 재무제표 표시방법을 다룬다. 먼저 본장에서는 유동자산과 유동부채에 속하는 현금, 수취채권 및 지급채무 등에 대하여 설명한다. 현금에 대해서는 내부통제와 관련한 예금거래를 소개하며, 여유현금의 운용수단인 금융기관예치금(예금상품)의 재무제표 표시방법도 설명한다. 지급채무와는 달리 수취채권은 회수가능성을 평가하여 재무제표에 반영해야 하기 때문에 회계처리가 비교적 까다롭다. 따라서 본장에서는 대표적 수취채권인 매출채권의 회수가능성 평가에 대해 자세히 설명한다.

*** 본장에서 다루는 재무제표 항목:**

재 무 상 태 표

자 산	부 채
유동자산	유동부채
• 현금 및 현금성자산 • 단기금융자산	• 매입채무 • 미지급금 • 미지급비용 • 단기차입금
• 매출채권 • 미 수 금 • 미수수익	• 선 수 금 • 선수수익
• 선 급 금 • 선급비용	……
……	비유동부채
비유동자산	**자 본** ……
자산 총계	부채와 자본 총계

포 괄 손 익 계 산 서

매 출 액

……

판매비와 관리비

- 대손상각비
- 보험료, 임차료 등

영업이익

기타수익

- 임대료수익 등

……

금융수익

- 이자수익

금융비용

- 이자비용

……

당기순이익

……

현금 및 단기금융자산 제1절

1.1 금융자산의 의의와 재무상태표 표시

기업이 영업 및 재무활동 과정에서 보유하는 자산항목에는 재고자산(상품, 제품 등)과 같은 실물자산(physical assets) 외에도 현금, 예금, 매출채권 등과 같은 금융자산이 있다. **금융자산**(financial assets)이란 현금, 타실체로부터 현금 등 금융자산을 수취할 계약상 권리, 타실체의 지분증권에 대한 투자 등을 총칭하는 자산개념이며,[1)] 많은 기업들이 상당한 규모의 금융자산을 보유하고 있다.

표 7-1
금융자산과 비금융자산

기업이 보유하는 금융자산	기업이 보유하는 비금융자산
현　　금	재고자산
금융기관 투자상품(예금, 어음상품 등)	선급금, 선급비용
매출채권	유형자산
비매출채권(미수금, 미수수익 등)	무형자산
타실체의 채무증권을 매수(투자채권)	투자부동산(임대수익이나 시세차익을
타실체의 지분증권을 매수(투자주식)	얻기 위해 보유하는 부동산)

위와 같이 다양한 형태의 금융자산이 있으므로, 회계실무에서 금융자산을 재무상태표에 표시할 때에는 다음과 같이 구분 표시한다(기업회계기준서 제1001호 '재무제표 표시').

1) 「한국채택국제회계기준」(기업회계기준서 제1032호)에서 규정하고 있는 금융자산의 정의에는 ① 현금, ② 거래상대방으로부터 현금 등 금융자산을 수취할 계약상 권리, ③ 타실체의 지분상품(equity instruments)에 대한 투자, ④ 일정한 파생금융상품(예: 선물, 옵션) 등이 포함된다.

금융자산의 재무상태표 표시	당해 자산에 대한 구체적 설명
현금 및 현금성자산	본장의 1.2절 및 1.3절
단기 · 장기금융자산(세분 가능)*	본장의 1.3절, 제12장
매출채권	본장의 2.1절 및 2.2절
비매출채권(세분 가능)**	본장의 2.1절
관계기업투자주식	제12장 4절

* 구분 표시되는 다른 금융자산 이외의 금융자산을 의미함.
** 재무상태표에서 흔히 '기타채권'으로 표시됨.

1.2 현금의 보유와 내부통제

기업의 목적은 재화 · 용역의 매출을 통해 현금(cash)을 벌어들이는 데 있지만, 경영활동과정에서 부담한 여러 지급의무를 이행하기 위하여 기업은 항상 어느 정도의 현금을 보유해야 한다. 예를 들어, 상품 매입대금 지급, 종업원급여 등 각종 비용의 지급, 차입금 상환 등을 하기 위해서는 현금이 필요하다. 재화 · 용역의 매출대금 유입이 부족하거나 늦게 회수된다면 부족한 현금을 외부에서 조달하여 보유해야 한다.

기업은 보유 현금을 잘 관리하는 데에도 주의를 기울일 필요가 있다. 즉, 현금은 분실, 도난 등의 위험이 있기 때문에 이를 예방하기 위한 **내부통제**가 필요하다. 이러한 내부통제의 일환으로 기업들은 현금의 대부분을 은행예금 형태로 보유한다. 즉, 외부에서 현금이 유입되면 즉시 은행에 예입하고, 현금지급이 필요하면 은행을 통해 지급한다.

많은 기업들이 현금의 내부통제 목적으로 이용하는 대표적인 은행예금은 **당좌예금**이다. 이 예금은 예금자가 수표("당좌수표"라고 부름)를 발행하여 인출할 수 있는 **요구불예금**이다. 기업에 따라서는 추가적으로 보통예금을 이용하기도 하는데, 이 역시 언제든지 인출할 수 있는 요구불예금이다.

현금과 요구불예금은 별개의 계정과목으로 사용되지만 사실상 양자의 차이는 없다. 왜냐하면, 요구불예금은 '은행에 보관된 현금'이기 때문이다. 따라서 재무상태표에 표시할 때는 현금과 요구불예금을 구분하지 않으며, 또 현금성자산까지

표 7-2
현금 및 현금성자산

재무상태표 표시	계정과목	의미와 포함범위
현금 및 현금성자산	현 금	통화 및 통화대용증권(타인발행수표, 우편환증서 등)
	당좌예금	언제든지 수표를 발행하여 인출할 수 있는 요구불예금
	보통예금	예금자가 언제든지 인출할 수 있는 요구불예금
	소액현금	기업이 소액경비 지출에 사용하기 위해 할당한 현금
	현금성자산	취득 당시 만기일이 3개월 이내인 금융자산

포함시켜 **현금 및 현금성자산**으로 통합 표시한다(〈표 7-2〉 참조). 여기서 현금의 범위에는 통화(지폐 및 동전)는 물론, 타인발행수표, 송금수표, 우편환증서 등과 같은 통화대용증권(언제든지 현금으로 교환할 수 있는 증서)도 포함된다.[2] **현금성자산**(cash equivalents)은 현금으로 쉽게 전환될 수 있어서 현금과 거의 같은 것으로 볼 수 있는 금융자산(예: 3개월 예금상품)을 가리킨다. 이에 대해서는 뒤의 1.3절에서 다시 논의하며, 소액현금은 본 소절의 끝부분에서 설명한다.

● 당좌예금과 은행거래

당좌예금은 기업이 현금의 내부통제 목적으로 이용하는 대표적인 은행예금이므로 이에 대해 구체적으로 살펴보자. 기업은 은행과 당좌거래 약정을 체결하여 예금계좌를 개설하고 현금을 예입한다. 그러면 예금잔고 내에서 언제든지 당좌수표를 발행하여 현금을 인출할 수 있다. 이와 같이 당좌예금은 수표를 발행할 수 있는 편리함이 있는데, 그 대신 예금액에 대해 이자는 주지 않는다.

기업이 타실체로부터 받은 수표(타인발행수표)나 현금을 예입하면 당좌예금 잔고가 증가한다. 한편, 기업이 상품 매입대금이나 용역대금을 지급할 때에는 수표를 발행하여 지급하며, 이로써 당좌예금 잔고가 감소한다. 기업은 그러한 거래가 발생할 때마다 당좌예금계정에 기록하며, 또 정기적으로 거래은행으로부터 예금거래명세서를 받아서 계정기록의 정확성을 확인한다(1.4절에서 구체적으로 다룬다).

2) 다른 기업으로부터 받는 이익배당의 배당금지급통지표와 만기가 도래한 채권이자표도 현금의 범위에 포함된다.

예제 7-1

다음은 강남기업(주)의 당좌예금 계좌개설과 그 후의 거래 자료이다.

9/1일: 은행에 당좌예금계좌를 개설하고 현금 ₩800,000을 예입하였다.
9/3일: 상품 매입채무 ₩300,000을 지급하기 위하여 수표를 발행하였다.
9/5일: 거래처로부터 매출채권 ₩400,000에 대한 수표를 받고 당좌예금계좌에 즉시 예입하였다.

물음

(1) 위의 각 거래에 대해 회계처리(분개)를 하라.
(2) 9/5일 현재 당좌예금 잔고는 얼마인가?

풀이

(1) 9/1일:	(차) 당좌예금	800,000	(대) 현 금	800,000
9/3일:	(차) 매입채무	300,000	(대) 당좌예금	300,000
9/5일:	(차) 당좌예금	400,000	(대) 매출채권	400,000

(2) 9/5일의 당좌예금 잔고 = 800,000 − 300,000 + 400,000 = ₩900,000

참고 당좌차월

기업은 당좌예금의 잔고 내에서만 수표를 발행할 수 있지만, 은행과의 사전약정이 있는 경우에는 예금잔고를 초과하여 수표를 발행할 수 있다. 이렇게 예금잔고를 초과한 부분을 **당좌차월**(bank overdrafts)이라고 부른다. 당좌차월이 일어나면 당좌예금계정의 잔액은 마이너스가 된다(즉, '대변'에 나타난다). 이 당좌차월은 예금잔고가 없음에도 불구하고 은행이 대신 지급해 준 것이다. 따라서 당좌차월은 기업이 은행에서 차입한 것이며, (재무상태표에서) 그 금액은 부채인 단기차입금으로 표시한다.

● 소액현금제도

앞에서 설명한 바와 같이, 기업들은 현금에 대한 내부통제의 일환으로 은행예금을 이용하며, 현금을 지급할 때에는 회계부서에서 수표를 발행하여 지급한다. 그런데 기업 내의 각 부서에서 일상적으로 일어나는 소액의 경비지출(예: 종업원 교통

비, 우편물 발송비)에 대해서까지 일일이 수표를 발행하여 현금을 인출하게 하는 것은 번거로운 일이다. 그래서 과거에 많은 기업들은 소액지출 처리방법으로 **소액현금제도**(petty cash system)를 이용하였다. 이 방법은, 각 부서의 소액경비에 충당하기 위하여 일정금액의 현금을 각 부서장에게 미리 지급해 준 다음, 정기적으로 사용액을 보고받고 그만큼 다시 보충해 주는 방법이다.

그러나 최근 신용카드 사용이 보편화되면서 소액의 경비지출도 현금 대신 신용카드로 결제하는 것이 가능해지고 있다. 그래서 지금 많은 기업들은 소액의 경비지출에 대해서도 법인신용카드로 결제하고 있으며, 위의 소액현금제도를 이용하는 기업은 줄어들고 있다.

1.3 여유현금의 운용과 금융자산 투자

기업은 요구불예금을 이용하여 현금의 관리를 하여야 하지만, 필요 이상으로 요구불예금을 많이 보유할 필요는 없다. 당좌예금에는 이자가 붙지 않고 보통예금도 이자율이 아주 낮기 때문이다. 따라서 기업은 정기적으로 현금의 유입과 유출을 예측해서 영업활동에 필요하지 않은 **여유현금**(excess cash)이 있을 경우에는 이를 차입부채의 조기상환에 사용하거나 또는 '시장이자율'만큼 이자수익을 얻을 수 있는 금융자산에 예치하는 것이 좋다. 기업이 이러한 금융자산에 투자하면 여기서 얻는 이자수익을 이용하여 (조기상환하지 않은) 차입부채의 이자를 지급할 수 있다. 또한 추후 영업활동에 자금이 더 필요하면 보유한 금융자산을 처분하여 필요 자금을 마련할 수 있으므로 자금의 추가 차입을 피하거나 줄일 수 있다.

금융기관에서 취급(판매)하는 **금융자산 투자상품**에는 시장이자율에 따른 이자수익을 얻는 예금상품(예: 정기예금)과 어음상품 등이 있다.[3)] 그런데 금융자산 투자상품의 만기는 다양하기 때문에 「한국채택국제회계기준」은 기업이 매수(투자)한 금융자산 투자상품을 다음과 같이 재무상태표에 표시하도록 규정하고 있다.

---

3) 금융기관이 취급(판매)하는 금융자산 투자상품으로는 '시장이자율'에 따른 이자가 붙는 정기예금과 적금, 표지어음, 기업어음(commercial paper, CP), 어음관리계좌(cash management accounts, CMA), 양도성예금증서(certificate of deposit, CD), 환매채(repurchase agreements, RP) 등이 있다. 그리고 증권시장에서 유통되는 채무증권(국공채, 회사채)도 시장이자율에 따른 이자수익을 얻을 수 있는 금융자산 투자상품이다.

	금융자산 투자상품의 분류		재무상태표에 표시
금융자산 투자상품	현금성자산	→	현금 및 현금성자산으로 표시
	단기투자자산	→	단기금융자산으로 통합 표시 가능
	장기투자자산	→	장기금융자산으로 통합 표시 가능

앞의 1.2절에서 언급하였듯이, 현금과 거의 같은 것으로 간주할 수 있는 금융자산은 **현금성자산**으로 분류하여 재무상태표에 '현금 및 현금성자산'으로 통합 표시한다. 현금성자산으로 분류되는 금융자산은 취득 당시 만기가 3개월 이내인 금융자산(예: 3개월 만기 정기예금)으로서 큰 거래비용 없이 쉽게 현금으로 전환가능하고 이자율 변동에 따른 가치 변동의 위험이 크지 않은 것에 한한다.

현금성자산으로 분류되지 않는 금융자산 투자상품 중에서 재무보고기간 말(회계기말)로부터 1년 이내에 만기가 도래하는 것은 **단기투자자산**으로 분류하고, 만기가 1년 넘게 남은 것은 **장기투자자산**으로 분류한다. 앞에서 언급한 금융자산 투자상품은 그 경제적 성격이 타실체에게 현금을 대여한 것과 유사하다. 따라서 위의 단기투자자산은 다른 단기대여금 등과 함께 **단기금융자산**으로 통합하여 재무상태표에 표시할 수 있다.[4] 그리고 장기투자자산은 장기대여금, 장기투자채권(제12장에서 소개됨) 등과 함께 **장기금융자산**으로 통합 표시할 수 있다.

마지막으로, 기업이 여유현금을 예치하는 상황이 아니고 불가피하게 은행에 예금을 해야 하는 경우가 있다. 이와 같이 일정기간 동안 **사용이 제한된 예금**은 그 제한기간을 기준으로 분류한다.[5] 즉, 사용이 제한된 기간이 재무보고기간 말(회계기말)로부터 1년 이내인 예금은 단기투자자산으로 분류하고, 1년을 넘으면 장기투자자산으로 분류한다.

4) 재무상태표상의 항목 분류를 간결하게 하기 위하여 단기금융자산으로 통합 표시할 수 있다. 이 경우 단기금융자산의 내역은 주석에 공시한다.

5) 예를 들어, 은행과 당좌거래 약정을 할 때 계좌개설보증금으로 예치한 예금, 은행에서 대출받을 때 은행의 요구로 불가피하게 예치한 예금 등은 장기간 사용이 제한된 예금이다.

1.4 예금계정과 은행거래명세서의 비교

기업은 현금에 대한 내부통제를 위하여 그리고 재무제표이용자들에게 올바른 정보를 제공하기 위하여 정확한 당좌예금 잔액을 파악할 필요가 있다. 이를 위해 정기적으로 당좌예금계정의 입출금 거래내역 및 잔액과 은행이 기록하고 있는 입출금 거래내역 및 잔액을 대조해야 한다. 은행은 매월 말에 지난 1개월간의 거래내역 및 잔액을 거래기업에게 서면으로 보고하는데 이를 **은행거래명세서**(bank statement)라고 부른다(물론 인터넷을 통하여 거래내역 및 잔액을 확인할 수 있다).

그런데 은행이 보내 온 거래명세서상의 예금잔액과 기업의 당좌예금계정상의 잔액에는 차이가 있는 것이 보통이다. 이러한 불일치는 주로 기업의 입출금 기록시점과 은행의 입출금 기록시점의 차이에 기인하는데, 기업 또는 은행의 기록오류로 인한 경우도 있을 수 있다. 그러한 불일치의 이유를 구체적으로 살펴보면 다음과 같다.

① 기업에서는 기록하였으나 은행에서 기록하지 않은 항목

• 미기록예금: 기업이 월말 부근에서 타실체로부터 받은 수표를 우편으로 예입하였으나 아직 은행에 도착되지 않아서 은행계좌에 입금되지 않은 경우이다. 이를 미기록예금(deposits in transit)이라고 부른다. 당해 기업은 우편으로 보낼 때 당좌예금 증가를 기록하였으나, 은행계좌에는 아직 입금되지 않았기 때문에 그만큼 차이가 난다.

• 미인출수표: 이는 기업이 거래처에게 수표를 발행하여 지급하였으나, 거래처가 아직 은행에서 수표금액을 인출해가지 않은 경우이다. 당해 기업은 수표를 발행할 때 당좌예금 감소를 기록하였지만, 아직 은행계좌에서 인출되지 않았기 때문에 그만큼 차이가 난다.

② 은행에서는 기록하였으나 기업에서 기록하지 않은 항목

• 미통지입금: 이는 거래처나 고객이 기업에 알리지 않고 온라인으로 송금한 경우이다. 이때는 은행계좌에는 입금이 기록되었으나, 당해 기업의 당좌예금계정에는 기록되지 않아서 차이가 발생한다. 따라서 당해 기업은 입금의 이유를 확인해

서 당좌예금을 증가시키는 분개를 해야 한다.

• 예입한 수표의 부도처리: 기업은 타실체로부터 받은 수표를 은행에 예입하면서 당좌예금을 증가시키는 분개를 한다. 그런데 나중에 은행이 수표발행자의 거래은행으로부터 (수표발행자의 부도로 인해) 수표금액을 회수하지 못하면 은행계좌의 잔액은 증가하지 않는다. 이 경우 기업은 수표발행자에게 직접 지급요청을 하는 한편, 이전에 기록한 당좌예금 증가를 취소하고 부도수표 발생을 기록해야 한다. 즉, "(차) 부도수표(또는 매출채권) ××× (대) 당좌예금 ×××"의 분개를 해야 한다.[6)]

• 은행의 이자수익 입금: 기업이 이자수익을 얻는 예금을 갖고 있을 경우 이 예금의 이자가 당좌예금계좌로 입금되기도 한다. 이러한 이자수익은 일반적으로 사전통보 없이 은행거래명세서에 나타난다. 이때 기업은 당좌예금을 증가시키면서 이자수익을 인식하는 분개를 해야 한다. 즉, "(차) 당좌예금 ××× (대) 이자수익 ×××"의 분개를 해야 한다.

• 은행의 수수료 부과: 은행은 기업에게 제공하는 여러 서비스에 대하여 수수료를 부과하고 별도의 사전통지 없이 기업의 계좌에서 수수료 부과액을 인출하기도 한다. 이 경우 은행계좌에는 출금이 기록되었으나 기업의 당좌예금계정에는 기록되지 않아서 차이가 발생한다. 따라서 기업은 수수료비용을 인식하고 당좌예금을 감소시키는 분개를 해야 한다. 즉, "(차) 지급수수료 ××× (대) 당좌예금 ×××"의 분개를 해야 한다.

③ 기업 또는 은행의 기록오류

드물기는 하지만, 기업 또는 은행의 기록오류로 인해 양측의 계정잔액이 일치하지 않을 수 있다. 은행측의 기록오류가 있다면 오류수정을 요청하고, 반면에 기업측의 기록오류가 있다면 오류를 수정하는 분개를 해야 한다.

---

6) 만일 부도수표가 매출채권 회수시 받은 것이었다면, 위의 분개에서 매출채권을 차변과목으로 사용할 수도 있다(즉, 매출채권 회수의 취소). 그런 다음 나중에 회수불능으로 확정되면 그때 매출채권을 계정에서 제거하는 회계처리를 한다. 이 회계처리방법은 뒤의 2.2절에서 다룬다. 위와 같이 부도수표계정으로 처리한 경우에도 추후 회수불능으로 확정되면 그때 부도수표를 계정에서 제거해야 한다.

표 7-3
은행계정조정표의 구조

기업측 예금계정의 수정	은행측 예금잔액의 수정
수정전 예금잔액 미기록 항목의 반영(앞의 ②항): + 미통지입금 − 부도처리된 수표금액 + 은행의 이자수익 입금액 − 은행의 수수료 부과액 오류수정: ± 기업의 기록오류 = 수정후 예금잔액	은행거래명세서상의 예금잔액 미기록 항목의 반영(앞의 ①항): + 미기록예금 − 미인출수표 오류수정: ± 은행의 기록오류 = 수정후 예금잔액

앞에서 ①과 ②는 기록오류는 아니지만, ①의 항목들로 인해 은행계좌의 잔액이 정확하지 않게 되고, ②의 항목들로 인해 기업의 당좌예금계정의 잔액이 정확하지 않게 된다.

기업의 회계부서는 정확한 예금잔액이 얼마인지 계산하고 그에 따라 당좌예금계정을 수정해야 하는데, 이러한 계산에 사용되는 작업표를 **은행계정조정표**(bank reconciliation)라고 부른다. 은행계정조정표의 구조는 〈표 7-3〉과 같으며, 여기서 왼쪽 부분이 기업이 수정분개를 하는 데 이용된다. 오른쪽 부분은 검산표 역할을 하며, 양쪽의 '수정후 예금잔액'이 같아야 한다. 은행계정조정표의 작성과 기업의 수정분개를 잘 이해하기 위하여 아래의 예제를 풀어보자.

예제 7-2

강서기업(주)은 6월 30일의 당좌예금계정과 거래은행으로부터 받은 6월의 은행거래명세서를 비교한 결과 다음의 차이가 있음을 알게 되었다. 강서기업(주)의 당좌예금계정 잔액은 ₩4,340,000인데 비하여 은행거래명세서상의 당좌예금 잔액은 ₩4,370,000이다.

① 거래처에 대한 매출채권 ₩150,000이 온라인으로 입금되었는데 거래처가 즉시 알려주지 않았다.
② 강서기업(주)이 예입하였던 타인발행수표 ₩250,000이 부도처리되었다.
③ 비품 구입대금 ₩600,000을 지급하기 위해 수표를 발행해 주었는데 거래처가 아직 수표금액을 찾아가지 않았다.

④ 강서기업(주)이 우편으로 예입한 ₩500,000이 은행거래명세서에 포함되어 있지 않았다.

⑤ 강서기업(주)이 매출채권 회수액으로 받은 ₩96,000의 수표를 예입하면서 분개할 때 금액을 ₩69,000으로 잘못 기록한 사실이 발견되었다.

⑥ 은행이 강서기업(주)의 다른 예금에 대한 이자수익 ₩3,000을 당좌예금계좌에 입금하였다.

물음

(1) 6월 30일 현재 강서기업(주)의 정확한 당좌예금 잔액은 얼마인가? 은행계정조정표를 작성하여 계산하라.

(2) 강서기업(주)이 실시해야 하는 수정분개는?

풀이

(1) 위의 6개 항목 중에서 강서기업(주)이 기록하지 않은 것은 ①의 미통지입금(매출채권 회수), ②의 부도수표 발생 그리고 ⑥의 예금이자 입금이고, ⑤의 기록오류도 수정해야 한다. 한편, 은행측 예금잔액을 수정하는 데 필요한 항목은 ③의 미인출수표와 ④의 미기록예금이다.

은행계정조정표(6/30)

기업측 예금계정의 수정			은행측 예금잔액의 수정		
수정전 예금잔액		4,340,000	은행거래명세서상의 예금잔액		4,370,000
가산:			가산:		
① 미통지입금	150,000		④ 미기록예금	500,000	
⑤ 오류수정	27,000*		차감:		
⑥ 예금이자 입금	3,000		③ 미인출수표	(600,000)	(100,000)
차감:					
② 부도수표	(250,000)	(70,000)			
수정후 예금잔액		4,270,000	수정후 예금잔액		4,270,000

* 오류수정 금액 = 96,000 − 69,000 = ₩27,000

위의 은행계정조정표의 왼쪽에서 보는 바와 같이, 강서기업(주)의 6월 30일 현재 정확한 당좌예금 잔액은 ₩4,270,000이며, 이는 오른쪽 검산표에 있는 수정후 예금잔액과 일치하고 있다.

(2) 강서기업(주)이 수정분개를 통해 당좌예금계정에 반영시켜야 할 대상은 위의 왼쪽 부분에 있는 4개 항목(①, ②, ⑤ 및 ⑥)이다. 오른쪽 검산표에 있는 2개 항목(③과 ④)은 강서기업(주)의 당좌예금계정에 이미 반영된 것이므로 수정분개가 필요하지 않다.

① 미통지입금(매출채권 회수)에 대한 분개

(차) 당좌예금	150,000	(대) 매출채권	150,000

② 부도수표 발생에 대한 분개

(차) 부도수표	250,000	(대) 당좌예금	250,000

⑤ 기록오류를 수정하기 위한 분개

(차) 당좌예금	27,000	(대) 매출채권	27,000

⑥ 예금이자 입금에 대한 분개

(차) 당좌예금	3,000	(대) 이자수익	3,000

수취채권 제2절

2.1 수취채권의 의의와 회계처리

수취채권(receivables)은 기업이 미래에 타실체로부터 현금을 수취할 수 있는 계약상 권리를 말한다. 수취채권은 그 발생원천에 따라 크게 두 유형으로 구분할 수 있다.

- 매출채권: 재고자산 또는 용역의 매출거래에서 발생한 수취채권
- 비매출채권: 매출거래 이외의 거래에서 발생한 수취채권

매출채권(trade receivables)은 기업이 재고자산(예: 상품, 제품) 또는 용역을 신용

표 7-4
단기수취채권

단기수취채권 항목		의 미	최초 인식의 회계처리
매출채권		재고자산 또는 용역을 신용매출한 경우 추후 지급받을 매출대금	(차) 매출채권 ××× (대) 매 출 ×××
비매출채권	미 수 금	재고자산 이외의 자산(예: 토지)을 매각 처분한 경우 추후 지급받을 매각대금	(차) 미 수 금* ××× (대) 토 지* ×××
	미수수익	매출 이외의 수익(예: 임대료수익)이 발생하였으나 아직 지급받지 않은 수익금액	(차) 미수수익 ××× (대) 임대료수익 ×××
	단기대여금	타실체에게 현금을 단기간 대여한 경우 만기일에 지급받을 대여금액	(차) 단기대여금 ××× (대) 현 금** ×××

* 유형자산 처분시에는 처분이익(대변) 또는 처분손실(차변)이 발생하며, 제9장에서 설명됨.
** 수표를 발행하여 지급했으면 대변과목은 당좌예금임.

매출하였을 때 발생하는 수취채권이다. 이에 대해서는 신용매출 방법과 관련하여 뒤의 2.2절에서 다시 논의한다. **비매출채권**(nontrade receivables)으로는 미수금, 미수수익, 단기대여금 등이 있다. 비매출채권은 다양한 거래에서 발생하기 때문에 발생원인에 따라 그와 같이 계정과목을 구분하여 사용한다.

위의 수취채권 항목들은 재무보고기간 말(회계기말)로부터 1년 이내에 회수기일이 도래하는 **단기수취채권**을 가리키며, 재무상태표에서 유동자산으로 분류한다. 회수기일이 회계기말로부터 1년이 넘는 **장기수취채권**은 비유동자산으로 분류한다.[7)]

본장에서는 단기수취채권에 초점을 두어 설명하며, 단기수취채권 항목별로 그 의미와 발생(인식)시점의 회계처리를 요약하면 〈표 7-4〉와 같다.

기업이 재고자산 이외의 자산(예: 토지, 건물, 비품 등)을 매각처분하였을 때 그 처분대금을 받지 않았으면 추후에 지급받게 되는데, 회계에서는 이때의 수취채권을 **미수금**이라고 부른다.

이에 비하여, **미수수익**은 매출 이외의 수익으로서 이자수익, 임대료수익 등이 발생하였으나 아직 그 금액을 받지 못한 경우에 인식하는 수취채권이다. 미수수익은 미수이자, 미수임대료 등으로 세분하기도 한다. 제4장의 회계순환(accounting cycle)에서 설명한 바와 같이, 미수수익은 대부분 회계기말에 수정분개를 할 때 나

7) 장기수취채권에 대해서는 장기매출채권, 장기미수금, 장기대여금 등의 계정과목을 사용한다.

타난다.

한편, **단기대여금**은 기업이 타실체에게 현금을 단기간 대여해 주고 만기일에 상환받기로 약속한 채권이다. 단기대여금은 단기예금(단기투자자산) 등과 통합하여 **단기금융자산**으로 재무상태표에 표시할 수 있다(앞의 1.3절 참조).

● 단기수취채권의 회계처리

위의 단기수취채권에 관한 회계처리사항은 수취채권의 최초 인식, 회수가능성 평가(기말평가) 그리고 회수의 세 가지이다. 여기서 **최초 인식**은 매출거래 또는 비매출거래가 발생하였을 때 해당 수취채권을 자산으로 기록하는 것을 말한다. **회수가능성 평가**(기말평가)는 회계기말에 수취채권의 회수가능성을 평가하여 그 회수가능 금액을 재무상태표에 표시하는 것을 뜻한다. 그리고 **회수**는 수취채권을 현금으로 회수하는 것을 의미한다.[8)]

수취채권의 발생을 인식하는 회계처리는 〈표 7-4〉에 예시한 바와 같이 간단하며, 회수에 대한 회계처리 역시 간단하다. 즉, 회수시점에서는 현금의 유입(증가)을 기록하면서 수취채권을 감소시키면 된다. 회계상으로 어려운 주제는 기말시점에서 수취채권의 회수가능성을 평가하는 것인데, 이는 수취채권의 회수가능금액을 어떻게 추정하여 재무제표에 반영시킬 것인가의 문제이다. 이 주제는 대표적 수취채권인 매출채권을 중심으로 다음 절에서 자세히 다루어질 것이다.

2.2 매출채권의 인식과 회수가능성 평가

(1) 신용매출의 유형과 매출채권의 인식

매출채권은 상품이나 제품 또는 용역을 고객에게 신용매출하였을 때 발생하는 수취채권이다. 기업 입장에서는 당연히 현금매출(cash sales)이 바람직하지만, 고객 확보를 위한 경쟁을 고려하여 많은 기업들이 신용매출(credit sales)을 하고 있다.

신용매출에는 다음의 세 가지 방법이 있다. 첫째는 증서나 제3자의 대금결제 없

8) 수취채권의 회수는 만기일 전에라도 가능하다. 즉, 수취채권을 금융기관에게 매각하여 채권을 회수할 수도 있다. 이에 관한 자세한 내용은 중급재무회계 교과에서 다룬다.

이 고객의 신용에 의존하는 외상매출이고, 둘째는 약속어음이라는 증서를 받고 판매하는 신용매출이며, 셋째는 신용카드 결제방식을 이용하는 판매이다. 전통적으로 첫째 경우의 수취채권을 **외상매출금**으로 부르고 둘째 경우는 **받을어음**으로 부르기도 하나, 「한국채택국제회계기준」에서는 둘을 구분하지 않고 매출채권으로 통합하고 있다. 즉, 회계처리할 때 외상매출금과 받을어음을 계정과목으로 사용하더라도 재무상태표에는 매출채권으로 표시해야 한다. 본서에서는 외상매출금과 받을어음을 구분하지 않고 매출채권을 계정과목으로 사용한다.

● 어음을 받는 신용매출과 매출채권

외상매출에 따른 매출채권의 인식에 대해서는 앞의 제3~5장에서 설명한 바 있으므로 여기서는 약속어음을 받고 판매하는 신용매출에 대해 살펴보자.

약속어음(promissory notes)은 어음발행인이 미래 일정기일에 일정금액을 어음소지인에게 지급하기로 약속한 증서이다. 약속어음은 수표와 비슷한 형태를 가지고 있는데, 어음의 발행인, 액면금액, 발행일, 지급기일(만기일) 등이 기재된다.

약속어음의 내용을 잘 이해하기 위하여 다음의 예를 살펴보자.

약속어음의 예

액면금액:	₩2,000,000	액면이자율:	연 10%
발 행 일:	2×20년 6월 5일	지급기일:	2×20년 9월 5일
지급장소:	××은행 종로지점	발 행 인:	××주식회사
……			

위에 예시된 약속어음은 발행일이 2×20년 6월 5일이고, 지급기일(만기일)은 발행일로부터 3개월 후인 2×20년 9월 5일이다. **액면금액** ₩2,000,000은 어음발행인이 만기일에 지급을 약정한 금액이며, **액면이자율**(또는 **표시이자율**) 연 10%는 어음기간 3개월에 대해 지급하기로 약정한 이자율이다. 3개월간 이자는 ₩2,000,000×10%×(3/12)=₩50,000이므로, 어음발행인은 만기일에 액면금액과 이자를 합쳐 ₩2,050,000을 어음소지인에게 지급해야 할 의무가 있다.

위에 예시된 약속어음의 경우 이자율이 표시되어 있어서 액면금액과는 별도로

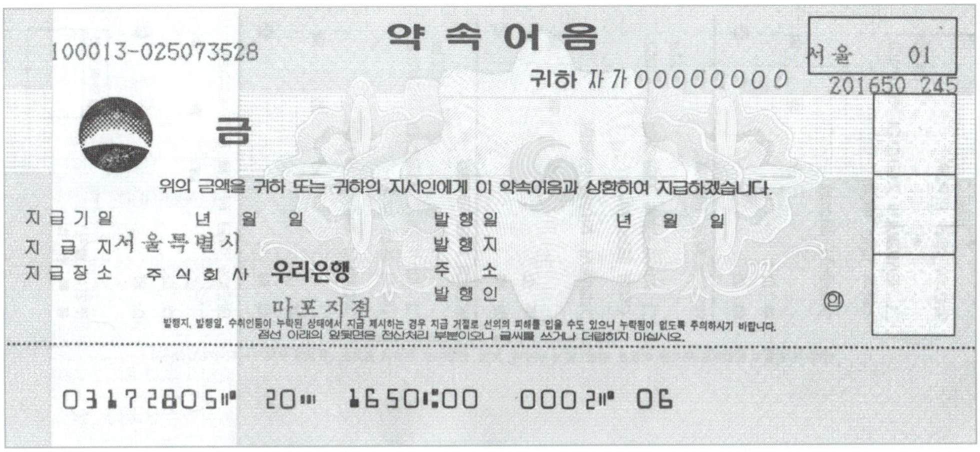
약 속 어 음

100013-025073528

서울 01

귀하 자가00000000

201650 245

금

위의 금액을 귀하 또는 귀하의 지시인에게 이 약속어음과 상환하여 지급하겠습니다.

지급기일 년 월 일

지 급 지 서울특별시

지급장소 주식회사 우리은행 마포지점

발행일 년 월 일

발행지

주 소

발행인 ㊞

발행지, 발행일, 수취인등이 누락된 상태에서 지급 제시하는 경우 지급 거절로 선의의 피해를 입을 수도 있으니 누락됨이 없도록 주의하시기 바랍니다.

점선 아래의 앞뒷면은 전산처리 부분이오니 글씨를 쓰거나 더럽히지 마십시오.

그림 7-1

약속어음의 형태

이자를 지급해야 하는데, 이러한 형태의 어음을 **이자부어음**(interest-bearing notes)이라고 부른다. 이에 비해 **무이자부어음**(non-interest bearing notes)은 만기일에 액면금액만을 지급하기로 약정된 어음이다([그림 7-1] 참조). 그러나 이때의 액면금액은 일반적으로 어음기간 동안의 이자를 포함한 금액으로 정해진다.

신용매출을 하면서 약속어음을 받은 기업은 만기일이 되면 거래은행에 어음의 추심을 의뢰한다. 즉, 매출대금의 회수를 의뢰한다. 거래은행이 어음발행인의 거래은행으로부터 어음금액(이자 포함)을 지급받고 예금계좌에 입금하면 "어음이 결제되었다"고 말한다.[9)]

예제 7-3

7월 1일에 관악기업(주)은 소매상인 구로기업(주)에게 판매가격 ₩3,000,000의 상품을 신용판매하고 액면금액 ₩3,000,000의 약속어음(3개월 만기)을 받았다. 어음기간 3개월에 대해서는 연 10%의 이자율이 적용된다.

물음

(1) 7월 1일에 관악기업(주)이 매출채권을 인식하기 위한 분개를 하라.

(2) 만기일에 관악기업(주)은 거래은행에 어음의 추심을 의뢰하였는데 액면금액과 3개월 이자가 관악기업(주)의 당좌예금계좌에 모두 입금되었다는 통보를 받았

9) 만약 어음발행인의 예금잔고가 부족하여 지급하지 못하면 어음은 부도처리되며, 이 부도어음은 앞의 1.4절에서 설명한 부도수표와 유사한 개념이다.

다. 이에 대한 관악기업(주)의 분개는?

(3) 위의 (2)에서 구로기업(주)의 분개는?

풀이

(1) (차) 매출채권 3,000,000 (대) 매 출 3,000,000

(2) 관악기업(주)은 어음의 액면금액(즉, 매출채권 금액)과 이자수익을 구분하여 기록한다. 3개월 이자는 ₩3,000,000×10%×(3/12)=₩75,000이다.

(차) 당좌예금	3,075,000	(대) 매출채권	3,000,000
		이자수익	75,000

(3) 구로기업(주) 역시 어음의 액면금액(즉, 매입채무 금액)과 이자비용을 구분하여 기록한다.

(차) 매입채무	3,000,000	(대) 당좌예금	3,075,000
이자비용	75,000		

● 신용카드매출과 매출채권

일상생활에서 물품을 구입할 때 흔히 신용카드를 사용한다. 이때 백화점이나 음식업소와 같은 판매기업은 신용매출을 하는 셈이다. 최근에는 기업간 매매거래에서도 신용카드가 사용되고 있다. 이때 사용되는 신용카드는 '기업구매카드'라고 부른다. 구매기업은 카드를 이용하여 신용구입하고, 그 후에 판매기업은 신용카드사(또는 은행)로부터 매출대금을 지급받는다. 물론 구매기업은 카드 결제일에 신용카드사(또는 은행)에게 대금을 납부해야 한다.

예를 들어, 행복쇼핑(주)이 고객으로부터 신용카드를 제시받고 ₩300,000의 상품을 판매했다고 가정하자. 그러면 행복쇼핑(주)은 다음과 같이 매출채권을 인식하는 분개를 한다.

(차) 매출채권 300,000 (대) 매 출 300,000

그 후 행복쇼핑(주)이 신용카드사에게 대금지급을 청구하고 수수료 ₩3,000을 차감한 ₩297,000을 받아서 당좌예금계좌에 예입하였다면, 행복쇼핑(주)은 다음과 같이 매출채권 회수의 분개를 한다.

(차) 당좌예금	297,000	(대) 매출채권	300,000
수수료비용	3,000		

기업구매카드를 이용한 기업간 매매거래의 경우에도 회계처리방법은 위의 예와 다를 바 없다. 즉, 판매기업은 판매시에 매출채권을 인식하고, 추후에 신용카드사(또는 은행)로부터 매출대금을 지급받으면 매출채권의 회수를 기록한다.

(2) 매출채권의 회수가능성 평가와 손상(대손)

신용매출은 매출액을 증대시키지만, 기업은 추후 매출대금을 회수해야 하는 문제에 직면하게 된다. 신용카드매출은 매출대금 회수에 거의 어려움이 없지만, 외상매출과 약속어음을 받는 신용매출은 기업이 구매자로부터 직접 회수해야 하기 때문에 매출대금 회수의 불확실성 문제가 있다. 즉, **신용위험**(credit risk)의 문제가 대두한다.[10] 구매자(채무자)가 지급해주지 않아서 매출채권이 회수되지 않는다면 기업은 큰 손실을 입게 되어 경영상의 어려움에 처할 수 있다. 그래서 재무제표이용자(회계정보이용자)들은 기업의 매출채권이 얼마나 회수가능한지에 대한 정보를 제공받고자 한다.

이러한 정보를 '적시에 제공'해주기 위해서 「한국채택국제회계기준」은 기업이 매출채권에 대한 기대신용손실(expected credit losses)을 측정하여 재무제표에 공시하도록 규정하고 있다. **신용손실**은 채무자의 채무불이행으로 인해 기업이 회수하지 못할 것으로 예상되는 금액을 말하며, **기대신용손실**은 신용손실 금액을 채무불이행이 발생할 확률과 발생하지 아니할 확률로 가중 평균하여 산정한다.[11]

기대신용손실 = 채무불이행이 발생할 확률 × 신용손실
+ 채무불이행이 발생하지 아니할 확률 × 신용손실(0)

10) 신용위험(credit risk)은 채무자가 의무를 이행하지 않아서 채권자에게 재무적 손실을 입힐 위험을 말한다.

11) 채무불이행이 발생하지 않는 경우에는 신용손실이 0이다.

채무불이행 발생확률(probability of default)은 채권의 존속기간에 채무자가 약정금액을 지급해주지 못할 가능성을 확률로 표현한 것이며,[12] 채무불이행 발생 위험(default risk)이라고도 한다. 위와 같이 기업이 매출채권에 대하여 기대신용손실을 인식하면 그만큼 매출채권의 자산가치가 떨어진 것이다. 이를 **매출채권의 손상**(impairment)이라고 말한다.

신용매출을 하는 기업은 복수의 구매자(채무자)에 대해 매출채권을 가지고 있으므로 채무자별 매출채권에 대해 개별적으로 위 방법을 적용하여 기대신용손실을 추정한 후 채무자별 기대신용손실을 합산하면 당년도에 인식할 기대신용손실 총액이 산정된다. 이때 각 채무자의 채무불이행이 발생할 확률과 신용손실 금액을 추정하기 위해서는 각 채무자에 대한 과거 및 현재의 정보와 미래 전망 정보(forward-looking information)를 분석하여야 함은 물론, 미래 경제상황에 대한 예측정보까지 활용해야 한다.

● 기대신용손실 추정의 간편법

채무자 수가 많지 않다면 채무자별로 개별적으로 기대신용손실을 추정하는 것은 큰 어려움이 없을 것이다. 그러나 많은 구매자들을 상대로 신용매출을 하는 기업의 경우에는 각 구매자에 대해 과거 및 현재의 정보와 미래 전망적 정보를 수집하고 분석하려면 상당한 시간이 소요되므로 각 채무자에 대해 개별적으로 위 추정방법을 적용하는 것은 어려울 수 있다.

이러한 어려움 때문에 실무에서는 간편법으로 **충당금 설정률표**(provision matrix)를 이용하는 추정방법이 널리 사용되고 있다. 이 방법에서는 당해 기업의 과거 신용손실 경험과 미래 경제전망을 반영하여 매출채권의 **연체 일수**에 따라 **채무불이행률(손실률)**을 설정하여 기대신용손실을 추정한다.[13] 예를 들면, 연체되지 않은 매출채권의 경우 기대손실률 0.2%, 연체 일수가 1~30일인 경우 기대손실률 1%, 연체 일수가 31~60일인 경우 기대손실률 4% 등과 같이 기대손실률을 설정하고 각 기대손실률을 해당 매출채권금액에 곱하여 기대신용손실을 추정한다. 충당금 설정률표는 과거에 매출채권에 대해 관측된 채무불이행률을 활용하되 미래 경제상황에 대

12) 위 방법을 적용하여 기대신용손실을 추정하는 사례는 제12장에서 다룬다.
13) 약정된 지급기일이 도래하였으나 채무자가 지급하지 못하면 '연체'(past due)되었다고 말한다.

한 예측정보를 반영하여 조정된다.

실무에서 충당금 설정률표를 이용하여 기대신용손실을 추정하는 사례를 소개하면 아래와 같다. 아래는 식료품(라면, 카레 등)을 판매하는 주식회사 오뚜기의 2022년도 재무제표 주석 내용인데, 오뚜기(주)는 충당금 설정률표를 이용하여 매출채권에 대한 기대신용손실을 추정하고 있음을 볼 수 있다.

공시 사례 **오뚜기(주)의 2022년도 재무제표 주석에 공시된 내용**

5. 매출채권 및 기타채권

(중략)

(2) 당기말과 전기말 현재 계정과목별 대손충당금 설정내역은 다음과 같습니다.

(단위: 천원)

구 분	당기말			전기말		
	채권금액	대손충당금	장부금액	채권금액	대손충당금	장부금액
매출채권	264,733,461	(3,299,259)	261,434,202	202,415,874	(843,136)	201,572,738
미수금	9,110,283	(54,028)	9,056,255	9,418,881	(54,027)	9,364,854

(3) 당기말 현재 매출채권에 대해 전체기간 기대신용손실을 손실충당금으로 인식하는 간편법을 적용하고 있으며, 매출채권의 신용위험정보의 세부내역은 다음과 같습니다.

(단위: 천원)

구 분	채권금액	기대손실률	대손충당금
3개월 이내	257,404,506	0.15%	(376,284)
3개월 초과 6개월 이내	3,411,579	2.30%	(78,561)
6개월 초과 9개월 이내	927,281	19.25%	(178,531)
9개월 초과 12개월 이내	181,550	84.63%	(153,649)
12개월 초과	2,808,545	89.45%	(2,512,234)
합 계	264,733,461		(3,299,259)

상기 매출채권과 관련하여 중요한 신용위험의 집중은 없으며, 다수의 거래처에 분산되어 있습니다.

충당금 설정률표의 의미와 추정절차를 잘 이해하기 위해 아래의 예제를 풀어보자.

예제 7-4

다수의 소매상에게 상품을 판매하는 강북기업(주)은 매출채권에 대한 기대신용손실을 추정하기 위해 충당금 설정률표를 이용한다. 2×20년 말, 강북기업(주)은 과거에 매출채권에 대해 관측된 채무불이행률을 갱신하여 사용하며 내년의 경제상황이 악화될 것으로 예측하고 다음과 같이 연체 일수에 따라 기대손실률을 추정하였다.

	연체되지 않음	1~30일 연체	31~60일 연체	61~90일 연체	91일 이상 연체
기대손실률	0.3%	1.0%	5.0%	10.0%	30.0%

2×20년 말, 강북기업(주)이 보유하고 있는 매출채권의 금액은 다음과 같다.

① 연체되지 않은 매출채권 ₩500,000
② 1~30일 연체된 매출채권 ₩50,000
③ 31~60일 연체된 매출채권 ₩60,000
④ 61~90일 연체된 매출채권 ₩40,000
⑤ 91일 이상 연체된 매출채권 ₩80,000

물음

매출채권의 회수가능 예상액과 기대신용손실은 각각 얼마로 추정되는가?

풀이

연체 일수에 따른 각 기대손실률을 해당 매출채권금액에 곱하면 다음과 같이 기대신용손실이 산정된다.

연체 일수에 따른 분류	매출채권금액 (A)	기대손실률(%)(B)	기대신용손실(A×B)
연체되지 않음	₩500,000	0.3	₩1,500
1~30일 연체	50,000	1.0	500
31~60일 연체	60,000	5.0	3,000
61~90일 연체	40,000	10.0	4,000
91일 이상 연체	80,000	30.0	24,000
합 계	₩730,000	–	₩33,000

강북기업(주)의 매출채권 총액은 ₩730,000이지만 기대신용손실이 ₩33,000이다. 따라서 매출채권의 회수가능 예상액은 ₩697,000(=730,000−33,000)이다.

매출채권의 회수가능액과 기대신용손실이 추정되었으면 이를 재무제표에 반영하는 회계처리를 하여야 하므로 아래에서는 재무제표 표시방법과 회계처리방법을 설명한다. 아래의 ①~④항은 다음과 같이 구성되어 있다.

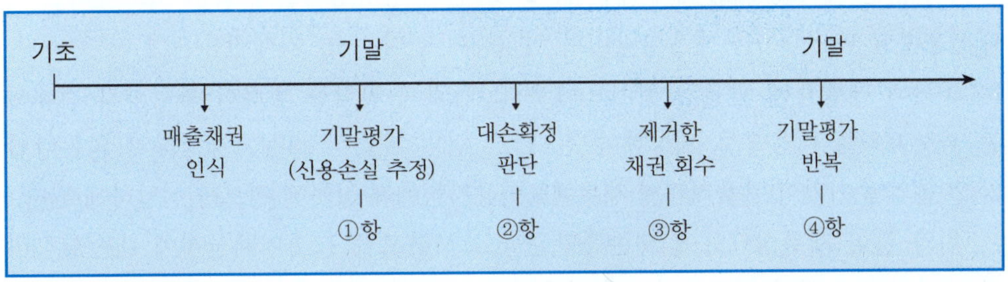

1 대손충당금 설정과 대손상각비 인식

위에서 [예제 7-4]를 통해 매출채권의 회수가능액과 기대신용손실을 추정하는 방법을 설명하였다. 그와 같이 회수가능액과 기대신용손실이 추정되면 이 정보를 재무제표에 표시해야 하는데, 아래에서 재무제표 표시방법과 회계처리방법을 살펴보자.

[예제 7-4]와 같이, 2×20년 12월 31일(기말)에 강북기업(주)의 매출채권이 총 ₩730,000이고 이 중 기대신용손실은 ₩33,000이라고 가정하자. 그러면 강북기업(주)은 이 정보를 다음과 같이 재무제표에 표시한다.

재무상태표 (2×20/12/31)

유동자산:		
매출채권	730,000	
대손충당금	(33,000)	
	697,000	

포괄손익계산서 (2×20년도)

매 출 액	……
……	
판매비와 관리비:	
대손상각비	33,000

위 재무상태표에서 **대손충당금**(loss allowance)은 매출채권 중에서 **회수되지 않을 것으로 예상되는 금액인 기대신용손실**을 나타낸다. 따라서 외부의 재무제표이용자들은, 강북기업(주)의 매출채권 보유액은 ₩730,000이지만, 기대신용손실이 ₩33,000

이어서 회수가능 예상액은 ₩697,000이라는 것을 알 수 있다.[14] 만약 재무상태표에 대손충당금을 표시하지 않고 매출채권을 ₩730,000으로 보고한다면 이는 신용손실을 반영하지 않았기 때문에 매출채권의 실제 자산가치를 부풀린 것이 되고, 따라서 정보이용자들에게 잘못된 정보를 전달하게 된다.

포괄손익계산서에 계상된 **대손상각비**(bad debt expense)는 기대신용손실을 인식하는 비용항목이다. 대손상각비는 **"손상차손"**이라고도 부른다. 강북기업(주)은 2×20년에 매출활동을 하여 매출채권 ₩730,000을 보유하고 있지만, ₩33,000은 회수되지 않을 것으로 예상되기 때문에, 2×20년의 경영성과를 정확히 보고하려면 기대신용손실 ₩33,000을 대손상각비로 인식해야 한다. 즉, 기대신용손실 ₩33,000은 2×20년의 매출액에 관련된 것이므로 2×20년의 순이익을 정확히 측정하기 위해서는 ₩33,000을 비용으로 계상해야 한다.[15] 만일 대손상각비를 계상하지 않는다면 2×20년의 순이익이 부풀려져서 재무제표이용자들에게 잘못된 정보를 전달하게 된다.

위와 같이 재무상태표에 대손충당금을 표시하고 포괄손익계산서에 대손상각비를 계상하기 위해서는 회계기말에 다음의 수정분개를 하여야 한다.[16]

(차) 대손상각비	33,000	(대) 대손충당금	33,000
↓		↓	
기대신용손실을 비용으로 인식		매출채권의 간접 차감	

대손충당금은 매출채권에 대한 차감계정이기 때문에 위의 수정분개에서 '대변'에 위치한다. 그러나 대손충당금을 재무상태표에 표시할 때는 매출채권 아래에 차감표시하기 위하여 차변으로 이동시켜서 마이너스 금액으로 표시한다. 이렇게 대손충당금을 설정하여 간접적으로 차감하는 이유는, ₩33,000이 회수되지 않을 것으로 예상되지만 현재 회수불능으로 확정된 것은 아니기 때문이다. 즉, 예상과는 달리

14) 매출채권 총액과 대손충당금을 모두 표시하지 않고 매출채권을 회수가능 예상액 ₩697,000으로 표시해도 되지만, 대손충당금의 의미를 잘 이해하기 위해 위에서는 재무상태표에 매출채권 총액과 대손충당금을 함께 표시하고 있다.

15) 위와 같이 대손상각비를 계상하는 것은 비용의 인식기준인 **수익 · 비용 대응의 원칙**(matching principle)을 적용한 것이다(제2장 5절 참조).

16) 위의 분개는 재무제표를 작성하기 위하여 기말에 실시해야 하는 수정분개이다. 제4장에서 회계순환을 설명할 때 기말의 수정분개를 소개하였는데, 편의상 그때는 대손충당금 설정에 관한 수정분개를 다루지 않았다.

추후에 회수될 수도 있기 때문에 매출채권을 직접 감소시키지 않고 그 대신 대손충당금을 설정하여 간접적으로 차감한다.

위의 수정분개에 사용된 금액(₩33,000)은 수정분개 전에 대손충당금 잔액이 없음을 가정한 것이다. 수정분개 전에 대손충당금 잔액이 있는 경우에 대해서는 뒤의 ④항에서 자세히 설명할 것이다.

요점

대손충당금의 설정

- 매출채권에 대한 기대신용손실을 대손충당금으로 설정하기 위해서는 다음의 기말 수정분개를 해야 한다.

  (차) 대손상각비 ××× (대) 대손충당금 ×××

- 대손충당금은 재무상태표에서 매출채권 아래에 마이너스 금액으로 표시하고, 대손상각비는 포괄손익계산서에 비용으로 표시한다.

2 대손 확정의 판단과 매출채권의 제거

앞에서 설명한 바와 같이, 대손충당금은 회수되지 않을 것으로 예상되는 금액이며 기말에 설정한다. 그 후 다음 연도에 들어서서, 어느 채무자(구매기업)가 도산하여 특정 매출채권이 회수불능으로 확정되면 "대손이 확정되었다"고 말하며, 이때 당해 매출채권금액을 계정에서 제거(derecognition)해야 한다.

예를 들어, 다음 연도인 2×21년 3월 15일에 강북기업(주)은 M소매상(채무자)이 도산하여 매출채권 ₩15,000이 회수 불가능한 것으로 판단하였다고 하자. 그러면 이 회수 불가능한 ₩15,000은 더 이상 자산이라고 할 수 없으므로 매출채권계정에서 제거해야 할 것이다. 또한 전년 말에 설정한 대손충당금은 그러한 회수불능에 대비하여 매출채권의 차감계정으로 사용하였는데, 이제 매출채권 ₩15,000을 계정에서 제거하기 때문에 대손충당금 ₩15,000도 동시에 제거해야 한다. 따라서 다음과 같이 대손충당금 감소 ₩15,000(차변)과 매출채권 감소 ₩15,000(대변)으로 분개한다.

(차) 대손충당금 15,000 (대) 매출채권 15,000

↓ 대손충당금의 동시적 제거 ↓ 회수불능 매출채권의 제거

이 분개에 의해 매출채권과 대손충당금은 각각 ₩15,000 감소되어, 2×21년 3월 15일 대손 확정 후의 가상 재무상태표는 다음의 오른쪽과 같이 표시될 것이다.

대손 확정 전 (2×20/12/31)		대손 확정 후 (2×21/3/15)	
유동자산:		유동자산:	
매출채권	730,000	매출채권	715,000
대손충당금	(33,000)	대손충당금	(18,000)
	697,000		697,000

위에서 보듯이, 대손 확정 후에 매출채권의 회수가능 예상액은 여전히 ₩697,000으로서 전년 말 시점에서의 회수가능 예상액 ₩697,000과 동일하다. 다만, 매출채권계정의 금액은 ₩730,000에서 ₩715,000으로 감소하였고, 대손충당금도 ₩33,000에서 ₩18,000으로 감소하였다.

또한, 앞의 분개에서 보는 바와 같이, 매출채권의 대손 확정 판단(회수불능 판단)은 포괄손익계산서에 영향을 주지 않는다. 왜냐하면, 분개에 포함된 대손충당금과 매출채권은 모두 재무상태표 항목이고 수익·비용항목이 아니기 때문이다. 다시 말하면, 기대신용손실은 이미 전년도 포괄손익계산서에 비용(대손상각비)으로 계상하였기 때문에 ₩15,000의 대손 확정은 금년도 포괄손익계산서에 영향을 주지 않는다.

• 대손충당금 계정잔액이 부족한 경우

그 후 6월 20일에 P소매상(채무자)이 도산하여 매출채권 ₩23,000이 회수 불가능한 것으로 판단하였다고 하자. 이때에도 매출채권과 대손충당금을 동시에 제거하는 분개를 해야 하는데, 대손 확정된 금액 ₩23,000이 당시 남아 있는 대손충당금 ₩18,000보다 ₩5,000만큼 크다. 이 경우에는 대손충당금 계정잔액 ₩18,000을 초과하는 금액 ₩5,000은 당기의 대손상각비로 인식한다. 이 ₩5,000은 전년 말에서의 예상을 초과한 것인데, 전년도 포괄손익계산서를 수정할 수는 없으므로 당기의 비용으로 계상한다. 즉, 대손충당금 ₩18,000을 제거하고(차변), 대손상각비 ₩5,000을 인식하며(차변), 또 매출채권 ₩23,000을 제거한다(대변).

(차) 대손충당금	18,000	(대) 매출채권	23,000
대손상각비	5,000		

이 분개를 반영하면 강북기업(주)의 가상 재무제표는 다음과 같이 변화한다.

가상 재무상태표 (2×21/6/20)

유동자산:		
매출채권	692,000	
대손충당금	(0)	
	692,000	

가상 포괄손익계산서 (2×21년도)

매 출 액	……
……	
판매비와 관리비:	
대손상각비	5,000

매출채권계정의 금액은 ₩23,000 감소하여 ₩692,000이 되고, 대손충당금 계정잔액은 0(零)이 되며, 대손충당금 계정잔액을 초과한 부분 ₩5,000은 대손상각비로 포괄손익계산서에 계상된다.

요점

대손 확정의 회계처리

• 대손 확정된 금액이 대손충당금 계정잔액 이내인 경우

(차) 대손충당금	×××	(대) 매출채권	×××

• 대손 확정된 금액이 대손충당금 계정잔액보다 많은 경우

(차) 대손충당금	×××	(대) 매출채권	×××
대손상각비	×××		

대손충당금 계정잔액을 초과한 부분은 대손상각비로 계상한다.

3 회수불능 처리한 매출채권의 회수

앞에서 설명한 대손 확정의 회계처리는 채무자가 지급할 능력이 없다고 판단한 데 따른 것이다. 그런데 만일 제거했던 매출채권이 추후에 일부라도 회수된다면 어떻게 회계처리해야 할까? 이렇게 일부라도 회수되면, 과거의 회계처리는 잘못된 것이므로 수정하는 분개를 실시하고, 또 매출채권의 회수를 기록하는 분개도 해야 할 것이다.

예를 들어, 10월 20일에 과거에 회수불능 처리했던 ₩15,000의 매출채권 중에서 ₩10,000이 회수되었다고 하자. 그러면 먼저 과거에 실시했던 대손 확정 분개에

서 ₩10,000만큼 취소시키는 '역분개'(취소분개)를 하고, 그런 다음 ₩10,000의 매출채권 회수를 기록한다.

취소분개:	(차) 매출채권	10,000	(대) 대손충당금	10,000
회수분개:	(차) 현　　금	10,000	(대) 매출채권	10,000

위 취소분개에 의하여 매출채권 ₩10,000이 회복되고, 동시에 대손충당금 ₩10,000도 회복된다. 물론 현금회수로 인해 매출채권 ₩10,000은 다시 없어진다. 따라서 위의 두 단계 분개를 결합하여 다음과 같이 하나의 분개로 처리할 수도 있다.

(차) 현　　금	10,000	(대) 대손충당금	10,000

위의 회계처리는 10월 20일의 가상 재무상태표에 다음과 같이 반영된다. 6월 20일의 가상 재무상태표와 비교할 때 대손충당금이 ₩10,000 증가하였음을 볼 수 있다. 위의 분개에서 수익 · 비용항목이 포함된 것은 없으므로 포괄손익계산서는 영향을 받지 않는다.

가상 재무상태표 (2×21/10/20)

유동자산:		
현　　금	+10,000	
매출채권	692,000	
대손충당금	(10,000)	
	682,000	

가상 포괄손익계산서 (2×21년도)

매 출 액	……
……	
판매비와 관리비:	
대손상각비	5,000

4 기말의 대손충당금 재설정

이제 기말인 2×21년 말이 되면, 강북기업(주)은 기말 현재 보유하고 있는 매출채권에 대해 회수가능성을 평가하여 기대신용손실 금액을 다시 산정해야 한다. 예를 들어, 2×21년 말 현재 매출채권 보유액이 ₩850,000이고 이에 대해 강북기업(주)이 **'충당금 설정률표'**를 이용하여 새로 산정한 기대신용손실 금액이 ₩80,000이라고 가정하자. 그러면 이 ₩80,000은 2×21년 말 재무상태표에 표시되어야 할 대손충당금이다. 그런데 위 10월 20일의 가상 재무상태표에서 보듯이, 대손충당금이

₩10,000 남아 있다. 따라서 ₩70,000(=80,000−10,000)의 대손충당금을 추가로 설정하면 기말 재무상태표에 대손충당금을 ₩80,000으로 표시할 수 있다. 그리고 그 추가 설정액 ₩70,000은 당기의 대손상각비로 인식한다. 즉, 다음의 수정분개를 통해 대손충당금 ₩70,000을 증가시키고(대변) 대손상각비 ₩70,000을 인식한다(차변).

(차) 대손상각비 70,000 (대) 대손충당금 70,000

위의 수정분개를 강북기업(주)의 2×21년 말 재무제표에 반영하면 다음과 같다.

재무상태표 (2×21/12/31)

유동자산:		
매출채권	850,000	
대손충당금	(80,000)	
	770,000	

포괄손익계산서 (2×21년도)

……	
판매비와 관리비:	
대손상각비	75,000

위에서 보듯이, 대손충당금은 ₩70,000이 추가 설정되어 기말 재무상태표에 ₩80,000으로 표시되었고, 따라서 매출채권의 회수가능 예상액은 ₩770,000으로 표시되었다. 그리고 포괄손익계산서에서 대손상각비는 6월 20일에 인식했던 ₩5,000과 ₩70,000의 합계인 ₩75,000으로 표시되었다.

위와 같은 방법을 매년 반복적으로 적용하면 매년의 기말 재무상태표에 매출채권의 회수가능액 정보가 적절히 표시되고 또한 포괄손익계산서에는 대손상각비가 적절히 계상된다.

요점

기말의 대손충당금 재설정

- 기말 재무상태표에 표시되어야 할 대손충당금은 기말시점에서 매출채권 전체에 대해 새로 산정한 기대신용손실 금액이다.
- 기말 수정분개를 할 때는 위의 새로운 기대신용손실 금액에서 수정분개 전 대손충당금 계정잔액을 차감한 금액을 대손충당금으로 설정하고(대변) 동시에 같은 금액을 대손상각비로 인식한다(차변).

(차) 대손상각비 ××× (대) 대손충당금 ×××

제3절 지급채무

● 금융부채

앞의 1.1절에서 설명한 (현금 이외의) 금융자산은 경영활동과정에서 거래당사자 간의 금융상품계약에서 발생한다. **금융상품**(financial instruments)이란 거래당사자 일방에게 금융자산을 발생시키고 동시에 거래상대방에게는 금융부채나 지분상품(equity instruments)을 발생시키는 계약을 말한다.[17] 여기서 **금융부채**(financial liabilities)는 거래상대방에게 미래에 현금 등의 금융자산을 인도하기로 한 계약상 의무를 말한다. 따라서 금융자산과 금융부채 중에서 현금의 수취 · 지급에 관한 자산 · 부채의 경우, 한 거래당사자가 현금을 수취할 계약상 권리는 다른 거래당사자가 현금을 지급할 계약상 의무에 대응되는 관계에 있다. 예를 들면, A기업이 B기업에게 상품을 신용판매하였을 때 A기업은 미래의 약정일자에 현금(매출대금)을 수취할 계약상 권리인 매출채권(금융자산)을 보유하게 되고, 동시에 거래상대방인 B기업은 미래에 현금을 지급해야 할 계약상 의무인 매입채무(금융부채)를 부담하게 된다.

● 지급채무의 의의와 회계처리

금융부채의 전형적 형태인 **지급채무**(payables)는 기업이 미래에 타실체에게 현금을 지급하기로 약정한 채무를 말한다. 따라서 지급채무는 제2절에서 다룬 수취채권과는 반대적 의미이며 부채에 속한다. 지급채무는 그 발생원인에 따라 크게 두 유형으로 구분할 수 있다.

- 매입채무: 재고자산(예: 상품)을 신용매입하였을 때 부담하는 지급채무
- 비매입채무: 재고자산 매입 이외의 거래에서 부담하는 지급채무

---

17) 위에서 논의하는 '금융상품'(financial instruments)은 금융기관에서 취급하는 금융상품을 가리키는 것이 아니므로 혼동하지 않도록 하자.

표 7-5
단기지급채무

단기지급채무 항목		의 미	최초 인식의 회계처리
매입채무		재고자산(예: 상품)을 신용매입한 경우 추후 지급해야 할 매입대금	(차) 재고자산* ××× (대) 매입채무 ×××
비매입채무	미지급금	재고자산 이외의 자산(예: 비품)을 신용 구입한 경우 추후 지급해야 할 구입대금	(차) 비 품 ××× (대) 미지급금 ×××
	미지급비용	비용(예: 이자비용)이 발생하였으나 아직 지급하지 않은 비용금액	(차) 이자비용 ××× (대) 미지급비용 ×××
	단기차입금	현금을 단기간 차입한 경우 만기일에 상환해야 할 채무금액	(차) 현 금** ××× (대) 단기차입금 ×××

* 재고자산 매입을 계속기록법으로 기록한 경우임(제5장 참조).
** 차입액을 당좌예금계좌로 이체 받았으면 차변과목은 당좌예금임.

매입채무는 제5장(상품매매기업의 회계)에서 소개한 바 있다. 기업이 상품, 원재료 등의 재고자산을 거래처로부터 신용매입하였을 때, 약속어음의 교부 없이 외상매입한 경우는 **외상매입금**, 약속어음을 교부한 경우에는 **지급어음**으로 구분하기도 하나, 「한국채택국제회계기준」에서는 둘을 합쳐 **매입채무**(trade payables)로 통합하고 있다. 즉, 회계처리할 때 외상매입금과 지급어음을 계정과목으로 사용하더라도 재무상태표에는 매입채무로 표시해야 한다. 본서에서는 외상매입금과 지급어음을 구분하지 않고 매입채무를 계정과목으로 사용한다.

재고자산 매입 이외의 거래에서 발생하는 **비매입채무**(nontrade payables) 항목으로는 미지급금, 미지급비용, 단기차입금 등이 있다. 비매입채무는 다양한 거래에서 발생하기 때문에 발생원인에 따라 그와 같이 계정과목을 구분하여 사용한다.

위의 지급채무 항목들은 재무보고기간 말(회계기말)로부터 1년 이내에 지급기일이 도래하는 **단기지급채무**를 가리키며, 재무상태표에서 유동부채로 표시한다. 지급기일이 회계기말로부터 1년이 넘는 **장기지급채무**는 비유동부채로 표시한다.[18]

본절에서는 단기지급채무에 초점을 두어 설명하며, 단기지급채무 항목별로 그 의미와 발생(인식)시점의 회계처리를 요약하면 〈표 7-5〉와 같다.

---

18) 장기지급채무에 대해서는 장기매입채무, 장기미지급금, 장기차입금 등의 계정과목을 사용한다.

기업이 재고자산 이외의 자산(예: 토지, 건물, 비품 등)을 신용구입하였으면 그 구입대금을 추후 지급해야 하는데, 회계에서는 이때의 지급채무를 **미지급금**이라고 부른다.

이에 비하여, **미지급비용**은 비용이 발생하였으나 아직 그 금액을 지급하지 못한 경우에 부담하는 지급채무이다. 미지급비용은 미지급이자, 미지급임차료, 미지급수수료 등으로 세분하기도 한다. 제4장에서 회계순환(accounting cycle)을 설명할 때 다루었듯이, 미지급비용은 대부분 기말에 수정분개를 할 때 나타난다.

한편, **단기차입금**은 기업이 타실체로부터 현금을 단기간 차입하였을 때 만기일에 상환해야 할 지급채무이다. 현금을 차입할 때 어음을 교부하기도 하는데(이때의 어음은 "금융어음"이라고 부른다) 이 역시 단기차입금으로 표시한다. 또한 기업이 은행과의 사전약정에 따라 당좌예금 잔고를 초과하여 사용한 금액인 **당좌차월**(bank overdrafts)도 단기차입금으로 분류한다(앞의 1.2절 참조).

위의 단기지급채무에 대한 회계처리사항은 지급채무의 최초 인식과 결제(또는 상환)의 두 가지이다. 여기서 **최초 인식**은 매입거래 또는 비매입거래가 발생하였을 때 해당 지급채무를 부채로 기록하는 것을 말하며, 〈표 7-5〉에 회계처리가 예시되어 있다. **결제**(또는 상환)는 지급채무의 금액을 채권자에게 지급하는 것을 뜻하며, 이때 지급채무의 감소를 기록한다.

제4절 기타 유동자산 및 유동부채

앞의 여러 절에서 설명한 유동자산과 유동부채 항목들은 현금, 현금을 수취할 계약상 권리, 그리고 현금을 지급할 계약상 의무에 관한 것들이었다. 즉, 금융자산과 금융부채에 속하는 항목들이었다. 유동자산 중 실물자산인 재고자산은 제8장에서 다루고, 본절에서는 그 외의 유동자산 및 유동부채로서 선급금, 선수금, 선급비용, 선수수익을 설명한다.

표 7-6
선급금, 선수금, 선급비용 및 선수수익

분류	항목	의 미	최초 인식의 회계처리
유동 자산	선 급 금	미래에 재고자산을 공급받기로 약정하고 미리 지급한 매입대금	(차) 선 급 금 ××× (대) 현 금* ×××
	선급비용	미래에 발생할 비용(예: 보험료)에 대해 미리 지급한 비용금액	(차) 선급비용 ××× (대) 현 금* ×××
유동 부채	선 수 금	미래에 재고자산 또는 용역을 제공하기로 약정하고 미리 받은 매출대금	(차) 현 금 ××× (대) 선 수 금 ×××
	선수수익	미래에 특정 서비스(예: 건물 임대)를 제공하기로 약정하고 미리 받은 서비스대금	(차) 현 금 ××× (대) 선수수익 ×××

* 수표를 발행하여 지급했으면 대변과목은 당좌예금임.

선급금은 기업이 상품, 원재료 등의 재고자산을 미래에 공급받기로 거래처와 약정하고 매입대금의 일부 또는 전부를 미리 지급한 것을 말한다. 선급금을 지급하면 재고자산을 공급받을 권리를 갖게 되므로 선급금은 자산에 속한다. 추후에 재고자산을 공급받으면 그때 선급금은 없어지고 재고자산이 증가한다.

반면에, **선수금**은 기업이 미래에 재고자산 또는 용역을 제공하기로 거래처 등과 약정하고 매출대금의 일부 또는 전부를 미리 받은 것을 말한다. 선수금을 받으면 미래에 재고자산 또는 용역을 제공해야 할 의무를 부담하므로 선수금은 부채에 속한다. 추후에 재고자산 또는 용역을 제공하면 그때 선수금은 없어지고 매출수익을 인식하게 된다.

한편, **선급비용**은 선급보험료, 선급임차료 등과 같이 미래에 발생할 비용을 미리 지급한 것을 말한다. 비용금액을 미리 지급하면 추후에 보험서비스 등을 제공받을 권리가 있으므로 그때까지 선급비용은 자산으로 분류한다. 추후에 보험서비스 등을 제공받으면 그때 선급비용은 없어지고 해당 비용을 인식하게 된다.

이에 비하여, **선수수익**은 선수임대료와 같이 미래에 특정 서비스(즉, 건물 임대)를 제공하기로 약정하고 그 서비스대금을 미리 받은 것을 말한다. 서비스대금을 미리 받으면 추후에 해당 서비스를 제공해야 할 의무를 부담하기 때문에 그때까지 선수수익은 부채로 분류한다. 추후에 해당 서비스를 제공하면 그때 선수수익은 없어지고 해당 수익(예: 임대료수익)을 인식하게 된다.

위의 선급금, 선수금, 선급비용 및 선수수익은 재무보고기간 말(회계기말)로부터 1년 이내의 기간에 자산 또는 서비스를 제공받거나 제공할 것으로 약정된 경우이기 때문에 재무상태표에서 유동자산 또는 유동부채로 표시한다.[19]

위에서 설명한 각 항목의 의미와 발생(인식)시점의 회계처리를 요약하면 〈표 7-6〉과 같다.

예제 7-5

광고기획업체인 유토피아(주)는 가구판매회사인 에이스상사(주)로부터 광고기획을 의뢰받고 1개월간 광고기획서비스를 제공하기로 계약을 체결하였다. 용역대금은 800만원이며, 계약 체결 및 그 후의 거래내역은 다음과 같다.

6/5일: 유토피아(주)는 에이스상사(주)와 용역계약을 체결하고, 계약금으로 100만원의 수표를 받았다.
7/5일: 유토피아(주)는 광고기획서비스 제공을 완료하고 에이스상사(주)로부터 500만원의 수표를 받았다. 용역대금 잔여액은 2개월 후에 받기로 약속하였다.
9/5일: 유토피아(주)는 에이스상사(주)에게 용역대금 잔여액의 지급을 청구하고 200만원의 수표를 받았다.

물음

거래 일자별로 유토피아(주)와 에이스상사(주) 입장에서 각각 분개하라.

풀이

(1) 6/5일: 유토피아(주)는 광고기획서비스 제공이 주된 영업이므로 광고기획서비스의 계약금 수취는 선수금으로 기록한다. 그러나 가구회사인 에이스상사(주)가 광고기획서비스 계약금을 지급하는 것은 광고비(판매비)의 선급에 해당한다.

유토피아(주):	(차) 현 금*	100	(대) 선 수 금	100
에이스상사(주):	(차) 선급비용	100	(대) 당좌예금	100

* '타인발행수표'는 현금의 범위에 포함되므로 현금의 증가로 기록하며, 이하에서도 같다. (만일 받은 수표를 즉시 예입하였다면 당좌예금을 차변과목으로 사용한다.)

19) 자주 발생하지는 않지만, 재무보고기간 말로부터 1년 이후의 미래에 자산 · 서비스를 제공받거나 제공하기로 약정된 경우에는 장기선급금, 장기선수금 등의 계정과목을 사용한다. 이들 항목은 재무상태표에서 비유동자산 또는 비유동부채로 표시한다.

(2) 7/5일: 유토피아(주)는 광고기획서비스를 제공하였으므로 매출수익 800만원을 인식하고, 받지 않은 용역대금 잔여액 200만원은 매출채권으로 기록한다. 에이스상사(주)의 경우는 광고비 800만원을 비용으로 인식하고 용역대금 미지급액 200만원은 미지급비용으로 기록한다.

유토피아(주):	(차)	선 수 금	100	(대)	매 출	800
		현 금	500			
		매출채권	200			
에이스상사(주):	(차)	광 고 비	800	(대)	선급비용	100
					당좌예금	500
					미지급비용	200

(3) 9/5일: 유토피아(주)는 매출채권의 회수를 기록하고, 에이스상사(주)는 미지급비용의 지급을 기록한다.

유토피아(주):	(차)	현 금	200	(대)	매출채권	200
에이스상사(주):	(차)	미지급비용	200	(대)	당좌예금	200

종 · 합 · 예 · 제

매출채권에 대한 기대신용손실 추정과 회계처리

노원기업(주)의 2×20년 말(기말)의 매출채권 보유액과 신용손실률 자료는 다음과 같다. 수정분개 전의 대손충당금 계정잔액은 0이라고 가정한다.

연체 일수에 따른 분류	매출채권금액	기대손실률(%)
연체되지 않은 매출채권	₩3,000,000	0.5
1~30일 연체된 매출채권	1,000,000	2.0
31~60일 연체된 매출채권	800,000	20.0
61일 이상 연체된 매출채권	500,000	40.0
합 계	₩5,300,000	–

물음

(1) 위 매출채권에 대한 기대신용손실은 얼마로 추정되는가?

(2) 2×20년 말에 필요한 수정분개를 하라.

(3) 2×21년 5/4일에 거래처(채무자)가 도산함에 따라 매출채권 ₩200,000이 회수불능인 것으로 판단하였다. 이에 대한 분개는?

(4) 2×21년 8/15일에 또 다른 거래처(채무자)가 도산하여 매출채권 ₩250,000이 회수불능인 것으로 판단하였다. 이에 대한 분개는?

(5) 2×21년 10/5일에 노원기업(주)은 이전에 대손 확정 판단으로 제거하였던 매출채권 중 ₩150,000을 회수하였다. 이에 대한 분개는?

(6) 2×21년 12/31일에 노원기업(주)이 보유한 매출채권 총액은 ₩8,000,000인데 이에 대해 기대신용손실을 추정한 결과 ₩600,000이다. 필요한 수정분개를 하라.

(7) 2×21년 말의 매출채권과 관련하여 2×21년도 부분재무상태표와 부분포괄손익계산서를 작성하라.

풀이

(1) 3,000,000×0.5%＋1,000,000×2.0%＋800,000×20%＋500,000×40%＝₩395,000

(2) 수정분개 전의 대손충당금 잔액이 0이므로 대손충당금 설정액은 ₩395,000이다.

(차) 대손상각비	395,000	(대) 대손충당금	395,000

(3) 대손 확정된 금액 ₩200,000은 대손충당금 잔액 ₩395,000보다 적으므로,

(차) 대손충당금	200,000	(대) 매출채권	200,000

(4) 대손 확정된 금액 ₩250,000은 8/15일 당시 남아 있는 대손충당금 ₩195,000(=395,000−200,000)보다 많으므로 그 초과분 ₩55,000은 당기의 대손상각비로 인식한다.

(차) 대손충당금	195,000	(대) 매출채권	250,000
대손상각비	55,000		

(5) 다음의 역분개와 매출채권 회수의 분개를 한다.

(차) 매출채권	150,000	(대) 대손충당금	150,000
(차) 현 금	150,000	(대) 매출채권	150,000

(6) 2×21년 말 재무상태표에 표시되어야 할 대손충당금은 ₩600,000이다. 그런데 수정분개 전의 대손충당금 계정잔액(대변)은 아래에서 보듯이 ₩150,000이다.

대손충당금

(3)	200,000	(2)	395,000
(4)	195,000	(5)	150,000

따라서 ₩450,000(=600,000−150,000)의 대손충당금을 추가로 설정하면 된다.

(차) 대손상각비	450,000	(대) 대손충당금	450,000

(7) 2×21년 말의 매출채권 총액은 ₩8,000,000이고 대손충당금은 ₩600,000이다. 대손상각비는 2×21년 8/15일에 인식한 ₩55,000(물음 4)과 기말에 인식한 ₩450,000(물음 6)의 합계인 ₩505,000이다.

재무상태표 (2×21/12/31)

유동자산:		
매출채권	8,000,000	
대손충당금	(600,000)	
	7,400,000	

포괄손익계산서 (2×21년도)

......	
판매비와 관리비:	
대손상각비	505,000

익힘문제

1. 금융자산(financial assets)이란 어떠한 자산인지 설명하라.
2. 기업들이 현금의 대부분을 요구불예금 형태로 보유하는 이유가 무엇인가?
3. 재무상태표에 표시되는 '현금 및 현금성자산'은 어떤 항목들을 포함하나?
4. 기업이 금융기관에서 취급하는 금융자산 투자상품에 투자하였을 경우 이를 어떻게 분류하여 재무상태표에 표시하는지 설명하라.
5. 은행계정조정표에 포함된 항목 중에서 기업의 수정분개가 필요한 항목은 무엇인가?
6. 비매출채권인 미수금, 미수수익 그리고 단기대여금의 의미를 각각 설명하라.
7. 이자부 약속어음에 표시된 액면금액과 이자율의 의미를 각각 설명하라.
8. 충당금 설정률표를 이용한 추정방법에서는 매출채권의 기대신용손실을 어떻게 추정하는지 설명하라.
9. 대손충당금(loss allowance)이란 무엇인가?
10. 대손상각비(bad debt expense)의 의미를 설명하라.
11. 회계기말의 수정분개에 포함되는 대손충당금은 어떻게 계산되는 금액인가?
12. 특정 매출채권을 회수할 수 없다고 판단한 경우에는 대손 확정의 회계처리를 해야 한다. 이때의 분개는 어떻게 하는지 설명하라.
13. 과거에 회수불능 처리했던 매출채권을 다시 회수한 경우에는 어떻게 분개하나?
14. 비매입채무인 미지급금, 미지급비용 및 단기차입금의 의미를 각각 설명하라.
15. 선급금과 선급비용의 의미를 각각 설명하라.
16. 선수금과 선수수익의 의미를 각각 설명하라.

연습문제

[7-1] 기본개념의 이해

아래의 빈칸에 알맞은 단어나 숫자를 기입하라.

(1) 현금과 ( ), 소액현금 그리고 현금성자산은 재무상태표에서 '현금 및 현금성자산'으로 통합 표시한다.

(2) 취득 당시 만기가 ( )개월 이내인 금융자산은 일반적으로 현금성자산으로 분류한다.

(3) 현금성자산으로 분류되지 않는 금융자산 투자상품 중에서 재무보고기간 말로부터 1년 이내에 만기가 도래하는 것은 ( )으로 분류하고, 만기가 1년 넘게 남은 것은 ( )으로 분류하여 재무상태표에서 장기금융자산으로 표시한다.

(4) 종로기업(주)은 상품 운송용 차량을 500만원에 매각하고 대금은 2개월 후에 받기로 하였다. 이 수취채권은 ( )이라는 자산항목으로 기록한다.

(5) 노원기업(주)은 도봉기업(주)에게 200만원을 대여해 주고 1년 후에 상환받기로 약정하였다. 이 수취채권은 ( )이라는 자산항목으로 기록하며, 재무상태표에는 단기투자자산 등과 통합하여 ( )으로 표시할 수 있다

(6) 송파기업(주)은 7/5일에 액면금액 ₩200,000, 이자율 연 10%, 만기 3개월의 약속어음을 발행하여 광진기업(주)에게 교부하였다. 3개월 후에 광진기업(주)은 액면금액과 함께 이자 ₩( )을 지급받는다.

(7) 수취채권 장부가액 중에서 미래에 회수되지 않을 것으로 예상되는 금액은 재무상태표에서 ( )으로 표시해야 한다.

(8) 서초기업(주)의 재무상태표에는 매출채권이 ₩500,000, 대손충당금이 ₩50,000으로 표시되어 있다. 이 정보는 추후 회수될 것으로 예상되는 매출채권이 [₩500,000, ₩450,000, ₩50,000]임을 알려주고 있다. [ ]에서 올바른 것은?

(9) 강동기업(주)의 3/20일 현재 대손충당금 계정잔액은 ₩80,000이었다. 3/21일에 거래처가 도산하여 매출채권 ₩60,000이 회수불능인 것으로 판단하였다. 이로 인해 대손충당금 계정잔액은 [₩60,000, ₩20,000, ₩0]으로 변화하고, 대손상각비 계상

액은 [₩60,000, ₩20,000, ₩0]이다. [ ]에서 올바른 것을 각각 고른다면?

(10) 신림기업(주)의 9/25일 현재 대손충당금 계정잔액은 ₩50,000이었다. 9/26일에 거래처가 도산하여 매출채권 ₩70,000이 회수불능인 것으로 판단하였다. 이로 인해 대손충당금 계정잔액은 [₩70,000, ₩20,000, ₩0]으로 변화하고, 대손상각비 계상액은 [₩70,000, ₩20,000, ₩0]이다. [ ]에서 올바른 것을 각각 고른다면?

(11) 봉천기업(주)의 10/15일 현재 대손충당금 계정잔액은 ₩10,000이었다. 10/16일에 봉천기업(주)은 이전에 대손 확정 처리했던 매출채권 ₩20,000을 회수하였다. 이로 인하여 대손충당금 계정잔액은 [₩20,000, ₩30,000]으로 변화하고, 매출채권계정의 금액은 [₩20,000 증가한다, 변화하지 않는다]. [ ]에서 올바른 것을 각각 고른다면?

(12) 회계기말에 마포기업(주)의 수정전 대손충당금 계정잔액은 ₩30,000이었다. 이때 현재의 매출채권 전체에 대해 새로 산정한 기대신용손실 금액이 ₩50,000이라면, 마포기업(주)은 [₩20,000, ₩30,000, ₩50,000]의 대손충당금을 추가로 설정해야 한다. [ ]에서 올바른 것은?

(13) 상계기업(주)은 상품 100개를 주문하면서 계약금으로 ₩30,000을 송금하였다. 이 계약금 지급액은 (   )이라는 자산항목으로 기록한다.

[7-2] 금융자산과 비금융자산의 식별

다음은 재무상태표 또는 주석에 표시되는 다수 자산항목들을 나열한 것이다.

현금 및 현금성자산	타실체의 회사채에 대한 투자(투자채권)
선급비용	매출채권
미 수 금	미수수익
상　　품	차량운반구
기계장치	단기대여금
금융기관 예금	타실체의 지분증권에 대한 투자(투자주식)
건　　물	선 급 금

물음

(1) 금융자산에 속하는 항목은?
(2) 비금융자산에 속하는 항목은?

[7-3] 현금 및 현금성자산과 금융자산 투자상품의 분류

다음은 영천기업(주)이 2×20년 말 결산시 보유하고 있는 자산항목들이다.

• 지폐와 동전	₩100,000	• 당좌예금	₩2,500,000
• 우표와 수입인지	5,000	• 소액현금	30,000
• 단기대여금	20,000	• 만기가 2년 남은 정기적금	400,000
• 우편환증서	15,000	• 만기가 3개월 남은 정기예금	200,000
• 만기 도래한 국채 이자표	10,000	• 타인발행수표	150,000
• 기업어음(CP, 180일 만기, 2×20년 10/15일 취득)			500,000
• 양도성예금증서(CD, 90일 만기, 2×20년 11/20일 취득)			300,000

물음

(1) 2×20년 말 재무상태표에 표시할 현금 및 현금성자산은 얼마인가?
(2) 2×20년 말 재무상태표에 통합 표시할 단기금융자산은 얼마인가?
(3) 2×20년 말 재무상태표에 통합 표시할 장기금융자산은 얼마인가?

[7-4] 당좌예금거래

다음은 용산기업(주)의 당좌예금 계좌개설과 그 후의 거래 자료이다.

5/1일: 은행에 당좌예금계좌를 개설하고 현금 ₩500,000을 예입하였다.
5/3일: H사로부터 매출채권 ₩400,000을 수표로 지급받았다.
5/5일: 위의 수표 ₩400,000을 당좌예금계좌에 예입하였다.
5/10일: 상품 매입채무 ₩300,000을 지급하기 위하여 수표를 발행하였다.
5/15일: K사로부터 매출채권 ₩250,000의 수표를 받고 당좌예금계좌에 예입하였다.
5/25일: 당좌예금계좌에서 ₩200,000을 인출하여 종업원에게 급여를 지급하였다.

물음

(1) 위의 거래들을 일자별로 분개하라.
(2) 5/25일 현재 당좌예금 잔고는 얼마인가?

[7-5] 은행계정의 조정(I)

다음은 기업의 당좌예금계정의 잔액과 은행거래명세서상의 예금잔액이 달라지게 하는 원인을 나열한 것이다.

항 목	의 미
① 미기록예금	ⓐ 거래처가 기업에 알리지 않고 온라인으로 송금
② 미통지입금	ⓑ 타예금의 이자수익을 은행이 당좌예금계좌에 입금
③ 부도수표	ⓒ 은행이 기업에게 제공한 서비스의 수수료 부과
④ 은행의 수수료 부과	ⓓ 거래처가 아직 인출해가지 않은 수표
⑤ 이자수익 입금	ⓔ 우편으로 예금한 수표가 은행에 도착되지 않은 경우
⑥ 미인출수표	ⓕ 예입한 타인발행수표가 부도처리된 경우

물음

(1) 항목 ①~⑥의 각각에 대해 그 의미에 해당하는 것을 ⓐ~ⓕ에서 고른다면?

(2) 기업측 예금계정과 은행측 예금잔액을 각각 수정하는 데 반영시켜야 할 항목은 무엇인가? 아래의 괄호 속에 ①~⑥을 적절히 기입하라.

기업측 예금계정의 수정	은행측 예금잔액의 수정
수정전 예금잔액	은행거래명세서상의 예금잔액
미기록 항목의 반영:	미기록 항목의 반영:
가산: ( )	가산: ( )
( )	차감: ( )
차감: ( )	오류수정: ± 은행의 기록오류
( )	= 수정후 예금잔액
오류수정: ± 기업의 기록오류	
= 수정후 예금잔액	

[7-6] 은행계정의 조정(II)

양천기업(주)의 12월 말의 당좌예금 계정잔액은 ₩2,580,000이었다. 그런데 거래은행이 보내온 12월 은행거래명세서에서는 예금잔액이 ₩2,741,000으로 되어 있어서 그 차이를 검토한 결과 다음 사항을 발견하였다.

① 매출채권 ₩180,000이 온라인으로 입금되었는데 거래처가 즉시 알려주지 않았다.
② 강서기업(주)이 예입한 타인발행수표 ₩200,000이 부도처리되었다.
③ 거래처에게 ₩300,000의 수표를 발행해 주었는데 아직 인출해가지 않았다.
④ 신용카드로 ₩80,000을 지급하였는데, 신용카드사에서 아직 인출해가지 않았다.
⑤ 우편으로 예금한 ₩150,000이 은행거래명세서에 포함되어 있지 않았다.

⑥ 매출채권 회수액으로 받은 ₩39,000의 수표를 예입하면서 분개할 때 회계담당자가 금액을 ₩93,000으로 잘못 기록한 사실이 발견되었다.
⑦ 은행이 다른 예금에 대한 이자수익 ₩5,000을 당좌예금계좌에 입금하였다.

물음

(1) 양천기업(주)의 12월 말의 정확한 당좌예금 잔액이 얼마인가?
(2) 위의 (1)에 근거하여 양천기업(주)이 실시해야 할 수정분개는?

[7-7] 수취채권과 지급채무

다음은 7월 중에 발생한 김포기업(주)의 채권 · 채무 관련 거래들이다.

7/1일: 상품을 ₩300,000에 신용판매하고 대금은 2개월 후에 받기로 하였다.
7/2일: 창고용 부지(장부가액 ₩800,000)를 거래처인 일산기업(주)에게 ₩800,000에 매각하고 대금은 7/31일에 받기로 하였다.
7/5일: 연 8%의 이자율로 ₩500,000을 고양기업(주)에게 1년간 대여하였는데, 당좌예금 계좌이체 방식으로 송금하였다.
7/18일: 비품을 ₩100,000에 구입하고 대금은 1개월 후에 지급하기로 하였다.
7/20일: 은행에서 연 7%의 이자율로 ₩1,000,000을 1년간 차입하고 당좌예금계좌에 예입하였다.
7/25일: 지난 6월에 미지급된 통신비 ₩50,000을 수표 발행하여 지급하였다.
7/31일: 창고용 부지 매각대금 ₩800,000이 당좌예금계좌에 온라인 입금되었다.

물음

(1) 김포기업(주) 입장에서 위의 채권 · 채무 관련 거래들을 일자별로 분개하라(상품매출시 매출원가에 대한 분개는 생략한다).
(2) 7/2일 및 7/31일 거래에서 일산기업(주)은 어떤 분개를 해야 하나?
(3) 7/5일 거래에서 고양기업(주)은 어떤 분개를 해야 하나?
(4) 7월 중에 김포기업(주)의 수취채권이 얼마나 증가하였나?
(5) 7월 중에 김포기업(주)의 지급채무가 얼마나 증가하였나?

[7-8] 어음매출과 대금회수

2×20년 10/31일에 파주기업(주)은 소매상인 일산기업(주)에게 상품을 신용판매하고 액면금액 ₩200,000의 약속어음(3개월 만기, 액면이자율 연 9%)을 받았다. 판매한 상품의 취득원가는 ₩120,000이다. 두 기업은 계속기록법을 사용하여 상품매매거래를 기록하고 있다.

물음

(1) 2×20년 10/31일의 파주기업(주)의 매출거래를 분개하라.
(2) 2×20년 10/31일의 일산기업(주)의 매입거래를 분개하라.
(3) 결산일인 2×20년 12/31일에 어음에 관한 파주기업(주)의 기말 수정분개는?
(4) 결산일인 2×20년 12/31일에 어음에 관한 일산기업(주)의 기말 수정분개는?
(5) 만기일인 2×21년 1/31일에 일산기업(주)은 액면금액과 이자를 수표 발행하여 지급하였다. 파주기업(주) 입장에서 분개하라.
(6) 위의 (5)에서 일산기업(주)의 분개는?

[7-9] 대손회계(Ⅰ) - 충당금 설정률표에 의한 기대신용손실 추정

다음은 2×20년 말 현재 광주기업(주)의 매출채권에 대한 충당금 설정률표이다.

연체 일수에 따른 분류	매출채권금액	기대손실률(%)
연체 일수가 30일 이내인 매출채권	₩800,000	0.5
연체 일수가 31~60일인 매출채권	500,000	5.0
연체 일수가 61~90일인 매출채권	250,000	20.0
연체 일수가 91일 이상인 매출채권	130,000	50.0

물음

(1) 위 기대손실률을 적용할 때 2×20년 말 현재 기대신용손실과 회수가능 예상액은 각각 얼마인가?
(2) 2×20년 말 재무상태표에 표시되어야 할 대손충당금은 얼마인가?
(3) 위의 (2)와 같이 표시하기 위하여 광주기업(주)이 실시해야 할 기말 수정분개는? 단, 수정분개 전의 대손충당금 계정잔액은 ₩50,000이다.

[7-10] 대손회계(Ⅱ) - 대손 확정 및 대손충당금 설정

2×20년 초에 여주기업(주)의 대손충당금은 ₩154,000이었다. 다음은 2×20년 중에 발생한 대손 관련 거래이다.

---

① 2×20년 3/5일에 거래처의 부도로 매출채권 ₩100,000이 회수불능인 것으로 판단하였다.
② 2×20년 7/20일에 또 다른 거래처가 도산하여 매출채권 ₩60,000이 회수불능인 것으로 판단하였다.

③ 2×20년 말의 매출채권 총액에 대해 새로 추정한 기대신용손실은 ₩180,000이다.

물음

(1) 2×20년 3/5일에 필요한 분개를 하라.
(2) 2×20년 7/20일에 실시해야 할 분개는?
(3) 2×20년 말의 대손충당금 설정에 관한 기말 수정분개는?
(4) 2×20년도 포괄손익계산서에 계상되는 대손상각비는 얼마인가?

[7-11] 대손회계(III)-대손 확정, 회수 및 대손충당금 설정

영동기업(주)의 2×19년 말 재무상태표에 매출채권은 ₩1,500,000 그리고 대손충당금은 ₩100,000으로 표시되어 있었다. 다음은 2×20년 중에 발생한 대손 관련 거래이다.

---

① 2×20년 5/10일에 영서기업(주)에 대한 매출채권 ₩40,000을 대손 확정으로 판단하였다.
② 2×20년 8/25일에 평창기업(주)이 도산함에 따라 매출채권 ₩70,000이 회수불능인 것으로 판단하였다.
③ 2×20년 9/20일에 영서기업(주)에 대한 매출채권 ₩40,000(5/10일에 대손 확정 처리) 중 ₩30,000을 회수하였다.
④ 2×20년 말의 매출채권 총액에 대해 새로 추정한 기대신용손실은 ₩150,000이다.

물음

(1) 2×20년 5/10일에 필요한 분개를 하라.
(2) 2×20년 8/25일에 필요한 분개는?
(3) 2×20년 9/20일의 회수에 관한 분개는?
(4) 2×20년 말의 대손충당금 설정에 관한 기말 수정분개는?
(5) 2×20년 말 재무상태표에는 대손충당금이 얼마로 표시되는가?
(6) 2×20년도 포괄손익계산서에 계상되는 대손상각비는 얼마인가?

[7-12] 대손회계(IV)-대손 확정, 회수 및 대손충당금 설정

문제 [7-11]에서 영동기업(주)의 대손 관련 거래가 아래와 같다고 가정하자. 아래에서는 영서기업(주)에 대한 ①과 ③이 문제 [7-11]과 다르다. 즉, ₩40,000 중 ₩30,000을 먼저 회수하고 나중에 나머지 ₩10,000을 회수불능으로 판단한 경우이다.

① 2×20년 5/10일에 영서기업(주)에 대한 매출채권 ₩40,000 중 ₩30,000을 회수하였다.
② 2×20년 8/25일에 평창기업(주)이 도산함에 따라 매출채권 ₩70,000이 회수불능인 것으로 판단하였다.
③ 2×20년 9/20일에 영서기업(주)에 대한 매출채권 ₩10,000이 회수불능인 것으로 판단하였다.
④ 2×20년 말의 매출채권 총액에 대해 새로 추정한 기대신용손실은 ₩150,000이다.

물음

(1) 2×20년 5/10일의 회수에 관한 분개를 하라.
(2) 2×20년 8/25일에 필요한 분개는?
(3) 2×20년 9/20일에 필요한 분개는?
(4) 2×20년 말의 대손충당금 설정에 관한 기말 수정분개는?
(5) 2×20년도 포괄손익계산서에 계상되는 대손상각비는 얼마인가? 그리고 문제 [7-11]의 물음 (6)에서와 동일한가?

[7-13] 매출채권계정의 변동내용 분석

다음은 대구기업(주)의 2×20년도 매출채권계정의 변동내용을 나타낸 것이다.

매출채권

기초금액(2×20/1/1)	800,000	연간 회수액*	(?)
연간 신용매출액	1,700,000	연간 대손 확정액	80,000

* 과거에 대손 확정 처리한 매출채권의 회수는 없다고 가정한다.

물음

(1) 다음은 매출채권계정의 변동에 관한 등식이다. ( )에 적절한 단어를 기입하라.

기초 매출채권 + 신용매출액 = 회수액 + 대손 확정액 + (   )

(2) 기말(2×20년 말)의 매출채권 보유액이 ₩1,070,000이라면 2×20년 중에 회수된 매출채권은 얼마인가?

[7-14] 매출채권 및 대손충당금계정의 변동내용 분석

안산기업(주)의 2×20년 초 재무상태표상의 매출채권은 ₩1,500,000이고 대손충당금은 ₩80,000이었다. 2×20년 중에 발생한 매출채권 관련 거래는 다음과 같다.

① 2×20년도의 신용매출액 합계	₩3,500,000
② 2×20년 중 회수된 매출채권 합계	3,150,000
③ 2×20년 중 대손 확정으로 제거한 매출채권 합계	70,000
④ 2×20년 말의 대손상각비 계상액	61,200

물음

(1) 위의 ①~③을 각각 단일 거래로 가정하여 분개한 후, 분개 내용을 매출채권계정과 대손충당금계정에 전기하라.

(2) 2×20년 말의 매출채권 보유액은 얼마인가?

(3) 다음은 안산기업(주)의 2×20년 중 대손충당금계정의 변동에 관한 등식이다. ( )에 적절한 단어를 기입하라.

기초 대손충당금 + (A) = 대손 확정액 + (B)

(4) 위의 ④에 있는 대손상각비 계상액의 분개를 하고 대손충당금계정에 전기하라.

(5) 2×20년 말 재무상태표에 표시되는 대손충당금은 얼마인가?

[7-15] 종합문제

다음은 영주기업(주)의 2×20년도 재무제표를 작성하기 위한 자료이다.

① 2×20년 말(결산일) 현재 보유하고 있는 현금과 예금은 다음과 같다.

• 지폐 및 동전	₩26,000	• 당좌예금계정의 잔액	₩2,528,000
• 소액현금	₩80,000	• 만기가 1년 남은 정기예금	₩200,000

② 12월의 은행거래명세서에 의하면, 정기예금의 이자 ₩1,000이 당좌계좌에 입금되어 있다. 이 예금이자는 영주기업(주)의 당좌예금계정에 반영되지 않은 것이다.

③ 2×20년 10/31일에 창고용 부지를 구입하면서 액면금액 ₩1,500,000의 약속어음(만기 3개월, 연 이자율 8%)을 교부하였다.

④ 2×20년 말의 매출채권은 ₩500,000이며, 수정분개 전의 대손충당금 계정잔액은 ₩2,000이다. 영주기업(주)은 기말 매출채권의 2%를 기대신용손실로 추정한다.

⑤ 위의 ③항 외에, 2×20년 말의 유동부채로는 매입채무 ₩350,000이 있다.

물음

(1) 위의 ①~⑤ 중에서 기말 수정분개사항이 있으면 적절히 분개하라.

(2) 위의 사항들을 모두 반영하여 영주기업(주)의 2×20년도 부분재무상태표를 아래와 같이 작성하라.

부분재무상태표

영주기업(주) 2×20년 12월 31일

유동자산:			유동부채:	
현금 및 현금성자산		( )	매입채무	₩350,000
단기금융자산		( )	( )	( )
매출채권	( )		( )	( )
대손충당금	( )	( )		
합 계		( )	합 계	( )

제8장

재 고 자 산

재고자산은 기업이 영업활동을 통해 판매할 목적으로 보유하는 자산이다. 기업은 회계기간 중에 재고자산을 취득하여 보유하면서 판매활동을 한다. 회계기간 동안 판매되지 않고 남은 것은 기말 보유 재고자산인 동시에 다음 회계기간의 기초 보유 재고자산이다. 따라서 재고자산 회계의 주요 주제는 재고자산 취득시의 취득원가 측정, 재고자산 판매에 따른 매출원가(비용)의 인식과 측정, 그리고 기말 재고자산의 측정이라고 할 수 있다. 본 장에서는 이들 주제를 다루며, 아울러 저가기준에 의한 재고자산 평가도 설명한다.

*** 본장에서 다루는 재무제표 항목:**

재 무 상 태 표	
자 산 유동자산 …… • 재고자산: 상 품 제 품 재 공 품 원 재 료 …… 비유동자산	부 채 유동부채 비유동부채 자 본 ……
자산 총계	부채와 자본 총계

포 괄 손 익 계 산 서

매 출 액

매출원가

매출총이익

판매비와 관리비

영업이익

기타수익

기타비용

……

• 재고자산감모손실

……

당기순이익

……

재고자산의 의의와 취득원가 제1절

1.1 재고자산의 의의와 종류

재고자산(inventory)은 기업이 영업활동을 통해 '판매'할 목적으로 보유하고 있는 자산이다. 서비스기업(용역의 제공이 영업목적인 기업)이 아닌 기업, 즉 상품매매기업과 제조기업에서는 재고자산을 취득하여 판매하는 것이 주된 영업활동이다. 이들 기업은 재고자산 판매를 통해 매출수익을 얻고 이익을 창출한다. 따라서 재고자산의 취득 및 판매에 관한 회계는 상품매매기업과 제조기업에서 그 중요성이 매우 크다.

재고자산은 판매목적으로 보유하는 자산이므로, 물리적 형태가 동일한 자산이라도 판매목적으로 보유하는 것이 아니면 재고자산으로 분류하지 않는다. 예를 들어, 현대자동차(주)가 판매목적으로 보유하고 있는 자동차는 재고자산이나, 임직원의 업무에 사용할 목적으로 보유하는 자동차는 비유동자산인 유형자산으로 분류한다.

회계에서는 기업의 형태에 따라 재고자산을 몇 가지로 구분한다. **상품매매기업**은 다른 기업이 만든 완성품을 매입하여 판매하는 기업인데, 상품매매기업이 보유하는 재고자산을 **상품**(merchandise)이라고 부른다. 이에 비하여 판매용 완성품을 직접 만드는 **제조기업**의 재고자산은 완성품을 만들기 위해 보유하는 **원재료**(raw materials), 생산공정 중에 있는 미완성품인 **재공품**(work in process), 그리고 완성된 **제품**(finished goods)과 같이 크게 세 가지로 구성된다.

기업은 회계기간 중에 재고자산을 취득하여 보유하면서 판매활동을 한다. 회계기간 동안 판매되지 않고 남은 것은 기말 보유 재고자산인 동시에 다음 회계기간의 기초 보유 재고자산이다. 따라서 재고자산 회계의 주요 주제는 재고자산 취득시의 취득원가 측정, 재고자산 판매에 따른 매출원가(비용)의 인식과 측정, 그리고 기말

재고자산의 측정이라고 할 수 있다.

기초 보유 및 취득 → 기중 판매: 매출원가의 인식 및 측정
기초 보유 및 취득 → 기말 보유: 기말 재고자산의 측정

1.2 재고자산의 취득원가

재고자산에 관한 첫 번째 회계주제는 재고자산을 취득할 때 그 취득원가를 측정하는 문제이다. 다른 자산의 경우와 마찬가지로, 재고자산의 **취득원가**에는 당해 자산을 취득하는 과정에서 소요된 모든 금액이 포함된다. 즉, 재고자산의 매입가격은 물론, 재고자산 취득에 직접 소요된 **취득부대비용**(예: 운송비, 보험료)이 취득원가에 포함된다. 이렇게 취득부대비용을 취득원가에 포함시키는 이유는, 매입가격과 마찬가지로, 그러한 부대비용도 재고자산을 취득하기 위해 필수불가결하게 지출한 금액이기 때문이다.[1)]

위의 취득원가 계산은 상품매매기업의 재고자산(상품) 취득에 관한 것이다. 제조기업의 경우에도 원재료를 취득할 때 위의 방법으로 취득원가를 측정한다. 그러나 재공품과 제품의 취득원가는 제조원가계산의 절차를 밟아서 측정한다. 즉, 생산공정에 투입된 원재료, 인건비 및 여러 제조경비를 집계하여 제조원가를 계산한다. 이러한 제조원가계산은 원가회계 분야에서 구체적으로 다루기 때문에 여기서는 자세한 논의를 생략하며, 이하에서는 상품매매기업에 초점을 두어 설명한다.

상품매매기업이 제조기업으로부터 상품을 매입하였을 때, 매입한 상품이 불량품이거나 또는 주문한 것과 다른 상품이 오는 경우가 있을 수 있다. 이 경우 매입한 기업은 그 상품을 반품하거나 또는 매입가격을 감해 달라고 요구할 수 있다. 이때 매입한 상품을 반품하는 것을 **매입환출**(purchase returns)이라 부르고, 반품하지 않는 대신 매입가격을 낮춰 받는 것을 **매입에누리**(purchase allowances)라고 부른다. 그리고 이 두 가지를 합쳐 **매입환출 및 에누리**라고 부른다. 이와 같이 매입환출 및

1) 재고자산을 '판매'할 때 지출한 직접부대비용은 판매액에서 차감하지 않고 별도의 비용항목(예: 운송비)으로 처리한다. 매입과 매출과정에서 소요된 부대비용에 관한 회계처리는 제5장의 2.3절에서 다룬 바 있다.

에누리가 있었으면, 그 금액은 상품의 매입액에서 차감해야 한다.

이상의 논의를 요약하면, 재고자산의 취득원가는 매입가격 총액에 취득부대비용을 더하는 한편 매입환출 및 에누리를 차감한 금액으로 측정한다.

> 재고자산의 취득원가 = 매입가격 총액 + 취득부대비용 − 매입환출 및 에누리

한편, 상품매매기업이 고객에게 상품을 판매한 때에도 위와 비슷한 사건이 발생할 수 있다. 판매한 상품이 불량품이어서 고객으로부터 반품되어 온 것을 **매출환입**(sales returns)이라 부르고, 반품받지 않는 대신 판매가격을 감해 주는 것을 **매출에누리**(sales allowances)라고 부른다. 그리고 이 두 가지를 합쳐 **매출환입 및 에누리**라고 부른다. 이와 같이 매출환입 및 에누리가 있었으면 그 금액은 상품의 매출액에서 차감해야 한다.

앞에서 논의한 기업간 거래의 경우, 상품 매입기업의 매입환출 및 에누리는 판매기업의 입장에서 보면 매출환입 및 에누리이다. 따라서 판매기업은 그 해당 금액을 매출액에서 차감해야 한다.

예제 8-1

다음은 노원기업(주)이 상계기업(주)으로부터 매입한 재고자산에 관한 자료이다.

상품 매입가격 총액	600만원	매입환출	20만원
매입에누리	10만원	매입운임	70만원

물음

노원기업(주)의 재고자산 취득원가와 상계기업(주)의 매출액은 각각 얼마인가?

풀이

노원기업(주): 재고자산 취득원가 = 매입가격 총액 + 매입운임 − 매입환출 및 에누리
= 600 + 70 − 30 = 640(만원)

상계기업(주): 매출액 = 매출가격 총액 − 매출환입 및 에누리
= 600 − 30 = 570(만원)

제2절 재고자산 매매거래의 기록방법

2.1 계속기록법과 실지재고조사법

재고자산 매매거래를 기록하는 방법으로서 계속기록법과 실지재고조사법이 있음을 제5장에서 설명한 바 있다. 따라서 여기서는 본장의 주제 설명을 위하여 필요한 부분만을 요약하며, 아울러 몇 가지 사항을 보충적으로 논의한다.

계속기록법(perpetual inventory system)에서는 재고자산이 매매될 때마다 **재고자산**(또는 **상품**)계정과 **매출원가**계정에 기록한다. 즉, 재고자산을 매입하였으면 매입한 재고자산의 취득원가를 재고자산계정(차변)에 기록하며, 판매하였으면 판매한 재고자산의 취득원가를 재고자산계정(대변)에서 차감하고 동시에 그 금액을 비용인 매출원가계정(차변)에 기록한다. 이렇게 회계기간 중에 재고자산의 증감과 매출원가를 계속 기록하기 때문에, 기말에 재고자산계정의 차변잔액은 기말 현재의 재고액을 나타내며, 매출원가계정의 차변합계는 회계기간 전체의 매출원가를 나타낸다.

한편, **실지재고조사법**(줄여서 **실사법**, periodic inventory system)에서는 재고자산의 매입 · 매출시에 재고자산 증감을 기록하지 않고 매출원가도 기록하지 않는다(기말시점까지 매출원가 측정을 미룬다). 다만, 재고자산의 매입액은 **매입**계정(차변)에 기록한다. 기말이 되면 재고량의 실지조사를 하여 기말재고액을 측정하고 이를 이용하여 회계기간 전체의 매출원가를 일괄적으로 산정한다. 그리고 재고자산계정을 기말재고액으로 수정함과 아울러 매출원가를 계정에 기록하기 위한 수정분개를 한다.

실사법을 사용하는 경우에는 매입계정 하나 대신에 매입, 매입운임, 매입환출 및 에누리 등으로 계정을 분할하여 매입거래를 기록하는 방법이 흔히 이용된다.[2)]

2) 계정을 분할하여 사용하는 경우, 매입운임은 당해 계정의 '차변'에 기록하고(취득원가의 '증가'), 매입환출 및 에누리는 당해 계정의 '대변'(취득원가의 '감소')에 기록한다.

이렇게 계정을 분할하면 재고자산 구매에 관한 자료를 쉽게 추출할 수 있는 이점이 있다. 계정을 분할해서 사용하였을 경우에는 기말에 각 계정별로 금액을 집계하여 당기매입액(=총매입액+매입운임−매입환출 및 에누리)을 계산한다.[3)]

● 재고자산 감모손실

재고자산은 보관과정에서 파손, 도난 등에 의해 감소할 수 있다. 그래서 계속기록법을 사용하는 기업도 기말에 재고실사를 해서 장부상 기말재고량과 실제 기말재고량이 일치하는지를 확인할 필요가 있다. 이때 실제 재고량이 장부상 재고량보다 적으면 그 부족분을 **재고자산 감모손실**로 인식하는 기말 수정분개를 해야 한다. 재고자산의 감모는 영업활동과정에서 정상적인 수준으로 발생(즉, 불가피하게 발생)하는 경우와 비정상적으로 발생(즉, 예외적으로 발생)하는 경우가 있다. 전자의 **정상적 감모손실**은 매출원가에 포함시키고, 후자의 **비정상적 감모손실**은 포괄손익계산서에서 '기타비용'으로 분류한다.[4)]

한편, 실사법의 경우는 기말 실사에서 파악된 실제 재고량을 기말재고량으로 적용하기 때문에 재고자산 감모손실이 자동적으로 매출원가에 포함된다. 예를 들어, 보관과정에서 상품 3개가 멸실되었다면 기말 실사에서도 3개가 없는 것으로 나타날 것이고, 따라서 3개의 감모손실은 자동적으로 매출원가에 포함된다. 다만, 상품 판매시 매출원가를 기록하지 않더라도 판매수량만은 기록해 왔다면, 장부상 재고량과 실제 재고량의 차이가 정상적 감모손실인지 아니면 비정상적 감모손실인지를 판단할 수도 있을 것이다. 이때에도 비정상적 감모손실은 '기타비용'으로 분류해야 한다.

---

3) 기말에 매입계정에서 당기매입액을 계산하려면 다음의 수정분개가 필요하다.

매입운임의 가산:	(차) 매 입	×××	(대) 매입운임	×××
매입환출 및 에누리의 차감:	(차) 매입환출및에누리	×××	(대) 매 입	×××

4) 예를 들어, 상품 5개가 파손되었는데 파손액이 취득원가 기준으로 50만원이라고 하자. 이 중에서 10만원은 정상적 감모손실에 해당하고 나머지 40만원은 비정상적 감모손실로 판단하였다면, 다음과 같이 기말 수정분개를 해야 한다.

(차) 매출원가	10	(대) 재고자산	50
재고자산감모손실	40		

위의 재고자산 감모손실 40만원은 포괄손익계산서에서 '기타비용'으로 분류한다.

참고 기말 재고자산에 포함될 항목

기말 재고자산을 파악함에 있어서는 기업 내에 있지 않은 다음 상품도 고려하여야 한다.

① **미착품**: 상품을 주문하였는데 도착하지 않은 경우 미착품이라고 부른다. 이때 '선적지인도조건'으로 매입하였다면 선적지를 떠나 운송 중에 있는 미착품은 매입자에게 귀속된다. 따라서 그러한 미착품이 있으면 매입자는 기말 재고자산에 포함시켜야 한다. 그러나 '도착지인도조건'으로 매입한 경우의 미착품은 판매자의 기말 재고자산에 포함된다.

② **위탁품**: 위탁판매를 위하여 수탁자에게 보낸 상품을 위탁품(적송품)이라고 부른다. 위탁품은 수탁자가 판매하기 전에는 판매되지 않은 상품이다. 따라서 수탁자가 아직 판매하지 않은 위탁품은 위탁자의 기말 재고자산에 포함된다.

③ **시송품**: 고객에게 상품을 미리 보내는 시용판매를 할 때 미리 보낸 상품을 시송품이라고 부른다. 시송품은 고객의 구매의사표시가 있기 전에는 판매되지 않은 상품이다. 따라서 고객의 구매의사표시가 있기 전의 시송품은 판매자의 기말 재고자산에 포함된다.

2.2 매출원가와 기말 재고자산의 관계

계속기록법과 실사법에 대한 앞의 논의에서 알 수 있듯이, 재고자산 회계의 핵심적 주제는 회계기간의 매출원가와 기말 재고자산을 적절히 측정하는 것이라고 할 수 있다. 그리고 매출원가와 기말 재고자산은 일정한 관계에 있으므로 그 관계를 잘 이해할 필요가 있다.

제5장에서 설명한 바와 같이, **기초 재고자산**과 **당기매입액**의 합계는 당기의 **판매가능 재고자산**의 총액(취득원가 총액)이다. 이 중에서 실제로 판매된 재고자산은 비용인 **매출원가**가 되어 포괄손익계산서에 계상되고, 판매되지 않고 남은 재고자산은 재무상태표에 **기말 재고자산**으로 표시된다. 즉, 기초 재고자산과 당기매입액의 합계인 판매가능 재고자산 총액은 매출원가와 기말 재고자산의 두 요소로 '배분'된다. 따라서 매 회계기간에 다음의 등식이 성립한다. 여기서 모든 항목은 '취득원가'로 측정된 것이다.[5]

5) 앞에서 설명하였듯이, 영업활동과정에서 정상적 수준으로 발생하는 재고자산 감모손실은 매출원가에 포함시키지만, 비정상적 감모손실은 기타비용으로 분류한다. 따라서 비정상적 감모손실이

기초 재고자산	+	당기매입액	=	매출원가	+	기말 재고자산
(기초 보유 재고자산)		(매입한 재고자산)		(판매된 재고자산)		(기말 보유 재고자산)
|←── 판매가능 재고자산 ──→|				↓		↓
				포괄손익계산서의 비용		재무상태표의 자산

예를 들어, 기초 재고자산이 100만원이고, 당기매입액이 500만원이라고 가정하자. 그러면 당기의 판매가능 재고자산은 600만원이다. 이 중에서 실제로 판매된 재고자산이 480만원이라면 당기의 매출원가가 480만원으로 인식되고, 기말 재고자산은 자동적으로 120만원(=600−480)이 된다. 또는 기말 재고자산이 120만원으로 먼저 측정되었으면 매출원가는 자동적으로 480만원이 된다.

위의 등식은 매 기간에 성립하지만, 기말시점에서 매출원가와 기말 재고자산을 측정하는 절차는 계속기록법과 실사법 간에 차이가 있다. 앞의 2.1절에서 설명한 바와 같이, 계속기록법을 사용할 때에는 해당 계정에서 매출원가와 기말 재고자산을 동시에 알 수 있다. 그러나 실사법을 사용할 때에는 재고실사를 하여 기말 재고자산을 먼저 측정한 후, 이를 이용하여 다음과 같이 매출원가를 측정한다.

매출원가	= 기초 재고자산	+ 당기매입액	− 기말 재고자산
↓	↓	↓	↓
기간 전체의 매출원가	재고자산계정의 기초금액	매입계정의 금액	재고실사를 통해 측정한 금액

위에서 매입계정 금액은 매입액에 매입운임을 가산하고 매입환출 및 에누리는 차감한 것을 가리킨다(즉, 매입한 재고자산의 취득원가).

위의 등식들은 '금액'(취득원가)의 관점에서 표현되어 있지만, '수량'의 관점에서도 성립한다. 즉, 매 회계기간에 다음의 수량등식이 성립한다.

기초재고량 + 당기매입량 = 당기판매량 + 기말재고량

|←── 판매가능 수량 ──→|

발생한 경우에는 위의 등식이 다음과 같이 수정된다.

판매가능 재고자산 = 매출원가 + 기말 재고자산(실제 보유) + 비정상적 감모손실 그러나 기초 재고자산의 매입단가(unit cost)와 당기 중 매입한 재고자산의 매입단가는 동일하지 않을 수 있다. 왜냐하면, 재고자산의 매입단가는 변동할 수 있기 때문이다. 또한 당기 중에 재고자산을 여러 번 매입한 경우에도 매입단가는 서로 다를 수 있다. 이러한 매입단가 변동은 판매가능 재고자산의 취득원가 총액을 매출원가와 기말 재고자산으로 '배분'할 때 고려해야 할 문제가 되는데, 이 문제는 제3절에서 구체적으로 다룬다.

예제 8-2

커피메이커를 판매하는 용산기업(주)의 5월의 매입 · 매출 관련 자료는 다음과 같다.

4월 30일의 재고량 = 5월의 기초재고량 = 100개
5월 중 매입한 수량 = 5월의 당기매입량 = 600개
5월 31일의 재고량 = 5월의 기말재고량 = 120개
커피메이커 매입단가(단위당 취득원가) = 3만원

물음

(1) 5월의 판매가능 재고자산 총액(취득원가)은 얼마인가?
(2) 용산기업(주)은 5월 중에 몇 개의 커피메이커를 판매하였는가?
(3) 5월의 기말 재고자산과 매출원가는 각각 얼마인가?
(4) 5월의 매출액이 2,900만원이라면 매출총이익은 얼마인가?
(5) 5월의 기말재고량이 120개가 아니고 150개라고 가정하자. 그러면 5월의 기말 재고자산과 매출원가는 각각 얼마로 산정되는가?

풀이

(1) 판매가능 재고자산 = 기초 재고자산 + 당기매입액
= (100개×3) + (600개×3) = 2,100 (만원)

(2) 5월의 기초재고량이 100개였고 5월 중 매입량이 600개이므로 5월의 판매가능 수량은 700개이다. 판매 후 남은 기말재고량이 120개이므로 5월에 판매된 수량은 다음과 같이 계산된다.

당기판매량 = 기초재고량 + 당기매입량 − 기말재고량
= 100 + 600 − 120 = 580 (개)

(3) 커피메이커의 매입단가(단위당 취득원가)가 3만원이므로,

기말 재고자산 = 기말재고량 120개×3 = 360(만원)
매출원가 = 당기판매량 580개×3 = 1,740(만원)
또는, 매출원가 = 판매가능 재고자산 − 기말 재고자산
= 2,100 − 360 = 1,740(만원)

(4) 매출총이익 = 매출액 − 매출원가 = 2,900 − 1,740 = 1,160(만원)

(5) 기말 재고자산 = 150개×3 = 450(만원)
매출원가 = 2,100 − 450 = 1,650(만원)

재고자산 원가흐름의 가정과 원가배분 제3절

3.1 원가흐름의 가정

재고자산의 매입단가(단위당 매입가격)는 불변적이지 않고 변동할 수 있다. 예를 들어, 주유소가 정유회사로부터 공급받는 휘발유 가격은 자주 변동한다. 이와 같이 매입단가가 오르거나 내릴 때에는 동일한 수량의 재고자산이라도 취득원가가 달라진다.

재고자산의 매입단가가 변동하는 상황에서는 매출원가와 기말 재고자산의 금액을 어떻게 측정하는가의 문제가 대두한다. 예를 들어, 청바지를 판매하는 이화기업(주)이 청바지 2벌을 보유하고 있었는데, 1벌은 ₩20,000에 매입한 것이고 다른 1벌은 나중에 ₩30,000에 매입한 것이라고 가정하자. 이 경우 판매가능 재고자산(청바지 2벌)의 취득원가 총액은 ₩50,000이다. 이제 고객이 와서 청바지 1벌을 판매하여 1벌이 기말재고로 남아 있다고 가정하자. 그러면 이화기업(주)은 매출원가와 기말 재고자산을 각각 얼마로 기록해야 할까?

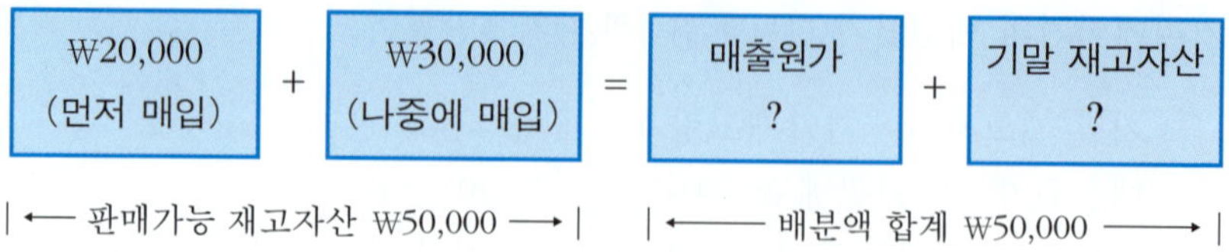

만약 위에서 청바지 1벌은 성인용이고 다른 1벌은 어린이용이었다면 당연히 각각의 취득원가와 판매가격이 다를 것이고, 따라서 어느 것이 판매되었는지에 따라 매출원가와 기말 재고자산을 측정해야 할 것이다. 이와 같이 사양이나 형태가 달라서 서로 구별되는 재고자산(예: 보석, 대형컴퓨터, 선박, 부동산)의 경우는 구체적으로 어떤 것이 판매되었는지를 확인하여 그 취득원가를 매출원가로 기록하고, 남아 있는 것의 취득원가는 기말 재고자산으로 기록한다. 이러한 회계방법을 **개별법**(specific identification method)이라고 부른다.

그런데 만약 위에서 청바지 2벌이 모두 성인용이어서 서로 구별되지 않는 상품이었다면 어떻게 해야 할까? 이와 같이 동일한 재고자산의 경우는 어느 것이 판매된 것으로 보는가에 따라 매출원가와 기말 재고자산 금액이 달라질 수 있다. 이 문제에 대하여 전통적으로 회계에서는 다음과 같은 세 가지 가정이 논의되고 있으며, 이를 **재고자산 원가흐름의 가정**(cost flow assumptions)이라고 부른다.

첫째, 먼저 매입한 것이 먼저 판매된 것으로 가정하는 방법이 있으며 이를 **선입선출법**(first-in, first-out method, FIFO)이라고 부른다. 위의 청바지 판매에 선입선출법을 적용하면, 먼저 매입한 것은 ₩20,000짜리이므로 이것이 팔렸다고 가정하여 매출원가를 ₩20,000으로 기록하고 기말 재고자산은 ₩30,000으로 기록한다.

둘째, 재고자산의 평균 취득원가(즉, 평균 매입단가)를 적용하는 방법이 있으며 이를 **평균법**(average cost method)이라고 부른다. 위의 청바지 판매에 평균법을 적용하면, 평균 취득원가는 ₩25,000[=(20,000+30,000)÷2]이므로 매출원가를 ₩25,000으로 기록하고 기말 재고자산도 ₩25,000으로 기록한다.

셋째, 나중에 매입한 것이 먼저 판매된 것으로 가정하는 방법도 있으며 이를 **후입선출법**(last-in, first-out method, LIFO)이라고 부른다. 위의 청바지 판매에 후입선출법을 적용하면, 나중에 매입한 것은 ₩30,000짜리이므로 이것이 팔렸다고 가정하여 매출원가를 ₩30,000으로 기록하고 기말 재고자산은 ₩20,000으로 기록한다.

위 중에서 후입선출법은 일반적으로 재고자산의 실제 실물흐름을 반영하지 못한다는 단점이 있어서, 「한국채택국제회계기준」은 후입선출법을 인정하지 않는다. 따라서 기업들은 선입선출법과 평균법 중에서 어느 한 방법을 선택하여 매 회계기간에 계속 적용하면 된다.[6] 다만, 여기서 유의해야 할 것은, 위의 방법들은 회계장부상 적용될 뿐이고, 재고자산의 판매순서를 지정하는 것은 아니라는 점이다(판매순서는 기업이 정하면 된다). 재고자산의 매입 · 매출은 빈번히 일어나기 때문에 언제 매입한 것이 언제 판매되었는지는 구체적으로 확인하기 어렵다. 이러한 이유로 회계에서는 위와 같은 방법들을 적용하고 있다.

제2절에서 설명한 바와 같이, 재고자산 거래를 기록하는 방법에는 계속기록법과 실사법이 있다. 어느 방법으로 기록하더라도, 매입단가가 변동하는 상황에서 매출원가와 기말 재고자산을 측정하려면 원가흐름 가정이 필요하다. 따라서 매출원가와 기말 재고자산을 측정하는 방법으로는 다음의 4가지 조합이 있을 수 있다.

원가배분방법 / 기록방법	선입선출법	평균법
계속기록법	0	0
실지재고조사법	0	0

계속기록법에서는 재고자산이 판매될 때마다 그 판매분의 매출원가를 측정하는데 비하여, 실사법의 경우에는 기말시점에 와서 회계기간 전체의 매출원가를 한꺼번에 측정한다. 따라서 위의 원가흐름 가정에 의한 측정결과는 기업이 어느 기록방법을 사용하고 있는가에 따라 달라질 수 있다. 아래에서 위의 원가배분방법을 구체적으로 설명한다.

3.2 선입선출법

선입선출법(FIFO)은 먼저 매입한(first-in) 재고자산이 먼저 판매된(first-out) 것으로 가정한다. 즉, 매입한 순서대로 판매되었다고 가정하며, 따라서 나중에 매입한

6) 기업은 선택한 방법을 계속 적용해야 하며, 아무 때나 변경하는 것은 허용되지 않는다. 임의적 변경을 허용하면, 의도적으로 매출원가 금액을 조정하여 이익수치를 조작할 수 있기 때문이다.

재고자산이 기말재고로 남아 있다고 가정한다. 기업에 따라서는 재고자산의 실제 실물흐름(physical flow)(즉, 판매순서)이 선입선출의 패턴에 가까운 경우도 있다. 이러한 경우 선입선출법을 적용하면 실제의 실물흐름을 잘 반영할 수 있다.

계속기록법으로 재고자산 거래를 기록하면서 선입선출법을 적용하면, 판매시점마다 당시 보유한 재고자산 중에서 가장 먼저 매입한 것부터 매출원가에 포함된다. 실사법을 사용하면서 선입선출법을 적용하면, 회계기간 전체의 판매가능 재고자산 중에서 가장 먼저 매입한 것부터 매출원가에 포함된다. 따라서 선입선출법을 적용하여 측정한 당기 매출원가와 기말 재고자산은 계속기록법과 실사법 간에 결과적으로 차이가 없다. 즉, 매입한 순서대로 판매되었다고 가정하기 때문에 매출원가와 기말 재고자산 측정결과가 같아진다.

다음은 명동기업(주)의 6월 중 재고자산 매입 · 매출에 관한 자료인데, 매입단가가 ₩50, ₩60, ₩70으로 계속 상승하고 있다. 회계기간이 한 달이라 가정하고, 선입선출법이 어떻게 적용되는지를 아래에서 구체적으로 살펴보자.

거래 일자	수 량	매입단가	판매단가	총원가
기초재고: 6/1일	150	₩50		₩7,500(=150개×₩50)
매 입: 6/10일	250	60		15,000(=250개×₩60)
매 출: 6/20일	(300)	?	₩100	?
매 입: 6/25일	100	70		7,000(=100개×₩70)
기말재고: 6/30일	200	?		?

• 판매가능 재고자산 = 기초 재고자산 + 당기매입액
= 7,500 + [15,000 + 7,000] = ₩29,500

● 실사법하에서 선입선출법을 적용한 경우

실사법에서는 기말에 재고량의 실지조사를 하여 기말 재고자산을 먼저 측정한 후, 이를 판매가능 재고자산에서 차감하여 당기 매출원가를 계산한다. 6월 말의 재고를 실지조사한 결과, 위의 자료와 같이 200개라고 가정하자. 이때 선입선출법을 적용하면, 기말재고 200개는 가장 나중에 매입한 재고자산인 6/25일 매입분 100개 전부와 6/10일 매입분 중 100개로 구성된 것으로 가정한다. 따라서 기말 재고자산과 당기 매출원가는 각각 다음과 같이 측정된다.

> • 기말 재고자산 = 6/10일 매입분 중 100개×₩60 + 6/25일 매입분 100개×₩70
> = ₩13,000
> • 매출원가 = 판매가능 재고자산 29,500 − 기말 재고자산 13,000 = ₩16,500

● 계속기록법하에서 선입선출법을 적용한 경우

앞에서 언급하였듯이, 선입선출법에 의한 측정결과는 실사법과 계속기록법 간에 차이가 없다. 이를 확인하여 보자.

앞의 자료에서 6/20일에 300개의 판매가 있었다. 선입선출법은 6/20일 당시 보유한 재고자산 중에서 먼저 매입한 것부터 먼저 판매되었다고 가정하므로, 6/20일의 300개 판매는 기초재고 150개 전부와 6/10일 매입분 중 150개로 구성된다. 그리고 기말재고 200개는 6/10일 매입분 중 나머지 100개와 6/25일 매입분 100개로 구성된다. 따라서 6월의 매출원가와 기말 재고자산은 각각 다음과 같이 측정된다.

> • 매출원가 = 기초재고 150개×₩50 + 6/10일 매입분 중 150개×₩60 = ₩16,500
> • 기말 재고자산 = 6/10일 매입분 중 100개×₩60 + 6/25일 매입분 100개×₩70
> = ₩13,000
>
> (또는, 기말 재고자산 = 판매가능 재고자산 29,500 − 매출원가 16,500 = ₩13,000)

6월의 매입 · 매출시점별 재고 증감내역과 매출원가 그리고 기말 재고자산의 계산을 정식으로 회계장부(상품재고장)에 기록한 결과를 보이면 아래와 같다. 여기서도 보듯이, 6월의 매출원가는 ₩16,500이고 기말 재고자산은 ₩13,000이다.

일자	기초재고 및 매입			매 출			재 고		
	수량	매입단가	총원가	수량	매입단가	총원가	수량	매입단가	총원가
기초	150	50	7,500				150	50	7,500
6/10	250	60	15,000				150	50	7,500
							250	60	15,000
6/20				150	50	**7,500**	100	60	6,000
				150	60	**9,000**			
6/25	100	70	7,000				100	60	**6,000**
							100	70	**7,000**
기말	판매가능 재고자산 = 29,500			매출원가 = **16,500**			기말 재고자산 = **13,000**		

● 매입 · 매출거래의 분개와 기말 수정분개

이제 각 매입 · 매출시점과 기말시점에서 필요한 분개를 실시하여 보자. 매입 및 매출은 모두 신용거래였다고 가정한다.

실사법을 사용하는 경우의 분개

매입(6/10):	(차) 매 입	15,000	(대) 매입채무	15,000
매출(6/20):	(차) 매출채권	30,000*	(대) 매 출	30,000*
	*판매량 300개×판매단가 ₩100 = ₩30,000			
매입(6/25):	(차) 매 입	7,000	(대) 매입채무	7,000
기말(6/30):	(차) 매출원가	**16,500**	(대) 매 입	22,000
	재고자산(기말)	**13,000**	재고자산(기초)	7,500

위와 같이, 실사법에서는 각 매입시점에서 매입계정(차변)에 기록하며, 판매시점에서는 매출원가를 기록하지 않는다. 그 대신, 기말(6/30일)에 (앞에서 살펴본 바와 같이) 기말 재고자산과 당기 매출원가를 측정한 후, 그 결과를 이용하여 위의 기말 수정분개를 한다. 이 기말 수정분개를 통하여 비로소 매출원가계정에 ₩16,500이 기록되고 재고자산계정에는 기말재고액 ₩13,000이 기록된다.[7)]

기말 수정분개에서 대변의 매입계정 ₩22,000은 당기 중 매입액을 전부 합산한 것으로서 ₩15,000(6/10일 분개의 차변)과 ₩7,000(6/25일 분개의 차변)의 합계이다. 이 수정분개에 의하여 매입계정은 잔액이 0(零)이 되어 마감된다. 그리고 대변의 재고자산(기초) ₩7,500은 재고자산계정의 차변에 있었던 기초재고액을 제거하기 위한 것이고, 차변의 재고자산(기말) ₩13,000은 기말재고액을 재고자산계정에 기록하기 위한 것이다.

한편, 계속기록법을 사용하는 경우, 각 매입 · 매출시점에서 필요한 분개를 행하면 다음과 같다.

계속기록법을 사용하는 경우의 분개

매입(6/10):	(차) 재고자산	15,000	(대) 매입채무	15,000

7) 위의 기말 수정분개는 제5장 3절에서 다루었던 '요약적 수정분개'이다.

매출(6/20):	(차) 매출채권	30,000	(대) 매　　출	30,000
	매출원가	**16,500**	재고자산	16,500
매입(6/25):	(차) 재고자산	7,000	(대) 매입채무	7,000

위에서 6/20일 분개의 매출원가 ₩16,500은 6/20일에 선입선출법으로 계산한 금액을 '그대로' 기록한 것이다. 6월 중 매출은 6/20일에만 있었으므로 ₩16,500이 6월의 매출원가이다. 또한 위의 모든 분개들을 재고자산계정에 전기하면, 재고자산계정의 차변잔액은 ₩13,000(=기초 7,500+매입 15,000−매출 16,500+매입 7,000)이 되며, 이는 6/30일의 기말 재고자산을 나타낸다. 따라서 계속기록법을 사용하는 경우에는 기말(6/30일)에 수정분개가 필요하지 않다.

3.3 평균법

평균법(또는 **가중평균법**, average cost method)은 평균 매입단가를 적용하여 당기 매출원가와 기말 재고자산을 측정하는 방법이다. 재고자산의 실물흐름이 일정한 패턴을 가지고 있지 않거나 또는 그 패턴을 파악하기 어려운 경우에는 다른 방법보다 평균법이 더 적절하다고 주장되기도 한다. 뒤의 3.5절에서 논의하는 바와 같이, 평균법은 우리나라에서 가장 널리 사용되고 있다.

실사법을 사용하면서 평균법을 적용할 때에는 기말시점에서 평균 매입단가를 계산한다. 즉, 당기의 판매가능 재고자산 총액(=기초재고액+당기매입액)을 당기의 판매가능 총수량(=기초재고량+당기매입량)으로 나누어 총평균 매입단가를 계산하고 이를 기말재고량에 곱하여 기말 재고자산을 측정한다. 당기 매출원가는 판매가능 재고자산에서 기말 재고자산을 차감하여 구한다. 이와 같이 실사법을 사용하는 경우에는 기말에 하나의 총평균 매입단가를 계산하기 때문에 이때의 평균법을 **총평균법**이라고 부른다.

계속기록법을 사용하면서 평균법을 적용하는 경우에는 새로운 매입단가로 재고자산이 매입될 때마다 당시의 판매가능 재고자산에 대해 평균 매입단가를 계산한다. 그리고 판매시점마다 당시의 평균 매입단가를 적용하여 그때의 매출원가를 산정한다. 이와 같이, 계속기록법을 사용하는 경우에는 재고자산이 매입될 때마다 평균 매입단가를 새로 계산하기 때문에 이때의 평균법은 **이동평균법**(moving-average method)이라고 부른다.

위와 같이, 총평균법과 이동평균법은 평균 매입단가의 계산시점과 계산방법이 다르다. 따라서 매입단가가 변동하는 상황에서는 당기 매출원가와 기말 재고자산의 측정결과가 달라진다. 아래에서 두 방법을 비교하여 보자.

● 총평균법을 적용한 경우

앞의 명동기업(주)의 자료에 대하여 총평균법을 적용한 결과는 다음과 같다.

거래 일자	수 량	매입단가	판매단가	총원가
기초재고: 6/1일	150	₩50		₩7,500
매 입: 6/10일	250	60		15,000
매 출: 6/20일	(300)	?	₩100	?
매 입: 6/25일	100	70		7,000
기말재고: 6/30일	200	?		?

• 총평균 매입단가 = 판매가능 재고자산 총원가 ÷ 판매가능 총수량
= (7,500 + 15,000 + 7,000) ÷ (150 + 250 + 100) = ₩59

• 기말 재고자산 = 기말재고량 × 총평균 매입단가 = 200개 × ₩59 = ₩11,800

• 매출원가 = 판매가능 재고자산 29,500 − 기말 재고자산 11,800 = ₩17,700

● 이동평균법을 적용한 경우

계속기록법하에서의 평균법인 이동평균법을 적용한 결과는 다음과 같다.

일자	기초재고 및 매입			매 출			재 고		
	수량	매입단가	총원가	수량	평균단가	총원가	수량	평균단가	총원가
기초	150	50	7,500				150	50	7,500
6/10	250	60	15,000				400	56.25	22,500
6/20				300	56.25	**16,875**	100	56.25	5,625
6/25	100	70	7,000				200	63.13	**12,625**
기말	판매가능 재고자산 = 29,500			매출원가 = **16,875**			기말 재고자산 = **12,625**		

6/10일의 매입분 250개는 매입단가가 ₩60이므로 기초재고 150개의 매입단가 ₩50과 다르다. 따라서 그 합계인 400개에 대하여 평균 매입단가를 계산해야 한다.

6/10일: 평균 매입단가 = 당시 판매가능 재고자산 총원가 ÷ 당시 판매가능 총수량
= (7,500 + 15,000) ÷ (150 + 250) = ₩56.25

위의 평균 매입단가 ₩56.25를 6/20일의 300개 판매에 적용하여 300개의 매출원가를 계산한다.

6/20일: 매출원가 = 판매량 × 평균 매입단가 = 300개 × ₩56.25 = ₩16,875

6월 중 매출은 6/20일에만 있었으므로 위의 ₩16,875이 6월의 매출원가이다.

6/25일에 다시 100개를 매입하였는데 그 매입단가(₩70)가 6/20일 재고 100개의 평균 매입단가(₩56.25)와 다르므로 그 합계인 200개에 대해 평균 매입단가를 다시 계산한다.

6/25일: 평균 매입단가 = 당시 판매가능 재고자산 총원가 ÷ 당시 판매가능 총수량
= (5,625 + 7,000) ÷ (100 + 100) = ₩63.13

6/30일의 기말재고는 6/25일의 재고 200개와 같다. 따라서,

6/30일: 기말 재고자산 = 5,625 + 7,000 = ₩12,625 (평균 매입단가 ₩63.13)

위와 같이, 매출원가(₩16,875)와 기말 재고자산(₩12,625) 측정결과는 총평균법의 경우와 동일하지 않다.

● 매입 · 매출거래의 분개와 기말 수정분개

총평균법 또는 이동평균법을 적용한 경우의 분개는 앞에서 설명한 선입선출법의 경우와 유사하다. 즉, 일자별 분개에서 계정과목들이 동일하며, 총평균법 또는 이동평균법을 적용하여 계산한 금액을 각각 대입하면 된다.

3.4 선입선출법과 평균법의 비교

앞의 여러 소절에서의 계산결과에 의하면, 선입선출법의 경우 실사법과 계속기록법의 구분에 관계없이 당기 매출원가는 동일하게 측정된다. 이에 비하여 평균법의 경우는 실사법을 사용할 때와 계속기록법을 사용할 때의 측정결과가 동일하지 않다.

그런데 가장 중요한 것은, 두 기록방법에 공통적으로, 원가흐름의 가정은 매출원가 측정결과에 체계적인 차이를 가져온다는 점이다. 예를 들어, 앞에서 논의한 명동기업(주)의 경우, 실사법하에서 선입선출법과 총평균법을 각각 적용한 결과를 비교하면 다음과 같다.

매입단가가 오르는 상황에서 매출원가 및 기말 재고자산의 비교

	선입선출법 적용	총평균법 적용
매 출 액	₩30,000	₩30,000
판매가능 재고자산	29,500	29,500
(−) 기말 재고자산	(13,000)	(11,800)
매출원가	**16,500**	**17,700**
매출총이익	**₩13,500**	**₩12,300**
비교: 매출원가	선입선출법 < 총평균법	
매출총이익	선입선출법 > 총평균법	
기말 재고자산	선입선출법 > 총평균법	

위에서 보듯이, 매출원가의 크기가 「선입선출법 < 총평균법」이다. 다시 말하면, 명동기업(주)의 경우처럼 재고자산 매입가격(단위당)이 지속적으로 오르는 상황에서는 선입선출법에서 매출원가가 작게 나타난다. 따라서, 매출액은 원가흐름 가정과 관계없이 동일하기 때문에, 매출총이익(= 매출액 − 매출원가)은 선입선출법에서 많게 나타나고, 총평균법에서 적게 나타난다.

재무상태표에 표시될 기말 재고자산의 크기는, 매출원가의 경우와는 반대로, 「선입선출법 > 총평균법」이다. 왜냐하면, 판매가능 재고자산의 취득원가 총액은

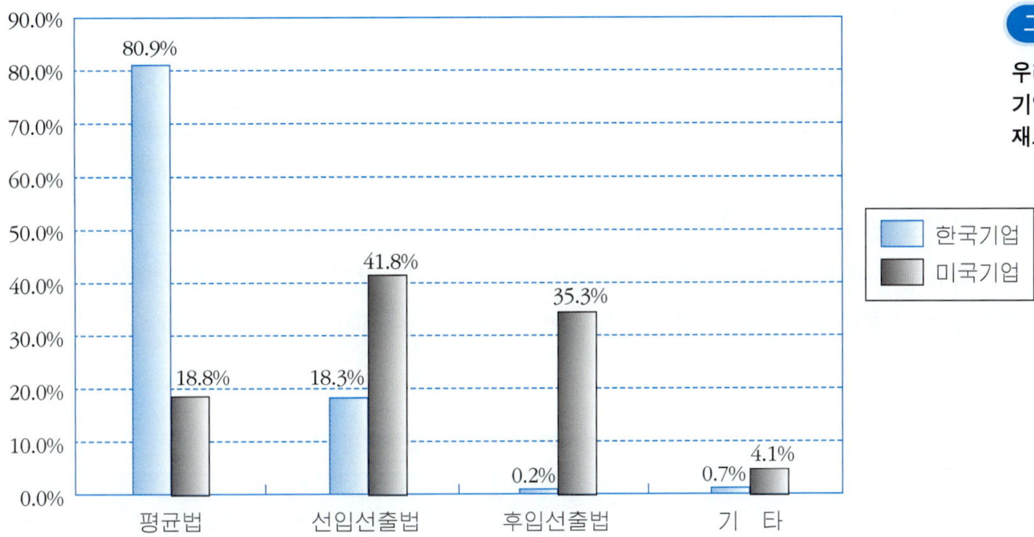

그림 8-1

우리나라와 미국 기업들이 사용하는 재고자산 회계방법

자료: 이대선 · 박성환, "후입선출법에 의한 재고자산평가 사례연구,"「회계저널」(12월호), 1997, pp. 93-114; American Institute of Certified Public Accountants, *Accounting Trends and Techniques*, 1996.

변함이 없으므로, 매출원가가 작아지면 자동적으로 기말 재고자산은 커지기 때문이다.

이상의 논의를 요약하면, 재고자산 매입가격(단위당)이 지속적으로 상승하는 상황에서 선입선출법을 적용하면 평균법에 비하여 회계상 이익이 많아지고 기말 재고자산 금액도 크게 된다. 만일 재고자산 매입가격이 지속적으로 하락하고 있었다면 위와는 반대로 나타난다. 그러나 물가는 하락하기보다는 오르는 것이 일반적 현상이다.

그러면 모든 기업들이 이익이 더 많게 계산되는 선입선출법을 사용하고 있을까? [그림 8-1]은 재고자산 회계방법의 선택에 대한 조사결과를 나타내고 있다. 여기서 보는 바와 같이, 과거에 우리나라에서 가장 많이 사용된 회계방법은 평균법인 것으로 조사되고 있고, 선입선출법을 사용하는 기업의 비율은 그리 높지 않다. 미국의 경우, 선입선출법을 사용하는 기업의 비율이 우리나라보다 높기는 하나, 50%를 넘지 않는다. 이와 같이 많은 기업들이 선입선출법을 사용하지 않고 다른 회계방법을 선택하는 이유가 무엇일까? 이 문제는 아래에서 구체적으로 논의될 것이다.

● 회계방법 선택의 현금흐름효과(세금효과)

앞에서 설명한 바와 같이, 재고자산 매입가격(단위당)이 오르는 상황에서 선입선출법을 사용하면 다른 방법들에 비하여 매출총이익이 많게 나타난다. 그런데 기업은 이익에 대해 세금을 내야 하기 때문에, 매출총이익이 많아지면 납부해야 할 세금도 많아지게 된다. 앞에서 논의한 명동기업(주)의 경우, 매출원가 외에 다른 비용항목이 없다고 가정하고, 세금(법인세)은 세전 이익(여기서는 매출총이익)의 30%라고 가정하자. 그러면 선입선출법과 총평균법을 사용할 경우 납부해야 할 세금은 각각 다음과 같다.

회계방법 선택에 따른 세금 납부액의 차이

	선입선출법	총평균법
매출총이익	₩13,500	₩12,300
(−) 세금(30%)	(4,050)	(3,690)
세후 이익	₩9,450	₩8,610

위에서 보듯이, 선입선출법을 사용하면 매출총이익이 많게 계산되어 세금을 많이 내야 한다. 이에 비하여 총평균법을 사용하면 매출총이익이 적게 계산되어 세금을 적게 낼 수 있다.

위에서 매출총이익의 차이는 단순히 회계방법에 따른 장부상 차이이다. 즉, 매출액은 변함이 없고 매입 · 매출에 따른 현금흐름도 변함이 없는데, 단순히 재고자산 원가흐름의 가정에 의하여 장부상 매출총이익이 다르게 계산될 뿐이다. 그러나 세금은 현금으로 납부해야 한다. 이와 같이 어떤 회계방법을 사용하는가에 따라 납부해야 할 세금이 달라지며, 평균법은 **절세효과**를 가져다준다. 위 표에 제시되지는 않았지만 후입선출법을 사용하면 매출총이익이 가장 적게 계산되어 절세효과가 가장 크다.

요컨대, 재고자산 매입가격(단위당)이 상승하는 상황에서, 선입선출법은 다른 방법들보다 포괄손익계산서에 더 많은 이익을 표시하여 주지만, 반면에 세금은 더 많이 납부해야 하기 때문에 현금흐름 면에서는 불리하다.

위의 현금흐름효과(즉, 절세효과)는 우리나라의 많은 기업들이 선입선출법을 사용하지 않고 평균법을 선택하는 이유의 하나가 된다. 그러나 앞의 [그림 8-1]에서 보는 바와 같이, 선입선출법을 사용하는 기업도 상당히 있다. 이러한 실태는 회계방법을 선택함에 있어 절세효과가 유일한 기준이 아님을 시사하고 있다. 예를 들어, 금융기관의 대출금이 많은 기업의 경우 재무제표에 이익이 적은 것으로 표시되면 대출금의 조기상환을 요구받을 것으로 우려할 수도 있다. 또한, 이익이 적은 것으로 표시되면 주식가격이 떨어질 것으로 우려하는 기업도 있을 수 있다. 이와 같이 기업에 따라서는 세금 혜택보다 이익의 크기를 더 중요시할 가능성이 있으며, 회계방법의 선택은 여러 요인의 영향을 받을 수 있다.

요점

선입선출법과 평균법의 비교

- 재고자산 매입단가가 지속적으로 상승한 경우

포괄손익계산서:	매출원가	→	선입선출법 < 평균법
	매출총이익과 순이익	→	선입선출법 > 평균법
재무상태표:	기말 재고자산	→	선입선출법 > 평균법
세금 납부액(현금유출)		→	선입선출법 > 평균법

- 재고자산 매입단가가 지속적으로 하락한 경우에는 위와 반대로 나타난다.

● 공시 사례

실무에서 기업이 재고자산 회계방법 선택을 공시한 사례를 소개하면 아래와 같다. 아래는 상장회사인 농심(주)의 2022년 재무제표 주석인데, 농심(주)은 상품 · 원재료 · 부산품 등에 대해 이동평균법을 적용하고 있고, 제품 · 재공품 · 반제품에 대해서는 총평균법을 적용하고 있다.

공시 사례 **농심(주)의 2022년도 재무제표 주석에 공시된 내용**

(10) 재고자산

(중략) 연결기업은 재고자산을 아래의 방법에 의하여 산정된 취득원가로 평가하고 있으며, 제품, 재공품 및 반제품의 원가는 원재료비, 직접노무비 및 기타 직접원가와 제조간접비로 구성됩니다.

구 분	평가방법
상 품	이동평균법
제품 · 재공품 · 반제품	총평균법
원재료 · 부재료	이동평균법
부산품 · 기재품 · 식음료	이동평균법
미착품	개별법

제4절 저가기준에 의한 재고자산 평가

제3절에서 설명한 바와 같이, 원가흐름의 가정은 기말 재고자산의 금액을 계산하여 준다. 여기서 '원가'란 취득원가이므로 선입선출법이나 평균법을 적용하여 산정한 기말 재고자산 금액은 **취득원가기준**으로 측정된 것이다. 취득원가는 실제의 매입거래에서 형성된 교환가격이므로 자산의 가액을 취득원가로 측정하면 회계정보의 신뢰성을 높일 수 있는 장점이 있다.

그러나 때로는 취득원가로 표시된 정보는 재무제표이용자들에게 유용한 정보가 되지 못할 수 있다. 예를 들어, 취득원가기준으로 100만원어치의 디지털카메라를 기말 재고자산으로 보유하고 있는데, 성능이 더 좋은 제품이 출시됨에 따라 카메라의 판매가치가 60만원으로 하락하였다고 가정하자. 이때 재무상태표에 기말 재고자산을 100만원으로 표시한다면 이는 실제의 자산가치를 크게 부풀려 표시한 것이므로 재무제표이용자들에게 잘못된 정보를 전달하게 된다.

위와 같은 취득원가기준의 한계점을 고려하여, 「한국채택국제회계기준」은 기말에 **저가기준**(lower of cost or market, LCM)을 적용하여 기말 재고자산을 평가하도록 규정하고 있다. 저가기준이란 취득원가와 기말시점의 **시가**(market price) 중에서 낮은 금액으로 기말 재고자산을 평가하는 방법이다. 여기서 시가는 재고자산의 예상 판매가격에서 예상 판매비용을 차감한 **순실현가능가치**(net realizable value)를 의미한다. 예를 들어, 위의 디지털카메라에 저가기준을 적용하면, 취득원가(100만원)보다 순실현가능가치(60만원)가 낮으므로(예상 판매비용은 0으로 가정) 기말 재고자산을 60만원으로 평가한다. 그리고 취득원가와 순실현가능가치의 차이인 40만원은 **재고자산 평가손실**로 인식하면서 포괄손익계산서의 매출원가에 포함(가산)시킨다.

반면에, 순실현가능가치가 취득원가보다 높은 경우에는 취득원가대로 놔두고 평가이익을 인식하지 않는다. 이와 같이, 평가이익은 인식하지 않고 평가손실만 인식하기 때문에, 저가기준은 기말 재고자산을 보수적으로 평가하는 방법이다. 전통적으로 회계에서는 재무상태표에 자산의 가액을 표시할 때 **보수주의**(conservatism)를 적용하고 있는데, 저가기준 평가는 보수주의가 적용되는 대표적인 예의 하나이다.

요약하면, 기말 재고자산은 선입선출법, 평균법 등을 적용하여 일단 취득원가 기준으로 측정한 다음, 추가적으로 저가기준을 적용하여 평가한다.

● 저가기준 평가의 회계처리와 재무제표 표시

그러면 저가기준에 따라 평가한 결과는 재무제표에 어떻게 표시하는지 논의하여 보자. 예를 들어, 위에서 논의한 디지털카메라의 경우, 기말 재고자산의 취득원가가 100만원이고 저가기준 평가액은 60만원인데, 이 정보를 재무제표에 다음과 같이 표시한다.

재무상태표	
유동자산:	
재고자산	100
재고자산평가충당금	(40)
	60

포괄손익계산서	
매출원가	+40

위와 같이, 재무상태표는 재고자산의 취득원가가 100만원이지만 가치 하락액이 40만원이어서 (저가기준에 의한) 재고자산 평가액이 60만원임을 나타내고 있다. 가치 하락액을 나타내는 **재고자산평가충당금**은 재고자산의 **'차감계정'**이기 때문에 금액을 괄호로 표시한다. 위보다 간결한 표시방법으로서, 재무상태표에 재고자산 평가

액(60만원)만을 표시하고 취득원가와 가치 하락액은 재무제표 주석에 공시하는 방법도 실무에서 널리 사용된다. 그리고 가치 하락액 40만원은 재고자산 평가손실로서 (선입선출법 등을 적용하여 계산된) 매출원가에 포함시킨다.

위와 같이 재무상태표와 포괄손익계산서에 표시하기 위해서는 다음의 기말 수정분개를 해야 한다.

(차) 매출원가	40	(대) 재고자산평가충당금	40
↓		↓	
재고자산 평가손실의 인식		재고자산의 간접 차감	

재고자산평가충당금은 재고자산의 차감계정이기 때문에 위의 분개에서 '대변'에 위치한다.[8] 이는 매출채권에 대해 대손충당금을 설정할 때(제7장에서 논의하였음) 대손충당금이 분개의 대변에 위치하는 것과 유사하다.

● 저가기준 평가의 적용방법: 종목별기준과 총액기준

앞에서는 재고자산이 단일 종목(품목)으로 구성된 경우를 가정하여 설명하였다. 그런데 여러 종목의 재고자산을 보유하고 있는 경우에는 종목에 따라서 시가의 변동이 다를 수 있다. 예를 들어, A상품과 B상품의 두 가지 상품을 보유하고 있는데 기말시점에서 각 종목의 취득원가와 순실현가능가치가 다음과 같다고 가정하자.

---

8) 만약 다음 연도 말에 재고자산의 시가가 전년 말보다 상승하였다면 그 회복된 만큼을 환입시킨다. 다만, 취득원가 이상으로 높아진 부분은 보수주의(conservatism)에 따라 인식하지 않는다. 예를 들어, 위의 디지털카메라의 경우 다음 연도 말에 시가가 70만원으로 상승하였다면, 10만원을 환입시킬 수 있고 다음의 기말 수정분개를 실시한다.

(차) 재고자산평가충당금	10	(대) 매출원가 (재고자산평가손실환입)	10

위의 분개로 재고자산평가충당금은 10만원 감소하고, **재고자산평가손실환입** 10만원은 매출원가에서 차감된다. 즉, 재고자산평가손실환입은 재고자산평가손실의 반대이므로 그 환입액만큼 매출원가를 감소시킨다.

종목	취득원가	순실현가능가치	저가
A상품 B상품	₩5,000 4,000	₩4,500 4,200	₩4,500 4,000
합계	₩9,000	₩8,700	₩8,500

위에서 A상품은 순실현가능가치(₩4,500)가 취득원가(₩5,000)보다 낮지만, B상품의 경우는 순실현가능가치(₩4,200)가 취득원가(₩4,000)보다 높다. 이때 각 종목별로 저가기준 평가를 하면, A상품에 대해서만 ₩500의 재고자산 평가손실이 인식된다.

종목별기준: A상품의 재고자산 평가손실 = 5,000 − 4,500 = ₩500
총액기준: 재고자산 전체의 평가손실 = 9,000 − 8,700 = ₩300

그러나 재고자산 총액을 기준으로 저가기준 평가를 하면, A상품과 B상품의 취득원가 총액이 ₩9,000이고 순실현가능가치 총액이 ₩8,700이므로 재고자산 평가손실은 ₩300이 된다. 이와 같이 **종목별기준**에 비하여 **총액기준**에서 재고자산 평가손실이 작게 계산되는 이유는 B상품의 경우 순실현가능가치가 취득원가보다 높기 때문이다. 즉, B상품의 평가이익(₩200)이 A상품의 평가손실(₩500)과 상쇄되기 때문에, 총액기준으로는 평가손실이 ₩300으로 계산된다.

위와 같이, 종목별기준은 평가손실을 더 많이 인식하기 때문에 총액기준보다 더 보수적인 방법이다. 「한국채택국제회계기준」에서는 종목별기준을 적용하도록 규정하고 있으며, 총액기준은 인정되지 않는다. 다만, 유사한 재고자산은 하나의 그룹으로 묶어서 저가기준 평가를 할 수 있다. 이를 **조별기준**이라고 부른다. 예를 들어, A, B, C의 세 종류 상품이 있을 때, A상품과 C상품이 유사종목이라면 A와 C는 한 그룹으로 통합하여 그 총액을 기준으로 평가손실을 계산하는 것이 조별기준이다. 물론 상품 B에 대해서는 별도로 평가손실을 인식해야 한다.

앞의 예에서 유추할 수 있듯이, 조별기준의 경우도 같은 그룹 내에서 평가손익의 상쇄효과가 발생할 수 있다. 그러나 평가손익의 상쇄효과는 모든 종목을 포함하는 총액기준에서 가장 크게 나타난다. 따라서 재고자산 평가손실을 인식하는 크기는 「종목별기준 ≥ 조별기준 ≥ 총액기준」의 순서이다. 여기서 등호(=)가 붙어 있는 이유는, 드물기는 하지만, 모든 종목에서 평가손실이 발생할 수도 있기 때문이다. 이 경우에는 세 방법에서 인식하는 평가손실의 크기가 같아진다.

제5절 재고자산의 추정

제2절에서 논의한 바와 같이, 실사법을 사용하는 기업은 기말 재고자산을 측정하려면 실제 재고량을 조사해야 한다. 계속기록법을 사용하는 기업도 장부상 재고량과 실제 재고량이 일치하는지를 확인하기 위하여 재고실사를 할 필요가 있다. 그런데 때로는 재고실사를 하기 어렵거나 불가능하여 추정을 해야 하는 경우가 있다. 예를 들어, 중간재무보고시 시간적으로 실사를 하기 어려운 경우, 기업 내부목적상 임시적으로 재무제표를 작성하는 경우, 또는 화재나 재해로 인해 재고자산이 멸실된 경우에는 재고자산 보유액 또는 멸실된 재고자산을 추정할 수밖에 없다. 이러한 경우 매출총이익법이 흔히 사용되는데 아래에서 이 방법을 살펴보자.

매출총이익법(gross margin method)은 **매출총이익률**(=매출총이익/매출액)을 이용하여 매출총이익, 나아가 매출원가(=매출액−매출총이익)를 추정하고, 이 매출원가 추정치를 판매가능 재고자산에서 차감하여 재고자산 보유액(또는 멸실된 재고자산)을 추정한다. 예를 들어, 작년에 매출총이익률이 30%이었는데 금년에도 비슷하다고 가정하자. 그러면 금년의 매출액이 ₩500,000이라면 매출총이익은 ₩150,000(=500,000×30%)으로 추정되고, 동시에 매출원가가 ₩350,000(=500,000−150,000 또는 500,000×70%)으로 추정된다. 그리고 기초 재고자산이 ₩200,000, 당기매입액이 ₩400,000이었다면, 기말 재고자산은 다음과 같이 ₩250,000으로 추정된다.

기말 재고자산	=	기초 재고자산	+	당기매입액	−	매출원가
250,000	=	200,000	+	400,000	−	350,000
						↓ 매출총이익률을 이용하여 추정한 매출원가

위와 같이 매출총이익법은 매출원가를 추정하기 위하여 매출총이익률을 이용하며, 일반적으로 과거의 매출총이익률이 사용된다. 따라서 매출총이익법은 과거의

매출총이익률이 이번 회계기간에도 그대로 유지된다고 가정하는 한계점이 있다.[9] 이러한 한계점 때문에 매출총이익법은 연차재무제표 작성시에는 허용되지 않는다. 그 외의 상황에서 재고자산을 추정해야 하는 경우에만 적용할 수 있다. 아래의 예제를 풀어보자.

예제 8-3

사직기업(주)은 8/1일 태풍으로 인해 창고에 있던 재고자산이 모두 멸실되는 피해를 입었다. 사직기업(주)은 실사법을 사용하고 있었기 때문에, 7/31일 당시 얼마만큼 재고자산을 보유하고 있었는지 알 수가 없다. 그래서 다음 자료를 이용하여 멸실된 재고자산이 취득원가기준으로 얼마였는지 추정하려고 한다.

기초(전년 말) 재무상태표상의 재고자산	₩250,000
1/1일부터 7/31일까지의 매입액 합계	740,000
1/1일부터 7/31일까지의 매출액 합계	900,000
전년도 매출총이익률	30%

물음

(1) 전년도 매출총이익률이 금년에도 유지되었다고 가정하자. 그러면 지난 7개월간의 매출원가는 얼마로 추정되는가?

(2) 멸실된 재고자산, 즉 7/31일 당시 보유했던 재고자산은 얼마로 추정되는가?

풀이

(1) 7개월간 매출원가 = 7개월간 매출액 − 7개월간 매출총이익

$$= 900,000 - 900,000 \times 30\% = ₩630,000$$

(2) 기초 재고자산과 7개월간 매입액은 주어져 있고 7개월간 매출원가는 위에서 추정되었다. 따라서 7/31일 당시 재고자산 보유액은 다음과 같이 추정할 수 있다.

기말 재고자산(7/31일 보유액) = 기초 재고자산 + 당기매입액(7개월간) − 매출원가(7개월간)

$$= 250,000 + 740,000 - 630,000 = ₩360,000$$

9) 다양한 상품을 판매하는 기업의 경우에는 이번 회계기간에 어느 상품이 얼마나 판매되었는가에 따라 기업 전체의 매출총이익률이 달라지는 문제도 있다. 왜냐하면, 상품 종류에 따라 매출총이익률이 다르기 때문이다. 이러한 경우에는 상품 종류별로 구분해서 매출원가를 추정할 필요가 있다.

종 · 합 · 예 · 제

재고자산 원가배분방법의 비교

다음은 실사법을 사용하는 남산기업(주)의 9월 중 재고자산 거래 자료이다.

거래 일자	수 량	매입단가	판매단가	총원가
기초재고: 9/1일	100	₩80		₩8,000
매 입: 9/6일	60	90		5,400
매 출: 9/13일	(70)		₩150	
매 입: 9/21일	150	96		14,400
매 출: 9/24일	(210)		160	
매 입: 9/29일	90	100		9,000
기말재고: 9/30일	120*			

* 재고실사에 의해 확인한 수량

물음

(1) 선입선출법을 적용하여 9월의 매출원가와 기말 재고자산을 각각 계산하고, 각 매입 · 매출 및 기말시점에서 필요한 분개를 하라(매입 · 매출은 신용거래로 가정한다).

(2) 총평균법을 적용하여 9월의 매출원가와 기말 재고자산을 각각 계산하고, 기말시점에서 필요한 수정분개를 하라.

(3) 다음 형태로 9월의 부분포괄손익계산서를 작성하라.

	선입선출법 적용	총평균법 적용
매 출 액	______	______
매출원가	______	______
매출총이익	______	______

(4) 재고자산 매입단가가 상승하는 기간에 선입선출법을 적용하면, 다른 방법을 적용한 경우에 비하여, 당기순이익과 기말 재고자산 금액이 [크게, 작게] 나타난

다. [ ]에서 올바른 것은?

풀이

(1) 선입선출법을 적용하면, 기말재고 120개는 가장 나중에 매입한 재고자산인 9/29일 매입분 90개와 9/21일 매입분 중 30개로 구성된다.

기말 재고자산 = 90개×100 + 30개×96 = ₩11,880

따라서 매출원가는 다음과 같이 산정된다.

매출원가 = 판매가능 재고자산 − 기말 재고자산
= (8,000 + 5,400 + 14,400 + 9,000) − 11,880 = ₩24,920

각 매입 · 매출시점과 기말시점에서 필요한 분개는 다음과 같다.

매입(9/6):	(차) 매　　입	5,400	(대)	매입채무	5,400
매출(9/13):	(차) 매출채권	10,500	(대)	매　　출	10,500
매입(9/21):	(차) 매　　입	14,400	(대)	매입채무	14,400
매출(9/24):	(차) 매출채권	33,600	(대)	매　　출	33,600
매입(9/29):	(차) 매　　입	9,000	(대)	매입채무	9,000
기말(9/30):	(차) 매출원가	24,920	(대)	매　　입	28,800
	재고자산(기말)	11,880		재고자산(기초)	8,000

(2) 총평균법에서는 먼저 총평균 매입단가를 계산한 후, 이를 이용하여 기말 재고자산과 매출원가를 순차적으로 산정한다.

총평균 매입단가 = 판매가능 재고자산 총원가 ÷ 판매가능 총수량
= (8,000 + 5,400 + 14,400 + 9,000) ÷ (100 + 60 + 150 + 90)
= 36,800 ÷ 400개 = ₩92

기말 재고자산 = 기말재고량 × 총평균 매입단가
= 120개×92 = ₩11,040

매출원가 = 판매가능 재고자산 − 기말 재고자산
= 36,800 − 11,040 = ₩25,760

기말시점에서 필요한 수정분개는 다음과 같다.

기말(9/30):	(차) 매출원가	25,760	(대) 매　　입	28,800
	재고자산(기말)	11,040	재고자산(기초)	8,000

(3) 9월의 부분포괄손익계산서

	선입선출법 적용	총평균법 적용
매 출 액*	₩44,100	₩44,100
매출원가	24,920	25,760
매출총이익	₩19,180	₩18,340

* 매출액: 9/13일 매출액 10,500 + 9/24일 매출액 33,600 = 44,100

(4) 재고자산 매입단가가 상승하는 기간에 선입선출법을 적용하면, 다른 방법을 적용한 경우에 비하여, 당기순이익과 기말 재고자산 금액이 [**크게**] 나타난다.

익힘문제

1. 상품매매기업과 제조기업에서 매출수익과 이익을 창출하는 주된 원천이 무엇인가?
2. 재고자산을 매입하였을 때 그 취득원가를 어떻게 측정하는지 설명하라.
3. 재고자산 기록방법으로서 계속기록법과 실지재고조사법은 어떻게 다른지 설명하라.
4. 재고자산 감모손실이란 무엇이며 또 어떻게 회계처리하는가?
5. 한 회계기간의 판매가능 재고자산 총액은 어떻게 구성되어 있는가?
6. 판매가능 재고자산과 매출원가 및 기말 재고자산은 서로 어떤 관계에 있는지 설명하라.
7. 선입선출법은 매출원가와 기말 재고자산을 어떻게 측정하는 방법인가?
8. 후입선출법은 매출원가와 기말 재고자산을 어떻게 측정하는 방법인가?
9. 총평균법과 이동평균법은 어떻게 다른지 설명하라.
10. 재고자산 매입단가가 지속적으로 상승하고 있을 때, 선입선출법과 평균법의 차이를 매출원가와 매출총이익 측면에서 비교하라.
11. 재고자산 매입단가가 지속적으로 상승하고 있을 때, 선입선출법과 평균법의 차이를 기말 재고자산 측면에서 비교하라.
12. 재고자산 매입단가가 지속적으로 상승하고 있을 때, 선입선출법과 평균법의 차이를 세금 납부액 측면에서 비교하라.
13. 기말 재고자산을 평가할 때는 저가기준(lower of cost or market)을 적용해야 한다. 저가기준이란 무엇인지 설명하라.
14. 재고자산평가충당금과 재고자산 평가손실은 재무제표에 어떻게 표시하는가?
15. 저가기준을 적용하는 방법으로서 종목별기준과 총액기준의 차이점을 설명하라.

연습문제

[8-1] 기본개념의 이해

아래의 빈칸에 알맞은 단어나 숫자를 기입하라.

(1) 상품매매기업과 제조기업은 ( ) 판매를 통해 매출수익을 얻고 이익을 창출한다. 따라서 ( ) 회계는 이들 기업에서 그 중요성이 매우 크다.

(2) 재고자산의 취득원가에는 재고자산 매입가격은 물론 자산의 취득에 소요된 모든 ( )이 포함된다.

(3) 상품매입 후에 결함 있는 상품을 반품한 것을 ( )이라고 부르고, 반품하지 않는 대신 매입가격을 감해 받는 것을 ( )라고 부른다.

(4) 영업활동과정에서 불가피하게 발생하는 정상적인 수준의 재고자산 감모손실은 ( )에 포함시키고, 비정상적 감모손실은 ( )으로 분류한다.

(5) 선적지인도조건으로 매입하여 운송 중에 있는 미착품은 [매입자, 판매자]의 기말재고자산에 포함된다. [ ]에서 올바른 것은?

(6) 기초 재고자산이 ₩150,000이고 당기매입액이 ₩800,000이며 기말 재고자산이 ₩180,000이라면, 당기의 판매가능 재고자산은 ₩( )이고 매출원가는 ₩( )이다.

(7) 먼저 매입한 것이 먼저 판매된다는 가정하에서 매출원가를 계산하는 회계방법을 ( )이라고 부르며, 최근에 매입한 것부터 먼저 판매된다는 가정하에서 매출원가를 계산하는 회계방법은 ( )이라고 부른다.

(8) 실지재고조사법을 사용하는 경우에 적용되는 평균법은 ( )이라 부르고, 계속기록법을 사용하는 경우에 적용되는 평균법은 ( )이라고 부른다.

(9) 재고자산 매입단가가 상승하고 있을 때, 선입선출법은 평균법에 비하여 매출원가를 [크게, 같게, 작게] 보고하고 기말 재고자산은 [크게, 같게, 작게] 보고한다. [ ]에서 올바른 것을 각각 고른다면?

(10) 재고자산 매입단가가 상승하고 있을 때, 절세 혜택을 가져다주는 것은 [선입선출법, 평균법]이다. [ ]에서 올바른 것은?

(11) 저가기준은 ( )와 기말시점의 ( ) 중에서 낮은 금액으로 기말 재고자산을 평가하는 방법이다.

(12) 저가기준을 적용하여 인식한 재고자산 평가손실은 ( )에 포함시키고, 재무상태표에는 재고자산의 차감계정인 ( )으로 표시한다.

(13) 저가기준을 적용할 때 일반적으로 재고자산 평가손실을 가장 많이 인식하는 방법은 [종목별기준, 조별기준, 총액기준] 평가이다. [ ]에서 올바른 것은?

[8-2] 재고자산의 취득원가와 매출원가

다음은 이수기업(주)의 2×20년도 재고자산 매입에 관한 자료이다.

• 2×20년도 기초 재고자산		₩100,000
• 2×20년 중:	총매입액(매입가격 총액)	850,000
	상품매입시 지급한 운송비	40,000
	매입환출 및 에누리	70,000
	매입대금 결제시 지급한 약속어음 3개월 이자	20,000
• 2×20년도 기말 재고자산		120,000

물음

(1) 이수기업(주)의 2×20년도 매입상품의 취득원가, 즉 당기매입액은 얼마인가?
(2) 2×20년도의 판매가능 재고자산은 얼마인가?
(3) 2×20년도의 매출원가는 얼마인가?

[8-3] 매출액과 매출총이익

위의 [8-2]에 연속된 문제이다. 다음은 이수기업(주)의 2×20년도 재고자산 판매에 관한 자료이다.

• 2×20년 중:	총매출액(판매가격 총액)	₩1,200,000
	상품판매시 지급한 운송비	65,000
	매출환입 및 에누리	40,000
	매출대금 회수시 받은 약속어음 4개월 이자	32,000

물음

(1) 이수기업(주)의 2×20년도 매출액은 얼마인가?

(2) 2×20년도의 매출총이익은 얼마인가?

[8-4] 기말 재고자산의 수량결정과 재고자산 감모손실

다음은 반포기업(주)의 6월의 매입 및 기말 재고자산에 관한 자료이다. 반포기업(주)은 계속기록법을 사용하고 있으며, 회계기간은 한 달이다.

• 5/31일의 재고량	200개	• 6월 중 입고된 매입수량	650개
• 6/30일의 장부상 재고량	180개	• 6/30일의 실제 재고량	178개
• 6/29일 주문한 상품	50개 (장부에 기록되지 않았음)		

6/30일에 반포기업(주)이 창고에서 재고실사를 한 결과, 2개가 파손되었음이 발견되어 실제 재고량은 178개이다. 2개의 파손은 정상적인 수준의 감모손실로 판단하였다. 그리고 6/29일에 주문한 상품 50개는 선적지인도조건으로 신용매입한 것이며, 6/30일 현재 선적지를 떠나 운송 중에 있다.

물음

(1) 위의 자료에 의하면, 반포기업(주)은 6월 중에 몇 개의 재고자산을 판매하였는가?

(2) 6/30일의 기말 재고자산은 몇 개인가?

(3) 재고자산의 매입단가는 변동 없이 ₩5,000이었다면, 6월의 매출원가와 기말 재고자산은 각각 얼마인가?

(4) 미착상품과 재고자산 감모손실을 기록하기 위한 기말 수정분개는?

[8-5] 재고자산 원가흐름의 가정(I)

아래의 세 경우는 서로 독립적이다. 각 빈칸에 알맞은 금액을 기입하라(단위: 만원).

	판매가능 재고자산		매출원가		기말 재고자산	
	선입선출법	평균법	선입선출법	평균법	선입선출법	평균법
A	1,500	( )	1,000	( )	( )	300
B	( )	2,000	( )	1,400	700	( )
C	1,800	( )	( )	( )	800	600

[8-6] 재고자산 원가흐름의 가정(II)

다음은 회계기간이 한 달인 신촌기업(주)의 7월 중 재고자산 거래 자료이다.

거래 일자	수 량	매입단가	판매단가	총원가
기초재고: 7/1일	300	₩50		₩15,000
매 입: 7/15일	500	60		30,000
매 출: 7/20일	(600)	?	₩100	?
매 입: 7/28일	200	70		14,000
기말재고: 7/31일	400	?		?

* 기말 실사 결과, 재고자산의 수량은 400개이다.

물음

(1) 7월의 판매가능 재고자산은 얼마인가?
(2) 실사법 · 선입선출법을 사용할 경우, 기말 재고자산과 매출원가는 각각 얼마인가?
(3) 계속기록법 · 선입선출법을 사용할 경우, 매출원가와 기말 재고자산은?
(4) 실사법 · 평균법을 사용할 경우, 기말 재고자산과 매출원가는?
(5) 계속기록법 · 평균법을 사용할 경우, 매출원가와 기말 재고자산은?

[8-7] 재고자산 원가배분의 회계처리

위의 [8-6]에 연속된 문제이다. 매입 및 매출은 모두 신용거래로 가정하고 다음 물음에 답하라.

물음

(1) 실사법 · 선입선출법을 사용하는 경우에 각 매입 · 매출시점과 기말시점에서 필요한 분개를 하라.
(2) 계속기록법 · 선입선출법을 사용하는 경우에 각 매입 · 매출시점과 기말시점에서 필요한 분개를 하라.
(3) 총평균법을 사용하는 경우에 기말시점에서 필요한 분개는?
(4) 이동평균법을 사용하는 경우에 기말시점에서 필요한 분개는?

[8-8] 계속기록법과 재고자산 원가배분

다음은 평택기업(주)의 2×20년도 재고자산 거래 자료이다. 평택기업은 계속기록법을 사용하여 거래를 기록하고 있다.

거래 일자	수 량	매입단가	판매단가	총원가
기초재고: 1/1일	200	₩80		₩16,000
매 입: 3/16일	120	90		10,800
매 출: 5/15일	(140)		₩150	
매 입: 7/20일	300	96		28,800
매 출: 9/24일	(420)		160	
매 입: 11/20일	180	100		18,000
기말재고: 12/31일	240			

물음

(1) 2×20년도의 판매가능 재고자산은 얼마인가?
(2) 선입선출법을 사용할 경우, 2×20년도 재무제표에 표시될 매출원가와 기말 재고자산은 각각 얼마인가?
(3) 이동평균법을 사용할 경우, 매출원가와 기말 재고자산은?
(4) 위의 자료와 같이 재고자산 매입단가가 상승하고 있을 때, 매출총이익을 높게 보고하는 방법은 [선입선출법, 이동평균법]이며, 기말 재고자산의 금액을 크게 보고하는 방법은 [선입선출법, 이동평균법]이다. [ ]에서 올바른 것을 각각 고른다면?

[8-9] 실사법과 재고자산 원가배분

위의 [8-8]에 연속된 문제이다. 평택기업(주)이 실사법을 사용한다고 가정하고 다음 물음에 답하라. 기말 실사 결과, 재고자산의 수량은 240개이다.

물음

(1) 선입선출법을 사용할 경우, 기말 재고자산과 매출원가는 각각 얼마인가?
(2) 총평균법을 사용할 경우, 기말 재고자산과 매출원가는?
(3) 재고자산 매입단가가 상승하고 있을 때, 매출원가를 높게 보고하는 방법은 [선입선출법, 총평균법]이다. [ ]에서 올바른 것은?

[8-10] 재고자산 회계방법과 현금흐름효과(세금효과)

2×20년 중에 오산기업(주)의 재고자산 매입단가는 계속 상승하고 있었다. 다음은 선입선출법과 총평균법을 각각 적용하여 매출원가 등을 산정하고 2×20년도의 포괄손익계산서를 작성한 것이다. 오산기업(주)이 납부해야 할 세금(법인세)은 법인세차감전순이익의 25%이다.

	선입선출법 적용	총평균법 적용
매 출 액	₩2,000,000	₩(　　　)
판매가능 재고자산	1,800,000	(　　　)
(−) 기말 재고자산	350,000	320,000
매출원가	(　　　)	(　　　)
매출총이익	(　　　)	(　　　)
판매비와 관리비	100,000	(　　　)
법인세차감전순이익	(　　　)	(　　　)
법인세(세율 25%)	(　　　)	(　　　)
당기순이익	₩337,500	₩(　　　)

물음

(1) 위의 포괄손익계산서에서 각 빈칸에 알맞은 금액을 기입하라.

(2) 회계방법에 따라서 법인세차감전순이익이 다른 이유는 [매출액, 매출원가, 판매비와 관리비]가 다르게 산정되기 때문이다. [　]에서 올바른 것은?

(3) 법인세를 절감할 수 있는 회계방법은 [선입선출법, 총평균법]이고, 당기순이익을 높게 보고하는 회계방법은 [선입선출법, 총평균법]이다. [　]에서 올바른 것을 각각 고른다면?

(4) 매출로부터의 현금유입액, 매입대금의 현금지급액 그리고 판매비와 관리비의 현금지급액은 어떤 회계방법을 사용하느냐에 따라 [달라진다, 영향을 받지 않는다]. [　]에서 올바른 것은?

(5) 법인세는 현금으로 납부해야 한다. 그렇다면 오산기업(주)이 2×20년도의 영업활동에서 창출하는 순현금유입(=현금유입 총액−현금지급 총액)은 [선입선출법, 총평균법]을 적용할 때 상대적으로 많아진다. [　]에서 올바른 것은?

[8-11] 저가기준에 의한 재고자산 평가(Ⅰ)

LCD 모니터를 판매하는 아현기업(주)은 20개의 모니터를 기말재고로 가지고 있다. 이 모니터의 취득원가는 개당 ₩280,000이며, 그동안 ₩330,000에 판매하고 있었다. 그런데 최근에 신제품이 출시됨에 따라 현 모니터의 가격이 하락하여 이제는 개당 ₩260,000에 판매할 수밖에 없는 상황이다. 모니터를 판매할 때 특별히 소요되는 비용은 없다.

물음

(1) 아현기업(주)이 기말에 인식해야 하는 재고자산 평가손실이 얼마인가?
(2) 재고자산 평가손실을 인식하는 기말 수정분개를 하라.

[8-12] 저가기준에 의한 재고자산 평가(Ⅱ)

홍제기업(주)의 재고자산은 네 종류의 상품(A, B, C, D)으로 구성되어 있는데, 이 중에서 A와 B는 유사종목이다. 홍제기업(주)은 종목별로 이동평균법을 적용하여 취득원가기준의 기말 재고자산을 측정한 다음, 추가적으로 저가기준을 적용하여 평가한다. 다음은 기말 재고자산의 취득원가와 예상 판매가격에 관한 자료이다. 각 상품을 판매할 때 별다른 비용은 발생하지 않는다.

상품 종목	기말재고량	취득단가	예상 판매단가	단위당 평가손익
A상품	50	₩5,000	₩4,500	−500
B상품	35	4,000	4,600	+600
C상품	40	7,000	9,000	+2,000
D상품	25	6,000	4,800	−1,200

물음

(1) 종목별기준을 적용하여 저가기준 평가를 할 경우 재고자산 평가손실이 얼마인가? 그리고 필요한 수정분개를 하라.
(2) 조별기준을 적용할 경우의 재고자산 평가손실과 수정분개는?
(3) 총액기준을 적용할 경우의 재고자산 평가손실과 수정분개는?

[8-13] 기말 재고자산의 추정

을지기업(주)의 2×19년 말의 재고자산 보유액은 ₩500,000이었고, 2×20년도 당기매입액은 ₩1,800,000이다. 그리고 2×20년도 매출액은 ₩2,500,000이다. 과거 연도의 매출총이익률은 25% 수준이었다.

물음

(1) 과거의 매출총이익률이 2×20년에도 유지되었다면 2×20년도의 매출원가는 얼마로 추정되는가?

(2) 2×20년 말의 재고자산 보유액은 얼마로 추정되는가?

[8-14] 재고자산 평가오류의 영향

다음은 내자기업(주)의 2×19년 및 2×20년의 비교포괄손익계산서이다. 그런데 2×20년에는 전년에 비해 매출액이 10% 증가했는데도 매출총이익은 증가하지 않은 것으로 되어 있다. 그 이유를 검토한 결과, 2×19년 당시 회계담당자의 실수로 인해 2×19년의 기말 재고자산이 ₩10,000만큼 과대계상되었음을 발견하였다.

	2×19년		2×20년	
매 출 액		₩200,000		₩220,000
매출원가:				
기초 재고자산	20,000		30,000	
당기매입액	100,000		120,000	
판매가능 재고자산	120,000		150,000	
기말 재고자산	(30,000)	90,000	(40,000)	110,000
매출총이익		₩110,000		₩110,000

물음

(1) 2×19년의 기말 재고자산이 과대계상되었으면 2×19년의 매출원가가 [과대계상, 과소계상] 되었음을 의미하고, 따라서 2×19년의 매출총이익과 당기순이익이 [과대계상, 과소계상] 되었음을 의미한다. [ ]에서 올바른 것을 각각 고른다면?

(2) 2×19년 기말 재고자산의 평가오류 때문에 2×20년의 당기순이익이 [과대계상, 과소계상] 되었다. [ ]에서 올바른 것은?

(3) 2×19년 기말 재고자산의 평가오류를 수정하면 2×19년의 정확한 매출총이익은 얼마로 산출되는가?

(4) 위의 (3)에서의 오류수정을 반영하면 2×20년의 정확한 매출총이익은 얼마인가?

[8-15] 종합문제

다음은 동해기업(주)의 8월 중 재고자산 매입 및 매출에 관한 자료이다. 동해기업(주)은 계속기록법을 사용하고 있으며, 회계기간은 한 달이다.

거래 일자	수 량	매입단가	판매단가	총원가
기초재고: 8/1일	1,000	₩50		₩50,000
매 입: 8/5일	1,200	55		66,000
매 출: 8/10일	(1,600)		₩70	
매 입: 8/14일	2,000	58		116,000
매 출: 8/18일	(1,800)		70	
매 입: 8/20일	600	58		34,800
기말재고: 8/31일	1,400			

〈추가자료〉

다른 회사의 신상품 판매로 인하여 기말재고의 단위당 예상 판매가격은 ₩70에서 ₩60으로 하락하였다. 상품판매시 비용이 소요되지는 않는다.

물음

(1) 선입선출법, 이동평균법을 각각 적용하여 다음의 포괄손익계산서를 작성하라.

	선입선출법 적용	이동평균법 적용
매 출 액	₩(　　　)	₩(　　　)
판매가능 재고자산	(　　　)	(　　　)
(−) 기말 재고자산	(　　　)	(　　　)
매출원가	(　　　)	(　　　)
매출총이익	(　　　)	(　　　)

(2) 이동평균법을 적용할 경우, 각 매입 · 매출시점과 기말시점에서 필요한 분개를 하라. 재고자산 매매는 모두 신용거래였다고 가정한다.

(3) 동해기업(주)의 경영자가 회계방법을 선택하는 동기는 다음과 같다고 가정하자. 각 경우에 어느 회계방법을 선택하겠는가? 그 이유도 함께 설명하라.

① 세금(법인세)을 절감할 수 있는 회계방법을 원한다.

② 포괄손익계산서에서 당기순이익이 높게 표시되는 회계방법을 원한다.

제9장

유형자산과 무형자산

유형자산은 기업이 영업활동(생산 및 판매)에 장기간 사용하기 위하여 보유하는 물리적 형체가 있는 자산이며, 무형자산은 물리적 형체가 없는 자산이다. 유형자산에 관한 회계주제로는 유형자산 취득시의 취득원가 측정, 사용과 관련한 감가상각, 취득 후의 지출에 대한 회계처리 그리고 유형자산 처분에 대한 회계처리 등이 있다. 본장에서는 이들 주제를 순차적으로 다루며, 이어서 무형자산에 대한 회계처리를 설명한다.

*** 본장에서 다루는 재무제표 항목:**

재 무 상 태 표	
자 산 유동자산 비유동자산 유형자산 • 토 지 • 건 물 • 기계장치 …… 무형자산 • 산업재산권 • 영 업 권 • 개 발 비 투자부동산	부 채 유동부채 비유동부채 자 본 ……
자산 총계	부채와 자본 총계

포 괄 손 익 계 산 서
매 출 액 …… 판매비와 관리비 • 감가상각비 • 무형자산상각비 • 수선유지비 • 연구비 • 경상개발비 • 개발비상각비 영업이익 기타수익 · 비용 • 유형자산처분손익 …… 당기순이익 ……

유형자산의 의의와 취득원가 제1절

1.1 유형자산의 의의와 구성

유형자산(tangible assets)은 기업이 영업활동에 장기간 사용하기 위해 보유하는 물리적 형체가 있는 자산이다. 예를 들어, 재화 · 용역의 생산, 판매활동에 장기간 사용하기 위해 보유하는 생산설비와 판매시설이 유형자산이다. 이러한 자산을 취득하려면 거액의 투자를 해야 하므로 일반적으로 유형자산은 자산 중에서 가장 큰 비중을 차지하고 있다.

회계에서 유형자산은 그 형체를 기준으로 토지, 건물, 구축물, 기계장치, 차량운반구, 비품, 공기구, 건설 중인 자산 등으로 분류한다(〈표 9-1〉 참조). 여기서 '건설 중인 자산'은 기업이 자체 사용할 목적으로 현재 건설 중에 있는 유형자산을 말한다.

앞의 정의에서 보는 바와 같이, 어떤 자산이 유형자산으로 분류되려면 다음의 조건들을 충족해야 한다. 첫째, 판매목적이 아니라 '사용'하기 위해 보유하는 것이어야 하고, 둘째, 물리적 형체가 있어야 하며, 셋째, 재무보고기간 말(회계기말)로부터 1년 이상의 장기간에 걸쳐 사용가능한 자산이어야 한다. 이 중에서 어느 하나

표 9-1
유형자산의 분류

유형자산 항목	포함범위
토　지	
건　물	본 건물 및 건물부속설비(냉난방, 전기통신설비 등)
구 축 물	교량, 갱도, 주차장, 기타 토목설비
기계장치	기계, 운송설비(컨베이어, 기중기 등), 기타 부속설비
건설 중인 자산	자체 사용할 목적으로 현재 건설 중에 있는 유형자산
기타 유형자산*	차량운반구, 선박, 항공기, 비품, 공기구 등

* 회계처리할 때는 오른쪽의 세분된 항목들을 계정과목으로 사용함.

라도 충족되지 않으면 유형자산으로 분류하지 않는다. 예를 들어, 주택건설회사에서 판매목적으로 보유하는 토지와 건물은 유형자산으로 분류하지 않고 재고자산으로 분류한다.

유형자산에 관한 회계주제는 크게 나누어 유형자산 취득시의 취득원가 측정, 유형자산의 사용과 관련한 감가상각, 취득 후의 지출에 대한 회계처리, 그리고 유형자산 처분에 관한 회계처리 등이 있다. 여기서 감가상각(depreciation)은 유형자산의 수명기간에 걸쳐 취득원가를 비용으로 배분(인식)하는 회계절차를 말하며, 제2절에서 자세히 다룬다.

1.2 유형자산의 취득원가

유형자산에 대한 첫 번째 회계주제는 유형자산을 취득하였을 때 그 취득원가를 측정하는 문제이다. 유형자산은 영업활동에 장기간 '사용'하기 위하여 취득한다. 따라서 유형자산의 취득원가는 당해 자산을 그 의도된 목적에 사용가능한 상태로 만들 때까지 직접 소요된 모든 지출을 포함한다. 즉, 자산의 소유권을 취득하는 데 소요된 지출(예: 구입가격, 중개인 수수료, 등기비), 사용할 장소로 운반하고 설치하는 데 소요된 지출(예: 운송 및 보험료, 설치비), 그리고 자산의 성능을 테스트하는 데 소요된 지출(예: 시운전비)도 모두 취득원가에 포함된다.

또한 토지를 사용하기 위하여 낡은 건물이 딸린 토지를 취득한 경우에는 그 건물을 철거하는 데 소요된 지출도 토지의 취득원가에 포함된다.

요약하면, 유형자산의 취득원가는 구입가격은 물론, 당해 자산을 사용가능한 상태로 만들 때까지 직접 소요된 모든 취득부대비용을 포함한다.

유형자산의 취득원가 = 구입가격 + 취득부대비용

예를 들어, 연희기업(주)이 특수기계를 수입하였는데 구입가격이 700만원이라고 하자. 연희기업(주)은 세관에서 이 기계를 찾기 위하여 통관수수료 10만원을 지급하였다. 그리고 공장까지 기계를 운반하기 위하여 운송 및 보험료로 40만원을

지급하였고, 공장에서 기계를 설치하는 데 30만원, 그리고 설치 후 시운전비로 20만원을 지출하였다. 그러면 이 기계의 취득원가는 다음과 같다.

$$\begin{aligned}\text{취득원가} &= \text{구입가격} + \text{취득부대비용}\\ &= 700 + (10 + 40 + 30 + 20)\\ &= 800(\text{만원})\end{aligned}$$

유형자산의 감가상각 제2절

2.1 감가상각이란?

유형자산은 장기간 사용가능하지만 수명이 유한하기 때문에 시간이 흐름에 따라 가치가 감소한다. 즉, 유형자산은 기업의 수익창출활동에 사용되면서 물리적 마모나 진부화가 일어나 가치가 떨어진다. 따라서 기업의 수익창출활동에 사용된 기간에 걸쳐 그 가치 감소분을 비용으로 인식해야 한다. 이를 **감가상각**(depreciation)이라고 부르며, 그렇게 인식된 비용을 **감가상각비**(depreciation expense)라고 부른다. 다만, 토지는 무한 수명을 갖고 있으므로 감가상각을 하지 않으며, 토지를 제외한 모든 유형자산은 **감가상각 대상자산**이다.[1)]

예를 들어, 운송트럭을 900만원에 취득하여 상품 운송에 사용한다고 하자. 3년간 사용하면 가치가 완전히 감소하고 또 시간적으로 균등하게 가치 감소가 일어난다면, 3년에 걸쳐 매년 300만원(=900÷3년)을 감가상각비로 인식한다.

이 예에서 보듯이, 감가상각비는 현금유출을 동반하지 않는다. 그런데도 매년 감가상각비를 인식하는 이유는 각 연도의 순이익을 정확히 측정해야 하기 때문이다. 즉, 기업의 수익창출활동에 유형자산이 사용되었기 때문에 그 가치 감소분

1) '건설 중인 자산'도 감가상각비를 인식하지 않는다. 건설 중인 자산은 건설이 완료되어 영업활동에 사용가능하면 그때부터 감가상각비를 인식한다.

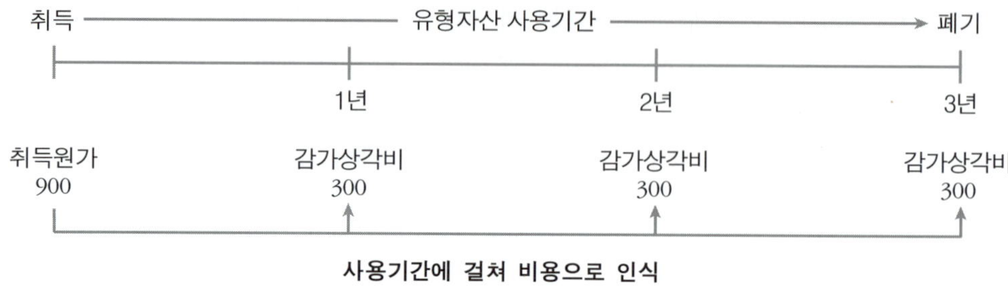

을 비용으로 인식해서 수익에 대응시켜야 각 연도의 순이익을 정확히 측정할 수 있다. 이와 같이 감가상각비를 인식하는 것은 회계에서 비용의 인식기준인 **수익 · 비용 대응의 원칙**(matching principle)을 적용한 것이다(제2장 5절 참조).

감가상각은 유형자산의 가치 감소분을 비용으로 인식하려는 것이지만, 매년 유형자산의 가치변동을 정확히 측정한다는 것은 어려운 일이다. 예를 들어, 건물을 10억원에 취득하였다면 이 시점에서 건물의 가치는 10억원이라고 할 수 있다. 그러나 그 후 1년이 지났을 때 건물의 가치가 정확히 얼마인지는 알기 어렵고, 사람마다 다르게 평가할 수 있다. 그래서 회계에서는 보다 쉬운 방법을 적용한다. 즉, 매년 가치 감소분을 직접 측정하는 대신, 일정한 방법으로 유형자산의 취득원가(또는 재평가액)를 내용연수(사용가능기간)에 걸쳐 비용으로 배분하는 형태를 취한다.[2] 예를 들어, 위에서 예로 든 트럭의 경우 취득원가 900만원을 3년에 걸쳐 매년 300만원씩 감가상각비로 인식하였다.

요점

감가상각과 감가상각비

- 감가상각은 사용에 따른 가치 감소를 인식하기 위하여 유형자산의 취득원가(또는 재평가액)를 내용연수에 걸쳐 비용으로 인식하는 회계절차이다.
- 감가상각비는 현금유출을 동반하지 않는 비용이다.
- 감가상각비를 인식하지 않으면 각 연도의 순이익이 잘못 측정된다.
- 토지(및 건설 중인 자산)를 제외한 모든 유형자산은 감가상각 대상자산이다.

2) 유형자산을 취득한 후에 그 공정가치(fair value)를 신뢰성 있게 측정할 수 있는 경우에는 자산의 가액을 공정가치로 재평가할 수 있다. 기업들은 이러한 재평가모형과 취득원가를 사용하는 원가모형 중 어느 하나를 선택하여 적용할 수 있다. 유형자산의 재평가에 대한 회계처리는 중급재무회계에서 다룬다.

2.2 감가상각방법

감가상각비를 인식하기 위해서는 먼저 감가상각 대상자산의 내용연수와 잔존가치를 추정하고 또 **감가상각방법**을 결정해야 한다. 여기서 **내용연수**(useful life)는 유형자산을 기업의 영업활동에 사용할 수 있는 경제적 수명을 말한다. 그리고 **잔존가치**(residual value)는 내용연수 경과 후 폐기처분할 때 회수할 수 있는 금액을 의미한다. 앞에서 예로 든 트럭의 경우, 내용연수는 3년, 잔존가치는 0(零)으로 추정되었다.

그런데 앞에서 언급하였듯이, 유형자산을 사용하면서 그 가치 또는 효용이 얼마나 감소되었는지는 정확히 측정하기 어렵다. 그래서 유형자산의 가치 감소 정도는 근사적으로 추정할 수밖에 없다.

회계에서는 유형자산의 가치 감소 형태를 다음과 같이 세 가지로 가정하여 감가상각비를 계산한다. 첫째, 가치 감소가 시간적으로 균등하게 일어난다고 가정하여 감가상각비를 계산한다(정액법). 이 경우 감가상각비는 매년 동일한 크기로 인식된다. 둘째, 취득 후 초기 연도에 더 많은 가치 감소가 일어난다고 가정하여 감가상각비를 계산한다(가속상각법 또는 체감잔액법). 이 경우 초기 연도에 더 많은 감가상각비를 인식하고, 후기 연도로 갈수록 감가상각비가 적어진다. 셋째, 사용량에 비례하여 가치 감소가 일어난다고 가정하여 감가상각비를 계산한다(생산량비례법).

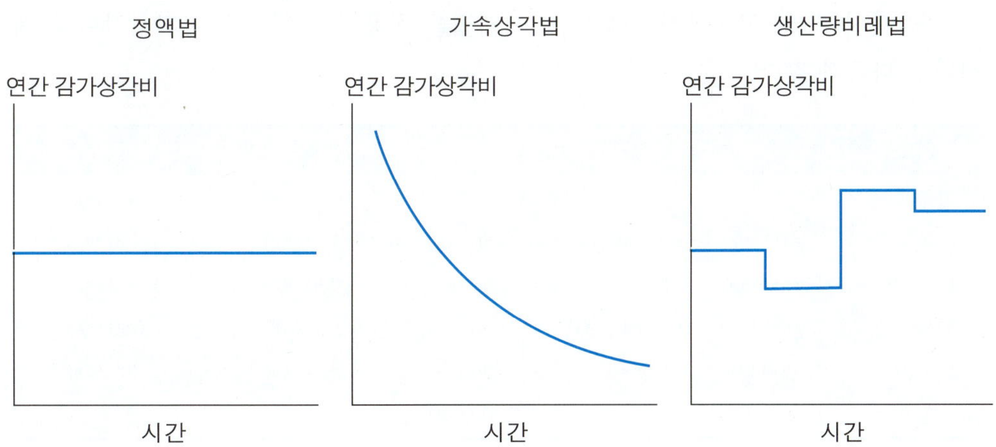

그림 9-1 **유형자산의 감가상각방법**

앞의 여러 감가상각방법을 아래에서 구체적으로 살펴보자. 아래에서는 서울복사(주)의 고속복사기에 대한 다음 자료를 이용하여 각 상각방법을 설명한다.

• 취 득 일: 2×20년 1월 1일	• 취득원가: ₩2,000,000
• 내용연수: 4년으로 추정	• 잔존가치: ₩200,000으로 추정

(1) 정액법

유형자산의 가치 감소가 시간적으로 균등하게 일어난다고 가정하면 연간 감가상각비는 매년 동일한 금액이 된다. 이렇게 감가상각비를 계산하는 것을 정액법(또는 직선법, straight-line method)이라고 부르며, 연간 감가상각비는 다음과 같이 계산한다.

$$\text{연간 감가상각비} = \frac{\text{취득원가} - \text{잔존가치}}{\text{내용연수}}$$

위의 계산식에서 분자인 「취득원가－잔존가치」는 내용연수에 걸쳐 감가상각비로 인식될 총액이며, **감가상각 대상금액**(depreciable cost)이라고 부른다. 따라서 감가상각 대상금액을 내용연수로 나누면 연간 감가상각비가 산정된다.

위와 같이 정액법은 감가상각비 계산이 매우 간편한 방법이며, 실무에서 가장 널리 사용되고 있다.

서울복사(주)의 고속복사기에 대해 정액법을 적용하여 연도별 감가상각비를 계산하면 다음과 같다.

연도	연간 감가상각비	감가상각누계액	연말 장부가액
취득시점			2,000,000*
1차 연도	(2,000,000 − 200,000) ÷ 4년 = 450,000	450,000	1,550,000
2차 연도	(2,000,000 − 200,000) ÷ 4년 = 450,000	900,000	1,100,000
3차 연도	(2,000,000 − 200,000) ÷ 4년 = 450,000	1,350,000	650,000
4차 연도	(2,000,000 − 200,000) ÷ 4년 = 450,000	1,800,000	200,000**
합계	1,800,000		

* 취득시점의 장부가액(=취득원가)임.
** 마지막 연도 말의 장부가액은 잔존가치와 같음.

여기서 '(2,000,000−200,000)'은 감가상각 대상금액인 「취득원가−잔존가치」이며, 이를 내용연수(4년)로 나누면 연간 감가상각비가 ₩450,000으로 계산되고 매년 동일한 금액이다. 그리고 **감가상각누계액**(accumulated depreciation)은 취득시점 이후 인식한 감가상각비 누계액(합계)을 가리킨다. 감가상각이 다 끝난 4차 연도 말에는 감가상각누계액이 ₩1,800,000이 된다. 한편, **장부가액**(book value)은 「취득원가−감가상각누계액」을 가리키며, 이는 회계장부상으로 유형자산의 가치가 얼마인지를 나타낸다. 감가상각이 다 끝난 4차 연도 말에 장부가액은 ₩200,000이 되면서 잔존가치와 동일하다.

(2) 가속상각법

① 정률법

정률법(fixed percentage method)은 내용연수의 초기 연도에 더 많은 감가상각비를 인식하고 후기 연도로 갈수록 감가상각비를 적게 인식하는 가속상각법의 하나이다. 정률법에서는 연초의 장부가액에 매년 동일한 상각률(정률)을 곱하여 그 연도의 감가상각비를 계산한다. 여기서 연초의 장부가액은 「취득원가−전년 말까지의 감가상각누계액」을 가리킨다. 감가상각이 진행되면 감가상각비만큼 장부가액이 감소하므로 연초의 장부가액은 매년 감소한다. 따라서 상각률은 매년 동일하나 연초의 장부가액은 매년 감소하기 때문에, 후기 연도로 갈수록 연간 감가상각비가 적게 인식된다.

$$\text{연간 감가상각비} = \text{연초 장부가액} \times \text{상각률}$$
$$= (\text{취득원가} - \text{전년 말까지의 감가상각누계액}) \times \text{상각률}$$

$$\text{상각률} = 1 - (\text{잔존가치}/\text{취득원가})^{1/n} \quad (n = \text{내용연수})$$

위의 공식에서 보는 바와 같이, 상각률 계산은 다소 복잡하다. 정률법은 유형자산의 취득원가가 내용연수에 걸쳐 매년 동일한 상각률로 감소하여 내용연수 후에는 잔존가치만 남게 된다고 가정한다.[3)]

3) 매년 동일한 상각률을 r, 그리고 내용연수를 n으로 표현하면, n년 후의 잔존가치는 다음과 같다. 「잔존가치＝취득원가×$(1-r)^n$」. 이 식을 r에 대하여 풀면, 「$r=1-(\text{잔존가치}/\text{취득원가})^{1/n}$」.

서울복사(주)의 고속복사기에 대해 정률법을 적용하여 연도별 감가상각비를 계산하면 아래와 같다. 여기서 상각률은 0.438이다.

연도	연간 감가상각비	감가상각누계액	연말 장부가액
취득시점			2,000,000*
1차 연도	연초 장부가액 2,000,000×0.438 = 876,000	876,000	1,124,000
2차 연도	연초 장부가액 1,124,000×0.438 = 492,312	1,368,312	631,688
3차 연도	연초 장부가액 631,688×0.438 = 276,679	1,644,991	355,009
4차 연도	연초 장부가액 355,009−200,000 = 155,009**	1,800,000	200,000***
합계	1,800,000		

* 취득시점의 장부가액(=취득원가)임.
** 마지막 연도의 감가상각비는 연초 장부가액에서 잔존가치를 차감한 잔여액으로 계산함.
*** 마지막 연도 말의 장부가액은 잔존가치와 같음.

위에서 보는 바와 같이, 상각률(0.438)은 매년 동일하게 적용되지만, 초기 연도에 더 많은 감가상각비를 인식하고 후기 연도로 갈수록 감가상각비를 적게 인식한다. 후기 연도로 갈수록 감가상각비가 적어지는 것은 연초의 장부가액이 매년 작아지기 때문이다. 그런데 마지막 4차 연도의 경우, 상각률을 적용하여 감가상각비를 계산하면 상각률 및 감가상각비 계산과정에서의 반올림으로 인해 감가상각 후의 장부가액이 잔존가치와 일치하지 않게 된다. 그래서 마지막 4차 연도의 감가상각비는 상각률을 적용하는 대신에 「연초 장부가액−잔존가치」로 계산해야 한다. 이렇게 하면 마지막 연도의 감가상각을 마칠 때 장부가액이 잔존가치와 같게 된다.

② 연수합계법

연수합계법(sum-of-the-years'-digit method) 역시 초기 연도에 더 많은 감가상각비를 인식하는 가속상각법이다. 연간 감가상각비는 감가상각 대상금액(=취득원가−잔존가치)에 그 연도의 상각률을 곱하여 계산하는데, 연도별 상각률은 연초기준 잔여내용연수를 연수합계로 나눈 값이다. 예를 들어, 내용연수가 4년인 경우, 연수합계는 10(=1+2+3+4)이고, 연도별 상각률은 1차 연도에 4/10, 2차 연도에 3/10, 3차 연도에 2/10, 4차 연도에 1/10이다. 이와 같이 내용연수의 초기에 상각률이 높고, 후기 연도로 갈수록 상각률이 낮아진다.

$$\text{연간 감가상각비} = (\text{취득원가} - \text{잔존가치}) \times \frac{\text{연초기준 잔여내용연수}}{\text{연수합계}}$$

서울복사(주)의 복사기에 대해 연수합계법을 적용하여 연도별 감가상각비를 계산하면 아래와 같다. 내용연수가 4년이므로 상각률의 분모인 연수합계는 10이다.

연도	연간 감가상각비		감가상각누계액	연말 장부가액
취득시점				2,000,000*
1차 연도	(2,000,000 − 200,000) × (4/10) =	720,000	720,000	1,280,000
2차 연도	(2,000,000 − 200,000) × (3/10) =	540,000	1,260,000	740,000
3차 연도	(2,000,000 − 200,000) × (2/10) =	360,000	1,620,000	380,000
4차 연도	(2,000,000 − 200,000) × (1/10) =	180,000	1,800,000	200,000**
합계		1,800,000		

* 취득시점의 장부가액(=취득원가)임.
** 마지막 연도 말의 장부가액은 잔존가치와 같음.

위에서 '(2,000,000−200,000)'은 감가상각 대상금액인 「취득원가−잔존가치」이며, 매년 동일하게 적용한다. 그러나 상각률이 4/10, 3/10, 2/10, 1/10로 각각 적용되기 때문에, 연간 감가상각비는 내용연수 초기에 더 많이 인식되고 후기 연도로 갈수록 적게 인식된다.

(3) 생산량비례법

유형자산에 따라서는 그 수명을 물리적 단위(예: 사용량, 사용시간)로 측정하는 경우가 있다. 예를 들어, 어떤 기계가 총 1,000개의 제품 생산에 사용될 수 있다면 이 기계의 수명사용량은 제품 1,000개이다. 이러한 유형자산은 사용량(생산량)에 비례하여 효용 감소가 일어난다고 보는 것이 합리적일 것이므로 생산량비례법(units-of-production method)을 적용하여 감가상각비를 측정할 수 있다.

생산량비례법에서는 생산 1단위당(또는 시간당) 감가상각비를 계산한 다음, 여기에 당해 연도의 사용량(또는 사용시간)을 곱하여 연간 감가상각비를 계산한다.[4)]

4) 사용시간을 기준으로 감가상각비를 계산할 때는 **사용시간비례법**이라고 부른다.

$$\text{단위당 감가상각비} = \frac{\text{취득원가} - \text{잔존가치}}{\text{예상 수명사용량}}$$

$$\text{연간 감가상각비} = \text{단위당 감가상각비} \times \text{연간 사용량}$$

생산량비례법에서는 연간 감가상각비의 크기가 일정한 패턴을 갖고 있지 않으며, 당해 연도의 실제 사용량(또는 사용시간)이 얼마나 되는가에 따라 연간 감가상각비의 크기가 결정된다.

예를 들어, 2×20년 4월 5일에 가공용 특수기계를 ₩2,200,000에 취득하였는데, 이 기계는 총 4,000개의 제품 생산에 사용될 수 있고, 잔존가치는 ₩200,000이라고 가정하자. 2×20년 중에 이 기계를 사용하여 600개의 제품을 생산하였다면, 2×20년도의 기계 감가상각비는 다음과 같이 측정된다.

단위당 감가상각비 = (2,200,000 − 200,000) ÷ 4,000개 = ₩500
2×20년도 감가상각비 = 500×600개 = ₩300,000

2.3 감가상각방법 선택과 세금효과

감가상각비는 현금유출을 동반하지 않는 비용인데, 연간 감가상각비는 어떤 상각방법을 적용하느냐에 따라 달라진다. 이 때문에 기업의 세전 이익이 달라지고, 따라서 세금(법인세) 부담액도 달라진다. 제8장에서 재고자산 회계방법의 선택에 따라 세전 이익과 세금이 달라짐을 설명하였는데, 감가상각방법의 선택도 그러한 효과를 발생시킨다. 이를 논의하기 위하여 앞의 2.2절에서 다룬 서울복사(주)의 예를 다시 살펴보자.

서울복사(주)는 2×20년 초에 구입한 고속복사기를 사용하여 4년 동안 매년 ₩1,000,000의 매출액(복사용역수익)을 달성하였고, 감가상각비 이외의 다른 비용은 없다고 가정하자. 또한 세전 이익에 대한 세율은 30%라고 가정하자. 그리고 감가상각방법으로 정액법을 적용한 경우와 가속상각법인 정률법을 적용한 경우에 연도별 세전 이익과 세금이 어떻게 달라지는지 살펴보자.

(단위: 천원)

표 9-2 감가상각방법에 따른 세금효과

연도	매출액 (A)	정액법 적용				정률법(가속상각법) 적용			
		감가상각비 (B)	세전이익 (C=A-B)	세금 (C×0.3)	순이익 (세후)	감가상각비 (B)	세전이익 (C=A-B)	세금 (C×0.3)	순이익 (세후)
1차 연도	1,000	**450**	550	**165**	385	**876**	124	**37**	87
2차 연도	1,000	**450**	550	**165**	385	**492**	508	**152**	356
3차 연도	1,000	**450**	550	**165**	385	**277**	723	**217**	506
4차 연도	1,000	**450**	550	**165**	385	**155**	845	**254**	591
합계	4,000	**1,800**	2,200	**660**	1,540	**1,800**	2,200	**660**	1,540

〈표 9-2〉의 계산에서 보는 바와 같이, 정액법을 적용하면 감가상각비가 매년 동일하므로 세전 이익(=매출액－감가상각비)도 매년 ₩550,000으로 동일하고, 따라서 매년 ₩165,000(=550,000×30%)의 세금을 납부해야 한다. 이에 비하여 정률법을 적용하면, 내용연수의 초기에 더 많은 감가상각비를 인식하기 때문에 초기 연도의 세전 이익이 적고, 따라서 초기 연도의 세금이 적어진다. 그 대신 후기 연도로 갈수록 세전 이익이 많아지고 세금 부담액도 증가한다.

그런데 〈표 9-2〉에서 보듯이, 4년간 납부해야 할 세금 총액은 ₩660,000으로 동일하다. 따라서 세금 총액이 동일하면 늦게 내는 것이 좋을 것이므로(자금을 활용할 수 있으므로), 가속상각법인 정률법을 선택하는 것이 기업에 유리할 것이다.

그럼에도 불구하고, 많은 기업들이 가속상각법 대신 정액법을 사용하는 이유가 무엇일까? 그 이유는, 제8장에서 설명한 바와 같이, 기업 입장에서 세금 혜택이 회계방법 선택의 유일한 기준은 아니며, 그 처한 상황에 따라서 세금 혜택보다는 회계상 순이익의 크기를 더 중요시하는 경우가 있기 때문이다(제8장 3.5절 참조). 〈표 9-2〉에서 보는 바와 같이, 정액법을 적용하면, 정률법을 적용하는 경우에 비해, 내용연수의 전반기 동안 순이익이 높게 나타난다. 내용연수 후반기에는 정률법 적용 시의 순이익이 더 높지만, 기업이 매년 유형자산을 취득하는 경우에는 정액법 적용 시의 순이익이 지속적으로 높게 나타날 수도 있다.[5]

5) 매년 유형자산을 취득하면서 정액법을 적용하면 유형자산 전체의 감가상각비 '총액'은 계속적으로 정률법 적용시보다 작을 수 있다.

● **공시 사례**

실무에서 기업이 감가상각방법 선택을 공시한 사례를 소개하면 아래와 같다. 아래는 자동차 판매회사인 현대자동차(주)의 2022년 재무제표 주석인데, 현대자동차(주)는 토지를 제외한 유형자산에 대해 정액법으로 감가상각을 하고 있다.

공시 사례 **현대자동차(주)의 2022년도 재무제표 주석에 공시된 내용**

(12) 유형자산

연결실체는 토지를 제외한 유형자산에 대해서 추정 경제적 내용연수 동안 정액법으로 감가상각하고 있으며, 내용연수는 다음과 같습니다.

구 분	내용연수	구 분	내용연수
건물 및 구축물	12~50	공구기구금형	4~6
기계장치	6~15	집기비품	3~15
차량운반구	6~15	기타유형자산	2~20

2.4 감가상각의 회계처리

앞의 2.2절에서는 감가상각비 계산방법을 설명하였다. 이제 본 소절에서는 감가상각비 인식을 위한 회계처리방법을 설명한다. 아래의 설명에서는 다음의 종로기업(주) 자료가 이용될 것이다. 회계연도가 1월 1일부터 12월 31일까지인 종로기업(주)은 다음과 같은 사무용 차량을 취득하였다.

- 차량 취득일: 2×20년 1월 1일
- 취득원가: 2,000만원(수표 발행하여 지급)
- 내용연수: 5년으로 추정
- 잔존가치: 0으로 추정
- 감가상각방법: 정액법 적용

① 취득시점의 회계처리

종로기업(주)은 차량의 취득을 기록하기 위하여 2×20년 초에 다음과 같이 분개한다(금액 단위는 만원이며, 이하에서도 같다).

2×20/1/1:	(차) 차량운반구	2,000	(대) 당좌예금	2,000

② 연도별 감가상각비의 인식과 재무제표 표시

유형자산의 가치 감소는 회계연도 중에 계속적으로 발생하지만, 감가상각비를 비용으로 인식하는 회계처리는 편의상 회계연도 말(재무제표 작성시점)에 와서 이루어진다. 즉, 회계연도 초부터 1년간 발생한 감가상각비 전액을 한꺼번에 인식하는 분개를 회계기말에 실시한다. 따라서 회계연도 말이 되면, 종로기업(주)은 다음과 같이 연간 감가상각비를 계산하고 비용으로 인식하는 기말 수정분개를 해야 한다.

$$
\begin{aligned}
\text{연간 감가상각비} &= (\text{취득원가} - \text{잔존가치}) \div \text{내용연수} \\
&= (2{,}000 - 0) \div 5\text{년} \\
&= 400(\text{만원})
\end{aligned}
$$

정액법을 적용하면 매년 감가상각비 금액이 동일하다. 따라서 종로기업(주)은 1차 연도 말부터 시작하여 매 연도 말에 다음과 같이 기말 수정분개를 실시한다.

1차 연도 말: (2×20/12/31)	(차) 감가상각비	400	(대) 감가상각누계액	400
	↓ 비용으로 인식		↓ 차량 가액의 간접 차감	
2차 연도 말:	(차) 감가상각비	400	(대) 감가상각누계액	400
……				
5차 연도 말:	(차) 감가상각비	400	(대) 감가상각누계액	400

위의 차변과목인 감가상각비는 포괄손익계산서에서 관리비의 항목으로 표시된다. 그리고 분개의 대변에서는 차량의 가액을 직접 감소시키는 대신 **감가상각누계액**(accumulated depreciation)이라는 **차감계정**을 통하여 차량의 가액을 간접 차감시키는 방법을 사용한다. 이러한 기록방법은 매출채권에 대한 대손상각비를 인식할 때

분개의 대변에 대손충당금계정을 사용하여 매출채권을 간접 차감하는 방법(제7장 2절 참조)과 유사하고, 또한 재고자산 평가손실을 인식할 때 분개의 대변에 재고자산평가충당금계정을 사용하여 재고자산을 간접 차감하는 방법(제8장 4절 참조)과 유사하다. 위의 기록방법을 사용하면, 기업은 재무제표이용자들에게 차량의 취득원가와 그동안의 감가상각에 관한 정보를 모두 제공할 수 있는 이점이 있다. 위의 분개에서 보는 바와 같이, 감가상각누계액계정에는 매년 감가상각비가 누적된다.

위의 회계처리내용은 각 연도의 재무제표에 다음과 같이 반영된다.

재무상태표: 1차 연도 말

유형자산:	
차량운반구	2,000
감가상각누계액	(400)
	1,600

포괄손익계산서: 1차 연도

판매비와 관리비:	
감가상각비	400

재무상태표: 2차 연도 말

유형자산:	
차량운반구	2,000
감가상각누계액	(800)
	1,200

포괄손익계산서: 2차 연도

판매비와 관리비:	
감가상각비	400

재무상태표에서 「취득원가(2,000만원)−감가상각누계액」은, 앞의 2.2절에서 언급하였듯이, **장부가액**(book value)이라고 부르며, 이는 회계장부상으로 차량의 가치가 얼마인지를 나타낸다. 1차 연도 말의 재무상태표는, 1차 연도 말 현재, 차량의 장부가액이 1,600만원임을 나타내고 있다. 그러나 취득 후 2년이 지난 2차 연도 말이 되면, 2차 연도의 감가상각비(400만원)가 감가상각누계액계정에 누적되어 이제 감가상각누계액계정은 800만원이 되고 따라서 차량의 장부가액은 1,200만원으로 감소한다.[6] 즉, 차량의 장부가액은 전년 말에 비하여 당년도 감가상각비만큼 감소한다.

6) 위보다 간결한 표시방법으로서, 재무상태표 본문에는 차량의 장부가액만을 표시하고 취득원가와 감가상각누계액은 주석에 공시하거나 또는 재무상태표 본문에는 모든 유형자산의 장부가액 합계만을 표시하고 항목별 장부가액과 감가상각 관련 정보를 모두 주석에 공시하는 방법도 사용가능하다. 실무에서는 이러한 표시방법이 널리 사용된다(제6장 2절 참조).

매년 말에 앞에서와 같은 기말 수정분개를 반복하여 감가상각비를 인식하면, 내용연수가 다 경과한 5년 후에는 감가상각누계액계정이 2,000만원(=400×5년)이 될 것이다. 따라서 5년 후에 차량의 장부가액은 0(=2,000−2,000)이 되고 이는 취득시 추정하였던 잔존가치 0과 일치하게 될 것이다.

정액법 대신 정률법이나 연수합계법을 적용하여 감가상각을 하는 경우에도 회계처리방법은 위와 유사하다. 즉, 연도별로 감가상각비 금액과 감가상각누계액이 달라질 뿐이며(마지막 5년 후의 감가상각누계액은 동일), 기말 수정분개의 과목과 재무제표 표시방법은 위와 동일하다.

2.5 감가상각에 대한 추가적 논의

(1) 연중에 취득한 유형자산의 감가상각

앞에서는 편의상 회계연도 초에 유형자산을 취득한 경우를 대상으로 설명하였다. 그러나 유형자산은 회계연도 중의 언제라도 취득가능하다. 그러면, 예를 들어, 6월 11일에 유형자산을 취득한 경우에는 첫 회계연도에 얼마의 감가상각비를 인식해야 할까? 이 경우에는 유형자산을 사용한 기간에 맞추어 감가상각비를 인식하면 된다. 이렇게 사용기간에 맞추어 감가상각비를 인식함에 있어서도 다음의 대체적 방법을 고려할 수 있다.

첫째, 사용기간을 일단위(daily basis)로 계산하여 감가상각비를 계산한다. 이러한 방법을 **일단위계산법**이라고 부른다. 위의 예에 일단위계산법을 적용하면, 첫 회계연도에는 6월 11일부터 12월 31일까지 204일간 사용하였으므로, 연간 감가상각비의 204/365만큼을 첫 회계연도의 감가상각비로 인식한다.

둘째, 사용기간을 월단위(monthly basis)로 계산하는 **월단위계산법**도 널리 사용된다. 위의 예에 월단위계산법을 적용하면, 6월부터 12월까지는 7개월이므로 연간 감가상각비의 7/12을 첫 회계연도의 감가상각비로 인식한다.

월단위계산법은 계산이 간편한 이점이 있다. 기업들은 위의 방법 중 어느 하나를 적용할 수 있으나, 선택한 방법은 계속적으로 적용하여야 한다.[7)]

예제 9-1

회계연도가 1월 1일부터 12월 31일까지인 마포기업(주)은 2×20년 중에 다음과 같은 기계장치를 취득하였다.

• 기계 취득일: 2×20년 10월 5일	• 취득원가: 260만원
• 내용연수: 2년으로 추정	• 잔존가치: 20만원으로 추정

물음

(1) 정액법을 적용하여 월단위계산법을 사용하면 회계연도별 감가상각비는?
(2) 연수합계법을 적용하여 월단위계산법을 사용하면 회계연도별 감가상각비는?

풀이

(1) 정액법을 적용할 경우의 회계연도별 감가상각비 계산

취득시점이 10월이므로 2×20년에는 1년분 감가상각비의 3/12을 인식한다(10월부터 12월까지의 3개월분). 2×21년에는 1년분 감가상각비를 인식하며, 2×22년에는 1년분 감가상각비의 9/12를 인식한다(1월부터 9월까지의 9개월분).

$$\text{2×20년의 감가상각비} = \frac{260-20}{\text{2년}} \times \frac{3}{12} = 30\,(\text{만원})$$

$$\text{2×21년의 감가상각비} = \frac{260-20}{\text{2년}} = 120\,(\text{만원})$$

$$\text{2×22년의 감가상각비} = \frac{260-20}{\text{2년}} \times \frac{9}{12} = 90\,(\text{만원})$$

(2) 연수합계법을 적용할 경우의 회계연도별 감가상각비 계산

내용연수가 2년이므로 연수합계는 3(=1+2)이다. 따라서 1차 연도 및 2차 연도의 1년분 감가상각비는 각각 다음과 같다.

1차 연도의 1년분 감가상각비 = (260 − 20)×(2/3) = 160(만원)
2차 연도의 1년분 감가상각비 = (260 − 20)×(1/3) = 80(만원)

7) 위의 방법 외에도, 사용기간을 '반년단위'(semi-annual basis)로 계산하는 방법도 적용가능하다. 이 방법에서는, 회계연도의 상반기 중에 유형자산을 취득하였으면 1년분의 감가상각비를 인식하고, 반면에 하반기 중에 취득하였으면 반년분의 감가상각비를 인식한다.

위의 1년분 감가상각비를 월수를 기준으로 배분한다. 즉, 2×20년에는 위의 1차 연도 감가상각비 160만원의 3/12을 인식한다(10월부터 12월까지의 3개월분). 2×21년의 감가상각비는 1차 연도의 9개월분 감가상각비와 2차 연도의 3개월분 감가상각비를 합산한 금액이다. 마지막 회계연도인 2×22년에는 2차 연도의 9개월분 감가상각비를 인식한다(1월부터 9월까지의 9개월분).

$$\text{2×20년의 감가상각비} = \text{1차 연도의 3개월분 감가상각비} = 160 \times \frac{3}{12} = 40\,(\text{만원})$$

$$\text{2×21년의 감가상각비} = \text{1차 연도의 9개월분 감가상각비} + \text{2차 연도의 3개월분 감가상각비} = 160 \times \frac{9}{12} + 80 \times \frac{3}{12} = 140\,(\text{만원})$$

$$\text{2×22년의 감가상각비} = \text{2차 연도의 9개월분 감가상각비} = 80 \times \frac{9}{12} = 60\,(\text{만원})$$

(2) 내용연수 · 잔존가치를 변경한 경우의 감가상각

유형자산을 취득할 때 추정한 내용연수와 잔존가치는 추후 매 회계연도 말에 재검토하여 필요하면 새로운 추정치가 사용되어야 한다. 예를 들어, 주요 부분품을 교체하여 유형자산을 개량하면 내용연수가 늘어날 수 있다. 또한 당해 자산의 시장가치가 크게 변동하였으면 잔존가치도 변동할 수 있다. 이와 같이 당초의 내용연수 또는 잔존가치 추정치를 변경하는 것을 **회계추정의 변경**이라고 부른다.[8)]

내용연수 또는 잔존가치 추정치를 변경한 때에는 과거에 인식했던 감가상각비(따라서 감가상각누계액)는 소급 수정하지 않는다. 즉, 변경시점 이후부터는, 변경 후의 감가상각 대상금액과 변경 후의 잔여내용연수를 이용하여 감가상각비를 새로 계산하면 된다. 이러한 방법을 **전진적 조정법**(prospective method)이라고 부른다. 아래 예제를 통해 회계추정의 변경에 따른 감가상각비 계산방법을 학습해 보자.

---

8) 유형자산을 취득할 때 선택하였던 감가상각방법도 추후 매 회계연도 말에 재검토하여, 자산의 효익이 사용(소비)되는 형태에 중요한 변동이 있으면 이를 반영하기 위해 감가상각방법을 변경하여야 한다. 이러한 변경도 회계추정의 변경으로 처리한다.

예제 9-2

송파기업(주)은 2×18년 초에 다음과 같은 차량을 취득하였다.

- 차량 취득일: 2×18년 1월 1일
- 취득원가: 1,800만원
- 내용연수: 5년으로 추정
- 잔존가치: 300만원으로 추정
- 감가상각방법: 정액법 적용

송파기업(주)은 2년이 지난 2×20년 초에 차량의 내용연수를 5년에서 7년으로 변경하였으며, 잔존가치도 300만원에서 200만원으로 변경하였다.

물음

2×20년부터는 연간 감가상각비를 얼마로 인식해야 하나?

풀이

내용연수와 잔존가치를 변경하기 전인 2×19년까지 2년간의 감가상각누계액은 다음과 같다.

$$2\times19\text{년까지의 감가상각누계액} = \frac{1{,}800 - 300}{5\text{년}} \times 2\text{년} = 600\,(\text{만원})$$

따라서 2×19년 말의 장부가액은 1,200만원(=1,800−600)이다. 그런데 새로운 잔존가치 추정액이 200만원이므로 2×20년부터는 감가상각 대상금액이 「장부가액 1,200만원−새로운 잔존가치 200만원=1,000만원」이며, 이를 새로운 잔여내용연수 5년(=7−2)에 걸쳐 감가상각한다. 즉, 2×20년부터는 연간 감가상각비를 다음과 같이 계산한다.

$$2\times20\text{년부터의 연간 감가상각비} = \frac{\text{변경 후의 감가상각 대상금액}}{\text{변경 후의 잔여내용연수}}$$

$$= \frac{1{,}200 - 200}{5\text{년}} = 200\,(\text{만원})$$

유형자산 취득 후의 지출 제3절

유형자산은 장기간 사용가능한 자산이기 때문에 취득 이후에도 수리하여 사용하거나 증설 또는 개량하여 사용한다. 여기서 **증설**(additions)이란 건물을 증축하거나 설비를 부착하는 것(예: 냉방설비 부착)을 말하며, **개량**(improvements)이란 유형자산의 주요 부분품을 더 좋은 것으로 교체하는 것을 말한다. 증설 또는 개량을 하면 유형자산의 생산능력이 증대하거나 내용연수가 늘어난다.

유형자산의 원상을 회복시키거나 당초 성능수준을 유지하기 위한 수리비 지출은 자산의 가치를 높이는 것이 아니므로 비용으로 처리한다(계정과목: 수선유지비). 이에 비하여, 증설 · 개량을 위한 지출은 자산의 가치를 높이는 투자이기 때문에 유형자산의 취득원가에 가산해야 한다. 즉, 증설 · 개량을 위한 지출은 미래의 이익창출에 기여하기 때문에 자산의 증가로 처리한다. 따라서 증설 · 개량을 위한 지출은 추후에 감가상각을 통하여 비용화된다.

전통적으로 회계에서는 비용처리하는 지출을 **수익적 지출**(revenue expenditures)이라 부르고,[9] 증설 · 개량을 위한 지출은 **자본적 지출**(capital expenditures)이라고 부른다. 여기서 자본적 지출이라는 표현은 자산을 증가시키는 지출이라는 의미이다. 유형자산 취득 후의 지출을 수익적 지출 또는 자본적 지출로 처리하는 기준을 요약하면 〈표 9-3〉과 같다.

표 9-3 수익적 지출과 자본적 지출

지출의 목적	지출의 예	회계처리
자산의 원상회복	건물 도색, 파손된 유리 교체	수익적 지출로 처리
당초 성능수준 유지	소모성 부품 교체, 윤활유 주입	수익적 지출로 처리
개량(또는 주요 수선)	주요 부분품 교체	자본적 지출로 처리
증설	건물 증축, 설비 부착	자본적 지출로 처리

9) '수익적 지출'보다는 '비용적 지출'이 더 적절한 표현이나, 전통적으로 '수익적 지출'이라는 용어가 사용되고 있다.

예제 9-3

서초기업(주)은 2×19년 초에 다음과 같은 기계장치를 취득하였다.

- 기계 취득일: 2×19년 1월 1일
- 취득원가: 1,100만원
- 내용연수: 5년으로 추정
- 잔존가치: 100만원으로 추정
- 감가상각방법: 정액법 적용

물음

(1) 서초기업(주)은 2년 후인 2×21년 1월 1일에 기계장치를 개량하기 위하여 450만원을 지출하였다. 이 지출을 회계처리하라. 그러면 개량 직후에 기계장치의 취득원가와 감가상각누계액이 각각 얼마인가?

(2) 개량 직후의 감가상각 대상금액은 얼마이며, 또 2×21년부터는 연간 감가상각비가 얼마인가? 단, 기계장치의 추정 내용연수와 잔존가치는 변경되지 않았다고 가정한다.

풀이

(1) 개량을 위한 지출은 자본적 지출이다. 지출액 450만원을 기계장치 취득원가에 가산하기 위한 분개는 다음과 같다.

(차) 기계장치	450	(대) 현 금	450

위의 분개를 반영하면, 기계장치의 취득원가는 1,550만원(=1,100+450)으로 증가한다. 그러나 감가상각누계액은 변함이 없다. 개량 전의 연간 감가상각비는 200만원[=(1,100−100)÷5년]이므로, 2×21년 초의 감가상각누계액은 400만원(=200×2년)이다.

개량 직전의 재무상태표(2×21/1/1)

유형자산:		
기계장치	1,100	
감가상각누계액	(400)	
	700	

➡

개량 직후의 재무상태표(2×21/1/1)

유형자산:		
기계장치	1,550	
감가상각누계액	(400)	
	1,150	

(2) 위에서 보듯이, 개량 직후의 기계장치 장부가액은 1,150만원이므로 개량 직후의 감가상각 대상금액은 「장부가액 1,150만원−잔존가치 100만원=1,050만원」이다. 2×21년 초 현재 기계장치의 잔여내용연수는 3년이므로,

$$2\times21\text{년부터의 연간 감가상각비} = \frac{\text{개량 후의 감가상각 대상금액}}{\text{개량 후의 잔여내용연수}} = \frac{1{,}150-100}{3\text{년}} = 350(\text{만원})$$

따라서 2×21년부터 연간 감가상각비는 이전의 200만원에서 350만원으로 증가한다. 위와 같이 새로운 감가상각 대상금액과 잔여내용연수를 이용하여 감가상각비를 계산하는 것은 앞의 2.5절에서 설명한 회계추정의 변경 후의 감가상각비 계산방법과 유사하다.

이 예에서 보는 바와 같이, 자본적 지출이 있으면 지출연도 이후에 감가상각비가 증가한다. 그러나 수익적 지출로 잘못 판단하여 수선유지비로 처리하였다면 지출액 '전부'가 당년도 비용에 포함된다. 따라서 수익적 지출로 잘못 판단하면, 자본적 지출로 처리한 경우에 비해, 당년도 비용이 증가하여 당기순이익이 줄어든다.

그런데 실무에서 자주 문제가 되는 것은 수익적 지출을 자본적 지출로 처리하는 경우이다. 기업에 따라서는 당기순이익이 낮게 표시되는 것을 회피하기 위하여 의도적으로 수익적 지출을 자본적 지출로 처리하기도 한다. 이러한 회계처리는 회계기준에 위배되며, 재무제표이용자들에게 잘못된 회계정보를 전달하게 된다.

유형자산의 처분 제4절

유형자산은 장기간 사용하기 위해 보유하는 자산이지만, 때에 따라서 기업은 보유하던 유형자산을 처분하기도 한다. **유형자산 처분**이란 외부 매각 등을 통하여 유형자산이 기업 외부로 유출되는 것을 말한다. 즉, 유형자산의 소유권이 기업 외부로 이전되는 것을 의미한다.

유형자산 처분의 회계처리를 함에 있어서는 다음 사항이 고려되어야 한다.

첫째, 유형자산을 처분하면 기업은 더 이상 그 소유권을 갖지 않는다. 따라서 처분한 유형자산의 취득원가와 감가상각누계액을 모두 계정에서 제거해야 한다.

둘째, 처분에 따른 손익, 즉 **유형자산처분손익**을 인식해야 한다. 유형자산처분손익은 처분대가(즉, 처분으로 받는 대가)에서 처분 당시의 장부가액(감가상각누계액 차감후)을 차감한 것으로 측정한다.

유형자산처분손익 = 처분대가 − 처분 당시의 장부가액

예를 들어, 취득원가가 100만원이고 처분 당시 감가상각누계액이 45만원인 유형자산을 70만원을 받고 매각처분했다고 하자. 그러면 처분대가는 70만원인데 비하여 처분 당시 장부가액이 55만원(=100−45)이므로 15만원(=70−55)의 **유형자산처분이익**이 발생한다. 반면에, 만일 50만원을 받고 매각처분하였다면, 처분대가가 처분 당시 장부가액보다 작기 때문에 5만원(=50−55)의 **유형자산처분손실**이 발생한다.

유형자산의 처분은 연중의 언제라도 일어날 수 있다. 만일 연중의 어느 시점에서 유형자산을 처분하였다면, 1월 1일부터 처분시점까지의 기간에 대한 감가상각비를 '먼저 인식'하여 처분 당시의 장부가액을 계산해야 한다. 왜냐하면, 1월 1일부터 처분시점까지 유형자산을 사용하였으므로 그 사용기간에 대한 감가상각비를 인식해야 하기 때문이다.

예제 9-4

성동기업(주)은 2×18년 초에 다음과 같은 차량을 취득하였다.

- 차량 취득일: 2×18년 1월 1일
- 취득원가: 3,000만원
- 내용연수: 5년으로 추정
- 잔존가치: 500만원으로 추정
- 감가상각방법: 정액법 적용

물음

(1) 성동기업(주)은 취득 후 2년 9개월이 지난 2×20년 9월 30일에 현금 1,800만원을 받고 위의 차량을 매각처분하였다. 유형자산처분손익이 얼마인가?

(2) 위의 차량 처분에 대하여 성동기업(주)이 실시해야 할 분개는?
(3) 만약 1,500만원을 받고 차량을 매각처분하였다면 필요한 분개는?

풀이

(1) 차량 처분이 있기 전에 연간 감가상각비는 500만원[=(3,000−500)÷5년]이므로, 2년 9개월이 지난 2×20년 9월 30일까지의 감가상각누계액은 다음과 같다.

2년 9개월간의 감가상각누계액 = 500×(2+9/12) = 1,375(만원)

이와 같이 감가상각누계액이 1,375만원이므로 처분 당시의 장부가액은 1,625만원(=3,000−1,375)이다. 따라서,

유형자산처분손익 = 처분대가 − 처분 당시의 장부가액
= 1,800 − 1,625 = 175(만원)

처분손익이 양(+)의 값이므로 유형자산처분이익이 175만원 발생하였다.

(2) 2×20년 1월부터 9월까지 9개월간의 감가상각비를 인식하는 분개를 먼저 한다. 그렇게 해야만 감가상각누계액 계정이 위의 (1)에서 계산한 1,375만원이 되고, 따라서 처분 당시의 장부가액이 1,625만원이 된다.

9개월분 감가상각비 = 연간 감가상각비 500×(9/12) = 375(만원)

(차)	감가상각비	375	(대) 감가상각누계액	375

차량을 매각처분하였으므로, 처분한 차량의 취득원가 3,000만원을 계정에서 제거하고(대변) 그 감가상각누계액 1,375만원도 '함께' 제거한다(차변). 또한 처분대가로 받은 현금 1,800만원의 유입을 기록하고(차변), 유형자산처분이익 175만원을 인식한다(대변).

(차)	현　　금	1,800	(대) 차량운반구	3,000
	감가상각누계액	1,375	유형자산처분이익	175

(3) 1,500만원을 받고 처분하였으면 유형자산처분손실 125만원(=1,500−1,625)이 발생한다. 이 경우에도 처분한 차량의 취득원가 3,000만원을 계정에서 제거하고(대변) 그 감가상각누계액 1,375만원도 '함께' 제거한다(차변). 그리고 처분대가로 받은 현금 1,500만원의 유입을 기록하고(차변), 유형자산처분손실 125만원을

인식한다(차변).

(차) 현 금	1,500	(대) 차량운반구	3,000
감가상각누계액	1,375		
유형자산처분손실	125		

제5절 무형자산의 의의와 회계처리

5.1 무형자산이란?

유형자산이 물리적 형체가 있는 장기 자산인데 비하여, **무형자산**(intangible assets)은 물리적 형체가 없는 장기 자산이다. 무형자산 역시 판매용 자산은 아니며 기업이 영업활동에 장기간 '사용'하기 위하여 보유하는 자산이다. 무형자산 항목으로는 법적 권리인 산업재산권, 영업권(goodwill), 개발비, 컴퓨터 소프트웨어, 라이선스와 프랜차이즈, 광업권 등이 있다(〈표 9-4〉 참조).

표 9-4
무형자산의 분류

무형자산 항목	의미와 세부항목
산업재산권*	일정기간 동안 배타적으로 이용할 수 있는 법적 권리인 특허권, 실용신안권, 상표권, 의장권 등
영 업 권	기업간 매수합병에서 취득하는 무형의 자원
개 발 비	미래 경제적 효익을 창출할 것으로 기대되는 신기술·신제품 개발비
컴퓨터 소프트웨어	외부에서 구입한 컴퓨터 소프트웨어
기타 무형자산**	라이선스와 프랜차이즈(특정 기술이나 상품·용역을 일정기간 동안 사용 또는 판매할 수 있는 권리), 광업권, 어업권 등

* 회계처리할 때 오른쪽의 세분된 항목들을 계정과목으로 사용할 수 있음.
** 회계처리할 때 오른쪽의 세분된 항목들을 계정과목으로 사용함.

기업의 기술력이나 마케팅능력 그리고 소비자 인지도가 높은 상표 등도 미래의 이익창출에 기여하는 무형의 자원이다. 그러나 이러한 무형자원은 그 가치가 얼마인지를 평가하기는 어렵다. 이 때문에 「한국채택국제회계기준」은 주로 외부에서 유상으로 취득한 것만을 재무상태표에 무형자산으로 계상하도록 규정하고 있다. 즉, 기업이 외부에서 취득한 경우에는 그 취득대가가 무형자산의 가치를 반영하고 있다고 간주한다. 그러나 기업이 내부적으로 창출한 무형자산은 그 가치를 평가하기 어렵기 때문에 대부분 자산으로 인식하지 않는다. 이는 현행 회계기준의 한계점이며, 재무제표이용자가 기업의 총 자산가치를 파악하기 어렵게 하고 있다.

5.2 무형자산의 취득과 상각

기업이 외부에서 대가를 지급하고 무형자산을 취득한 때에는 그 취득원가(취득부대비용 포함)로 무형자산을 기록한다. 또한 유형자산과 마찬가지로, 법적 권리와 같이 내용연수가 유한한 무형자산은 그 내용연수에 걸쳐 상각해야 하며, 정액법, 정률법, 연수합계법 등을 적용하여 상각한다. 다만, 유형자산의 경우와는 달리, 내용연수가 유한한 무형자산은 잔존가치가 없는 것으로 간주함이 일반적이다. 그리고 회계처리할 때 상각누계액 계정을 설정할 수도 있지만, 그보다는 무형자산을 직접 감소시키는 방법이 일반적으로 사용된다.[10)]

무형자산상각비(amortization expense)는 포괄손익계산서에서 판매비 또는 관리비로 표시된다. 다만, 제조기업의 경우 특정 무형자산이 제품을 생산하는 데 사용되었으면 그 무형자산의 상각비는 제품 제조원가에 포함된다.

예를 들어, 용산기업(주)이 2×20년 초에 다른 회사의 상표권을 800만원에 매수하고 수표 발행하여 지급했다고 가정하자. 이를 기록하기 위한 분개는 다음과 같다.

10) 무형자산을 직접 감소시키는 방법이 일반적으로 사용되는 이유는 무형자산의 과거 취득원가 자체는 재무제표이용자들이 기업의 현재 자산가치와 주식가치를 평가하는 데 별다른 유용성이 없다고 보기 때문이다. 이에 비해, 유형자산의 경우 취득원가 정보는 기업의 현재 자산가치와 주식가치를 평가하는 데 어느 정도 유용할 수 있다. 예를 들어, 건물의 과거 취득원가가 10억원이었음이 표시되면 이 정보는 (취득 후의 경과기간을 고려할 때) 지금 건물의 자산가치가 얼마나 될 것인지 추정하는 데 이용될 수 있다. 유형자산은 과거보다 지금의 시장가치가 높은 경향이 있다.

(차) 상 표 권 (또는 산업재산권)	800	(대) 당좌예금	800

상표권의 존속기간이 10년이어서 10년에 걸쳐 정액법을 적용하여 상각하기로 결정하였다면(잔존가치는 0으로 가정), 연간 상각비는 80만원(=800÷10년)이다. 따라서 용산기업(주)은 2×20년 말에 다음의 기말 수정분개를 실시한다.

(차) 상표권상각비 (또는 무형자산상각비)	80	(대) 상 표 권	80

위의 분개를 2×20년 말의 재무상태표에 반영하면, 상표권 자산은 80만원 감소한 720만원이 되며, 포괄손익계산서에는 무형자산상각비 80만원이 계상된다.

재무상태표 (2×20/12/31)		
무형자산:		
상 표 권	720	

포괄손익계산서 (2×20년도)	
판매비와 관리비:	
상표권상각비	80

다른 무형자산을 외부에서 취득한 경우에도 위에 예시한 회계처리와 유사하게 취득 및 상각의 회계처리를 하면 된다.

5.3 영업권

기업은 대형화를 통한 규모의 경제(economies of scale)를 실현하기 위하여 또는 부족한 경영자원을 확보하기 위한 목적으로 다른 기업을 매수합병한다. **매수합병**(mergers & acquisitions)은 한 기업이 다른 기업을 '사들이는' 투자거래이다. 기업 간 경쟁이 치열해짐에 따라 우리나라에서도 매수합병이 증가하는 추세에 있다.

예를 들어, 2×20년 초에 수원기업(주)이 용인기업(주)을 합병한다고 하자. 그리고 이때 피합병기업인 용인기업(주)이 보유한 자산과 부채의 공정가치(또는 공정가액, fair value)는 다음과 같다고 하자.

피합병기업이 보유한 자산과 부채의 공정가치

자 산		부 채	
매출채권	20억원	매입채무	30억원
재고자산	30	단기차입금	20
토 지	60	미지급금	50
건 물	40		
합계	150억원	합계	100억원

여기서 피합병기업인 용인기업(주)의 자산과 부채 금액은, 재무상태표상의 장부가액이 아니라, 지금 실제로 매각 또는 상환할 경우의 금액인 공정가치이다. 기업을 매수합병할 때에는, 장부가액은 큰 의미가 없기 때문에(특히, 자산의 경우 장부가액은 실제의 가치와 크게 다를 수 있다), 자산과 부채를 공정가치로 평가한다. 앞에서 용인기업(주)이 보유한 자산의 공정가치 합계는 150억원이고, 부채의 공정가치 합계는 100억원이다. 따라서 순자산(=자산-부채)의 공정가치는 50억원이다. 이는, 앞의 자산과 부채만을 고려할 때, 용인기업(주)의 소유권가치(즉, 주식가치 총액)가 50억원이라는 의미이다.

이제 수원기업(주)이 용인기업(주)의 주주들에게 60억원의 현금을 지급하고 용인기업(주)을 매수했다고 하자. 이는 순자산 공정가치가 50억원인 기업을 60억원을 지급하고 매수한 것이다. 그러면 왜 순자산 공정가치가 50억원인 기업을 10억원 더 주고 60억원에 매수하였을까? 그 이유는 용인기업(주)이 보유한 기술력, 마케팅능력 등으로 인해 미래에 높은 수익성을 기대할 수 있다고 판단하였기 때문일 것이다. 다시 말하면, 수원기업(주)은 용인기업(주)이 재무상태표에 계상되지 않은 무형자산을 보유하고 있음을 인정하고 그 가치를 10억원으로 평가하였다고 할 수 있다. 회계에서는 그러한 무형자산을 총칭하여 **영업권**(goodwill)이라고 부른다.

매수합병 전에 이미 용인기업(주)은 내부적으로 영업권을 창출하였으나, 그 가액을 측정하기 어렵기 때문에 그동안 영업권을 자산으로 인식하지 못하였다. 즉, 「한국채택국제회계기준」에서는 기업이 내부적으로 창출한 영업권을 자산으로 인정하지 않는다. 그런데 측정이 어려워 인식하지 못했던 영업권은 이제 매수합병거래를 통해 그 가치가 얼마인지 드러나게 되었고, 따라서 대가를 지급하고 취득한 수원기업(주)은 영업권을 자산으로 인식할 수 있다.

영업권 취득대가	=	피매수기업의 매수대가	-	피매수기업의 순자산 공정가치
(10억원)		(60억원)		(50억원)

요약하면, 수원기업(주)은 합병을 통해 용인기업(주)의 자산과 부채를 모두 인수하였고 또 영업권을 10억원에 취득하였다. 따라서 합병 직후에 수원기업(주)은 다음의 분개를 실시한다.

합병분개: 수원기업(주)

	(차)		(대)		
인수한 자산 ←	매출채권	20	매입채무	30	→ 인수한 부채
	재고자산	30	단기차입금	20	
	토 지	60	미지급금	50	
	건 물	40			
영업권 취득 ←	영 업 권	10	현 금	60	→ 매수대가 지급

이 분개에서 위쪽의 항목들은 수원기업(주)이 인수한 용인기업(주)의 자산과 부채이다. 그리고 아래쪽에서 대변의 '현금 60억원'은 수원기업(주)이 용인기업(주)을 매수한 대가로 용인기업(주)의 주주들에게 지급한 60억원이다.

위의 분개를 수원기업(주)의 가상 재무상태표에 반영하면, 용인기업(주)으로부터 인수한 자산과 부채가 수원기업(주)의 자산 및 부채에 각각 더해지며, 또한 무형자산으로 영업권 10억원이 계상된다.

합병 직후의 가상 재무상태표(2×20년 초): 수원기업(주)

현 금	−60	매입채무	+30
매출채권	+20	단기차입금	+20
재고자산	+30	미지급금	+50
유형자산:			
토 지	+60		
건 물	+40		
무형자산:			
영 업 권	10		

영업권은 법적 권리나 계약상 권리가 아니기 때문에 그 내용연수가 유한하다고

보기 어려운 자산이다. 그래서 다른 무형자산과는 달리, 영업권은 강제적으로 상각시키지 않는다. 그 대신, 영업권의 자산가치가 하락하였는지 여부를 매년 검토하여, 만일 자산가치가 하락하였다고 판단되면 그 하락액을 **손상차손**(impairment losses)이라는 비용으로 인식한다. 영업권의 손상에 관한 회계처리는 회계원리 교과의 범위를 벗어나므로 이는 중급재무회계 교과에서 학습하도록 하자.

5.4 연구개발투자

기업들은 치열한 경쟁에서 살아남기 위하여 또는 미래 성장을 위하여 지속적으로 연구개발활동을 한다. 연구개발투자가 성공하여 신기술 또는 신제품이 개발된다면 기업에 커다란 경제적 효익을 가져다줄 수 있다. 그러나 투자지출을 하는 시점에서는 일반적으로 투자의 효과를 객관적으로 측정하기 어렵기 때문에 일정한 경우에만 그 지출액을 무형자산으로 인식할 수 있다.

「한국채택국제회계기준」에 의하면, 기초적 연구단계(예: 새로운 지식의 탐색)에서 발생한 지출은 전부 연구비라는 비용항목으로 처리한다. 그다음 단계인 개발단계(예: 시제품 설계 및 제작)에서 발생한 지출에 대해서는 그 지출이 미래 경제적 효익(예: 매출증대, 원가절감)을 창출할 가능성이 높으면 개발비라는 무형자산으로 인식하고, 그렇지 않으면 경상개발비라는 비용항목으로 처리한다. 여기서 '개발비'는 무형자산 명칭이므로 비용항목으로 혼동하지 않도록 유의하자.

- 연구단계의 지출 ⟶ 비용항목인 '연구비'로 처리
- 개발단계의 지출
  - ⟶ 비용항목인 '경상개발비'로 처리
  - ⟶ 무형자산인 '개발비'로 처리

예제 9-5

2×20년 초에 성남기업(주)은 기초적 연구활동에 300만원, 신제품 X의 개발에 1,000만원, 그리고 신제품 Y의 개발에 500만원을 지출하여 총 1,800만원을 지출하였다. 그런데 신제품 X의 개발은 미래 경제적 효익을 창출할 가능성이 높으나, 신제품 Y의 개발은 성공가능성이 낮은 것으로 판단된다.

물음

(1) 투자지출액 1,800만원에 대한 회계처리(분개)를 하라.

(2) 개발비 자산을 5년에 걸쳐 정액법에 따라 상각하고 잔존가치는 0이라면, 개발비 자산의 연간 상각비는 얼마이며, 또 2×20년 말에 필요한 기말 수정분개는?

풀이

(1) 신제품 X의 개발을 위한 지출(1,000만원)은 미래 경제적 효익을 창출할 가능성이 높으므로 개발비 자산으로 인식할 수 있다. 그러나 기초연구를 위한 지출(300만원)은 비용인 연구비로 처리하고, 신제품 Y의 개발에 관한 지출(500만원)도 비용인 경상개발비로 처리한다.

(차)	개 발 비	1,000	(대) 현　　금	1,800
	연 구 비	300	(또는 당좌예금)	
	경상개발비	500		

(2) 개발비 자산의 연간 상각비는 200만원(=1,000÷5년)이다. 따라서 2×20년 말에 다음의 기말 수정분개를 실시한다.

(차)	개발비상각비	200	(대) 개 발 비	200

위의 기말 수정분개를 2×20년 말의 재무상태표에 반영하면, 개발비 자산은 200만원 감소한 800만원으로 표시되고, 포괄손익계산서에는 개발비상각비 200만원이 계상된다.

재무상태표(2×20/12/31)

무형자산:		
개 발 비	800	

포괄손익계산서(2×20년도)

판매비와 관리비:	
연 구 비	300
경상개발비	500
개발비상각비	200

투자부동산 보론

기업이 보유하는 자산 중 토지와 건물은 부동산이다. 많은 기업들은 업무용부동산(유형자산으로 분류되는 토지와 건물) 외에도 임대수익이나 시세차익을 얻기 위한 투자부동산(investment property)을 보유하고 있다. 이러한 투자부동산의 평가방법은 업무용부동산의 경우와 다르므로 아래에서 자세히 설명한다.

(1) 투자부동산의 의의

투자부동산(investment property)은 '임대수익이나 시세차익' 또는 둘 다를 얻기 위하여 기업이 보유하고 있는 부동산(토지, 건물 또는 건물의 일부분)을 말한다.[11] 이는 임대수익이나 시세차익을 얻기 위해 보유하는 부동산이므로, 기업이 재화 · 용역의 생산, 제공이나 경영관리목적에 사용하는 자가사용부동산은 투자부동산이 아니며 유형자산으로 분류한다. 그리고 통상적인 영업과정에서 판매목적으로 보유하는 부동산은 재고자산으로 분류하며 투자부동산으로 분류하지 않는다.

투자부동산은 당해 기업이 보유하고 있는 다른 자산과 거의 독립적으로 현금흐름(영업활동에서 창출되는 현금흐름)을 창출한다. 이러한 특징이 있기 때문에 투자부동산과 자가사용부동산을 구별하는 것이다.

투자부동산의 예로는 다음을 들 수 있다.

① 장기 시세차익을 얻기 위하여 기업이 보유하고 있는 토지

② 장래 용도를 결정하지 못한 채로 보유하고 있는 토지(이 경우 당해 토지는 시세차익을 얻기 위하여 보유한다고 간주됨)

③ 기업이 직접 소유하고 운용리스로 제공하는 건물

④ 기업이 운용리스로 제공하기 위하여 보유하는 미사용 건물

11) 금융리스이용자가 사용권자산으로 보유하고 있는 부동산도 투자부동산에 속한다.

⑤ 미래에 투자부동산으로 사용하기 위하여 건설 또는 개발 중인 부동산

(2) 투자부동산의 인식과 최초 측정

기업이 소유하는 투자부동산은 당해 부동산에서 생기는 미래 경제적 효익의 유입 가능성이 높고 그 투자부동산의 원가(cost)를 신뢰성 있게 측정할 수 있을 때 자산으로 인식한다.

투자부동산은 최초 인식시점에 취득원가로 측정한다. 취득과정에 직접 소요된 부대지출(거래비용 지출)도 취득원가에 포함된다.

(3) 투자부동산의 기말 평가(후속 측정)

한국채택국제회기준(기업회계기준서 제1040호)은 투자부동산의 평가방법(자산 금액의 측정방법)으로 원가모형과 공정가치모형 중 하나를 선택하여 모든 투자부동산에 적용하도록 규정하고 있다. 여기서 '공정가치'(fair value)란 측정일에 시장참여자 사이의 정상거래에서 자산을 매도할 때 받게 될 가격을 의미한다.

● 원가모형

기업이 투자부동산의 평가방법으로 원가모형을 선택한 경우에는 모든 투자부동산에 대하여 기업회계기준서 제1016호('유형자산')에 따라 원가모형으로 측정한다. 즉, 제9장 본문에서 설명한 대로, 회계기말에 투자부동산은 취득원가에서 감가상각누계액을 차감한 금액으로 평가한다.

그리고 기업이 원가모형을 선택하더라도 투자부동산의 공정가치 측정결과를 주석으로 공시하여야 한다. 투자부동산의 공정가치 정보는 재무제표이용자들에게 유용한 정보이므로 기업은 의무적으로 공정가치 정보를 제공하여야 한다(기업회계기준서 제1040호).

● 공정가치모형

기업이 투자부동산의 평가방법으로 공정가치모형을 선택한 경우에는 최초 인식

후 모든 투자부동산을 공정가치로 측정한다.[12)] 투자부동산의 공정가치 변동으로 발생하는 손익은 발생한 기간의 당기손익에 반영한다.

공정가치모형에 따라 측정하는 투자부동산은 감가상각을 하지 않는다. 투자부동산을 공정가치로 평가할 경우 그 공정가치 측정치는 자산가치의 감소를 반영하고 있으므로 별도의 감가상각 절차가 필요하지 않기 때문이다.

예제 9-6

성동기업(주)은 2×19년 초에 1,000만원을 지급하고 건물을 취득하였는데 이는 임대수익을 얻을 목적으로 취득한 투자부동산이다. 건물의 내용연수는 10년이고 잔존가치는 없다. 2×19년 말에 건물의 공정가치는 1,050만원이고, 2×20년 말에 건물의 공정가치는 920만원이다. 성동기업(주)은 공정가치모형을 사용하여 투자부동산의 자산 금액을 측정하고 있다.

물음

(1) 2×19년 말 투자부동산의 평가에 대한 회계처리(분개)를 하라.

(2) 2×20년 말 투자부동산의 평가에 대한 회계처리는?

풀이

(1) 2×19년 말 투자부동산의 공정가치는 1,050만원이므로 평가이익 50만원(=1,050−1,000)이 발생하였다.

(차) 투자부동산-건물	50만원	(대) 투자부동산평가이익 (당기손익)	50만원

(2) 2×20년 말 투자부동산의 공정가치는 920만원이므로 평가손실 130만원(=1,050−920)이 발생하였다.

(차) 투자부동산평가손실 (당기손익)	130만원	(대) 투자부동산-건물	130만원

12) 기업이 투자부동산의 공정가치를 계속 신뢰성 있게 측정할 수 없는 경우에는 원가모형을 적용한다.

(4) 계정대체

부동산의 용도가 변경되어 기업이 자가사용을 개시하면 그 부동산을 자가사용부동산(유형자산)으로 대체한다. 부동산이 투자부동산의 정의를 충족하지 못하게 되고 용도 변경의 증거가 있는 경우에 부동산의 용도가 변경되는 것이다.

(5) 투자부동산의 처분

기업이 투자부동산을 처분하거나, 투자부동산의 사용을 영구히 중지하고 더 이상 경제적 효익을 기대할 수 없는 경우에는 제거(재무상태표에서 삭제)한다. 투자부동산의 처분이나 폐기로 인해 발생하는 손익은 순처분금액과 장부금액의 차액이며 당기손익으로 인식한다.

종 · 합 · 예 · 제

유형자산 감가상각 및 처분의 회계처리

회계연도가 1월 1일부터 12월 31일까지인 인천기업(주)은 2×20년 초에 다음과 같은 기계장치를 취득하였다.

- 기계 취득일: 2×20년 1월 1일
- 취득원가: ₩5,000,000
- 내용연수: 3년으로 추정
- 잔존가치: ₩500,000으로 추정
- 감가상각방법: 정률법 적용
- 상 각 률: 0.536

물음

(1) 2×20년부터 3년간 연간 감가상각비는 각각 얼마인가?
(2) 1차 연도 말(2×20년 12/31일)에 감가상각비를 인식하기 위한 수정분개는?
(3) 2차 연도 말(2×21년 12/31일)에 감가상각비를 인식하기 위한 수정분개는?
(4) 만약 인천기업(주)이 2×21년 12월 31일에 현금 ₩1,500,000을 받고 위의 기계장치를 매각처분하였다면 이에 대한 분개는?

풀이

(1) 정률법에서의 연간 감가상각비는 「연초 장부가액×상각률」로 계산한다.

연도	연간 감가상각비	감가상각누계액	연말 장부가액
취득시점			5,000,000
1차 연도	연초 장부가액 5,000,000×0.536 = 2,680,000	2,680,000	2,320,000
2차 연도	연초 장부가액 2,320,000×0.536 = 1,243,520	3,923,520	1,076,480
3차 연도	연초 장부가액 1,076,480−500,000 = 576,480	4,500,000	500,000
합계	4,500,000		

마지막 연도의 감가상각비는 연초 장부가액 ₩1,076,480과 잔존가치 ₩500,000의 차이인 ₩576,480으로 계산한다.

(2) 1차 연도(2×20년)의 감가상각비는 ₩2,680,000이므로 다음과 같이 분개한다.

(차) 감가상각비	2,680,000	(대) 감가상각누계액	2,680,000

(3) 2차 연도(2×21년)의 감가상각비는 ₩1,243,520이므로 다음과 같이 분개한다.

(차) 감가상각비	1,243,520	(대) 감가상각누계액	1,243,520

(4) 유형자산을 처분하였으면 처분손익을 계산해야 한다. 처분시점이 2차 연도 말인 2×21년 12/31일인데 이때의 장부가액은 ₩1,076,480이다. 따라서,

유형자산처분손익 = 처분대가 − 처분 당시의 장부가액
= 1,500,000 − 1,076,480 = ₩423,520

처분손익이 양(+)의 값이므로 처분이익이 ₩423,520 발생하였다.

기계장치를 처분하였으므로 기계장치의 취득원가 ₩5,000,000을 계정에서 제거하고(대변) 그 감가상각누계액 ₩3,923,520도 함께 제거한다(차변). 그리고 처분대가로 받은 현금 ₩1,500,000의 유입을 기록하고(차변), 유형자산처분이익 ₩423,520을 인식한다(대변).

(차) 현 금	1,500,000	(대) 기계장치	5,000,000
감가상각누계액	3,923,520	유형자산처분이익	423,520

익힘문제

1. 유형자산을 구입하였을 때 그 취득원가는 어떻게 측정하는지 설명하라.
2. 감가상각(depreciation)과 감가상각비란 무엇인지 설명하라.
3. 감가상각비는 현금유출을 동반하지 않는데도 비용으로 인식하는 이유가 무엇인가?
4. 내용연수와 잔존가치(residual value)의 의미를 각각 설명하라.
5. 정액법(또는 직선법)에서는 연간 감가상각비를 어떻게 측정하는지 설명하라.
6. 정률법에서는 연간 감가상각비를 어떻게 측정하는가?
7. 연수합계법에서는 연간 감가상각비를 어떻게 측정하는가?
8. 유형자산에 따라서는 그 수명을 물리적 단위(예: 사용량)로 측정하는 경우가 있다. 이때는 연간 감가상각비를 어떻게 측정하는지 설명하라.
9. 감가상각누계액과 장부가액(book value)의 의미를 각각 설명하라.
10. 감가상각방법의 선택에 따라서 세금(법인세) 부담액이 달라지는 이유가 무엇인가?
11. 내용연수 또는 잔존가치를 변경한 경우 감가상각비는 어떻게 측정하는가?
12. 유형자산 취득 후의 지출로서 수익적 지출과 자본적 지출의 의미를 설명하라.
13. 수익적 지출과 자본적 지출은 각각 어떻게 회계처리하는지 설명하라.
14. 유형자산을 처분하였을 때 처분손익은 어떻게 측정하는지 설명하라.
15. 유형자산 감가상각과 무형자산 상각의 회계처리는 어떻게 다른지를 설명하라.
16. 영업권(goodwill)은 어떤 경우에 무형자산으로 인식하는지 설명하라.
17. 연구개발투자에 소요된 지출의 회계처리방법을 설명하라.

연습문제

[9-1] 기본개념의 이해

아래의 빈칸에 알맞은 단어나 숫자를 기입하라.

(1) 유형자산은 판매목적이 아니라 영업활동에 장기간 (   )하기 위하여 보유하는 물리적 형체가 있는 자산이다.

(2) 유형자산의 취득원가에는 유형자산의 구입가격은 물론, 모든 (   )(예: 중개인 수수료, 운송 및 보험료, 등기비, 취득세, 설치비, 시운전비)이 포함된다.

(3) 회계에서 감가상각은 유형자산의 (   )(또는 재평가액)를 내용연수에 걸쳐 비용으로 배분하는 형태를 취한다.

(4) 감가상각비는 (   )을 동반하지 않는 비용이다. (   )이 없는데도 비용으로 인식하는 것은 각 연도의 순이익을 정확히 측정하기 위해서이다.

(5) 건설 중인 자산과 (   )를 제외한 모든 유형자산은 감가상각 대상자산이다.

(6) 유형자산의 취득원가에서 잔존가치를 차감한 금액은 내용연수에 걸쳐 감가상각비로 인식될 총액이며 이를 (   )이라고 부른다.

(7) 유형자산의 장부가액은 취득원가에서 (   )을 차감한 나머지를 가리키며, 이는 장부상으로 유형자산의 가치가 얼마인지를 나타낸다.

(8) 정액법에서 연간 감가상각비는 매년 [증가한다, 동일하다, 감소한다]. [ ]에서 올바른 것은?

(9) 정률법과 연수합계법은 내용연수의 초기 연도에 [더 많은, 더 적은] 감가상각비를 인식하는 가속상각법이다. [ ]에서 올바른 것은?

(10) 정액법을 적용하여 감가상각하면 정률법을 적용하는 경우에 비하여 세금 측면에서 [유리하다, 불리하다]. [ ]에서 올바른 것은?

(11) 유형자산의 감가상각비가 ₩10,000으로 측정되었다면 "(차) 감가상각비 10,000

(대) (　　　) 10,000"의 기말 수정분개를 한다.

(12) 유형자산의 원상회복이나 성능유지를 위한 지출은 (　　　) 지출이라고 부르며, 그 지출액은 (　　　)으로 처리한다. 이에 비하여, 유형자산의 생산능력 또는 내용연수를 늘리는 지출은 (　　　) 지출이라고 부르며, 그 지출액은 유형자산의 (　　　)에 가산한다. 즉, 자산의 증가로 처리한다.

(13) 취득원가가 500만원, 처분 당시 감가상각누계액이 300만원인 유형자산을 280만원에 매각처분하였다면, 유형자산처분이익 (　　　)만원이 발생한다.

(14) 기업간 매수합병에서 매수대가 지급액이 피매수기업의 순자산 공정가치(=자산의 공정가치−부채의 공정가치)보다 많았다면, 매수기업의 재무상태표에는 (　　　)이라는 무형자산이 나타난다.

(15) 연구개발투자의 회계처리에서, 기초적 연구단계에서 발생한 지출은 (　　　)라는 비용으로 처리한다. 개발단계에서 발생한 지출은 미래 경제적 효익을 창출할 가능성이 높으면 (　　　)라는 무형자산으로 인식하고, 그렇지 않으면 (　　　)라는 비용으로 처리한다.

[9-2] 유형자산의 취득원가(I)

양재기업(주)은 특수기계를 구입하였는데 다음은 기계 구입에 관련된 자료이다.

• 기계 구입가격	₩5,000,000
• 운송비 지급액	120,000
• 운송 중 위험에 대한 보험료 지급액	20,000
• 취득세와 등록비 지급액	50,000
• 공장 내 설치비 지급액	80,000
• 가동에 앞선 시운전에 소요된 지출액	40,000
• 대금지급을 위해 발행한 약속어음의 3개월 이자	90,000

물음

(1) 특수기계의 취득원가는 얼마인가?

(2) 양재기업(주)은 기계 구입대금을 지급하기 위해 액면금액 ₩5,000,000인 약속어음을 교부하였고 3개월 후에 이자 및 원금을 수표 발행하여 지급하였다. 그 외의 모든 비용은 현금으로 지급하였다. 취득시점(즉, 기계 시운전을 마친 시점)과

약속어음 결제시점에서 필요한 분개를 하라.

[9-3] 유형자산의 취득원가(II)

시흥기업(주)은 사무용 건물을 신축하기 위해 낡은 건물이 딸린 토지를 3,000만원에 구입하였다. 다음은 토지 구입 및 건물 신축에 관한 자료이다(단위: 만원).

• 토지 구입가격	3,000
• 중개인 수수료 및 토지 등기비 지급액	150
• 구건물의 철거비 지급액	300
• 건물 신축의 설계용역비 지급액	500
• 건물 신축공사비 일부 지급액	1,800

물음

(1) 토지의 취득원가는 얼마인가?
(2) 현재까지 발생한 건물의 취득원가는 얼마인가?
(3) 토지와 건물의 취득을 기록하는 분개는? 단, 건물은 아직 완공되지 않았으며, 위에서 모든 금액은 수표를 발행하여 지급한 것이다.

[9-4] 정액법에 의한 감가상각

군포기업(주)은 2×20년 초에 상품 운송차량을 880만원에 취득하였다. 정액법을 적용하여 감가상각하며, 내용연수는 5년 그리고 잔존가치는 80만원으로 추정되었다. 군포기업(주)의 결산일(회계기말)은 12/31일이다.

물음

(1) 2×20년 말에 차량의 감가상각비를 인식하기 위한 기말 수정분개를 하라.
(2) 2차 연도 말에 감가상각비를 인식하기 위한 기말 수정분개는?
(3) 2차 연도 말에 감가상각누계액과 장부가액은 각각 얼마인가?
(4) 마지막 5차 연도 말에 감가상각누계액과 장부가액은 각각 얼마인가?

[9-5] 정률법에 의한 감가상각

결산일이 12/31일인 평촌기업(주)은 2×20년 초에 기계를 ₩500,000에 취득하였다. 평촌기업(주)은 정률법으로 감가상각하기로 결정하였으며, 기계의 내용연수는 4년, 잔존가치는 ₩50,000 그리고 상각률은 0.438이다.

물음

(1) 취득시점 이후 4년간 연간 감가상각비를 연도별로 계산하라.
(2) 1차 연도 말에 감가상각비를 인식하기 위한 기말 수정분개는?
(3) 2차 연도 말에 감가상각비를 인식하기 위한 기말 수정분개는?
(4) 2차 연도 말에 감가상각누계액과 장부가액은 각각 얼마인가?
(5) 마지막 4차 연도 말에 감가상각누계액과 장부가액은 각각 얼마인가?

[9-6] 연수합계법에 의한 감가상각

여주기업(주)은 2×20년 초에 취득원가가 ₩550,000인 비품을 취득하였다. 이 비품의 내용연수는 4년, 잔존가치는 ₩50,000으로 추정된다. 여주기업(주)은 연수합계법을 적용하여 감가상각하기로 결정하였으며, 결산일은 12/31일이다.

물음

(1) 2×20년 말에 비품의 감가상각비를 인식하기 위한 기말 수정분개를 하라.
(2) 2차 연도 말에 감가상각비를 인식하기 위한 기말 수정분개는?
(3) 3차 연도 말에 감가상각비를 인식하기 위한 기말 수정분개는?
(4) 4차 연도 말에 감가상각비를 인식하기 위한 기말 수정분개는?
(5) 4차 연도 말에 감가상각누계액과 장부가액은 각각 얼마인가?

[9-7] 생산량비례법에 의한 감가상각

경인기업(주)은 2×20년 중에 가공용 특수기계를 ₩650,000에 취득하였다. 이 기계는 총 3,000개의 제품 생산에 사용될 수 있고 잔존가치 추정액은 ₩50,000이다. 경인기업(주)은 생산량비례법을 사용하여 감가상각한다. 2×20년 중에 이 기계를 사용하여 500개의 제품을 생산하였고, 2×21년에는 800개의 제품을 생산하였다.

물음

(1) 2×20년 말에 기계 감가상각비를 인식하기 위한 기말 수정분개를 하라.
(2) 2×21년 말에 감가상각비를 인식하기 위한 기말 수정분개는?
(3) 2×21년 말에 감가상각누계액과 장부가액은 각각 얼마인가?

[9-8] 연중에 취득한 유형자산의 감가상각

춘천기업(주)은 2×20년 9/1일에 사무용 컴퓨터를 ₩850,000에 취득하였다. 이 컴퓨터의 내용연수는 4년, 잔존가치는 ₩25,000으로 추정된다. 춘천기업(주)은 연수합계법을 적용하여 감가상각하며, 결산일은 12/31일이다.

물음

(1) 회계연도와 관계없이 1~4차 연도의 연간 감가상각비를 각각 계산하라.
(2) 2×20년 9월부터 2×24년 8월까지 회계연도별로 감가상각비를 계산하라.
(3) 2×20년 12/31일에 감가상각비를 인식하기 위한 기말 수정분개를 하라.
(4) 2×21년 12/31일에 감가상각비를 인식하기 위한 기말 수정분개는?
(5) 2×21년 12/31일에 감가상각누계액과 장부가액은 각각 얼마인가?

[9-9] 내용연수 · 잔존가치를 변경한 경우의 감가상각

다음은 결산일이 12/31일인 충남기업(주)의 상품 판매시설에 관한 자료이다.

- 충남기업(주)은 2×18년 초에 판매시설을 1,100만원에 취득하였다. 취득 당시 추정 내용연수는 5년, 추정 잔존가치는 100만원이었으며 정액법을 적용하여 감가상각하기로 결정하였다.
- 취득 후 2년이 지난 2×20년 초에 충남기업(주)은 이 판매시설의 내용연수를 3년 늘리고 잔존가치는 40만원으로 변경하였다.

물음

(1) 2×18년의 연간 감가상각비는 얼마인가?
(2) 2×19년 말에 상품 판매시설의 장부가액은?
(3) 내용연수와 잔존가치를 변경한 2×20년부터 연간 감가상각비는?
(4) 2×20년 말에 감가상각비를 인식하기 위한 기말 수정분개를 하라.

[9-10] 자본적 지출과 수익적 지출(I)

다음은 유형자산 보유 중의 지출과 관련하여 지출의 목적, 사례 등을 나열한 것이다.

① 자산의 원상회복을 위한 지출	② 기계장치의 주요 부분품 교체
③ 건물 증축	④ 성능수준 유지를 위한 지출
⑤ 차량에 에어컨 부착	⑥ 상품 운송용 트럭의 타이어 교체
⑦ 기계장치의 윤활유 교체	⑧ 내용연수를 늘리는 지출
⑨ 생산능력을 증대시키는 지출	⑩ 비용으로 처리하는 지출
⑪ 자산의 증가로 처리하는 지출	⑫ 차량의 엔진오일 교체
⑬ 창문의 파손된 유리 교체	⑭ 건물 내의 난방설비를 신설비로 교체

물음

(1) 위의 ①~⑭에서 자본적 지출에 해당하는 항목은?

(2) 위의 ①~⑭에서 수익적 지출에 해당하는 항목은?

(3) 수익적 지출을 자본적 지출로 잘못 판단하면 당기순이익이 [줄어든다, 변동 없다, 부풀려진다]. [ ]에서 올바른 것은?

[9-11] 자본적 지출과 수익적 지출(II)

결산일이 12/31일인 천안기업(주)은 2×20년 초에 사무용 건물을 보수하였다. 다음은 그에 관한 자료이다.

- 건물은 2×14년 초에 구입한 것이며, 취득원가는 5,200만원이다. 추정 내용연수는 20년, 추정 잔존가치는 200만원이며, 정액법을 적용하여 감가상각하고 있다.
- 2×20년 초의 건물 보수 내역은 다음과 같다.
  ① 건물 내벽과 외벽의 페인트를 다시 칠하면서 500만원을 지출하였다.
  ② 구형 엘리베이터를 신형으로 교체하였으며 이를 위해 700만원을 지출하였다.
- 위의 보수 후에도 건물 내용연수와 잔존가치는 변함이 없는 것으로 추정된다.

물음

(1) 2×19년 말 당시 건물의 장부가액이 얼마인가?

(2) 건물 보수 내역 중에서 ①은 [자본적 지출, 수익적 지출]이고, ②는 [자본적 지출, 수익적 지출]이다. [ ]에서 올바른 것을 각각 고른다면?

(3) 천안기업(주)은 2×20년의 당기순이익을 최대한 높이고 싶어 한다. 그렇다면 천안기업(주)은 위의 모든 지출을 [자본적 지출, 수익적 지출]로 처리할 유인이 있다. 이러한 회계처리는 회계기준에 [위배되지 않는다, 위배된다]. [ ]에서 올바른 것을 각각 고른다면?

(4) 회계기준에 의거할 때, 위의 ①과 ②에 대한 분개는? 모든 금액은 수표를 발행하여 지급했다고 가정한다.

(5) 회계기준에 의거할 때, 2×20년부터 건물의 연간 감가상각비는 얼마인가?

[9-12] 유형자산의 처분

청파기업(주)은 2×19년 10/1일에 상품 운송트럭을 850만원에 취득하고 정액법을 적용하여 감가상각하고 있다. 추정 내용연수는 5년이며, 추정 잔존가치는 50만원이다.

취득 후 2년이 지난 2×21년 9/30일에 트럭을 480만원에 매각하고 3개월 만기 약속어음(액면금액 480만원, 연 이자율 10%)을 받았다. 청파기업(주)의 결산일은 12/31일이다.

물음

(1) 2×20년 12/31일에 트럭의 장부가액이 얼마인가?
(2) 2×21년 초부터 처분일(2×21년 9/30일)까지의 감가상각비를 인식하는 분개는?
(3) 처분 당시 트럭의 감가상각누계액과 장부가액은 각각 얼마인가?
(4) 트럭의 처분손익을 산정하고 처분에 대한 분개를 하라.
(5) 청파기업(주)은 2×21년 말에 어음금액과 이자를 모두 받았다. 이에 대한 분개는?

[9-13] 무형자산의 인식과 상각

다음은 무형자산의 인식과 관련하여 여러 항목을 나열한 것이다.

① 타회사로부터 매수한 상표권	② 고가의 컴퓨터 소프트웨어 구입
③ 기술 연구활동에 소요된 지출	④ 기업이 내부적으로 창출한 영업권
⑤ 종업원 교육을 위한 거액의 지출	⑥ 신제품 광고에 투입된 거액의 지출
⑦ 타회사를 합병하면서 취득한 영업권	⑧ 특허권 취득에 소요된 지출
⑨ 기업이 스스로 창출한 브랜드가치	⑩ 기술개발 후 시제품 제작을 위한 지출
⑪ 프랜차이즈 취득에 소요된 지출	⑫ 기업의 우수한 마케팅능력
⑬ 개발활동의 지출로서 미래 경제적 효익 창출가능성이 높지 않은 것	

물음

(1) 재무상태표에 무형자산으로 표시할 수 있는 항목을 모두 고른다면?
(2) 위의 ⑩을 기록하는 계정과목은 [연구비, 개발비, 경상개발비]이다. [ ]에서 올바른 것은?
(3) 무형자산을 상각할 때 상각누계액 계정을 설정하지 않고 무형자산의 가액을 직접 감소시킬 수 [있다, 없다]. [ ]에서 올바른 것은?

[9-14] 매수합병과 영업권

신한기업(주)은 조흥기업(주)을 합병하기 위하여 협상 중에 있다. 합병 직전에 조흥기업(주)이 보유한 자산과 부채의 공정가치는 다음과 같다(단위: 억원).

조흥기업(주)의 자산과 부채의 공정가치

매출채권	40	매입채무	60
재고자산	70	단기차입금	80
토 지	130	장기차입금	100
건 물	120		
합 계	360	합 계	240

물음

(1) 조흥기업(주)의 순자산 공정가치는 얼마인가?

(2) 협상이 타결되어 신한기업(주)은 조흥기업(주)을 매수하는 대가로 조흥기업(주)의 주주들에게 150억원을 수표 발행하여 지급하였다. 신한기업(주)의 영업권 취득대가는 얼마인가?

(3) 위의 합병에 대해 신한기업(주)은 어떤 분개를 해야 하나?

[9-15] 종합문제

다음은 2×20년 중에 발생한 익산기업(주)의 유형자산 관련 거래내역이다.

---

① 2×20년 초에 건물 신축 목적으로 토지를 5,000만원에 구입하였다. 중개인 수수료 및 등기비로 100만원 지급하였으며, 구건물 철거에 200만원이 지출되었다.

② 2×20년 2/1일부터 건물 공사를 시작하였다. 공사기간은 2년이며, 2×20년 말까지 수표 발행하여 지급한 금액은 설계비 300만원과 공사비 1,200만원이다. 건물의 내용연수는 20년, 잔존가치는 0으로 추정되며, 정액법으로 감가상각할 계획이다.

③ 2×20년 4/10일에 기계를 900만원에 구입하였다. 운송 및 설치에 80만원이 지출되었고, 시운전비로 70만원이 지출되었다. 이 기계의 내용연수는 5년, 잔존가치는 50만원으로 추정된다.

④ 2×20년 9/30일에 조작 실수로 기계가 고장이 나서 대폭 수리를 하였다. 수리비로 120만원이 지출되었다.

물음

(1) 토지의 취득원가는 얼마인가?

(2) 2×20년에 발생한 건물의 취득원가는 얼마이며, 이에 대한 분개는? 그리고 2×20년의 건물 감가상각비는?

(3) 기계의 취득원가는 얼마인가?

(4) 익산기업(주)은 기계에 대한 감가상각방법을 결정하기 위하여 다음의 세 가지 안을 검토하고 있다.

ⓐ 기계의 경제적 효용이 시간으로 고르게 감소한다면 [정액법, 가속상각법, 생산량비례법]을 적용하는 것이 타당하다. [ ]에서 올바른 것은?

ⓑ 기계의 경제적 효용이 내용연수 초기에 더 많이 감소한다면 [정액법, 가속상각법, 생산량비례법]을 적용하는 것이 타당하다. [ ]에서 올바른 것은?

ⓒ 기계의 경제적 효용이 제품생산에 사용된 정도에 따라 감소한다면 [정액법, 가속상각법, 생산량비례법]을 적용하는 것이 타당하다. [ ]에서 올바른 것은?

(5) 익산기업(주)은 감가상각방법에 따라 기계 감가상각비가 달라진다는 것을 알고 있다. 그래서 다음의 두 가지 안을 검토하고 있다.

ⓐ 2×20년의 당기순이익을 높이는 데 가장 도움이 되는 감가상각방법은 [정액법, 정률법, 연수합계법]이다. [ ]에서 올바른 것은?

ⓑ 2×20년의 이익에 대한 세금 부담액을 줄이는 데 가장 도움이 되는 감가상각방법은 [정액법, 정률법, 연수합계법]이다. [ ]에서 올바른 것은?

(6) 2×20년 9/30일의 기계 수리비 지출은 [취득원가에 가산, 비용처리]해야 한다. [ ]에서 올바른 것은?

제10장

비유동부채

비유동부채는 유동부채 외의 부채로서 장기차입부채, 장기충당부채 등을 포함한다. 장기차입부채는 기업이 경영활동에 필요한 장기자금을 조달하는 수단의 하나이며, (회)사채와 장기차입금 등을 포함한다. 장기차입부채에 대한 여러 회계주제를 논의하기 위한 출발점으로서, 본장에서는 먼저 화폐의 시간가치 개념을 설명한다. 그런 다음 (회)사채와 관련하여 사채발행, 이자비용 인식 및 상환에 대한 회계처리와 재무제표 표시방법을 설명한다. 여기서의 설명내용은 제12장에서 다루는 장기금융자산과도 관련이 있으므로 잘 이해할 필요가 있다. 본장의 후반부에서는 장기차입금과 장기충당부채를 다룬다.

*** 본장에서 다루는 재무제표 항목:**

재 무 상 태 표

자 산	부 채
유동자산	유동부채
……	……
	• 유동성 장기부채
비유동자산	비유동부채
……	• 사 채 • 장기차입금 • 제품보증충당부채 • 퇴직급여부채
	자 본
	……
자산 총계	부채와 자본 총계

포 괄 손 익 계 산 서

매 출 액

……

판매비와 관리비

- 제품보증비
- 퇴직급여

영업이익

기타수익

……

금융비용

- 이자비용

……

당기순이익

……

화폐의 시간가치 제1절

비유동부채에 대한 회계주제들을 학습하기 위해서는 먼저 '화폐의 시간가치'(time value of money) 개념을 이해할 필요가 있다. 이 개념은 회계학 전반에 걸쳐 중요한 기본개념이며, 많은 회계주제들이 그와 관련되어 있다.[1] 본절에서는 화폐액의 가치를 미래시점 또는 현재시점을 기준으로 평가하는 방법을 설명한다.

1.1 화폐액의 미래가치와 현재가치

화폐는 시간가치(time value)를 갖는다. 이는 현재 갖고 있는 ₩1의 가치가 미래에 갖게 될 ₩1의 가치보다 크다는 의미이다. 이렇게 현재의 ₩1이 미래의 ₩1보다 큰 가치를 갖는 이유는 지금 ₩1을 투자하면 이자(interest)와 같은 투자수익을 발생시켜서 미래에는 ₩1보다 큰 금액이 되기 때문이다.

예를 들어, 지금 ₩1,000,000을 연(年) 이자율 6%의 정기예금에 투자(예치)하면 1년 후에 원금과 이자를 합쳐 ₩1,060,000(=1,000,000×1.06)이 되고, 이를 다시 투자하면 2년 후에는 더 큰 금액인 ₩1,123,600(=1,060,000×1.06)이 된다. 이와 같이 현재의 ₩1은 미래에 ₩1보다 큰 금액이 된다.

현재	1년 후	2년 후
예금액 1,000,000	이자 60,000	이자 63,600*
	투자액 1,000,000	투자액 1,060,000
	합계 1,060,000	합계 1,123,600
	↓ 1년 후의 미래가치	↓ 2년 후의 미래가치

* 1,060,000×6%=63,600

1) '화폐의 시간가치' 개념은 재무학과 경제학에서도 공통적으로 중요한 기본개념이다.

여기서 현재의 ₩1,000,000은 1년 후에 ₩1,060,000이 되기 때문에 1년 후의 ₩1,060,000은 현재금액 ₩1,000,000의 1년 후 **미래가치**(future value)라고 말할 수 있다. 또한 2년 후의 ₩1,123,600은 현재금액 ₩1,000,000의 2년 후 미래가치라고 말할 수 있다.

2년 후의 미래가치 ₩1,123,600은 최초의 원금 ₩1,000,000과 2년간 총이자 ₩123,600의 합계이다. 여기서 2년차의 이자 ₩63,600이 1년차 이자 ₩60,000보다 많아진 이유는 1년차 이자 ₩60,000이 인출되지 않고 '재투자'되었기 때문이다. 즉, 1년차 이자가 원금에 가산되어 2년도 초의 투자액(새로운 원금)은 ₩1,060,000이다. 따라서 두 연도의 이자금액 차이 ₩3,600은 1년차 이자 ₩60,000에 붙은 이자이다(60,000×6%=3,600). 이와 같이 ₩1,000,000을 2년간 투자하면 '이자가 원금에 더해져서 또 이자가 붙는다.' 이렇게 이자를 계산하는 것을 **복리계산**(compounding)이라고 부른다.

요약하면, **미래가치는 현재의 화폐액을 미래시점에서 평가한 가치**이며, 투자기간이 1년 이상일 경우 **복리**(compound interest)를 적용하여 이자를 계산한다.[2] 이를 일반식으로 표현하면, 현재시점에서 일정금액을 기간당 이자율 r로 투자할 경우, n기간 후의 미래가치는 다음과 같이 표현할 수 있다.

$$\text{현재금액의 } n\text{기간 후 미래가치} = \text{현재금액} \times (1+r)^n$$

현재가치(present value)**는 미래의 화폐액을 현재시점 기준으로 평가한 가치**를 말하며, 미래가치와는 역의 관계에 있다. 예를 들어, 위에서 2년 후에 받을 ₩1,123,600을 현재시점의 가치로 평가하면 지금의 예금액 ₩1,000,000과 같아야 할 것이다. 즉, 2년 후에 ₩1,123,600을 받으려면 지금 투자해야 하는 금액이 ₩1,000,000인데 이것이 미래금액 ₩1,123,600의 현재가치이다.

$$\text{2년 후에 받을 ₩1,123,600의 현재가치} = \frac{1{,}123{,}600}{(1+0.06)^2} = \text{₩1,000,000}$$

---

2) 복리계산은 1년 단위로 이루어지는 것이 보통이다. 그러나 1년 이내의 기간이라도 이자지급조건이 복리라면(예: 3개월 복리), 각 단위기간에 대해 복리로 이자를 계산해야 한다. 이 경우 복리이자율은 연 이자율을 연중 복리계산 횟수로 나누어 구한다.

이와 같이 미래가치와 현재가치는 마치 동전의 양면과 같은 관계에 있다.

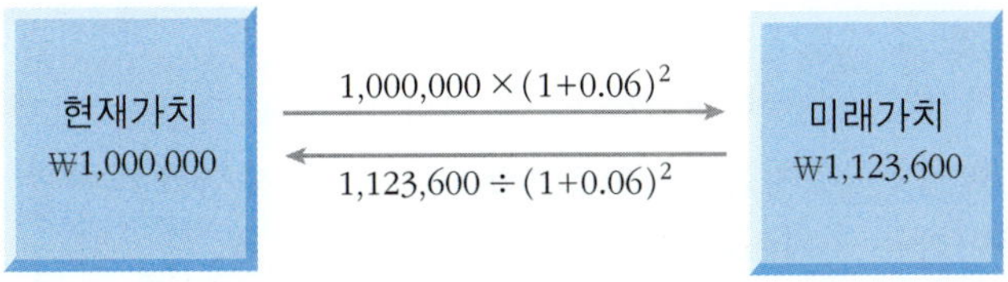

현재가치를 계산하는 것을 일반식으로 표현하여 보자. n기간 후에 발생할 미래의 일정금액에 대해 이자율 r을 적용하여 현재가치를 구하는 것은 다음과 같이 나타낼 수 있다.

$$n\text{기간 후 발생할 미래금액의 현재가치} = \frac{n\text{기간 후 발생할 미래금액}}{(1+r)^n}$$

위와 같이 미래금액의 현재가치를 계산하는 것을 일컬어 "미래 현금흐름을 할인(discounting)한다"고 말한다. 따라서 현재가치를 **미래 현금흐름의 할인액**이라고 부르기도 한다. 그리고 현재가치 계산식의 분모에 적용되는 이자율(r)을 특별히 **할인율**(discount rate)이라고 부른다.

우리의 일상생활에서 의사결정은 현재시점에서 이루어지기 때문에, 미래시점보다는 현재시점 기준으로 화폐액의 가치를 평가해야 하는 상황이 더 자주 일어난다. 이와 마찬가지로, 재무제표이용자인 투자자 · 채권자의 의사결정에도 현재시점 기준으로 측정한 회계정보가 더 유용하다. 따라서 회계에서는 자산 또는 부채의 가액을 평가할 때 현재가치 계산을 해야 하는 경우가 많이 있다.

예제 10-1

다음은 서로 독립적인 문제들이다. 각 물음에 답하라.

(1) 지금 ₩1,000,000을 연 이자율 6%의 복리로 4년간 예금한다면, 4년 후에 원금과 이자의 합계(즉, 4년 후의 미래가치)는 얼마인가?

(2) 할인율이 연 6%일 때 5년 후에 받을 ₩1,338,200의 현재가치는 얼마인가?

풀이

(1) 미래가치 $=1{,}000{,}000\times(1+0.06)^4=$ ₩1,262,500. 여기서 $(1+0.06)^4$는 계산기로 직접 계산할 수 있으나, 본서의 부록에 있는 〈부표 1〉 '단일금액 ₩1의 미래가치표'를 이용하는 것이 편리할 수도 있다. 〈부표 1〉에서 이자율 $r=6\%$, 기간 $n=4$가 만나는 수치는 1.2625이다. 이는 현재 ₩1의 4년 후 미래가치가 ₩1.2625이라는 의미이다.

(2) 현재가치 $=\dfrac{1{,}338{,}200}{(1+0.06)^5}=$ ₩1,000,000. 여기서 $\dfrac{1}{(1+0.06)^5}$은 계산기로 직접 계산할 수 있으나, 본서의 부록에 있는 〈부표 2〉 '단일금액 ₩1의 현재가치표'를 이용하는 것이 편리할 수도 있다. 〈부표 2〉에서 이자율 $r=6\%$, 기간 $n=5$가 만나는 수치는 0.7473이다. 이는 5년 후에 받을 ₩1의 현재가치가 ₩0.7473이라는 의미이다.

1.2 다기간 현금흐름의 현재가치

앞에서 설명한 내용은 미래에 한 번 발생하는 현금흐름(single sum)(예: 2년 후에 받을 금액)의 현재가치 계산에 관한 것이었다. 본 소절에서는 미래에 여러 번 발생하는 현금흐름의 현재가치를 계산하는 방법을 설명한다.

예를 들어, 향후 3년에 걸쳐 매년 말에 ₩10,000씩 받는 현금흐름을 고려하여 보자. 이렇게 매기간 동일한 금액의 현금흐름이 연속적으로 발생(수취 또는 지급)하는 경우를 **연금**(annuity)이라 부르며, 그 발생시점이 매기간의 말인 연금은 특별히 **정상연금**(또는 **기말연금**, ordinary annuity)이라고 부른다.

위의 정상연금의 현재가치는 매년 말에 발생할 현금흐름의 현재가치를 각각 계산한 다음 그것들을 합산한 금액이다. 만일 할인율이 5%라면 위의 정상연금의 현재가치는 다음과 같다.

$$\text{현재가치} = \frac{10{,}000}{(1+0.05)} + \frac{10{,}000}{(1+0.05)^2} + \frac{10{,}000}{(1+0.05)^3}$$

$$= 10{,}000\times\sum_{t=1}^{3}\frac{1}{(1+0.05)^t} = \text{₩}27{,}232$$

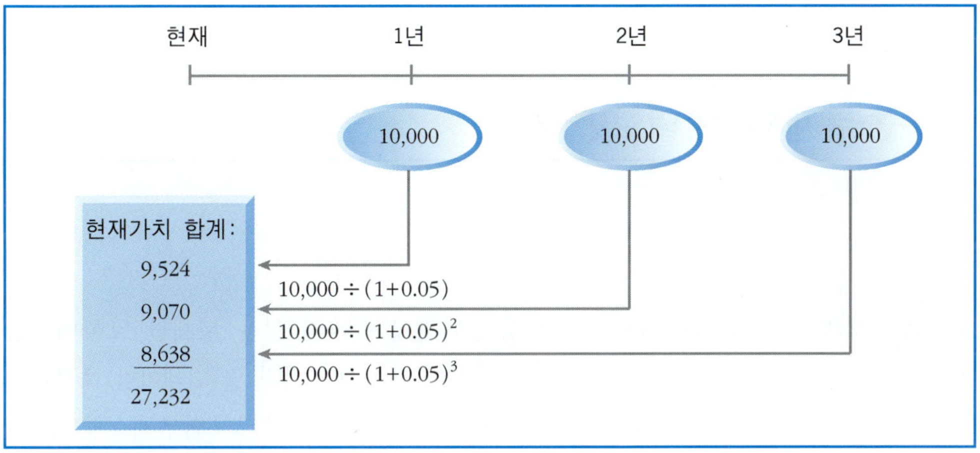

위의 계산을 할 때 연도별로 각 현금흐름의 현재가치를 구하여 합산하거나, 또는 $\sum_{t=1}^{3}\frac{1}{(1+0.05)^t}$ 의 값을 바로 ₩10,000에 곱해도 될 것이다. $\sum_{t=1}^{3}\frac{1}{(1+0.05)^t}$ 는 계산기로 직접 계산할 수 있으나, 본서의 부록에 있는 〈부표 4〉 '정상연금 ₩1의 현재가치표'를 이용하는 것이 편리할 수도 있다. 〈부표 4〉에서 이자율 $r=5\%$, 기간 $n=3$이 만나는 수치는 2.7232이다. 이는 미래 3년 동안 매년 말에 ₩1을 지급하는 연금의 현재가치는 ₩2.7232이라는 의미이다.

위의 예는 매기간에 동일한 금액의 현금흐름이 발생하는 경우인데, 기간에 따라 현금흐름의 크기가 다른 경우에는 어떻게 현재가치를 구해야 할까? 이 경우에는 기간별로 각 현금흐름의 현재가치를 구한 후 그것들을 합산하면 된다. 즉, 미래의 n기간에 걸쳐 매기간 말에 발생하는 현금흐름의 현재가치를 구하는 계산식은 다음과 같다.

$$n\text{기간 현금흐름의 현재가치} = \frac{\text{현금흐름}_1}{(1+r)} + \frac{\text{현금흐름}_2}{(1+r)^2} + \cdots\cdots + \frac{\text{현금흐름}_n}{(1+r)^n}$$

위에서 현금흐름$_1$, 현금흐름$_2$ 등은 미래 1기간 말, 2기간 말 등에 발생하는 현금흐름을 각각 가리키며, r은 할인율이다.

제2절 비유동부채의 의의 및 구성

비유동부채(non-current liabilities)는 유동부채에 속하지 않는 부채를 말하며, 일반적으로 기업이 그 의무를 이행해야 할 기일이 재무보고기간 말(회계기말)로부터 1년 이후에 도래하는 부채이다. 비유동부채는 크게 나누어 장기차입부채, 장기충당부채 그리고 기타 비유동부채로 구분할 수 있다(〈표 10-1〉 참조).

장기차입부채는 기업이 외부에서 자금을 장기간 차입하였을 때 부담하는 부채로서 이자를 지급해야 하는 부채이다. 장기차입부채의 대표적인 항목으로는 사채와 장기차입금 등이 있다. 사채(bonds payable)는 증권시장에서 채무증권을 발행하여 다수의 투자대중으로부터 직접 장기간 차입한 부채이며, 채무증권 자체를 (회)사채로 부르기도 한다. 이에 비하여 장기차입금은 은행과 같은 개별 금융기관에서 장기간 차입한 경우의 부채를 말한다.

장기충당부채는 기업이 과거의 사건에 의해 현재 부담하는 의무로서 미래 지출의 시기 또는 금액이 불확실한 비유동부채를 말한다. 장기충당부채의 예로는 제품보증충당부채와 퇴직급여부채가 있다. 제품보증충당부채는 판매한 제품의 품질보증의무에 따라 부담하는 부채이고, 퇴직급여부채는 종업원의 미래 퇴직급여에 관한 부채이다.

그 외의 비유동부채로는 장기선수금, 임대보증금 등이 있다. 제7장에서 설명한 선수금의 경우 그 의무의 이행기일이 재무보고기간 말(기말)로부터 1년 이후에 도래하는 것은 유동부채가 아니기 때문에 '장기'라는 수식어를 붙여서 비유동부채로

표 10-1
비유동부채의 구성

구 분	비유동부채 항목의 예
장기차입부채	사채, 장기차입금, 장기미지급금 등
장기충당부채	제품보증충당부채, 퇴직급여부채 등
기타 비유동부채	장기선수금, 임대보증금 등

분류한다. 임대보증금은 타실체에게 부동산을 장기간 임대하면서 받은 보증금을 말하며, 이는 임대기간이 만료될 때 돌려주어야 하기 때문에 부채이다.

아래의 제3절에서는 기업의 중요한 자금조달수단인 사채에 대한 회계처리방법을 다루며, 장기차입금과 장기충당부채에 대한 회계처리방법은 제4절과 제5절에서 각각 설명한다.

사채발행과 회계처리 제3절

3.1 사채발행과 자금조달

기업은 영업활동(매출)을 통해 경영에 필요한 자금을 자체적으로 조달하지만, 사업확장 등을 하기 위하여 대규모 자금이 필요하면 부족자금을 외부에서 조달해야 한다. 외부에서 자금을 조달하려면 금융기관에서 차입하든지 또는 증권시장에서 회사채(채무증권)나 주식(지분증권)을 발행해서 조달해야 한다. 주식발행을 통한 자금조달은 제11장에서 자세히 설명하며, 본절에서는 채무증권인 회사채 발행을 통한 자금조달에 대하여 논의한다.

금융기관에서의 차입과 회사채 발행은 모두 타인자본을 조달하는 수단이다. 금융기관에서의 차입은 특정 금융기관(예: 거래은행)에 대출신청을 하여 승인받음으로써 이루어진다. 그런데 증권시장에서 회사채를 발행하면 많은 투자대중으로부터 직접 자금을 조달(차입)할 수 있기 때문에 기업은 대규모 장기자금을 손쉽게 조달할 수 있다. 특히 외환위기 이후 증권시장의 여러 제도가 개선됨에 따라 최근에는 회사채 발행을 통한 자금조달의 비중이 더욱 높아지고 있다.

기업들이 증권시장에서 **회사채**(줄여서 **사채**)를 발행하는 형태를 예시하면 [그림 10-1]과 같다.

그림 10-1

사채발행의 예

사채발행의 예

액면금액: ₩100,000,000
액면이자율: 연 6%
발 행 일: 2×20년 1월 1일
만 기 일: 2×22년 12월 31일
이자지급: 연 1회, 12월 31일 지급
....

위의 사채는 금융기관의 보증 없이 전적으로 사채 발행기업의 신용능력에 의존하여 발행되는 **무보증사채**인데, 우리나라의 사채는 외국의 경우와 마찬가지로 대부분 무보증사채로 발행되고 있다.

위에서 보는 바와 같이, 사채의 권면에는 액면금액, 액면이자율, 발행일, 만기일, 이자지급방법 등이 표시되어 있다. **액면금액**(face value)은 발행기업이 사채를 매수한 투자자에게 만기일에 지급하기로 약정한 금액을 의미한다. 그리고 **액면이자율**(또는 **표시이자율**, stated interest rate)은 만기일까지의 기간 중에 사채매수자에게 지급하기로 약정한 연간 이자율이다. **발행일**은 사채가 발행된 일자이고, **만기일**은 액면금액의 지급(상환) 약정일이다. **이자지급방법**은 연 4회, 연 2회, 연 1회 또는 만기일에 일시지급 등으로 정해지는데, 위 사채의 경우 이자지급방법은 연 1회, 12월 31일 지급이다.

사채의 **이자지급액**은 「**액면금액**×**액면이자율**」에 의해 결정되며, 위 사채의 경우 연간 이자지급액은 「1억원×6%=600만원」이다. 따라서 [그림 10-1]과 같은 사채를 발행하여 자금을 조달(차입)한 기업은 만기일까지의 기간 중에 [그림 10-2]와 같이 현금(이자 및 액면금액)을 지급해야 할 의무를 부담하게 된다. 이러한 미래 현금지급은 앞의 1.2절에서 설명한 '다기간 미래 현금흐름'의 패턴과 같음을 알 수 있다.

그림 10-2

사채 발행기업의 지급의무

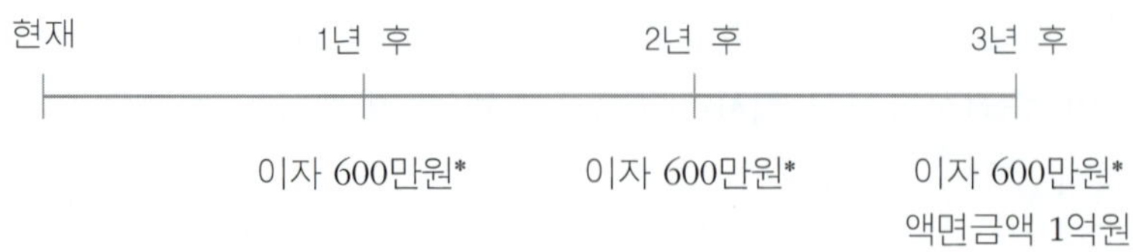

* 이자지급: 액면금액(1억원)×액면이자율(6%)=600만원

3.2 사채가격과 시장이자율 및 사채등급의 관계

어느 기업이 [그림 10-1]과 같은 조건의 사채발행을 계획하고 있다고 하자. 그러면 이 기업은 위의 사채를 얼마의 가격에 발행할 수 있을까? **발행가격**(issue price)은 자본시장(증권시장)의 사채투자자들이 발행일에 사채를 매수할 때 지급하는 가격이며, 사채투자자 입장에서는 **사채에 대한 투자액**이 된다. 예를 들어, 시장의 사채투자자들이 위의 사채에 대해 연(年) 8%의 투자수익률을 기대한다고 하자. 즉, 향후 3년간 매년 말에 600만원의 이자를 지급받고 3년 후에 액면금액 1억원을 지급받는 사채에서 연 8% 수익률을 얻고자 한다면, 사채투자자들은 얼마를 지급(투자)하고 이 사채를 매수할까? 이 경우 발행일에 사채투자자들이 지급하려는 가격, 즉 사채의 가치는 사채로부터의 미래 현금유입(3년간 이자 및 액면금액)을 기대수익률인 연 8%로 할인한 현재가치와 같다.

$$\underbrace{\frac{600\text{만원}}{(1+0.08)} + \frac{600\text{만원}}{(1+0.08)^2} + \frac{600\text{만원}}{(1+0.08)^3}}_{\text{3년간 이자의 현재가치}} + \underbrace{\frac{1\text{억원}}{(1+0.08)^3}}_{\text{액면금액의 현재가치}} = 9{,}484\text{만원}$$

따라서 사채의 발행가격은 액면금액(1억원)보다 낮은 9,484만원이 되어야 한다. 만약 사채 발행기업이 발행가격을 1억원으로 책정한다면 사채투자자들은 8% 수익률을 얻지 못하기 때문에 사채를 매수하지 않을 것이고 따라서 발행기업도 자금조달을 할 수 없게 된다.

발행가격이 9,484만원일 때 사채투자자들이 어떻게 투자수익을 얻는지 〈표 10-2〉에서 구체적으로 살펴보자. 이를 이해하면 뒤의 3.4절에서 설명하는 사채발행 및 이자비용의 회계처리도 쉽게 이해할 수 있다.

사채발행일에 사채투자자들의 투자액은 9,484만원이므로 여기에 8% 수익률을 곱하면 첫 연도의 이자수익은 759만원이다. 그런데 사채투자자들은 현금이자로 600만원(=액면금액 1억원×액면이자율 6%)만을 지급받는다. 따라서 지급받지 않은 159만원(=759−600)은 사채 발행기업에 **'재투자'**된 것이므로 2차 연도 초의 투자액이 그만큼 증가한다. 즉, 2차 연도 초의 투자액은 당초 투자액 9,484만원에 이자의

(단위: 만원)

표 10-2
사채투자자의 투자액과 이자수익 및 현금이자

	1년	2년	3년
기간 초의 투자액(A)	9,484	9,643	9,814
이자수익 발생액(B=A×투자수익률 8%)	759	771	785
이자 수취액(C=액면금액×액면이자율 6%)	600	600	600
이자수익 일부의 재투자(D=B−C)	159	171	185*
기간 말의 투자액(=A+D)	9,643	9,814	10,000**

* 185만원은 재투자되지 않고 만기일(3차 연도 말)에 지급받음.
** 마지막 3차 연도 말에는 액면금액으로 수취함(반올림으로 인해 1의 차이가 있음).

재투자액 159만원이 더해진 9,643만원이다. 이는 은행예금의 경우 이자의 일부를 인출하지 않으면 그만큼 예금액이 증가하는 것과 같은 이치이다.[3)]

2차 연도 초의 투자액이 9,643만원이므로 여기에 8% 수익률을 곱하면 2차 연도의 이자수익은 771만원이다. 그런데 사채투자자들은 또 다시 600만원만을 지급받기 때문에 그 차액 171만원(=771−600)이 발행기업에 재투자된다. 그 결과 3차 연도 초의 투자액은 2차 연도 초의 투자액 9,643만원에 이자의 재투자액 171만원이 더해진 9,814만원이다. 여기에 8% 수익률을 곱하면 3차 연도의 이자수익은 785만원이다. 이 이자수익과 3차 연도 초의 투자액 9,814만원의 합계인 1억 600만원은 (계산과정의 반올림으로 1의 차이가 있음) 만기일인 3차 연도 말에 모두 지급받는다. 즉, 3차 연도 말에 액면이자 600만원과 액면금액 1억원의 합계인 1억 600만원을 지급받는 것은 3차 연도 이자수익(785만원)과 3차 연도 초의 투자액(9,814만원)의 합계인 1억 600만원을 지급받는 것과 같다.

위와 같이, 9,484만원을 투자하여 3년간 매년 말에 600만원을 받고 3년 후 1억원을 받는다면 투자수익률은 연 8%이다. 따라서 사채투자자들의 기대 투자수익률이 연 8%인 경우에는 액면금액보다 낮은 9,484만원에 사채가 발행되어야 사채투자자들이 매수하고 또 발행기업도 자금조달을 할 수 있다.

그러면 위와 같이 사채가 발행되었을 때, 결국 발행기업은 얼마의 금액을 몇 % 이자율로 차입한 셈일까? 발행기업이 실제로 차입(조달)한 금액은 사채투자자들이

3) 예를 들어, 100만원을 연 이자율 5%의 예금에 1년 예치하면 5만원의 이자가 발생한다. 이때 3만원을 인출한 뒤 1년 더 예치하면 2년도 초의 예금액은 102만원이다. 즉, 당초 예금액 100만원에 이자의 재투자액 2만원이 더해진 102만원이 2년도 초의 예금액이다.

실제로 투자(납입)한 금액(9,484만원)과 같고, 또 발행기업이 실제로 부담하는 이자율은 사채투자자들의 투자수익률(8%)과 같다. 따라서 발행기업은, 액면금액 1억원을 연 6% 액면이자율로 차입한 것이 아니라, 발행가격 9,484만원을 연 8% 이자율로 차입한 것이다.

여기서 연 8% 이자율은 발행기업이 실제로 부담하는 이자율이라는 의미에서 **실질이자율** 또는 **유효이자율**이라고 부른다. 그리고 실질이자율은 발행기업이 임의로 정하는 것이 아니라 시장에서 정해지기 때문에 위의 실질이자율 8%를 **시장이자율**(market rate of interest)이라고 부른다.[4]

앞에서 살펴본 바와 같이, 시장이자율은 사채의 현재가치 계산식에서 분모의 할인율로 적용된다. 이에 비하여 **액면이자율**은 발행기업이 현금이자(액면이자)를 지급할 때 약속한 이자율이며, 현재가치 계산식에서 분자의 현금이자 금액을 계산하는 데 적용된다. 시장이자율과 액면이자율을 잘 구분하도록 하자.

● 시장이자율은 어떻게 결정되나?

앞의 예에서는 시장이자율을 8%로 가정하여 설명하였다. 그러면 시장의 사채투자자들은 모든 발행기업의 사채에 대해 동일한 크기의 투자수익률을 기대할까? 그렇지는 않다. 왜냐하면, 발행기업에 따라서 이자와 액면금액을 제대로 지급받을 가능성이 다르기 때문이다. 발행기업이 신용도가 높은 우량기업이면 투자의 위험이 거의 없는 안전한 투자이므로 수익률이 낮아도 투자를 결심할 수 있다. 그러나 발행기업이 신용도가 낮은 기업이면 투자위험에 대한 보상으로서 더 높은 수익률을 요구한다.

발행기업의 신용도, 즉 **신용위험**(credit risk)을 평가하는 것은 전문지식이 없으면 쉽지 않은 일이다. 그래서 시장의 사채투자자들을 도와주기 위하여 신용평가기관에서 발행기업의 신용위험을 평가하여 사채의 등급을 공시한다.[5] **사채등급**(bond rating)은 AAA, AA, A, BBB 등으로 표시되며, 최우량기업에 AAA등급이 주어지고, 신용위험이 상대적으로 높을수록 AA, A, BBB 등의 순으로 낮은 등급이 주어진다.[6]

---

4) 시장이자율은 시장의 사채투자자들이 투자를 결심하는 데 필요한 수익률이다.

5) 우리나라에서 신용평가기관으로는 한국신용평가(주), 한국기업평가(주) 등이 있고, 국제적 신용평가기관으로는 Moody's, S&P 등이 있다.

6) AA등급 이하는 +, −를 붙여서 등급을 더 구분한다(예: AA+, AA, AA−).

신용평가기관에서 사채의 등급을 부여하면 그에 따라 사채투자자들의 요구수익률, 즉 시장이자율이 형성된다. 예를 들어, AA등급은 연 5.5%, BBB등급은 연 8.0% 등과 같이 사채등급에 따라 시장이자율이 다르게 형성된다. 이 시장이자율은 사채발행 당시 시장에서 거래되고 있는 동일 등급(및 동일 만기) 사채의 유통수익률을 기준으로 정해진다. 예를 들어, 2×20년 5월 1일 현재 잔여만기가 3년인 A등급 사채가 연 6%의 유통수익률(즉, 투자수익률)로 거래되고 있다면, 이때 3년 만기로 발행되는 A등급 사채의 시장이자율은 연 6%라고 할 수 있다. 그리고 사채를 발행하는 기업은 사채등급을 부여받는 대로 그 등급의 시장이자율과 비슷하게 액면이자율을 정하기도 한다.

사채가 발행될 때의 시장이자율은 위와 같이 결정되지만, 그 후 발행기업의 신용위험에 변화가 있으면 그에 따라 시장이자율이 변동한다.[7] 예를 들어, 사채발행 한 달 후에 심각한 노사분규가 발생하여 발행기업의 신용위험이 높아졌다면 이 기업의 사채 시장이자율은 발행 당시보다 높아진다(사채등급도 하향 수정된다). 이렇게 시장이자율이 높아지면 사채의 가격은 하락한다.[8]

요점

사채가격과 시장이자율의 관계

- 사채의 가격은 사채로부터의 미래 현금흐름(이자 및 액면금액)을 당해 사채의 시장이자율로 할인한 현재가치와 같다.
- 시장이자율은 시장의 사채투자자들이 기대하는 투자수익률이며, 사채 발행기업의 신용위험이 높으면(낮으면) 시장이자율이 높게(낮게) 형성된다.
- 사채발행 후 발행기업의 신용위험에 변화가 있으면 시장이자율과 사채가격이 변동한다. 발행 당시보다 신용위험이 높아졌으면(낮아졌으면) 시장이자율이 상승(하락)하고 그에 따라 사채가격이 하락(상승)한다.

7) 사채의 시장이자율에 영향을 미치는 추가적 요인으로는 기준금리의 변동, 인플레이션위험 등이 있다.

8) 사채의 현재가치 계산식에서 할인율이 높아졌으므로 사채의 가격이 하락한다.

3.3 사채발행의 형태

앞의 3.2절에서 설명한 바와 같이, 사채의 발행가격은 발행일에 시장의 사채투자자들이 지급(매수)하려는 가격으로 정해지며, 이는 사채로부터의 미래 현금흐름(이자 및 액면금액)을 발행일의 시장이자율로 할인한 현재가치와 같다.

> 사채 발행가격 = 사채로부터의 미래 현금흐름의 현재가치
> = 이자의 현재가치 합계 + 액면금액의 현재가치
>
> * 할인율: 발행일의 시장이자율

앞에서 논의한 예의 경우, 발행일의 시장이자율 8%는 액면이자율 6%보다 높았기 때문에 발행가격은 액면금액 1억원보다 낮은 9,484만원이었다. 이와 같이 실제 발행가격이 액면금액보다 낮으면 사채가 **할인발행**(issuing at a discount)되었다고 말한다. 그리고 실제 발행가격과 액면금액이 동일한 경우는 **액면발행**(issuing at a face value)되었다고 말한다. 발행일의 시장이자율이 액면이자율과 동일하면 발행가격은 액면금액과 동일하게 된다.

그러나 앞의 예와는 반대로, 발행일의 시장이자율이 액면이자율보다 낮으면 발행가격은 액면금액보다 높아진다. 즉, 할인율이 액면이자율보다 낮기 때문에 발행가격은 액면금액보다 높아진다. 이와 같이 실제 발행가격이 액면금액보다 높은 경우는 **할증발행**(issuing at a premium)되었다고 말한다.

요약하면, 발행일의 시장이자율과 액면이자율이 어떤 관계에 있는가에 따라서 사채는 할인발행, 액면발행 또는 할증발행된다.

> • 할인발행: '발행일의 시장이자율 > 액면이자율'이면 ⟶ 발행가격 < 액면금액
> • 액면발행: '발행일의 시장이자율 = 액면이자율'이면 ⟶ 발행가격 = 액면금액
> • 할증발행: '발행일의 시장이자율 < 액면이자율'이면 ⟶ 발행가격 > 액면금액

예제 10-2

종로기업(주)은 2×20년 초에 다음과 같은 사채를 발행하였다.

- 발 행 일: 2×20년 1월 1일
- 만 기 일: 2×22년 12월 31일
- 액면금액: 1억원
- 액면이자율: 연 6%
- 이자지급: 연 1회, 매년 말 지급

물음

(1) 사채발행일에 시장이자율이 7%였으면 발행가격은 얼마인가?

(2) 사채발행일에 시장이자율이 6%였다면 발행가격은 얼마였겠는가?

(3) 사채발행일에 시장이자율이 5%였다면 발행가격은 얼마였겠는가?

풀이

(1) 3년간 매년 말에 지급하는 이자 600만원(=액면금액 1억원×액면이자율 6%)과 3년 후에 지급하는 액면금액 1억원은 현재가치 계산식에서 분자에 위치한다. 시장이자율 7%는 할인율이므로 현재가치 계산식에서 분모에 적용한다.

$$\text{발행가격} = \frac{600}{(1+0.07)} + \frac{600}{(1+0.07)^2} + \frac{600}{(1+0.07)^3} + \frac{10,000}{(1+0.07)^3} = 9,738\,(\text{만원})$$

위와 같이 발행일의 시장이자율(7%)이 액면이자율(6%)보다 높으면, 발행가격은 액면금액보다 낮아져서 할인발행된다.

(2) 발행일의 시장이자율이 액면이자율과 동일하면 액면발행된다. 이를 확인하기 위하여 현재가치 계산식의 분모에서 6%를 할인율로 적용하여 보자.

$$\text{발행가격} = \frac{600}{(1+0.06)} + \frac{600}{(1+0.06)^2} + \frac{600}{(1+0.06)^3} + \frac{10,000}{(1+0.06)^3} = 10,000\,(\text{만원})$$

(3) 현재가치 계산식의 분모에서 5%를 할인율로 적용한다.

$$\text{발행가격} = \frac{600}{(1+0.05)} + \frac{600}{(1+0.05)^2} + \frac{600}{(1+0.05)^3} + \frac{10,000}{(1+0.05)^3} = 10,272\,(\text{만원})$$

위와 같이 발행일의 시장이자율(5%)이 액면이자율(6%)보다 낮으면, 발행가격은 액면금액보다 높아져서 할증발행된다.

3.4 사채발행, 이자비용 인식 및 사채상환의 회계처리

앞의 여러 소절에서는 사채발행과 관련하여 시장이자율과 사채가격 결정, 사채발행의 형태 등에 대하여 설명하였다. 본 소절에서는 사채를 발행한 기업 입장에서 사채발행, 이자비용 인식 및 사채상환의 회계처리에 대해 설명하며, 할인발행, 할증발행 그리고 액면발행의 순서로 설명한다. 아래에서는 [예제 10-2]에서 다룬 종로기업(주)의 사채가 예로 이용될 것이다.

(1) 할인발행, 이자비용 인식 및 만기상환

[예제 10-2]의 물음 1에 의하면, 종로기업(주)은 액면금액 1억원의 사채를 9,738만원의 가격으로 할인발행하였다. 따라서 사채발행일(2×20년 1월 1일)에 종로기업(주)이 실제로 차입(조달)한 금액은 9,738만원이고, 이 금액이 종로기업(주)의 **실질 부채금액**이다. 그리고 종로기업(주)은 사채발행일에 9,738만원을 차입한 대가로 향후 3년간 매년 말에 액면이자 600만원을 지급하고 또 3년 후에 액면금액 1억원을 지급해야 하는 채무를 부담한다.

회계에서는 위 액면금액 1억원과 실제 발행가액 9,738만원의 차이인 262만원을 **사채할인발행차금**(discount on bonds payable)이라고 부른다.

● 유효이자율법에 의한 이자비용 인식

사채의 발행과 이자비용 인식의 회계처리를 함에 있어서는 위 사채할인발행차금을 분개에 포함시키지 않는 방법과 분개에 포함시키는 방법의 두 가지 방법이 있다. 물론 두 방법의 회계처리 결과는 같다. 아래에서는 전자의 방법을 먼저 설명하고, 이어서 후자의 방법을 설명한다.

1 사채발행일의 회계처리: 사채발행일에 종로기업(주)의 실질차입액(실질 부채금액)은 9,738만원이므로, 사채발행일에 위의 할인발행을 기록하는 분개는 다음과 같다(금액단위는 만원이며, 이하에서 같다).[9)]

---

9) 실제의 상황에서는 사채투자자들이 은행을 통해 발행가액을 납입한다. 따라서 분개할 때 차변에 '당좌예금계정'을 사용해야 하지만, 편의상 본장에서는 '현금계정'을 사용한다. 당좌예금계정을 사용한 경우에도 재무상태표에는 현금으로 표시된다(제7장 1.2절 참조).

발행일: (차) 현 금 9,738 (대) 사 채 9,738

가상 재무상태표 (2×20/1/1): 사채발행일

유동자산:		비유동부채:		
현 금	+9,738	사 채	9,738	← 실질차입액

사채발행일에 위의 분개를 반영한 가상 재무상태표는 위와 같다.

2 1차 연도의 이자비용 인식: 앞에서 설명하였듯이, 종로기업(주)은 사채발행일에 액면금액 1억원을 액면이자율 6%로 차입한 것이 아니라, 발행가액 9,738만원을 시장이자율 또는 유효이자율(실질이자율) 7%로 차입하였다. 따라서 이자비용 역시 위의 실질차입액과 유효이자율에 따라 계산해야 한다. 즉, 1차 연도 말인 2×20년 말에 인식하여야 할 연간 이자비용은 「사채발행일의 실질차입액×유효이자율」로 계산한다.

1차 연도 이자비용 = 발행일의 실질차입액 × 유효이자율(실질이자율)
= 9,738×7% = 682(만원)

그런데 1차 연도 말에 종로기업(주)이 사채투자자들에게 현금이자로 지급하는 금액은 「액면금액 1억원×액면이자율 6%=600만원」이다. 그러면 위의 이자비용 발생액과 현금이자 지급액의 차이인 82만원(=682−600)은 무슨 의미를 가지고 있을까? 앞의 3.2절에서 설명한 바와 같이, 이자비용 발생액 중에서 현금으로 지급되지 않은 금액은 사채투자자들의 이자수익이 종로기업(주)에 **'재투자'**된 것이고 이는 만기일에 지급받는다(3.2절의 〈표 10-2〉 참조). 따라서, 종로기업(주)은 만기일에 이 금액을 사채투자자들에게 지급하여야 하기 때문에, 종로기업(주)의 입장에서 사채의 실질 부채금액이 82만원만큼 증가하였다.

실질차입액 9,738

이자비용 발생	682	
− 현금이자 지급	600	
= 이자의 재투자	82	← 만기일에 지급되어야 하므로 부채가 증가함
+ 기초 실질부채	9,738	
= 기말 실질부채	9,820	

이와 같이 1차 연도 말에 종로기업(주)은 이자의 재투자에 따른 '부채의 증가'를 인식하여야 한다. 따라서 사채발행 첫 해 말에는 이자비용 발생액 682만원을 기록하고(차변), 600만원의 현금지급을 기록하고(대변), 사채의 실질 부채금액 증가 82만원을 기록하는(대변) 기말 수정분개를 실시한다.

1차 연도 말: (차) 이자비용	682	(대) 현 금	600
		사 채	82

이 분개를 반영하면, 2×20년 말 재무상태표에는 사채의 금액이 발행 당시의 9,738만원에서 82만원 증가한 9,820만원으로 표시되고, 포괄손익계산서에는 이자비용 682만원이 계상된다.

재무상태표 (2×20/12/31): 1차 연도 말

유동자산:		비유동부채:	
현 금	−600	사 채	9,820

포괄손익계산서 (2×20년도)

금융비용:	
이자비용	682

위의 재무상태표에서 사채의 금액 9,820만원을 **사채 장부가액**(carrying value)이라고 부르며, 이 9,820만원은 1차 연도 말에 종로기업(주)의 **실질 부채금액**을 나타낸다.

3 2차 연도의 이자비용 인식: 2차 연도 말인 2×21년 말에 인식해야 할 이자비용 발생액은 「2차 연도 초의 실질 부채금액×유효이자율(실질이자율)」로 계산한다.

2차 연도 이자비용 = 2차 연도 초의 실질 부채금액 × 유효이자율
= 2차 연도 초의 사채 장부가액 × 유효이자율
= 9,820×7% = 687(만원)

위와 같은 이자비용 계산법을 **유효이자율법**(effective-interest method)이라고 부르며, 회계기준에서 채택하고 있다. 즉, 유효이자율법에서는 기간 초의 실질 부채금액인 사채 장부가액에 유효이자율(실질이자율)을 곱하여 이자비용을 계산한다.

> **유효이자율법에 의한 이자비용 계산:**
> 이자비용 = 기초시점의 사채 장부가액 × 유효이자율

그런데 2차 연도 말에 종로기업(주)이 사채투자자들에게 지급하는 현금이자는 여전히 600만원(=액면금액×액면이자율)이다. 따라서 위의 이자비용 발생액(687만원)과 현금이자 지급액(600만원)의 차이인 87만원은 사채투자자들에게 지급되지 않고 종로기업(주)에 '재투자'된 것이므로 그만큼 종로기업(주)의 입장에서 부채가 증가하였다. 그러므로, 2차 연도 말(2×21년 12월 31일)에는 이자비용 687만원을 기록하고(차변), 600만원의 현금지급을 기록하고(대변), 사채의 실질 부채금액 증가 87만원을 기록하는(대변) 기말 수정분개를 실시한다.

2차 연도 말:	(차) 이자비용	687	(대)	현 금	600
				사 채	87

재무상태표 (2×21/12/31): 2차 연도 말

유동자산:		비유동부채:	
현 금	−600	사 채	9,907

포괄손익계산서 (2×21년도)

금융비용:	
이자비용	687

위의 기말 수정분개에 의해 사채 장부가액은 1차 연도 말의 9,820만원에서 다시 87만원 증가한 9,907만원으로 재무상태표에 표시되고, 포괄손익계산서에는 이자비용 687만원이 계상된다.

4 3차 연도의 이자비용 인식: 마지막 3차 연도인 2×22년의 이자비용은 유효이자율법을 적용하여 「3차 연도 초의 사채 장부가액×유효이자율」로 계산한다.

3차 연도 이자비용 = 3차 연도 초의 사채 장부가액×유효이자율
= 9,907×7% = 693(만원)

2×22년의 현금이자 지급액은 계속 600만원(=액면금액×액면이자율)이다. 따라서 3차 연도 말(2×22년 12월 31일)에 종로기업(주)은 이자비용 693만원의 인식(차변), 600만원의 현금지급(대변) 그리고 사채의 실질 부채금액 증가 93만원을 기록하는(대변) 기말 수정분개를 실시한다.

3차 연도 말: (차) 이자비용 693 (대) 현 금 600
사 채 93

가상 재무상태표 (2×22/12/31): 만기상환 직전	
유동자산:	비유동부채:
현 금 -600	사 채 10,000

포괄손익계산서 (2×22년도)	
금융비용:	
이자비용	693

위의 기말 수정분개에 의해 사채 장부가액은 2차 연도 말의 9,907만원에서 다시 93만원 증가하여 1억원이 되고, 포괄손익계산서에는 이자비용 693만원이 계상된다. 이 시점(만기상환 직전)에서 사채 장부가액(실질 부채금액)은 액면금액과 동일한 1억원이다.

이상과 같이 연도별로 사채의 이자비용을 계산하고 회계처리하는 방법을 설명하였다. 연도별 이자비용과 사채 장부가액을 착오 없이 계산하기 위하여 다음의 계산표를 작성할 수도 있다(단위: 만원).

일 자	이자비용 발생액(A)	현금지급 (B)	이자의 재투자 (부채 증가)(C)*	사채 장부가액 (D)
	기초 D×7%	10,000×6%	A-B	기초 D+C
사채발행일: 2×20/1/1	-	-	-	9,738
1차 연도 말: 2×20/12/31	682	600	82	9,820
2차 연도 말: 2×21/12/31	687	600	87	9,907
3차 연도 말: 2×22/12/31	693	600	93	10,000

* 위 '부채 증가'의 패턴은 사채할인발행차금이 감소하는 패턴과 같다(뒤에 제시되는 설명 참조).

위의 계산표에서, 두 번째 열(A)은 이자비용 발생액을 계산한 것이며 「기초시점의 사채 장부가액(D)×유효이자율」로 계산한다. 세 번째 열(B)은 현금이자 지급액을 계산한 것으로서 「액면금액×액면이자율」로 계산한다. 네 번째 열(C)은 사채의 실질 부채 증가액을 계산한 것으로서 이자비용(A)과 현금지급액(B)의 차이로 계산한다. 마지막 열(D)은 각 시점에서의 사채 장부가액을 계산한 것으로서 이는 기초시점의 사채 장부가액에 사채의 실질 부채 증가액(C)을 더한 것이다.

요점	**사채 이자비용과 사채 장부가액의 산정** • 이자비용은 기초시점의 사채 장부가액에 유효이자율을 곱한 금액이다. • 위 이자비용 금액 중에서 사채투자자에게 현금으로 지급되지 않은 금액은 사채투자자의 이자수익이 사채발행기업에 재투자된 것이다. • 위의 재투자로 인해 사채발행기업의 입장에서 사채의 실질 부채금액이 그만큼 증가하여 사채 장부가액이 그만큼 증가한다.

5 사채의 만기상환: 만기일인 2×22년 12월 31일에는 사채발행 당시 약정한 1억원의 액면금액을 지급해야 한다. 따라서 종로기업(주)이 현금 1억원을 지급하고 사채상환을 하였다면 사채계정에서 액면금액(사채 장부가액)을 제거하기 위한 다음의 분개가 필요하다.

사채상환:	(차) 사 채	10,000	(대) 현 금	10,000

위의 분개에 의하여 사채계정의 금액은 0(零)이 된다. 따라서 사채상환 직후의 2×22년 말 재무상태표에는 사채계정이 표시되지 않는다.

● 사채할인발행차금을 분개에 포함시키는 방법

이 방법에서는 사채 장부가액(실질 부채금액)을 표시함에 있어 사채계정과 사채할인발행차금계정의 두 계정을 이용한다. 사채계정에는 처음부터 액면금액을 기록해 놓고, 사채할인발행차금은 사채계정의 **차감(−)계정**으로 사용한다. 따라서 사채계정에 기록된 액면금액에서 사채할인발행차금(계정잔액)을 차감한 금액이 사채 장부가액(실질 부채금액)을 나타낸다.

앞에서 설명한 종로기업(주)의 사채 할인발행에 대하여 각 시점별로 회계처리(분개)를 하면 다음과 같다.

1 사채발행일의 회계처리: 사채발행일에 위 할인발행을 기록하는 분개는 다음과 같다(금액단위는 만원). 사채할인발행차금은 사채계정의 차감계정이므로 할인발행을 분개할 때 사채계정의 반대편에 위치한다.

발행일:	(차) 현 금	9,738	(대) 사 채	10,000
	사채할인발행차금	262		

가상 재무상태표 (2×20/1/1): 사채발행일

유동자산:		비유동부채:		
현 금	+9,738	사 채	10,000	← 액면금액
		사채할인발행차금	(262)	
			9,738	← 실질차입액

사채발행일의 위 분개를 반영한 가상 재무상태표는 위와 같으며, 위의 재무상태표 표시방법은 매출채권(제7장)과 유형자산(제9장)의 재무상태표 표시방법과 유사하다. 즉, 대손충당금과 감가상각누계액을 통하여 매출채권과 유형자산 금액을 간접 차감하듯이, 사채할인발행차금을 통하여 사채 액면금액을 간접 차감하고 있다. 차감 표시된 9,738만원이 사채 발행가액인 동시에 발행 당시 종로기업(주)의 실질 차입액이다.

2 연도별 이자비용 인식: 매년의 이자비용을 계산함에 있어 유효이자율법(이자비용=기초시점의 사채 장부가액×유효이자율)을 적용하는 것은 앞의 방법과 같다. 다만, '이자의 재투자'에 따른 '부채의 증가'를 인식하기 위하여 여기서는 사채할인발행차금의 계정잔액을 '감소'시킨다. 사채할인발행차금은 액면금액으로 기록된 사채 계정의 차감계정이므로 할인발행차금을 감소시키면 사채 장부가액(실질 부채금액=액면금액−할인발행차금)이 증가하기 때문이다. 이렇게 할인발행차금을 감소시키는 것을 "**사채할인발행차금을 상각한다**(amortize)"고 말한다.

1차 연도 말:	(차) 이자비용	682	(대) 현 금	600
			사채할인발행차금	82
2차 연도 말:	(차) 이자비용	687	(대) 현 금	600
			사채할인발행차금	87
3차 연도 말:	(차) 이자비용	693	(대) 현 금	600
			사채할인발행차금	93

위에서 보는 바와 같이, 사채발행일에 기록하였던 사채할인발행차금 262만원은 1차 연도 말에 82만원이 감소하고(사채 장부가액 82만원 증가), 2차 연도 말에 87만원이 감소하며(사채 장부가액 87만원 증가), 3차 연도 말에는 93만원이 감소(사채 장부가액 93만원 증가)하여 결국 없어진다. 할인발행차금의 이러한 감소 패턴은 앞에서 살펴본 '이자비용과 사채 장부가액 계산표'의 칼럼 C에 표시된 '부채 증가'의 패턴과 정확히 같음을 알 수 있다. 따라서, 금액적으로 「**이자의 재투자에 따른 부채 증가액=사채할인발행차금 상각액(감소액)**」의 관계에 있다. 이러한 이유로 앞에서 작성한 '이자비용과 사채 장부가액 계산표'는 **사채할인발행차금 상각표**라고 부르기도 한다.

위의 회계처리방법은 재무상태표 본문에 사채의 액면금액을 표시할 수 있다는 이점 때문에 과거에 널리 사용된 회계처리방법이다. 사채의 액면금액은 만기일에 사채 발행기업이 지급하여야 할 금액이므로 액면금액 정보를 표시해주면 재무제표 이용자들이 사채 발행기업의 미래 현금흐름을 예측하는 데 도움이 될 수 있다는 것이다. 그러나 사채 액면금액에 관한 정보는 구태여 재무상태표 본문에 표시하지 않더라도 재무제표 주석에 표시할 수 있기 때문에 위 주장은 설득력이 떨어진다. 「한국채택국제회계기준」에서는 많은 정보들이 재무제표 주석에 표시되고 있다.

● 공시 사례

실무에서 기업이 사채할인발행 관련 정보를 공시한 사례를 소개하면 아래와 같다. 아래는 자동차 판매회사인 현대자동차(주)의 2022년 재무제표 주석인데, 현대자동차(주)는 발행한 사채에 대해 사채 액면금액과 사채할인발행차금(계정잔액) 정보를 주석에 표시하고 있다.

공시 사례 **현대자동차(주)의 2022년도 재무제표 주석에 공시된 내용**

16. 차입금 및 사채

(중략)

(3) 당기말 및 전기말 현재 사채의 내역은 다음과 같습니다(단위: 백만원).

구 분	최장 만기일	연 이자율(%)	금 액	
		당기말	당기말	전기말
무보증공모사채	2032.03.29	0.96~6.63	33,979,495	31,533,05
무보증공모사채	2030.04.08	0.80~6.38	25,974,468	27,604,469
자산담보부사채	2028.10.16	0.19~5.52	22,801,451	19,359,999
소 계			82,752,414	78,497,519
사채할인발행차금			(151,263)	(162,242)
유동성 대체			(19,641,091)	(14,876,468)
계			62,960,060	63,458,809

(2) 할증발행, 이자비용 인식 및 만기상환

앞의 [예제 10-2]의 물음 3에 의하면, 발행일의 시장이자율(5%)이 액면이자율(6%)보다 낮아서 종로기업(주)은 액면금액 1억원의 사채를 1억 272만원에 할증발행하였다. 따라서 사채발행일에 종로기업(주)은 실질차입액 1억 272만원을 연 5% 이자율로 차입한 셈이며, 그 대가로 향후 3년간 매년 액면이자 600만원과 3년 후 액면금액 1억원을 지급해야 하는 채무를 부담한다.

할증발행에서는 실제 발행가액 1억 272만원과 액면금액 1억원의 차이인 272만원을 **사채할증발행차금**(premium on bonds payable)이라고 부른다.

● 유효이자율법에 의한 이자비용 인식

사채의 할증발행과 이자비용 인식의 회계처리에서도 (할인발행의 경우와 유사하게) 위 할증발행차금을 분개에 포함시키지 않는 방법과 분개에 포함시키는 방법의 두 가지 방법이 있다. 아래에서는 전자의 방법을 먼저 설명하고, 이어서 후자의 방법을 설명한다.

1 사채발행일의 회계처리: 사채발행일에 종로기업(주)의 실질차입액(실질 부채금액)은 1억 272만원이므로 다음과 같이 분개한다(단위: 만원).

발행일: (차) 현 금 10,272 (대) 사 채 10,272

가상 재무상태표 (2×20/1/1): 사채발행일

유동자산:		비유동부채:	
현 금	+10,272	사 채	10,272 ← 실질차입액

2 1차 연도의 이자비용 인식: 할인발행의 경우와 마찬가지로, 연도별 이자비용 발생액은 유효이자율법을 적용하여 계산한다(즉, 이자비용=기초시점의 사채 장부가액×유효이자율). 그리고 현금지급액 역시 「액면금액×액면이자율」로 계산한다.

앞에서의 설명으로 유효이자율법이 이해되었을 것이므로, 할증발행에서의 연도별 '이자비용 및 사채 장부가액 계산표'(또는 **사채할증발행차금 상각표**)를 다음과 같이 작성해 보자(단위: 만원).

일 자	이자비용 발생액(A)	현금지급 (B)	부채 감소(할증차금 감소)(C)	사채 장부가액 (D)
	기초 D×5%	10,000×6%	B−A	기초 D−C
사채발행일: 2×20/1/1	−	−	−	10,272
1차 연도 말: 2×20/12/31	514	600	86	10,186
2차 연도 말: 2×21/12/31	509	600	91	10,095
3차 연도 말: 2×22/12/31	505	600	95	10,000

위에서 보는 바와 같이, 1차 연도 말인 2×20년 말에 이자비용 발생액은 514만원(=발행시 실질차입액 10,272×유효이자율 5%)이다. 그런데 현금지급액은 600만원이므로 실제 이자비용 514만원보다 86만원 더 지급되었다. 이렇게 86만원이 추가 지급되었기 때문에, 사실상 발행일의 실질차입액 중 86만원이 지금 '상환'된 셈이다. 따라서 이제 실질 부채금액이 86만원 줄어들었기 때문에 사채 장부가액을 86만원 '감소'시켜야 한다. 요컨대, 위의 계산표에서 현금지급액과 이자비용 발생액의 차이는 실질 부채의 감소액이 된다.

따라서 사채발행 첫 해 말에는 이자비용 514만원을 기록하고(차변), 600만원의 현금지급을 기록하고(대변), 사채의 실질 부채금액 감소 86만원을 기록하는(차변) 기말 수정분개를 실시한다.

1차 연도 말: (차) 이자비용	514	(대) 현 금	600
사 채	86		

재무상태표 (2×20/12/31): 1차 연도 말

유동자산:		비유동부채:	
현 금	−600	사 채	10,186

포괄손익계산서 (2×20년도)

금융비용:	
이자비용	514

위와 같이, 기말 수정분개에 의해 사채 장부가액(실질 부채금액)은 연초(발행일)의 10,272만원에서 86만원 감소한 10,186만원으로 재무상태표에 표시되고, 포괄손익계산서에는 이자비용 514만원이 계상된다.

3 2차 연도의 이자비용 인식: 앞의 '이자비용 및 사채 장부가액 계산표'에 의하면, 2차 연도인 2×21년의 이자비용 발생액은 509만원(=10,186×5%)이며, 현금지급액은 계속 600만원이다. 따라서 2차 연도 말에는 이자비용 509만원을 기록하고(차변), 600만원의 현금지급을 기록하고(대변), 사채의 실질 부채금액 감소 91만원(=600−509)을 기록하는(차변) 기말 수정분개를 한다.

2차 연도 말: (차) 이자비용	509	(대) 현 금	600
사 채	91		

재무상태표 (2×21/12/31): 2차 연도 말

유동자산:		비유동부채:	
현 금	−600	사 채	10,095

포괄손익계산서 (2×21년도)

금융비용:	
이자비용	509

위와 같이, 기말 수정분개에 의해 2차 연도 말의 사채 장부가액(실질 부채금액)은 1억 95만원으로서 1차 연도 말에 비하여 91만원 감소하였다(또는 앞의 계산표 참조).

4 3차 연도의 이자비용 인식: 앞의 '이자비용 및 사채 장부가액 계산표'에 의하면, 마지막 3차 연도인 2×22년의 이자비용 발생액은 505만원이고(=10,095×5%), 현금지급액은 여전히 600만원이다. 따라서 3차 연도 말에는 이자비용 505만원의 인식(차변), 600만원의 현금지급(대변) 그리고 사채의 실질 부채금액 95만원(=600−505) 감소(차변)를 기록하는 기말 수정분개를 한다.

3차 연도 말:	(차) 이자비용	505	(대) 현 금	600
	사 채	95		

가상 재무상태표 (2×22/12/31): 만기상환 직전			
유동자산:		비유동부채:	
현 금	−600	사 채	10,000

포괄손익계산서 (2×22년도)	
금융비용:	
이자비용	505

위의 기말 수정분개에 의해, 사채 장부가액(실질 부채금액)은 2차 연도 말의 10,095만원에서 다시 95만원 감소하여 1억원이 된다. 이 시점(만기상환 직전)에서 사채 장부가액(실질 부채금액) 1억원은 사채 액면금액과 동일하다.

5 사채의 만기상환: 만기일인 2×22년 12월 31일에는 사채발행 당시 약정한 1억원의 액면금액을 지급해야 한다. 따라서 종로기업(주)이 현금 1억원을 지급하고 사채상환을 하였다면 사채계정에서 액면금액을 제거하기 위한 다음의 분개가 필요하다(단위: 만원).

사채상환:	(차) 사 채	10,000	(대) 현 금	10,000

위의 분개에 의하여 사채계정의 금액은 0(零)이 된다. 따라서 사채상환 직후의 2×22년 말 재무상태표에는 사채계정이 표시되지 않는다.

● 사채할증발행차금을 분개에 포함시키는 방법

이 방법에서는 사채 장부가액(실질 부채금액)을 표시함에 있어 사채계정과 사채할증발행차금계정의 두 계정을 사용한다. 사채계정에는 액면금액을 기록하고, 사채할증발행차금은 사채계정에 가산시키는 **부가(+)계정**으로 사용한다. 따라서 사채계정의 액면금액에 사채할증발행차금을 가산시킨 금액이 사채 장부가액(실질 부채금액)을 나타낸다.

앞에서 설명한 종로기업(주)의 사채 할증발행에 대하여 각 시점별로 회계처리를 하면 다음과 같다.

1 사채발행일의 회계처리: 사채발행일에 종로기업(주)의 위 할증발행을 기록하는 분개는 다음과 같다(금액단위는 만원). 사채할증발행차금은 사채계정에 가산시키는

부가계정이므로, 할증발행을 분개할 때 사채계정과 같은 위치인 대변에 기록한다.

발행일:	(차) 현　　금	10,272	(대) 사　　채	10,000
			사채할증발행차금	272

가상 재무상태표 (2×20/1/1): 사채발행일

유동자산:		비유동부채:		
현　　금	+10,272	사　　채	10,000	← 액면금액
		사채할증발행차금	272	
			10,272	← 실질차입액

2 연도별 이자비용 인식: 매년의 이자비용을 계산함에 있어 유효이자율법(이자비용=기초시점의 사채 장부가액×유효이자율)을 적용하는 것은 앞의 방법과 동일하다. 다만, 현금지급액이 실제 이자비용 발생액보다 많음에 따른 '부채의 감소'를 인식하기 위해 여기서는 사채할증발행차금을 '감소'시킨다. 사채할증발행차금은 액면금액으로 기록된 사채계정의 부가계정이므로 할증발행차금을 감소시키면 사채 장부가액(실질 부채금액=액면금액+할증발행차금)이 감소하기 때문이다. 이와 같이 할증발행차금을 감소시키는 것을 "**사채할증발행차금을 상각한다**(amortize)"고 말한다.

1차 연도 말:	(차) 이자비용	514	(대) 현　　금	600
	사채할증발행차금	86		
2차 연도 말:	(차) 이자비용	509	(대) 현　　금	600
	사채할증발행차금	91		
3차 연도 말:	(차) 이자비용	505	(대) 현　　금	600
	사채할증발행차금	95		

위에서 보는 바와 같이, 사채발행일에 기록하였던 사채할증발행차금 272만원은 1차 연도 말에 86만원이 감소하고(사채 장부가액 86만원 감소), 2차 연도 말에 91만원이 감소하며(사채 장부가액 91만원 감소), 3차 연도 말에는 95만원이 감소(사채 장부가액 95만원 감소)하여 결국 없어진다. 이러한 할증발행차금의 감소 패턴은 앞에서 살펴본 '이자비용 및 사채 장부가액 계산표'의 칼럼 C에 표시된 '부채 감소'의

패턴과 정확히 같음을 알 수 있다. 이러한 이유로 앞에서 작성한 '이자비용 및 사채 장부가액 계산표'를 **사채할증발행차금 상각표**라고 부르기도 한다.

(3) 액면발행, 이자비용 인식 및 만기상환

앞의 [예제 10-2]의 물음 2와 같이, 발행일의 시장이자율(6%)이 액면이자율(6%)과 같으면 액면금액 1억원의 사채는 1억원의 가격에 발행되며, 이는 액면발행에 해당한다. 이 경우 실질차입액은 액면금액과 동일하다. 사채발행의 분개와 재무상태표 표시는 다음과 같다(단위: 만원).

발행일:	(차) 현 금	10,000	(대) 사 채	10,000

가상 재무상태표 (2×20/1/1): 사채발행일

유동자산:		비유동부채:	
현 금	+10,000	사 채	10,000

또한 액면발행의 경우에는 매년 이자비용 발생액과 현금이자 지급액이 동일하다. 따라서 매년 말에 아래와 같이 이자비용을 인식하는 기말 수정분개를 하면 된다.

참고 **사채발행비**

사채를 발행할 때는 증권사 수수료, 광고비 등이 소요될 수 있는데 이를 **사채발행비**라고 부른다. 사채발행비 지출이 있으면 그만큼 실제 자금조달액이 줄어들기 때문에, 사채발행가격에서 사채발행비를 차감한 것을 최종 발행가액으로 간주한다. 예를 들어, 액면금액 1억원의 사채를 9,800만원에 발행하고 사채발행비로 50만원을 지출하였다면, 발행가액은 9,750만원(=9,800-50)이다. 이때 이자비용 계산에 필요한 유효이자율은 미래 현금흐름(이자 및 액면금액)의 현재가치가 발행가액 9,750만원과 일치되게 하는 할인율로 측정한다. 즉, 현재가치 계산식에서 할인율을 미지수로 놓고 방정식을 풀 때 구해지는 것이 유효이자율이다. 따라서 이 유효이자율은 시장이자율보다 약간 높게 산정된다.

매년 말: (차) 이자비용 600 (대) 현 금 600

위와 같이 액면발행의 경우에는 할인발행차금이나 할증발행차금이 없기 때문에 회계처리가 간단하다.

만기일의 사채상환에 대한 회계처리는 앞에서 설명한 바와 같으므로 생략한다.

기타 장기차입부채와 유동성 장기부채 제4절

4.1 장기차입금

앞의 제3절에서 사채에 대해 설명하였는데, 또 다른 장기차입부채로는 장기차입금이 있다. **장기차입금**은 기업이 은행과 같은 개별 금융기관에서 장기간 차입한 부채로서 재무보고기간 말(기말)로부터 1년 이후에 상환기일이 도래하는 차입금이다. 단기간 차입한 경우는 단기차입금이라는 계정과목을 사용하며 유동부채로 분류한다(제7장 참조).

기업에 자금을 대출하는 금융기관은 대출금에 대해 이자를 받는다. 이때 금융기관은 대출 신청한 기업의 신용도, 즉 신용위험(credit risk)을 직접 평가하여 그에 상응하는 이자를 요구한다. 신용위험이 높은 기업에게는 높은 대출이자율을 적용하고, 신용위험이 낮은 기업에게는 상대적으로 낮은 대출이자율을 적용한다. 이와 같이 신용위험에 대응하여 대출이자율을 정하고 기업은 그 이자율에 따라 이자를 지급하기 때문에 금융기관에서의 차입은 사채의 액면발행과 유사하다.[10] 따라서 장기차입금의 경우는 사채할인(할증)발행차금과 같은 할인(할증)차금은 일반적으로 나타나지 않으며, 그 회계처리는 사채 액면발행의 회계처리를 준용하면 된다.

10) 금융기관의 대출이자율은 시장이자율에 해당한다.

4.2 유동성 장기부채

장기차입부채도 시간이 흐르면 상환기일이 얼마 남지 않은 부채가 된다. 예를 들어, 5년 전에 5년 만기로 10억원을 차입하고 4년이 지났다면 내년에 10억원을 상환해야 한다. 따라서 금년 말 시점에서 볼 때 이 10억원은 더 이상 장기부채가 아니고 단기부채이다. 이때 재무상태표에서 10억원을 장기차입부채로 표시하면 재무제표이용자들에게 잘못된 정보를 전달하게 된다. 즉, 재무제표이용자들은 기업의 단기채무 부담이 어느 정도인지 알고 싶어 하는데, 이 10억원을 장기차입부채로 표시하면 재무제표이용자들이 잘못 판단하게 된다.

따라서 재무제표이용자들을 오도하지 않도록 하기 위하여, 매년 결산일(기말)에는 장기차입부채 중에서 내년에 상환해야 할 금액을 유동부채로 재분류해야 한다. 이렇게 유동부채로 재분류된 부분을 **유동성 장기부채**(current maturities of long-term debts)라고 부른다. 예를 들어, 장기차입금 중에서 내년에 상환해야 하는 금액은 **유동성 장기차입금**으로 재분류해야 하며, 사채 중에서 내년에 상환해야 하는 금액은 **유동성 사채**로 재분류해야 한다.

예제 10-3

2×19년 12월 31일에 안양기업(주)은 은행에서 5,000만원을 차입하였으며, 상환일은 3년 후인 2×22년 12월 31일이다. 이자율은 연 10%이며, 매년 말에 이자를 지급해야 한다.

물음

(1) 차입시점(2×19년 12월 31일)에서 안양기업(주)이 실시해야 할 분개는?
(2) 2×21년 12월 31일에 안양기업(주)은 이자를 지급하고, 장기차입금을 유동성 장기차입금으로 재분류하였다. 이를 기록하는 분개는?
(3) 2×22년 12월 31일에 안양기업(주)은 이자를 지급하면서 차입금을 상환하였다. 이를 기록하는 분개는?

풀이

(1) 현금의 유입(증가)과 장기차입금의 증가를 기록한다.

(차) 현 금	5,000	(대) 장기차입금	5,000

(2) 장기차입금 5,000만원을 계정에서 제거하고(차변) 동시에 그 금액을 유동성 장기차입금으로 기록한다(대변). 아울러 이자 500만원(=5,000×10%)의 지급도 기록한다.

(차) 장기차입금	5,000	(대) 유동성장기차입금	5,000
이자비용	500	현 금	500

재무상태표 (2×21/12/31)

차변		대변	
유동자산:		유동부채:	
현 금	−500	유동성장기차입금	5,000
		비유동부채:	
		장기차입금 ⟶ 0이 되어 없어짐	

포괄손익계산서 (2×21년도)

금융비용:	
이자비용	500

위와 같이 장기차입금 5,000만원은 유동성 장기차입금으로 재분류되었지만, 차입금 총액은 여전히 5,000만원으로서 변화가 없다.

(3) 장기차입금은 전년 말에 유동성 장기차입금으로 재분류하였으므로 상환할 때에는 유동성 장기차입금을 감소시킨다(차변). 아울러 이자의 지급도 기록한다.

(차) 유동성장기차입금	5,000	(대) 현 금	5,500
이자비용	500		

제5절 장기충당부채

장기충당부채는 기업이 과거의 사건에 의해 현재 부담하는 의무로서 미래 지출의 시기 또는 금액이 불확실한 비유동부채이다. 이러한 충당부채는 미래에 기업의 자원이 유출될 가능성이 높고 또 그 금액을 신뢰성 있게 추정할 수 있을 때 부채로 인식한다. 충당부채를 인식할 때에는 관련된 '비용'도 함께 인식한다.

5.1 제품보증충당부채

제품보증충당부채는 제품을 판매할 때 부담한 품질보증의무에 의하여 보증기간 동안 기업이 지출해야 할 무상수리비 예상액을 부채로 인식한 것이다. 예를 들어, 삼성전자(주)가 2×20년 중에 2,000억원의 컴퓨터 하드디스크를 판매하였는데 제품보증기간이 3년이어서 향후 3년간 1,000만원의 무상수리비 지출이 예상된다고 가정하자. 그러면 2×20년 말(기말)에 재무제표를 작성할 때에는, 미래의 무상수리비 지출 예상액 1,000만원을 **제품보증충당부채**로 인식하고, 동시에 (아직 현금유출은 없지만) 당기의 비용으로 **제품보증비** 1,000만원을 인식해야 한다. 왜냐하면, 미래의 무상수리비 지출은 금년의 제품판매에 기인한 것이므로 매출수익을 인식한 연도에 그에 대응하는 비용도 함께 인식해야 하기 때문이다. 이는 회계에서 비용의 인식기준인 **수익 · 비용 대응의 원칙**(matching principle)을 적용한 것이다(제2장 5절 참조).

(차) 제품보증비	1,000	(대) 제품보증충당부채	1,000

위 제품보증비는 포괄손익계산서에서 판매비와 관리비로 표시되고, 제품보증충당부채는 재무상태표에 비유동부채로 표시된다.

위와 같이 제품보증충당부채를 인식한 이후에 무상수리비가 실제로 지출되는 때에는 그 지출액만큼 제품보증충당부채를 감소시키는 분개를 하면 된다. 예를 들어, 삼성전자(주)가 2×21년 초에 무상수리비로 30만원을 지출하였다면 다음의 회계처리를 한다.

(차) 제품보증충당부채	30	(대) 현 금	30

5.2 퇴직급여부채

퇴직급여부채는 기업이 종업원들의 미래 퇴직급여와 관련하여 인식하는 충당부채이다. 퇴직급여는 종업원이 퇴직할 때 또는 그 이후에 기업이 종업원의 과거 근무용역에 대한 대가로 지급하는 급여이다. 퇴직급여에는 퇴직일시금, 퇴직연금,

퇴직후 의료급여 등이 포함된다.

「한국채택국제회계기준」은 보험수리적 기법을 적용하여 퇴직급여부채를 측정하도록 규정하고 있다. 즉, 기업은 미래의 임금상승률 등을 고려하여 미래의 퇴직급여를 추정하여야 한다. 이러한 추정방법은 회계원리 교과의 범위를 벗어나므로 그 구체적 내용은 추후 중급재무회계 교과에서 학습하도록 하자.

종 · 합 · 예 · 제

사채 할인발행, 이자비용 인식 및 사채상환

경인기업(주)은 2×20년 초에 다음과 같은 무보증사채를 발행하였다.

• 발 행 일: 2×20년 1월 1일	• 만 기 일: 2×22년 12월 31일
• 액면금액: 1억원	• 액면이자율: 연 7%
• 사채등급: BBB+	• 이자지급: 연 1회, 매년 말 지급

물음

(1) 사채발행 당시 BBB+등급 사채(잔여만기 3년)의 유통수익률이 연 9%였다면, 위 사채의 발행가격은 얼마인가? 본서의 부록에 있는 〈부표 2〉와 〈부표 4〉에 의하면, 단일금액 ₩1의 현재가치(9%, 3년)는 ₩0.7722이며, 정상연금 ₩1의 현재가치(9%, 3년)는 ₩2.5313이다.

(2) 발행일에 경인기업(주)이 실제로 차입(조달)한 금액은 얼마인가?

(3) 발행일에 경인기업(주)이 해야 할 회계처리(분개)는?

(4) 연도별 이자비용과 사채 장부가액을 계산하기 위한 표를 작성하라.

(5) 1차 연도 말(2×20년 12/31일)에 이자비용 및 현금지급에 대한 분개는?

(6) 3차 연도 말(2×22년 12/31일)에 이자비용 및 현금지급에 대한 분개는?

(7) 만기일(2×22년 12/31일)에 현금으로 사채를 상환하였다면 이에 대한 분개는?

풀이

(1) 동일 등급 사채(잔여만기 3년)의 유통수익률 연 9%가 시장이자율이며, 이를 현재가치 계산식에서 할인율로 적용한다. 현금이자 = 액면금액×액면이자율 = 700만원.

$$\text{발행가격} = \frac{700}{(1+0.09)} + \frac{700}{(1+0.09)^2} + \frac{700}{(1+0.09)^3} + \frac{10,000}{(1+0.09)^3}$$

= 3년간 현금이자의 현재가치 + 액면금액의 현재가치

= 700×2.5313 + 10,000×0.7722 = 9,494(만원)

(2) 발행일에 경인기업(주)이 실제로 차입(조달)한 금액은 액면금액 1억원이 아니라 발행가액 9,494만원이다.

(3) 사채계정에는 실질차입액 9,494만원을 기록한다(대변).

(차) 현　　금　　9,494　　(대) 사　　채　　9,494

(4) 연도별 이자비용과 사채 장부가액의 계산

일 자	이자비용 발생액(A)	현금지급 (B)	부채 증가 (할인차금 감소)(C)	사채 장부가액 (D)
	기초 D×9%	10,000×7%	A−B	기초 D+C
사채발행일: 2×20/1/1	−	−	−	9,494
1차 연도 말: 2×20/12/31	854	700	154	9,648
2차 연도 말: 2×21/12/31	868	700	168	9,816
3차 연도 말: 2×22/12/31	884*	700	184	10,000

* 반올림으로 883만원(=9,816×9%)이지만, 마지막 연도에 감소시켜야 할 할인발행차금이 184만원(=10,000−9,816)이므로 884만원(=700+184)을 인식한다.

(5) 위의 계산표에 의하면, 1차 연도의 이자비용은 854만원이고, 현금지급액은 700만원, 그리고 사채의 실질 부채 증가액(할인발행차금 감소액)은 154만원이다.

(차) 이자비용　　854　　(대) 현　　금　　700
　　　　　　　　　　　　　　사　　채　　154

(6) 위의 계산표에 의하면, 마지막 3차 연도의 이자비용은 884만원이고, 현금지급액은 700만원, 그리고 사채의 실질 부채 증가액(할인발행차금 감소액)은 184만원이다.

(차) 이자비용　　884　　(대) 현　　금　　700
　　　　　　　　　　　　　　사　　채　　184

(7) 사채계정에서 장부가액(액면금액) 1억원을 제거하고(차변) 현금의 감소를 기록한다.

(차) 사　　채　　10,000　　(대) 현　　금　　10,000

익힘문제

1. "화폐는 시간가치(time value)를 갖는다"는 말은 무슨 의미인지 설명하라.
2. 화폐액의 미래가치와 현재가치의 의미와 상호관계를 설명하라.
3. 미래의 여러 기간에 걸쳐 발생하는 현금흐름의 현재가치는 어떻게 계산하는가?
4. 사채의 액면금액과 액면이자율의 의미를 각각 설명하라.
5. 시장이자율이란 무엇이며, 사채발행기업 입장에서 무슨 의미를 갖고 있는가?
6. 사채의 현재가치 계산에서 액면이자율과 시장이자율은 각각 어떻게 적용되는지를 설명하라.
7. 사채등급이란 무엇이며 시장이자율과는 어떤 관계에 있는지를 설명하라.
8. 사채는 어떤 경우에 할인발행되는지 설명하라.
9. 사채는 어떤 경우에 할증발행되는지 설명하라.
10. 사채는 어떤 경우에 액면발행되는지 설명하라.
11. 사채가 할인발행되었으면 발행기업의 실제적 차입액은 액면금액과 동일한가?
12. 사채가 할증발행되었으면 발행기업의 실제적 차입액은 액면금액과 동일한가?
13. 유효이자율법에 의한 사채 이자비용 계산방법을 설명하라.
14. 유동성 장기차입부채란 무엇인지 설명하라.
15. 퇴직급여부채란 무엇인지 설명하라.
16. 제품보증충당부채란 무엇인지 설명하라.

연습문제

[10-1] 기본개념의 이해

아래의 빈칸에 알맞은 단어나 숫자를 기입하라.

(1) 현재의 화폐액을 미래시점에서 평가한 가치를 (　　　　)라고 부르며, 투자기간이 1년을 넘을 경우 복리를 적용하여 이자를 계산한다.

(2) 미래의 화폐액을 현재시점 기준으로 평가한 가치를 (　　　　)라고 부르며, 미래가치와는 역의 관계에 있다.

(3) 현재가치 계산에 적용되는 복리이자율을 특별히 (　　　　)이라고 부른다.

(4) 유동부채에 속하지 않는 부채를 총칭하여 (　　　　)라고 부른다.

(5) 액면금액이 ₩10,000이고 액면이자율이 연 8% 그리고 시장이자율은 연 10%인 사채를 보유하고 있는 사채투자자는 매년 ₩[1,000, 800]의 이자를 지급받으며, 만기일에 ₩[10,000, 8,000]을 지급받는다. [ ]에서 올바른 것을 각각 고른다면?

(6) 사채발행일에 사채투자자들의 투자액이 9,484만원이고 액면이자율이 연 6% 그리고 시장이자율이 연 8%이면 첫 연도의 이자수익은 (　　　　)만원이다. 이때 사채투자자들이 600만원의 이자를 지급받으면 지급받지 않은 이자수익은 사채 발행기업에 (　　　　)된 것이고 따라서 2차 연도 초의 투자액이 그만큼 증가한다.

(7) 시장이자율은 증권시장의 사채투자자들이 기대하는 투자수익률이다. 사채등급이 AA인 사채는 동일 만기인 BBB등급 사채보다 시장이자율이 [높다, 낮다]. [ ]에서 올바른 것은?

(8) 사채의 가격은 사채로부터의 미래 현금흐름을 [액면이자율, 시장이자율]로 할인한 현재가치와 같다. [ ]에서 올바른 것은?

(9) 액면이자율이 7%이고 시장이자율이 9%이면, 사채는 [할인발행, 액면발행, 할증발행]된다. [ ]에서 올바른 것은?

(10) 액면이자율이 8%이고 시장이자율이 6%이면, 사채는 [할인발행, 액면발행, 할증

발행]된다. [ ]에서 올바른 것은?

(11) 액면금액 ₩100,000의 사채를 ₩97,000으로 발행하였다면 이때 발행기업이 실제로 차입한 금액은 ₩( )이다.

(12) 사채를 할인발행한 경우 사채발행일에 발행기업의 실질 부채금액은 사채의 액면금액에서 ( )을 차감한 금액이다.

(13) 사채 할인발행에 유효이자율법을 적용하면, 만기까지의 기간 중에 발행기업의 실질 부채금액이 매년 [증가, 무변화, 감소]하며, 사채 이자비용 금액은 매년 [증가, 무변화, 감소]한다. [ ]에서 올바른 것을 각각 고른다면?

(14) 장기차입금 10억원 중에서 3억원을 내년에 상환해야 한다면, 금년 말 재무상태표에는 장기차입금 7억원, ( ) 3억원으로 표시해야 한다.

(15) 충당부채를 인식할 때는, 현금유출이 없어도, 관련된 ( )을 함께 인식해야 한다. 미래에 실제 지출이 일어나는 시점에서는 ( )의 감소와 현금의 감소를 기록한다.

[10-2] 복리와 미래가치

다음은 ₩100,000을 연 이자율 7%로 3년간 예금할 경우 3년 후 찾게 될 금액을 계산한 것이다. 연간 이자는 매년 인출하지 않고 만기인 3년 후에 찾는다고 가정하고, 아래의 빈칸에 알맞은 금액을 기입하라.

	연초 투자액	연간 이자금액 계산	연말 예금잔고
1년	100,000	( ) × 7% = ( )	( )
2년	( )	( ) × 7% = ( )	( )
3년	( )	( ) × 7% = ( )	122,504

[10-3] 단일금액의 현재가치

전주기업(주)은 거래처인 남원기업(주)으로부터 토지를 매입하고 매입대가로서 2년 후에 ₩5,000,000을 지급하기로 약정하였다. 2년 후 ₩5,000,000 지급은 전주기업(주)의 은행 차입이자율을 고려하여 연 10%의 할인율을 적용하기로 한 데 따른 것이다.

물음

(1) 전주기업(주)이 2년 후 지급할 ₩5,000,000의 현재가치는 얼마인가?
(2) 전주기업(주)은 토지의 취득원가를 얼마로 기록해야 하나? 취득부대비용은 없다고 가정한다.
(3) 만일 전주기업(주)이 지금 현금으로 토지를 매입한다면 얼마를 지급하면 되나?

[10-4] 다기간 현금흐름의 현재가치(I)

서울기계(주)는 2×20년 초에 인천기업(주)의 요청으로 특수기계를 할부판매하였다. 인천기업(주)은 향후 3년에 걸쳐 매년 말에 ₩4,000,000씩 지급해야 하며, 서울기계(주)는 인천기업(주)의 신용도를 고려하여 연 8%의 할인율을 적용하였다.

물음

(1) 서울기계(주)의 특수기계 현금판매가격은 얼마로 추정되는가?
(2) 서울기계(주)는 위의 할부판매에 대해 매출액을 얼마로 기록해야 하나?
(3) 인천기업(주)이 기계 구입시 부담한 실질 부채금액은 얼마인가?

[10-5] 다기간 현금흐름의 현재가치(II)

2×20년 초에 대구기업(주)은 영주기업(주)에게 부동산을 매각하였다. 매각대금으로 지금 ₩3,000,000을 받고, 1년 후에 ₩4,000,000 그리고 2년 후에 ₩5,000,000을 받기로 약정하였다. 이러한 금액은 영주기업(주)의 은행 차입이자율을 고려하여 연 10%의 할인율을 적용하기로 한 데 따른 것이다.

물음

(1) 대구기업(주)이 매각대금으로 받는 총 금액의 현재가치는 얼마인가?
(2) 영주기업(주)이 매입시점에서 부담한 실질 부채금액은 얼마인가?

[10-6] 사채 발행가격

영천기업(주)은 2×20년 초에 액면금액 ₩1,000,000, 액면이자율 연 6%, 만기 3년의 사채를 발행하였다. 이자는 매년 말에 지급하며, 발행 당시 시장이자율은 연 8%이었다. 다음은 이 사채의 발행가격이 얼마였는지 알기 위한 계산식이다. 각 빈칸에 알맞은 금액을 기입하여 계산식을 완성하라.

$$\text{사채 발행가격} = \frac{(\qquad)}{(\qquad)} + \frac{(\qquad)}{(\qquad)} + \frac{(\qquad)}{(\qquad)}$$

[10-7] 사채 액면발행

청주기업(주)은 2×20년 초에 액면금액 ₩100,000, 액면이자율 연 6%, 만기 3년의 사채를 발행하였다. 이자는 매년 말에 지급한다. 사채발행일의 시장이자율은 연 6%이었다.

물음

(1) 사채의 발행가격은 얼마였는가?
(2) 발행 당시 시장의 사채투자자들이 기대한 연간 투자수익률은 몇 %인가?
(3) 발행일에 사채발행을 기록하기 위한 분개를 하라.
(4) 1차 연도(2×20년) 말에 이자지급 및 이자비용 인식에 관한 분개는?
(5) 3차 연도(2×22년) 말에 이자지급, 이자비용 인식 및 사채상환에 관한 분개는?

[10-8] 사채 할인발행(I)

충주기업(주)은 2×20년 초에 액면금액 ₩100,000, 액면이자율 연 8%, 만기 3년의 사채를 발행하였다. 이자는 매년 말에 지급한다. 충주기업(주)의 사채등급은 BBB등급이고, 발행 당시 BBB등급 사채(잔여만기 3년)의 유통수익률은 연 10%이었다.

물음

(1) 시장의 사채투자자들이 충주기업(주) 사채를 매수할 때 기대한 연간 투자수익률은 [8%, 10%]이다. [ ]에서 올바른 것은?
(2) 발행일의 시장이자율이 액면이자율보다 [낮아서, 높아서] 사채 발행가격은 액면금액보다 [낮다, 높다]. [ ]에서 올바른 것을 각각 고른다면?
(3) 발행 당시 충주기업(주)이 부담한 연간 실질이자율은 몇 %인가?
(4) 사채 발행가격이 얼마였는지 계산하라.
(5) 발행일에 충주기업(주)이 실제로 차입(조달)한 금액은 얼마인가?
(6) 발행일에 사채발행을 기록하기 위한 분개를 하라.

[10-9] 사채 할인발행(II)

위의 [10-8]에 연속된 문제이다. 유효이자율법을 적용하여 다음 물음에 답하라.

물음

(1) 1차 연도(2×20년) 말에 이자지급 및 이자비용 인식에 관한 분개를 하라.
(2) 1차 연도 말의 사채 장부가액은 얼마인가?
(3) 2차 연도(2×21년) 말에 이자지급 및 이자비용 인식에 관한 분개는?

(4) 2차 연도 말의 사채 장부가액은 얼마인가?
(5) 마지막 연도(2×22년) 말에 이자지급 및 이자비용 인식에 관한 분개는?
(6) 마지막 연도 말에 상환 직전의 사채 장부가액은?
(7) 2×22년 말에서의 사채상환을 분개하라.

[10-10] 사채 할인발행(III)

공주기업(주)은 2×20년 초에 액면금액 ₩100,000, 액면이자율 연 6%, 만기 3년의 사채를 발행하였다. 이자는 매년 말에 지급한다. 공주기업(주)의 사채등급은 A등급이고, 발행 당시 A등급 사채(잔여만기 3년)의 유통수익률은 연 8%이었다.

물음

아래의 물음에 답할 때 사채발행차금을 분개에 포함시키는 방법을 사용하라.

(1) 사채 발행가격이 얼마였는지 계산하라.
(2) 발행일에 사채발행을 기록하기 위한 분개를 하라.
(3) 다음은 유효이자율법을 적용하여 작성한 이자비용 계산표이다. 각 빈칸에 알맞은 금액을 기입하라.

일 자	이자비용 발생액	현금지급	할인발행차금 감소	사채 장부가액
사채발행일	–	–	–	( )
2×20/12/31	( )	6,000	( )	( )
2×21/12/31	( )	6,000	( )	( )
2×22/12/31	( )	6,000	( )	100,000

(4) 사채할인발행차금의 계정잔액은 만기가 가까워질수록 [증가, 무변화, 감소]하며, 사채계정의 실질 부채금액은 만기가 가까워질수록 [증가, 무변화, 감소]한다. [ ]에서 올바른 것을 각각 고른다면?
(5) 1차 연도(2×20년) 말에 이자지급 및 이자비용 인식에 관한 분개는?
(6) 2차 연도(2×21년) 말에 이자지급 및 이자비용 인식에 관한 분개는?
(7) 마지막 연도(2×22년) 말에 이자지급 및 이자비용 인식에 관한 분개는?
(8) 2×22년 말에서의 사채상환을 분개하라.

[10-11] 사채 할증발행

부여기업(주)은 2×20년 초에 액면금액 ₩100,000, 액면이자율 연 10%, 만기 3년의 사채를 발행하였다. 이자는 매년 말에 지급한다. 발행 당시 시장이자율은 연 8% 이었다.

물음

아래의 물음에 답할 때 사채발행차금을 분개에 포함시키지 않는 방법을 사용하라.

(1) 사채 발행가격이 얼마였는지 계산하라.
(2) 발행일에 사채발행을 기록하기 위한 분개를 하라.
(3) 다음은 유효이자율법을 적용하여 작성한 이자비용 계산표이다. 각 빈칸에 알맞은 금액을 기입하라.

일 자	이자비용 발생액	현금지급	할증발행차금 감소	사채 장부가액
사채발행일	–	–	–	(　　)
2×20/12/31	(　　)	10,000	(　　)	(　　)
2×21/12/31	(　　)	10,000	(　　)	(　　)
2×22/12/31	(　　)	10,000	(　　)	100,000

(4) 1차 연도(2×20년) 말에 이자지급 및 이자비용 인식에 관한 분개는?
(5) 2차 연도 말에 이자지급 및 이자비용 인식에 관한 분개는?
(6) 마지막 연도 말에 이자지급 및 이자비용 인식에 관한 분개는?
(7) 2×22년 말에서의 사채상환을 분개하라.

[10-12] 유효이자율의 추정

노원기업(주)은 2×20년 초에 액면금액 ₩1,000,000, 액면이자율 연 6%, 만기 3년의 사채를 액면발행하였다. 이자는 매년 말에 지급한다. 그런데 발행 당시 증권회사 수수료, 광고비 등의 사채발행비로 ₩15,000이 지출되었다.

물음

(1) 위의 사채발행에서 노원기업(주)이 실제로 조달한 자금은 얼마인가?
(2) 다음은 위 사채의 유효이자율을 계산하기 위한 방정식인데, 유효이자율이 미지수 x로 표현되어 있다. 각 빈칸에 알맞은 숫자를 기입하여 방정식을 완성하라.

$$(\qquad) = \frac{(\qquad)}{(1+x)} + \frac{(\qquad)}{(1+x)^2} + \frac{(\qquad)}{(1+x)^3} + \frac{(\qquad)}{(1+x)^3}$$

[10-13] 할인사채

울산기업(주)은 2×20년 초에 액면금액 ₩100,000, 액면이자율 0%, 만기 3년의 사채를 발행하였다. 발행 당시 시장이자율은 연 8%이었다. 이 사채는 액면이자율이 0%이므로 매년 현금이자를 지급하지 않는다. 중도에 현금이자를 지급하지 않으므로 사실상 액면금액에 이자가 포함되어 있다. 이러한 조건으로 발행되는 사채를 할인사채(zero-coupon bonds)라고 부르며, 크게 할인되어 발행된다.

물음

아래의 물음에 답할 때 사채발행차금을 분개에 포함시키지 않는 방법을 사용하라.

(1) 위 사채의 발행가격은 얼마였겠는가? (힌트: 사채의 현재가치 계산원리를 그대로 적용하면 된다.)

(2) 발행일에 사채발행을 기록하기 위한 분개를 하라.

(3) 다음은 유효이자율법을 적용하여 작성한 이자비용계산표이다. 각 빈칸에 알맞은 금액을 기입하라. (힌트: 사채 할인발행의 회계처리방법을 그대로 적용하면 된다.)

일 자	이자비용 발생액	현금지급	할인발행차금 감소	사채 장부가액
사채발행일	–	–	–	(　　)
2×20/12/31	(　　)	0	(　　)	(　　)
2×21/12/31	(　　)	0	(　　)	(　　)
2×22/12/31	(　　)	0	(　　)	100,000

[10-14] 제품보증충당부채

서울테크(주)는 판매한 컴퓨터에 대해 3년간 제품보증서비스를 제공한다. 과거 경험에 의하면 매출액의 3%가 제품보증비로 지출된다. 다음 자료를 보고 아래의 물음에 답하라.

① 2×20년 말 재무상태표상의 제품보증충당부채는 ₩120,000이다.
② 2×21년 중에 제품보증서비스 비용으로 ₩80,000을 지출하였다.
③ 2×21년도의 컴퓨터 매출액은 총 ₩5,000,000이다.

물음

(1) 2×21년 중의 제품보증비 지출을 분개하라.

(2) 2×21년 말에 제품보증충당부채를 인식하기 위한 기말 수정분개는?

(3) 2×21년 말 재무상태표에는 제품보증충당부채가 ₩(   )으로 표시되고, 2×21년 포괄손익계산서에 계상되는 제품보증비는 ₩(   )이다.

(4) 만약 서울테크(주)가 2×21년도 당기순이익을 최대한 높이기 원한다면, 서울테크(주)는 고의적으로 2×21년도 제품보증충당부채를 매출액의 3%보다 상당히 [높게, 낮게] 설정할 유인이 있다. 이러한 회계처리는 회계기준에 [합치된다, 위배된다]. [ ]에서 올바른 것을 각각 고른다면?

[10-15] 종합문제

다음은 결산일이 12/31일인 경주기업(주)의 2×20년 말 재무상태표의 일부이다.

부분재무상태표

경주기업(주) 2×20년 12월 31일

유동자산:		비유동부채:	
현 금	₩200,000	장기차입금	₩800,000
		사 채	1,000,000
		사채할인발행차금	(50,655)
		제품보증충당부채	100,000

2×21년도 재무제표를 작성하는 데 필요한 비유동부채 관련 자료는 다음과 같다.

① 장기차입금 중에서 2×22년 말 이내에 만기가 도래하는 금액은 ₩200,000이다.
② 사채는 2×20년 초에 만기 4년, 액면이자율 7%로 발행된 것이며, 유효이자율은 9%이다. 이자는 매년 말에 지급하며, 2×21년도 이자를 연말에 지급하였다.
③ 2×21년 중에 제품보증서비스 비용으로 ₩70,000을 지출하였다.
④ 2×21년도 매출액은 ₩3,000,000이다. 과거 경험에 의하면, 매출액의 4%가 제품보증비로 지출된다.

물음

(1) 위의 ①~④에서 비유동부채 관련 부분을 각각 분개하라.
(2) 2×21년도 부분재무상태표와 부분포괄손익계산서를 다음과 같이 작성하라.

부분재무상태표 (2×21/12/31)	
유동부채:	
유동성장기차입금	(　　)
비유동부채:	
장기차입금	(　　)
사　　채	(　　)
사채할인발행차금	(　　)
제품보증충당부채	(　　)

부분포괄손익계산서 (2×21년도)	
판매비와 관리비:	
제품보증비	(　　)
금융비용:	
이자비용	(　　)

제11장

자 본

자본(owners' equity)은 기업(주식회사)의 소유주인 주주들의 지분을 나타내며, 순자산(=자산-부채)이라고도 부른다. 자본은 납입자본, 이익잉여금, 기타포괄손익누계액 등으로 분류되어 재무상태표에 표시된다. 본장에서는 주식회사제도의 특징, 주식발행에 의한 자금조달과 회계처리, 그리고 이익잉여금의 구성 및 처분에 대하여 자세히 설명한다. 또한 주식수 또는 자본의 변동과 관련하여 주식배당, 무상증자 및 액면분할과 자기주식 취득에 대하여 설명한다. 본장의 끝 부분에서는 자본구성항목의 변동을 보고하는 재무보고서인 자본변동표와 주당순이익을 다룬다.

*** 본장에서 다루는 재무제표 항목:**

재 무 상 태 표	
자 산	**부 채**
유동자산	유동부채
……	……
비유동자산	비유동부채
……	……
	자 본
	납입자본
	• 자본금
	• 주식발행초과금
	이익잉여금
	……
	기타포괄손익누계액
	……
	기타자본요소
	……
자산 총계	부채와 자본 총계

주식회사제도와 주식 제1절

1.1 주식회사제도와 자본조달

본서의 제1장에서 설명한 바와 같이, 현대 사회에서 회사기업들은 대부분 주식회사의 형태를 취하고 있다.[1] **주식회사**는 회사의 소유지분을 나타내는 증권인 **주식**(stocks)을 발행하여 자기자본을 조달하는 회사기업이다. 이때 주식을 매수한 투자자는 **주주**(stockholders)가 된다.

회사기업들이 대부분 주식회사 형태로 운영되는 이유는 주식회사가 다음과 같은 장점을 가지고 있기 때문이다.

> ① 대규모 자본을 조달할 수 있다. 주식은 소액단위로 분할되어 있기 때문에 투자자금이 많지 않은 투자자도 주식을 매수할 수 있다. 따라서 다수의 투자자들을 대상으로 주식을 발행하면 거액의 자금을 조달할 수 있다.
> ② 주주는 유한책임(limited liability)만 진다. 즉, 회사에 손실이 발생하였을 때 주주는 자신의 투자액 범위 내에서만 손해를 부담하며, 그 외에는 책임을 지지 않는다.
> ③ 주주는 자유롭게 주식을 양도할 수 있다. 즉, 투자액을 회수하고 싶은 주주는 언제든지 다른 투자자들에게 주식을 매각할 수 있다.
> ④ 주식회사는 법인격이 인정되며, 주주의 변경과 관계없이 기업이 계속 존속할 수 있다.

위의 장점 외에도, 주식회사는 전문경영자에 의한 경영을 할 수 있는 이점이 있다. 이렇게 전문경영자가 경영을 담당할 때 "소유와 경영이 분리되었다"고 말한다.

---

1) 우리나라 상법상 회사의 형태로는 주식회사 외에도 합명회사, 합자회사, 유한회사 등이 있다. 그러나 이러한 형태의 회사기업은 많지 않다.

앞의 장점에서 유추할 수 있듯이, 주식회사제도는 증권시장과 불가분의 관계에 있다. 증권시장에는 투자기회를 찾고자 하는 많은 투자자들이 있으므로 수익성이 양호한 기업은 이들로부터 거액의 자금을 조달할 수 있다.

또한 증권시장(유가증권시장과 코스닥시장)에서는 자유롭게 주식을 사고팔 수 있으므로, 기업의 주식을 보유한 투자자들은 언제든지 보유 주식을 증권시장에서 매각하여 투자액의 일부 또는 전부를 회수할 수 있다.[2)]

요약하면, 주식회사제도는 소액단위로 분할된 주식을 증권시장에서 발행하여 다수의 투자자들로부터 대규모 자금을 조달할 수 있는 회사제도이다. 이러한 제도를 통하여 기업은 재화 및 용역의 생산활동을 확대할 수 있고, 또 투자자들은 자신의 부(富, wealth)를 증대시킬 수 있다. 이와 같이 주식회사제도는 증권시장과 함께 자본주의 경제를 운용하는 데 중요한 역할을 담당한다.

● 자기자본 조달의 특징

기업(주식회사)이 주식을 발행하는 것은 **자기자본**을 조달하는 것이다. **타인자본**(예: 사채, 차입금)과는 달리, 자기자본은 **상환만기**가 정해져 있지 않다. 즉, 청산하지 않는 한, 기업은 조달한 자금을 반환해야 할 의무가 없다.

그리고 타인자본에 대해서는 자금을 사용한 대가로서 **약정이자**를 지급해야 하지만, 자기자본의 경우는 확정된 대가를 지급해야 할 의무도 없다. 다만, 기업이 벌어들인 이익은 모두 주주들의 몫이기 때문에 주주들은 이익의 일부를 정기적으로 **배당**받는다. 배당으로 지급되지 않고 기업 내에 유보된 이익(이익잉여금) 역시 미래에 분배받을 권리가 있다.

1.2 주식의 종류

기업이 발행하는 주식의 종류는 크게 보통주와 우선주로 나뉜다. 아래에서 각 주식의 의미와 특징을 살펴보자.

---

2) 소규모 주식회사의 경우는 증권시장에서 주식이 거래되지 않으며, 일정한 자격을 갖춘 주식회사에 한하여 증권시장에서 주식이 거래된다. 증권시장에서 주식이 거래될 수 있게 된 것을 "주식이 상장되었다"고 말하며, 주식을 상장한 회사를 **상장회사**라고 부른다.

1 **보통주**(common stock)는 모든 주식회사가 발행하는 표준적인 주식으로서 의결권이 부여된 주식이다. 실무에서 주식이라고 하면 일반적으로 보통주를 가리킨다.

보통주를 보유한 주주(즉, 보통주주)는 회사의 운영에 관한 주요사항을 결정할 때 의결권을 행사할 수 있다. 예를 들어, 경영자의 선임, 기업합병, 이익처분 등을 할 때 의결권을 행사할 수 있다. 또한 보통주주의 추가적 권리로는 이익분배와 청산시 잔여재산 분배에 참여할 수 있는 권리, 그리고 신주가 발행될 때 먼저 배정받을 수 있는 권리(신주인수권) 등이 있다.

2 **우선주**(preferred stock)는 이익분배와 잔여재산 분배에서 보통주보다 우선적인 권리가 부여된 주식이다. 예를 들어, 우선주주는 보통주주에게 배당하기 전에 약정배당금을 먼저 지급받을 수 있는 권리가 있다. 그 대신 우선주에는 의결권이 부여되지 않는다.

우선주는 주주의 중요한 권리인 의결권이 없기 때문에 보통주에 비하여 낮은 가치를 갖는다. 그래서 우선주 매수를 촉진시키기 위하여 추가적 권리가 부여된 우선주들이 발행되고 있다. 이러한 우선주의 예로는, 일정기간 보유하면 보통주로 전환할 수 있는 **전환우선주**, 약정배당률을 넘어 추가적 이익분배를 받을 수 있는 **참가적 우선주** 등이 있다. 참가적 우선주가 아닌 우선주, 즉 약정배당금만을 받는 우선주는 **비참가적 우선주**라고 부른다. 따라서 비참가적 우선주는 사채와 유사한 성격의 우선주이며, 외국에서 흔히 발행되고 있다. 우리나라에서 발행되는 우선주는 주로 전환우선주이면서 참가적 우선주이다.[3)]

그 외의 우선주로서 **상환우선주**가 있는데, 이는 일정기간이 지나면 기업이 약정된 가격으로 상환해야 하는 우선주 또는 우선주 보유자가 상환청구권을 보유하는 우선주이다. 이러한 상환우선주는 사채와 유사한 성격을 갖고 있으므로 자본항목으로 분류하지 않고 부채로 분류한다.

---

3) 우리나라의 우선주는 추가적 이익분배를 받을 수 있음은 물론, 추후 무상증자로 신주가 발행될 때 무상신주를 배정받을 수 있는 권리도 부여되어 있다. 미국의 우선주는 일반적으로 비참가적 우선주이다.

제2절 회계상 자본의 구성

기업의 자기자본은 우리나라 회계기준에서 **자본**(owners' equity)이라고 부른다. 앞에서 논의한 바와 같이, 회사기업들은 대부분 주식회사 형태를 취하고 있으므로, 본장에서는 주식회사를 대상으로 자본에 대한 회계를 설명한다.

개념적으로 볼 때, 자본은 납입자본, 이익잉여금, 기타포괄손익누계액의 세 요소로 구성된다. **납입자본**은 주주들이 기업에 납입한 금액을 가리키며, **이익잉여금**(retained earnings)은 기업이 벌어들인 순이익 중에서 주주들에게 분배하지 않고 기업 내에 유보시킨 부분을 가리킨다. **기타포괄손익누계액**은, 제6장에서 언급한 바와 같이, 당기순이익에 포함되지 않은 손익인 '기타포괄손익'의 누계액을 가리킨다.

그런데 회계기준에서는 자본의 구성요소를 더 세분하여 〈표 11-1〉과 같이 분류한다. 〈표 11-1〉에서 자본금과 주식발행초과금은 주주들의 납입자본을 세분한 것이며, 이들 항목은 제3절에서 자세히 설명한다. 여기서 '자본금'은 자본의 한 항목을 나타내는 표현이므로 자본금과 자본을 혼동하지 않도록 하자. 이익잉여금도 여러 항목으로 세분할 수 있는데 그 세부항목들은 제4절에서 다룬다.

기타포괄손익누계액의 세부항목 중 장기투자주식 평가손익은 제12장에서 자세히 설명될 것이다. 유형자산 등의 재평가에 따른 재평가잉여금은 중급재무회계에서 자세히 다룬다. 〈표 11-1〉에서 기타자본요소로 표시된 '자기주식'은 기업이 자

표 11-1
회계상 자본의 구성

자본의 구성요소	세부항목의 예
납입자본	자본금(보통주자본금, 우선주자본금)
	주식발행초과금
이익잉여금	법정적립금, 임의적립금, 미처분이익잉여금
기타포괄손익누계액	장기투자주식 평가손익(제12장에서 설명), 재평가잉여금 등
기타자본요소	자기주식(자본의 차감항목)

기가 발행한 주식을 되사들여서 보유하고 있는 것을 말하며, 제5절에서 자세히 설명될 것이다.

주식의 발행과 납입자본 제3절

3.1 주식발행의 형태

제1절에서 설명한 바와 같이, 기업(주식회사)은 주식을 발행하여 자기자본을 조달한다. 주식도 사채와 어음처럼 **액면금액**(par value)이 있다. 우리나라에서 주식의 액면금액은 일반적으로 1주당 ₩5,000 또는 그 이하이다.[4] 그러나 다른 증권들과는 달리, 주식의 액면금액은 경제적 의미가 작다. 예를 들어, 사채와 어음의 액면금액은 상환의무가 있는 금액이지만 주식의 액면금액은 상환의무가 없으며, 상법의 규정에 따른 자본금을 표시하기 위하여 정해진 것에 불과하다.

기업이 자기자본을 조달하기 위하여 주식을 새로 발행할 때에는 액면금액과 관계없이 증권시장의 주식가격(줄여서 '주가,' stock price)을 고려하여 1주당 발행가액을 정한다. 그 이유는 주식의 실제 가치를 나타내는 것은 액면금액이 아니라 주가이기 때문이다. 즉, 시장의 투자자들은 기업의 1주당 순자산 금액, 미래 수익성 등을 고려하여 주식의 가치를 평가하며 그에 따라 주가가 형성된다. 그래서 기업들의 주가는 대부분 액면금액보다 높으며, 우량기업일수록 주가가 더욱 높게 형성된다.

주식의 발행가액이 액면금액보다 높으면 **할증발행**되었다고 말하며, 회사설립시를 제외하고는 일반적으로 주식은 할증발행된다. 이에 비하여 발행가액이 액면금액과 같은 경우는 **액면발행**이라 부르고, 발행가액이 액면금액보다 낮은 경우는 **액면미달발행**이라고 부른다.

4) 상법이 개정되어 2012년부터 기업은 액면금액이 없는 '무액면주식'을 발행할 수 있다. 이 경우 당해 기업은 기발행된 액면주식도 무액면주식으로 전환해야 한다.

3.2 주식발행의 회계처리와 재무상태표 표시

주식발행의 회계처리를 논의하기 위하여, 예를 들어, 종로기업(주)이 1주당 액면금액 ₩5,000인 보통주를 1주당 ₩18,000에 100만주를 발행했다고 하자. 이는 할증발행이며, 종로기업(주)은 180억원(=₩18,000×100만주)의 현금을 증권시장에서 조달한 것이다. 이 180억원은 주주들이 납입한 것이므로 납입자본에 해당한다. 이렇게 현금을 납입받으면서 주식을 발행하는 것을 **유상증자**라고 부른다.

회계에서는 주식이 할증발행된 사실을 재무제표이용자들에게 알려주기 위하여 다음과 같이 납입자본 180억원을 자본금과 주식발행초과금으로 구분하여 기록한다.

액면금액: 자본금 = 주당 액면금액 × 발행주식수
= ₩5,000 × 100만주 = 50억원

액면 초과 납입액: 주식발행초과금 = (주당 발행가액 − 주당 액면금액) × 발행주식수
= (₩18,000 − ₩5,000) × 100만주 = 130억원

자본금은 납입자본 중에서 액면금액 부분이며 '법정자본금'(상법상의 자본금)이라고도 부른다.[5] 그리고 **주식발행초과금**은 납입자본 중에서 액면금액을 초과하는 부분을 나타낸다.

위의 주식발행은 다음의 분개를 통하여 재무상태표에 표시된다(단위: 억원).

(차) 현 금	180	(대) 보통주자본금	50
		주식발행초과금	130

종로기업(주)은 보통주를 발행하였으므로 위의 분개에서 **보통주자본금**을 계정과목으로 사용하며, 액면금액을 초과하는 부분은 주식발행초과금으로 기록한다. 위의 분개 내용을 종로기업(주)의 재무상태표에 반영하면 〈표 11-2〉와 같다.

자본금에 대해서는 여러 사항이 재무제표 주석으로 공시된다. **주석**(footnotes)이란 재무제표 본문의 특정 항목에 대한 추가적 정보를 재무제표 본문 바깥의 별지에

5) 개정된 상법에 의하면, 기업이 무액면주식을 발행하는 경우에는 그 발행가액의 1/2 이상의 금액을 자본금으로 계상하며 그 구체적 금액은 발행기업의 이사회에서 정한다.

(단위: 백만원)

표 11-2
납입자본의 표시

자 본	
납입자본:	
보통주자본금*	+5,000
주식발행초과금	+13,000
………	

* 주석사항: 주당 액면금액 ₩5,000, 수권주식수 500만주
발행주식수 +100만주

기재한 것을 말한다(제6장 5절 참조). 〈표 11-2〉에 표시된 주석사항 중에서 **수권주식수**(또는 **수권자본**, authorized stock)는 기업이 발행할 수 있는 주식의 총수를 가리키며, 기업의 정관에 정해져 있다.[6] 기업은 그 범위 내에서 이사회 결의로 주식을 발행한다. 종로기업(주)의 경우 수권주식수는 500만주이며, 실제 발행한 **발행주식수**(number of shares issued)는 이전에 비하여 100만주 증가하였다. 주석사항 중에서 주당 액면금액과 발행주식수는 재무제표이용자들에게 유용한 정보이다.[7]

앞의 예는 보통주의 발행에 대한 것인데, 우선주의 발행 역시 보통주 발행과 유사하게 회계처리하면 된다. 즉, 우선주를 발행하였을 때 액면금액 부분을 **우선주자본금** 계정에 기록한다. 다만, 액면 초과 납입액에 대해서는 재무상태표에 보통주발행초과금과 우선주발행초과금을 구분 표시하지 않고 주식발행초과금으로 통합 표시함이 일반적이다.

주식을 발행할 때에는 주권 인쇄비, 증권사 수수료, 광고비 등의 지출이 소요될 수 있다. 이러한 지출을 **주식발행비**라고 부른다. 주식발행비가 지출된 경우에는 그만큼 기업이 실제로 조달한 자금이 줄어든다. 따라서 주식발행비가 지출되었으면 이를 차감한 '순액'을 실제 발행가액으로 기록한다. 예를 들어, 앞의 예에서 종로기업(주)이 주식발행비로 1억원을 지출하였다면, 실제 총 발행가액은 179억원이 되고, 따라서 주식발행초과금은 129억원이다.

---

6) '정관'이란 회사의 조직, 활동 및 구성원의 지위 등을 정한 내부규칙을 말한다.
7) 기업은 주당 액면금액을 변경할 수 있으며 이때 발행주식수도 함께 변동한다(뒤의 5.1절 참조). 따라서 재무제표이용자들이 기업들의 주가를 비교할 때에는 주당 액면금액이 동일한지 여부를 고려한다.

제4절 이익잉여금과 배당

4.1 이익잉여금과 내부유보

자본금과 주식발행초과금은 주주들이 납입한 자본인데 비하여, **이익잉여금**은 기업이 벌어들인 순이익 중에서 일부를 주주들에게 배당으로 지급하고 나머지를 기업 내에 유보한(retain) 것이다. 이익잉여금은 **유보이익**(retained earnings)이라고도 부르며, 이익을 기업 내에 유보하는 것을 **내부유보**(또는 **사내유보**)라고 한다. 재무상태표상의 이익잉여금에는 과거 연도에 내부유보된 이익도 포함되어 있다.

기업은 주주들이 투자한 자본을 운용하여(즉, 자산을 취득해서 사용하여) 이익을 벌어들인다. 따라서 기업이 벌어들인 이익은 모두 주주들의 몫이다. 그렇다면 이익을 내부유보한다는 것은 무슨 의미일까? 예를 들어, 당기순이익 10억원이 발생하였을 때 이를 전부 배당으로 지급한다면 기업 입장에서 자산이 10억원 감소한다(즉, 현금의 감소). 이에 비하여 10억원 중 4억원이 내부유보된다면 기업은 4억원을 자산으로 보유하여 미래의 이익창출에 활용할 수 있다. 따라서 이익을 내부유보하는 것은 주주에게 귀속되는 이익을 **기업에 재투자**한다는 의미를 담고 있다.

4.2 내부유보의 목적과 이익잉여금의 구성

이익은 모두 주주들의 몫인데도 전부 배당으로 지급하지 않는 이유를 논의하기 위하여, 예를 들어, 신세계(주)의 재무제표를 살펴보자. 신세계(주)는 2010년도 당기순이익이 1조 1,059억원인데, 2010년 말에 신세계(주)가 보유한 현금 및 현금성자산은 1,036억원이다. 이때 당기순이익을 전부 배당으로 지급한다면 신세계(주)는 무려 1조원 이상의 현금을 더 확보해야 한다. 이 거액의 현금을 자력으로 조달하려면 신세계(주)는 자산을 대폭 매각할 수밖에 없다. 즉, 백화점을 일부 매각할 수밖에 없다. 만일 그렇게 한다면 영업규모가 크게 축소되어 앞으로 주주들은 이전만큼 투자수익을 얻을 수 없게 된다. 또한 매출 격감에 따른 현금유입의 격감으로 인해 부채의 원리금을 지급하지 못할 위험이 크게 높아진다. 원리금을 제대로 지급하지 못하면 채권자들이 손해를 보고 또 채무불이행으로 인해 기업은 큰 타격을 받는다. 이는 당연히 주주들의 손해로 귀결된다.

이와 같이, 이익을 전부 배당으로 지급하는 것은 기업의 영업규모를 유지할 수 없게 하여 결과적으로 주주들 자신에게 도움이 되지 않으며, 채권자들에게도 손해를 끼칠 위험이 있다. 자산을 매각하지 않고 현금을 조달하려면 외부에서 차입해야 하는데, 거액을 매년 차입한다는 것은 거의 불가능한 일이다.

위와 같은 이유로 대부분의 기업들은 발생한 이익을 전부 배당으로 지급하지 않고 그 일부를 내부유보한다.[8)] 이익의 내부유보는 다음의 형태로 이루어진다.

① 우리나라 상법은 기업의 유지와 채권자 보호를 위하여 자본금의 1/2에 달할 때까지 매 결산기 현금배당액의 1/10 이상의 금액을 적립(즉, 내부유보)하도록 의무화하고 있다. 이렇게 법령에 따라 적립된 이익잉여금을 **법정적립금**이라고 부른다. 그중에서도 상법에 의한 위 적립금을 **이익준비금**이라고 부른다. 법정적립금은 나중에 자본금에 전입하거나(제5절에서 논의) 또는 결손보전에 충당하는 목적으로만 사용할 수 있다.[9)]

② 주주들 스스로가 미래에 대비하여 이익의 일부를 내부유보한다. 이렇게 법령과 관계없이 주주총회 결의를 통해 자발적으로 적립한 이익잉여금을 **임의적립금**이라고 부른다. 임의적립금은 일반적으로 그 사용목적이 정해진다. 예를 들어, **사업확장적립금**, **감채적립금**(사채상환에 대비), **건물신축적립금**, **배당평균적립금** 등이 임의적립금이다.[10)]

---

8) 배당받지 못한 이익을 현금으로 회수하고 싶은 주주들은 보유 주식을 증권시장에서 매각하면 이익과 납입자본을 회수할 수 있다.

9) 개정된 상법에 의하면, 위 이익준비금과 앞에서 설명한 주식발행초과금 등의 합계액이 자본금의 1.5배를 초과하는 경우에는 주주총회 결의를 거쳐 그 초과한 금액을 감액하여 다른 용도로 사용할 수 있다.

10) 배당평균적립금은 미래에 배당금의 크기를 안정적으로 유지시키기 위하여 적립된다. 이익이 많은 연도에 배당평균적립금을 적립해 두면, 추후 이익이 적을 때 이 적립금을 이용하여 이전 연도만큼 배당할 수 있다.

기업은 이익의 내부유보를 통해 성장을 도모할 수 있다. 즉, 법정적립금과 위의 사업확장적립금 등은 미래 성장을 위한 투자에 사용할 수 있다.

③ 이익잉여금의 나머지 부분은 **미처분이익잉여금**이다. 이는 사용목적을 정함이 없이 일시적으로 유보한 이익이며, 주주들에게 배당가능한 이익잉여금이다.

위와 같이, 이익잉여금은 법정적립금, 임의적립금 및 미처분이익잉여금의 세 가지로 구성되어 있다. 여기서 미처분이익잉여금은 특정 목적으로 적립한 이익잉여금이 아니므로, 기말에 당기순이익이 발생하면 미처분이익잉여금이 증가한다. 그 후 주주총회에서 적립금 적립과 주주배당을 결의하면 다시 미처분이익잉여금이 감소한다. 이에 대해서는 다음 소절에서 자세히 설명할 것이다.

이익잉여금에 대하여 한 가지 유의해야 할 것은 법정적립금이나 임의적립금의 적립은 모두 현금의 적립과는 무관하다는 점이다. 이익잉여금의 적립은 단지 배당을 제한하기 위하여 이익이 내부유보되었다는 사실만 나타낼 뿐, 현금을 별도 적립하였음을 의미하지는 않는다.

4.3 이익잉여금 처분과 배당지급

위에서 언급한 바와 같이, 당기순이익이 발생하면 미처분이익잉여금이 증가한다. 따라서 금년 말 재무상태표상의 미처분이익잉여금은 두 요소로 구성되어 있다. 하나는 금년도 당기순이익이고, 다른 하나는 전년도 주주총회에서 목적을 정하지 않고 당분간 내부유보한 이익이다. 이는 전년도에서 넘어왔다는 의미로 **전기이월 미처분이익잉여금**이라고 부른다.

앞의 소절에서 설명하였듯이, 임의적립금은 주주들 스스로 적립한 이익잉여금이다. 그래서 과거에 적립한 임의적립금은 주주총회에서 적립 해제를 결의하고 다시 처분할 수 있다(즉, 다른 명목으로 재적립하거나 배당으로 지급). 이렇게 과거에 적립한 임의적립금을 처분대상에 다시 포함시키는 것을 **이입**(移入)이라고 부른다. 따라서 주주총회에서의 처분대상 미처분이익잉여금은 기말 재무상태표상의 미처분이익잉여금과 임의적립금 이입액으로 구성된다. [그림 11-1]은 미처분이익잉여금의 구성과 처분을 요약적으로 나타내고 있다.

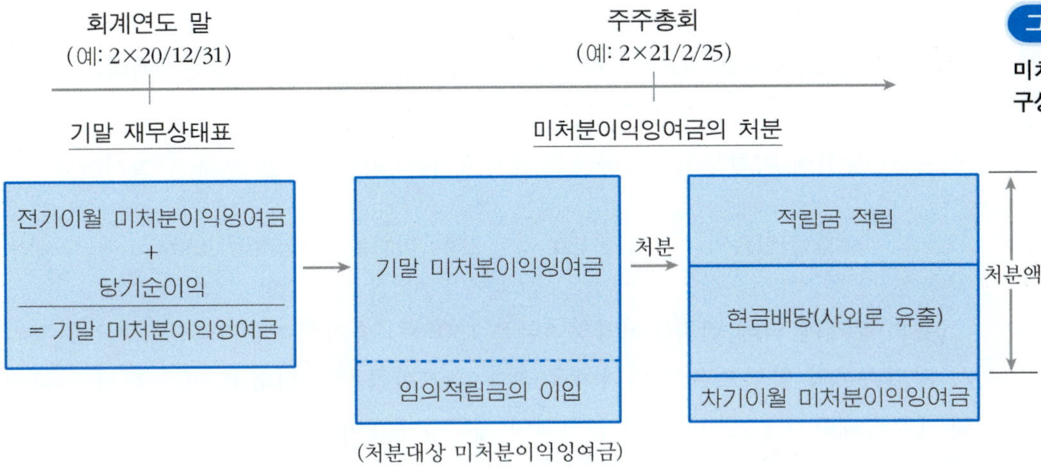

그림 11-1
미처분이익잉여금의 구성과 처분

회계연도 종료 후에 개최되는 주주총회에서는 처분대상 미처분이익잉여금을 각종 적립금 적립과 주주배당으로 처분한다. 이때 처분되지 않고 남은 것은 다음 연도 주주총회에서 처분할 때까지 1년간 내부유보되며, 이를 **차기이월 미처분이익잉여금**이라고 부른다.

● 이익잉여금 변동과 처분의 회계처리

그러면 구체적으로 이익잉여금 총액과 그 구성항목들이 어떻게 변동하는지 그리고 배당지급은 어떻게 회계처리하는지를 아래에서 살펴보자.

1 당기순이익을 미처분이익잉여금 증가로 기록한다: 예를 들어, 2×20년도 당기순이익을 포함하기 직전에 남산기업(주)의 이익잉여금 구성은 다음과 같았다고 하자(단위: 억원).

가상 재무상태표 (2×20/12/31): 당기순이익 포함 전

	이익잉여금:		
	이익준비금	300	
	배당평균적립금	100	
	미처분이익잉여금	50	450

여기서 미처분이익잉여금 50억원은 앞에서 설명한 **전기이월 미처분이익잉여금**을 가리킨다.

이제 기말에 와서 2×20년도 당기순이익이 130억원 발생하였다고 하자. 이 금액은, 제4장 2절(회계순환)에서 설명하였듯이, 집합손익계정의 대변잔액이다. 따라서 당기순이익을 미처분이익잉여금에 포함시키기 위하여, 집합손익계정을 마감하고(차변) 동시에 미처분이익잉여금을 증가시키는(대변) '기말 분개'를 실시한다.[11)]

(차) 집합손익 130 (대) 미처분이익잉여금 130

위의 분개에 의해 미처분이익잉여금은 130억원 증가하여 180억원이 된다. 따라서 당기순이익 발생으로 이익잉여금 총액이 그만큼 증가하였고 이를 반영한 아래의 재무상태표가 2×20년 말의 공식적인 재무상태표이다.

기말 재무상태표 (2×20/12/31): 당기순이익 반영 후

	이익잉여금:		
	이익준비금	300	
	배당평균적립금	100	
	미처분이익잉여금	180	580

2 주주총회 결의사항을 기록한다: 2×20년도 이익을 처분하기 위한 남산기업(주)의 주주총회가 2×21년 2월 25일에 개최되었다고 하자.[12)] 그리고 주주총회에서 다음과 같이 결의하였다고 하자.[13)]

주주총회 결의사항 (2×21/2/25):

① 배당평균적립금 중에서 60억원을 이입하기로 결의 → 이입
② 법정적립금인 이익준비금으로 50억원을 적립하기로 결의 ┐
③ 2×20년도의 현금배당으로 주주들에게 120억원을 지급하기로 결의 ┘ → 처분

배당금의 실제 지급: 2×21년 3/15일에 배당금 120억원을 현금으로 지급

11) 제4장 2절(마감분개)에서는 편의상 미처분이익잉여금을 이익잉여금으로 간단히 표현하였다.
12) 결산일(기말)이 12월 31일이면 주주총회는 다음 해 2월 또는 3월 중에 개최된다.
13) 개정된 상법에 의하면, 일정한 경우에는 주주총회 개최 전이라도 이사회에서 재무제표를 승인하고 배당결정을 할 수 있다. 위의 예는 주주총회에서 배당결정을 하는 경우를 상정하여 설명하고 있다.

주주총회의 첫 번째 결의사항은 임의적립금의 이입이다. 따라서 배당평균적립금을 60억원 감소시키고(차변) 미처분이익잉여금을 60억원 증가시키는(대변) 분개를 실시한다.

이입:	(차) 배당평균적립금	60	(대) 미처분이익잉여금	60

이 분개에 의하여 미처분이익잉여금은 기말(2×20년 말) 재무상태표상의 180억원에서 60억원 증가한 240억원이 되며, 이것이 처분대상 미처분이익잉여금이다. 그러나 위의 이입으로 인해 이익잉여금 총액이 변동한 것은 아니다. 단순히 이익잉여금 구성항목 간에 60억원이 이동한 것뿐이다(즉, 금액의 재분류).

두 번째 결의사항인 법정적립금의 적립을 기록하기 위하여, 이익준비금을 50억원 증가시키고(대변) 미처분이익잉여금을 50억원 감소시키는(차변) 분개를 한다.

적립:	(차) 미처분이익잉여금	50	(대) 이익준비금	50

이로써 이익준비금은 기말(2×20년 말) 재무상태표상의 300억원에서 350억원으로 증가하고, 미처분이익잉여금은 240억원(앞의 이입 후)에서 190억원으로 감소한다. 그러나 위의 이입과 마찬가지로, 여기서도 이익잉여금 총액에는 변화가 없다. 이익잉여금의 한 구성항목이 감소하는 동시에 다른 구성항목이 증가하였을 뿐이다.

세 번째 결의사항은 현금배당의 지급결정이다. 그런데 주주총회 당일에 배당금이 지급되지 않고 3월 15일에 실제로 지급되었다. 따라서 배당결의 시점에서는 미처분이익잉여금을 120억원 감소시키는(차변) 한편, **미지급배당금**이라는 부채를 인식한다(대변). 배당결의에 의하여 남산기업(주)은 주주들에게 120억원의 현금을 지급해야 할 확정의무가 발생하였기 때문에 이 의무를 미지급배당금으로 기록한다. 그 후 배당금을 실제로 지급하는 3월 15일이 되면 미지급배당금을 소멸시키고(차변) 현금의 지급을 기록하는(대변) 분개를 한다.

배당결의:	(차) 미처분이익잉여금	120	(대) 미지급배당금	120
배당지급:	(차) 미지급배당금	120	(대) 현　　금	120

위의 배당결의에 의해 미처분이익잉여금은 190억원(앞의 이입 및 적립 후)에서 120억원 감소하여 70억원이 된다. 동시에 이익잉여금 총액도 120억원 감소한다.

왜냐하면, 배당은 이익잉여금 내에서 금액을 재분류하는 것이 아니라, 이익을 주주들에게 분배하는 것이기 때문이다.

요약하면, 주주총회에서 위의 이입, 적립 및 배당결의가 있은 후에 이익잉여금 구성은 이익준비금 350억원(=300+50), 배당평균적립금 40억원(=100-60), 그리고 미처분이익잉여금 70억원(=180+60-50-120)으로 변화한다.

가상 재무상태표 (2×21/2/25): 주주총회 결의 후

	이익잉여금:		
	이익준비금	350	
	배당평균적립금	40	
	미처분이익잉여금	70	460

위에서 미처분이익잉여금 70억원은 다음 연도 주주총회에서 처분할 때까지 1년간 내부유보되는 **차기이월 미처분이익잉여금**이다.

이제까지 기말시점과 주주총회 결의시점에서 해야 하는 회계처리와 그 의미에 대하여 설명하였다. 위의 설명 중에서 특히 중요한 부분을 요약하면 아래와 같다.

첫째, 당기순이익은 이익잉여금 총액을 증가시키고,[14] 반면에 배당은 이익잉여금 총액을 감소시킨다. 이에 비하여 임의적립금 이입과 각종 적립금 적립은 이익잉여금 내에서의 금액의 재분류에 불과하며 이익잉여금 총액을 변화시키지는 않는다.

둘째, 이익잉여금 총액의 증가 · 감소와 구성항목의 재분류는 모두 미처분이익잉여금 계정을 통해서 이루어진다. 즉, 당기순이익이 발생하거나 임의적립금을 이입하면 미처분이익잉여금이 증가하고, 반면에 각종 적립금 적립과 주주배당을 결정하면 미처분이익잉여금이 감소한다.

14) 당기순손실은 이익잉여금 총액을 감소시킨다.

주식수 변동과 자기주식 취득 제5절

5.1 주식배당, 무상증자 및 액면분할

(1) 주식배당

앞의 제4절에서 설명한 배당은 주주들에게 현금을 지급하는 현금배당(cash dividends)이었다. 이에 비하여 **주식배당**(stock dividends)은 주식으로 배당을 지급하는 것을 말한다. 즉, 현금을 지급하는 대신 '무상'으로 주식(신주)을 발행하여 분배해 주는 것이 주식배당이다. 앞의 4.2절에서 논의한 바와 같이, 현금을 많이 지급하는 것은 기업의 영업활동을 유지하기 어렵게 할 위험이 있다. 그래서 현금지급을 줄이고 그 대신 주식을 분배해 주면 그러한 위험을 예방할 수 있고, 동시에 주주들로부터의 배당압력도 다소 완화시킬 수 있다. 기업들은 대체로 어느 정도의 현금배당에 덧붙여 주식배당을 실시한다.

주식배당도 형식적으로는 배당이므로, 주식배당을 하였으면 미처분이익잉여금을 감소시키면서 자본금을 증가시키는 회계처리를 해야 한다. 여기서 자본금을 증가시키는 이유는 주식을 새로 발행하였기 때문이다. 이렇게 미처분이익잉여금을 줄이면서 그만큼 자본금을 증가시키는 것을 **(미처분)이익잉여금의 자본금 전입**이라고 부른다.

결국, 주식배당은 자본 내에서 항목들의 금액을 재분류하는 것과 마찬가지이다. 따라서 주식배당을 한 후에도 자본 총액은 이전과 동일하다. 예를 들어, 주식배당을 하기 전에 자본금이 2,000만원이고 이익잉여금이 800만원인데, 200만원의 주식배당(액면금액 기준)을 했다고 하자. 그러면 주식배당 후에는 이익잉여금이 200만원 감소하고 자본금이 200만원 증가한다. 이렇게 자본 내에서 똑같은 금액이 동시에 증가 · 감소하기 때문에 자본 총액은 변함이 없다. 그리고 주식을 새로 발행하였어도 현금의 납입이 없었기 때문에 자산 총액 역시 이전과 동일하다.

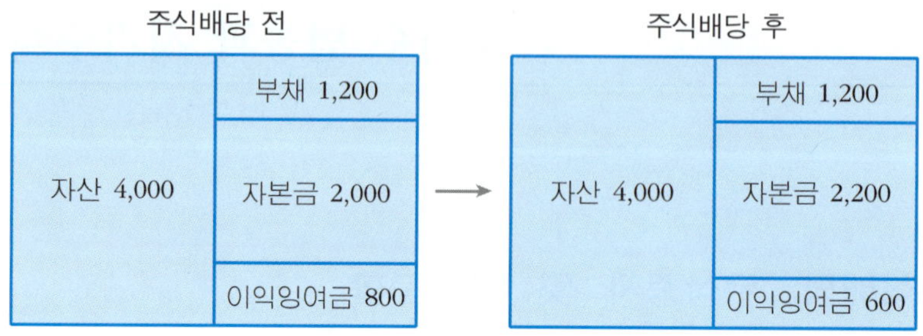

주주 입장에서 볼 때, 현금배당과는 달리, 주식배당은 사실상 투자수익은 아니라고 할 수 있다. 왜냐하면, 발행주식수 증가에 따라 주식가격(1주당)이 비례적으로 낮아지기 때문이다. 즉, 자본 총액은 변함이 없는 가운데 단순히 발행주식수만 늘어났기 때문에, 주식배당 후에는 주식수 증가비율에 따라 비례적으로 주식가격이 떨어진다. 따라서 주식배당 전과 비교할 때 주주가 보유하는 주식의 총 가액, 즉 주주의 부(富, wealth)는 변함이 없다.

예제 11-1

일산기업(주)은 주주총회에서 보통주 1주당 0.2주의 주식배당(또는 20% 주식배당)을 결의하였다. 주식배당을 하기 전의 보통주 발행주식수는 3,000주이고 1주당 액면금액은 ₩5,000이다.

물음

(1) 주주들에게 무상으로 분배하는 주식은 몇 주인가?
(2) 주식배당 결의 후에 곧바로 신주를 발행, 교부하였다면 실시해야 할 분개는?
(3) 주식배당 직전의 주식가격(1주당)이 ₩12,000이었다면 주식배당 직후의 주가는?

풀이

(1) 무상분배하는 주식수 = 3,000×0.2 = 600(주)

(2) 자본금으로 전입되는 금액은 ₩3,000,000(=600주×₩5,000)이다. 미처분이익잉여금을 ₩3,000,000 감소시키고(차변) 보통주자본금을 ₩3,000,000 증가시킨다(대변).

(차) 미처분이익잉여금 3,000,000 (대) 보통주자본금 3,000,000

(3) 주식배당 후의 발행주식수는 3,000주에서 600주 증가한 3,600주이다. 따라서,

주식수 증가비율 = (3,000 + 600) ÷ 3,000 = 1.2 (또는 (1 + 0.2) ÷ 1 = 1.2)
주식배당 직후의 주가 = 12,000 ÷ 1.2 = ₩10,000

(2) 무상증자

앞의 제3절에서는 주식발행을 통한 자금조달에 대하여 설명하였다. 이렇게 주주들로부터 현금을 납입받으면서 주식(신주)을 발행하는 것을 **유상증자**라고 부른다. 이에 비하여 주주들에게 무상으로 주식(신주)을 발행해 주는 것을 **무상증자**라고 부른다. 무상증자는 주식을 무상으로 교부하기 때문에 이 점에서 사실상 주식배당과 동일하다.[15)]

그런데 회계처리 관점에서 볼 때 무상증자는 주식배당과 다른 점이 있다. 주식배당과는 달리, 무상증자는 **주식발행초과금** 또는 **법정적립금**을 자본금으로 전입시키는 형태를 취한다. 따라서 주식발행초과금 또는 법정적립금을 감소시키고 자본금을 증가시키는 회계처리를 해야 한다. 그러나 이 역시 자본 내에서의 항목의 재분류이므로 무상증자 후에도 자본 총액은 이전과 동일하다.

예를 들어, 무상증자를 하기 전에 자본금이 2,700만원이고 주식발행초과금이 800만원이었다고 하자. 이때 주식발행초과금 800만원을 전입하여 무상증자를 하였다면, 무상증자 후에는 주식발행초과금이 800만원 감소하고 자본금이 800만원 증가한다. 이렇게 자본 내에서 똑같은 금액이 동시에 증가 · 감소하기 때문에 자본 총액은 변함이 없다. 그리고 주식을 새로 발행하였어도 현금의 납입이 없었으므로 자산 총액 역시 이전과 동일하다.

15) 일반적으로 무상증자는 주식배당보다 큰 규모로 이루어지며, 흔히 유상증자에 덧붙여 실시된다. 즉, 유상증자를 원활히 진행시키기 위해 추가적으로 주식을 무상분배한다.

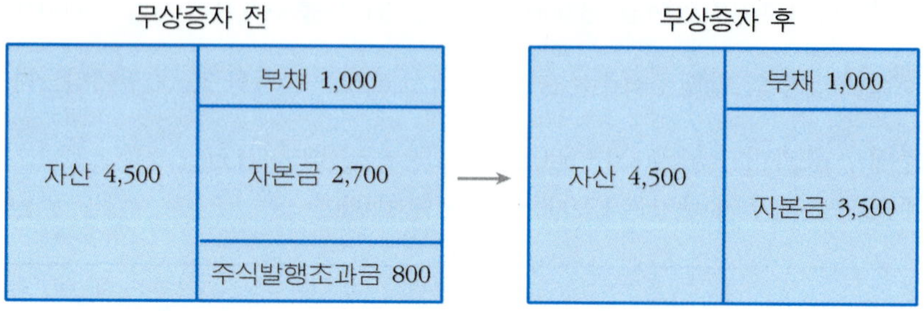

또한 자본 총액은 변함이 없는 가운데 단순히 발행주식수만 늘어나기 때문에, 무상증자 후에는 주식수 증가비율에 따라 주식가격이 비례적으로 낮아진다. 이 역시 주식배당의 경우와 유사하다.

예제 11-2

보통주 1주당 액면금액이 ₩5,000이고 발행주식수가 2,000주인 성남기업(주)은 50%의 무상증자(즉, 1주당 0.5주를 무상분배)를 실시하였다. 무상증자의 재원은 주식발행초과금 ₩3,000,000과 이익준비금 ₩2,000,000이다.

물음

(1) 주주들에게 무상으로 분배하는 주식은 몇 주인가?
(2) 성남기업(주)이 실시해야 하는 분개는?
(3) 무상증자 직전의 주식가격(1주당)이 ₩18,000이었다면 무상증자 직후의 주가는?

풀이

(1) 무상분배하는 주식수 = 2,000×0.5 = 1,000 (주)

(2) 자본금으로 전입되는 금액은 ₩5,000,000(=1,000주×₩5,000)이다. 주식발행초과금 ₩3,000,000과 이익준비금 ₩2,000,000을 모두 감소시키고(차변), 보통주자본금을 ₩5,000,000 증가시킨다(대변).

(차) 주식발행초과금	3,000,000	(대) 보통주자본금	5,000,000
이익준비금	2,000,000		

(3) 무상증자 후의 발행주식수는 2,000주에서 1,000주 증가한 3,000주이다. 따라서,

주식수 증가비율 = (2,000 + 1,000) ÷ 2,000 = 1.5 (또는, (1 + 0.5) ÷ 1 = 1.5)
무상증자 직후의 주가 = 18,000 ÷ 1.5 = ₩12,000

(3) 액면분할

주식배당 및 무상증자와 유사하게, 액면분할도 자본 총액의 변동 없이 발행주식수를 증가시킨다. **액면분할**(또는 **주식분할**, stock splits)이란 주식의 액면금액을 줄이면서 비례적으로 발행주식수를 늘리는 것을 말한다. 예를 들어, 1주당 액면금액이 ₩5,000이고 발행주식수가 1,000주인 주식(자본금 500만원)을 1 대 10으로 액면분할하면, 1주당 액면금액은 ₩500으로 줄어들고 그 대신 발행주식수는 10배인 10,000주로 늘어난다(자본금은 여전히 500만원). 따라서 액면분할 직후의 주식가격(1주당)도 액면분할 직전의 1/10로 떨어진다. 왜냐하면, 자본 총액은 변함이 없는 가운데 단순히 발행주식수만 10배로 늘렸기 때문이다.

액면분할을 하면 주식가격을 크게 낮출 수 있기 때문에 증권시장에서 주식거래를 활성화시킬 수 있다. 예를 들어, 주식가격이 50만원인 주식을 1 대 10으로 액면분할하면 주식가격이 5만원으로 크게 낮아지기 때문에, 자금이 부족한 소액투자자들도 어느 정도 주식을 매수할 수 있어서 주식거래를 활성화시킬 수 있다.

액면분할은 자본금을 변동시키지 않으므로 회계처리(분개)는 필요하지 않고 단지 재무상태표의 주석사항만을 바꾸면 된다(앞의 3.2절 및 〈표 11-2〉 참조). 예를 들어, 액면분할 전의 주석사항이 「주당 액면금액 ₩5,000, 발행주식수 50만주」였다면, 1 대 10으로 액면분할한 후에는 주석사항을 「주당 액면금액 ₩500, 발행주식수 500만주」로 바꾸면 된다.

● 주식배당, 무상증자 및 액면분할의 비교

이제 주식배당, 무상증자 및 액면분할의 유사점과 차이점을 정리하여 보자. 먼저, 이들의 실시목적과 방법이 다르기 때문에 회계처리는 다르다. 주식배당은 미처분이익잉여금을 자본금으로 전입시키는 것이고, 무상증자는 주식발행초과금 또는 법정적립금을 자본금으로 전입시키는 것이다. 그러나 액면분할은 주식의 액면금액을 줄이는 것이므로 분개를 해야 할 필요는 없다. 한편, 이들의 유사점은 자본 총액(및 자산 총액)의 변동 없이 발행주식수가 증가한다는 것이다. 그래서 주식수 증가비율에 따라 비례적으로 주식가격(1주당)이 낮아진다. 아래의 〈표 11-4〉는 주식배당, 무상증자 및 액면분할의 유사점과 차이점을 여러 면에서 요약한 것이다.

표 11-4

주식배당, 무상증자 및 액면분할의 유사점과 차이점

	주당액면금액	발행주식수	자본금	주식발행초과금	이익잉여금	자본 총액	주식가격
주식배당	무변화	증가	증가*	무변화	감소*	무변화	발행주식수 증가비율로 낮아짐
무상증자	무변화	증가	증가*	감소*	감소*	무변화	
액면분할	감소	증가	무변화	무변화	무변화	무변화	

* 회계처리(분개)가 필요한 부분

5.2 자기주식의 취득

앞의 소절에서 설명한 주식배당은 현금배당에 따른 현금의 유출 및 자본의 감소를 피하기 위한 것이었다. 본 소절에서는 그와는 반대로, 형식적으로 현금배당은 아니지만, 주주들에게 현금을 분배하여 자본을 감소시키는 상황에 대하여 설명한다.

기업에 따라서는 영업을 통해 현금을 많이 벌어들였지만 수익성 높은 신규 투자기회가 없어서 일시적으로 현금 보유가 과다한 경우가 있다. 이러한 경우에는 과다한 자본을 줄이기 위해 자기가 발행한 주식(즉, 자사주)을 주주들로부터 되사들이기도 한다. 이렇게 되사들인 자사주를 **자기주식**(treasury stock)이라고 부른다.[16)]

기업이 자기주식을 취득할 때에는 그 대가로서 주주들에게 현금을 지급한다. 이렇게 주주들에게 현금을 분배하기 때문에 이 점에서 자기주식 취득은 현금배당과 유사하다.

기업은 취득한 자기주식을 완전히 소각하여 없애거나 또는 추후에 자금이 필요하면 자기주식을 다시 매각(재발행)할 수 있다. 그러나 재발행하기 전의 자기주식에 대해서는 의결권을 인정하지 않으며, 이익배당금도 지급하지 않는다.

또한 기업이 자기주식을 보유하고 있는 동안에는 증권시장에서 거래될 수 있는

16) 상법이 개정되어 모든 기업들은 배당가능이익의 한도 내에서는 자유롭게 자기주식을 취득할 수 있다. 종전의 상법에서는 자기주식 취득을 원칙적으로 금지하였다.

주식수가 그만큼 줄어든다. 이러한 의미에서, 발행주식수에서 자기주식 보유수를 뺀 것을 **유통주식수**(number of shares outstanding)라고 부른다.

● 자기주식 취득의 회계처리

자기주식 취득을 어떻게 회계처리하는지 논의하기 위하여, 예를 들어, 자기주식 취득 전에 용산기업(주)의 자산 총액이 ₩5,000,000이었고 부채 총액과 자본 총액은 각각 ₩2,000,000과 ₩3,000,000이었다고 하자. 그리고 용산기업(주)이 1주당 ₩7,000씩 지급하고 자사주 100주를 취득하였다고 하자. 그러면 용산기업(주)은 현금 ₩700,000(=100주×₩7,000) 감소(대변)와 자기주식 취득(차변)을 기록하는 회계처리를 해야 한다.

(차) 자기주식 700,000 (대) 현 금 700,000

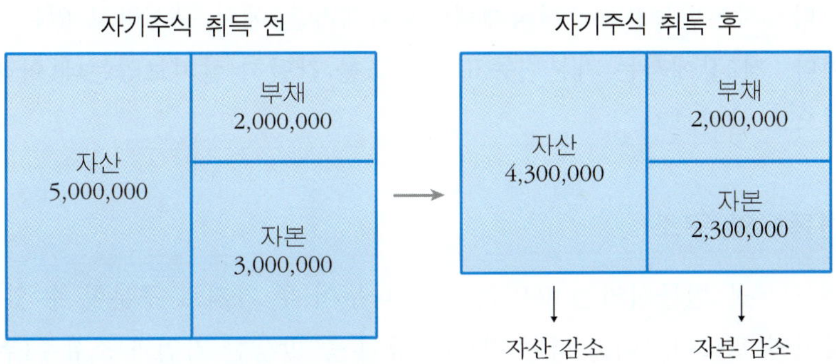

위의 분개에서 자기주식이 차변에 기록되어 있지만, 자기주식은 자산이 아님을 유의해야 한다. 여기서 차변의 기입은 '자본의 감소'를 의미한다. 즉, 앞에서 언급한 바와 같이, 용산기업(주)은 주주들에게 현금을 지급하고 주식을 되사들였기 때문에(즉, 자본의 반환) 자본의 감소(및 자산의 감소)가 초래된 것이다.

요약하면, 자기주식은 자산이 아니며, 자기주식을 취득하면 현금 지급액만큼 자본 총액이 감소한다. 다만, 취득한 자기주식은 추후에 다시 매각(재발행)할 수도 있기 때문에, 재무상태표에 표시할 때는 자본금 등에서 직접 차감하지 않고 임시적으로 자본의 차감항목(마이너스 금액)으로 표시한다(괄호로 표시).

재무상태표

	자 본:	
	자기주식	(700,000)

제6절 자본변동표

자본은 기업에 대한 소유주지분이므로 자본이 어떤 요인에 의해 어떻게 변동하였는가에 대한 정보는 주주들과 재무제표이용자들에게 유용한 정보이다. 따라서 이 정보를 제공하기 위하여 기업은 **자본변동표**(statement of changes in equity)를 작성하여 공시한다. 자본변동표는 「한국채택국제회계기준」에서 규정하고 있는 재무제표의 하나이다. 제2장에서는 자본변동표의 구조를 간단히 살펴보았는데 아래에서 좀 더 구체적으로 살펴보자.

● 자본변동표의 구조

기업의 자본을 변동시키는 요인은 크게 나누어 두 가지로 구분할 수 있는바, 그 하나는 당기의 포괄이익이고 다른 하나는 당기 중 발생한 기업과 소유주(주주) 간의 자본거래이다. 따라서 자본변동표의 기본적 구조는 다음과 같다.

  기초의 자본(총액)
+ 당기포괄이익
  + 당기순이익
  ± 기타포괄손익
± 기업과 소유주 간의 자본거래
  + 유상증자 납입액
  − 현금배당
  − 자기주식 취득액
  ± 기 타

= 기말의 자본(총액)

여기서 보는 바와 같이, 기업과 소유주(주주) 간의 자본거래를 제외할 때, 자본의 변동은 포괄이익에 의해 설명되고 있다. 당기포괄이익은 당기순이익과 기타포괄손익의 합계인바, 당기순이익은 자본의 구성요소 중 이익잉여금의 증가로 기록되고, 당기의 기타포괄손익은 자본의 구성요소 중 기타포괄손익누계액의 증가로 기록된다. 기타포괄손익의 예로는 자산재평가손익, 장기투자주식 평가손익 등이 있다(제6장 3.1절 참조). 또한 자본은 기업과 소유주(주주) 간의 자본거래에 의해서도 변동하는바, 기업이 유상증자를 하면(즉, 주주들이 기업에 투자를 하면) 자본의 구성요소 중 납입자본이 증가하고, 기업이 현금배당을 하면(주주들에게 분배) 그만큼 이익잉여금이 감소한다. 또한 기업이 자기주식을 취득하면(이 역시 주주들에게 분배하는 것임) 그 취득액만큼 자본이 감소하는데 이는 기타자본요소 중 자본의 차감항목으로 기록된다.

〈표 11-5〉는 행렬 모양인 자본변동표의 실제 형태를 예시하고 있다. 여기서 보는 바와 같이, 자본변동표의 첫 행은 자본의 구성요소를 구분 표시하고 있다. 그리고 두 번째 행은 기초시점(2×21/1/1)에서의 각 항목의 금액이다. 즉, 2×20년 말 재무상태표에 표시된 금액이며, 마지막 열에 표시된 총계 4,700만원은 2×20년 말의 자본 총액이다.

세 번째 행부터는 당년도(2×21년) 중에 발생한 각 항목의 변동내용을 표시한다. 〈표 11-5〉에 예시된 각 행의 의미는 다음과 같다.

- **당기순이익**: 2×21년도에 당기순이익이 500만원 발생하여 이익잉여금이 500만원 증가하였다.
- **자산재평가차익**: 2×21년도에 기타포괄손익으로서 자산재평가차익이 50만원 발생하여 기타포괄손익누계액(재평가잉여금)이 50만원 증가하였다.
- **유상증자**: 2×21년 중에 유상증자를 실시하여 납입자본이 1,800만원 증가하였다.
- **현금배당(전기분)**: 2×21년 2월(또는 3월) 중 개최된 주주총회에서 2×20년도에 대한 이익배당 200만원을 결정함으로써 이익잉여금이 200만원 감소하였다(괄호로 표시).
- **자기주식 취득**: 2×21년 중에 100만원의 자기주식을 취득하였다. 자기주식은 마이너스 금액으로 표시한다(괄호로 표시).

표 11-5
자본변동표의 예

자본변동표

수원기업(주) 2×21년 1월 1일~2×21년 12월 31일 (단위: 만원)

	납입자본*	이익잉여금	기타포괄손익누계액	기타자본요소	총 계
기초: 2×21/1/1	4,000	700	0	0	4,700**
당기포괄이익:					
당기순이익		500			500
자산재평가차익			50		50
소유주와의 거래:					
유상증자	1,800				1,800
현금배당(전기분)		(200)			(200)
자기주식 취득				(100)	(100)
기말: 2×21/12/31	5,800	1,000	50	(100)	6,750**

* 납입자본은 자본금과 주식발행초과금으로 구분 표시할 수 있다.
** 기초 및 기말 재무상태표상의 자본 총액

위와 같이 변동한 결과로서 각 항목의 기말금액(2×21/12/31)이 마지막 행에서 계산된다. 각 항목의 기말금액은 각 열의 금액을 합산하면 된다. 즉, 기말시점에서 수원기업(주)의 납입자본은 5,800만원이고, 이익잉여금은 1,000만원, 기타포괄손익누계액은 50만원, 그리고 기타자본요소(자기주식)는 −100만원이다. 그리고 이들의 합계인 자본 총액은 6,750만원이다. 마지막 행에 표시된 각 항목의 기말금액은 2×21년 말 재무상태표상의 해당 금액과 동일하다.

자본변동표 작성에 관한 예제는 본장 끝의 종합예제에 포함되어 있으며, 연습문제에서도 다루고 있다.

주당순이익과 주당순자산 제7절

7.1 주당순이익과 PER

본절에서는 영업활동에 대한 자본투입규모의 변동과 관련하여 경영성과(이익실적)의 변화추세를 적절히 파악할 수 있게 하는 '주당순이익'에 대하여 설명한다.

기업의 이익실적이 이전 연도와 비교하여 얼마나 증가 · 감소하였는지는 재무제표이용자들의 큰 관심사이다. 왜냐하면, 기업의 미래 수익성을 전망하기 위해서는 이익실적의 변화추세를 파악해야 하기 때문이다. 그런데 이익실적의 변화추세를 분석할 때 금년도 당기순이익과 전년도 당기순이익을 단순 비교하면 잘못 판단할 수 있다. 예를 들어, 어느 기업의 전년도 및 금년도 당기순이익이 모두 10억원이었다고 하자. 이때 이 기업의 자본투입액 변동을 고려하지 않으면 금년도 경영성과가 전년도와 동일한 수준이라고 잘못 판단하게 된다. 만약 금년 초에 이 기업이 유상증자를 하여 거액의 신규 자금을 영업활동에 투입하였다면, 금년도 경영성과는 전년도에 비하여 나빠진 것이다. 왜냐하면, 전년도보다 자본을 더 많이 투입했는데도 불구하고 당기순이익은 전년도 수준에 그쳤기 때문이다.

● 주당순이익의 공시와 측정방법

위에서 언급한 바와 같이 자본투입액의 변동 때문에 당기순이익 수치는 경영성과(이익실적)의 '기간적 비교'(즉, 변화추세 분석)를 어렵게 하는 한계점이 있다. 이러한 한계점을 고려하여, 「한국채택국제회계기준」은 〈표 11-6〉과 같이 포괄손익계산서에 **주당순이익**(earnings per share, EPS)을 함께 공시하도록 규정하고 있다. 주당순이익은 보통주 1주당 순이익을 의미하며, 주당순이익 정보는 당해 기업에 대하여 이익실적의 '기간적 비교'를 가능하게 하는 유용성이 있다.[17]

표 11-6
주당순이익의 공시

포괄손익계산서

송파기업(주) 2×20년 1월 1일~2×20년 12월 31일
2×19년 1월 1일~2×19년 12월 31일

과 목	2×20년도	2×19년도
……	……	……
당기순이익	₩4,800,000	₩4,300,000
……	……	……
주당순이익	₩2,000	₩2,150

보통주 1주당 순이익을 나타내는 주당순이익은 다음과 같이 산정한다.

$$\text{주당순이익(EPS)} = \frac{\text{당기순이익} - \text{우선주 귀속이익}}{\text{연간 가중평균 유통주식수(보통주)}}$$

주당순이익을 위 계산식에 따라 산정하는 이유는 다음과 같다.

첫째, 당기순이익은 보통주와 우선주 모두에게 귀속되는 이익금액이다. 따라서 보통주에게만 귀속되는 금액을 계산하기 위하여 당기순이익에서 우선주 귀속이익을 차감한다. 기업이 발행한 우선주가 약정배당금만을 받는 비참가적 우선주라면 우선주 귀속이익은 우선주 약정배당금과 같다.[18)]

둘째, 위 계산식의 분모에서 유통주식수(=발행주식수−자기주식수, 앞의 5.2절 참조)를 사용하는 이유는 기업이 자기주식을 보유하고 있는 경우에는 유통주식수가 실질적인 발행주식수이기 때문이다. 즉, 기업이 자기주식을 되사들일 때 자금이 유출되었으므로 그만큼의 자금이 기업의 이익창출활동에 투입되지 않았다(자본투입액의 감소).

그리고 기말시점의 주식수가 아니라 '연간 가중평균 주식수'를 사용하는 이유는

17) 주식수는 무상증자나 액면분할에 의해 크게 달라지기 때문에 주당순이익은 '기업간 이익비교'에는 별 유용성이 없다. 예를 들어, 기업 A와 기업 B의 당기순이익, 자본금 및 자본 총액이 모두 동일하다고 가정하자. 이 경우 두 기업의 이익성과는 차이가 없다. 그런데 기업 A의 1주당 액면금액이 ₩5,000이고 기업 B는 ₩500이라면, 기업 A의 주식수는 기업 B의 1/10이다. 따라서 주당순이익을 계산하면 기업 A의 주당순이익은 기업 B의 10배가 된다. 이때 기업 A의 이익성과가 기업 B보다 높은 것으로 판단하는 것은 분명히 잘못된 판단이다.

18) 그러나 약정배당률을 넘어 이익분배를 받을 수 있는 참가적 우선주의 경우는, 약정배당금은 물론, 미분배된 이익 중에서 우선주 귀속분도 우선주 귀속이익에 포함시켜야 한다.

회계연도 내에서 기간에 따라 자본투입액이 다른 것을 반영시켜야 하기 때문이다. 즉, 유상증자로 인해 자본투입액이 증가한 것을 반영시켜야 하고, 또 자기주식 취득으로 인해 자본투입액이 감소한 것도 반영시켜야 하기 때문이다. 여기서 연간 가중평균 주식수는 회계연도 내에서 유통주식수가 다른 기간을 구분하여, 회계연도에 대한 그 기간의 비율을 가중치로 사용하여 계산한다.[19]

주당순이익의 산정방법을 잘 이해하기 위하여 다음 예제를 풀어보자.

예제 11-3

동작기업(주)의 2×20년도 당기순이익은 ₩6,500,000이다. 결산일은 12월 31일이며, 우선주는 없다. 다음은 2×20년 1/1일의 주식수와 연중의 주식수 변동에 관한 자료이다.

1/1일: 발행주식수 4,000주(1/1일 당시 자기주식 보유는 없었음)
4/1일: 유상증자를 실시하여 발행주식수가 6,000주로 증가
9/1일: 자기주식 600주 취득

물음

(1) 동작기업(주)의 2×20년도 가중평균 유통주식수는 몇 주인가?
(2) 동작기업(주)의 2×20년도 주당순이익은 얼마인가?

풀이

(1) 2×20년 중에 유통주식수의 변화는 다음과 같다.

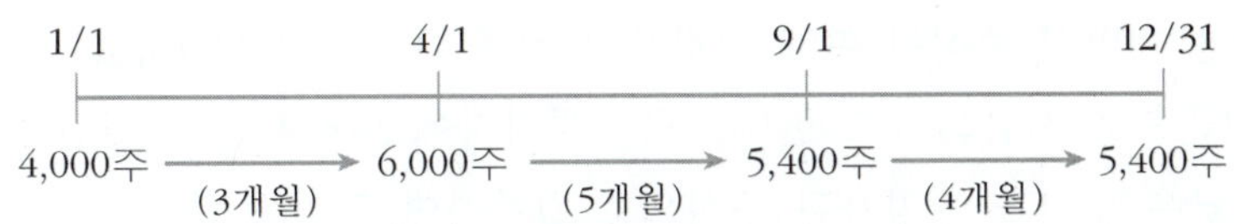

위의 각 기간을 12개월로 나눈 비율을 각 기간의 유통주식수에 대한 가중치로 사용하여 연간 가중평균 유통주식수를 계산한다.

---

19) 회계연도 내의 어느 시점에서, 예를 들어, 7/1일에 주식배당, 무상증자 또는 액면분할이 실시되면 자본투입액이 증가하지 않았는데도 유통주식수가 증가한다. 이 경우에는 7/1일 이전의 주식수를 '주식배당 등의 실시 후 기준'으로 환산한 후에(즉, 「1+7/1일의 주식수 증가율」을 7/1일 이전의 주식수에 곱함) 연간 가중평균 주식수를 계산한다. 그리고 전년도 가중평균 주식수 역시 똑같은 방법으로 환산한 후 전년도 주당순이익을 재계산해야만 비로소 전년도 주당순이익이 금년도 주당순이익과 비교가능해진다.

$$가중평균\ 유통주식수 = 4{,}000 \times \frac{3}{12} + 6{,}000 \times \frac{5}{12} + 5{,}400 \times \frac{4}{12} = 5{,}300(주)$$

(2) 우선주는 없으므로 당기순이익을 위의 가중평균 주식수로 나누면 주당순이익이 산정된다.

$$주당순이익 = 6{,}500{,}000 \div 5{,}300 = ₩1{,}226$$

● 주당순이익 정보의 추가적 유용성

자본시장의 투자자와 재무분석가(애널리스트)들은 시장에서 기업의 주식가격이 이익실적의 몇 배로 형성되어 있는가에 대해 관심을 갖는 경우가 많다. 그런데 주가는 1주의 가격이므로 주가에 대비될 수 있는 이익수치는 당기순이익이 아니라 주당순이익이다. 따라서 주당순이익 정보는 주가에 대비될 수 있는 이익측정치라는 점에서 추가적 유용성이 있다. 보통주의 주가에 주당순이익을 대비시킨 다음의 비율(배수)을 **주가이익비율**(price-to-earnings ratio, PER)이라고 부른다.

$$주가이익비율(PER) = \frac{주식가격}{주당순이익}$$

예를 들어, 동작기업(주)의 2×20년도 주당순이익이 ₩1,226인데 2×21년 3월 25일에 보통주 주가가 ₩18,000이면 이 시점 현재 동작기업(주)의 PER은 14.7배이다.

PER은 기업의 주식이 현재 시장에서 저평가(또는 고평가)되었는지 여부를 판단하는 기준으로 사용되기도 한다. 즉, 투자자에 따라서는 동일업종 기업 중에서 PER이 낮은 주식을 저평가된 주식으로 간주하여 그러한 주식을 매수하는 전략을 취하는 경우도 있다.

7.2 주당순자산과 PBR

● 주당순자산이란?

주당순자산 또는 **주당장부가치**(book value per share, BPS)란 재무상태표상의 자본 총액(자기자본)을 주식수로 나눈 것이다. 재무상태표에 표시된 자본 총액은 회계장부상의 금액이므로 이는 '순자산 장부가치'라고 부르기도 하며, 그래서 주당순자산은 '주당장부가치'라고도 부른다.

$$\text{주당순자산} = \frac{\text{재무상태표상의 자본 총액}}{\text{주식수}}$$

● **주가순자산비율(PBR)**

자본시장의 투자자와 재무분석가들은 현재 시장에서 형성된 기업의 주식가격과 위 주당순자산(주당장부가치) 금액을 대비시킨 비율(배수)에 관심을 갖는 경우가 많은데, 이 비율을 **주가순자산비율** 또는 **주가장부가치비율**(price-to-book ratio, PBR)이라고 부른다.[20)]

$$\text{주가순자산비율(PBR)} = \frac{\text{주식가격}}{\text{주당순자산}}$$

위 PBR은 현재 주식가격이 주당장부가치의 몇 배로 형성되어 있는가를 나타낸다. PBR은 주식가격 대 장부가치의 비율이므로 PBR의 크기를 결정하는 주된 요인은 당해 기업의 미래 수익성과 위험이다.[21)] 예를 들어, 자본시장에서 투자자들이 당해 기업의 미래 수익성(ROE)이 투자자들의 필요수익률(자기자본비용, cost of equity)보다 높을 것으로 전망한다면 주식가격은 주당순자산(주당장부가치)보다 크게 되어 PBR이 1보다 높아진다.

PER처럼 PBR도 투자자와 재무분석가들이 기업의 주식가치를 평가하거나 투자종목을 선정하는 기준으로 자주 이용되고 있다.

---

20) PER처럼 PBR도 보통주에 대해 측정된다. 우선주를 발행한 기업의 경우에는 보통주에 대한 주당순자산 금액을 산정하기 어려우므로, 보통주와 우선주의 시가총액을 순자산 장부가치 총액으로 나누어서 PBR을 측정하거나 또는 순자산 장부가치 총액을 보통주 및 우선주 총수로 나누어서 주당순자산을 산정하기도 한다. 한편, 자본잠식으로 순자산이 음수인 경우에는 PBR이 측정되지 않는다.

21) 김권중, 「재무제표분석과 가치평가」 창민사, 2020, p.107.

종·합·예·제 (1)

자본 변동사항의 회계처리와 재무상태표 작성

대전기업(주)의 2×19년 말 재무상태표의 자본 부분은 다음과 같다.

부분재무상태표

대전기업(주) 2×19년 12월 31일

자 본		
납입자본: 보통주자본금*		₩5,000,000
주식발행초과금		2,000,000
이익잉여금: 이익준비금	1,000,000	
감채적립금	700,000	
미처분이익잉여금	500,000	2,200,000
기타자본요소: 자기주식		(500,000)
자본 총계		₩8,700,000

* 주석사항: 주당 액면금액 ₩5,000, 발행주식수 1,000주

2×20년 중에 발생한 대전기업(주)의 자본 관련 거래는 다음과 같다.

① 2/10일: 보통주 500주를 주당 ₩11,000에 발행하고 현금으로 납입받았다.
② 3/12일: 주주총회에서 다음의 이익잉여금 처분안을 의결하였다.
- 감채적립금 이입: ₩400,000
- 이익준비금 적립: ₩300,000
- 현금배당(2×19년도 이익배당): ₩500,000(지급일은 3/20일)

③ 3/20일: 배당금 ₩500,000을 현금으로 지급하였다.
④ 7/16일: 주식발행초과금 ₩4,000,000을 자본금으로 전입하여 800주를 발행하였다(무상증자).
⑤ 9/24일: 자기주식 100주를 주당 ₩9,000씩 지급하고 취득하였다.
⑥ 2×20년도에 당기순이익 ₩1,200,000이 발생하였다.

물음

(1) 2×20년 중에 발생한 위의 자본 관련 거래를 일자별로 분개하라.

(2) 위에서의 분개를 반영하여 2×20년 말 재무상태표의 '자본 부분'을 앞의 형태로 작성하라.

풀이

(1) ① 2/10일: 보통주자본금 = 5,000×500주 = ₩2,500,000
주식발행초과금 = (11,000−5,000)×500주 = ₩3,000,000

(차) 현 금	5,500,000	(대) 보통주자본금	2,500,000
		주식발행초과금	3,000,000

② 3/12일: 주주총회 결의사항

• 감채적립금 이입 ₩400,000

(차) 감채적립금	400,000	(대) 미처분이익잉여금	400,000

• 이익준비금 적립 ₩300,000

(차) 미처분이익잉여금	300,000	(대) 이익준비금	300,000

• 현금배당 결의 ₩500,000

(차) 미처분이익잉여금	500,000	(대) 미지급배당금	500,000

③ 3/20일: 배당금 지급 ₩500,000

(차) 미지급배당금	500,000	(대) 현 금	500,000

④ 7/16일: 무상증자 ₩4,000,000

(차) 주식발행초과금	4,000,000	(대) 보통주자본금	4,000,000

⑤ 9/24일: 자기주식 취득액 = 9,000×100주 = ₩900,000

(차) 자기주식	900,000	(대) 현 금	900,000

⑥ 당기순이익 ₩1,200,000 발생

(차) 집합손익	1,200,000	(대) 미처분이익잉여금	1,200,000

(2) 2×20년 말의 각 자본항목의 금액은 다음과 같다.

- 보통주자본금 = 5,000,000(기초) + 2,500,000(유상증자) + 4,000,000(무상증자)
  = ₩11,500,000

- 주식발행초과금 = 2,000,000(기초) + 3,000,000(유상증자) − 4,000,000(무상증자)
  = ₩1,000,000

- 자기주식 = −500,000(기초) − 900,000(추가 취득) = −₩1,400,000

- 이익준비금 = 1,000,000(기초) + 300,000(적립) = ₩1,300,000

- 감채적립금 = 700,000(기초) − 400,000(이입) = ₩300,000

- 미처분이익잉여금 = 500,000(기초) + 400,000(이입) − 300,000(적립)
  − 500,000(배당) + 1,200,000(당기순이익)
  = ₩1,300,000

위의 금액들을 반영하여 재무상태표의 자본 부분을 작성하면 다음과 같다.

부분재무상태표

대전기업(주)	2×20년 12월 31일		
자 본			
납입자본:	보통주자본금		₩11,500,000
	주식발행초과금		1,000,000
이익잉여금:	이익준비금	1,300,000	
	감채적립금	300,000	
	미처분이익잉여금	1,300,000	2,900,000
기타자본요소:	자기주식		(1,400,000)
자본 총계			₩14,000,000

종 • 합 • 예 • 제 (2)

자본변동표 작성

다음은 앞의 종합예제(1)에서 다룬 대전기업(주)의 2×20년도 자본변동표를 작성한 것이다. 아래의 마지막 행에 표시된 각 항목의 기말금액은 종합예제(1)에서 작성한 2×20년말 재무상태표상의 해당 금액과 동일하다.

자본변동표

대전기업(주) 2×20년 1월 1일~2×20년 12월 31일

	납입자본	이익잉여금	기타자본요소	총 계
기초: 2×20/1/1	₩7,000,000	₩2,200,000	₩(500,000)	₩8,700,000
(①)		1,200,000		1,200,000
(②)	5,500,000			5,500,000
(③)		(500,000)		(500,000)
(④)			(900,000)	(900,000)
기말: 2×20/12/31	₩12,500,000	₩2,900,000	₩(1,400,000)	₩14,000,000

물음

(1) 위의 ①~④에 각각 표시되어야 할 '변동원인'이 무엇인가? 종합예제(1)의 자료를 참고하여 답하라.

(2) 종합예제(1)에 의하면, 2×20년 3/12일 주주총회에서 감채적립금 ₩400,000을 이입하여 그만큼 감채적립금이 감소하였고, 또 이익준비금 ₩300,000을 적립하여 그만큼 이익준비금이 증가하였다. 그런데도 이들 항목의 변동이 위의 자본변동표에 표시되지 않은 이유는?

풀이

(1) ① = 당기순이익 ② = 유상증자
③ = 현금배당(전기분) ④ = 자기주식 취득

(2) 임의적립금의 이입과 각종 적립금의 적립은 '이익잉여금 총액'을 변동시키지 않기 때문에 자본변동표에 표시되지 않았다. 이입과 적립은 이익잉여금 내에서 금액을 재분류하는 것에 불과하며, 그 내용은 재무제표 주석에 공시된다.[22)]

22) 각종 적립금에 대해서도 그 변동내용을 자본변동표에 표시하는 것이 가능하기는 하지만 그렇게 할 경우 자본변동표가 너무 복잡해진다. 그래서 각종 적립금의 변동내용은 자본변동표에 표시하지 않고 주석에 공시하는 방법이 일반적으로 사용된다.

익힘문제

1. 주식발행으로 조달한 자기자본은 타인자본(예: 사채, 차입금)과 비교하여 어떤 특징이 있는지 설명하라.
2. 보통주와 우선주는 어떤 차이점이 있는지 설명하라.
3. 주식발행을 통해 주주가 납입한 금액은 재무상태표에 어떻게 표시되는지 설명하라.
4. 수권주식수, 발행주식수 그리고 유통주식수의 의미를 각각 설명하라.
5. 주주 입장에서 볼 때 이익의 내부유보(사내유보)는 무슨 의미를 담고 있는가?
6. 임의적립금은 주주배당에 사용할 수 있는가?
7. 주주총회에서의 처분대상 미처분이익잉여금은 어떻게 구성되어 있는지 설명하라.
8. 미처분이익잉여금을 처분하는 두 가지 기본적 형태가 무엇인지 설명하라.
9. 차기이월 미처분이익잉여금의 의미를 설명하라.
10. 이익잉여금 총액을 증가시키는 요인과 감소시키는 요인이 무엇인지 설명하라.
11. 주주총회에서 배당결의를 하였으나 실제 지급은 추후에 이루어졌다면 회계처리는 어떻게 하는지 설명하라.
12. 주식배당을 한 후에도 자본 총액이 변화하지 않는 이유가 무엇인가?
13. 무상증자를 한 후에도 자본 총액이 변화하지 않는 이유가 무엇인가?
14. 액면분할을 하여 발행주식수가 증가하면 자본금도 증가하는가?
15. 자기주식이란 무엇이며, 재무상태표에는 어떻게 표시하는가?
16. 자본변동표는 어떤 정보를 제공하는지 설명하라.
17. 주당순이익(earnings per share) 정보의 두 가지 유용성을 설명하라.

연습문제

[11-1] 기본개념의 이해

아래의 빈칸에 알맞은 단어나 숫자를 기입하라.

(1) 모든 주식회사가 발행하는 표준적 주식인 ( )는 의결권이 부여된 주식이다. 이에 비해 ( )는 의결권은 없는 대신 배당에서의 우선권이 있는 주식이다.

(2) 자본은 납입자본, ( ), 기타포괄손익누계액 등으로 분류되어 재무상태표에 표시된다.

(3) 주당 액면금액이 ₩5,000인 보통주를 주당 ₩8,000에 100주를 발행하여 자금을 조달하였을 경우, ₩( )은 보통주자본금으로 기록하며, ₩( )은 ( )으로 기록한다.

(4) 이익잉여금은 법정적립금, ( ) 그리고 ( )으로 세분된다.

(5) 상법의 규정에 따라 적립된 법정적립금을 ( )이라고 부른다.

(6) 당기순이익이 발생하면 이익잉여금 구성항목 중 ( )이 증가하면서 이익잉여금 총액이 증가한다.

(7) 주주배당은 이익잉여금 구성항목 중 ( )을 감소시키면서 이익잉여금 총액을 감소시킨다.

(8) 주주총회에서 임의적립금을 해제하여 미처분이익잉여금으로 재분류하는 것을 임의적립금의 ( )이라고 부른다.

(9) 기말 재무상태표에 표시된 미처분이익잉여금은 전기이월 미처분이익잉여금에 ( )이 더해진 금액이다.

(10) 배당평균적립금을 이입하면 이익잉여금 총액이 [증가한다, 변화하지 않는다, 감소한다]. [ ]에서 올바른 것은?

(11) 이익준비금을 적립하면 이익잉여금 총액이 [증가한다, 변화하지 않는다, 감소한다]. [ ]에서 올바른 것은?

(12) 주주들로부터 현금을 납입받으면서 주식을 발행하는 것을 ( )라고 부른다.

(13) 주식배당은 ( )을 자본금으로 전입시키는 것인데 비하여 무상증자는 주식발행초과금 또는 ( )을 자본금으로 전입시키는 형태를 취한다.

(14) 주당 액면금액이 ₩5,000인 주식을 1 대 5로 액면분할하면, 주당 액면금액은 ₩( )으로 바뀌며, 발행주식수는 ( )배로 증가한다.

(15) 주식배당, 무상증자 또는 액면분할을 하면 발행주식수가 증가하는 한편, 자본 총액은 [증가한다, 변화하지 않는다, 감소한다]. 그리고 1주당 주식가격은 발행주식수 증가비율에 따라 [높아진다, 낮아진다]. [ ]에서 올바른 것을 각각 고른다면?

(16) 자산 총액이 ₩5,000,000 자본 총액이 ₩3,000,000 그리고 발행주식수가 500주인 기업이 ₩200,000을 지급하고 자기주식 10주를 취득하면, 취득 후 자산 총액은 ₩( )으로 변화하고 자본 총액은 ₩( )로 변화한다. 그리고 유통주식수는 ( )주로 변화한다.

(17) 금년 3월에 유상증자를 하여 거액의 자금을 영업활동에 투입하였을 경우, 금년도 경영성과가 전년도에 비하여 좋아졌는지 나빠졌는지를 판단하는 데에는 [당기순이익, 주당순이익]이 더 유용한 정보이다. [ ]에서 올바른 것은?

[11-2] 자본의 분류

다음은 자본의 구성요소들의 의미를 기술한 것이다. 각 기술에 해당하는 자본항목이 무엇인지 왼쪽의 빈칸에 기입하라.

자본항목	의 미
( )	주주의 납입자본 중에서 주식 액면금액에 해당하는 부분
( )	주주들에게 분배되지 않고 기업 내에 유보된 이익
( )	당기순이익에 포함되지 않은 손익의 누계액
( )	주주의 납입자본 중에서 액면금액을 초과하는 부분

[11-3] 발행주식수와 납입자본

다음은 나주기업(주)의 재무상태표에 표시된 자본항목들을 나열한 것이다.

보통주자본금(주당 액면금액 ₩1,000)	₩5,000,000
우선주자본금(주당 액면금액 ₩1,000)	3,000,000
주식발행초과금	2,000,000
자기주식(보통주 100주)	150,000
이익준비금	1,000,000
미처분이익잉여금	300,000

물음

(1) 보통주와 우선주의 발행주식수는 각각 몇 주인가?
(2) 보통주의 유통주식수는 몇 주인가?
(3) 주식발행 당시 주주들이 납입한 총액은 얼마인가?
(4) 현재 자본 총액은 얼마인가?

[11-4] 보통주 발행의 회계처리

안성기업(주)은 주당 액면금액 ₩5,000인 보통주를 ₩12,000의 가격에 2,000주를 발행하여 주주들로부터 납입받았다. 주식발행과정에서 주권 인쇄비, 증권사 수수료 등으로 ₩200,000을 지급하였다.

물음

(1) 안성기업(주)이 주식발행을 통해 조달한 자금은 얼마인가?
(2) 위의 주식발행을 분개하라.

[11-5] 보통주와 우선주 발행의 회계처리

부천기업(주)은 주당 액면금액 ₩1,000인 보통주를 ₩1,800의 가격에 200주를 발행하였고, 아울러 주당 액면금액 ₩1,000인 우선주를 ₩1,500의 가격에 100주를 발행하였다. 발행가액은 전부 현금으로 납입되었다.

물음

(1) 부천기업(주)이 주식발행을 통해 조달한 자금 총액은 얼마인가?
(2) 위의 주식발행을 분개하라.

[11-6] 이익잉여금의 구성

다음은 영주기업(주)의 재무상태표에 표시된 자본항목들을 나열한 것이다.

보통주자본금(주당 액면금액 ₩5,000)	₩3,000,000
주식발행초과금	1,500,000
이익준비금	800,000
사업확장적립금	500,000
배당평균적립금	100,000
감채적립금	200,000
미처분이익잉여금	150,000

물음

(1) 영주기업(주)의 주주들이 납입한 자본은 얼마인가?
(2) 이익잉여금 총액은 얼마인가?
(3) 법정적립금 총액과 임의적립금 총액은 각각 얼마인가?
(4) 주주총회 결의를 통해 주주들에게 배당가능한 이익잉여금은 얼마인가?

[11-7] 이익잉여금 변동과 처분

2×20년 2/28일 주주총회 결의 후에 부평기업(주)의 이익잉여금은 ₩350,000이었으며, 이익준비금 ₩300,000과 미처분이익잉여금 ₩50,000으로 구성되어 있었다. 그 후 2×20년도 당기순이익이 ₩400,000 발생하였다. 2×20년도 이익처분을 위해 2×21년 2/25일에 주주총회가 개최되었으며, 여기서 이익준비금 ₩100,000 적립과 현금배당 ₩200,000 지급을 결의하였다.

물음

(1) 2×20년 말 재무상태표에서 이익잉여금 총액은 얼마인가?
(2) 2×20년 말 재무상태표에서 미처분이익잉여금은 얼마인가?
(3) 2×21년 2/25일의 주주총회에서 처분대상이 되는 이익잉여금은 얼마인가?
(4) 2×21년 2/25일의 주주총회 결의 후에 이익잉여금 총액은 얼마로 변화하는가?

[11-8] 이익잉여금 변동과 처분의 회계처리

군산기업(주)은 2×20년도 이익처분을 위한 주주총회를 2×21년 3/5일에 개최하였다. 주주총회 결의 후에 이익잉여금 구성은 다음과 같았다.

이익잉여금:	이익준비금	₩1,200,000
	배당평균적립금	200,000
	미처분이익잉여금	100,000
	합 계	₩1,500,000

〈추가 자료〉

① 2×21년도 당기순이익은 ₩500,000이다.

② 2×21년도 이익처분을 위한 주주총회가 2×22년 3/10일에 개최되었으며, 다음을 결의하였다.

- 배당평균적립금 ₩200,000을 미처분이익잉여금으로 이입
- 이익준비금으로 ₩100,000 적립
- 사업확장적립금으로 ₩400,000 적립
- 현금배당 ₩250,000을 지급하기로 결의(실제 지급일은 3/20일)

③ 2×22년 3/20일에 배당금 ₩250,000을 주주들에게 지급하였다.

물음

(1) 2×22년 3/10일의 주주총회에서 처분대상이 된 이익잉여금은 얼마인가?

(2) 위의 ①~③의 모든 사항을 분개하라.

(3) 2×22년 3/10일의 주주총회 결의 후에 이익잉여금 구성은 어떻게 변화하는가? 아래의 빈칸에 적절한 항목과 금액을 기입하라.

이익잉여금:	이익준비금	(　　　)
	(　　　)적립금	(　　　)
	미처분이익잉여금	(　　　)
	합 계	(　　　)

[11-9] 주식배당 결의와 주식발행

위의 문제 [11-8]에 연속된 문제이다. 군산기업(주)은 2×22년 3/10일 주주총회에서 주주배당 ₩250,000을 현금배당 ₩150,000과 주식배당 ₩100,000으로 결의했다고 가정하자. 그리고 2×22년 3/20일에 현금지급과 아울러 주식을 발행, 교부했다고 가정하자. 군산기업(주)의 보통주 주당 액면금액은 ₩500이다.

물음

(1) 주식배당을 통해 교부하는 주식수는 몇 주인가?

(2) 현금배당과 주식배당 결의에 대한 분개를 하라. (힌트: 주식배당 결의 후 곧바로 교부하지 않은 주식에 대해서는 임시적으로 '미교부주식배당금'이라는 계정과목을 사용한다.)

(3) 2×22년 3/20일의 현금지급과 주식교부에 대한 분개는?

[11-10] 무상증자와 액면분할

안산기업(주)의 2×20년 말 재무상태표에서 보통주자본금은 ₩5,000,000(주당 액면금액 ₩5,000)이고 주식발행초과금은 ₩2,000,000 그리고 이익준비금은 ₩1,000,000이었으며, 미처분이익잉여금은 ₩300,000이었다. 다음은 2×21년 중에 실시된 무상증자와 액면분할에 관한 자료이다. 그 외의 주식수 변동은 없다.

---

① 2×21년 5/1일에 50% 무상증자(즉, 1주당 0.5주를 무상분배)를 실시하였다. 무상증자의 재원은 주식발행초과금 ₩2,000,000과 이익준비금 ₩500,000이었다.

② 2×21년 9/1일에 주당 액면금액을 ₩5,000에서 ₩1,000으로 분할하였다.

물음

(1) 2×21년 4/30일 당시 보통주 발행주식수는 몇 주이었으며, 주주들에게 무상으로 분배하는 주식은 몇 주인가?

(2) 위의 무상증자에 대해 안산기업(주)이 실시해야 하는 분개는?

(3) 2×21년 4/30일 당시 안산기업(주)의 주식가격(1주당)이 ₩30,000이었다면, 무상증자 직후에 주가는 얼마로 변화하겠는가?

(4) 2×21년 9/1일의 액면분할 후에 안산기업(주)의 발행주식수는 몇 주가 되는가?

(5) 위의 액면분할에 대해 안산기업(주)이 실시해야 하는 분개는?

(6) 2×21년 8/31일 당시 안산기업(주)의 주가가 ₩24,000이었다면, 액면분할 직후에 주가는 얼마로 변화하겠는가?

(7) 위의 무상증자와 액면분할이 있은 후에 자본항목들의 금액은 어떻게 변화하는가? 아래의 빈칸에 적절한 금액을 기입하라.

자 본		
납입자본:	보통주자본금	(　　　)
	주식발행초과금	(　　　)
이익잉여금:	이익준비금	(　　　)
	미처분이익잉여금	(　　　)
자본 총계		(　　　)

[11-11] 주식배당, 무상증자 및 액면분할의 비교

다음은 주식배당, 무상증자 및 액면분할의 유사점과 차이점을 정리한 표이다. 아래의 각 빈칸에 '증가, 무변화, 감소' 중의 하나를 적절히 기입하라.

	주당액면금액	발행주식수	자본금	주식발행초과금	이익잉여금	자본 총액
주식배당	(　　)	(　　)	(　　)	(　　)	(　　)	(　　)
무상증자	(　　)	(　　)	(　　)	감소	감소	(　　)
액면분할	감소	증가	(　　)	무변화	무변화	무변화

[11-12] 자기주식의 취득

남원기업(주)의 2×20년 8/31일 현재 보통주자본금은 ₩5,000,000이고 주당 액면금액은 ₩5,000이다. 남원기업(주)은 2×20년 9/1일에 주당 ₩12,000씩 지급하고 자사주 100주를 취득하였다.

물음

(1) 9/1일의 자기주식 취득을 분개하라.

(2) 자기주식 취득으로 인해 남원기업(주)의 자산 총액은 ₩(　　　　)만큼 [증가, 감소]하였고, 자본 총액도 ₩(　　　　)만큼 [증가, 감소]하였다. (　　　　)에 알맞은 금액을 기입하고 [　]에서 올바른 것을 각각 고른다면?

(3) 자기주식 취득 후에 남원기업(주)의 유통주식수는 몇 주인가?

(4) 남원기업(주)은 연말 현재 위의 자기주식을 보유하고 있다. 이 자기주식은 2×20년 말 재무상태표에서 자본의 [가산항목, 차감항목]으로 표시된다. [　]에서 올바른 것을 고른다면?

[11-13] 주당순이익

결산일이 12/31일인 강촌기업(주)의 2×20년도 당기순이익은 ₩3,300,000이다. 2×20년 초에 보통주 발행주식수는 10,000주(주당 액면금액 ₩5,000)였고, 비참가적 우선주 발행주식수는 1,000주(주당 액면금액 ₩5,000)였다. 자기주식 보유는 없었고, 우선주에 대한 약정배당률은 액면금액의 6%이다. 다음은 2×20년 중의 주식수 변동에 관한 자료이다.

- 7/1일: 유상증자를 실시하여 보통주 발행주식수가 15,000주로 증가
- 9/1일: 자기주식(보통주) 3,000주 취득

물음

(1) 강촌기업(주)의 2×20년도 당기순이익 중에서 보통주에 귀속되는 금액은 얼마인가?

(2) 2×20년도의 가중평균 보통주 유통주식수는 몇 주인가?

(3) 2×20년도 주당순이익은 얼마인가?

[11-14] 자본변동표

다음은 여수기업(주)의 2×20년도 자본변동표인데 미완성 상태이다. 아래의 추가 자료를 이용하여 자본변동표를 완성하되 무상증자도 자본변동표에 표시하라.

자본변동표

여수기업(주) 2×20년 1월 1일~2×20년 12월 31일

	자본금	주식발행초과금	이익잉여금	기타자본요소	총 계
기초: 2×20/1/1	₩4,000,000	₩3,000,000	₩1,200,000	₩0	₩8,200,000
기말: 2×20/12/31					

〈추가 자료〉 2×20년 중에 자본항목을 변동시킨 거래는 다음과 같다.

① 3/12일: 주주총회에서 2×19년도 현금배당 ₩300,000 지급을 결의하고, 이익준비금 ₩100,000 적립도 결의하였다.

② 5/20일: 유상증자를 하여 보통주 100주를 주당 ₩8,000(주당 액면금액 ₩5,000)에 발

행하고 납입받았다.

③ 7/15일: 주식발행초과금 ₩1,000,000을 재원으로 무상증자를 실시하였다.

④ 9/15일: 자기주식 20주를 주당 ₩7,500에 취득하였다.

⑤ 2×20년도의 당기순이익은 ₩1,000,000이다.

[11-15] 종합문제

백제기업(주)의 2×20년 말 재무상태표의 자본 부분은 다음과 같다.

부분재무상태표

백제기업(주) 2×20년 12월 31일

자 본		
납입자본: 보통주자본금*		₩3,000,000
주식발행초과금		2,000,000
이익잉여금: 이익준비금	500,000	
배당평균적립금	300,000	
미처분이익잉여금	800,000	1,600,000
기타자본요소: 자기주식		(200,000)
자본 총계		₩6,400,000

* 주석사항: 주당 액면금액 ₩5,000, 발행주식수 600주

2×21년 중에 발생한 백제기업(주)의 자본 관련 거래는 다음과 같다.

① 3/10일: 주주총회에서 다음의 이익잉여금 처분안을 의결하였다.
- 배당평균적립금 이입: ₩200,000
- 이익준비금 적립: ₩150,000
- 2×20년도 이익배당: 현금배당 ₩500,000 및 주식배당 ₩300,000
(결의 직후에 현금을 지급하고 보통주를 교부하였다.)

② 5/15일: 보통주 300주를 주당 ₩12,000에 발행하고 납입받았다. 주식발행과정에서 주식발행비 ₩100,000을 지급하였다.

③ 8/20일: 주식발행초과금 ₩2,000,000을 자본금으로 전입하여 400주를 발행하였다.

④ 9/15일: 자기주식 10주를 주당 ₩11,000씩 지급하고 취득하였다.

⑤ 2×21년도에 당기순이익 ₩900,000이 발생하였다.

물음

(1) 위의 자본 관련 거래 ①~⑤를 각각 분개하라.

(2) 2×21년 12/31일 재무상태표의 자본 부분을 앞의 형태로 작성하라.

(3) 2×21년도 자본변동표를 작성하라. 단, 납입자본은 자본금과 주식발행초과금으로 구분 표시하고, 주식배당과 무상증자도 자본변동표에 표시하라.

제12장

금융자산 투자와 기업간 투자

본장은 제3부의 마지막 장으로서, 금융자산인 유가증권을 매수하는 '투자기업' 입장에서의 회계주제들을 다룬다. 기업이 취득한 유가증권은 그 보유 목적에 따라 단기매매금융자산, 장기투자채권, 장기투자주식, 관계기업투자주식 등으로 분류된다. 이들 유가증권은 보유 특성이 서로 다르기 때문에 회계처리방법도 다르다. 본장에서는 각 분류의 유가증권에 대하여 취득(매수), 투자수익 수취, 기말평가 그리고 처분의 회계처리와 재무제표 표시 방법을 설명한다.

*** 본장에서 다루는 재무제표 항목:**

재 무 상 태 표	
자 산	**부 채**
유동자산	유동부채
• 단기매매금융자산 (금융회사의 경우)	비유동부채
비유동자산	**자 본**
• 장기투자채권 • 장기투자주식 • 관계기업투자주식	기타포괄손익누계액: • 장기투자주식평가손익
자산 총계	부채와 자본 총계

포 괄 손 익 계 산 서

영업수익 · 영업비용(금융회사의 경우)

- 이자수익, 배당금수익
- 수수료비용
- 단기매매금융자산평가손익
- 단기매매금융자산처분손익

기타수익 · 기타비용

- 배당금수익
- 투자자산처분손익

금융수익(비금융회사의 경우)

- 이자수익

……

지분법손익

……

당기순이익

기타포괄손익

- 장기투자주식평가손익

포괄이익

금융자산의 회계상 분류 제1절

금융자산(financial assets)이란 실물자산(physical assets)(예: 재고자산, 유형자산)과 대비되는 자산개념으로서, 현금, 타실체의 지분증권에 대한 투자, 타실체로부터 현금이나 다른 금융자산을 수취할 수 있는 계약상 권리 등을 총칭하며, **유가증권**(securities)은 금융자산의 전형적 형태의 하나이다. 본장에서는 기업이 금융자산인 유가증권에 투자한 경우, 즉 유가증권을 매수한 '투자기업' 입장에서의 회계주제들을 다룬다. 이에 비하여 제10장(사채발행)과 제11장(주식발행)에서는 증권 발행기업 입장에서의 회계주제들을 다루었다.

1.1 기업이 유가증권을 취득(매수)하는 목적

유가증권은 형태상 채무증권과 지분증권으로 분류된다. **채무증권**(debt securities)(예: 사채, 국채, 공채)은 증권발행자가 미래의 만기일에 일정금액을 상환하여야 하는 의무를 나타내는 부채형 증권이다. 이에 비하여 **지분증권**(equity securities)은 (증권발행자가 회사기업인 경우) 발행기업의 소유주지분을 나타내는 증권이며, **주식**(stocks)이 대표적인 지분증권이다.

기업들이 유가증권을 취득(매수)하는 목적은 다음의 여러 가지가 있다.

첫째, 많은 기업들은 영업활동에 필요하지 않은 여유현금(excess cash)이 있을 경우 이를 안정적으로 증식하기 위하여(즉, 이자수익을 얻기 위하여) 타실체가 발행한 채무증권(예: 사채, 국채, 공채)에 투자한다. 즉, 타실체가 발행한 채무증권을 매수하여 보유한다.

둘째, 금융회사(예: 은행, 종금사)의 경우에는 유가증권의 단기매매에서 차익을 얻으려는 목적으로 주식 또는 채권의 매입·매도거래를 한다. 이러한 유가증권 매매거래는 금융회사가 수행하는 영업활동의 일부이다.

셋째, 기업에 따라서는(예: 재벌그룹의 계열회사들), 배당이나 주가상승에 따른 투자수익 실현보다는, 어떤 전략적 목적에서 타기업이 발행한 주식을 매수하여 장기간 보유하기도 한다.

넷째, 일부 기업들은, 단순히 여유자금을 증식하려는 차원이 아니라, 적극적으로 타기업의 영업(operations)에 거액을 투자하기 위하여 그 기업이 발행한 주식을 대량 매수해서 장기간 보유한다.

1.2 금융자산의 분류

유가증권은 형태상 채무증권(debt securities)과 지분증권(equity securities)으로 분류되지만, 「한국채택국제회계기준」(기업회계기준서 제1109호)은 유가증권을 포함한 금융자산을 〈표 12-1〉과 같이 분류한다. 여기서 **채무상품**(debt instruments)은 **채권형 금융자산**을 의미하며[1], 이는 타실체가 발행한 채무증권(회사채 등)은 물론, 채무증권처럼 원금과 이자를 지급받을 수 있는 계약상 권리인 수취채권, 대출채권, 금융기관예치금 등을 포함한다. **지분상품**(equity instruments)은 지분증권(주식 등)과 같은 **지분형 금융자산**을 의미한다.

(1) 채무상품(채권형 금융자산)에 대한 투자

〈표 12-1〉에서 보는 바와 같이, 회계상 채무상품(채권형 금융자산)에 대한 투자(investments in debt instruments)는 최초 인식 후 **상각후원가로 측정하는 금융자산**, **당기손익-공정가치(FVPL)로 측정하는 금융자산**, **기타포괄손익-공정가치(FVOCI)로 측정하는 금융자산**의 세 가지 범주로 분류된다.[2] 여기서 '당기손익-공정가치(FVPL) 측정'은 회계기말에 금융자산을 공정가치로 측정하고 그 공정가치 변동(평가손익)을

1) 채무상품은 금융상품(financial instruments)의 '발행자'(issuer) 관점에서 사용되는 표현이다. 채무상품(금융상품)을 매수하는 '투자자' 관점에서 보면 채무상품은 채권형 금융자산이 된다.
2) FVPL = fair value through profit or loss
FVOCI = fair value through other comprehensive income

표 12-1
금융자산 투자 및 기업간 투자의 분류

분 류			포함범위		금융자산의 보유 목적 및 의미
			채무증권	지분증권	
채무상품에 대한 투자	상각후 원가 측정	투자채권	0	–	계약상 현금흐름의 수취가 목적인 사업모형 하에서 금융자산을 보유하고, 계약상 현금흐름은 원금과 이자만으로 구성되어 있는 경우(채무증권, 수취채권, 대출채권, 금융기관예치금 등)
		수취채권, 대출채권 등	–	–	
	FVOCI 측정	투자채권 등	0	–	계약상 현금흐름 수취와 금융자산 매도 둘 다가 사업모형 목적 달성에 필수적이고, 계약상 현금흐름은 원금과 이자만으로 구성되어 있는 경우
	FVPL 측정	단기매매증권 등	0	–	위 사업모형 이외의 경우(적극적 매수와 매도를 통한 현금흐름 실현 목적으로 자산을 관리)와 계약상 현금흐름이 원금과 이자만이 아닌 경우
지분상품에 대한 투자	FVPL 측정	단기매매증권 등	–	0	단기매매목적 또는 그밖의 목적으로 지분증권을 매수하여 보유하는 경우
	FVOCI 측정	투자주식	–	0	단기매매목적이 아닌 목적으로 지분증권을 매수하고 FVOCI 측정방법 선택한 경우
타기업에 대한 대규모 투자	관계기업 투자		–	0	타기업의 의결권 있는 주식을 20% 이상(50% 이하) 매수하여 보유함으로써 그 기업에 중대한 영향력을 행사할 수 있는 경우의 그 투자주식
	종속기업 투자		–	0	타기업의 의결권 있는 주식을 50% 넘게 보유하거나 지분율이 50% 이하이더라도 그 기업을 실질적으로 지배하는 경우의 그 투자주식

* FVPL = fair value through profit or loss(공정가치로 측정하고 공정가치 변동을 당기손익으로 인식)
FVOCI = fair value through other comprehensive income(공정가치로 측정하고 공정가치 변동을 기타포괄손익으로 인식)

당기손익으로 인식함을 의미한다. '기타포괄손익-공정가치(FVOCI) 측정'은 회계기말에 금융자산을 공정가치로 측정하고 그 공정가치 변동(평가손익)을 기타포괄손익으로 인식함을 의미한다. **공정가치**(fair value)란 시장참여자 사이의 정상적인 거래에서 당해 자산을 매도할 때 수취할 수 있는 가격을 의미한다.

● 상각후원가로 측정하는 금융자산

기업이 채무상품(debt instruments, 채권형 금융자산)에 투자한 경우 그 금융자산을 분류하는 기준은 당해 금융자산을 관리하는 **사업모형의 목적**과 당해 금융자산의 **계약상 현금흐름의 특성**이다.[3] 다음의 두 가지 조건이 모두 충족되면 당해 금융자산은 '상각후원가 측정 금융자산'으로 분류하고 회계기말에 상각후원가로 측정한다.

(i) **계약상 현금흐름의 수취가 목적**인 사업모형 하에서 금융자산을 보유하고,
(ii) 금융자산의 계약조건에 따라 발생하는 현금흐름은 **원금과 이자만으로 구성**되어 있다.

위의 두 가지 조건을 모두 충족하는 **투자채권**(예: 기업이 사채, 국채에 장기투자한 것)은 회계기말에 상각후원가로 측정한다. **상각후원가**(amortised cost)란 당해 금융자산의 최초 인식금액과 만기금액의 차액에 **유효이자율법**(effective interest method)을 적용하여 계산한 상각누계액을 최초 인식금액에 가감한 금액을 말한다. 이 개념은 제10장(비유동부채)에서 사채할인발행차금을 상각하여 사채 장부가액(이는 상각후원가에 해당함)을 측정할 때 소개한 바 있으며, 뒤의 제3절에서 다시 자세히 설명될 것이다.

유가증권은 아니지만, 제7장에서 설명한 금융기관예치금(예금 등 금융자산 투자상품), 수취채권, 금융회사의 대출채권 등도 타실체로부터 현금을 수취할 수 있는 계약상 권리이므로 이러한 항목들 역시 금융자산에 속한다. 따라서 위의 두 가지 조건이 충족되는 한 이러한 금융자산 항목들도 회계기말에 상각후원가로 측정한다.

● FVOCI 측정 금융자산

계약상 현금흐름의 수취('수취목적')와 **금융자산의 매도**('매도목적') 둘 다가 사업모형의 목적을 달성하는 데 필수적인 경우에는 당해 금융자산은 '기타포괄손익-공정가치(FVOCI) 측정 금융자산'으로 분류하고 회계기말에 FVOCI(기타포괄손익-공정가치)로 측정한다. 이 경우에도 계약상 현금흐름은 원금과 이자의 지급만으로 구

---

3) 사업모형은 기업이 현금흐름을 창출하기 위해 금융자산을 관리하는 방식을 의미한다.

성되어 있어야 한다.

● FVPL 측정 금융자산

위의 두 가지 이외의 사업모형으로 관리하는 금융자산(채무상품 투자)은 회계기말에 FVPL(당기손익-공정가치)로 측정한다. 즉, 기업이 매도를 통한 현금흐름의 실현을 목적으로 적극적인 매수와 매도활동을 하는 경우이거나 계약상 현금흐름이 원금과 이자의 지급만으로 구성되어 있지 않은 경우에는 당해 금융자산은 회계기말에 FVPL로 측정한다.

(2) 지분상품(지분형 금융자산)에 대한 투자

타기업에 대한 대규모 투자가 아닌 경우, 지분상품(지분형 금융자산)에 대한 투자(investments in equity instruments)는 기업이 단기매매목적으로 보유하는 경우와 그 이외의 경우로 나누어 볼 수 있다. **단기매매목적**으로 보유하는 금융자산은 항상 회계기말에 **FVPL(당기손익-공정가치)로 측정**한다. 금융회사(예: 은행, 종금사)는 영업활동의 일환으로 유가증권의 단기매매를 하기 때문에, 단기매매금융자산을 보유하는 기업은 주로 금융회사이고, 상품매매기업이나 제조기업이 유가증권의 단기매매를 하는 경우는 드물다.

단기매매목적으로 보유하는 지분증권 투자가 아니더라도 이를 FVPL(당기손익-공정가치)로 측정할 수 있다. 그러나 기업이 **전략적 목적에서 보유**하는 지분증권 투자(타기업이 발행한 주식을 매수한 것)에 대해서는 당해 기업의 선택에 의해 그 투자주식을 **FVOCI(기타포괄손익-공정가치)로 측정**할 수 있다. 당해 기업은 그 투자주식의 최초 인식시점에서 그러한 선택을 하여야 하며, 한 번 선택하면 이를 취소할 수 없다.

기업들은 배당과 주가상승에 따른 투자수익 실현보다는 어떤 전략적 목적에서 타기업의 주식을 장기간 보유하기도 하는데, 예를 들면, 기업집단(재벌)에 속하는 계열회사들의 경우 경영권 확보 등을 위해 어느 계열회사가 타계열회사의 주식을 매수하여 장기간 보유한다.

실무에서 상장기업이 재무제표 작성시 채무증권 투자 및 지분증권 투자를 분류하는 사례를 소개하면 아래와 같다. 아래는 자동차 판매회사인 기아(주)의 2022년도 재무제표 주석 내용이다.

공시 사례 기아(주)의 2022년도 재무제표 주석에 공시된 내용

6. 기타금융자산

(중략)

(3) 당기말과 전기말 현재 지분증권의 내역은 다음과 같습니다.

(단위: 백만원)

구 분	당기말			전기말
	지분율(%)	취득원가	장부금액	장부금액
시장성 있는 지분증권(기타포괄손익-공정가치 측정):				
현대위아(주)	13.44	237,510	180,690	291,955
현대차증권(주)	4.54	29,574	13,076	17,765
기 타		280,343	125,157	186,466
소 계		547,427	318,923	496,186
시장성 없는 지분증권(기타포괄손익-공정가치 측정):				
ANI Technologies Pvt. Ltd.	0.85	69,736	69,706	74,321
기 타		92,912	107,384	121,121
소 계		162,648	177,090	195,442

(4) 당기말과 전기말 현재 채무증권의 내역은 다음과 같습니다.

(단위: 백만원)

구 분	당기말		전기말
	취득원가	장부금액	장부금액
채무증권(상각후원가 측정):			
국민주택채권 외	23,276	23,276	22,332
채무증권(당기손익-공정가치 측정):			
산업금융채 외	5,926,588	5,980,332	1,511,568

(3) 타기업에 대한 대규모 투자

타기업에 대한 대규모 투자(즉, 타기업이 발행한 주식을 대량 매수)에 대하여는 투자기업(investor)이 피투자기업(investee)의 경영을 지배(control)하는가에 따라 관계기업 투자와 종속기업 투자로 구분할 수 있다.

투자기업이 피투자기업의 의결권 있는 주식(보통주)을 20% 이상(50% 이하) 취득 · 보유함으로써 그 피투자기업에 중대한 영향력을 행사할 수 있는 경우의 지분증권 투자는 **관계기업 투자**(investments in associates)로 분류한다. 채무증권은 주식이 아니므로 관계기업 투자로 분류될 수 없다. 여기서 중대한 영향력(significant influence)이란 피투자기업의 영업정책과 재무정책에 관한 의사결정에 참여할 수 있는 능력을 말하며, 투자기업이 피투자기업의 의결권 있는 주식의 20% 이상을 보유하고 있으면 그 피투자기업에 중대한 영향력을 행사할 수 있다고 본다.

관계기업 투자는 사실상 타기업의 영업(operations)에 거액을 투자하는 것이기 때문에 이 투자에 대해서는 '지분법'(equity method)이라는 특별한 회계방법을 적용한다. 이 회계방법은 뒤의 제4절에서 자세히 설명될 것이다.

제6장에서 설명한 바와 같이, **종속기업 투자**(investments in subsidiaries)는 타기업이 발행한 의결권 있는 주식을 아주 많이 보유함으로써 그 피투자기업의 경영을 지배(control)할 수 있는 경우를 말한다. 이때 투자기업인 **지배기업**은 종속기업의 재무제표를 결합하여 **연결재무제표**를 작성하여야 한다. 연결재무제표를 작성할 때 지배기업의 투자계정은 종속기업의 자본계정과 상계되기 때문에 연결재무상태표에는 종속기업 투자라는 자산항목은 나타나지 않는다. 이러한 연결재무제표 작성절차는 고급회계 교과에서 자세히 학습하게 될 것이다.

다음 절 이하에서는 위의 각 금융자산과 관계기업 투자에 관한 회계주제들을 구체적으로 다룬다. 다만, 금융기관예치금(예금 등 금융자산 투자상품)과 수취채권에 관한 회계주제들은 제7장에서 설명하였으므로 본장에서 다시 다루지 않는다.

제2절 지분상품에 대한 투자

타기업에 대한 대규모 지분투자가 아닌 경우, 지분상품에 대한 투자(investments in equity instruments)는 단기매매목적으로 지분증권을 보유하는 경우와 그 이외의 경우로 나누어 볼 수 있다. 아래에서는 FVPL(당기손익-공정가치)로 측정하는 단기매매증권과 FVOCI(기타포괄손익-공정가치)로 측정하는 투자주식으로 나누어 설명한다.

2.1 FVPL 측정 금융자산

FVPL로 측정하는 단기매매금융자산(held for trading)은 기업이 단기간의 매매차익을 얻기 위하여 취득한 금융자산이다. 단기매매는 일반적으로 매수와 매도가 적극적이고 빈번하게 이루어지는 것을 말한다.

(1) 단기매매금융자산의 취득

회계에서 단기매매금융자산은 항상 공정가치(fair value)로 측정한다. **공정가치**란 시장참여자 사이의 정상거래에서 자산을 매도할 때 수취할 수 있는 가격을 의미한다. 단기매매금융자산을 취득하는 거래가 독립적인 당사자 사이에서 이루어졌다면 취득시의 공정가치는 거래가격과 동일하다고 볼 수 있다. 예를 들어, 2×20년 10월 30일에 여의은행(주)이 단기 매매차익을 목적으로 현대자동차(주) 주식 3,000만원을 매수하고 거래수수료(증권사 수수료) 10만원도 함께 지급했다고 하자. 여기서 매수한 거래가격은 3,000만원이다. 거래수수료 10만원은 단기매매금융자산의 취득가액에 가산하지 않고 영업비용으로 처리한다. 따라서 다음과 같이 매수한 거래가격(공정가치)을 이용하여 단기매매금융자산의 취득을 기록한다(단위: 만원).

(차)	단기매매금융자산	3,000	(대) 현 금	3,010
	수수료비용	10	(또는 당좌예금)	

가상 재무상태표 (2×20/10/30)

유동자산:		
단기매매금융자산	3,000	

가상 포괄손익계산서 (2×20년도)

영업비용:	
수수료비용	10

● 투자수익의 수취

기업이 유가증권을 매수해서 보유하면 증권발행자로부터 이자(채무증권인 경우) 또는 이익배당금(지분증권인 경우)을 받게 된다. 예를 들어, 2×20년 12월 31일에 여의은행(주)이 현대자동차(주) 주식과 관련하여 배당금 150만원을 현금으로 받았다면, 다음과 같이 분개한다.

(차)	현 금	150	(차) 배당금수익	150

가상 포괄손익계산서 (2×20년도)

영업수익:	
배당금수익	150
영업비용:	
수수료비용	10

여의은행(주)과 같은 금융회사에서는 단기매매금융자산의 취득 및 보유는 주된 영업활동의 일부이다. 따라서 단기매매금융자산에서 발생하는 **이자수익**과 **배당금수익**은 여의은행(주)의 포괄손익계산서에서 '영업수익'으로 표시된다.

(2) 단기매매금융자산의 후속측정(기말평가)

단기매매증권은 증권시장에서 거래되는 유가증권이므로 매일 시장가격(줄여서 '시가', market price)이 형성되고 이 시장가격은 공정가치에 해당한다. 따라서 회계 기말에도 시장가격으로 단기매매증권을 평가하여야 한다.

이와 같이 기말에 공정가치 평가를 하면, **단기매매금융자산 평가이익** 또는 **단기매매금융자산 평가손실**이라는 손익항목이 나타나게 된다. 이러한 평가손익도 여의은행(주)의 포괄손익계산서에서 영업수익 또는 영업비용으로 표시된다.

예를 들어, 2×20년 말에 앞의 여의은행(주)이 보유한 현대자동차(주) 주식의 시가가 3,200만원이라고 가정하자. 그러면 여의은행(주)이 보유한 단기매매금융자산의 기말 공정가치는 3,200만원이다. 따라서 단기매매금융자산 가액을 200만원(=3,200−3,000) 높이고(차변), 동시에 200만원의 단기매매금융자산 평가이익을 인식하는(대변) 기말 수정분개를 실시한다.

(차) 단기매매금융자산 200 (대) 단기매매금융자산평가이익 200

재무상태표 (2×20/12/31)		
유동자산:		
단기매매금융자산	3,200	

포괄손익계산서 (2×20년도)	
영업수익:	
배당금수익	150
단기매매금융자산평가이익	200
영업비용:	
수수료비용	10

(3) 단기매매금융자산의 처분

단기매매금융자산을 매각처분하면 처분손익이 발생한다. 처분손익은 처분대가와 처분 당시 장부가액의 차이로 계산한다. 이는 제9장에서 설명한 유형자산 처분의 경우와 유사하다. 단기매매금융자산 처분에 부대비용이 소요되면 **처분대가는 부대비용을 차감한 순액**으로 측정한다.

단기매매금융자산 처분손익 = 처분대가 − 처분 당시의 장부가액

예를 들어, 앞에서 논의한 여의은행(주)이 2×21년 1월 15일에 현대자동차(주) 주식을 3,300만원에 처분하고, 거래수수료 10만원을 지급했다고 하자. 그러면 거래수수료를 차감한 3,290만원을 처분대가로 받은 셈이다. 처분 당시에 단기매매금융자산의 장부가액은 3,200만원으로 기록되어 있다(위의 2×20년 말 재무상태표 참

조). 따라서 **단기매매금융자산 처분이익** 90만원(=3,290−3,200)이 발생한다.

위의 처분을 분개하면, 현금 3,290만원의 유입을 기록하고(차변), 단기매매금융자산 3,200만원을 계정에서 제거하고(대변), 단기매매금융자산 처분이익 90만원을 인식한다(대변).

(차) 현 금	3,290	(대) 단기매매금융자산	3,200
		단기매매금융자산처분이익	90

가상 재무상태표 (2×21/1/15)	가상 포괄손익계산서 (2×21년도)	
유동자산:	영업수익:	
단기매매금융자산 → 0이 되어 없어짐	단기매매금융자산처분이익	90

여의은행(주)과 같은 금융회사에서는 단기매매금융자산의 취득 및 처분은 주요 영업활동의 일부이다. 따라서 단기매매금융자산의 처분손익은 여의은행(주)의 포괄손익계산서에서 영업수익 또는 영업비용으로 표시된다.

만약 여의은행(주)이 위의 단기매매금융자산을 모두 3,100만원(거래수수료 차감 후)에 처분하였다면 **단기매매금융자산 처분손실** 100만원(=3,100−3,200)이 발생할 것이고, 이때의 분개는 다음과 같다.

(차) 현 금	3,100	(대) 단기매매금융자산	3,200
단기매매금융자산처분손실	100		

2.2 FVOCI 측정 투자주식

기업은 어떤 전략적 목적에서 타기업의 주식을 취득하여 장기간 보유하기도 한다. 예를 들면, 기업집단(재벌)에 속하는 계열회사들의 경우 경영권 확보 등을 위해 어느 계열회사가 타계열회사의 주식을 매수하여 장기간 보유한다. 이 경우 당해 기업은 그 투자주식(타기업의 주식을 매수한 것)을 회계기말에 FVOCI(기타포괄손익-공정가치)로 측정할 수 있다. 다만, 당해 기업은 그 투자주식의 최초 인식시점에서 그러한 선택을 해야 하며, 한 번 선택하면 이를 취소할 수 없다.

(1) FVOCI 측정 투자주식의 취득

FVOCI 측정 투자주식을 취득할 때에는 그 매수가격(공정가치)과 취득부대비용이 모두 취득원가에 포함된다. 「한국채택국제회계기준」은 FVPL 측정 금융자산(단기매매금융자산) 이외의 금융자산에 대하여는 취득시에 취득부대비용(거래비용)을 취득가액에 포함시키도록 규정하고 있다.

예를 들어, 수원기업(주)이 2×20년 5월 1일에 안산기업(주)의 주식을 5,000만원(취득부대비용 포함)에 취득하고 이를 FVOCI 측정 투자주식으로 분류하기로 결정하였다고 하자. 그러면 수원기업(주)은 다음의 분개를 한다.

(차) 장기투자주식 (또는 FVOCI 투자주식)	5,000	(대) 현 금	5,000

가상 재무상태표 (2×20/5/1)

비유동자산:		
장기투자주식 (또는 FVOCI 투자주식)	5,000	

위 투자주식을 취득한 이후에 수원기업(주)이 안산기업(주)으로부터 이익배당금을 받으면 **배당금수익**을 인식하는 회계처리를 해야 한다. 이는 앞의 2.1절에서 설명한 회계처리방법을 적용하면 되므로 설명을 반복하지 않는다.

(2) 투자주식의 후속측정(기말평가)

위 투자주식은 최초 인식시점에서 FVOCI 측정 투자주식으로 분류하기로 결정하였으므로, 회계기말에는 **공정가치(시장가격)**로 평가하고 그 **평가손익은 기타포괄손익으로 표시**한다. 예를 들어, 2×20년 말(기말)에 수원기업(주)이 보유한 안산기업(주) 주식의 시가총액이 4,900만원이라고 가정하자. 그러면 취득원가 5,000만원과 비교할 때 100만원의 평가손실이 발생한 것이다. 따라서 수원기업(주)은 투자주식 가액을 100만원 감소시키고(대변) 동시에 장기투자주식 평가손실 100만원을 인식하는(차변) 분개를 실시한다.

(차) 장기투자주식평가손실 100 (대) 장기투자주식 100

단기매매금융자산 평가손익과는 달리, 위 장기투자주식 평가손익은 포괄손익계산서에서 당기순이익에 포함시키지 않고 기타포괄손익으로 표시한다. 이는 「한국채택국제회계기준」에서 규정하고 있는 표시방법인데 그 이유는 다음과 같다. 기업이 전략적 목적으로 보유하는 투자주식은 대체로 거액이어서 주가변동에 따른 평가손익도 큰 금액으로 발생하는 경우가 많다. 그런데 주가는 상승과 하락을 반복하기 때문에 거액의 평가이익과 평가손실이 번갈아 나타난다. 그래서 평가손익을 당기순이익에 포함시키면 그 평가손익 때문에 당기순이익이 크게 변동하게 되므로 당기순이익 정보는 당해 기업의 경영성과(재무성과)를 잘 나타내지 못하게 되고, 이러한 문제를 피하기 위해서는 장기투자주식 평가손익은 당기순이익에 포함시키지 않아야 한다는 것이다.

위와 같이 장기투자주식(FVOCI 측정 투자주식)에 대한 평가손익은 포괄손익계산서에서 당기순이익에 포함시키지 않고(즉, 기타수익 또는 기타비용으로 표시하지 않고) **기타포괄손익**으로 표시한다. 제6장 3절에서 설명한 바와 같이, 기타포괄손익은 당기순이익에 포함되지 않는 손익을 가리킨다. 기타포괄손익은 당기순이익에 포함되지 않으므로 그 금액은 재무상태표에서 이익잉여금에 누적되지 않고 그 대신 자본부분 중 **기타포괄손익누계액**에 누적된다(제11장 2절 참조). 즉, 다음과 같이 자본 부분 중 기타포괄손익누계액에 **장기투자주식 평가손익 누계액**으로 −100만원을 표시한다('평가손실'이므로 괄호로 표시).[4]

재무상태표 (2×20/12/31)

비유동자산:		자 본	
장기투자주식	4,900	기타포괄손익누계액:	
		장기투자주식평가손익 누계액	(100)

포괄손익계산서 (2×20년도)

기타포괄손익:	
장기투자주식평가손실	100

4) 장기투자주식 평가손실 100만원이 평가손익 누계액계정에 누적되는 것은 다음의 분개(기말의 마감분개)를 통해 이루어진다.

(차) 장기투자주식평가손익누계액 100 (대) 장기투자주식평가손실 100

그 후 다시 1년이 지난 2×21년 말에 안산기업(주) 주식의 시가총액이 5,200만원으로 높아졌다고 가정하자. 그러면 전년 말의 장부가액 4,900만원과 비교할 때 300만원의 평가이익이 발생한 것이다. 따라서 장기투자주식을 300만원 증가시키고(차변) 동시에 장기투자주식 평가이익 300만원을 인식하는(대변) 분개를 실시한다.

(차) 장기투자주식	300	(대) 장기투자주식평가이익	300

위의 분개에 의하여 2×21년 말 재무상태표에는 장기투자주식이 공정가치 평가액인 5,200만원(= 4,900+300)으로 표시되고, 아울러 자본 부분의 기타포괄손익누계액에 장기투자주식 평가손익 누계액이 +200만원으로 표시된다.

재무상태표 (2×21/12/31)

차변		대변	
비유동자산:		기타포괄손익누계액:	
장기투자주식	5,200	장기투자주식평가손익 누계액	200

포괄손익계산서 (2×21년도)

기타포괄손익:	
장기투자주식평가이익	300

전년 말에 평가손실 100만원을 인식하였으므로 금년 말의 '누계액 기준'으로는 평가이익이 200만원(=300−100)이다. 따라서 재무상태표의 자본 부분의 기타포괄손익누계액에는 장기투자주식 평가손익 누계액이 +200만원으로 표시된다.[5)]

위 재무상태표를 통해 재무제표이용자들은 누계액 기준으로 평가이익이 200만원 발생하였음을 알 수 있고 동시에 장기투자주식의 취득가액은 5,000만원(=5,200−200)이었다는 사실도 유추할 수 있다.

이상의 논의를 요약하면, FVOCI 측정 투자주식은 회계기말에 공정가치로 평가하여 재무상태표에 표시할 가액을 결정하고, 그 평가손익은 포괄손익계산서에서 기타포괄손익으로 표시한다. 그리고 그 평가손익의 누계액은 재무상태표에서 자본 부분 중 기타포괄손익누계액으로 표시한다.

---

5) 금년도의 평가이익 300만원을 평가손익 누계액계정에 누적시키는 분개는 다음과 같다.

(차) 장기투자주식평가이익	300	(대) 장기투자주식평가손익누계액	300

이 분개에 의해 누계액계정은 대변에 200만원의 잔액(즉, '평가이익')이 있게 된다.

(3) 투자주식의 처분

투자주식 처분의 회계처리를 논의하기 위하여, 2×22년 3월 5일에 수원기업(주)이 위의 FVOCI 측정 투자주식을 5,300만원에 매각처분하였다고 가정하자. 그러면 처분대가와 장부가액의 차이인 처분손익을 인식하여야 한다. 처분손익은 처분대가 5,300만원 − 장부가액 5,200만원 = 100만원이다. 따라서 현금 5,300만원의 유입을 기록하고(차변), 장기투자주식 5,200만원을 계정에서 제거하고(대변), 투자자산처분이익 100만원을 인식하는(대변) 분개를 실시한다.

(차)	현 금	5,300	(대) 장기투자주식	5,200
			투자자산처분이익	100

가상 재무상태표 (2×22/3/5)	
비유동자산:	
장기투자주식 ⟶ 0이 되어 없어짐	

가상 포괄손익계산서 (2×22년도)	
기타수익:	
투자자산처분이익	100

제3절 채무상품에 대한 투자

기업들은 여러 목적으로 채무상품(채권형 금융자산)에 투자한다. 즉, 타실체가 발행한 채무증권(사채, 국채, 공채 등)을 매수하여 보유한다. 기업이 채무증권에 투자한 경우 그 금융자산은 당해 금융자산을 관리하는 사업모형의 목적과 당해 금융자산의 계약상 현금흐름의 특성에 따라 세 가지 범주(회계기말에 상각후원가로 측정하는 금융자산, FVOCI로 측정하는 금융자산, FVPL로 측정하는 금융자산)로 분류된다. 아래에서 각 범주의 금융자산에 대하여 자세히 설명한다.

3.1 상각후원가 측정 금융자산

(1) 금융자산의 취득과 유효이자율 계산

기업이 타실체가 발행한 채무증권에 투자한 경우 다음의 두 가지 조건이 모두 충족되면 그 금융자산은 '상각후원가 측정 금융자산'으로 분류하고 회계기말에 **상각후원가**(amortised cost)로 측정한다.

(i) **계약상 현금흐름의 수취가 목적**인 사업모형 하에서 금융자산을 보유하고,
(ii) 금융자산의 계약조건에 따라 발생하는 현금흐름은 **원금과 이자만으로 구성**되어 있다.

예를 들어, 대전기업(주)이 영업활동에 필요하지 않은 여유현금(excess cash)이 있어 이를 안정적으로 증식하기 위해(즉, 안정적으로 이자수익을 얻기 위해) 사채 신용등급이 BBB+인 다음의 사채를 ₩95,024에 취득하였다고 하자.[6] 이 경우 대전기업(주)은 계약상 현금흐름(원금, 이자)의 수취를 목적으로 사채를 취득하였고 계약상 현금흐름은 원금과 이자만으로 구성되어 있다. 따라서 대전기업(주)은 이 금융자산을 상각후원가 측정 금융자산으로 분류한다.

• 사채 취득일: 2×20년 1월 1일	• 발행기업: 진주기업(주)
• 액면금액: ₩100,000	• 액면이자율: 연 8%
• 잔여만기: 3년 남음	• 이자지급: 매년 말에 지급
• 사채등급: BBB+	

사채의 취득가액 ₩95,024는 사채의 시장가격과 취득부대비용(예: 증권사 수수료)을 포함한 금액이며, 현금을 지급하고 사채를 취득했다고 가정하자. 그러면 대전기업(주)은 이 금융자산의 취득을 다음과 같이 분개한다.

6) 신용평가기관에서 평가한 사채 신용등급이 BBB− 이상이면 '투자적격등급'에 속한다.

(차) 장기투자채권 95,024 (대) 현 금 95,024

가상 재무상태표 (2×20/1/1)

비유동자산:	
장기투자채권 95,024	

● **유효이자율 계산**

그런데 대전기업(주)은 몇 %의 연 투자수익률(이는 '만기수익률'이라고도 부른다)을 얻으려고 위의 사채를 ₩95,024에 취득하였을까? 액면이자율 8%는 대전기업(주)이 얻고자 하는 투자수익률이 아님은 분명하다. 왜냐하면, 대전기업(주)은 액면금액보다 적게 지급하고 매수하였기 때문이다. 위의 사채 매수에 대한 투자수익률(만기수익률), 즉 유효이자율은 사채에 대한 투자액(취득가액)에 기초하여 계산하여야 한다. 이는 사채 할인발행시의 유효이자율 계산방법(즉, 사채발행비가 있을 경우의 유효이자율 계산방법, 제10장 3.4절 참조)과 같으며, 유효이자율을 미지수(r)로 놓고 다음의 방정식을 풀면 된다.

$$95{,}024 = \frac{8{,}000}{(1+r)} + \frac{8{,}000}{(1+r)^2} + \frac{8{,}000}{(1+r)^3} + \frac{100{,}000}{(1+r)^3}$$

위에서 ₩95,024는 사채에 대한 투자액인 취득가액이고, 분자의 ₩8,000은 약정된 연간 현금이자(=액면금액×액면이자율)이며, ₩100,000은 3년 후 만기일에 받을 액면금액이다(제10장 3절 참조). 위의 방정식을 풀면, $r = 10\%$로 산출된다. 이 유효이자율 10%는 사채 매수기업의 투자수익률이므로 아래에서 사채에 대한 이자수익을 계산하는 데 사용된다.

(2) 이자수익의 인식과 기말평가

상각후원가 측정 금융자산에 대해서는 기말에 이자수익을 인식하는 동시에 장부가액도 수정해야 한다. 이자수익을 계산하는 방법은 제10장 3.4절에서 설명한 사채 이자비용 계산방법과 동일하다. 즉, 다음의 유효이자율법(effective-interest method)을 적용하여 이자수익을 계산한다.

> **유효이자율법에 의한 이자수익 계산:**
> 이자수익 = 기초시점의 금융자산 장부가액 × 유효이자율

유효이자율법을 적용하여 당해 금융자산의 연도별 이자수익과 기말 장부가액을 계산하면 아래의 표와 같다. 아래의 표에서 「현금이자 수취액=액면금액×액면이자율」이다.

1 1차 연도의 이자수익 인식과 기말평가: 1차 연도인 2×20년 말에 인식할 연간 이자수익 발생액은 금융자산의 취득가액 ₩95,024에 유효이자율 10%를 곱한 금액인 ₩9,502이다(아래의 이자수익계산표 참조). 이에 비하여 대전기업(주)이 받는 현금이자는 ₩8,000이다. 따라서 이자수익 발생액과 현금수취액의 차이인 ₩1,502은 (현금으로 받지 않았으므로) 사채발행기업에 **'재투자'**되었고, 그 결과 1차 연도 말 현재 금융자산의 가치는 취득시점에 비하여 ₩1,502만큼 높아졌다. 이는 사채 할인발행에 대한 회계처리에서 할인발행차금을 상각하여(즉, 감소시켜) 사채 장부가액을 높이는 것(즉, 부채의 증가)과 동일한 논리이다(제10장 3.4절 참조). 따라서 대전기업(주)은 1차 연도 말에 다음의 분개를 실시한다.

(차)	현 금	8,000	(대) 이자수익	9,502
	장기투자채권	1,502		

일 자	이자수익 발생액(A)	현금 수취 (B)	장부가액의 증가(C)	장부가액 (D)
	기초 D×10%	100,000×8%	A−B	기초 D+C
사채 취득일: 2×20/1/1	−	−	−	95,024*
1차 연도 말: 2×20/12/31	9,502	8,000	1,502	96,526
2차 연도 말: 2×21/12/31	9,653	8,000	1,653	98,179
3차 연도 말: 2×22/12/31	9,821**	8,000	1,821	100,000

* 금융자산의 취득가액임.

** 계산과정의 반올림으로 인한 차이를 조정하기 위해 마지막 연도의 이자수익은 액면금액(₩100,000)과 기초 장부가액(₩98,179)의 차이인 ₩1,821에 현금이자 ₩8,000을 더한 것으로 계산함.

위의 기말분개에 의해 기말 재무상태표에는 장기투자채권이 취득가액 ₩95,024보다 ₩1,502 증가한 ₩96,526으로 표시되고, 포괄손익계산서에는 ₩9,502의 이자수익이 계상된다. 여기서 ₩96,526은, 위의 계산표에서 본 바와 같이, 1차 연도 말(2×20년 말)에서의 금융자산 장부가액이다. 그리고 대전기업(주)은 금융회사가 아니므로 이자수익은 포괄손익계산서에서 '금융수익'으로 표시된다.

재무상태표 (2×20/12/31)		포괄손익계산서 (2×20년도)	
비유동자산:		금융수익:	
장기투자채권	96,526	이자수익	9,502

2 2차 연도의 이자수익 인식과 기말평가: 2차 연도인 2×21년 말에 이자수익 발생액을 계산하면, 기초 장부가액 ₩96,526×10% = ₩9,653이다(이자수익계산표 참조). 그리고 2차 연도 말의 현금이자 수취액은 계속 ₩8,000이다. 따라서 ₩1,653(=9,653−8,000)의 이자수익이 사채 발행기업에 '재투자'되었으므로 금융자산 가액을 그만큼 높이고, 이자수익 ₩9,653을 인식하는 분개를 실시한다.

(차)	현 금	8,000	(대) 이자수익	9,653
	장기투자채권	1,653		

재무상태표 (2×21/12/31)		포괄손익계산서 (2×21년도)	
비유동자산:		금융수익:	
장기투자채권	98,179	이자수익	9,653

위와 같이, 2×21년 말 재무상태표에는 장기투자채권 장부가액이 다시 전년 말보다 ₩1,653 증가한 ₩98,179으로 표시되고, 포괄손익계산서에는 ₩9,653의 이자수익이 계상된다.

3 3차 연도의 이자수익 인식과 기말평가: 마지막 3차 연도인 2×22년 말에도 연간 이자수익은 '기초 장부가액×10%'로 계산한다. 다만, 여기서는 계산과정의 반올림으로 인한 차이를 조정하기 위하여, 액면금액 ₩100,000과 기초 장부가액 ₩98,179의 차이인 ₩1,821에 현금이자 수취액 ₩8,000을 더한 금액인 ₩9,821으로 이자수익을 계산한다. 따라서 다음의 분개를 한다.

(차) 현 금	8,000	(대) 이자수익	9,821
장기투자채권	1,821		

가상 재무상태표 (2×22/12/31, 만기 회수 전)		
비유동자산:		
장기투자채권	100,000	

포괄손익계산서 (2×22년도)	
금융수익:	
이자수익	9,821

이상과 같이, 매년 유효이자율법을 적용하여 이자수익을 인식하면서 금융자산의 장부가액을 계산하면, 만기일에는 금융자산의 장부가액이 정확히 액면금액 ₩100,000과 일치한다. 액면금액은 만기일에 받는 금액이므로 이는 만기일 현재 금융자산의 가치를 나타낸다.

● **만기 회수**

위 금융자산을 만기일까지 보유하면 만기일에 사채발행기업으로부터 액면금액을 지급받는다. 만기일인 2×22년 말에 액면금액 ₩100,000을 현금으로 받았다면 대전기업(주)은 아래와 같이 분개하면 된다. 즉, 현금 ₩100,000의 유입을 기록하고(차변), 장기투자채권 ₩100,000을 계정에서 제거한다(대변).

(차) 현 금	100,000	(대) 장기투자채권	100,000

위의 순차적 설명에서 본 바와 같이, 상각후원가 측정 금융자산에 대한 회계처리는 제10장 3.4절에서 설명한 사채발행의 회계처리와 대칭적 관계에 있다. 따라서 제10장 3.4절의 내용과 본절의 내용을 비교하면서 학습하면 두 절의 내용을 통합적으로 쉽게 이해할 수 있다.

(3) 금융자산의 손상: 기대신용손실의 인식과 측정

위에서 설명한 내용은 대전기업(주)이 취득한 사채에 대해 사채발행기업인 진주기업(주)이 이자와 액면금액을 지급기일에 전부 지급해 주는 것을 전제로 한 것이다. 이는 당연히 대전기업(주)이 바라는 것이고, 언제나 항상 그렇게 된다면 대전기업(주)으로서는 걱정할 일이 없을 것이다. 그러나 언제나 항상 그렇게 되지는 않으며, 미래에 진주기업(주)이 재무적 곤경에 처해지는 상황이 발생하면 대전기업(주)은 약정된 이자와 액면금액을 다 받지 못하게 될 수 있다. 즉, 대전기업(주)으로서는 **금융자산의 신용위험**(credit risk) 문제가 대두한다.[7)]

사채발행기업인 진주기업(주)이 미래의 약정된 지급기일에 이자와 액면금액을 지급해 주지 못할 가능성(위험)을 **채무불이행위험**(default risk)이라고 한다. 이러한 채무불이행위험은 (그 정도는 낮다 하더라도) 항상 존재하므로 대전기업(주)은 미래에 지급받지 못하여 손실이 발생할 수 있고 따라서 대전기업(주)이 보유하고 있는 금융자산은 그만큼 가치가 떨어지게 된다. 이렇게 금융자산의 가치가 떨어지는 것을 **금융자산의 손상**(impairment)이라고 한다. 이 개념은 제7장에서 매출채권의 회수가능성 평가와 관련하여 소개한 바 있다.

「한국채택국제회계기준」에 의하면, '상각후원가 측정 금융자산'을 보유하는 기업은 다음의 절차에 따라 금융자산의 신용위험에 따른 **기대신용손실**(expected credit losses)을 인식하여야 한다.

1 금융자산의 최초 인식 후에 금융자산의 신용위험이 유의적으로 증가한 경우에는 매 회계기말에 **전체기간 기대신용손실**에 해당하는 금액으로 **손실충당금**(loss allowance)을 설정한다. 그러나 최초 인식 후에 금융자산의 신용위험이 유의적으로 증가하지 아니한 경우에는 **12개월 기대신용손실**에 해당하는 금액으로 손실충당금을 설정한다. 여기서 12개월 기대신용손실은 회계기말 후 12개월 내에 발생 가능한 채무불이행 사건으로 인한 기대신용손실을 의미하고, 전체기간 기대신용손실은 금융자산의 기대존속기간에 발생 가능한 모든 채무불이행 사건으로 인한 기대신용손실을 의미한다.

2 금융자산의 최초 인식 후에 금융자산의 신용위험이 유의적으로 증가하였는지를 매 회계기말에 평가한다.[8)] 이를 위해 최초 인식시점에서 향후 12개월에 채무불이행이 발생할 확률(probability of default)을 추정하고, 또한 회계기말에 **향후 12개**

7) 신용위험(credit risk)은 채무자가 의무를 이행하지 않아서 채권자에게 재무적 손실을 입힐 위험을 말한다.

8) 연체 일수에 의해 판단하는 것도 가능하다. 계약상 지급기일이 도래하였는데도 계약상대방이 지급하지 못하여 연체가 발생하였으면 그 연체 일수가 30일을 넘는 경우에는 (반증이 없는 한) 신용위험이 유의적으로 증가한 것으로 판단한다.

월 채무불이행 발생 확률을 추정하여, 회계기말에 채무불이행 발생 확률이 변동하였는지를 평가한다.[9] 이러한 평가방법 대신 **간편법**도 사용가능하다. 즉, 회계기말에 금융자산의 신용위험이 낮다고 판단되면(예: 금융자산의 신용등급이 '**투자적격등급**'에 속하면 신용위험이 낮다고 볼 수 있음) 최초 인식 후에 신용위험이 유의적으로 증가하지 않았다고 평가할 수 있다.

위에서 **신용손실**은 계약상 지급받기로 한 현금흐름과 수취할 것으로 예상되는 현금흐름의 차이(즉, 받지 못할 것으로 예상되는 금액)를 유효이자율로 할인한 현재가치로 계산한다. 그리고 **기대신용손실**은 신용손실 금액을 채무불이행이 발생할 확률과 발생하지 아니할 확률로 가중 평균하여 산정한다.

● 대전기업(주)의 사례

이제 대전기업(주)의 입장에서 각 연도 말에 앞의 금융자산(사채)에 대한 기대신용손실을 추정하고 그에 따른 회계처리를 해보자. 다음의 추가 자료를 가정하여 아래의 설명에 사용한다.

- 2×20년 초(최초 인식시점): 사채를 취득할 때 대전기업(주)은 향후 12개월의 경제전망과 진주기업(주)에 관한 모든 정보를 평가하여 향후 12개월에 진주기업(주)의 채무불이행이 발생할 확률을 1%로 추정하였다.
- 2×20년 말: 진주기업(주)의 사채는 BBB+ 등급이 유지되었다. 대전기업(주)은 향후 12개월에 진주기업(주)의 채무불이행이 발생할 확률을 1%로 추정하였다. 향후 12개월에 진주기업(주)이 도산하여 채무불이행이 발생할 경우 대전기업(주)은 2차 연도(2×21년)와 3차 연도(2×22년)의 약정이자를 받지 못하고 액면금액의 20%도 받지 못하는 손실을 볼 것으로 예상되었다.
- 2×21년 말: 진주기업(주)의 사채는 BBB+ 등급이 유지되었다. 대전기업(주)은 향후 12개월에 진주기업(주)의 채무불이행이 발생할 확률을 1%로 추정하였다. 향후 12개월에 진주기업(주)이 도산하여 채무불이행이 발생할 경우 대전기업(주)은 3차 연도(2×22년)의 약정이자를 받지 못하고 액면금액의 20%도 받지 못하는 손실을 볼 것으로 예상되었다.
- 2×22년 말: 대전기업(주)은 3차 연도의 약정이자와 액면금액을 전부 지급받았다.

9) 채무불이행의 발생 양상이 특정 시점에 집중되지 않는 금융자산의 경우에는 '12개월' 채무불이행 발생 위험의 변동을 '전체기간' 채무불이행 발생 위험의 변동에 대한 합리적인 근사치로 사용할 수 있다.

1 2×20년 말(회계기말): 2×20년 초(최초 인식시점)와 비교하여 2×20년 말에 12개월 채무불이행 발생 확률이 유의적으로 변동하지 않았으므로 신용위험이 유의적으로 증가하지 않았다고 평가할 수 있다. 간편법을 적용한 경우에도 같은 평가에 이른다. 즉, 2×20년 말에 진주기업(주)의 사채는 투자적격등급인 BBB+ 등급이 유지되고 있어 신용위험이 낮다고 볼 수 있고, 따라서 신용위험이 유의적으로 증가하지 않았다고 평가할 수 있다. 이와 같이 최초 인식 후에 신용위험이 유의적으로 증가하지 아니한 경우에는 **12개월 기대신용손실**에 해당하는 금액으로 손실충당금을 설정한다.

12개월 기대신용손실은 다음과 같이 계산한다. 먼저 신용손실은 채무불이행이 발생할 경우 받지 못할 것으로 예상되는 금액의 현재가치로 측정하며, 위 사례에서 대전기업(주)이 받지 못할 것으로 예상되는 금액은 2×21년 말의 약정이자 ₩8,000 및 2×22년 말의 약정이자 ₩8,000과 액면금액의 20%인 ₩20,000이다. 현재가치 계산에 사용될 할인율인 유효이자율은 앞의 (1)항에서 10%로 산정된 바 있다.

신용손실 = 계약상 지급받기로 한 현금흐름과 수취할 것으로 예상되는 현금흐름의 차이(즉, 받지 못할 금액)를 유효이자율로 할인한 현재가치

$$= \frac{8,000}{(1+0.1)} + \frac{8,000}{(1+0.1)^2} + \frac{100,000 \times 0.2}{(1+0.1)^2}$$

$$= 7,273 + 6,612 + 16,529 = 30,414$$

기대신용손실 = 향후 12개월에 채무불이행이 발생할 확률 × 채무불이행시 신용손실 + 향후 12개월에 채무불이행이 발생하지 아니할 확률 × 신용손실(0)

$$= 0.01 \times 30,414 + 0.99 \times 0 = 304$$

대전기업(주)은 위 12개월 기대신용손실 ₩304에 해당하는 금액으로 **손실충당금**(loss allowance)을 설정해야 한다. 대전기업(주)은 손실충당금을 처음 설정하는 것이기 때문에, **손상차손**(impairment losses)을 ₩304 인식하고(차변) 그 금액만큼 손실충당금을 설정하는(대변) 회계처리를 해야 한다.

(차) 금융자산손상차손	304	(대) 금융자산손실충당금	304

재무상태표 (2×20/12/31)

비유동자산:		
장기투자채권	96,526	
손실충당금	(304)	
	96,222	

포괄손익계산서 (2×20년도)

금융수익:	
이자수익	9,502
금융비용:	
금융자산손상차손	304

위에서 장기투자채권의 총 장부가액 ₩96,526은 앞의 (2)항에서 2×20년 말의 장부가액으로 산정된 금액이며, 이자수익 ₩9,502도 앞의 (2)항에서 2×20년도 이자수익으로 산정된 금액이다. 손실충당금은 당해 금융자산에 대한 평가계정이며 제7장에서 설명한 대손충당금과 같은 성격의 계정이다.

위와 같이 손상차손 ₩304을 인식함에 따라 대전기업(주)이 금융자산 투자로부터 얻는 투자수익은 ₩304 감소하는 셈이다. 손상차손 인식은 금융자산 투자의 수익(즉, 이자수익)이 과대하게 계상되는 것을 방지할 수 있게 해준다.

2 2×21년 말(회계기말): 진주기업(주)의 사채는 투자적격등급인 BBB+ 등급이 유지되고 있으므로 신용위험이 낮다고 볼 수 있고, 따라서 신용위험이 유의적으로 증가하지 않았다고 평가할 수 있다. 따라서 대전기업(주)은 **12개월 기대신용손실**에 해당하는 금액으로 손실충당금을 설정하는데, 사채의 만기가 2×22년 말이므로 12개월 기대신용손실은 **전체기간 기대신용손실**과 같다.

기대신용손실은 다음과 같이 계산한다. 먼저 신용손실은 진주기업(주)의 채무불이행이 발생할 경우 대전기업(주)이 받지 못할 것으로 예상되는 2×22년도 약정이자 ₩8,000과 액면금액의 20%인 ₩20,000의 현재가치로 계산한다.

신용손실 = 계약상 지급받기로 한 현금흐름과 수취할 것으로 예상되는 현금흐름의 차이(즉, 받지 못할 금액)를 유효이자율로 할인한 현재가치

$$= \frac{8,000}{(1+0.1)} + \frac{100,000 \times 0.2}{(1+0.1)}$$

$$= 7,273 + 18,182 = 25,455$$

기대신용손실 = 향후 12개월에 채무불이행이 발생할 확률 × 채무불이행시 신용손실 + 향후 12개월에 채무불이행이 발생하지 아니할 확률 × 신용손실(0)

$$= 0.01 \times 25,455 + 0.99 \times 0 = 255$$

금융자산의 신용위험이 증가하지 않았고 사채의 만기가 다가옴에 따라 기대신용손실이 감소하였다. 위 기대신용손실 ₩255에 해당하는 금액으로 손실충당금을 설정해야 하므로 대전기업(주)은 전년도에 설정한 손실충당금 중 ₩49을 환입시켜야 한다. 즉, 금융자산손실충당금을 ₩49 감소시키고(차변) 그 금액을 **금융자산손상차손환입**(impairment gains)으로 인식한다(대변).

(차) 금융자산손실충당금 49 (대) 금융자산손상차손환입 49

재무상태표 (2×21/12/31)		
비유동자산:		
장기투자채권	98,179	
손실충당금	(255)	
	97,924	

포괄손익계산서 (2×21년도)	
금융수익:	
이자수익	9,653
금융자산손상차손환입	49

위에서 장기투자채권의 총 장부가액 ₩98,179은 앞의 (2)항에서 2×21년 말의 장부가액으로 산정된 금액이며, 이자수익 ₩9,653도 앞의 (2)항에서 2×21년도 이자수익으로 산정된 금액이다.

3 2×22년 말(회계기말): 사채의 만기일에 대전기업(주)은 진주기업(주)으로부터 3차 연도 이자와 액면금액을 지급받았으므로 더 이상 투자채권을 가지고 있지 않고 신용위험도 소멸되었다. 따라서 더 이상 손실충당금이 필요하지 않으므로 손실충당금 잔액 ₩255을 전부 환입시키는 회계처리를 한다.

(차) 금융자산손실충당금 255 (대) 금융자산손상차손환입 255

위 분개에 의해 투자채권의 손실충당금은 잔액이 0이 되어 제거되고 손상차손환입 ₩255을 당기손익으로 인식한다.

이상과 같이 상각후원가 측정 금융자산에 대하여 **기대신용손실**(expected credit losses)을 인식 · 측정하는 회계방법을 설명하였다. 위와 같은 회계방법을 적용하면 금융자산의 신용위험에 따른 미래의 예상되는 신용손실을 '적시에 인식'할 수 있다. 이 점이 「국제회계기준」(기업회계기준서 제1109호)이 제정된 이유의 하나이다.

3.2 FVOCI 측정 금융자산

기업이 타실체가 발행한 채무증권에 투자한 경우 다음의 두 가지 조건이 모두 충족되면 그 금융자산(투자채권)은 회계기말에 FVOCI(기타포괄손익-공정가치)로 측정한다.

(i) **계약상 현금흐름의 수취**('수취목적')와 **금융자산의 매도**('매도목적') 둘 다가 사업모형의 목적을 달성하는 데 필수적이고,

(ii) 금융자산의 계약조건에 따라 발생하는 현금흐름은 **원금과 이자만으로 구성**되어 있다.

위에서 '매도목적'은 필요시 적극적으로 당해 금융자산을 매도하여 현금흐름(매도시점의 공정가치)을 실현하려는 것을 의미한다.[10)]

기업이 투자채권을 FVOCI 측정 금융자산으로 분류한 경우 다음의 회계방법을 적용한다.

첫째, FVOCI 측정 금융자산도 상각후원가 측정 금융자산처럼 유효이자율법을 적용하여 이자수익을 인식한다.

둘째, FVOCI 측정 금융자산도 상각후원가 측정 금융자산처럼 회계기말에 기대신용손실을 인식한다.

셋째, FVOCI 측정 금융자산은 회계기말에 공정가치로 측정하고 그 평가손익은 기타포괄손익으로 표시한다.

예를 들어, 여의도기업(주)이 2×20년 12월 1일에 공정가치가 ₩100,000인 투자채권을 매수하고 FVOCI 측정 금융자산으로 분류하였다고 하자.[11)] 신용등급이 AA인 이 투자채권은 만기가 10년이고, 이자지급일은 매년 12월 31일, 액면이자율은

---

10) 예를 들면, 금융자산을 관리하는 당해 기업의 사업모형이 매일 유동성 수요를 관리하거나, 특정 이자수익률 수준을 유지하거나, 금융자산을 조달하는 부채의 듀레이션에 당해 금융자산의 듀레이션을 맞추는 것일 수 있다. 이러한 목적을 달성하기 위해 금융자산의 계약상 현금흐름을 수취하기도 하고 매도하기도 한다(기업회계기준서 제1109호 문단 B4.1.4A).

11) 위 사례는 기업회계기준서 제1109호에 제시된 사례를 수정한 것이다.

6%이며 유효이자율도 6%이다. 이 투자채권을 취득한 시점에서 여의도기업(주)은 다음의 회계처리를 한다.

최초 인식: (차) FVOCI 투자채권 100,000 (대) 현 금 100,000

2×20년 말에 위 투자채권의 신용등급은 여전히 AA이고, 여의도기업(주)은 1개월 이자 ₩500(=100,000×0.06÷12)을 지급받았다. 그런데 시장이자율의 변동에 따라 투자채권의 공정가치가 ₩95,000으로 하락하였다고 하자. 그리고 여의도기업(주)은 최초 인식 후에 투자채권의 신용위험이 유의적으로 증가하지 않았다고 판단하고 12개월 기대신용손실을 측정한 결과 ₩3,000으로 측정되었다고 하자. 그러면 2×20년 말에 여의도기업(주)은 다음의 회계처리를 하여야 한다.

① 이자수익 인식:

(차) 현 금	500	(대) 이자수익	500

② 기대신용손실 인식 및 공정가치 평가:

(차) 금융자산손상차손	3,000	(대) FVOCI 투자채권	5,000
투자채권평가손실 (기타포괄손익)	2,000		

공정가치의 총 변동은 ₩5,000(=100,000−95,000)인데, 여기에는 기대신용손실로 인한 공정가치 하락과 그 밖의 공정가치 변동이 포함되어 있다.[12] 따라서 '그 밖의 공정가치 변동'은 공정가치의 총 변동 ₩5,000에서 기대신용손실 ₩3,000을 차감하여 계산하고 이 평가손실 ₩2,000은 포괄손익계산서에서 기타포괄손익으로 표시한다. 이 투자채권평가손익(평가손실) ₩2,000은 기타포괄손익누계액(투자채권평가손익 누계액)에 누적된다.

이제 2×21년 초에 여의도기업(주)이 위의 FVOCI 투자채권을 그 시점의 공정가치인 ₩95,000에 매도하였다고 하자. 그러면 여의도기업(주)은 다음의 회계처리를 하여야 한다.

---

12) 금융자산의 공정가치는 이자율위험(기준금리의 변동), 인플레이션위험 등과 같이 증권발행기업의 신용위험이 아닌 위험의 변동에 의해서도 영향을 받는다.

③ FVOCI 투자채권의 처분:

(차) 현 금	95,000	(대) FVOCI 투자채권	95,000
투자자산처분손실	2,000	투자채권평가손익누계액	2,000

FVOCI 투자채권을 처분함에 따라 전년 말에 기타포괄손익누계액(투자채권평가손익 누계액)에 누적시킨 평가손실 ₩2,000이 '실현'되었다. 그래서 이제는 이 평가손실을 당기손익으로 재분류하기 위해 투자채권평가손익 누계액 ₩2,000을 투자자산처분손실로 재분류한다.

3.3 FVPL 측정 금융자산

FVPL(당기손익-공정가치)로 측정하는 채무상품은 상각후원가 측정 금융자산과 FVOCI 측정 금융자산으로 분류되지 않는 채무상품(채권형 금융자산)을 가리킨다. 즉, 기업이 당해 금융자산의 매도를 통한 현금흐름의 실현을 목적으로 적극적인 매수와 매도활동을 하는 경우이거나 계약상 현금흐름이 원금과 이자의 지급만으로 구성되어 있지 않은 경우에는 당해 금융자산은 회계기말에 공정가치로 측정하고 그 평가손익을 당기손익으로 인식한다.

FVPL 측정 금융자산은 주로 금융회사가 단기매매목적으로 보유하는 채무증권(사채, 국채 등)이다. 이러한 채무증권의 취득, 후속측정(기말평가) 및 처분에 대해서는 앞의 2.1절에서 설명한 단기매매금융자산의 회계처리방법이 적용되므로 여기서 설명을 반복하지 않는다. 본장의 끝에 있는 종합예제는 FVPL 측정 금융자산(단기매매금융자산)에 관한 예제를 다루고 있다.

관계기업 투자 제4절

4.1 관계기업투자주식의 취득

주식(보통주)을 보유하면 보유한 주식수에 비례하여 의결권을 가진다(제11장 1.2절 참조). 따라서 어느 기업이 거액을 투자하여 다른 기업이 발행한 주식을 대량 매수하면, 즉 투자주식을 많이 보유하면 그 피투자기업의 주요 경영의사결정(영업정책과 재무정책)에 **중대한 영향력**(significant influence)을 행사할 수 있다.

상장회사와 같이 일반투자자들에게 주식소유가 분산된 회사의 경우는 50% 이상 주식을 보유하지 않아도 그 회사의 경영에 큰 영향력을 행사할 수 있다. 그래서 「한국채택국제회계기준」에서는, 20% 이상의 주식을 매수해서 보유하면 그 피투자회사에 중대한 영향력을 행사할 정도의 지분율이라고 간주한다. 따라서 투자회사가 피투자회사의 의결권 있는 주식(보통주)을 20% 이상 보유한 경우에는 투자주식을 **관계기업투자주식**(investments in associates)으로 분류해야 한다. 여기서 '관계기업'은 피투자회사를 의미한다.

관계기업투자주식의 취득은 다른 자산의 경우와 마찬가지로 취득가액으로 기록한다. 예를 들어, 2×20년 초에 천안기업(주)이 충남기업(주)의 보통주 25%를 200억원에 취득했다고 가정하자. 천안기업(주)은 충남기업(주)의 의결권 있는 주식을 20% 이상 보유하는 것이므로, 아래와 같이 관계기업투자주식으로 기록한다.

(차) 관계기업투자주식	200	(대) 현 금 (또는 당좌예금)	200

가상 재무상태표 (2×20/1/1)

비유동자산:		
관계기업투자주식	200	

4.2 지분법의 적용

(1) 지분법손익의 인식과 기말평가

투자회사는 관계기업투자주식에 대해 지분법을 적용하여 회계처리한다. **지분법**(equity method)이란 피투자회사의 당기순손익 실적에 투자주식의 지분율을 곱한 만큼을 손익('지분법손익'이라고 부른다)으로 인식하면서 투자주식의 가액을 증감시키는 회계방법이다. 예를 들어, 피투자회사인 충남기업(주)이 2×20년도 당기순이익을 120억원으로 측정한 후 천안기업(주)에게 보고했다고 가정하자. 그러면 충남기업(주)의 당기순이익 중에서 25%인 30억원은 투자회사인 천안기업(주)에게 귀속된다. 이에 대해 천안기업(주)은 "30억원의 **지분법이익**을 얻었다"고 말한다. 동시에 천안기업(주)이 보유한 충남기업(주) 주식(즉, 관계기업투자주식)의 장부가치도 그만큼 증가한 것으로 간주한다. 왜냐하면, 피투자회사에서 당기순이익이 발생하여 피투자회사의 자본 총액(이는 총주식의 장부가치임)이 증가하였으면 투자회사가 보유하고 있는 주식(즉, 관계기업투자주식)의 장부가치도 높아졌기 때문이다. 쉽게 말하면, 은행예금에 이자가 붙으면 그만큼 예금통장 잔고가 증가하는 것과 유사하다.

요약하면, 피투자회사의 당기순이익 발생은 투자회사에게 지분율만큼 지분법이익을 발생시키고 동시에 관계기업투자주식의 가액을 그만큼 증가시킨다. 투자회사인 천안기업(주)이 이를 기록하는 기말 수정분개는 다음과 같다.

(차) 관계기업투자주식	30	(대) 지분법이익	30

위 분개에 의하여 천안기업(주)이 보유한 관계기업투자주식은 30억원이 증가한 230억원으로 기말 재무상태표에 표시되고, 지분법이익은 포괄손익계산서에 직접 표시된다. 지분법이익은 항상 투자회사의 당기순이익에 포함됨을 유의하자.

재무상태표 (2×20/12/31)

비유동자산:		
관계기업투자주식	230	

포괄손익계산서 (2×20년도)

지분법이익	30

앞의 예와는 반대로, 만일 피투자회사가 당기순손실을 기록하였다면 여기에 지분율을 곱한 만큼을 **지분법손실**로 인식하고, 동시에 관계기업투자주식의 가액을 그만큼 감소시키는 회계처리를 한다.

참고 관계기업의 기타포괄손익에 대해서도 투자기업의 몫을 인식

투자기업은 위와 같이 관계기업(피투자기업)의 당기순이익 중 투자기업의 몫에 해당하는 금액을 지분법이익으로 인식하는데, 관계기업의 기타포괄손익에 대해서도 투자기업의 몫에 해당하는 금액을 투자기업의 기타포괄손익으로 인식한다. 예를 들어, 관계기업이 장기투자주식평가이익을 기타포괄이익으로 보고하였으면 투자기업은 자신의 몫에 해당하는 금액을 기타포괄이익으로 인식하며 이때 '(차) 관계기업투자주식 ××× (대) 지분법기타포괄이익 ×××'의 분개를 한다. 이 '지분법기타포괄이익'은 투자기업의 포괄손익계산서에서 기타포괄손익으로 표시된다.

(2) 피투자회사로부터의 배당금 수취

피투자회사는 주주총회에서 이익처분을 결의한 후에 투자회사에게 현금배당을 지급한다. 예를 들어, 다음 연도인 2×21년 2월 25일에 천안기업(주)은 피투자회사인 충남기업(주)으로부터 배당금으로 10억원을 받았다고 하자. 이렇게 현금배당을 받으면 투자회사는 관계기업투자주식의 장부가액을 그만큼 '감소'시켜야 한다. 왜냐하면, 배당금 지급으로 충남기업(주)의 자본 총액(총주식의 장부가치)이 감소하였으므로 천안기업(주)이 보유한 주식의 가치도 감소하였기 때문이다. 즉, 천안기업(주)의 배당금 수취는 투자이익을 회수한 것이므로 그 회수액만큼 주식의 가치가 낮아졌다. 쉽게 말하면, 은행예금에 붙은 이자를 인출하면 그만큼 예금통장 잔고가 감소하는 것과 유사하다.

따라서 배당금을 받은 천안기업(주)은 현금 10억원의 유입을 기록하고(차변) 동시에 관계기업투자주식의 가액을 그만큼 감소시키는(대변) 분개를 해야 한다.

(차) 현 금	10	(대) 관계기업투자주식	10

가상 재무상태표 (2×21/2/25)

비유동자산:		
관계기업투자주식	220	

위와 같이 2×21년 2월 25일에 관계기업투자주식은 10억원이 감소한 220억원으로 수정되며, 이때 손익항목의 기록은 없다(지분법이익은 그 발생연도인 2×20년에 이미 인식하였다).

요약하면, 피투자회사에서 당기순이익이 발생하면 지분율만큼 지분법이익을 인식하면서 관계기업투자주식의 가액을 증가시키고, 그 후 피투자회사로부터 현금배당을 받으면 그만큼 관계기업투자주식의 가액을 감소시키는 회계처리를 한다.

(3) 관계기업투자주식의 처분

관계기업투자주식을 매각처분한 때에는 단기매매금융자산의 처분과 유사하게 회계처리하면 된다. 즉, 처분대가와 처분 당시 장부가액의 차이로 처분손익을 계산한다.

예를 들어, 2×21년의 지분법이익 20억원을 인식하여 관계기업투자주식의 장부가액이 240억원으로 증가된 후(관계기업의 기타포괄손익은 없다고 가정), 2×22년 초에 천안기업(주)이 충남기업(주) 주식 전부를 매각하고 270억원을 현금으로 받았다고 하자. 그러면 천안기업(주)은 관계기업투자주식 240억원을 계정에서 제거하고(대변), 현금 270억원의 유입을 기록한다(차변). 그리고 처분대가가 장부가액보다 크므로 **투자자산처분이익** 30억원을 인식한다(대변).

(차) 현　　금	270	(대) 관계기업투자주식	240
		투자자산처분이익	30

위의 분개에 의하여 관계기업투자주식은 0(零)이 되며, 따라서 재무상태표에는 표시되지 않는다. 위의 예는 처분이익이 발생한 경우이다. 만약 처분대가가 장부가액보다 작았다면 **투자자산처분손실**이 발생하였을 것이다.

종 · 합 · 예 · 제

단기매매금융자산과 상각후원가 측정 금융자산의 취득과 기말평가 및 기대신용손실 인식

다음은 결산일이 12월 31일인 안양기업(주)이 취득한 사채에 관한 자료이다.

2×20년 1/1일: 액면금액 ₩100,000의 사채를 ₩94,843에 취득하고 현금 지급하였다
(액면이자율 6%, 유효이자율 8%, 만기 3년, 매년 말에 이자지급).

2×20년 12/31일: 사채이자 ₩6,000을 현금으로 수취하였다.

2×20년 12/31일: 위 사채의 공정가치는 ₩97,000이다.

2×20년 12/31일: 위 사채의 신용등급은 BBB+이고, 안양기업(주)은 위 사채에 관한 12개월 기대신용손실을 ₩200으로 측정하였다.

2×21년 12/31일: 위 사채의 신용등급은 BBB+로 유지되고 있고, 안양기업(주)은 위 사채에 관한 12개월 기대신용손실을 ₩120으로 측정하였다.

물음

(1) 위 사채에 대하여 유효이자율법에 의한 이자수익계산표를 2차 연도까지 작성하라.

(2) 안양기업(주)이 위의 사채를 단기매매목적으로 취득하였다고 가정하자. 이 경우 취득시점과 2×20년 말에 필요한 회계처리를 하라.

(3) 안양기업(주)이 영업활동에 필요하지 않은 여유현금이 있어 이를 안정적으로 증식하기 위해 위 사채를 취득하고 상각후원가 측정 금융자산으로 분류하였다고 가정하자. 이 경우 취득시점과 2×20년 말에 필요한 회계처리는?

(4) 위의 (3)에 연결된 문제이다. 2×21년 말에 필요한 회계처리는?

풀이

(1) 유효이자율법에 의한 이자수익 계산표

일 자	이자수익 발생액(A)	현금 수취 (B)	장부가액 증가 (C)	장부가액 (D)
	기초 D×8%	100,000×6%	A−B	기초 D+C
사채 취득일: 2×20/1/1	−	−	−	94,843
1차 연도 말: 2×20/12/31	7,587	6,000	1,587	96,430
2차 연도 말: 2×21/12/31	7,714	6,000	1,714	98,144

(2) 단기매매목적으로 취득한 경우의 회계처리

취득: (차) 단기매매금융자산 94,843 (대) 현 금 94,843

2×20년 말:

① 사채이자로 수취한 ₩6,000을 이자수익으로 기록한다.

(차) 현 금 6,000 (대) 이자수익 6,000

② 단기매매금융자산 평가이익은 ₩97,000−₩94,843=₩2,157이다.

(차) 단기매매금융자산 2,157 (대) 단기매매금융자산평가이익 2,157

(3) 상각후원가 측정 금융자산으로 분류한 경우의 회계처리

취득: (차) 장기투자채권 94,843 (대) 현 금 94,843

2×20년 말:

① 이자수익계산표에서 2×20년도의 이자수익은 ₩7,587이다. 이자수익 ₩7,587을 인식하고 현금이자와의 차이인 ₩1,587만큼 장기투자채권을 증가시킨다.

(차) 현 금 6,000 (대) 이자수익 7,587
장기투자채권 1,587

② 12개월 기대신용손실 ₩200을 인식하는 분개를 한다.

(차) 금융자산손상차손 200 (대) 금융자산손실충당금 200

(4) 2×21년 말의 회계처리

① 이자수익계산표에서 2×21년도의 이자수익은 ₩7,714이다. 이자수익 ₩7,714을 인식하고 현금이자와의 차이인 ₩1,714만큼 장기투자채권을 증가시킨다.

(차)	현 금	6,000	(대) 이자수익	7,714
	장기투자채권	1,714		

② 12개월 기대신용손실이 ₩120이므로 손실충당금이 ₩120이 되어야 한다. 따라서 전년도에 설정한 손실충당금 중 ₩80을 환입시키는 분개를 한다.

(차)	금융자산손실충당금	80	(대) 금융자산손상차손환입	80

익힘문제

1. 금융자산이란 어떤 자산인지 설명하라.
2. 채무증권과 지분증권의 의미를 각각 설명하라.
3. 기업이 취득한 유가증권을 단기매매금융자산으로 분류하기 위한 요건을 설명하라.
4. 기업이 취득한 채무증권을 상각후원가 측정 금융자산으로 분류하기 위한 요건을 설명하라.
5. 기업이 취득한 채무증권을 FVOCI 측정 금융자산으로 분류하기 위한 요건을 설명하라.
6. 기업이 취득한 지분증권을 관계기업투자주식으로 분류하기 위한 요건을 설명하라.
7. 단기매매금융자산은 회계기말에 어떻게 평가하는지 설명하라.
8. 단기매매금융자산을 처분하였을 때 처분손익은 어떻게 계산하는지 설명하라.
9. 상각후원가 측정 금융자산을 취득하였을 때 유효이자율을 어떻게 계산하는지 설명하라.
10. 상각후원가 측정 금융자산의 이자수익 발생액이 현금이자 수취액보다 많은 경우에 그 차이만큼 금융자산 장부가액을 증가시키는 이유가 무엇인가?
11. 금융자산에 대한 전체기간 기대신용손실이란 무엇인지 설명하라.
12. 금융자산에 대한 12개월 기대신용손실이란 무엇인지 설명하라.
13. 금융자산에 대한 신용손실은 어떻게 측정하는지 설명하라.
14. 관계기업투자주식을 보유한 기업은 피투자회사가 당기순이익을 보고하였을 경우 어떻게 회계처리하는지 설명하라.
15. 관계기업투자주식을 보유한 기업은 피투자회사로부터 배당금을 수취하였을 경우 이를 어떻게 회계처리하는지 설명하라.

연습문제

[12-1] 기본개념의 이해

아래의 빈칸에 알맞은 단어나 숫자를 기입하라.

(1) (　　　)은 증권발행자가 미래의 만기일에 일정금액을 상환해야 하는 의무를 나타내는 증권이며, (　　　)은 발행기업의 소유주지분을 나타내는 증권이다.

(2) 단기간 내의 매매차익을 얻기 위하여 증권시장에서 거래되고 있는 유가증권을 취득한 것은 (　　　)으로 분류한다.

(3) 장기적 투자수익을 얻기 위하여 취득한 유가증권은 재무상태표에서 [유동자산, 비유동자산]으로 표시한다. [ ]에서 올바른 것은?

(4) 계약상 현금흐름의 수취가 목적이고 계약상 현금흐름은 원금과 이자만으로 구성되어 있는 금융자산은 (　　　)으로 분류한다.

(5) 계약상 현금흐름의 수취와 금융자산의 매도 둘 다가 사업모형의 목적이고 계약상 현금흐름은 원금과 이자만으로 구성되어 있는 금융자산은 (　　　)으로 분류한다.

(6) 장기투자 목적으로 취득한 주식(보통주)으로서 20% 이상(50% 미만)의 지분율을 보유한 경우는 (　　　)으로 분류한다.

(7) 단기매매금융자산은 기말에 (　　　)로 평가하여 재무상태표 가액을 결정한다.

(8) 상각후원가 측정 금융자산은 (　　　)을 적용하여 이자수익과 장부가액을 계산한다.

(9) 금융자산에 대한 기대신용손실은 신용손실의 금액을 (　　　)로 가중하여 산정한다.

(10) 금융회사의 경우 단기매매금융자산 평가손실은 포괄손익계산서에서 [영업비용, 기타비용, 기타포괄손익]으로 표시한다. [ ]에서 올바른 것은?

(11) 노원기업(주)이 보유한 상각후원가 측정 금융자산은 이자지급일이 매년 말이다. 2×20년 초의 장부가액이 ₩95,000이고 유효이자율이 연 8%라면, 2×20년도에 인식할 이자수익은 ₩(　　　)이다.

(12) 위의 문제 (11)에서 현금이자(=액면금액×액면이자율)가 ₩7,000이라면, 상각후원가 측정 금융자산의 2×20년 말 장부가액은 ₩(　　　)이 된다.

(13) 상계기업(주)은 2×20년 4/5일에 장기간 보유목적으로 공릉기업(주) 주식의 12%를 50억원에 취득하고 FVOCI 측정 투자주식으로 분류하였다. 2×20년 말에 이 주식의 시장가격이 60억원이라면 (　　　)억원의 장기투자주식 평가이익이 발생하였고 상계기업(주)의 2×20년 말 재무상태표에는 장기투자주식이 (　　　)억원으로 표시된다.

(14) 위의 문제 (13)에서 장기투자주식 평가이익은 재무상태표의 자본 부분에서 [재평가잉여금, 이익잉여금, 기타포괄손익누계액]에 누적된다. [ ]에서 올바른 것은?

(15) 2×20년 초에 관악기업(주)은 양천기업(주)의 주식 25%를 300억원에 취득하였다. 양천기업(주)의 2×20년도 당기순이익이 100억원이라면, 관악기업(주)의 2×20년 말 재무상태표에는 관계기업투자주식이 (　　　)억원으로 표시되고, 포괄손익계산서에는 (　　　)이 (　　　)억원 계상된다.

(16) 위의 문제 (15)에서, 관악기업(주)이 2×21년 초에 양천기업(주)으로부터 10억원의 현금배당을 받았다면, 관계기업투자주식은 (　　　)억원으로 변화한다. 그리고 배당금 10억원은 배당금수익으로 [회계처리한다, 회계처리하지 않는다]. [ ]에서 올바른 것은?

[12-2] 단기매매금융자산(I)

다음은 결산일이 12/31일인 송파은행(주)의 단기매매금융자산 거래 자료이다.

① 2×20년 10/15일: 롯데삼강(주) 주식 100주를 주당 ₩33,000에 매수하였다. 매수대금과 거래수수료 ₩60,000은 수표를 발행하여 지급하였다.
② 2×20년 12/31일: 롯데삼강(주)의 1주당 주식가격은 ₩35,000이었다.
③ 2×21년 2/25일: 롯데삼강(주)으로부터 현금배당 ₩80,000을 받았다.
④ 2×21년 3/20일: 롯데삼강(주) 주식 100주를 주당 ₩38,000에 매각처분하고 거래수수료 ₩60,000을 차감한 나머지를 현금으로 받았다.

물음

(1) 위의 거래 ①~④를 각각 분개하라.

[12-3] 단기매매금융자산(II)

문제 [12-2]의 단기매매금융자산과 관련하여 다음 물음에 답하라.

물음

(1) 만약 2×20년 12/31일에 롯데삼강(주)의 주식가격이 ₩32,500이었다면 송파은행(주)은 어떻게 회계처리해야 하나?

(2) 위의 (1)에 연속된 문제이다. 2×21년 3/20일에 송파은행(주)은 롯데삼강(주) 주식 100주를 주당 ₩32,000에 매각하고 거래수수료 ₩50,000을 차감한 나머지를 현금으로 받았다고 가정하자. 그러면 이때의 분개는?

[12-4] 단기매매금융자산(III)

부천은행(주)은 단기매매목적으로 2×20년 11/25일에 유가증권 세 종목을 매수하고 매수대금은 수표를 발행하여 지급하였다. 이들 유가증권의 거래 자료와 기말(12/31)의 공정가치(시가) 자료는 다음과 같다.

종 목	2×20/11/25 매수가격	2×20/12/31 공정가치	2×21/3/25 처분가액
A사 주식	₩125,000	₩128,000	–
B사 주식	250,000	247,000	₩258,000
C사 사채	180,000	182,000	183,000

물음

(1) 2×20년 11/25일의 단기매매금융자산 취득을 분개하라.

(2) 2×20년 12/31일의 단기매매금융자산 평가에 대한 분개는?

(3) 위의 자료와 같이, 부천은행(주)은 2×21년 중에 B사 주식과 C사 사채를 매각하고 처분대금을 현금으로 받았다. 이에 대한 분개는?

[12-5] FVOCI 측정 투자주식

춘천기업(주)은 2×20년 7/5일에 장기간 보유목적으로 원주기업(주)의 주식 1,200주를 1주당 ₩15,000에 매수하고 수표를 발행하여 매수대금을 지급하였다(취득부대비용은 없다고 가정). 이 1,200주는 원주기업(주)이 발행한 주식의 12%에 해당하고, 춘천기업(주)은 이를 FVOCI 측정 투자주식으로 분류하였다. 춘천기업(주)은 원주기업(주) 주식 외에는 다른 회사 주식을 보유하고 있지 않다. 다음은 원주기업(주) 주식에 관한 자료이다.

① 2×20년 말에 원주기업(주) 주식의 1주당 주가는 ₩14,000이었다.
② 2×21년 3/25일에 원주기업(주)으로부터 배당금 150만원을 현금으로 받았다.
③ 2×21년 말에 원주기업(주) 주식의 1주당 주가는 ₩17,000이었다.
④ 2×22년 4/20일에 춘천기업(주)은 원주기업(주) 주식을 주당 ₩17,500에 전부 매각처분하고 처분대금을 현금으로 받았다.

물음

(1) 원주기업(주) 주식을 취득한 시점에서 춘천기업(주)의 분개는?
(2) 2×20년 말(결산일)에 위 주식의 기말평가에 관한 춘천기업(주)의 분개는?
(3) 위의 장기투자주식 평가손실로 인하여 춘천기업(주)의 당기순이익은 [증가한다, 감소한다, 영향을 받지 않는다]. [ ]에서 올바른 것은?
(4) 2×21년 3/25일의 배당금 수령을 분개하라.
(5) 2×21년 말에 위 주식의 기말평가에 관한 춘천기업(주)의 분개는?
(6) 춘천기업(주)의 2×21년 말 재무제표에 장기투자주식과 그 평가손익을 표시해 보라.
(7) 2×22년 4/20일의 주식 처분에 관한 분개를 하라.

[12-6] 상각후원가 측정 금융자산(I)

결산일이 12/31일인 전주기업(주)은 공주기업(주)이 발행한 다음의 사채를 취득하고 수표를 발행하여 취득가액을 지급하였다. 전주기업(주)은 이 사채를 상각후원가 측정 금융자산으로 분류하였다.

• 사채 취득일: 2×20년 1/1일	• 액면금액: ₩200,000
• 액면이자율: 연 8%	• 유효이자율: 연 10%
• 잔여만기: 3년 남음	• 이자지급: 매년 말에 지급
• 사채등급: BBB+	

물음

(1) 위 투자채권의 취득가액이 얼마였겠는가? 취득부대비용은 없다고 가정한다.
(2) 사채 취득시점(2×20년 1/1일)에서 필요한 분개를 하라.
(3) 1차 연도 말의 현금이자 수취와 이자수익 인식에 대한 분개는?
(4) 1차 연도 말에 사채등급이 BBB+이다. 12개월 기대신용손실은 ₩600으로 측정되

었다. 기대신용손실을 인식하는 분개는?

(5) 1차 연도 말 재무상태표에서 위 투자채권의 순장부가액은 얼마로 표시되는가?

(6) 2차 연도 말의 현금이자 수취와 이자수익 인식에 대한 분개는?

(7) 2차 연도 말에 사채등급이 여전히 BBB+이다. 12개월 기대신용손실은 ₩500으로 측정되었다. 이를 반영하는 분개는?

(8) 2차 연도 말 재무상태표에서 위 투자채권의 순장부가액은 얼마로 표시되는가?

(9) 3차 연도 말의 현금이자 수취와 이자수익 인식에 대한 분개는?

(10) 위 투자채권의 총장부가액은 만기가 가까워질수록 (   )에 접근한다. ( )에 알맞은 단어를 기입하라.

(11) 만기일에 사채의 액면금액을 받았다. 손실충당금에 대해 필요한 분개를 하라.

[12-7] 상각후원가 측정 금융자산(II) - 기대신용손실의 측정

결산일이 12/31일인 태평기업(주)은 성대기업(주)이 발행한 다음의 사채를 ₩190,049에 매수하였다. 태평기업(주)은 이 투자채권을 상각후원가 측정 금융자산으로 분류하였다.

• 사채 취득일: 2×20년 1/1일	• 액면금액: ₩200,000
• 액면이자율: 연 8%	• 유효이자율: 연 10%
• 만기: 3년	• 이자지급: 매년 말에 지급
• 사채등급: BBB+	

물음

(1) 사채 취득 후 2차 연도까지 이자수익계산표(유효이자율법 적용)를 작성하라.

(2) 1차 연도 말에 사채등급은 BBB+로 유지되었다. 태평기업(주)은 향후 12개월에 성대기업(주)의 채무불이행이 발생할 확률을 1%로 추정하였다. 향후 12개월에 성대기업(주)의 채무불이행이 발생할 경우 태평기업(주)은 2차 연도(2×21년)와 3차 연도(2×22년)의 약정이자를 받지 못하고 사채 액면금액의 30%도 받지 못하는 손실을 볼 것으로 예상된다. 위 사채에 대한 12개월 기대신용손실은 얼마로 산정되는가?

(3) 위의 (2)에 연결된 문제이다. 1차 연도 말에 태평기업(주)이 기대신용손실을 인식하는 분개는?

(4) 위의 (3)에 연결된 문제이다. 1차 연도 말 태평기업(주)의 재무상태표에 위의 기대신용손실은 어떻게 표시되는가?

(5) 2차 연도 말에 사채등급은 여전히 BBB+이다. 태평기업(주)은 향후 12개월에 성대기업(주)의 채무불이행이 발생할 확률을 1%로 추정하였다. 향후 12개월에 성대기

업(주)의 채무불이행이 발생할 경우 태평기업(주)은 3차 연도(2×22년)의 약정이자를 받지 못하고 사채 액면금액의 30%도 받지 못하는 손실을 볼 것으로 예상된다. 위 사채에 대한 12개월 기대신용손실은 얼마로 산정되는가?

(6) 위의 (5)에 연결된 문제이다. 2차 연도 말에 태평기업(주)이 기대신용손실에 대하여 행하여야 할 분개는?

[12-8] FVOCI 측정 투자채권

명동기업(주)은 2×20년 11월 1일에 공정가치가 ₩200,000인 투자채권을 매수하고 FVOCI 측정 금융자산으로 분류하였다. 이 투자채권은 만기가 10년이고, 이자지급일은 매년 12월 31일, 액면이자율은 6%이며 유효이자율도 6%이다. 2×20년 말에 이 투자채권의 신용등급은 AA이고, 명동기업(주)은 2개월 이자 ₩2,000을 지급받았다.

물음

(1) 투자채권을 취득한 시점에서 필요한 분개를 하라.

(2) 2×20년 말에 시장이자율의 변동에 따라 투자채권의 공정가치가 ₩190,000으로 하락하였다. 명동기업(주)은 최초 인식 후에 투자채권의 신용위험이 유의적으로 증가하지 않았다고 판단하고 12개월 기대신용손실을 측정한 결과 ₩6,000으로 측정되었다. 이 투자채권의 기말평가에 대하여 명동기업(주)이 행하여야 할 분개를 하라.

(3) 2×21년 초에 명동기업(주)이 투자채권을 공정가치인 ₩190,000에 매도하고 그 대금을 받았다. 이 매각처분에 관한 분개는?

[12-9] 채무증권의 분류와 당기순이익

여주기업(주)은 2×20년 초에 H사가 발행한 액면금액 ₩200,000의 사채를 ₩189,686에 취득하였다(액면이자율 6%, 유효이자율 8%, 만기 3년, 매년 말에 이자지급). 2×20년 말(결산일)에 H사 사채의 공정가치는 ₩194,000이다.

물음

(1) 위 사채를 FVPL 측정 금융자산으로 분류한 경우에 위 사채에 관련된 손익이 2×20년도 당기순이익에 미치는 영향은 얼마인가? 단, 법인세비용에 미치는 영향은 없다고 가정하며, 이 가정은 아래의 물음들에도 적용한다.

(2) 위 사채를 상각후원가 측정 금융자산으로 분류한 경우에 사채 관련 손익이 2×20년도 당기순이익에 미치는 영향은?

(3) 위 사채를 [FVPL 측정 금융자산, 상각후원가 측정 금융자산]으로 분류하였을 때 2×20년도 당기순이익이 더 크게 나타난다. [ ]에서 올바른 것은?

[12-10] 관계기업 투자(I)

포항기업(주)은 2×20년 초에 김해기업(주)의 보통주 30%를 50억원에 매수하고 수표를 발행하여 매수대금을 지급하였다. 다음은 주식 취득 이후의 관련 자료이다.

① 김해기업(주)은 2×20년도 당기순이익을 30억원으로 보고하였다(기타포괄손익은 없음).
② 그 후 포항기업(주)은 김해기업(주)으로부터 4억원의 현금배당을 받았다.

물음

(1) 주식 취득시점에서 포항기업(주)의 분개는?
(2) 김해기업(주)의 2×20년도 당기순이익 보고에 관한 포항기업(주)의 분개는?
(3) 김해기업(주)의 당기순이익 보고 직후에 포항기업(주)의 관계기업투자주식은 얼마로 변화하나?
(4) 배당금 수취에 관한 포항기업(주)의 분개는?
(5) 배당금 수취 직후에 포항기업(주)의 관계기업투자주식은 얼마로 변화하나?

[12-11] 관계기업 투자(II)

경주기업(주)은 2×20년 초에 울산기업(주)의 보통주 25%를 30억원에 매수하고 수표를 발행하여 매수대금을 지급하였다. 다음은 주식 취득 이후의 관련 자료이다.

① 울산기업(주)의 2×20년도 당기순손실은 20억원이다(기타포괄손익은 없음).
② 2×21년 초에 울산기업의 주주총회에서는 현금배당을 하지 않기로 결의하였다.
③ 2×21년 초에 경주기업(주)은 보유한 울산기업(주) 주식의 3/5을 매각하고 12억원의 현금을 받았다.

물음

(1) 주식 취득시점에서 경주기업(주)의 분개는?
(2) 울산기업(주)의 2×20년도 당기순손실 보고에 관한 경주기업(주)의 분개는?
(3) 울산기업(주)의 위 당기순손실 보고 직후에 경주기업(주)의 관계기업투자주식은 얼마로 변화하나?
(4) 울산기업(주)의 주주총회 결의에 대해 경주기업(주)은 어떤 분개를 해야 하나?
(5) 2×21년 초에 울산기업(주) 주식의 매각처분에 관한 분개는?

[12-12] 종합문제

다음은 강릉기업(주)(결산일 12/31일)의 2×20년 말 재무상태표의 일부이다.

부분재무상태표

강릉기업(주)	2×20년 12월 31일		
유동자산:		자 본	
현 금	₩50,000	기타포괄손익누계액:	
단기매매금융자산	500,000	장기투자주식평가손익누계액	
비유동자산:			₩50,000
장기투자채권	650,000		
장기투자주식	800,000		
관계기업투자주식	3,000,000		

2×21년 중에 강릉기업(주)의 유가증권 보유액을 변동시킨 거래는 다음과 같다.

① 2/10일: 단기매매금융자산 중에서 ₩300,000(장부가액)의 사채를 매각처분하고 ₩320,000의 현금을 받았다.

② 3/25일: 삼척기업(주)으로부터 현금배당 ₩80,000을 받았다. 관계기업투자주식(지분율 30%)은 삼척기업(주)이 발행한 주식이다.

③ 4/10일: 단기매매금융자산 및 장기투자주식으로부터 현금배당 ₩30,000을 받았다.

④ 12/31일: 장기투자채권(상각후원가 측정)의 유효이자율은 10%이며, 현금이자로 ₩56,000을 받았다.

⑤ 12/31일: 보유하고 있는 유가증권의 기말시가(공정가치)는 다음과 같다.
- 단기매매금융자산의 기말시가: ₩190,000
- 장기투자주식의 기말시가: ₩740,000

⑥ 12/31일: 삼척기업(주)의 2×21년도 당기순이익은 ₩1,000,000이다(기타포괄손익은 없음).

물음

(1) 위의 ①~⑥에 대해 각각 필요한 분개를 하라.

(2) 강릉기업(주)의 2×21년도 부분재무제표를 아래와 같이 작성하라.

부분재무상태표

강릉기업(주) 2×21년 12월 31일

자산		자본	
유동자산:		자 본	
단기매매금융자산	(　　)	기타포괄손익누계액:	
비유동자산:		장기투자주식평가손익누계액	(　　)
장기투자채권	(　　)		
장기투자주식	(　　)		
관계기업투자주식	(　　)		

부분포괄손익계산서

강릉기업(주) 2×21년 1월 1일~2×21년 12월 31일

수 익:	이자수익	(　　)
	배당금수익	(　　)
	단기매매금융자산평가이익	(　　)
	단기매매금융자산처분이익	(　　)
	지분법이익	(　　)
비 용:	단기매매금융자산평가손실	(　　)
	단기매매금융자산처분손실	(　　)
	지분법손실	(　　)
……		
기타포괄손익:	장기투자주식평가이익	(　　)
	(또는 장기투자주식평가손실)	

제 Ⅳ 부 현금흐름표와 회계정보의 활용

제13장

기업의 현금흐름과 현금흐름표

본장의 주제는 기업의 현금흐름에 대한 정보를 제공하는 재무보고서인 현금흐름표이다. 현금흐름표는 재무상태표와 포괄손익계산서 항목들을 이해한 후에 학습하는 것이 효과적이기 때문에 그동안 구체적으로 다루지 않았다. 본장에서는 먼저 기업의 활동 및 활동별 현금흐름의 의미와 현금흐름표의 유용성을 설명하며, 이와 관련하여 '기업의 현금흐름 창출과 배분에 관한 개념'을 소개한다. 이 개념은 현금흐름표의 이론적 토대이기도 하다. 본장의 후반부에서는 영업활동, 투자활동 및 재무활동 현금흐름의 측정과 현금흐름표 작성방법을 설명한다.

제1절 현금흐름표의 유용성

1.1 현금흐름표의 의의와 구조

현금흐름표(statement of cash flows)는 재무상태표, 포괄손익계산서 등과 같이 주요 재무제표의 하나이다. 현금흐름표는 기업의 활동별로 현금유입 및 현금유출을 보여줌으로써 기업의 현금흐름 창출 및 배분과 자금조달에 관한 정보를 제공한다. 현금흐름표는 현금의 유입 및 유출에 대한 것이므로, 다른 재무제표와는 달리, 발생기준 회계(accrual accounting)와는 무관하다.

현금흐름표의 구조를 잘 이해하기 위하여, 먼저 기업의 활동이 어떻게 구성되어 있는지 살펴보자. 본장에서는 '비금융기업'을 대상으로 설명하며, 기업이 수행하는 활동으로는 다음의 세 가지가 있다.

- 영업활동: 재화(상품, 제품)를 생산 · 판매하거나 용역을 제공하는 활동
- 투자활동: 영업활동을 하는 데 필요한 영업용자산을 취득하는 활동
- 재무활동: 자본의 조달 및 반환과 자본의 사용대가를 지급하는 활동

위와 같이 영업활동(operating activities)은 기업을 설립하여 영위하는 목적이 되는 활동이다. 기업이 영업활동을 하기 위해서는 토지, 건물, 기계장치, 차량운반구 등의 자산이 필요한데, 이러한 영업용자산을 '취득'하는 활동을 투자활동(investing activities)이라고 부른다. 재무활동(financing activities)은 영업 및 투자활동에 필요한 자본을 조달하거나 사용한 자본을 반환하는 활동으로서 자본의 사용대가(즉, 이자와 배당)를 지급하는 것을 포함한다. 여기서의 자본(capital)은 재무상태표상의 자본보다 넓은 의미이며 타인자본을 포함한다.

현금흐름표는 회계기간 동안 영업, 투자 및 재무활동에서 각각 얼마나 현금유입과 현금유출이 있었는가를 보여주며, 현금흐름표의 구조는 다음과 같다.

현금흐름표의 구조

영업활동 현금흐름 (= 유입 − 유출)
+ 투자활동 현금흐름 (= 유입 − 유출)
+ 재무활동 현금흐름 (= 유입 − 유출)
= 현금의 증가 · 감소 (= 총유입 − 총유출)
+ 기초의 현금
= 기말의 현금

위에서 영업활동 현금흐름은 영업활동에서의 현금유입과 현금유출의 차이인 '순액'(net amount)을 의미하며, 투자활동 현금흐름과 재무활동 현금흐름도 각각 '순액'을 의미한다. 영업, 투자 및 재무활동 현금흐름을 모두 합산하면 당해 기간의 현금의 순증가액 또는 순감소액이 산출되며, 기말의 현금 보유액은 기초에 비하여 그만큼 변동한다.

현금흐름표의 핵심적 내용은 영업, 투자 및 재무활동 현금흐름에 대한 정보이다. 활동별 현금흐름의 의미를 잘 이해하기 위하여 〈표 13-1〉에 있는 고려기업(주)

표 13-1
현금흐름표의 예

현금흐름표

고려기업(주)	2×20년 1월 1일~2×20년 12월 31일	(단위: 백만원)
영업활동 현금흐름		
매출로부터의 현금유입	13,000	
상품매입에 대한 현금유출	(7,000)	
영업비용 지급	(2,000)	4,000
투자활동 현금흐름		
유형자산 처분	500	
유형자산 취득	(4,000)	(3,500)
재무활동 현금흐름		
장기차입금 증가	1,000	
차입금이자 지급	(700)	
현금배당	(800)	(500)
현금의 증가		0
기초의 현금		100
기말의 현금		100

의 현금흐름표를 살펴보자.

앞에서 보는 바와 같이, 고려기업(주)이 2×20년도에 영업활동을 수행한 결과로서, 매출로부터 130억원의 현금유입이 있었고, 상품매입대금 및 영업비용 지급으로 90억원의 현금유출이 있었다. 따라서 영업활동에서의 **순유입**(net inflow), 즉 영업활동 현금흐름은 40억원이며, 이는 고려기업(주)이 2×20년도 영업활동에서 40억원의 현금흐름을 창출하였음을 의미한다.

영업활동 현금흐름 ➡	기업이 영업활동에서 창출한 현금흐름을 의미하며, 정상적으로 운영되는 기업의 경우 영업활동 현금흐름은 '**순유입**'으로 나타난다.

투자활동으로 인한 현금유출입을 보면, 유형자산을 취득하기 위하여 40억원의 현금이 유출되었다. 그런데 이전에 보유했던 다른 유형자산을 처분하여 5억원의 현금이 유입되었으므로, 결국 투자활동에서는 35억원의 **순유출**(net outflow)이 있었다. 투자활동 현금흐름은 자산의 처분대금 유입액을 차감한 순액으로 측정한다.

투자활동 현금흐름 ➡	토지, 건물, 기계장치 등의 영업용자산을 취득하는 데에는 거액의 자금이 소요되므로 일반적으로 투자활동 현금흐름은 '**순유출**'로 나타난다.

위에서 설명한 바와 같이, 고려기업(주)은 영업활동에서 40억원의 현금흐름을 창출하였다. 그런데 영업활동에 필요한 자산을 취득하기 위해 투자활동에서 35억원의 순유출이 있었기 때문에, 결국 고려기업(주)이 '최종적으로 창출한 순현금흐름'은 5억원(=40−35)이 되는 셈이다. 이 5억원의 순현금흐름을 **기업 순현금흐름**(또는 **잉여현금흐름**, free cash flow)이라고 부른다.

기업이 창출한 순현금흐름은 재무활동을 통하여 기업의 자본공급자들(즉, 채권자와 주주)에게 배분된다. 그런데 〈표 13-1〉에서 보는 바와 같이, 순현금흐름 5억원만으로는 7억원의 차입금이자 지급과 8억원의 주주배당금 지급을 할 수 없기 때문에, 고려기업(주)은 장기차입금 10억원을 조달하여 자금부족을 메우고 있다. 그 결과 고려기업(주)의 재무활동 현금흐름은 5억원의 순유출(=유입 10억원-유출 15억원)로 나타나고 있다.

> 재무활동 현금흐름 ➡ 재무활동의 현금유입(자금조달)에서 재무활동의 현금유출을 차감한 순액이며, 기업이 처한 상황에 따라 '**순유입** 또는 **순유출**'로 나타난다.

위와 같이 영업활동 현금흐름이 순유입 40억원이고, 투자활동 현금흐름은 순유출 35억원 그리고 재무활동 현금흐름이 순유출 5억원이므로, 2×20년도의 현금의 순증가는 0(零)이다. 따라서 기말의 현금 보유액은 기초의 현금 보유액과 같다.

1.2 현금흐름표가 제공하는 정보

앞에서 〈표 13-1〉을 이용하여 현금흐름표가 제공하는 정보를 간략히 살펴보았다. 이제 현금흐름표의 유용성을 구체적으로 논의하여 보자. 현금흐름표는 기업의 활동별로 현금흐름을 보여줌으로써 다음의 중요한 문제들에 대하여 직접적인 정보를 제공한다.

- 기업이 영업활동에서 얼마나 많이 현금흐름을 창출하고 있는가? 기업이 영업활동 현금흐름을 이용하여 이자지급, 부채상환을 할 능력이 있는가?
- 기업이 영업규모의 유지 및 성장을 위하여 얼마나 투자를 하고 있는가? 영업활동 현금흐름을 투자에 사용하고도 순현금흐름(free cash flow)이 창출되었는가?
- 기업이 순현금흐름 창출액을 이용하여 이자지급, 차입금 상환, 주주배당을 하였는가 아니면 외부에서 자금을 조달하여 지급한 것인가? 만일 외부에서 자금을 조달하였다면 어떠한 원천에서 조달하였는가?

위의 여러 사항에 대한 정보는 투자자의 투자의사결정과 채권자의 신용의사결정에 유용한 정보이다. 재무제표이용자들은 현금흐름표를 통해 기업의 현금흐름 창출실적과 자금조달상황을 파악하고 이에 기초하여 기업의 미래 **현금흐름 창출능력**을 평가하게 된다. 이러한 평가를 통해 투자자는 미래의 투자수익과 투자위험을 평가하고(즉, 기업의 주식가치를 평가), 또 채권자는 기업의 미래 채무이행능력을 평가하며, 그에 따라 투자 · 신용의사결정이 이루어진다. 이와 같이 현금흐름표는 재무보고(financial reporting)의 목적을 달성하기 위한 추가적 수단이다(제2장 1절 참조).

제2절 기업의 현금흐름 창출과 배분

앞의 1.1절에서는 예를 이용하여 영업, 투자 및 재무활동 현금흐름의 의미를 설명하였다. 이제 활동별 현금흐름의 상호관계, 즉 기업의 현금흐름 창출과 배분에 대해 구체적으로 논의하여 보자. 기업의 현금흐름 창출과 배분에 관한 개념을 잘 이해하면 제3절에서 다루는 현금흐름표 작성원리도 쉽게 이해할 수 있다.

2.1 기업활동과 현금흐름

기업의 활동은 영업, 투자 및 재무활동의 연속적 과정이라고 할 수 있다. 즉, 자본공급자들로부터 현금을 조달하여(재무활동) 영업에 투자한 후(투자활동), 재화의 생산 · 판매 또는 용역의 제공을 통해(영업활동) 현금을 벌어들여서 이를 다시 자본공급자들에게 배분하는 활동(재무활동)이 연속적으로 이루어진다. [그림 13-1]은 기업의 그러한 활동에 따른 현금유입과 현금유출을 요약적으로 나타내고 있다. 여기서 화살표는 현금흐름의 방향을 나타낸다.

[그림 13-1]에서 기업의 오른쪽에 표시된 현금유입과 현금유출은 **재무활동 현금흐름**(financing cash flow)의 구성요소들이다.

그림 13-1

기업활동과 현금흐름

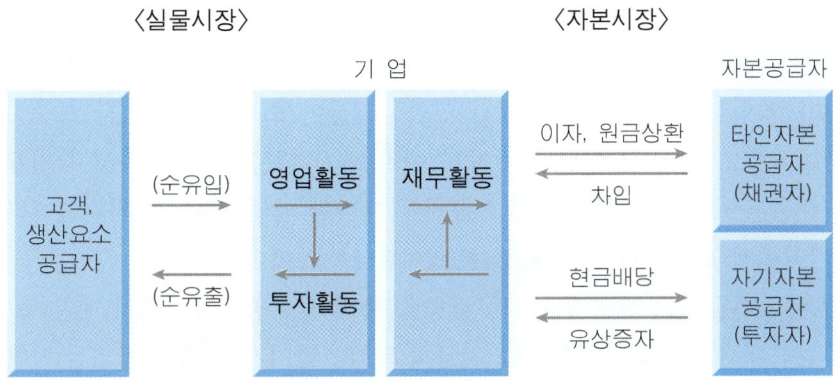

* 영업활동: 재화의 생산 · 판매 또는 용역의 제공
투자활동: 영업활동에 필요한 유형자산 등의 취득
재무활동: 자본의 조달 및 반환과 자본 사용대가의 지급
** 화살표는 현금흐름의 방향을 나타냄

- 재무활동 현금유입: 차입(사채발행 포함), 유상증자 → 자본(자금)의 조달
- 재무활동 현금유출: 차입금(사채 포함) 상환 → 자본의 반환
  이자, 배당금 지급 → 자본 사용대가의 지급

기업은 투자자와 채권자로부터 조달한 자금(현금)을 **영업에 투자**함으로써 토지, 건물, 기계장치, 차량운반구 등의 영업용자산(영업용 장기자산)을 취득한다. 그런 다음 기업은 영업용자산을 사용하여, 즉 영업활동을 하여 비로소 현금흐름을 창출한다. 영업활동에서 창출한 현금흐름은 매출로부터의 현금유입에서 모든 영업비용(재고자산 매입대금, 종업원급여, 통신비, 법인세 등 모든 영업활동비용) 지급액을 차감한 **순유입**(net inflow)으로 측정한다.

영업활동 현금유입: 매출(재화의 판매, 용역의 제공)로부터의 현금유입
− 영업활동 현금유출: 재고자산 매입대금을 포함한 모든 영업비용 지급액

= 영업활동 현금흐름(영업활동에서 창출한 현금흐름)

매출로부터의 현금유입은 영업활동 현금유입의 주된 원천이다.[1] 현금흐름표에서는 '영업활동에서 창출한 현금흐름'을 간단히 **영업활동 현금흐름**(cash flow from

1) 영업활동 현금유입의 다른 원천으로는 임대료수입, 로열티수입 등이 있다.

operations)으로 표현하고 있다.

기업은 창출한 영업활동 현금흐름의 일부 또는 전부를 투자활동에 사용한다. 왜냐하면, 영업활동을 하는 과정에서 영업용자산이 소모되므로 이를 보충하는 투자를 해야 하고, 또 성장을 위한 투자도 해야 하기 때문이다. 따라서 투자로 인해 현금이 유출되므로, 영업활동 현금흐름에서 그러한 영업투자액을 차감한 나머지가 기업이 '최종적으로 창출'한 **순현금흐름**(잉여현금흐름)이다.

기업은 순현금흐름 창출액을 재무활동을 통해 자본공급자들에게 배분(즉, 지급)한다. 먼저 채권자에게 약정이자를 지급하고, 또 만기가 도래한 차입금(사채 포함)을 상환한다. 그리고 주주에게 현금배당을 한다.[2] 만일 순현금흐름 창출액이 많지 않아서 그러한 지급을 하는 데 현금이 부족하면 새로이 차입을 하거나 유상증자를 하여 부족자금을 조달한다.

2.2 현금흐름등식과 순현금흐름

[그림 13-1]에서 살펴본 바와 같이, 기업이 현금흐름을 창출하는 원천은 영업활동이다. 즉, 재화 · 용역을 많이 판매할수록 현금유입이 많아지며, 자금부족도 일어나지 않는다. 재무활동에서 차입 또는 유상증자가 있으면 현금이 유입되지만, 이는 기업이 스스로 현금흐름을 창출한 것이 아님을 유의해야 한다. 앞에서 설명한 바와 같이, 한 기간 동안 기업이 창출한 현금흐름은 영업활동 현금흐름에서 영업투자액을 차감한 순현금흐름(free cash flow, FCF)으로 측정한다.

기업은 창출한 FCF를 재무활동을 통해 자본공급자들에게 이자지급, 원금상환, 현금배당 등의 형태로 배분한다. 따라서 어느 한 기간의 FCF는 같은 기간의 재무활동 현금흐름의 '순유출'과 금액적으로 동일하다. 이 관계는 다음 등식으로 나타낼 수 있으며, 이를 **현금흐름등식**(cash conservation equation)이라고 부른다.

2) 위와 같이 순현금흐름 창출액을 자본공급자들에게 배분하는 과정에서 남는 현금이 있으면 기업은 이 **여유현금**(excess cash)을 금융기관 예금상품이나 채무증권과 같은 **재무자산**(financing assets)에 예치한다. 그리고 추후에 자금이 필요하면 그 재무자산을 처분하여 자금을 조달한다. 재무자산을 처분해도 자금이 부족하면 새로 차입을 하거나 유상증자를 하여 부족자금을 조달한다. 본장에서는 설명의 복잡함을 덜기 위하여 편의상 재무자산이 없다고 가정한다.

등식 A: 영업활동 현금흐름 − 투자활동 현금흐름 = 재무활동 현금흐름

(순유입) (순유출) (순유출)

= 기업이 창출한 FCF 창출된 FCF의 배분

등식 B: 영업활동 현금흐름 − 투자활동 현금흐름 − 재무활동 현금흐름 = 0

(순유입) (순유출) (순유출)

= 기업이 창출한 FCF 창출된 FCF의 배분

위의 두 등식은 같은 내용인데, 등식 A는 FCF 창출과 배분의 상호관계를 나타내는 데 초점을 둔 등식이고, 등식 B는 유입과 유출의 산술적 관계를 나타내는 데 초점을 둔 등식이다. 위의 등식에서 재무활동 현금흐름은 순유출로 표현되어 있다. 물론 FCF 창출액이 음(−)의 값인 경우에는 재무활동 현금흐름은 순유입이어야 한다. 즉, 이때는 외부자금 조달(신규차입 또는 유상증자)에 의한 현금유입이 이자지급, 원금상환 및 배당의 현금유출 합계보다 크다. 위의 현금흐름등식의 구성요소에 대한 예를 보이면 다음과 같다.

[예1] 아래의 예는 FCF 창출액이 많아서 외부자금 조달(재무활동 현금유입)이 없는 경우이다.

FCF의 창출			재무활동 현금흐름	
영업활동: 매출로부터의 유입	1,000			
영업비용 지급	(600)		이자지급	(40)
영업활동 현금흐름	400		차입금 상환	(100)
투자활동: 기계장치 취득	(200)		현금배당	(60)
FCF 창출액	200	→		(200)

등식 A: 400 − 200 = 40 + 100 + 60

등식 B: 400 − 200 − [40 + 100 + 60] = 0

[예2] 만일 위에서 매출로부터의 현금유입이 950이라면 영업활동 현금흐름은 350이고 FCF는 150이 된다. 이 150으로 이자지급과 차입금 상환은 가능하지만 주주배당을 하기에는 부족하다. 따라서 주주에게 60의 배당을 하려면 50만큼 외부자금 조달이 있어야 한다. 만일 신규차입으로 50을 조달하였다면

현금흐름등식은 다음과 같이 된다.

FCF의 창출			재무활동 현금흐름	
영업활동: 매출로부터의 유입	950		이자지급	(40)
영업비용 지급	(600)		차입금 상환	(100)
영업활동 현금흐름	350		신규차입	50
투자활동: 기계장치 취득	(200)		현금배당	(60)
FCF 창출액	150	→		(150)

등식 A: 350 − 200 = 40 +100 −50 +60

등식 B: 350 − 200 − [40 +100 −50 +60] = 0

[예 3] FCF가 음수인 경우를 보자. 만일 위에서 매출로부터의 현금유입이 750이라면 영업활동 현금흐름은 150이고, FCF는 −50이 된다. 이때에는 영업활동 현금흐름 150만으로는 투자지출 200에 충당할 수 없었으므로 외부자금을 조달해서 투자를 한 것이다. 그리고 이자지급과 차입금 상환을 하는 데 필요한 자금도 조달해야 하고 또 주주배당을 60만큼 하겠다면 총 250의 외부자금 조달이 있어야 한다. 만일 신규차입으로 250을 조달하였다면 현금흐름등식은 다음과 같이 된다.

FCF의 창출			재무활동 현금흐름	
영업활동: 매출로부터의 유입	750		이자지급	(40)
영업비용 지급	(600)		차입금 상환	(100)
영업활동 현금흐름	150		신규차입	250
투자활동: 기계장치 취득	(200)		현금배당	(60)
FCF 창출액	(50)	→		50

등식 A: 150 − 200 = 40 + 100 − 250 + 60

등식 B: 150 − 200 − [40 + 100 − 250 + 60] = 0

위와 같이 영업활동 현금흐름이 많지 않아서 FCF 창출액이 음(−)의 값인 경우에는 재무활동을 통해 외부자금을 '많이' 조달하였음을 의미한다. 외부자금을 많이 조달하지 않았다면 투자와 이자지급 및 기존 차입금의 상환을 할 수 없었을 것이다.

그러나 수익성이 높지 않고 기존 부채도 많은 기업이라면 외부자금을 조달(신규 차입 및 유상증자)하기 어렵다. 이 경우 자금부족 때문에 투자를 대폭 축소할 수밖에 없고, 투자를 대폭 축소하면 소모된 영업용자산을 다 보충할 수 없으므로 현재의 영업규모를 유지할 수 없게 된다. 이러한 상황이 지속되면 영업활동 현금흐름도 계속 감소하게 되고, 결국 당해 기업은 채권자에 대한 지급의무를 이행할 수 없게 되어 도산하게 된다.

위의 예들에서 짐작할 수 있듯이, 기업의 현금흐름 창출실적에 관한 정보는 투자자 · 채권자의 의사결정에 유용한 정보이다. 투자자 · 채권자들은 현금흐름정보를 통해서 기업이 현재 얼마나 현금흐름을 창출하고 있는지 알 수 있고, 이에 기초하여 기업의 미래 현금흐름 창출능력을 평가할 수 있다.

참고 FCF가 음수이면 반드시 비우량기업인가?

영업활동 현금흐름을 많이 창출하는 기업이라도 영업규모 확대 또는 신규사업 진출을 위해 대규모 투자를 하면 이로 인해 일시적으로 당해 기간의 FCF 창출액이 음수가 될 수 있다. 이러한 기업은 불량기업이 아니며, 투자의 결과로서 미래에는 많은 FCF를 창출할 수도 있다. 따라서 불량기업 여부의 판단을 함에 있어서는 이익실적 분석을 통한 수익성 분석이 병행되어야 한다. 이러한 관점에서 재무상태표, 포괄손익계산서 및 현금흐름표는 서로 보완적인 관계에 있다.

제3절 현금흐름 측정 및 현금흐름표 작성방법

본절에서는 활동별 현금흐름 측정과 현금흐름표 작성방법을 설명한다. 앞의 제2절에서 다룬 내용이 이해되었으면 현금흐름표 작성원리도 쉽게 이해할 수 있다.

3.1 현금흐름등식과 현금흐름표

현금흐름표의 이론적 토대는 제2절에서 설명한 현금흐름등식이다.

영업활동 현금흐름 − 투자활동 현금흐름 − 재무활동 현금흐름 = 0
(순유입) (순유출) (순유출 또는 +순유입)

투자활동 현금흐름 = 영업용자산 투자 − 영업용자산 처분대금 유입
= 영업현금 투자 + 영업용자산(영업현금 제외) 투자
− 영업용자산 처분대금 유입

위에서 투자활동 현금흐름은, 영업용자산의 매각처분이 있었으면, 그러한 처분대금 유입을 차감한 순유출로 측정한다. 그리고 편의상 제2절에서 언급하지 않았지만, 개념적으로 볼 때 영업에 대한 투자에는 '영업현금 투자'도 포함된다. 여기서 **영업현금**(operating cash)이란 기업이 영업활동을 하기 위해 보유하고 있어야 하는 현금(요구불예금 포함)을 말하며, 이는 영업용자산의 일부이다.[3] 영업현금은 재무상태표에서 간단히 '현금'으로 표현되고 있다. 만일 기업이 영업활동을 유지 · 확대하는 데 필요하여 현금 보유액을 늘렸으면, 즉 기말의 현금 보유액이 기초에 비해 '증가'하였으면 그 증가액만큼 '영업현금 투자'를 한 것이고, 반면에, 기말의 현금 보유액이 기초에 비해 감소하였으면 그 감소액만큼 과거의 영업현금 투자액을 회수한 것이다. 그러나 일반적으로 영업현금 투자(또는 과거 투자액의 회수)는 그 금액이 크지 않다.

위의 등식에서 영업현금 투자를 투자활동 현금흐름에서 분리하여 아래와 같이 등식의 오른쪽으로 옮겨보자.

영업활동 현금흐름 − 투자활동 현금흐름 − 재무활동 현금흐름 = 영업현금 투자
(순유입) (순유출) (순유출 또는 +순유입)

---

3) 기업이 매출대금을 회수하는 데에는 일반적으로 시간이 소요된다. 그래서 매출대금의 회수 전에 일어나는 여러 경비지출(예: 급여, 통신비, 전기수도료 등)에 충당하기 위하여 기업은 일정액의 현금(요구불예금 포함)을 보유하고 있어야 한다. 이러한 현금은 기업의 영업활동에 투입된 것이기 때문에 영업현금(operating cash)이라고 부른다.

표 13-2
현금흐름등식과 현금흐름표

현금흐름등식	현금흐름표
영업활동 현금흐름:	**영업활동 현금흐름:**
영업활동 현금유입	영업활동 현금유입
−영업활동 현금유출	−영업활동 현금유출
투자활동 현금흐름:	**투자활동 현금흐름:**
영업용자산 처분대금 유입	영업용자산 처분대금 유입
−영업용자산 투자	−영업용자산 투자
재무활동 현금흐름:	**재무활동 현금흐름:**
재무활동 현금유입	재무활동 현금유입
−재무활동 현금유출	−재무활동 현금유출
= **영업현금 투자***	= **현금의 증가**(또는 감소)
* 영업현금 투자는 우측에서 '현금의 증가'로 표현됨.	+ **기초의 현금**
	= **기말의 현금**

이제 이 등식을 위아래로 세우면서 순유입과 순유출의 괄호를 풀면 〈표 13-2〉의 왼쪽처럼 표현되고 이는 바로 오른쪽의 현금흐름표 구조와 동일하다.

「한국채택국제회계기준」은 영업현금 투자(또는 과거 투자액의 회수)를 맨 아래에 위치시키면서 '현금의 증가(또는 감소)'라고 표현하고 있으며, 기초 및 기말의 현금도 함께 표시하도록 규정하고 있다. 여기서 기초 및 기말의 현금은 기초 및 기말 재무상태표상의 현금과 같다.

또한 「한국채택국제회계기준」은 현금에 **현금성자산**을 포함시키고 있다. 제7장에서 설명하였듯이, 현금성자산은 취득 당시 만기가 3개월 이내인 금융자산을 가리킨다. 이러한 자산은 현금과 비슷하다고 보아 포함시키고 있는데, 일반적으로 현금성자산은 그 금액이 크지 않다.

3.2 현금흐름 측정 및 현금흐름표 작성

현금흐름표의 이론적 배경이 이해되었을 것이므로 이제 현금흐름표를 작성하는 절차를 구체적으로 살펴보자. 기업의 실제 상황에서는 특히 영업활동에 관련된 현금유출입 거래가 빈번히 일어난다. 그래서 기업들은 회계기간 중에는 현금유출입

항목별로 상세한 기록을 유지하지 않고, 기말에 와서 재무상태표와 포괄손익계산서의 관련 계정들을 이용하여 영업활동 현금흐름을 측정한다. 그렇게 측정하는 방법도 두 가지가 있는데 아래에서 두 방법을 순차적으로 설명하며, 이어서 투자활동 및 재무활동 현금흐름 측정방법을 설명한다.

(1) 영업활동 현금흐름의 측정 – 직접법

직접법(direct method)은 영업활동 현금유입 및 현금유출에 대해 항목별로 직접 그 금액을 측정함으로써 영업활동 현금흐름을 산정하는 방법이다. 즉, 매출로부터의 유입액, 매입에 대한 유출액 등을 각각 직접 측정한다.

영업활동 현금흐름 = 영업활동 현금유입 – 영업활동 현금유출
= 매출로부터의 유입액 – 매입에 대한 유출액 – 영업비용 지급액

사실, 위의 측정방법은 당연히 사용되어야 하는 방법이고 앞의 절에서도 암묵적으로 직접법이 사용되었다. 아래에서는 위의 각 항목을 측정하는 방법을 설명한다.

1 매출로부터의 현금유입: 매출로부터의 현금유입액은 두 요소로 구성되어 있다. 하나는 당기의 현금매출에 따른 유입액이고, 다른 하나는 전기 및 당기에 발생한 매출채권 중에서 당기에 회수한 금액이다.

매출로부터의 현금유입액 (당기의 현금유입액) = 현금매출액 + 매출채권 회수액

현금매출액 ↓ 당기의 현금매출에 따른 유입액

매출채권 회수액 ↓ 전기 및 당기의 매출채권 중 회수한 금액

위의 매출채권 회수액은 매출채권계정을 분석하면 산출할 수 있다. 예를 들어, 매출채권계정의 기초금액(기초잔액)이 1,000이고, 당기의 신용매출액이 5,000 그리고 매출채권계정의 기말금액(기말잔액)이 2,000이라고 하자. 그러면 당기 중 매출채권 회수액이 얼마일까? 그 답은 아래와 같이 매출채권계정에서 찾을 수 있다.

매출채권

기초금액	1,000	회수액	4,000
당기 신용매출액	5,000		

↓

기말금액 2,000

여기서 우리가 알고자 하는 것은 '회수액 4,000'인데, 이는 매출채권계정의 기초금액 1,000과 당기 신용매출액 5,000의 합계에서 매출채권계정의 기말금액 2,000을 차감한 것과 같다.

매출채권 회수액 = 매출채권 기초금액 + 당기 신용매출액 − 매출채권 기말금액

(매출채권 기초금액 + 당기 신용매출액: 회수되어야 할 매출채권 총액) (매출채권 기말금액: 미회수된 매출채권)

= 당기 신용매출액 − [매출채권 기말금액 − 매출채권 기초금액]

4,000 = 5,000 − [2,000 − 1,000]

위와 같이 매출채권 회수액은 당기의 신용매출액에서 매출채권계정의 기말 증가액(=기말금액−기초금액)을 차감하면 구할 수 있다.[4] 이 매출채권 회수액을 현금매출액에 더하면 최종적으로 매출로부터의 현금유입액이 산출된다.

매출로부터의 현금유입액 = 현금매출액 + [신용매출액 − △매출채권]

= **포괄손익계산서상의 매출액 − △매출채권***

*△매출채권은 매출채권의 기말 증가액(=기말금액−기초금액)임.

위에서 보듯이, 결국 매출로부터의 현금유입액은 포괄손익계산서상의 매출액(=현금매출액+신용매출액)에서 △매출채권을 차감한 것과 같다. △매출채권이 양수이면, 즉 매출채권 기말금액이 기초금액보다 크면 그 차액만큼 현금유입이 적었음을 의미하고, 반대의 경우에는 그 차액만큼 현금유입이 많았음을 의미한다.

4) 위의 설명은 연중에 대손 확정으로 제거된 매출채권이 없음을 가정한 것이다. 대손 확정액이 있는 경우에는 위 식의 우변에서 대손 확정액도 차감해야 한다(제7장 연습문제 [7-13] 참조). 설명의 편의상 본 소절에서는 대손 관련 계정(대손충당금과 대손상각비)이 없다고 가정하며, 대손 관련 계정이 있는 경우에 대하여는 뒤의 '참고' 박스에 제시된 설명을 활용하면 된다.

참고 왜 매출채권 회수액을 매출채권계정의 대변에서 바로 구하지 않나?

매출로부터의 현금유입에는 현금매출도 있다. 그런데 현금매출에 대해서는 별도의 계정을 설정하지 않고 있으므로 포괄손익계산서상의 매출액과 △매출채권을 이용하여 매출로부터의 현금유입액을 한 번에 산정한다. 이러한 방법은 아래에서 매입에 대한 현금유출액과 영업비용의 현금유출액을 산정할 때도 적용된다.

2 매입에 대한 현금유출: 상품매입에 대한 현금유출액은 두 요소로 구성되어 있다. 하나는 당기의 현금매입에 따른 유출액이고, 다른 하나는 전기 및 당기에 발생한 매입채무 중에서 당기에 지급한 금액이다.

매입에 대한 현금유출액 (당기의 현금유출액) = 현금매입액 + 매입채무 지급액

- 현금매입액 ↓ 당기의 현금매입에 따른 지급액
- 매입채무 지급액 ↓ 전기 및 당기의 매입채무 중 지급한 금액

매입채무 지급액은 매입채무계정을 분석하면 산출할 수 있다. 예를 들어, 매입채무계정의 기초금액이 2,000이고 당기의 신용매입액이 6,000 그리고 매입채무계정의 기말금액이 3,000이라고 하자. 그러면 당기 중 매입채무 지급액은 얼마이겠는가? 그 답은 아래와 같이 매입채무계정에서 찾을 수 있다.

매입채무

차변		대변	
지급액	5,000	기초금액	2,000
		당기 신용매입액	6,000

↓ 기말금액 3,000

여기서 우리가 알고자 하는 것은 '지급액 5,000'인데, 이는 매입채무계정의 기초금액 2,000과 당기 신용매입액 6,000의 합계에서 매입채무계정의 기말금액 3,000을 차감한 것과 같다.

매입채무 지급액 = 매입채무 기초금액 + 당기 신용매입액 − 매입채무 기말금액

(지급되어야 할 매입채무 총액) (미지급된 매입채무)

= 당기 신용매입액 − [매입채무 기말금액 − 매입채무 기초금액]

5,000 = 6,000 − [3,000 − 2,000]

위와 같이 매입채무 지급액은 당기의 신용매입액에서 매입채무계정의 기말 증가액(=기말금액−기초금액)을 차감하면 구할 수 있다. 이 매입채무 지급액을 현금매입액에 더하면 최종적으로 매입에 대한 현금유출액이 산출된다.

매입에 대한 현금유출액 = 현금매입액 + [신용매입액 − △매입채무]

= **당기매입액 − △매입채무***

*△매입채무는 매입채무의 기말 증가액(=기말금액−기초금액)임.

위에서 보듯이, 결국 매입에 대한 현금유출액은 당기매입액(=현금매입액+신용매입액)에서 △매입채무를 차감한 것과 같다. 그런데 제8장에서 설명한 바와 같이, 당기매입액은 매출원가 및 상품재고액과 다음의 관계에 있다.

기초 상품재고액 + 당기매입액 = 매출원가 + 기말 상품재고액

→ 당기매입액 = 매출원가 + [기말 상품재고액 − 기초 상품재고액]

= 매출원가 + △상품

여기서 '△상품'은 상품(또는 재고자산)의 기말 증가액(=기말재고액−기초재고액)을 의미한다. 위의 관계를 앞의 산식에 적용하면, 매입에 대한 현금유출액은 다음의 방법으로 구할 수도 있다.

매입에 대한 현금유출액 = 당기매입액 − △매입채무

= **매출원가 + △상품 − △매입채무**

예제 13-1

다음의 자료를 이용하여 매출로부터의 현금유입액과 매입에 대한 현금유출액을 각각 산정하라(단위: 만원).

• 매출액	1,500	• 당기매입액	1,200
• 매출채권 기초금액	300	• 매출채권 기말금액	400
• 매입채무 기초금액	250	• 매입채무 기말금액	200

풀이

매출로부터의 현금유입액 = 매출액 − △매출채권
= 1,500 − [400 − 300] = 1,400 (만원)

매입에 대한 현금유출액 = 당기매입액 − △매입채무
= 1,200 − [200 − 250] = 1,250 (만원)

3 영업비용 항목의 현금유출: 종업원급여, 임차료, 통신비, 광고비 등 모든 영업비용(모든 판매비와 관리비 포함) 항목의 현금지출액은 포괄손익계산서상의 해당 비용금액과 같을 수 있지만, 기초에 미지급비용이 있었거나 기말에 미지급비용이 있다면 현금유출액을 정확하게 산정해야 한다. 이때의 산정방법은 매입에 대한 현금유출액을 산정하는 방법과 유사하며, 다음과 같이 계산하면 된다.

영업비용 항목의 현금유출액 = 미지급비용 기초금액 + 포괄손익계산서상의 비용금액 − 미지급비용 기말금액

(미지급비용 기초금액 + 포괄손익계산서상의 비용금액: 지급되어야 할 총액) (미지급비용 기말금액: 미지급된 금액)

= **포괄손익계산서상의 비용금액 − △미지급비용***

* △미지급비용은 미지급비용의 기말 증가액(=기말금액−기초금액)임.

위의 계산식을 영업비용 항목별로 적용하면 각 영업비용 항목의 현금유출액을 정확하게 산정할 수 있다.[5)]

5) 미지급비용이 아니고 선급비용(예: 선급보험료)이 있다면 '반대'로 처리하면 된다. 즉, 포괄손익계산서상의 해당 비용금액에 △선급비용(=기말금액−기초금액)을 '가산'하면 된다.

영업비용 항목의 현금유출액 = 포괄손익계산서상의 비용금액 + △선급비용

참고 제품보증비의 현금유출액 산정

제10장에서 설명한 바와 같이, 제품보증비는 제품보증충당부채 전입액이고, 제품보증비를 실제로 지출할 때에는 그 지출액만큼 제품보증충당부채를 감소시키는 회계처리를 한다.

제품보증비 인식:	(차) 제품보증비	×××	(대) 제품보증충당부채	×××
제품보증비 지출:	(차) 제품보증충당부채	×××	(대) 현 금	×××

따라서 「충당부채 기초금액 + 당기 제품보증비 인식 − 당기 제품보증비 지출액 = 충당부채 기말금액」의 관계가 성립하므로, 당기 제품보증비 지출액은 다음과 같이 산정된다.

제품보증비의 현금유출액 = 포괄손익계산서상의 비용금액 − △제품보증충당부채*

* △제품보증충당부채는 충당부채의 기말 증가액(= 기말금액 − 기초금액)임.

(2) 영업활동 현금흐름의 측정 – 간접법

영업활동 현금흐름은 포괄손익계산서상의 당기순이익에 일정 항목들을 가감함으로써 간접적으로 측정할 수도 있다. 이러한 측정방법을 **간접법**(indirect method)이라고 부른다. 즉, 이 방법에서는 영업활동 현금유입과 현금유출의 각 항목을 직접 측정하지 않으며, 현금유입 총액과 현금유출 총액의 차이인 영업활동 현금흐름을 간접적으로 측정한다.[6)]

간접법의 의미와 절차를 잘 이해하기 위하여, 먼저 포괄손익계산서상의 당기순이익이 어떻게 측정된 것인지 기억을 되살려 보자. 제6장에서 설명하였듯이, 당기순이익은 매출액, 매출원가, 판매비와 관리비, 기타수익, 기타비용, 금융비용(이자비용), 법인세비용 등을 모두 포함하여 계산된 금액이다. 여기서는 항목의 열거를 줄이기 위해, 편의상 판매비와 관리비로는 통신비와 감가상각비의 두 항목만 있다고 가정하자. 그리고 기타수익과 기타비용으로는 각각 유형자산처분이익과 무형자산처분손실이 있다고 가정하고, 법인세비용은 없다고 가정하자. 그러면 당기순이익은

6) 간접법은 항목별로 현금유출입을 측정하지 않기 때문에 현금흐름표 작성에 소요되는 시간을 줄일 수 있다. 특히 판매비와 관리비의 개개 항목에 대해 현금유출액을 정확히 측정하는 데에는 꽤 시간이 소요된다. 이 때문에 많은 기업들이 간접법을 사용하고 있다. 그러나 간접법에서는 항목별 금액이 표시되지 않으므로 현금흐름표의 정보유용성이 낮아지는 단점이 있다.

다음과 같이 측정된 것이다.

당기순이익의 구성요소		항목 및 금액의 성격
매 출 액	→	영업활동의 수익이지만 현금유입액과 다를 수 있음
− 매출원가	→	영업활동의 비용이지만 현금유출액과 다를 수 있음
− 판매비와 관리비:		
통 신 비	→	영업활동의 비용이지만 현금유출액과 다를 수 있음
감가상각비	→	영업활동의 비용이지만 현금유출이 없는 비용
+ 기타수익:		
유형자산처분이익	→	투자활동(유형자산 처분)에 의해 발생한 손익
− 기타비용:		
무형자산처분손실	→	투자활동(무형자산 처분)에 의해 발생한 손익
− 이자비용	→	재무활동(자본 사용대가의 지급)에 의해 발생한 손익
= 당기순이익		

위에서 보는 바와 같이, 당기순이익은 영업활동의 손익은 물론, 투자활동으로 인한 손익(유형자산처분이익, 무형자산처분손실)과 재무활동으로 인한 손익(이자비용)도 모두 포함하여 계산된 결과치이다. 따라서 아래와 같이 당기순이익에서 투자활동·재무활동 관련 손익을 모두 제거하고, 또 영업활동 관련 손익은 현금유출입 기준으로 조정하면 영업활동 현금흐름을 측정할 수 있다.

당기순이익	(= 매출액 − … + 유형자산처분이익 − 무형자산처분손실 − 이자비용)
− 유형자산처분이익	(투자활동에 의한 손익이므로 이를 제거하기 위해 다시 차감)
+ 무형자산처분손실	(투자활동에 의한 손익이므로 이를 제거하기 위해 다시 가산)
+ 이자비용	(재무활동에 의한 손익이므로 이를 제거하기 위해 다시 가산)
= 영업활동 손익만 남음	(= 매출액 − 매출원가 − 통신비 − 감가상각비)
+ 감가상각비	('비현금' 영업비용이므로 이를 제거하기 위해 다시 가산)
= 매출액 − 매출원가 − 통신비	
± 매출액, 매출원가 등의 조정	(조정방법은 아래에서 설명됨)
= 영업활동 현금흐름	

당기순이익에 포함된 투자활동 관련 손익을 '제거'하기 위해 유형자산처분이익을 당기순이익에서 다시 '차감'한다. 유형자산처분이익은 당기순이익을 증가시켰던 항목이므로 이를 당기순이익에서 다시 차감하면 그 영향이 제거된다. 또한 당

기순이익에 포함된 무형자산처분손실을 '제거'하기 위해 그 금액을 당기순이익에 다시 '가산'한다. 왜냐하면, 무형자산처분손실은 당기순이익을 감소시켰던 항목이기 때문이다. 그리고 당기순이익에 포함된 재무활동 관련 손익을 '제거'하기 위해 이자비용을 당기순이익에 다시 '가산'하여 제거시킨다.[7)]

한편, 유형자산의 감가상각비는 영업활동의 비용(판매비와 관리비)이지만 현금유출을 동반하지 않은 비용이다.[8)] 즉, 감가상각비는 "(차) 감가상각비 ××× (대) 감가상각누계액 ×××"의 분개를 통해 인식된 것인데, 이 분개의 대변 쪽에 '현금의 감소가 없다'. 그래서 감가상각비의 영향을 '제거'하기 위하여 감가상각비를 당기순이익에 다시 '가산'시킨다.[9)]

마지막으로, 매출액, 매출원가, 통신비(즉, 감가상각비 외의 영업비용)를 조정하는 절차는 앞에서 설명한 직접법을 떠올리면 쉽게 이해할 수 있다. 직접법에서는 영업활동 현금흐름을 다음과 같이 측정하였다.

직접법의 개념구조		직접법의 측정구조
매출로부터의 현금유입	→	매출액 − △매출채권
− 매입에 대한 현금유출	→	− [매출원가 + △상품 − △매입채무]
− 영업비용의 현금유출	→	− [영업비용 금액 − △미지급영업비용]
= 영업활동 현금흐름		= 영업활동 현금흐름

위의 오른쪽을 보면, 매출액에 대한 조정항목은 △매출채권이고, 매출원가에 대한 조정항목은 △상품과 △매입채무이며, 영업비용에 대한 조정항목은 △미지급영업비용임을 알 수 있다. 위에서 괄호를 풀면, **△매출채권과 △상품은 차감하고, △매입채무와 △미지급영업비용은 가산**하는 것이 된다. 여기서 △는 「기말금액−기초금액」이다. 이와 같이 간접법에서 매출액, 매출원가, 통신비 등의 영업비용을 현금유출입 기준으로 조정하는 것은 바로 직접법의 계산원리를 적용한 것이다. 위의

7) 「한국채택국제회계기준」(기업회계기준서 제1007호)은 '비금융기업'의 경우 이자비용 지급은 영업활동 또는 재무활동으로 분류하도록 규정하고 있다. 그러나 이론적으로 볼 때 이자의 지급은 재무활동에 속하므로 위 설명에서는 이자비용을 재무활동의 손익으로 분류한다.

8) 현금유출을 동반하지 않는 영업비용의 다른 예로는 무형자산상각비(제9장)가 있다.

9) 제품보증비의 경우에는 '△제품보증충당부채'(제품보증충당부채의 증가)를 가산시키면 된다. △제품보증충당부채는 현금유출이 없는 제품보증비 금액과 같다(앞의 참고 박스에 있는 설명 참조).

조정항목들을 포함시켜서 앞의 간접법 측정구조를 다시 나타내면 다음과 같다.

간접법의 측정구조

	당기순이익	(=매출액－…＋유형자산처분이익－무형자산처분손실－이자비용)
－	유형자산처분이익	(투자활동에 의한 손익이므로 이를 제거하기 위해 다시 차감)
＋	무형자산처분손실	(투자활동에 의한 손익이므로 이를 제거하기 위해 다시 가산)
＋	이자비용	(재무활동에 의한 손익이므로 이를 제거하기 위해 다시 가산)
＝	영업활동 손익만 남음	(=매출액－매출원가－통신비－감가상각비)
＋	감가상각비	(비현금 영업비용이므로 이를 제거하기 위해 다시 가산)
＝	매출액－매출원가－통신비	
－	△매출채권	(매출액에 대한 조정항목)
－	△상품	(매출원가에 대한 조정항목)
＋	△매입채무	(매출원가에 대한 조정항목)
＋	△미지급통신비	(통신비에 대한 조정항목)
＝	영업활동 현금흐름	

(△매출채권 ~ △미지급통신비 → 직접법의 계산원리 적용)

이제까지 영업활동 현금흐름을 측정하기 위한 간접법의 구조를 살펴보았다. 이 간접법 측정구조를 현금흐름표(영업활동 현금흐름 부분) 형태로 표현하면 〈표 13-3〉과 같다.

〈표 13-3〉의 현금흐름표에서 2번 그룹은 당기순이익에 다시 '가산'하는 비용항목들이다. 즉, 투자활동 · 재무활동으로 인한 비용과 현금유출을 동반하지 않는 영업활동 관련 비용을 당기순이익에 가산한다.[10]

한편, 3번 그룹은 당기순이익에서 다시 '차감'하는 수익항목들이다. 즉, 투자활동 · 재무활동으로 인한 수익을 당기순이익에서 차감하고,[11] 또 현금유입을 동반하지 않는 영업활동 관련 수익을 당기순이익에서 차감한다. 현금유입을 동반하지 않는 영업활동 관련 수익의 대표적인 예는 지분법이익이다(제12장 참조).[12] 지분법이

10) 재무활동으로 인한 비용의 추가적 예로는 사채상환손실, 외화차입금 상환시의 외환차손이 있다. 사채상환손실은 장부가액보다 높은 가액으로 사채를 조기상환하였을 때의 차손을 말한다.

11) 재무활동으로 인한 수익의 예로는 사채상환이익 외에도 외화차입금 상환시의 외환차익 등이 있다.

12) 지분법이익은 "(차) 관계기업투자주식 ××× (대) 지분법이익 ×××"의 분개를 통해 인식되어 당기순이익에 포함되었다. 이 분개에서 보듯이, 지분법이익은 현금유입을 동반하지 않았기 때

표 13-3

현금흐름표의 영업활동 현금흐름 부분-간접법

영업활동 현금흐름	조정항목의 예 및 설명
1. 당기순이익	
2. 당기순이익에 가산하는 비용항목	
+ 투자활동 · 재무활동으로 인한 비용	유형자산처분손실, 이자비용의 가산
+ '비현금' 영업활동 관련 비용	감가상각비, 무형자산상각비의 가산
3. 당기순이익에서 차감하는 수익항목	
− 투자활동 · 재무활동으로 인한 수익	무형자산처분이익, 사채상환이익의 차감
− '비현금' 영업활동 관련 수익	지분법이익의 차감
4. 당기순이익에 가감하는 영업활동 관련 유동자산 · 유동부채의 증감	
− 영업유동자산 항목의 증가액	△매출채권이 양수인 경우
(+ 영업유동자산 항목의 감소액*)	△매출채권이 음수인 경우*
+ 영업유동부채 항목의 증가액	△매입채무가 양수인 경우
(− 영업유동부채 항목의 감소액*)	△매입채무가 음수인 경우*
5. 영업활동 현금흐름 ← 1~4의 순액	

* △영업유동자산 항목(△매출채권, △상품 등)의 값이 음수인 때에는 음수를 차감하므로 그 항목의 감소액을 더하는 것이 된다. 또한 △영업유동부채 항목(△매입채무, △미지급영업비용 등)의 값이 음수인 때에는 음수를 가산하므로 그 항목의 감소액을 차감하는 것이 된다.

익은 포괄손익계산서에서 영입수익으로 표시되지 않지만, 넓은 의미에서 영업활동 관련 손익에 속한다.

〈표 13-3〉에서 4번 그룹은 매출액, 매출원가, 통신비 등 영업비용에 대한 조정항목이 되는 재무상태표 항목들의 △(=기말금액−기초금액)이다. 4번 그룹의 특징은 다음과 같이 요약할 수 있다.

- 모든 영업유동자산 항목 → △를 차감(△가 음수이면 그 감소액을 가산)
- 모든 영업유동부채 항목 → △를 가산(△가 음수이면 그 감소액을 차감)

영업유동자산(즉, 영업활동 관련 유동자산)으로는 매출채권과 상품 외에도 선급금,

문에 당기순이익에서 제거해야 한다. 한편, 포괄손익계산서에 지분법이익의 반대인 지분법손실이 계상되어 있는 경우에는 지분법손실을 당기순이익에 다시 '가산'하여 제거시키면 된다. 지분법손실은 현금유출을 동반하지 않는 비용이므로 〈표 13-3〉에서 2번 그룹에 속한다.

선급영업비용(예: 선급보험료) 등이 있으며, 이들 역시 △매출채권 등과 같은 방식으로 처리하면 된다(즉, △선급금, △선급영업비용을 '차감').[13] 그리고 **영업유동부채**(즉, 영업활동 관련 유동부채)로는 매입채무와 미지급영업비용 외에도 선수금, 선수수익(예: 선수임대료) 등이 있으며, 이들 역시 △매입채무 등과 같은 방식으로 처리하면 된다(즉, △선수금, △선수수익을 '가산').[14]

여기서 유의해야 할 것은 유동자산과 유동부채 중에서 영업활동과 관련이 없는 항목들은 4번 그룹에 포함시키지 않아야 한다는 점이다. 예를 들면, 단기투자자산(단기예금)과 미수금(유형자산 처분대금의 미수액)은 유동자산에 속하지만 이들은 영업활동과 관련이 없다. 또한 단기차입금과 미지급금(유형자산 구입대가의 미지급액)은 유동부채에 속하지만 이들 역시 영업활동과 관련이 없다. 이들 항목의 △를 4번 그룹에 포함시키면 영업활동 현금흐름이 잘못 산정된다.

예제 13-2

다음의 자료를 이용하여 영업활동 현금흐름을 산정하라(단위: 만원).

• 당기순이익	5,000	• 감가상각비	800
• 유형자산처분이익	300	• 사채상환손실	500
• 매출채권 기초금액	3,000	• 매출채권 기말금액	4,000
• 상품 기초금액	1,000	• 상품 기말금액	1,200
• 매입채무 기초금액	2,500	• 매입채무 기말금액	2,800

풀이

아래와 같이 작업표를 만들면 계산하기 편리하다. 아래의 작업표에는 당기순이익과 그에 가산하는 항목들이 왼쪽에 모아져 있고, 차감하는 항목들은 오른쪽에 모아져 있다.

---

13) △선급금은 매출원가에 대한 조정항목이며, '매입에 대한 현금유출액'을 정확히 계산하려면 △선급금을 차감해야 한다. 앞에서 직접법을 설명할 때 편의상 △선급금은 생략하였다.

14) △선수금은 매출액에 대한 조정항목이다. 앞에서 직접법을 설명할 때 편의상 △선수금은 생략하였다. △선수수익(예: △선수임대료)은 포괄손익계산서에 기타수익으로 표시된 영업활동 수익(예: 임대료수익)에 대한 조정항목이다.

당기순이익 및 가산항목		차감항목	
당기순이익	5,000		
(+) 투자 · 재무활동의 비용:		(−) 투자 · 재무활동의 수익:	
사채상환손실	500	유형자산처분이익	(300)
(+) 비현금 영업활동 비용:			
감가상각비	800		
(+) 영업유동부채의 증가:		(−) 영업유동자산의 증가:	
매입채무 증가*	300	매출채권 증가*	(1,000)
		상품 증가*	(200)
합 계	6,600	합 계	(1,500)

* △매출채권 = 4,000 − 3,000 = 1,000　　△상품 = 1,200 − 1,000 = 200
△매입채무 = 2,800 − 2,500 = 300

영업활동 현금흐름은 위의 왼쪽 합계에서 오른쪽 합계를 뺀 금액이다. 즉,

영업활동 현금흐름 = 6,600 − 1,500 = 5,100 (만원)

참고　대손 관련 계정이 있을 경우의 고려사항

이제까지는 편의상 대손 관련 계정이 없는 것으로 가정하였다. 대손상각비와 대손충당금이 있는 경우에는 다음과 같이 적용하면 된다.

첫째, 간접법을 사용할 경우, 대손상각비는 비현금 영업비용이므로 당기순이익에 가산해야 하는 항목이다. 그런데 대손상각비는 대손충당금을 설정할 때 계상되는 비용이다. 그래서 매출채권 기말금액과 기초금액을 모두 대손충당금을 차감한 '순액'으로 측정한 후에 △매출채권을 계산해서 당기순이익에서 차감하면 대손상각비가 자동적으로 제거된다. 다시 말하면, '순액기준' 으로 계산한 △매출채권을 당기순이익에서 차감하면 되고, 대손상각비를 당기순이익에 가산하지 않아도 된다.

둘째, 직접법에서 매출로부터의 현금유입을 측정할 때에도 '순액기준' 으로 계산한 △매출채권을 사용할 수 있다. 다만, 이때에는 매출액에서 대손상각비를 차감해야 한다. 즉, 매출로부터의 현금유입액 = 〔매출액 − 대손상각비〕 − △매출채권(순액기준).

(3) 투자활동 및 재무활동 현금흐름의 측정

투자활동 및 재무활동 현금흐름을 측정하는 것은 비교적 간단한 작업이기 때문에 이들에 대해서는 현금유입과 현금유출의 금액이 현금흐름표에 직접 표시된다.

투자활동의 현금유출과 현금유입은 각각 다음과 같이 측정한다.[15)]

- 투자활동 현금유출: 영업에 대한 투자를 함에 따라 유출된 금액
  - 영업용자산의 취득: 영업용 장기자산(유형자산, 무형자산 등)의 취득대가 지급액
  - 타기업에 대한 대규모 투자: 관계기업투자주식의 취득대가 지급액
    종속기업에 대한 지배력 획득(주식 매수)에 따른 현금유출액

- 투자활동 현금유입: 영업에 대한 투자액을 회수함에 따라 유입된 금액
  - 영업용자산의 처분: 영업용 장기자산(유형자산, 무형자산 등)의 처분대금 유입액
  - 타기업에 대한 투자액의 회수: 관계기업투자주식의 처분대금 유입액
    종속기업에 대한 지배력 상실(주식 처분)에 따른 현금유입액

기업들은 영업활동을 확대하기 위해 타기업의 주식을 대량 매수함으로써 피투자기업의 영업(operations)에 거액을 투자한다. 이와 같이 한 기업이 다른 기업의 주식을 대량 매수하는 '관계기업 투자, 종속기업 투자'(제12장 1.2절 참조)는 투자기업의 입장에서 볼 때 사실상 '영업에 대한 투자'이다.

재무활동의 현금유입과 현금유출은 각각 다음과 같이 측정한다.

- 재무활동 현금유입: 기업이 자본(자금)을 조달할 때 유입된 금액

15) 현행 「한국채택국제회계기준」에서는 (단기매매금융자산이 아닌) 단기 · 장기금융자산(현금성자산에 속하지 않는 금융자산 투자상품, 단기 · 장기대여금, 장기투자채권 등)(제7장 1.3절 참조)의 취득 및 처분에 따른 현금유출입도 투자활동 현금유출입으로 분류하고 있다.

차입금 조달: 단기차입 · 장기차입에 의해 유입된 금액
사채발행: 사채발행에 의해 유입된 금액(액면금액이 아닌 발행가액)
유상증자: 주식발행에 의해 유입된 금액(액면금액이 아닌 발행가액)

• 재무활동 현금유출: 타인자본 및 자기자본의 반환과 자본 사용대가의 지급으로 유출된 금액
차입금 상환: 단기차입금 · 장기차입금을 상환할 때 지급한 금액
사채상환: 사채를 상환할 때 지급한 금액
미지급금 지급: 유형자산 취득대가의 미지급금을 결제할 때 지급한 금액
이자 지급: 차입금(사채 포함)의 이자를 지급한 금액
현금배당: 주주에 대한 현금배당 지급액
자기주식 취득: 자기주식을 취득할 때 지급한 금액

유형자산을 신용구입한 것은 사실상 자금을 차입하여 유형자산을 취득한 것으로 볼 수 있다. 따라서 그 미지급금을 지급하는 것은 취득시의 차입금을 상환하는 것으로 보아 재무활동 현금유출에 포함시킨다.

예제 13-3

다음은 2×20년도에 일어난 투자활동 및 재무활동에 관한 거래이다. 투자활동 현금흐름과 재무활동 현금흐름이 각각 얼마인가?

① 장부가액 500만원인 차량을 매각처분하고 450만원을 현금으로 받았다.
② 액면금액 800만원인 사채를 750만원에 발행하고 발행가액을 납입받았다.
③ 토지(공장용 부지)를 취득하고 2,000만원을 지급하였다.
④ 주주들에게 500만원의 현금배당을 지급하였다.
⑤ 유상증자를 하여 주주들로부터 1,000만원을 납입받았다.

풀이

투자활동 현금유입: 차량 처분	450
− 투자활동 현금유출: 토지 취득	(2,000)
= 투자활동 현금흐름	(1,550) (만원)

재무활동 현금유입:	사채발행	750
	유상증자	1,000
− 재무활동 현금유출:	현금배당	(500)
= 재무활동 현금흐름		1,250 (만원)

(4) 현금흐름표 작성시 고려사항

현금흐름표의 양식은 기본적으로 앞의 〈표 13-1〉에 제시된 예와 같으며, 영업활동 현금흐름의 측정에 간접법을 사용할 경우 영업활동 현금흐름 부분은 〈표 13-3〉에 제시된 형태에 맞추어 작성하면 된다.

그런데 「한국채택국제회계기준」(기업회계기준서 제1007호)은 비금융기업의 경우 이자의 수입과 배당금 수입을 영업활동 현금유입 또는 투자활동 현금유입으로 분류하는 것을 허용하고 있고, 또한 이자의 지급과 배당금 지급을 영업활동 현금유출 또는 재무활동 현금유출로 분류하는 것을 허용하고 있다.[16] 그리고 이자의 수입·지급과 배당금의 수입·지급은 현금흐름표 본문에 별도 표시(직접 공시)하도록 규정하고 있다. 법인세 지급(납부)도 현금흐름표 본문에 별도 표시하도록 규정하고 있다.

회계실무에서 대부분의 기업들은 배당금 지급을 재무활동 현금유출로 분류하고 있으며, 이러한 분류는 앞의 2.1절에서 살펴본 기업의 현금흐름 창출과 배분에 관한 개념에 일치한다. 또한 타기업의 영업에 투자(투자주식 매수)하여 받는 배당금 수입을 영업활동 현금유입으로 분류하는 것은 별문제가 없다.

그러나 재무활동을 수행한 결과인 이자지급과 이자수입(2.1절의 각주 2 참조)을 영업활동 현금유출입으로 분류하는 기업들이 상당히 있다.

이와 같이 당해 기업이 이자의 지급 등을 영업활동 현금유출입으로 분류할 경우, 또 법인세 지급도 별도 표시해야 하는 문제 때문에, 당해 기업이 작성하는 현금흐름표의 영업활동 현금흐름 부분은 앞의 〈표 13-3〉과는 조금 다른 형태로 작성된다. 〈표 13-4〉는 당해 기업이 이자의 지급 등을 영업활동 현금유출입으로 분류한 경우 간접법으로 작성하는 현금흐름표의 영업활동 현금흐름 부분을 예시하고 있다.

---

16) 금융회사의 경우에는 이자지급, 이자수입 및 배당금 수입은 일반적으로 영업활동 현금유출입으로 분류하며, 이러한 분류는 금융업종의 영업의 특성에 부합한다.

표 13-4

이자의 지급 등을 영업활동 현금유출입으로 분류한 경우 작성되는 현금흐름표의 영업활동 현금흐름 부분(간접법)

영업활동 현금흐름		설 명
당기순이익	×××	• 법인세비용차감전순이익을 출발점으로 사용할 수 있으며, 이 경우 법인세비용의 가산은 불필요함.
조 정:	×××	
+ 법인세비용(포괄손익계산서상의 금액)		
− 이자수익(포괄손익계산서상의 금액)		
+ 이자비용(포괄손익계산서상의 금액)		• 이자수익을 차감하고 이자비용을 가산함으로써 그 영향을 당기순이익에서 제거하고, 이자수입과 이자지급의 현금유출입을 아래의 부분에서 별도 표시함.
+ 투자활동 · 재무활동으로 인한 비용		
+ 비현금 영업활동 관련 비용		
− 투자활동 · 재무활동으로 인한 수익		
− 비현금 영업활동 관련 수익		
영업활동 관련 자산 · 부채의 변동:	×××	
− 영업유동자산의 증가액		
+ 영업유동부채의 증가액		
영업에서 창출된 현금	×××	• 회계실무에서 '영업에서 창출된 현금'이라는 용어가 관행적으로 사용되고 있으나 이 용어가 영업활동 순현금흐름 창출액을 의미하는 것은 아님(법인세 지급액이 차감되지도 않았음).
이자의 수입	×××	
이자의 지급	×××	
법인세 지급	×××	
영업활동 현금흐름	×××	

종·합·예·제

현금흐름 측정과 현금흐름표 작성

강동기업(주)의 2×19년 및 2×20년의 비교재무상태표와 2×20년의 포괄손익계산서는 다음과 같다.

비교재무상태표

강동기업(주) (단위: 백만원)

자 산	2×20년 12/31일	2×19년 12/31일	부채와 자본	2×20년 12/31일	2×19년 12/31일
현 금	60	50	매입채무	630	600
매출채권	240	200	미지급비용	170	150
상 품	2,800	2,500	장기차입금	11,500	9,500
토 지	12,000	10,000	납입자본	10,000	10,000
건 물	8,300	8,500	이익잉여금	1,100	1,000
자산 총계	23,400	21,250	부채와 자본 총계	23,400	21,250

포괄손익계산서

강동기업(주) 2×20년 1월 1일~2×20년 12월 31일 (단위: 백만원)

매 출 액		18,500
매출원가		(14,700)
매출총이익		3,800
판매비와 관리비:		
종업원급여	1,200	
판매수수료	800	
감가상각비	200	(2,200)
유형자산처분이익		100
이자비용		(800)
당기순이익		900
기타포괄손익		0
당기포괄이익		900

〈추가자료〉

① 2×20년 중에 장부가액 5억원인 토지(주차장 부지)를 6억원에 처분하고 처분대금을 현금으로 받았다. 또한 토지(창고용 부지)를 새로 취득하고 25억원을 지급하였다.

② 재무상태표상의 건물 금액은 감가상각누계액을 차감한 장부가액이다.

③ 재무상태표상의 미지급비용은 판매수수료에 대한 것이다.

④ 2×20년의 상품매입액(당기매입액)은 150억원이다.

⑤ 2×20년 중에 현금 20억원을 은행에서 장기 차입하였다.

⑥ 2×20년 말에 8억원의 현금배당을 지급하였다.

물음

아래의 (1)~(4)번 물음에 답할 때 이자비용 지급은 재무활동으로 분류하라.

(1) 직접법을 사용하여 2×20년의 영업활동 현금흐름을 산정하라.

(2) 간접법을 사용하여 2×20년의 영업활동 현금흐름을 산정하라.

(3) 2×20년의 투자활동 현금흐름과 재무활동 현금흐름은 각각 얼마인가?

(4) 2×20년도 현금흐름표를 작성하라(영업활동 현금흐름은 직접법으로 표시).

(5) 현금흐름등식에 의하면, 강동기업(주)이 2×20년에 창출한 순현금흐름(free cash flow)은 얼마인가? (힌트: 현금의 증가를 영업현금 투자로 분류한다.)

풀이

(1) 직접법에 의한 영업활동 현금흐름 산정

• 매출로부터의 현금유입액 = 매출액 − △매출채권
= 18,500 − [240 − 200] = 18,460 (백만원)

• 매입에 대한 현금유출액 = 당기매입액 − △매입채무
= 15,000 − [630 − 600] = 14,970 (백만원)

이는 다음의 방법으로 계산할 수도 있다.

• 매입에 대한 현금유출액 = 매출원가 + △상품 − △매입채무
= 14,700 + [2,800 − 2,500] − [630 − 600]
= 14,970 (백만원)

• 영업비용 지급: 종업원급여 지급액 = 포괄손익계산서 비용금액 = 1,200
판매수수료 지급액 = 포괄손익계산서 비용금액 − △미지급비용
= 800 − [170 −150] = 780

따라서, 영업비용 지급액 합계 = 1,200 + 780 = 1,980 (백만원)

• 위의 항목들을 전부 합산하면 영업활동 현금흐름이 산정된다.

매출로부터의 현금유입	18,460
− 매입에 대한 현금유출	(14,970)
− 영업비용 지급	(1,980)
= 영업활동 현금흐름	1,510 (백만원)

(2) 간접법에 의한 영업활동 현금흐름 산정

당기순이익 및 가산항목		차감항목	
당기순이익	900		
(+) 투자・재무활동의 비용:		(−) 투자・재무활동의 수익:	
이자비용	800	유형자산처분이익	(100)
(+) 비현금 영업활동 비용:		(−) 영업유동자산의 증가:	
감가상각비	200	매출채권 증가*	(40)
(+) 영업유동부채의 증가:		상품 증가*	(300)
매입채무 증가*	30		
미지급비용 증가*	20		
합 계	1,950	합 계	(440)

*△매출채권 = 240 − 200 = 40　　△상품 = 2,800 − 2,500 = 300
△매입채무 = 630 − 600 = 30　　△미지급비용 = 170 − 150 = 20

따라서, 영업활동 현금흐름 = 1,950 − 440 = 1,510 (백만원)

(3) 투자활동 및 재무활동 현금흐름 산정

투자활동 현금유입: 토지 처분	600
− 투자활동 현금유출: 토지 취득	(2,500)
= 투자활동 현금흐름	(1,900) (백만원)

재무활동 현금유입: 장기차입금 증가	2,000
− 재무활동 현금유출: 이자지급	(800)
현금배당	(800)
= 재무활동 현금흐름	400 (백만원)

(4) 현금흐름표 작성

현금흐름표

강동기업(주)	2×20년 1월 1일~2×20년 12월 31일	(단위: 백만원)
영업활동 현금흐름		
매출로부터의 현금유입	18,460	
매입에 대한 현금유출	(14,970)	
영업비용 지급	(1,980)	1,510
투자활동 현금흐름		
토지 처분	600	
토지 취득	(2,500)	(1,900)
재무활동 현금흐름		
장기차입금 증가	2,000	
이자지급	(800)	
현금배당	(800)	400
현금의 증가		10
기초의 현금		50
기말의 현금		60

(5) 순현금흐름 창출액

현금흐름표상의 영업활동 현금흐름	1,510
− 현금흐름표상의 투자활동 현금흐름	(1,900)
− 영업현금 투자(현금흐름표상의 '현금 증가')	(10)
= 순현금흐름 창출액	(400) (백만원)

〈해설〉 영업활동 현금흐름(15.1억원)이 영업에 대한 투자액(19.1억원)보다 작아서 순현금흐름 창출액이 음수(−4억원)이다. 강동기업(주)은 유형자산 투자, 이자지급 및 주주배당을 하는 데 자금이 부족하여 장기차입금 20억원을 조달하여 자금부족을 메웠다.

익힘문제

1. 현금흐름표는 기업의 영업활동, 투자활동 및 재무활동 현금흐름에 대한 정보를 제공한다. 영업활동, 투자활동, 재무활동이란 각각 어떤 활동인지 설명하라.
2. 영업활동 현금흐름(cash flow from operations)의 개념을 설명하라.
3. 현금흐름표는 재무제표이용자들의 의사결정을 위하여 구체적으로 무슨 정보를 제공하는지 설명하라.
4. 개념적으로 볼 때 재무활동의 현금유입과 현금유출에는 각각 어떤 요소들이 있는가?
5. 기업이 창출한 순현금흐름(free cash flow)이란 무엇인지 설명하라.
6. 현금흐름등식의 의미와 구조를 설명하라.
7. 영업현금(operating cash)과 영업현금 투자의 의미가 무엇인지 설명하라.
8. 회계기준은 현금흐름표에서 현금성자산을 현금의 범위에 포함시키고 있다. 현금성자산이란 무엇인가?
9. 영업활동 현금흐름을 측정함에 있어 직접법(direct method)이란 어떤 방법인지 설명하라.
10. 매출로부터의 현금유입은 포괄손익계산서와 재무상태표의 관련 항목들을 이용하여 측정할 수 있는데, 구체적으로 어떻게 측정할 수 있는가?
11. 매입에 대한 현금유출은 포괄손익계산서와 재무상태표의 관련 항목들을 이용하여 측정할 수 있는데, 구체적으로 어떻게 측정할 수 있는가?
12. 영업활동 현금흐름을 측정함에 있어 간접법(indirect method)이란 어떤 방법인지 간략히 설명하라.
13. 간접법을 사용하여 영업활동 현금흐름을 측정할 때 영업활동 관련 유동자산 및 유동부채 증감액을 가감하는 이유가 무엇인가?
14. 투자활동 현금흐름의 측정방법을 설명하라.
15. 재무활동 현금흐름의 측정방법을 설명하라.

연습문제

[13-1] 기본개념의 이해

아래의 빈칸에 알맞은 단어나 문구를 기입하라.

(1) 현금흐름표는 기업의 활동별로 ( ) 및 현금유출을 보여줌으로써 기업의 현금흐름 창출 및 배분과 자금조달에 대한 정보를 제공하는 재무보고서이다.

(2) ( )활동은 기업을 영위하는 목적이 되는 활동으로서 재화를 생산 · 판매하거나 용역을 제공하는 활동이다.

(3) 기업이 영업활동을 하기 위해서는 건물, 기계장치, 차량운반구 등의 자산이 필요한데 이러한 영업용자산을 취득하는 활동은 ( )활동이다.

(4) 재무활동은 영업 및 투자활동에 필요한 ( )의 조달 및 반환과 ( )를 지급하는 활동이다.

(5) 영업활동 현금흐름, 투자활동 현금흐름, 재무활동 현금흐름을 모두 합산하면 당해 기간의 ( )의 순증가액 또는 순감소액이 산출된다.

(6) 영업활동 현금흐름은 기업이 영업활동에서 창출한 현금흐름을 의미하며 정상적으로 운영되는 기업의 경우에 영업활동 현금흐름은 [순유입, 순유출]로 나타난다. [ ]에서 올바른 것은?

(7) 건물, 기계장치 등의 영업용자산을 취득하는 데에는 거액의 자금이 소요되므로 일반적으로 투자활동 현금흐름은 [순유입, 순유출]로 나타난다. [ ]에서 올바른 것은?

(8) 재무제표이용자들은 현금흐름표를 통해 기업의 현금흐름 창출실적과 자금조달상황을 파악하고 이에 기초하여 기업의 미래 ( ) 창출능력을 평가한다.

(9) 매출로부터의 현금유입은 영업활동 현금유입의 주된 원천이다. 영업활동 현금흐름은 매출로부터의 현금유입액에서 모든 ( ) 지급액을 차감한 순유입(net inflow)으로 측정한다.

(10) 기업은 창출한 영업활동 현금흐름의 일부 또는 전부를 투자활동에 사용한다. 영

업활동을 하는 과정에서 (　　　　)이 소모되므로 이를 보충하는 투자를 해야 하고, 또 성장을 위한 투자도 해야 하기 때문이다. 따라서 영업활동 현금흐름에서 그러한 (　　　　)을 차감한 나머지가 기업이 최종적으로 창출한 순현금흐름이다.

(11) 기업은 (　　　　) 창출액을 재무활동을 통해 자본공급자들에게 배분한다. 먼저 채권자에게 (　　　　)를 지급하고, 만기가 도래한 차입금을 상환한다. 그리고 주주에게 (　　　　)을 한다. 만일 (　　　　) 창출액이 많지 않아서 그러한 지급을 하는데 현금이 부족하면 새로이 차입을 하거나 (　　　　)를 하여 부족자금을 조달한다.

(12) 영업활동 현금흐름이 많지 않아서 (　　　　) 창출액이 음의 값인 경우에는 재무활동을 통해 외부자금을 많이 조달하였음을 의미한다.

(13) 매출로부터의 현금유입액은 두 요소로 구성되어 있다. 하나는 당기의 (　　　　)에 따른 유입액이고, 다른 하나는 전기 및 당기에 발생한 (　　　　) 중에서 당기에 회수한 금액이다.

(14) 매입에 대한 현금유출액은 두 요소로 구성되어 있다. 하나는 당기의 (　　　　)에 따른 유출액이고, 다른 하나는 전기 및 당기에 발생한 (　　　　) 중에서 당기에 지급한 금액이다.

(15) 당기순이익에서 (　　　　)활동 및 (　　　　)활동 관련 손익을 제거하고, 영업활동 관련 손익은 현금유출입 기준으로 조정하면 영업활동 현금흐름을 측정할 수 있다.

(16) 유형자산의 감가상각비는 영업활동 비용이지만 (　　　　)이 없는 비용이다.

[13-2] 활동별 현금유입과 현금유출 항목의 식별

다음은 기업활동에 따른 현금유입과 현금유출 항목들을 열거한 것이다.

ⓐ 상품 매입채무 지급	ⓑ 단기차입금 상환
ⓒ 차량운반구 처분대금 수취	ⓓ 종업원급여 지급
ⓔ 장기차입금 조달	ⓕ 상품의 현금매출
ⓖ 사무실 임차료 지급	ⓗ 주주에 대한 현금배당
ⓘ 사채의 만기상환	ⓙ 기계장치 취득대가 지급
ⓚ 판매수수료 지급	ⓛ 매출채권 회수
ⓜ 장기차입금 상환	ⓝ 미지급광고비 지급
ⓞ 유상증자에 의한 납입	ⓟ 통신비 지급
ⓠ 보험료 지급	ⓡ 자기주식 취득대가 지급

물음

(1) 위에서 영업활동 현금유입에 속하는 항목은 무엇인가?
(2) 영업활동 현금유출에 속하는 항목은?
(3) 투자활동 현금유입에 속하는 항목은?
(4) 투자활동 현금유출에 속하는 항목은?
(5) 재무활동 현금유입에 속하는 항목은?
(6) 재무활동 현금유출에 속하는 항목은?

[13-3] 현금흐름의 창출과 배분

다음은 한양기업(주)의 2×20년의 현금유입 및 현금유출에 대한 자료이다(단위: 만원).

상품의 현금매출	350	차입금이자 지급	40
종업원급여 지급	200	상품 매입채무 지급	400
차량운반구 취득	200	장기차입금 상환	100
매출채권 회수	600	주주 현금배당	60
단기차입금 조달	50		

물음

(1) 현금흐름등식에 의할 때 한양기업(주)의 영업활동 현금흐름이 얼마인가?
(2) 한양기업(주)의 순현금흐름(free cash flow) 창출액은 얼마인가?
(3) 한양기업(주)은 위의 순현금흐름 창출액을 이용하여 자본공급자들에 대한 지급이 전부 가능하였는가?
(4) 만일 순현금흐름 창출액만으로 자본공급자들에 대한 지급이 전부 가능하지 않았다면 한양기업(주)은 자금부족을 어떻게 해결하였는가?

[13-4] 현금흐름표의 이해

사무용기기를 판매하는 서울상사(주)의 2×20년도 현금흐름표는 다음과 같다.

현금흐름표

서울상사(주)	2×20년 1월 1일~2×20년 12월 31일	(단위: 백만원)
영업활동 현금흐름		
매출로부터의 현금유입	3,000	
매입에 대한 현금유출	(1,400)	
영업비용 지급	(1,200)	400
투자활동 현금흐름		
유형자산 처분	100	
유형자산 취득	(700)	(600)
재무활동 현금흐름		
단기차입금 증가	400	
장기차입금 증가	600	
단기차입금 상환	(400)	
차입금이자 지급	(350)	
현금배당	(50)	200
현금의 증가		0
기초의 현금		30
기말의 현금		30

물음

(1) 현금흐름등식에 의할 때 서울상사(주)가 2×20년에 창출한 순현금흐름(free cash flow)은 얼마인가?

(2) 서울상사(주)가 자본공급자들에 지급한 총액은 얼마인가?

(3) 서울상사(주)는 순현금흐름 창출액의 부족에 따른 자금부족을 메우기 위하여 어떤 원천에서 얼마나 자금을 조달하였는가?

[13-5] 현금흐름표의 이해-지급능력 분석

문제 [13-4]에 연속된 문제이다. 2×21년 3월에 서울상사(주)는 매입채무 지급 때문에 자금이 필요하여 K은행에 10억원의 대출을 신청하였다. K은행은 서울상사(주)의 2×20년도 현금흐름표를 분석하면서 영업활동 현금흐름이 4억원이고 차입금이자가 3.5억원이었던 점에 주목하고 있다.

물음

(1) K은행이 서울상사(주)의 영업활동 현금흐름과 이자지급액의 크기에 주목하고 있는

이유가 무엇이라고 생각되는가?

(2) 서울상사(주)의 영업환경에 변화가 없고 또 2×20년의 현금흐름표 정보에 기초하여 서울상사(주)의 미래 채무이행능력(채무의 원리금 지급능력)을 평가하는 것은 적절하다고 가정하자. 그러면 K은행은 서울상사(주)의 미래 채무이행능력이 높은 것으로 평가하겠는가, 아니면 그 반대로 평가하겠는가?

[13-6] 매출과 매입에 대한 현금흐름

다음은 수입상인 을지상사(주)의 매출 및 매입과 관련한 회계자료이다(단위: 백만원).

	2×20. 12. 31	2×20. 1. 1
부분재무상태표		
매출채권	280	340
재고자산	1,500	1,400
매입채무	620	520
부분포괄손익계산서		
매 출 액	18,600	
매출원가	13,400	

물음

(1) 매출로부터의 현금유입액이 얼마인가?
(2) 재고자산 매입에 대한 현금유출액은 얼마인가?

[13-7] 거래로 인한 현금의 증감 분석

전자계산기 판매업을 하는 청계기업(주)의 2×20년도 거래는 다음과 같다.

① 액면금액 ₩1,000,000의 사채를 ₩950,000에 발행하고 발행가액을 납입받았다.
② 종업원에게 급여 ₩100,000을 지급하였다.
③ 상품 ₩500,000을 매입하였는데 ₩300,000을 지급하고 나머지는 3개월 후에 지급하기로 하였다.
④ 비품 ₩200,000을 구입하였는데 ₩100,000을 지급하고 나머지에 대해서는 60일 만기 어음을 발행하였다.
⑤ 전년도에 발생한 매출채권 ₩250,000이 회수되었다.
⑥ 판매수수료 ₩100,000이 발생하였는데 ₩50,000을 지급하고 나머지는 3개월 후에 지급하기로 하였다.

⑦ 주당 액면금액이 ₩500인 주식 1,000주를 주당 ₩800에 발행하고 납입받았다.

물음

(1) 위의 거래들을 분개하고, 각 거래에서 현금의 증가 또는 감소가 얼마인지 표시하라.
(2) 위의 각 거래는 영업활동, 투자활동, 재무활동의 어디에 속하는 거래인가?

[13-8] 현금유입과 현금유출의 금액 산정

아래의 자료는 안국기업(주)의 2×20년도 재무상태표와 포괄손익계산서의 일부이다(단위: 백만원).

	2×20. 12. 31	2×20. 1. 1
부분재무상태표		
매출채권	1,480	1,640
선급임차료	180	250
선급보험료	180	120
미지급이자	220	180
부분포괄손익계산서		
용역수익	7,400	
종업원급여	2,400	
임 차 료	1,840	
보 험 료	480	
이자비용	620	

물음

(1) 용역제공으로부터의 현금유입액이 얼마인가?
(2) 각 비용항목별로 현금유출액이 얼마인지 산정하라.

[13-9] 영업활동 현금흐름의 측정-직접법

다음은 수송기업(주)의 2×19~2×20년의 비교재무상태표와 2×20년의 포괄손익계산서이다.

비교재무상태표

수송기업(주) (단위: 백만원)

자 산	2×20년 12/31일	2×19년 12/31일	부채와 자본	2×20년 12/31일	2×19년 12/31일
현 금	35	30	매입채무	140	300
매출채권	170	150	미지급수수료	20	50
상 품	460	500	장기차입금	2,170	2,150
선급보험료	15	20	납입자본	2,000	2,000
토 지	2,500	2,500	이익잉여금	250	200
건 물	1,400	1,500			
자산 총계	4,580	4,700	부채와 자본 총계	4,580	4,700

포괄손익계산서

수송기업(주) 2×20년 1월 1일~2×20년 12월 31일 (단위: 백만원)

매 출 액		5,760
매출원가		4,200
매출총이익		1,560
판매비와 관리비:		
종업원급여	800	
보 험 료	80	
판매수수료	250	
감가상각비	120	1,250
금융비용:		
이자비용	160	160
당기순이익		150
기타포괄손익		0
당기포괄이익		150

〈추가자료〉

① 재무상태표에서 건물은 감가상각누계액을 차감한 금액이다.

② 재무상태표에서 미지급수수료는 판매수수료에 대한 것이다.

③ 2×20년 말에 1억원의 현금배당을 하였다.

물음

(1) 매출로부터의 현금유입액이 얼마인가?

(2) 상품매입에 대한 현금유출액은 얼마인가?

(3) (매출원가 이외의) 영업비용, 즉 판매비와 관리비 지급액은?

(4) 영업활동 현금흐름을 산정하라. 단, 이자비용 지급은 재무활동으로 분류한다.

[13-10] 영업활동 현금흐름의 측정-간접법의 구조

다음은 간접법에 따라 영업활동 현금흐름을 측정하는 구조를 나타내고 있다.

간접법에 의한 영업활동 현금흐름 측정	금 액	항 목
1. 당기순이익	30,000	
2. 당기순이익에 가산하는 비용항목	15,000	
(①)	(④)	A
비현금 영업활동 관련 비용	10,000	B
3. 당기순이익에서 차감하는 수익항목	−8,000	
투자활동 · 재무활동으로 인한 수익	−3,000	C
(②)	(⑤)	D
4. 당기순이익에 가감하는 자산 · 부채의 증감	(⑥)	
영업유동자산 항목의 증가	−5,000	E
영업유동자산 항목의 감소	2,000	F
(③)	(⑦)	G
영업유동부채 항목의 감소	−3,000	H
5. 영업활동 현금흐름	35,000	

물음

(1) 위에서 ①~③은 각각 무엇인가?

(2) ④~⑦의 금액은 각각 얼마인가? (차감항목에는 −부호를 붙일 것)

(3) 위에서 A~H는 왼쪽의 각 구분을 가리킨다. 아래의 항목들을 A~H의 각 그룹으로 분류하라.

건물감가상각비	선급보험료 감소	미지급임차료 감소
재고자산 증가	유형자산처분이익	매입채무 증가
사채상환이익	매출채권 감소	지분법손실
선급금 증가	지분법이익	유형자산처분손실
무형자산상각비	선수금 증가	사채상환손실

[13-11] 영업활동 현금흐름의 측정-간접법(I)

다음은 광진기업(주)의 비교재무상태표와 포괄손익계산서에서 추출한 자료이다(단위: 만원).

당기순이익	2,500
감가상각비	3,600
유형자산처분손실	800
외화차입금 상환시의 환차손	1,800
지분법이익	400
매출채권 기말금액의 증가	1,800
재고자산 기말금액의 감소	1,200
매입채무 기말금액의 증가	1,600

물음

(1) 현금유출을 동반하지 않는 영업활동 관련 비용은 얼마인가?
(2) 현금유입을 동반하지 않는 영업활동 관련 수익은 얼마인가?
(3) 투자활동과 재무활동으로 인한 손익은 각각 무엇인가?
(4) 영업활동 현금흐름을 산정하라.

[13-12] 영업활동 현금흐름의 측정-간접법(II)

컴퓨터부품을 판매하는 용산상사(주)의 2×20년도 포괄손익계산서는 다음과 같다.

(단위: 만원)

매 출 액		6,840
매출원가		5,200
매출총이익		1,640
판매비와 관리비:		
종업원급여	680	
임 차 료	320	
보 험 료	40	
판매수수료	150	
감가상각비	230	1,420
당기순이익		220

〈추가자료〉

① 매출채권 기말금액은 기초금액에 비해 120만원 증가하였다.
② 재고자산 기말금액은 기초금액과 같다.
③ 매입채무 기말금액은 기초금액에 비해 80만원 감소하였다.
④ 미지급임차료 기말금액은 기초금액에 비해 20만원 증가하였다.
⑤ 선급보험료 기말금액은 기초금액에 비해 30만원 증가하였다.

물음

(1) 간접법을 사용하여 영업활동 현금흐름을 산정하라.
(2) 직접법을 사용하여 영업활동 현금흐름을 산정하라.

[13-13] 투자활동 현금흐름의 측정

회계연도 말에 여주기업(주)은 사용하던 차량을 매각처분하고 새로운 차량을 구입하였는데, 처분 및 구입에 관한 자료는 다음과 같다.

처분한 차량의 취득원가	₩5,000,000
처분 당시 차량의 감가상각누계액	3,000,000
처분한 차량의 처분대금 수취액	1,500,000
새로운 차량의 취득원가	6,000,000
새로운 차량의 취득대가 지급액	4,000,000
새로운 차량의 취득대가 미지급액 (6개월 만기 어음을 발행)	2,000,000

물음

(1) 차량의 처분과 구입에 대한 분개를 하라.
(2) 차량의 처분과 구입 외에는 투자활동 거래가 없었다고 가정하고, 여주기업(주)의 투자활동 현금흐름을 산정하라.

[13-14] 재무활동 현금흐름의 측정

다음은 2×20년 중에 일어난 청평기업(주)의 재무활동에 관한 거래이다.

유상증자에 의한 현금납입	₩5,000,000
유상증자 신주의 액면금액	3,000,000
자기주식의 취득대가 지급	800,000
사채의 조기상환에 따른 지급	3,900,000(이자 200,000 포함)
상환 당시 사채의 장부가액(액면금액)	4,000,000

물음

(1) 유상증자 및 자기주식 취득에 대한 분개를 하라.
(2) 사채의 상환에 대한 분개를 하라.
(3) 현금흐름등식에 의할 때 청평기업(주)의 재무활동 현금흐름은 얼마인가?

[13-15] 현금흐름표 작성: 직접법과 간접법

안산기업(주)의 2×19~2×20년 비교재무상태표와 2×20년 포괄손익계산서는 다음과 같다.

비교재무상태표

안산기업(주) (단위: 백만원)

자 산	2×20년 12/31일	2×19년 12/31일	부채와 자본	2×20년 12/31일	2×19년 12/31일
현 금	30	20	매입채무	280	230
매출채권	160	180	미지급비용	170	120
재고자산	480	450	단기차입금	700	400
선급비용	30	40	장기차입금	3,000	3,000
토 지	4,200	3,500	제품보증충당부채	320	240
건 물	2,400	2,500	납입자본	3,000	3,000
비 품	450	500	이익잉여금	280	200
자산 총계	7,750	7,190	부채와 자본 총계	7,750	7,190

포괄손익계산서

안산기업(주)	2×20년 1월 1일~2×20년 12월 31일	(단위: 백만원)
매 출 액		6,570
매출원가		4,320
매출총이익		2,250
판매비와 관리비:		
종업원급여	1,280	
제품보증비	80	
보 험 료	140	
판매수수료	240	
감가상각비	150	1,890
기타수익:		
유형자산처분이익	100	100
금융비용:		
이자비용	280	280
당기순이익		180
기타포괄손익		0
당기포괄이익		180

〈추가자료〉

① 건물과 비품은 감가상각누계액을 차감한 금액이다.

② 선급비용은 보험료 선급액이고, 미지급비용은 판매수수료 미지급액이다.

③ 2×20년 중에 장부가액 5억원인 주차장용 토지를 6억원에 매각처분하고 처분대금을 현금으로 받았다. 또한 창고용 부지를 취득하고 12억원을 지급하였다.

④ 2×20년 초의 단기차입금은 전부 상환하였고, 7월에 단기차입금 7억원을 새로 조달하였다.

⑤ 2×20년 말에 1억원의 현금배당 결정을 하고 지급하였다.

물음

아래에서 답할 때 이자비용은 재무활동 비용으로 분류하라.

(1) 직접법을 사용하여 영업활동 현금흐름을 산정하고 현금흐름표를 작성하라.

(2) 간접법을 사용하여 영업활동 현금흐름을 산정하고 현금흐름표를 작성하라.

제14장

회계정보의 활용: 재무제표분석

앞의 제2~3부에서는 회계측정 및 재무제표 작성방법을 주로 다루었다. 이제 본장에서는 재무제표이용자의 입장에서 회계정보를 활용하기 위한 재무제표 분석기법을 소개한다. 재무제표에 있는 정보를 분석하는 것은 투자·신용의사결정과 경영의사결정을 하기 위해 필수적으로 거쳐야 하는 절차이다. 그러한 분석이 없으면 재무제표이용자는 당해 기업이 우량기업인지 불량기업인지 판단할 수가 없다. 또한 경영자는 자신이 운영하는 기업이 현재 어떠한 상태에 있는지 알기 위해서 재무제표를 분석한다. 본장에서는 재무제표에 담겨진 정보를 분석하는 여러 기법을 설명한다.

제 1 절 재무제표분석의 중요성

1.1 재무제표분석이란?

재무제표에는 기업의 재무상태와 경영성과에 대한 정보와 현금흐름에 대한 정보가 담겨져 있다. 그런데 재무제표이용자가 그러한 정보를 실제로 의사결정에 활용하려면, 재무제표에서 정보를 추출하여 해석하는 작업이 필요하다. 이와 같이 **"재무제표에서 정보를 추출하여 해석하는 것"**을 재무제표분석(financial statement analysis)이라고 한다. 예를 들면, 포괄손익계산서의 당기순이익과 재무상태표의 자기자본(순자산)을 대비시킴으로써 당해 기업의 수익성이 어떤 수준인지를 파악하는 것이다. 또 다른 예로서, 재무상태표에서 부채와 자기자본의 상대적 크기를 비교하면 당해 기업의 총자본에서 타인자본 비중이 얼마나 되는지를 알 수 있다.

재무제표는 재무상태표, 포괄손익계산서, 현금흐름표 등으로 구분되어 있지만, 이들은 서로 연관되어 있기 때문에 재무제표분석을 할 때에는 많은 경우에 재무제표 항목들을 통합적으로 함께 분석하게 된다. 위에서 예를 들 때 당기순이익과 자기자본을 대비시켰는데, 이는 포괄손익계산서 항목과 재무상태표 항목을 통합적으로 분석하는 예이다. 특히 기업의 수익성을 분석할 때에는 그와 같이 포괄손익계산서 항목과 재무상태표 항목을 함께 분석한다.

포괄손익계산서와 재무상태표를 분석하는 목적은 기업의 수익성과 재무위험을 파악하려는 데 있다. **수익성**(profitability)이란 기업에 투입된 자본의 운용성과, 즉 자본투입액에 대응하여 이익이 창출된 정도를 일컫는다. **재무위험**(financial risk)이란 기업이 타인자본을 사용함에 따라 초래되는 부정적(negative) 성격의 미래 불확실성을 말한다. 타인자본을 사용하는 기업은 영업활동이 부진할 때 자금부족으로 이자를 지급하지 못하거나 원금을 상환하지 못하여 도산할 가능성이 있다. 미래의 그러한 가능성, 즉 위험은 부채가 많은 기업일수록 높아진다.

현금흐름표 분석의 목적은 기업이 영업활동을 통해 순현금흐름(free cash flow)을 얼마나 창출하여 어떻게 배분하였는지를 파악하고 또 자금부족의 경우 어떻게 자금을 조달하였는지를 파악하는 데 있다. 이에 대해서는 제13장에서 설명하였으므로 여기서 반복설명하지 않는다.

1.2 재무제표분석과 의사결정

재무제표분석과 정보이용자 의사결정과의 관계를 더 구체적으로 살펴보자. 기업의 재무제표를 활용하는 대표적 외부 정보이용자는 투자자, 채권자 등인데, 기업 내부의 경영자도 재무제표를 분석한다. 이들이 재무제표를 분석하는 목적은 각각 다음과 같다.

1 투자자는 기업의 주식가치(intrinsic value)를 평가하여 현재의 주식가격(market price)과 비교함으로써 주식의 매수, 매각 또는 계속보유의 의사결정을 하게 된다. 즉, 주식가치 평가액이 주식가격보다 크면 당해 주식의 매수 또는 계속보유를 하고, 반대의 경우에는 보유한 주식을 매각한다. 주식가치를 결정하는 주된 요인은 기업의 미래 수익성과 위험이며, 이를 현금흐름의 관점에서 간단히 표현하면 주식가치는 기업의 미래 현금흐름 창출능력에 달려 있다. 이와 같이 투자자는 주식가치를 평가하기 위해 기업의 미래 수익성과 위험(또는 미래 현금흐름 창출능력)을 평가해야 하며, 이를 위해 재무제표분석을 한다.

2 채권자(사채투자자 포함)의 의사결정은 기업에 대한 자금대여결정인데, 이때 기업의 미래 채무이행능력(이자 및 원금의 지급능력)을 평가하는 것이 의사결정의 핵심적 측면이다. 기업의 채무이행능력은 기업의 현금흐름 창출능력에 달려 있고, 기업의 수익성이 높을 때 현금흐름이 많이 창출된다. 그래서 채권자는 그러한 평가를 위해 당해 기업의 현재 수익성과 재무위험, 현금흐름 창출실적을 파악할 필요가 있고 이를 위해 재무제표분석을 한다. 기업에 상품을 공급하는 공급자(suppliers)의 경우도 기업의 매입채무 지급능력을 평가하기 위해서 재무제표분석을 한다.

3 자본시장에서 투자자 · 채권자에 대한 정보중개인(information intermediaries)으

로 활동하는 재무분석가(애널리스트)와 신용평가기관도 기업의 재무제표를 분석한다. 재무분석가는 주식가치 평가에 관한 정보를 제공하고 신용평가기관은 사채와 기업어음의 신용등급(credit rating) 정보를 제공하는데, 그러한 정보제공을 위해서 재무분석가와 신용평가기관은 기업의 재무제표를 분석한다.[1)]

4 기업의 경영자는 경영계획의 수립과 여러 경영의사결정을 위해 자신이 운영하는 기업의 재무제표를 분석한다. 경영자가 재무제표를 분석하는 것은 당연히 해야 할 의무이기도 하다. 경영자는 재무제표에 공시되지 않은 내부자료도 함께 사용하여 더욱 세밀한 분석을 할 수 있다. 또한 경영자는 경쟁기업의 영업실적을 파악하기 위해 경쟁기업의 재무제표를 분석하기도 한다.

위의 논의에서 알 수 있듯이, 재무제표분석의 중요성은 매우 크다. 만일 재무제표 작성절차만 이해하는 데 그치고 재무제표 분석방법을 알지 못하면, 정작 의사결정을 할 때에는 재무제표정보를 제대로 활용할 수 없게 된다. [그림 14-1]은 위에서 설명한 내용을 요약한 것이다.

그림 14-1

정보이용자와 재무제표분석

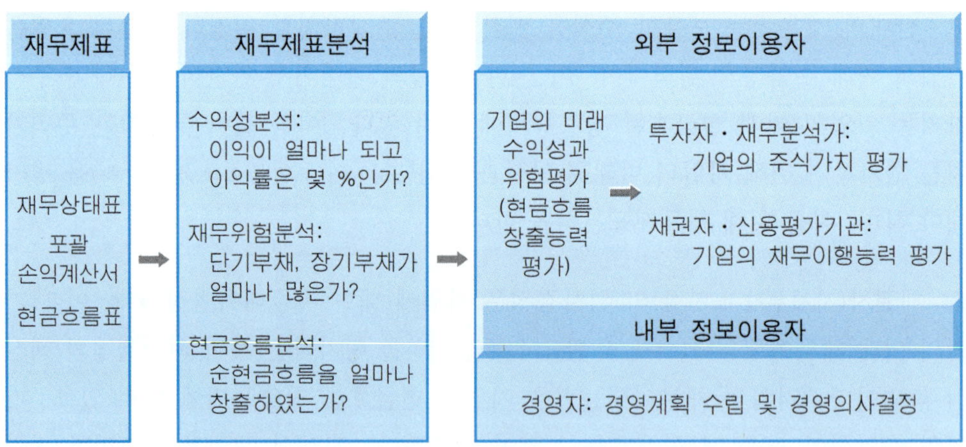

1) 재무분석가(애널리스트)는 일반적으로 증권회사에 소속되어 있으며 기업분석보고서(research report)의 형태로 투자자들에게 주식가치 평가에 관한 정보를 제공한다. 한편, 기업이 사채(무보증)와 기업어음(CP)을 발행할 때에는 관련 법령에 의해 신용평가기관의 신용평가를 받게 되어 있다.

참고 위험과 재무위험

기업의 위험에는 영업위험(operating risk)과 재무위험(financial risk)의 두 요소가 있다. 재무위험은 앞의 본문에서 언급한 바와 같이 타인자본 사용에 따른 위험이고, 영업위험은 기업의 영업활동 자체에 내재된 위험을 가리킨다. 예를 들면, 기업의 영업성과는 기업이 통제할 수 없는 외부요인(예: 원자재 가격상승, 경쟁의 심화)에 의해서도 영향을 받아 변동하는데 그러한 불확실성이 영업위험이다.

재무제표 분석기법 제2절

재무제표를 분석할 때에는 여러 분석기법이 함께 사용되는데, 본절에서는 재무제표 분석기법을 소개한다. 아래에 소개하는 분석기법 중에서 2.3절의 재무비율분석(ratio analysis)은 다양한 재무비율을 사용하므로 이 분석기법은 뒤의 제3절에서 다시 자세히 다루어진다.

2.1 증감액과 증감률 분석

기업의 재무제표는 한 회계기간에 대해 작성된 것이다. 그래서 어느 기간의 재무제표가 공시되었을 때 그 내용을 파악하는 간단한 방법의 하나는 재무제표상의 금액이 직전 기간과 비교하여 어떻게 변동하였는가를 분석하는 방법이다. 즉, 재무제표상의 특정 항목 또는 합계치가 과거와 비교하여 얼마나 증가 또는 감소하였는지를 파악한다.

〈표 14-1〉은 신라기업(주)의 비교재무상태표에서 각 항목 및 합계치에 대해 증감액과 증감률을 산정한 예를 보여주고 있다. 제6장에서 설명하였듯이, 비교재무제표(comparative financial statements)는 여러 기간의 재무제표가 함께 제시된 것을 말한다.

표 14-1

재무상태표 항목별 증감액과 증감률

비교재무상태표

신라기업(주) (단위: 백만원)

	2×20년 12/31일	2×19년 12/31일	2×19년 대비 2×20년의 증감	
			증감액	증감률(%)
자 산				
유동자산	2,350	2,750	−400	−14.5
현 금	60	50	10	20.0
매출채권*	340	250	90	36.0
재고자산	1,950	2,450	−500	−20.4
비유동자산(유형자산)*	6,000	5,000	1,000	20.0
자산 총계	8,350	7,750	600	7.7
부 채				
유동부채	1,200	750	450	60.0
단기차입금	500	300	200	66.7
매입채무	700	450	250	55.6
비유동부채	3,000	3,000	0	0.0
부채 총계	4,200	3,750	450	12.0
자 본				
납입자본	3,700	3,700	0	0.0
이익잉여금	450	300	150	50.0
자본 총계	4,150	4,000	150	3.8
부채와 자본 총계	8,350	7,750	600	7.7

*대손충당금과 감가상각누계액을 각각 차감한 장부가액임.

비교재무상태표에서 증감률은 모든 항목 및 합계치에 대해 산정되어 있는데, 흔히 관심의 대상이 되는 것은 총자산증가율이다. 총자산(자산 총계)은 기업의 규모를 나타내는 측정치로 볼 수 있으므로 총자산증가율은 기업의 규모가 과거에 비해 얼마나 증가하였는가를 나타내는 지표가 된다. 〈표 14-1〉에서 2×20년 말 현재 신라기업(주)의 총자산은 83.5억원인데, 전년인 2×19년 말 당시에는 총자산이 77.5억원이었다. 그러므로 지난 1년 동안에 총자산 규모가 6억원 증가하였으며, 이를 증감률로 측정하면 전년과 비교하여 7.7% 증가한 것이다.

$$\text{총자산증가율} = \frac{\text{2×20년 말의 총자산} - \text{2×19년 말의 총자산}}{\text{2×19년 말의 총자산}} \times 100$$

$$= \frac{8{,}350 - 7{,}750}{7{,}750} \times 100 = 7.7\,(\%)$$

부채와 자본으로 나눠서 보면, 상대적으로 부채의 증가율이 높았음을 알 수 있다. 〈표 14-1〉에서 보듯이, 부채 총액의 증가율이 12.0%이고, 자본 총액의 증가율은 3.8%이다. 또한 자산구성의 관점에서 보면, 총자산의 증가는 유형자산 증가에 따른 것임을 알 수 있다. 유형자산의 증가액은 10억원이었으며 증가율은 20.0%이다. 반면에 재고자산 투자를 줄임에 따라 재고자산 기말 보유액은 전년에 비해 상당히 감소하였다.

〈표 14-2〉는 신라기업(주)의 비교포괄손익계산서에서 각 항목 및 합계치에 대해 증감률을 산정한 예를 보여주고 있다. 포괄손익계산서 항목의 경우 흔히 관심의 대상이 되는 것은 매출액과 이익의 증가율이다. 어느 기업이든 매출의 증대가 중요하고 또 최종적으로는 이익을 많이 창출하여야 한다. 2×20년의 매출액증가율, 영업이익증가율 및 순이익증가율은 각각 다음과 같이 산정된 것이다.

$$\text{매출액증가율} = \frac{\text{2×20년의 매출액} - \text{2×19년의 매출액}}{\text{2×19년의 매출액}} \times 100$$

$$= \frac{9{,}200 - 8{,}500}{8{,}500} \times 100 = 8.2\,(\%)$$

$$\text{영업이익증가율} = \frac{\text{2×20년의 영업이익} - \text{2×19년의 영업이익}}{\text{2×19년의 영업이익}} \times 100$$

$$= \frac{770 - 700}{700} \times 100 = 10.0\,(\%)$$

$$\text{순이익증가율} = \frac{\text{2×20년의 순이익} - \text{2×19년의 순이익}}{\text{2×19년의 순이익}} \times 100$$

$$= \frac{370 - 330}{330} \times 100 = 12.1\,(\%)$$

표 14-2

포괄손익계산서 항목별 증감액과 증감률

비교포괄손익계산서

신라기업(주) (단위: 백만원)

	2×20년 1/1~12/31일	2×19년 1/1~12/31일	2×19년 대비 2×20년의 증감	
			증감액	증감률(%)
매 출 액	9,200	8,500	700	8.2
매출원가	6,850	6,350	500	7.9
매출총이익	2,350	2,150	200	9.3
판 매 비	720	650	70	10.8
관 리 비	860	800	60	7.5
영업이익	770	700	70	10.0
금융비용(이자비용)	270	250	20	8.0
법인세비용차감전순이익	500	450	50	11.1
법인세비용	130	120	10	8.3
당기순이익	370	330	40	12.1
……	……	……	……	……

2.2 항목의 구성비 분석

재무제표의 내용을 파악하는 또 다른 방법은 어느 항목 또는 항목그룹이 전체에서 어느 정도 비중을 차지하고 있는가를 분석하는 방법이다. 재무상태표에서 각 항목 및 합계치를 총자산에 대한 구성비율 형태로 측정하면 기업의 **자산구성**과 **자본구성**을 쉽게 파악할 수 있다. 또한 포괄손익계산서에서는 비용 및 이익수치를 매출액에 대한 비율로 측정하면 기업의 손익구조를 파악할 수 있다.

이러한 분석을 위해서 재무제표의 각 항목과 항목그룹을 총액에 대한 구성비율 형태로 표시하는데 그와 같이 표시된 재무제표를 **백분율 재무제표** 또는 **공통형 재무제표**(common-size financial statements)라고 부른다. 백분율 재무제표를 여러 기간에 대해 만들면 기업의 자산구성, 자본구조 및 손익구조가 어떻게 변화하였는지도 알 수 있다.

〈표 14-3〉은 신라기업(주)의 백분율 비교재무상태표를 보여주고 있다. 2×20년 말 현재 유동자산은 총자산의 28.1%이고, 유형자산은 총자산의 71.9%를 차지하고

표 14-3
백분율 비교재무상태표

백분율 비교재무상태표

신라기업(주) (단위: 백만원)

	2×20년 12/31일		2×19년 12/31일	
	금 액	백분율(%)	금 액	백분율(%)
자 산				
유동자산	2,350	28.1	2,750	35.5
현 금	60	0.7	50	0.6
매출채권	340	4.1	250	3.2
재고자산	1,950	23.4	2,450	31.6
비유동자산(유형자산)	6,000	71.9	5,000	64.5
자산 총계	8,350	100.0	7,750	100.0
부 채				
유동부채	1,200	14.4	750	9.7
단기차입금	500	6.0	300	3.9
매입채무	700	8.4	450	5.8
비유동부채	3,000	35.9	3,000	38.7
부채 총계	4,200	50.3	3,750	48.4
자 본				
납입자본	3,700	44.3	3,700	47.7
이익잉여금	450	5.4	300	3.9
자본 총계	4,150	49.7	4,000	51.6
부채와 자본 총계	8,350	100.0	7,750	100.0

있다. 2×20년에 유형자산 투자가 이루어졌고 또 재고자산 기말 보유액을 줄임에 따라 유형자산 비율이 전년에 비해 상당히 높아졌고 반면에 유동자산 비율은 상당히 낮아졌다.

신라기업(주)의 자본구성을 보면, 2×20년 말 현재 부채 50.3%, 자기자본 49.7%로 구성되어 있다. 전년과 비교할 때 부채의 비율이 증가하였으나, 그 증가폭은 크지 않다. 부채의 세부항목을 보면 단기차입금과 매입채무가 모두 증가하여 유동부채의 비율이 전년과 비교하여 꽤 증가하였다.

〈표 14-4〉는 신라기업(주)의 백분율 비교포괄손익계산서인데, 이를 통해 신라

표 14-4

백분율 비교포괄손익계산서

백분율 비교포괄손익계산서

신라기업(주) (단위: 백만원)

	2×20년 1/1~12/31일		2×19년 1/1~12/31일	
	금 액	백분율(%)	금 액	백분율(%)
매 출 액	9,200	100.0	8,500	100.0
매출원가	6,850	74.5	6,350	74.7
매출총이익	2,350	25.5	2,150	25.3
판 매 비	720	7.8	650	7.6
관 리 비	860	9.3	800	9.4
영업이익	770	8.4	700	8.2
금융비용(이자비용)	270	2.9	250	2.9
법인세비용차감전순이익	500	5.4	450	5.3
법인세비용	130	1.4	120	1.4
당기순이익	370	4.0	330	3.9
……	……	……	……	……

기업(주)의 손익구조를 살펴보자.

2×20년의 경우 매출액에 대비시킨 매출원가의 비율(매출원가/매출액)은 74.5%이고 매출액 대비 판매비와 관리비의 비율(판매비와 관리비/매출액)은 17.2%이다. 따라서 매출액 대비 영업이익의 비율(영업이익/매출액)은 8.4%이다.[2] 이 비율은 매출액 1원당 0.084원의 영업이익이 실현되었음을 의미한다.

금융비용과 법인세비용을 모두 차감하면 당기순이익은 매출액의 4.0%이다. 그러므로 2×20년에 매출액 1원당 최종적으로 0.04원의 순이익이 획득되었고, 또 2×20년의 손익구조를 2×19년의 손익구조와 비교하면 전체적으로 큰 변화가 없었음도 알 수 있다.

위에서 신라기업(주)에 대해 백분율 재무제표를 만들어 분석하였는데, 백분율 재무제표는 다른 기업과 비교하는 데에도 사용할 수 있다. 예를 들어, 신라기업(주)의 경쟁회사에 대해서도 백분율 포괄손익계산서를 만들어 비교하면 두 기업의 손익구조가 어떻게 다른지를 파악할 수 있다. 같은 업종의 기업들이라 하더라도

2) 각 항목의 구성비율을 계산할 때 적용된 반올림 때문에 0.1%의 차이가 난다.

경영전략에 차이가 있고 그러한 차이는 손익구조의 차이로 나타나는데, 손익구조 분석을 통해서 어느 기업의 경영전략이 더 성공적인가를 판단할 수 있다.[3)]

2.3 관련 항목간의 비율을 이용한 분석

투자의사결정과 신용의사결정을 위한 재무제표분석의 핵심은 기업의 수익성(profitability)과 재무위험(financial risk)을 분석하는 것인데, 이 목적에서 볼 때 앞에서 소개한 분석기법들은 제한적 효용을 갖는 데 그친다. 예컨대, 백분율 포괄손익계산서 분석은 기업이 매출에서 얼마만큼 이익을 획득하였는가를 알 수 있게 하지만, 이익획득을 위해 투입된 자본규모는 고려하지 못하고 있다. 수익성분석을 보다 의미 있게 하려면 기업이 획득한 이익과 기업이 투입한 자본규모를 비교하여야 한다. 또한 증감률분석은 단순히 특정 항목의 기간적 변동만 파악하는 데 그치고 있으므로 이 분석도 직접적인 수익성분석은 아니다.

기업의 수익성과 재무위험을 보다 의미 있게 분석하기 위해서는 재무상태표와 포괄손익계산서의 관련 항목들을 통합적으로 분석할 필요가 있다. 이러한 이유로 재무제표분석에서는 관련 항목들을 대응시켜 비율을 산정하고 산정된 비율을 통해 기업의 수익성과 재무위험을 분석하는 방법이 널리 사용되고 있다. 예를 들어, 포괄손익계산서의 당기순이익과 재무상태표의 자기자본을 대응시켜 비율을 계산하면 이 비율은 주주의 자기자본 투입액에 대해 얼마만큼 순이익이 획득되었는지를 알 수 있게 해준다.

기업의 수익성과 재무위험을 분석하는 데에는 다양한 비율들이 사용되는데, 이들 비율은 다음 절에서 상세히 설명될 것이다.

---

3) 이에 대한 상세한 논의와 예는 다음 문헌을 참조.
김권중, 「재무제표분석과 가치평가」, 창민사, 2020.

제3절 재무비율분석

재무제표의 관련 항목들을 대응시켜 비율을 산정하고 이를 통해 기업의 수익성과 재무위험을 분석하는 것을 **재무비율분석**(ratio analysis)이라고 부른다. 본절에서는 재무비율분석에 사용되는 대표적 비율들을 소개한다.

3.1 수익성분석

기업의 수익성(profitability)을 분석하는 것은 재무제표분석에서 핵심적 중요성을 갖는다. 주식투자결정은 물론이고 기업의 채무이행능력을 평가하여 자금대여결정을 하려 할 때에도 수익성분석이 병행되어야 채무이행능력에 대한 판단이 가능해진다. 왜냐하면 수익성이 낮은 기업은 현금흐름 창출능력이 낮기 때문이다. 또한 경영자도 자신이 운영하는 기업의 수익성이 어떤 수준인지를 알고 있어야 경영계획 수립과 경영의사결정을 제대로 할 수 있다. 아래에서는 기업의 수익성을 분석하는 데 사용되는 재무비율을 설명한다.

(1) 자기자본이익률

포괄손익계산서의 당기순이익은 한 기간 동안 기업의 경영성과(재무성과)를 나타내는 측정치의 하나인데 순이익은 경영활동에서 자본을 사용한 결과로서 획득된 것이다. 그리고 순이익은 타인자본에 대한 이자비용을 차감한 후의 금액이므로 순이익은 기업의 소유주(주주)에게 귀속된다. 그러므로 기업이 한 기간 동안 순이익을 얼마나 많이 창출하였는가를 파악하려면 순이익 금액을 기업의 자기자본 투입액과 대비시켜 보아야 할 것이다. 예를 들어, 기업 A와 B의 순이익이 100으로서 같은데,

기업 A의 자기자본 투입액은 1,000이었고 기업 B의 자기자본 투입액은 1,500이었다고 가정하자. 이때 어느 기업이 더 높은 수익성을 실현한 것으로 보아야 할까? 당연히 기업 A일 것이다. 기업 A는 1,000을 투입하여 100을 획득하였으므로 10.0%의 이익률을 달성하였지만, 기업 B는 1,500을 투입하여 100을 획득하였으므로 6.7%의 이익률에 그치고 있다.

위의 간단한 예는 수익성분석을 할 때 자본의 투입규모를 고려해야 함을 나타내고 있다. 그래서 순이익이 얼마나 많이 창출되었는가를 분석할 때에는 순이익과 자기자본 투입액을 대응시켜 비율을 산정하며 이 비율을 **자기자본이익률**(return on equity, ROE)이라고 부른다. ROE는 회계기간 중에 유상증자가 있었는지 여부에 따라 다음과 같이 산정한다.

- 회계기간 중에 유상증자(주주의 추가 투자)가 없었을 경우:

$$\text{자기자본이익률} = \frac{\text{당기순이익}}{\text{기초 자기자본}}$$

- 회계기간 중에 유상증자(주주의 추가 투자)가 있었을 경우:

$$\text{자기자본이익률} = \frac{\text{당기순이익}}{\text{기초 및 기말의 평균 자기자본}}$$

회계기간 중에 유상증자가 없었으면 당해 기간의 자기자본 투입액은 기초의 자기자본 금액(기초 재무상태표상의 자본 총계)과 같다. 이 점은 은행예금의 수익률 계산을 생각하면 쉽게 이해될 수 있을 것이다. 예를 들어, 1년 만기 정기예금에 100만원을 투자하여 5만원의 이자를 벌었다면 기간 초의 투자액 100만원이 1년간 투자이익률을 계산할 때 분모가 되고, 따라서 투자이익률은 5%(=5/100)이다. 이때 이자수익 5만원을 포함한 105만원을 분모로 사용하면 투자이익률이 잘못 계산된다.

이 예와 마찬가지로, 어느 회계기간에 주주들이 기업에 투자한 금액은 개념적으로 기초 재무상태표상의 자기자본(자본 총계) 금액과 같다. 따라서 회계기간 중에 유상증자(이는 주주의 '추가 투자'임)가 없었을 때에는 기초의 자기자본 금액이 ROE의 분모로 사용된다.

그러나 만일 회계기간 중에 유상증자가 있었으면 자기자본이 더 투자된 것이다.

따라서 그러한 경우에는 투자액이 증가된 것을 반영하기 위해 기초 및 기말 자기자본의 평균치가 ROE의 분모로 사용된다.[4)]

앞의 제2절에서 예로 이용되었던 신라기업(주)에 대해 2×20년도의 ROE를 산출해 보자. 〈표 14-1〉의 비교재무상태표를 보면 납입자본의 금액에 변동이 없으므로 2×20년 중에 유상증자가 없었다. 따라서 2×20년의 기초 자기자본, 즉 2×19년 말 재무상태표상의 자본 총계가 ROE 계산시 분모로 사용된다.

$$\underset{(2\times 20\text{년})}{\text{자기자본이익률}} = \frac{\text{당기순이익}}{\text{기초 자기자본}} \times 100$$

$$= \frac{370}{4{,}000} \times 100 = 9.3\,(\%)$$

위와 같이 ROE가 9.3%이므로 신라기업(주)은 정기예금이자율, 국채수익률 등보다는 높은 이익률을 달성하고 있다. ROE는 기업의 자기자본이 얼마나 잘 운용되었는가를 나타내므로 ROE는 투자자(주주)의 관점에서 볼 때 가장 중요한 수익성 비율이 된다. ROE 실적이 높아서 미래에도 ROE가 높을 것으로 기대되면 기업의 주식가치가 높아진다. ROE는 당연히 경영자에게도 중요한 비율인데, 경영자는 주주가 투자한 자본을 효율적으로 운용해야 할 책임이 있다.

이제까지 ROE는 당기순이익을 대상으로 측정하였다. 당기순이익과 포괄이익이 상당히 다른 경우에는 포괄이익을 사용하여 ROE를 측정하면 소유주 입장에서의 투자이익률을 더 정밀히 측정할 수 있다. 당기순이익보다 포괄이익이 자본의 변동을 정확히 나타내기 때문이다.

(2) 총자본이익률(총자산이익률)

ROE를 이용한 수익성분석과 더불어, 기업 전체의 관점에서 총자본이 얼마나 잘 운용되었는가를 분석하는 것도 중요하다. 기업의 총자본은 부채(타인자본)와 자기자본의 합이고 이는 총자산과 같다. 총자본의 운용성과를 분석한다는 것은 **영업활동의 수익성**(operating profitability)을 분석함을 뜻한다. 즉, 자본구성과 관계없이

4) 기초 및 기말 자기자본의 평균치는 자기자본 투입액의 정확한 측정치가 아니지만, 계산하기 간편하다는 이점 때문에 그러한 방법이 실무에서 사용되고 있다.

기업에 투입된 총자본이 영업활동에서 얼마나 많은 이익을 획득하였는지를 분석하는 것이다. 이 분석을 위해 영업활동에서 획득된 이익을 총자본 투입액과 대비시켜 아래와 같이 비율을 산정하는데 이 비율을 **총자본이익률** 또는 **총자산이익률**(return on assets, ROA)이라고 부른다.

$$\text{총자본이익률} = \frac{\text{순영업이익(영업활동에서 획득된 이익)}}{\text{기초 및 기말의 평균 총자본}}$$

$$= \frac{\text{당기순이익} + \text{이자비용} \times (1 - \text{세율})}{\text{기초 및 기말의 평균 총자본}}$$

ROA의 분모로는 일반적으로 기초 및 기말 총자본(총자산)의 평균치가 사용된다. 회계기간 중에 흔히 부채의 증감이 있기 때문에 위와 같이 기초 및 기말 총자본의 평균치가 분모로 사용된다.

ROA의 분자인 영업활동에서 획득된 이익은 영업활동에서 발생한 수익 총액과 비용 총액의 차이로서 **순영업이익**(net operating profit after tax)이라고 부른다. 그런데 포괄손익계산서에는 순영업이익이 표시되지 않고 있으므로 순영업이익은 당기순이익 수치를 조정해서 별도로 구해야 한다. 당기순이익은 재무활동의 비용인 이자비용을 차감한 후의 금액이므로 이자비용을 차감하지 않은 상태로 환원시키면 결과적으로 순영업이익이 된다. 이자비용을 차감하지 않은 금액으로 환원시키려면 당기순이익 수치에 이자비용을 다시 더하면 된다. 다만, 여기서 이자비용 금액을 그대로 가산하는 것이 아니고, 위의 산식에서 보듯이, 「이자비용×(1−세율)」을 당기순이익 수치에 가산한다. 이자비용은 세법에서 비용으로 인정되므로 「이자비용×세율」만큼 기업의 법인세비용을 줄여준다. 그래서 기업이 실질적으로 부담하는 이자비용은 「이자비용×(1−세율)」이고, 따라서 순영업이익은 당기순이익 수치에 「이자비용×(1−세율)」을 더함으로써 산출된다.

제2절에 있는 〈표 14-1〉과 〈표 14-2〉의 재무제표 자료를 이용하여 신라기업(주)의 2×20년도 ROA를 산출해 보자. 아래에서 세율은 26%로 가정되었다.

$$\underset{(2\times20\text{년})}{\text{총자본이익률}} = \frac{\text{당기순이익}+\text{이자비용}\times(1-\text{세율})}{\text{기초 및 기말의 평균 총자본}}\times100$$

$$= \frac{370+270\times(1-0.26)}{(7{,}750+8{,}350)/2}\times100 = 7.1\,(\%)$$

위에서 분자인 순영업이익은 569.8백만원이고, ROA가 7.1%이다. 그러므로 신라기업(주)은 2×20년에 영업활동에서 7.1%의 자산운용이익률을 실현하였는데 이는 정기예금이자율, 국채수익률 등보다는 높은 이익률이다.

(3) 총자본이익률의 결정요인

ROA를 분해하면 영업활동의 자산운용이익률이 어떻게 결정되었는지에 대한 추가적 분석이 가능해진다. ROA는 아래와 같이 매출액순영업이익률과 총자본회전율의 곱으로 표현할 수 있다.

$$\text{총자본이익률} = \frac{\text{순영업이익}}{\text{기초 및 기말의 평균 총자본}}$$

$$= \frac{\text{순영업이익}}{\text{매출액}}\times\frac{\text{매출액}}{\text{기초 및 기말의 평균 총자본}}$$

$$= \text{매출액순영업이익률}\times\text{총자본회전율}$$

순영업이익을 매출액으로 나누어 산출되는 **매출액순영업이익률**은 매출액 1원당 얼마의 순영업이익이 획득되었는가를 나타낸다. 순영업이익은 영업활동에서 발생한 비용을 차감한 순액이므로 위 비율을 통해 영업활동 비용의 발생 정도에 대한 정보를 얻을 수 있다. 예컨대, 매출액순영업이익률이 낮으면 이는 매출가격에 비해 비용이 많았음을 의미하며, 그러한 기업의 경우에는 비용절감을 위한 경영개선책이 필요하게 될 것이다.

총자본회전율(총자산회전율)은 매출액을 평균 총자본으로 나눈 것으로서, 이 비율은 영업활동에 투입된 자본 1원당 얼마의 매출액이 획득되었는가를 나타낸다. 그러므로 총자본회전율은 영업활동에서 자산이 얼마나 효율적으로 활용되고 있는지에 대한 정보를 제공한다.

〈표 14-2〉의 비교포괄손익계산서에 표시된 신라기업(주)의 2×20년도 매출액 자료를 이용하여 매출액순영업이익률과 총자본회전율을 각각 산출하면 다음과 같다.

$$\underset{(2\times20\text{년})}{\text{매출액순영업이익률}} = \frac{\text{순영업이익}}{\text{매출액}}\times100 = \frac{569.8^{*}}{9{,}200}\times100 = 6.19(\%)$$

* 앞에서 ROA를 측정할 때 ROA의 분자임.

$$\underset{(2\times20\text{년})}{\text{총자본회전율}} = \frac{\text{매출액}}{\text{평균 총자본}} = \frac{9{,}200}{(7{,}750+8{,}350)/2} = 1.14(\text{회})$$

위의 두 비율을 곱하면 앞에서 산출한 ROA와 같음을 확인할 수 있을 것이다. 매출액순영업이익률과 총자본회전율은 영업활동의 손익구조와 자산활용도를 각각 나타내므로 이들 비율은 경영자가 영업활동의 이익성과를 분석하고 경영계획을 수립하는 데 유용한 정보를 제공한다.

3.2 재무위험분석

기업이 부채를 많이 사용하고 있으면, 영업성과가 부진할 때 이자와 부채금액을 지급하지 못할 가능성(즉, 위험)이 높아지고 또 순이익도 크게 감소한다. 재무위험분석은 그러한 지급불능위험(default risk)이 어느 정도인지 분석하는 것이다. 이러한 분석에는 기업의 단기적 지급능력을 나타내는 유동성비율과 타인자본 의존에 따른 장기적 지급능력을 평가하는 레버리지비율이 사용된다.

(1) 유동성비율

기업에 대한 이해관계자 중에서 상품을 외상으로 공급하는 공급자나 단기대출을 하는 금융기관은 기업의 **단기지급능력**에 큰 관심을 갖고 있다. 기업이 단기부채를 지급하려면 현금과 단기간 내에 현금화되는 자산을 충분히 보유하고 있어야 한다. 기업의 단기지급능력을 분석하는 데에는 아래의 비율들이 사용되는데 이들을 총칭하여 유동성비율(liquidity ratios)이라고 부른다.

① 유동비율

유동비율(current ratio)은 재무상태표상의 유동자산 총액을 유동부채 총액으로 나눈 비율이다. 유동부채는 대부분 재무상태표일로부터 1년 이내에 지급해야 하는 부채이고, 유동자산은 대부분 재무상태표일로부터 1년 이내에 현금화될 것으로 기대되는 자산이다. 따라서 기업의 유동자산 총액이 유동부채 총액보다 충분히 많으면 단기지급능력이 양호한 것으로 평가하게 된다.

$$\text{유동비율} = \frac{\text{유동자산}}{\text{유동부채}} = \frac{\text{재무상태표상의 유동자산 총액}}{\text{재무상태표상의 유동부채 총액}}$$

제2절의 〈표 14-1〉의 재무상태표 자료를 이용하여 신라기업(주)의 2×20년 말의 유동비율을 산출하면 다음과 같다.

$$\underset{(2\times20\text{년})}{\text{유동비율}} = \frac{2{,}350}{1{,}200}\times100 = 196\,(\%)$$

위와 같이 2×20년 말 현재 유동자산 보유액이 유동부채의 2배만큼 되므로, 다른 문제가 없다면, 신라기업(주)의 단기지급능력은 양호한 것으로 평가할 수 있을 것이다.

② 당좌비율

당좌비율(quick ratio)은 재고자산 이외의 유동자산 총액을 유동부채 총액으로 나눈 비율이다. 재고자산 이외의 유동자산을 흔히 당좌자산이라고 부르며, 이는 재고자산보다 현금화되는 속도가 빠른 유동자산이고 현금을 포함한다. 재고자산은 판매과정을 거쳐야만 현금화되고 또 판매는 기업간 경쟁과 경기변동의 영향을 받는다. 뿐만 아니라, 기업에 따라서는 진부화되어 판매되기 어려운 재고자산을 갖고 있을 수도 있다. 그래서 기업의 단기지급능력을 엄격히 평가하기 위해 아래의 당좌비율을 측정하게 된다.

$$\text{당좌비율} = \frac{\text{재고자산 이외의 유동자산}}{\text{유동부채}}$$

〈표 14-1〉의 재무상태표에서 신라기업(주)의 2×20년 말의 당좌비율을 산출하면 다음과 같다.

$$\underset{(2\times20년)}{당좌비율} = \frac{60 + 340}{1,200} \times 100 = 33(\%)$$

〈표 14-1〉의 재무상태표에서 현금이 60백만원이고 매출채권이 340백만원이므로 당좌비율이 33%에 그치고 있다. 이와 같이 재고자산의 포함 여부가 비율에 큰 영향을 미치고 있는데, 이러한 경우 신라기업(주)의 단기지급능력을 평가하려면 재고자산 판매가 어떻게 이루어지고 있는지를 검토해야 한다. 만일 재고자산 판매가 매년 안정적으로 이루어지고 있다면 당좌비율보다 유동비율에 따라 지급능력을 평가할 수 있을 것이고, 반면에 매출이 부진하다면 단기지급능력이 양호한 것으로 보기 어려울 것이다.

③ 영업현금흐름 대 유동부채 비율

앞에서 소개한 유동성비율들은 기말시점의 자산금액을 사용하여 측정되기 때문에 계절적 영향을 받을 수 있다. 단기지급능력을 평가하는 대체적 방법은 기업이 연중의 영업활동에서 창출하는 현금흐름이 유동부채와 비교하여 얼마나 되는지를 분석하는 것이다. 여기서 영업활동에서 창출하는 현금흐름이란 제13장에서 설명한 현금흐름표상의 영업활동 현금흐름(영업활동 현금유출입의 순액)을 가리킨다.

$$영업현금흐름\ 대\ 유동부채\ 비율 = \frac{영업활동\ 현금흐름}{기초\ 및\ 기말의\ 평균\ 유동부채}$$

위에서 분모인 유동부채에 대해서는 일반적으로 기초 및 기말의 평균치가 사용된다. 기업이 영업활동에서 창출하는 현금흐름이 많으면 유동부채를 지급할 수 있는 능력이 높아지므로 위의 비율은 유동비율 및 당좌비율과 함께 사용된다.

(2) 레버리지비율

기업은 영업성과가 부진하더라도 그와 상관없이 부채의 원리금(원금 및 이자)은 반드시 지급해야 하기 때문에 타인자본 의존도가 높은 기업은 미래의 지급불능위험(default risk)이 높아진다. 그래서 기업에 장기자금을 제공하는 사채투자자, 금융기관 등은 기업의 타인자본 의존도와 원리금 지급능력이 어느 정도인지에 대해 큰 관심을 갖게 된다.

또한 주식투자자의 관점에서 볼 때에도 기업의 부채가 많으면 투자위험이 높아지므로 주식투자자 역시 기업의 부채가 얼마나 많은지에 대해 관심을 갖게 된다. 기업의 타인자본 의존도와 원리금 지급능력을 분석하는 데에는 아래의 비율들이 사용되며 이들을 총칭하여 레버리지비율(leverage ratios)이라고 부른다.

① 부채비율과 차입부채비율

기업의 타인자본 의존도와 장기적 부채지급능력을 분석하는 데에는 다음의 비율들이 사용된다.

$$\text{부채비율} = \frac{\text{부채}}{\text{자기자본}} = \frac{\text{재무상태표상의 부채 총액}}{\text{재무상태표상의 자본 총액}}$$

$$\text{차입부채비율} = \frac{\text{차입부채}}{\text{자기자본}} = \frac{\text{재무상태표상의 차입부채 총액}}{\text{재무상태표상의 자본 총액}}$$

부채비율(liabilities-to-equity ratio)은 재무상태표상의 총부채를 자기자본으로 나눈 비율이고, 차입부채비율(debt-to-equity ratio)은 이자가 지급되는 차입부채 총액을 자기자본으로 나눈 비율이다. 차입부채에는 단기차입금, 장기차입금, 사채, 금융리스채무 등이 포함된다.

위의 비율들은 총부채 또는 차입부채 총액을 자기자본과 대비시킨 것이므로 기업의 타인자본 의존도를 나타낸다. 그리고 부채가 많은 기업은 미래에 많은 금액을 지급해야 하므로 부채가 적은 기업에 비해 부채지급의 불확실성이 상대적으로 높아진다. 이러한 의미에서 위의 비율들은 기업의 장기적 부채지급능력을 평가하는 지표가 될 수 있다.

제2절의 〈표 14-1〉의 재무상태표 자료를 이용하여 신라기업(주)의 2×20년 말의 부채비율과 차입부채비율을 각각 산출하면 다음과 같다.

$$\underset{(2\times20\text{년})}{\text{부채비율}} = \frac{4,200}{4,150} \times 100 = 101\,(\%)$$

$$\underset{(2\times20\text{년})}{\text{차입부채비율}} = \frac{3,500^{*}}{4,150} \times 100 = 84.3\,(\%)$$

* 단기차입금 500 + 장기차입부채 3,000

위와 같이 2×20년 말 현재 신라기업(주)의 부채비율과 차입부채비율은 대략 100% 이하의 수준에 있다. 이는 최근 우리나라 상장회사들의 평균적 수준과 비슷하며, 신라기업(주)의 타인자본 의존도가 아주 높은 것은 아니라고 볼 수 있다.

② 이자보상비율

기업이 타인자본을 사용하면 자본의 사용대가로서 정기적으로 이자를 지급해야 한다. 따라서 사채투자자, 금융기관 등이 기업에 대한 자금대여결정을 하려면 당해 기업의 이자지급능력이 어느 정도인가를 분석하는 것도 중요하다. 이러한 분석을 위해서 다음의 이자보상비율(interest coverage ratio)이 사용된다.

$$\text{이자보상비율} = \frac{\text{이자 및 법인세비용 차감전 이익}}{\text{이자비용}}$$

$$= \frac{\text{당기순이익} + \text{이자비용} + \text{법인세비용}}{\text{이자비용}}$$

기업이 이익을 많이 창출하면 일반적으로 이자지급능력이 높아진다. 그래서 이자비용과 법인세비용을 차감하기 전의 이익이 이자비용의 몇 배쯤 되는지 보기 위해 위의 이자보상비율을 산정한다. 여기서 법인세비용을 차감하지 않은 이익을 사용하는 것은 법인세비용이 이자비용 차감 후에 결정된다는 점을 고려한 것이다. 이자보상비율이 충분히 높으면 이자지급능력이 양호한 것으로 평가할 수 있다.

제2절의 〈표 14-2〉의 비교포괄손익계산서 자료에서 신라기업(주)의 이자보상비율을 산출하면 다음과 같다.

$$\underset{(2\times20\text{년})}{\text{이자보상비율}} = \frac{370 + 270 + 130}{270} = 2.85\,(\text{배})$$

위와 같이 이자보상비율이 2.85배이면 아주 높은 수준은 아니다. 그러나 2.85배는 상장회사들의 평균적 수준보다는 높으므로 신라기업(주)의 이자지급능력이 낮은 것으로 평가하지는 않아도 될 것이다.

이자는 현금으로 지급되어야 하는데 위의 이자보상비율은 기업의 실제 현금흐름을 충분히 반영하지 못하는 한계점이 있다. 왜냐하면, 이익은 발생기준 회계(accrual accounting)에 따라 측정된 것이기 때문이다. 이러한 한계점을 보완하기 위해 **현금기준 이자보상비율**(cash-flow-based coverage ratio)도 널리 사용된다. 현금기준 이자보상비율은 제13장에서 설명한 현금흐름표의 영업활동 현금흐름을 이자비용으로 나눈 비율이다. 위의 이자보상비율이 높지 않은 때에는 현금기준 이자보상비율을 함께 사용하여 판단할 필요가 있다.

지금까지 설명한 수익성 분석비율과 재무위험 분석비율을 요약하면 〈표 14-5〉와 같다.

3.3 비율의 비교기준

앞에서 기업의 수익성과 재무위험을 분석하는 여러 비율의 산정방법을 살펴보았다. 그런데 비율측정의 결과를 보다 잘 이해하기 위해서는 산정된 비율을 비교평가하기 위한 비교기준(benchmark)이 필요하다. 예를 들어, 앞에서 신라기업(주)의 자기자본이익률이 9.3%이었는데 과연 이를 양호한 수준으로 볼 수 있는가의 문제가 있다. 그래서 산정된 비율을 비교평가하기 위한 기준이 필요한데, 비교기준으로 사용될 수 있는 것은 다음과 같다.

표 14-5

재무비율의 요약

재무비율	비율의 산식	비율의 의미
1. 수익성 분석비율		
자기자본이익률	당기순이익 / 기초 자기자본(또는 평균 자기자본)	주주의 투입자본에 대한 이익률
총자본이익률	순영업이익 / 평균 총자본	영업활동에 투입된 총자본에 대한 이익률
매출액순영업이익률	순영업이익 / 매출액	매출에서 순영업이익이 얼마나 많이 획득되었는가를 나타내는 비율
총자본회전율	매출액 / 평균 총자본	매출수익 창출에 투입된 자산의 활용도
2. 재무위험 분석비율		
유동비율	유동자산 / 유동부채	유동자산 보유액으로 유동부채를 지급할 수 있는 능력의 평가기준
당좌비율	재고자산 이외의 유동자산 / 유동부채	당좌자산 보유액으로 유동부채를 지급할 수 있는 능력의 평가기준
영업현금흐름 대 유동부채 비율	영업활동 현금흐름 / 유동부채	영업활동 현금흐름으로 유동부채를 지급할 수 있는 능력의 평가기준
부채비율	총부채 / 자기자본	기업의 부채 의존도를 나타내는 비율
차입부채비율	차입부채 / 자기자본	기업의 차입부채 의존도를 나타내는 비율
이자보상비율	이자 및 법인세비용 차감전 이익 / 이자비용	차입부채에 대한 이자지급능력을 평가하는 비율
현금기준 이자보상비율	영업활동 현금흐름 / 이자비용	영업활동 현금흐름에 의해 측정된 이자지급능력 평가비율

① 분석대상기업의 과거 비율

한 기업의 재무비율을 그 기업의 과거 재무비율과 비교함으로써 당년도의 비율이 과거에 비해 어떻게 변화하였는지를 파악할 수 있다. 이와 같이 한 기간의 비율을 과거 기간의 비율과 비교분석하는 것을 **추세분석**(trend analysis)이라고 부른다. 기업의 재무제표는 기간 단위로 작성되기 때문에 추세분석은 거의 모든 비율분석에서 사용되는 유용한 분석방법이다. 분석상황에 따라 전년도의 비율과 비교하거나 또는 과거 수년간의 비율과 비교하게 된다.

② 자본비용(또는 필요수익률)

기업의 수익성을 총괄적으로 나타내는 자본이익률에 대해서는 그 실적의 양호 여부를 판단할 수 있는 절대적 비교기준이 존재한다. 예를 들어, 자기자본이익률(ROE) 실적을 평가할 수 있는 적절한 비교기준은 당해 기업의 **자기자본비용**(cost of equity)이다. 자기자본비용이란 투자자가 투자위험에 대한 보상으로 기대하는 **필요수익률**(required rate of return)을 의미한다. ROE 실적은 당해 기업의 자기자본비용과 비교되어야 하며, ROE가 자기자본비용보다 높으면(낮으면) 당해 기업은 높은(낮은) 수익성을 실현한 것으로 평가할 수 있다.

이와 유사하게, 총자본이익률(ROA) 실적을 평가할 수 있는 적절한 비교기준은 당해 기업의 **가중평균자본비용**(weighted average cost of capital)이다. 가중평균자본비용은 타인자본이자율과 자기자본비용을 자본구성비율로 가중평균한 것을 말한다.[5] ROA는 기업 전체의 관점에서 영업활동의 자본이익률을 측정한 것이므로 ROA가 가중평균자본비용보다 높으면(낮으면) 당해 기업은 높은(낮은) 영업수익성을 실현한 것으로 평가할 수 있다. 그러나 다른 재무비율들의 경우는 위와 같은 절대적 비교기준이 존재하지 않는다.

③ 산업평균비율

실무에서 사용되는 방법의 하나로서, 특정 기업의 재무비율을 동일업종의 평균비율과 비교하기도 한다. 동일업종 기업들은 비슷한 경제환경하에서 경쟁적으로 활동하는 관계에 있으므로 산업평균비율이 비교기준으로 흔히 사용되고 있다. 한

5) 자기자본비용과 가중평균자본비용을 측정하는 구체적 방법은 재무관리 교과에서 다룬다.

국은행에서 발간하는 「기업경영분석」에는 산업별로 평균비율이 제공되고 있다. 그러나 산업평균비율의 큰 한계점은 산업구분의 모호성이다. 어느 기업이 여러 업종에 걸쳐 사업을 하고 있으면 산업분류가 어려워진다. 그러한 경우 당해 기업의 사업구조에 일치하는 산업은 찾기 어렵다.

④ 경쟁회사의 비율

산업평균비율은 산업분류의 어려움 때문에 사용하기 어려운 경우가 적지 않다. 또한 같은 산업에 속한 기업들이라 하더라도 기업규모나 경쟁력에 큰 차이가 있을 수 있다. 이러한 문제를 고려하여 경쟁회사의 재무비율이 비교기준으로 사용되기도 한다. 경쟁회사는 같은 업종에 속할 뿐 아니라 당해 기업의 수익성에 직접적인 영향을 미칠 수 있는 관계에 있다. 따라서 경쟁회사의 재무비율을 비교기준으로 사용하되 경영전략의 상이점을 함께 분석하면 당해 기업의 수익성 변화의 원인을 더 잘 파악할 수 있고 또 미래 수익성을 예측하는 데에도 도움이 될 수 있다.

재무제표분석시 고려사항 제4절

앞에서 재무제표를 분석하는 여러 기법을 설명하였다. 그러한 분석기법은 간편하고 사용하기 쉽지만 비율측정만으로 재무제표분석이 완료되는 것은 아니다. 또한 재무제표 자체에 내재된 한계점도 있다. 아래에서는 재무제표를 분석할 때 분석자가 고려해야 할 사항을 논의한다.

① 산업 및 경영전략에 대한 정성적 분석의 필요성

재무제표상의 회계수치는 기업활동의 결과를 계량적으로 측정해서 나타낸 것이다. 그런데 기업의 경영성과는 소속 산업의 특성과 기업이 채택한 경영전략에 의해 영향을 받는다. 예를 들면, 성장산업에 속한 기업과 사양산업에 속한 기업의 수익성은 다를 수 있다. 또한, 같은 산업 내에서도 기업의 경쟁전략이 어떠한가에 따라 수익성에 차이가 있을 수 있다. 재무제표에 표시된 매출액, 이익 등은 그러한 요인들의 영향을 받아 결정된 것이다. 따라서 재무제표의 내용을 잘 이해하기 위해서는 분석대상기업이 속한 산업의 특성과 당해 기업의 경영전략을 파악할 필요가 있다. 재무제표에는 그에 관한 정보가 포함되어 있지 않기 때문에 그러한 정성적(定性的) 정보(qualitative information)를 수집해서 함께 분석해야 한다.

② 기업의 회계방법 변경

기업은 회계기준이 허용하는 범위 내에서 회계방법을 변경하는 경우가 있다. 예를 들면, 감가상각방법을 정률법에서 정액법으로 변경하는 것이다. 그러한 변경이 있으면 순이익 수치가 즉각 영향을 받기 때문에 수익성비율의 기간비교(추세분석)가 어려워진다. 그러므로 재무제표를 분석할 때에는 당해 기간 중에 회계방법의 변경이 있었는지를 검토할 필요가 있으며, 만일 회계방법 변경으로 순이익 수치가 큰 영향을 받았다면 그러한 영향을 제거해서 비교분석하여야 한다. 회계방법 변경의 영향은 재무제표의 주석으로 공시된다.

③ 기업의 구조적 변화

기업에 따라서는 회계기간 중에 합병, 분할과 같은 구조적 변화가 일어났을 수도 있다. 그러한 구조적 변화가 있었으면 재무제표의 거의 모든 항목들이 큰 영향을 받게 되어 과거 기간과의 비교가 무의미해질 수 있다. 그러므로 재무제표를 분석할 때에는 분석대상기업에 그러한 구조적 변화가 있었는지 여부를 확인해야 한다.

④ 기업간 회계방법의 차이

본서의 제3부에서 설명하였듯이, 회계기준은 재고자산, 유형자산 등에 대해 대체적 회계방법을 허용하고 있어서 기업들이 사용한 회계방법이 서로 다를 수 있다. 이러한 경우 회계방법의 차이를 고려하지 않고 단순히 비율수치만 비교하면 판단이 오도될 수도 있다. 따라서 기업간 비교를 할 때에는 회계방법의 차이가 수익성비율 등에 미치는 영향이 어느 정도인지에 대해 면밀한 검토가 필요하다.

종 • 합 • 예 • 제

재무비율의 산출

정밀기기를 판매하는 정밀기업(주)의 2×19~2×20년의 비교재무상태표와 2×20년의 포괄손익계산서는 다음과 같다.

비교재무상태표

정밀기업(주) (단위: 백만원)

자 산	2×20년 12/31일	2×19년 12/31일	부채와 자본	2×20년 12/31일	2×19년 12/31일
현 금	60	50	매입채무	320	300
매출채권	360	230	미지급비용	90	80
상 품	650	500	장기차입금	6,500	6,500
토 지	8,000	8,000	납입자본	8,000	8,000
건 물	6,300	6,500	이익잉여금	460	400
자산 총계	15,370	15,280	부채와 자본 총계	15,370	15,280

포괄손익계산서

정밀기업(주) 2×20년 1월 1일~2×20년 12월 31일 (단위: 백만원)

매 출 액		23,500
매출원가		16,560
매출총이익		6,940
판매비와 관리비:		
종업원급여	3,500	
판매수수료	1,800	
감가상각비	200	5,500
이자비용		520
법인세비용		230
당기순이익		690
기타포괄손익		0
당기포괄이익		690

물음

(1) 2×20년의 자기자본이익률(ROE)과 총자본이익률(ROA)은 각각 몇 %인가?(세율은 25%로 가정한다)

(2) 2×20년의 매출액순영업이익률과 총자본회전율을 각각 산출하라.

(3) 2×20년 말의 유동비율, 당좌비율 및 부채비율을 각각 산출하라.

(4) 2×20년의 이자보상비율은 몇 배인가?

풀이

(1) 납입자본의 금액 변동이 없으므로 2×20년에 유상증자가 없었음을 알 수 있고, 따라서 기초 자기자본을 분모로 사용하여 ROE를 산출한다.

$$\text{ROE} = \frac{690}{8{,}000 + 400} \times 100 = 8.2\,(\%)$$

ROA는 기초 및 기말의 평균 총자본을 분모로 하여 산출한다.

$$\text{ROA} = \frac{690 + 520 \times (1 - 0.25)}{(15{,}280 + 15{,}370)/2} \times 100 = 7.0\,(\%)$$

(2) $$\text{매출액순영업이익률} = \frac{690 + 520 \times (1 - 0.25)}{23{,}500} \times 100 = 4.6\,(\%)$$

$$\text{총자본회전율} = \frac{23{,}500}{(15{,}280 + 15{,}370)/2} = 1.53\,(\text{회})$$

(3) $$\text{유동비율} = \frac{60 + 360 + 650}{320 + 90} \times 100 = 261\,(\%)$$

$$\text{당좌비율} = \frac{60 + 360}{320 + 90} \times 100 = 102\,(\%)$$

$$\text{부채비율} = \frac{320 + 90 + 6{,}500}{8{,}000 + 460} \times 100 = 82\,(\%)$$

(4) $$\text{이자보상비율} = \frac{690 + 520 + 230}{520} = 2.77\,(\text{배})$$

익힘문제

1. 기업 외부의 재무제표이용자들(투자자, 채권자)이 기업의 현재 포괄손익계산서와 재무상태표를 분석해서 '알고자 하는 것'이 무엇인가?

2. 경영자가 자신이 운영하는 기업의 재무제표를 분석하는 목적은 무엇인가?

3. 백분율 재무상태표 또는 공통형 재무상태표란 무엇이며, 그러한 재무상태표를 만드는 이유는?

4. 백분율 포괄손익계산서 또는 공통형 포괄손익계산서란 무엇이며, 그러한 포괄손익계산서를 만드는 이유는?

5. 재무비율분석(ratio analysis)이란 어떠한 분석기법인지 간략히 설명하라.

6. 기업의 채무이행능력을 평가하기 위해 재무제표를 분석할 때에는 당해 기업의 수익성을 반드시 분석해야 한다고 하는바, 그 이유가 무엇인가?

7. 자기자본이익률(ROE)이란 무엇이며, 어떻게 산정하는가?

8. 기업의 영업활동 수익성을 분석하는 데에는 어떤 재무비율이 유용한가? 그리고 그 비율은 어떻게 산정하는가?

9. 총자본이익률(ROA)의 구성요소가 되는 두 재무비율은 무엇이며, 각 비율의 의미는?

10. 유동성비율이란 무엇이며, 유동성비율에는 어떤 비율들이 포함되는지 간략히 설명하라.

11. 기업의 타인자본 의존도를 분석하는 데 이용되는 재무비율은 무엇인가?

12. 이자보상비율(interest coverage ratio)이란 무엇이며, 어떻게 산정하는가?

13. 재무제표의 내용을 잘 이해하기 위해서는 재무제표에 포함되어 있지 않은 정성적 정보(qualitative information)를 수집해서 함께 분석해야 한다. 여기서 정성적 정보란 무엇에 대한 정보를 말하는가?

연습문제

[14-1] 기본개념의 이해

아래의 빈칸에 알맞은 단어나 문구를 기입하라.

(1) 수익성(profitability)이란 기업에 투입된 자본의 운용성과, 즉 자본 투입액에 대응하여 (　　　)이 창출된 정도를 일컫는다. 재무위험(financial risk)이란 기업이 (　　　)을 사용함에 따라 초래되는 부정적(negative) 성격의 미래 불확실성을 말한다.

(2) 주식투자자는 기업의 주식가치를 평가하기 위해 기업의 미래 (　　　)과 위험을 평가해야 하며 이를 위해 재무제표분석을 한다.

(3) 기업의 채무이행능력은 기업의 현금흐름 창출능력에 달려 있고, 기업의 (　　　)이 높을 때 현금흐름이 많이 창출된다. 그래서 채권자는 그러한 평가를 위해 당해 기업의 현재 (　　　)과 (　　　), 현금흐름 창출실적을 파악할 필요가 있고 이를 위해 재무제표분석을 한다.

(4) 재무상태표에서 각 항목 및 합계치를 총자산에 대한 구성비율 형태로 측정하면 기업의 (　　　)과 (　　　)을 쉽게 파악할 수 있다. 또한 포괄손익계산서에서는 비용 및 이익수치를 (　　　)에 대한 비율로 측정하면 기업의 손익구조를 파악할 수 있다. 이러한 분석을 위해 재무제표의 각 항목을 총액에 대한 구성비율 형태로 표시하는데 그와 같이 표시된 재무제표를 (　　　)라고 부른다.

(5) 기업이 순이익을 얼마나 많이 창출하였는지를 분석할 때에는 순이익과 (　　　) 투입액을 대응시켜 비율을 산정하며 이 비율을 (　　　)이라고 부른다.

(6) 기업에 투입된 총자본의 운용성과를 분석한다는 것은 (　　　)의 수익성을 분석함을 뜻한다. 이 분석을 위해 (　　　)에서 획득된 이익을 (　　　) 투입액과 대비시켜 비율을 산정하는데 이 비율을 (　　　)이라고 부른다.

(7) (　　　)은 매출액 1원당 얼마의 순영업이익이 획득되었는가를 나타낸다. 이 비율이 낮으면 매출가격에 비해 (　　　)이 많았음을 의미하며, 그러한 기업의 경우에는 (　　　)을 위한 경영개선책이 필요하다.

(8) 총자본회전율은 (   )을 평균 총자본으로 나눈 것으로서, 영업활동에 투입된 자본 1원당 얼마의 (   )이 획득되었는가를 나타낸다. 그러므로 총자본회전율은 (   )에서 자산이 얼마나 효율적으로 활용되고 있는가에 대한 정보를 제공한다.

(9) 기업은 영업성과가 부진하더라도 그와 관계없이 부채의 원금과 이자는 반드시 지급해야 하기 때문에 (   )이 높은 기업은 미래의 지급불능위험이 높아진다.

(10) 기업의 경영성과는 기업이 속한 (   )의 특성과 기업이 채택한 (   )에 의해 영향을 받는다. 재무제표에 표시된 매출액, 이익 등은 그러한 요인들의 영향을 받아 결정된 것이다. 그러므로 재무제표의 내용을 잘 이해하기 위해서는 분석대상기업이 속한 (   )의 특성과 당해 기업의 (   )을 파악할 필요가 있다.

[14-2] 비교재무상태표-증감액과 증감률 분석

다음은 강원기업(주)의 2×19~2×20년의 비교재무상태표이다.

비교재무상태표

강원기업(주) (단위: 만원)

	2×20년 12/31일	2×19년 12/31일	2×19년 대비 2×20년의 증감	
			증감액	증감률(%)
자 산				
유동자산	1,550	1,500		
유형자산	4,200	3,200		
자산 총계	5,750	4,700		
부 채				
유동부채	400	300		
비유동부채	2,900	2,000		
부채 총계	3,300	2,300		
자 본				
납입자본	2,100	2,100		
이익잉여금	350	300		
자본 총계	2,450	2,400		
부채와 자본 총계	5,750	4,700		

물음

(1) 각 항목 및 합계치에 대해 증감액과 증감률을 계산하여 빈칸에 기입하라.
(2) 2×19년 말에 비해 총자산이 증가한 것은 주로 어떤 자산의 증가 때문인가?
(3) 총자산 규모를 증대시키는 데 필요한 자금은 주로 어떤 원천에서 조달한 것으로 생각되는가?

[14-3] 백분율(공통형) 비교재무상태표

다음은 문제 [14-2]에 주어진 자료를 백분율(공통형) 비교재무상태표로 만든 것이다.

백분율 비교재무상태표

강원기업(주) (단위: 만원)

	2×20년 12/31일		2×19년 12/31일	
	금 액	백분율(%)	금 액	백분율(%)
자 산				
유동자산	1,550		1,500	
유형자산	4,200	____	3,200	____
자산 총계	5,750	100.0	4,700	100.0
부 채				
유동부채	400		300	
비유동부채	2,900	____	2,000	____
부채 총계	3,300	____	2,300	____
자 본				
납입자본	2,100		2,100	
이익잉여금	350	____	300	____
자본 총계	2,450	____	2,400	____
부채와 자본 총계	5,750	____	4,700	____

물음

(1) 연도별로 각 항목에 대한 백분율을 계산하여 빈칸에 기입하라.
(2) 2×19년 말과 비교할 때 자산구성에 어떤 변화가 있었는가?
(3) 2×19년 말과 비교할 때 자본구성(타인자본 대 자기자본)에 어떤 변화가 있었는가?

[14-4] 백분율(공통형) 비교포괄손익계산서

관악기업(주)의 2×19∼2×20년의 백분율(공통형) 비교포괄손익계산서는 다음과 같다.

백분율 비교포괄손익계산서

관악기업(주) (단위: 만원)

	2×20년 1/1∼12/31일		2×19년 1/1∼12/31일	
	금 액	백분율(%)	금 액	백분율(%)
매 출 액	6,200	100.0	5,500	100.0
매출원가	4,850		4,350	
매출총이익	1,350		1,150	
판매비와 관리비	680		450	
이자비용	160		150	
법인세비용차감전순이익	510		550	
법인세비용	130		140	
당기순이익	380		410	

물음

(1) 연도별로 각 항목에 대한 백분율을 계산하여 빈칸에 기입하라.

(2) 2×20년의 매출액과 매출총이익은 2×19년보다 증가하였다. 그럼에도 불구하고 2×20년의 당기순이익이 2×19년보다 감소하게 된 주된 이유는?

[14-5] 재무비율의 의미와 구성요소

다음은 재무제표를 분석할 때 이용되는 주요 재무비율의 일부를 열거한 것이다.

재무비율	산 식	의 미	〈보 기〉
자기자본이익률	( ) / ( )	A	① 기업의 부채 의존도를 나타내는 비율 ② 영업활동에 투입된 자본에 대한 이익률
총자본이익률	( ) / ( )	B	③ 기업의 이자지급능력을 평가하는 비율 ④ 기업의 차입부채 의존도를 나타내는 비율 ⑤ 매출수익 창출에 투입된 자산의 활용도
유동비율	( ) / ( )	C	⑥ 주주의 투입자본에 대한 이익률 ⑦ 영업활동 현금흐름으로 유동부채를 지급

부채비율	$\frac{(\quad)}{(\quad)}$	D	할 수 있는 능력의 평가기준 ⑧ 매출에서 순영업이익이 얼마나 많이 획득되었는가를 나타내는 비율
차입부채비율	$\frac{(\quad)}{(\quad)}$	E	⑨ 당좌자산 보유액으로 유동부채를 지급할 수 있는 능력의 평가기준
이자보상비율	$\frac{(\quad)}{(\quad)}$	F	⑩ 유동자산 보유액으로 유동부채를 지급할 수 있는 능력의 평가기준

물음

(1) 각 재무비율의 산식에서 분자와 분모가 무엇인지 기입하라.

(2) 각 재무비율의 의미는? 〈보기〉에서 해당 번호를 찾아서 A~F에 기입하라.

[14-6] 총자본이익률의 구성요소

다음은 기업의 영업활동 수익성을 측정하는 총자본이익률(ROA)의 구성요소를 나타낸 것이다.

$$\text{총자본이익률} = \frac{(\ A\ )}{\text{기초 및 기말의 평균 총자본}} \qquad \langle 식\ 1\rangle$$

$$= \frac{(\ B\ ) + \text{이자비용} \times (1 - \text{세율})}{\text{기초 및 기말의 평균 총자본}} \qquad \langle 식\ 2\rangle$$

$$= \frac{(\ C\ )}{(\ E\ )} \times \frac{(\ D\ )}{\text{기초 및 기말의 평균 총자본}} \qquad \langle 식\ 3\rangle$$

물음

(1) 위에서 A~E가 각각 무엇인가?

(2) 〈식 2〉의 분자에서 이자비용 자체가 아닌 '이자비용×(1－세율)'을 B에 더하고 있다. 여기서 '이자비용×세율'로 산정되는 금액의 의미는?

(3) 〈식 3〉에서 왼쪽의 분수(C/E)를 무엇이라 부르며, 그 의미는?

(4) 〈식 3〉에서 오른쪽의 분수를 무엇이라 부르며, 그 의미는?

[14-7] 재무비율분석(I)

다음은 회계기간이 1년인 남산기업(주)의 2×19~2×20년의 비교재무상태표이다.

비교재무상태표

남산기업(주) (단위: 만원)

자 산	2×20년 12/31일	2×19년 12/31일	부채와 자본	2×20년 12/31일	2×19년 12/31일
현 금	40	30	매입채무	290	320
매출채권	340	300	미지급비용	40	60
상 품	560	540	장기차입금	500	500
선급비용	20	10	납입자본	1,000	800
유형자산	980	900	이익잉여금	110	100
자산 총계	1,940	1,780	부채와 자본 총계	1,940	1,780

〈추가자료〉

① 2×20년의 당기순이익은 120만원이다.

② 2×20년 중에 유상증자를 하여 200만원이 납입되었다.

물음

(1) 남산기업(주)은 2×20년에 몇 %의 자기자본이익률(ROE)을 달성하였는가?

(2) 2×20년 말의 유동비율과 당좌비율은 각각 몇 %인가?

(3) 2×20년 말의 부채비율은 전년 말에 비해 어떻게 변동하였으며, 부채비율이 변동한 주된 이유는 무엇인가?

[14-8] 재무비율분석(II)

다음은 문제 [14-7]에서 다룬 남산기업(주)의 2×20년도 포괄손익계산서이다. 문제 [14-7]의 비교재무상태표도 함께 이용하여 물음에 답하라.

포괄손익계산서		
남산기업(주) 2×20년 1월 1일~2×20년 12월 31일 (단위: 만원)		
매 출 액		3,500
매출원가		2,400
매출총이익		1,100
판매비와 관리비:		
종업원급여	530	
보 험 료	120	
판매수수료	150	
감가상각비	100	900
이자비용		40
법인세비용		40
당기순이익		120
기타포괄손익		0
당기포괄이익		120

물음

(1) 2×20년에 남산기업(주)이 영업활동에서 획득한 순영업이익은 얼마인가? (세율은 25%로 가정한다.)

(2) 2×20년의 총자본이익률(ROA)은 몇 %인가?

(3) 2×20년의 매출액순영업이익률과 총자본회전율은?

(4) 2×20년의 이자보상비율은?

[14-9] ROE와 ROA의 상호관계

자기자본이익률(ROE)과 총자본이익률(ROA)이 서로 어떻게 관련되어 있는지를 아래에서 살펴보자. 기업이 실질적으로 부담하는 이자비용 금액인 「이자비용×(1−세율)」은 아래에서 '세후이자비용'으로 표현되어 있다.

$$\text{ROE} = \frac{\text{당기순이익}}{\text{자기자본}} = \frac{\text{순영업이익} - \text{세후이자비용}}{\text{자기자본}} \qquad \langle \text{식 1} \rangle$$

$$= \frac{\text{순영업이익}}{\text{총자본}} \times \frac{\text{총자본}}{\text{자기자본}} - \frac{\text{세후이자비용}}{\text{부채}} \times \frac{\text{부채}}{\text{자기자본}}$$

$$= \frac{순영업이익}{총자본} \times \left[1 + \frac{부채}{자기자본}\right] - \frac{세후이자비용}{부채} \times \frac{부채}{자기자본}$$

$$= \frac{순영업이익}{총자본} + \frac{순영업이익}{총자본} \times \frac{부채}{자기자본} - \frac{세후이자비용}{부채} \times \frac{부채}{자기자본}$$

$$= \underbrace{\frac{순영업이익}{총자본}}_{ROA} + \left[\underbrace{\frac{순영업이익}{총자본}}_{ROA} - \underbrace{\frac{세후이자비용}{부채}}_{세후이자율}\right] \times \underbrace{\frac{부채}{자기자본}}_{부채비율} \qquad \langle 식\ 2 \rangle$$

〈식 2〉에서 보듯이, ROE는 ROA의 영향을 받고 또 부채비율의 영향도 받는다.

물음

(1) 위의 〈식 2〉에서 어떤 조건이 충족되면 ROE가 ROA보다 높아지는가?

(2) ROA가 세후이자율(=세후이자비용/부채)보다 높을 때에는 부채비율이 높아질수록 ROE가 [높아진다, 낮아진다]. [ ]에서 올바른 것은?

(3) ROA가 세후이자율보다 낮을 때에는 부채비율이 높아질수록 ROE가 [높아진다, 낮아진다]. [ ]에서 올바른 것은?

[14-10] 상장기업들의 재무비율 추세

다음은 1981~2001년의 기간 중 우리나라 상장기업들(비금융업)의 주요 재무비율 평균에 관한 자료이다.

상장회사들의 주요 재무비율[1)]

연도	회사수	국채수익률 (%)[2)]	ROE (%)	유동비율 (%)	부채비율 (%)	이자보상 비율
1981	280	23.6	9.6	100	342	1.37
1982	284	17.3	7.6	109	326	1.40
1983	483	13.1	10.4	107	315	1.82
1984	563	14.3	9.9	109	309	1.73
1985	605	13.6	8.6	112	335	1.64
1986	637	11.6	11.8	111	326	1.97
1987	669	11.9	14.3	116	292	2.18
1988	693	12.3	12.9	124	221	2.30
1989	703	14.4	8.9	134	183	2.14

(다음 면에 계속)

1990	713	15.1	7.3	128	197	1.92
1991	700	16.5	7.1	123	220	1.82
1992	691	14.9	5.9	121	222	1.56
1993	684	12.2	5.5	123	215	1.68
1994	670	12.6	6.0	125	215	1.78
1995	666	12.3	5.3	124	211	1.68
1996	657	11.1	3.9	121	208	1.50
1997	621	12.1	2.6	115	226	1.21
1998	548	13.4	3.2	122	165	1.24
1999	525	9.5	6.7	132	114	1.98
2000	523	8.9	4.6	127	111	1.89
2001	516	7.1	4.4	133	107	1.89
1981~1990년 평균		14.7	10.1	115	285	1.85
1991~2001년 평균		11.9	5.0	124	183	1.66

1) 연도별 비율은 비금융업 상장회사들의 중위치(median)이고, 1981~1990년 및 1991~2001년의 평균은 연도별 중위치의 평균임.

2) 국민주택채권(1종, 5년) 수익률

물음

(1) 위의 표에서 보듯이, 1981~2001년의 기간 중에 상장기업들의 평균 ROE는 국채 수익률보다 낮았다. 이는 과거에 상장기업들의 수익성이 평균적으로 상당히 [높았음, 낮았음]을 의미한다. [ ]에서 올바른 것은?

(2) 1990년대의 이자보상비율 평균은 1.66배로서 1980년대의 평균인 1.85배보다 낮았다. 이와 같이 이자보상비율 평균이 낮아진 이유가 무엇이라고 추정되는가?

부 록

- 현가계산표
- 기업회계기준서(제1001호)

<부표 1> 단일금액 1원의 미래가치 $FV(n, r) = (1+r)^n$ 이자율(r)

기간수(n)	3%	4%	5%	6%	7%	8%	9%	10%	11%	12%	13%
1	1.0300	1.0400	1.0500	1.0600	1.0700	1.0800	1.0900	1.1000	1.1100	1.1200	1.1300
2	1.0609	1.0816	1.1025	1.1236	1.1449	1.1664	1.1881	1.2100	1.2321	1.2544	1.2769
3	1.0927	1.1249	1.1576	1.1910	1.2250	1.2597	1.2950	1.3310	1.3676	1.4094	1.4429
4	1.1255	1.1699	1.2155	1.2625	1.3108	1.3605	1.4116	1.4641	1.5180	1.5735	1.6305
5	1.1593	1.2167	1.2763	1.3382	1.4026	1.4693	1.5386	1.6105	1.6851	1.7623	1.8424
6	1.1941	1.2653	1.3401	1.4185	1.5007	1.5869	1.6771	1.7716	1.8704	1.9738	2.0820
7	1.2299	1.3159	1.4071	1.5036	1.6058	1.7138	1.8280	1.9487	2.0762	2.2107	2.3526
8	1.2668	1.3686	1.4775	1.5938	1.7182	1.8509	1.9926	2.1436	2.3045	2.4760	2.6584
9	1.3048	1.4233	1.5513	1.6895	1.8385	1.9990	2.1719	2.3579	2.5580	2.7731	3.0040
10	1.3439	1.4802	1.6289	1.7908	1.9672	2.1589	2.3674	2.5937	2.8394	3.1058	3.3946
11	1.3842	1.5395	1.7103	1.8983	2.1049	2.3316	2.5804	2.8531	3.1518	3.4785	3.8359
12	1.4258	1.6010	1.7959	2.0122	2.2522	2.5182	2.8127	3.1384	3.4985	3.8960	4.3345
13	1.4685	1.6651	1.8856	2.1329	2.4098	2.7196	3.0658	3.4523	3.8833	4.3635	4.8980
14	1.5126	1.7317	1.9799	2.2609	2.5785	2.9372	3.3417	3.7975	4.3104	4.8871	5.5348
15	1.5580	1.8009	2.0789	2.3966	2.7590	3.1722	3.6425	4.1772	4.7846	5.4736	6.2543

<부표 2> 단일금액 1원의 현재가치 $PV(n, r) = 1/(1+r)^n$ 이자율(r)

기간수(n)	3%	4%	5%	6%	7%	8%	9%	10%	11%	12%	13%
1	.9709	.9615	9524	.9434	.9346	.9259	.9174	.9091	.9009	.8929	.8850
2	.9426	.9246	.9070	.8900	.8734	.8573	.8417	.8264	.8116	.7972	.7831
3	.9151	.8890	.8638	.8396	.8163	.7938	.7722	.7513	.7312	.7118	.6931
4	.8885	.8548	.8227	.7921	.7629	.7350	.7084	.6830	.6587	.6355	.6133
5	.8626	.8219	.7835	.7473	.7130	.6806	.6499	.6209	.5935	.5674	.5428
6	.8375	.7903	.7462	.7050	.6663	.6302	.5963	.5645	.5346	.5066	.4803
7	.8131	.7599	.7107	.6651	.6227	.5835	.5470	.5132	.4817	.4523	.4251
8	.7894	.7307	.6768	.6274	.5820	.5403	.5019	.4665	.4339	.4039	.3762
9	.7664	.7026	.6446	.5919	.5439	.5002	.4604	.4241	.3909	.3606	.3329
10	.7441	.6756	.6139	.5584	.5083	.4632	.4224	.3855	.3522	.3220	.2946
11	.7224	.6496	.5847	.5268	.4751	.4289	.3875	.3505	.3173	.2875	.2607
12	.7014	.6246	.5568	.4970	.4440	.3971	.3555	.3186	.2858	.2567	.2307
13	.6810	.6006	.5303	.4688	.4150	.3677	.3262	.2897	.2575	.2292	.2042
14	.6611	.5775	.5051	.4423	.3878	.3405	.2992	.2633	.2320	.2046	.1807
15	.6419	.5553.	.4810	.4173	.3624	.3152	.2745	.2394	.2090	.1827	.1599

<부표 3> 정상연금 1원의 미래가치 $FVA(n,\ r) = [(1+r)^n - 1]/r$ 이자율(r)

기간수(n)	3%	4%	5%	6%	7%	8%	9%	10%	11%	12%	13%
1	1.0000	1.0000	1.0000	1.0000	1.0000	1.0000	1.0000	1.0000	1.0000	1.0000	1.0000
2	2.0300	2.0400	2.0500	2.0600	2.0700	2.0800	2.0900	2.1000	2.1100	2.1200	2.1300
3	3.0909	3.1216	3.1525	3.1836	3.2149	3.2464	3.2781	3.3100	3.3421	3.3744	3.4069
4	4.1836	4.2465	4.3101	4.3746	4.4399	4.5061	4.5731	4.6410	4.7097	4.7793	4.8498
5	5.3091	5.4163	5.5256	5.6371	5.7507	5.8666	5.9847	6.1051	6.2278	6.3528	6.4803
6	6.4684	6.6330	6.8019	6.9753	7.1533	7.3359	7.5233	7.7156	7.9130	8.1152	8.3230
7	7.6625	7.8983	8.1420	8.3938	8.6540	8.9228	9.2004	9.4872	9.7830	10.089	10.405
8	8.8923	9.2142	9.5491	9.8975	10.260	10.637	11.028	11.436	11.859	12.300	12.757
9	10.159	10.583	11.027	11.491	11.978	12.488	13.021	13.579	14.163	14.776	15.416
10	11.464	12.006	12.578	13.181	13.816	14.487	15.193	15.937	16.722	17.549	18.419
11	12.808	13.486	14.207	14.972	15.784	16.645	17.560	18.531	19.561	20.655	21.814
12	14.192	15.026	15.917	16.870	17.888	18.977	20.141	21.384	22.713	24.133	25.650
13	15.618	16.627	17.713	18.882	20.141	21.495	22.953	24.523	26.211	28.029	29.984
14	17.086	18.292	19.599	21.015	22.550	24.215	26.019	27.975	30.095	32.393	34.883
15	18.599	20.024	21.579	23.276	25.129	27.152	29.361	31.772	34.405	37.280	40.418

<부표 4> 정상연금 1원의 현재가치 $PVA(n,\ r) = [1-(1+r)^{-n}]/r$ 이자율(r)

기간수(n)	3%	4%	5%	6%	7%	8%	9%	10%	11%	12%	13%
1	0.9616	0.9615	0.9524	0.9434	0.9346	0.9259	0.9174	0.9091	0.9009	0.8929	0.8850
2	1.9165	1.8861	1.8594	1.8334	1.8080	1.7833	1.7591	1.7355	1.7125	1.6901	1.6681
3	2.8286	2.7751	2.7232	2.6730	2.6243	2.5771	2.5313	2.4868	2.4437	2.4018	2.3612
4	3.7171	3.6299	3.5460	3.4651	3.3872	3.3121	3.2397	3.1699	3.1024	3.0373	2.9745
5	4.5797	4.4518	4.3295	4.2124	4.1002	3.9927	3.8897	3.7908	3.6959	3.6048	3.5172
6	5.4172	5.2421	5.0757	4.9173	4.7665	4.6229	4.4859	4.3553	4.2305	4.1114	3.9975
7	6.2303	6.0021	5.7864	5.5824	5.3893	5.2064	5.0330	4.8684	4.7122	4.5638	4.4226
8	7.0197	6.7327	6.4632	6.2098	5.9713	5.7466	5.5348	5.3349	5.1461	4.9676	4.7988
9	7.7861	7.4353	7.1078	6.8017	6.5152	6.2469	5.9952	5.7590	5.5370	5.3282	5.1317
10	8.5302	8.1109	7.7217	7.3601	7.0236	6.7101	6.4177	6.1446	5.8892	5.6502	5.4262
11	9.2526	8.7605	8.3064	7.8869	7.4987	7.1390	6.8052	6.4951	6.2065	5.9377	5.6869
12	9.9540	9.3851	8.8633	8.3838	7.9427	7.5361	7.1607	6.8137	6.4924	6.1944	5.9176
13	10.635	9.9856	9.3936	8.8527	8.3577	7.9038	7.4869	7.1034	6.7499	6.4235	6.1218
14	11.296	10.563	9.8986	9.2950	8.7455	8.2442	7.7862	7.3667	6.9819	6.6282	6.3025
15	11.938	11.118	10.380	9.7122	9.1079	8.5595	8.0607	7.6061	7.1909	6.8109	6.4624

기업회계기준서 제1001호 재무제표 표시

목 적

1 이 기준서는 과거기간의 재무제표나 다른 기업의 재무제표와 비교가능하도록 일반목적 재무제표의 표시에 관한 기준을 정한다. 이 기준서는 재무제표의 표시에 관한 전반적인 요구사항, 재무제표의 구조에 대한 지침과 재무제표의 내용에 대한 최소한의 요구사항을 규정한다.

적 용

한2.1 이 기준서는 '주식회사의 외부감사에 관한 법률'에서 정하는 한국채택국제회계기준 의무적용대상 주식회사의 회계처리에 적용한다. 또한 이 기준서는 재무제표의 작성과 표시를 위해 한국채택국제회계기준의 적용을 선택하거나 다른 법령 등에서 적용을 요구하는 기업의 회계처리에도 적용한다.

적용범위

2 이 기준서는 한국채택국제회계기준에 따라 작성하고 표시하는 일반목적 재무제표에 적용한다.

3 구체적인 거래나 그 밖의 사건에 대한 인식, 측정 및 공시에 대한 요구사항은 다른 한국채택국제회계기준서에서 정한다.

4 이 기준서는 기업회계기준서 제1034호 '중간재무보고'에 따라 작성되는 요약중간재무제표의 구조와 내용에는 적용하지 아니한다. 다만, 문단 15~35는 요약중간재무제표에도 적용한다. 이 기준서는 기업회계기준서 제1110호 '연결재무제표'에 따라 연결재무제표를 보고하는 기업과 기업회계기준서 제1027호 '별도재무제표'에 따라 별도재무제표를 보고하는 기업을 포함하여 모든 기업에 동일하게 적용한다.

5 이 기준서는 공기업을 포함한 영리기업에 적합한 용어를 사용한다. 민간부문 또는 공공부문의 비영리활동을 영위하는 조직이 이 기준서를 적용하고자 하는 경우에는 재무제표의 특정 항목의 명칭과 재무제표 명칭의 수정이 필요할 수 있다.

6 아울러 기업회계기준서 제1032호 '금융상품: 표시'에서 정의하는 자본이 없는 기업(예: 일부 뮤추얼펀드)과 납입자본이 자본의 정의를 충족하지 못하는 기업(예: 일부 조합)은 조합원이나 지분보유자의 지분을 재무제표에 적절히 수정하여 표시하는 것이 필요할 수 있다.

용어의 정의

7 이 기준서에서 사용하는 용어의 정의는 다음과 같다.

기타포괄손익: 다른 한국채택국제회계기준서에서 요구하거나 허용하여 당기손익으로 인식하지 않은 수익과 비용항목(재분류조정 포함)을 포함한다.

기타포괄손익은 다음의 항목을 포함한다.

⑴ 재평가잉여금의 변동(기업회계기준서 제1016호 '유형자산'과 기업회계기준서 제1038호 '무형자산' 참조)

⑵ 확정급여제도의 재측정요소(기업회계기준서 제1019호 '종업원급여' 참조)

⑶ 해외사업장의 재무제표 환산으로 인한 손익(기업회계기준서 제1021호 '환율변동효과' 참조)

⑷ 기업회계기준서 제1109호 문단 5.7.5에 따라 기타포괄손익-공정가치 측정 항목으로 지정한 지분상품에 대한 투자에서 발생한 손익

(4-1) 기업회계기준서 제1109호 문단 4.1.2A에 따라 기

타포괄손익-공정가치로 측정하는 금융자산에서 발생한 손익

(5) 기업회계기준서 제1109호 문단 5.7.5에 따라 기타포괄손익-공정가치로 측정하는 지분상품투자에 대한 위험회피에서 위험회피수단의 평가손익 중 효과적인 부분과 현금흐름위험회피에서 위험회피수단의 평가손익 중 효과적인 부분(기업회계기준서 제1109호의 제6장 참조)

(6) 당기손익-공정가치 측정 항목으로 지정한 특정 부채의 신용위험 변동으로 인한 공정가치 변동 금액 (기업회계기준서 제1109호 문단 5.7.7 참조)

(7) 옵션계약의 내재가치와 시간가치를 분리할 때와 내재가치의 변동만을 위험회피수단으로 지정할 때 옵션 시간가치의 가치변동(기업회계기준서 제1109호 제6장 참조)

(8) ① 선도계약의 선도요소와 현물요소를 분리하고 현물요소의 변동만 위험회피수단으로 지정할 때 선도계약의 선도요소의 가치변동과 ② 금융상품의 외화 베이시스 스프레드 가치 변동을 위험회피수단 지정에서 제외할 때 외화 베이시스 스프레드의 가치 변동(기업회계기준서 제1109호 제6장 참조)

(9) 기업회계기준서 제1117호 '보험계약'의 적용범위에 포함되는 발행된 계약의 총 보험금융수익(비용) 중 당기손익에 포함하기 위해 세분하여 표시하는 다음의 금액을 제외한 금액

　(가) 기업회계기준서 제1117호 문단 88(2)를 적용하여 체계적으로 배분하여 산정한 금액

　(나) 기업회계기준서 제1117호 문단 89(2)를 적용하여 기초항목에 대한 금융수익(비용)과의 회계불일치를 제거하는 금액

(10) 출재보험계약의 총 재보험금융수익(비용) 중 당기손익에 포함하기 위해 세분하여 표시하는, 기업회계기준서 제1117호 문단 88(2)를 적용해 체계적으로 배분한 금액

당기순손익: 수익에서 비용을 차감한 금액(기타포괄손익의 구성요소 제외)

소유주: 자본으로 분류되는 금융상품의 보유자

실무적으로 적용할 수 없는: 기업이 모든 합리적인 노력을 했어도 요구사항을 적용할 수 없는 경우에 그 요구사항은 실무적으로 적용할 수 없다.

일반목적 재무제표(이하 '재무제표'라 한다): 특정 필요에 따른 특수보고서의 작성을 기업에 요구할 수 있는 위치에 있지 아니한 재무제표이용자의 정보요구를 충족시키기 위해 작성되는 재무제표

재분류조정: 당기나 과거 기간에 기타포괄손익으로 인식되었으나 당기손익으로 재분류된 금액

주석: 재무상태표, 포괄손익계산서, 자본변동표 및 현금흐름표에 표시하는 정보에 추가하여 제공된 정보. 주석은 상기 재무제표에 표시된 항목을 구체적으로 설명하거나 세분화하며, 상기 재무제표 인식요건을 충족하지 못하는 항목에 대한 정보를 제공한다.

중요한: 특정 보고기업에 대한 재무정보를 제공하는 일반목적재무제표에 정보를 누락하거나 잘못 기재하거나 불분명하게 하여, 이를 기초로 내리는 주요 이용자의 의사결정에 영향을 줄 것으로 합리적으로 예상할 수 있다면 그 정보는 중요하다.

중요성은 정보의 성격이나 크기 또는 둘 다에 따라 결정된다. 기업은 전체적인 재무제표의 맥락에서 정보가 개별적으로나 다른 정보와 결합하여 중요한지를 평가한다. 그 정보를 누락하거나 잘못 기재하는 것과 비슷한 영향을 재무제표 주요 이용자에게 줄 방식으로 정보가 소통된다면 그 정보는 불분명한 것이다. 다음은 중요한 정보가 불분명해질 수 있는 상황의 예이다.

(1) 중요한 항목, 거래, 그 밖의 사건에 관한 정보가 재무제표에 공시되지만 사용되는 언어가 모호하거나 불명확하다.

(2) 중요한 항목, 거래, 그 밖의 사건에 관한 정보가 재무제표 여러 곳에 흩어져 있다.

(3) 서로 다른 항목, 거래, 그 밖의 사건이 부적절하게 통합되었다.

(4) 비슷한 항목, 거래, 그 밖의 사건이 부적절하게 세분화 되었다.

(5) 주요 이용자가 어떤 정보가 중요한지를 판단할 수 없을 정도로 중요한 정보가 중요하지 않은 정보에 가려져 재무제표의 이해 가능성이 낮아진다.

정보가 특정 보고기업의 일반목적재무제표 주요 이용자

의 의사결정에 영향을 줄 것으로 합리적으로 예상할 수 있는지를 평가할 때에 기업은 그 기업의 상황을 고려하면서 재무제표 주요 이용자의 특성도 고려해야 한다.

현재 및 잠재적 투자자, 대여자, 그 밖의 채권자 다수는 그들에게 직접 정보를 제공하도록 보고기업에 요구할 수 없고, 그들이 필요한 재무정보의 많은 부분을 일반목적 재무제표에 의존해야 한다. 따라서 그들이 일반목적재무제표가 대상으로 하는 주요 이용자이다. 재무제표는 사업활동과 경제활동에 대해 합리적인 지식이 있고, 부지런히 정보를 검토하고 분석하는 이용자를 위해 작성된다. 때로는 충분한 지식을 가지고 있고 부지런한 이용자라 하더라도 복잡한 경제적 현상에 대한 정보를 이해하기 위해 조언자의 도움을 받는 것이 필요할 수 있다.

총포괄손익: 거래나 그 밖의 사건으로 인한 기간 중 자본의 변동(소유주로서의 자격을 행사하는 소유주와의 거래로 인한 자본의 변동 제외)

총포괄손익은 '당기순손익'과 '기타포괄손익'의 모든 구성요소를 포함한다.

한국채택국제회계기준: 한국회계기준원 회계기준위원회가 국제회계기준을 근거로 제정한 회계기준으로 다음과 같이 구성된다.

(1) 기업회계기준서

(2) 기업회계기준해석서

회계정책: 기업회계기준서 제1008호 '회계정책, 회계추정치 변경과 오류' 문단 5에서 정의하며, 이 기준서에서도 같은 의미로 사용된다.

8 이 기준서에서는 '기타포괄손익', '당기순손익', '총포괄손익'이라는 용어를 사용하고 있지만 의미가 명확하다면 그러한 합계를 표현하기 위하여 다른 용어를 사용할 수 있다. 예를 들어, 당기순손익을 표현하기 위하여 '순이익'이라는 용어를 사용할 수 있다.

8A 다음의 용어는 기업회계기준서 제1032호 '금융상품: 표시'에 기술하고 있으며 이 기준서에서는 기업회계기준서 제1032호에서 정하고 있는 의미로 사용된다.

(1) 지분상품으로 분류되는 풋가능 금융상품(기업회계기준서 제1032호 문단 16A와 16B에 기술됨)

(2) 발행자가 청산되는 경우에만 거래상대방에게 지분비율에 따라 발행자 순자산을 인도해야 하는 의무를 발행자에게 부과한 금융상품으로서 지분상품으로 분류되는 금융상품(기업회계기준서 제1032호 문단 16C와 16D에 기술됨)

재무제표

재무제표의 목적

9 재무제표는 기업의 재무상태와 재무성과를 체계적으로 표현한 것이다. 재무제표의 목적은 광범위한 정보이용자의 경제적 의사결정에 유용한 기업의 재무상태, 재무성과와 재무상태 변동에 관한 정보를 제공하는 것이다. 또한 재무제표는 위탁받은 자원에 대한 경영진의 수탁책임 결과도 보여준다. 이러한 목적을 충족하기 위하여 재무제표는 다음과 같은 기업 정보를 제공한다.

(1) 자산

(2) 부채

(3) 자본

(4) 차익과 차손을 포함한 광의의 수익과 비용

(5) 소유주로서의 자격을 행사하는 소유주에 의한 출자와 소유주에 대한 배분

(6) 현금흐름

이러한 정보는 주석에서 제공되는 정보와 함께 재무제표이용자가 기업의 미래 현금흐름, 특히 그 시기와 확실성을 예측하는 데 도움을 준다.

전체 재무제표

10 전체 재무제표는 다음을 모두 포함하여야 한다.

(1) 기말 재무상태표

(2) 기간 손익과기타포괄손익계산서

(3) 기간 자본변동표

(4) 기간 현금흐름표

(5) 주석(중요한 회계정책 정보와 그 밖의 설명 정보로 구성)

(5-1) 문단 38과 38A에 명시된 바와 같이 전기에 관한 비교정보

(6) 문단 40A~40D에 따라 회계정책을 소급하여 적용하거나, 재무제표의 항목을 소급하여 재작성 또는 재분류하는 경우 전기 기초 재무상태표

이 기준서에서 사용하는 재무제표의 명칭이 아닌 다른 명칭을 사용할 수 있다. 예를 들어, '손익과기타포괄손익계산서'라는 명칭 대신에 '포괄손익계산서'라는 명칭을 사용할 수 있다.

한10.1 문단 10에도 불구하고 재무제표의 명칭은 '주식회사의 외부감사에 관한 법률' 제1조의2에 따른다. 따라서, 이 기준서의 문단 10 이외의 다른 문단과 기업회계기준서 제1034호 '중간재무보고'의 문단 5 이외의 다른 문단 및 다른 기준서에서 '손익과기타포괄손익계산서'라는 명칭은 사용하지 않고 '포괄손익계산서'라는 명칭만을 사용한다.

10A 당기손익과 기타포괄손익은 단일의 포괄손익계산서에 두 부분으로 나누어 표시할 수 있다. 이 두 부분은 당기손익 부분을 먼저 표시하고 바로 이어서 기타포괄손익 부분을 표시함으로써 함께 표시한다. 당기손익 부분을 별개의 손익계산서에 표시할 수 있다. 그러한 경우, 별개의 손익계산서는 포괄손익을 표시하는 보고서(이 보고서는 당기순손익으로부터 시작한다) 바로 앞에 위치한다.

11 각각의 재무제표는 전체 재무제표에서 동등한 비중으로 표시한다.

12 [국제회계기준위원회에 의하여 삭제됨]

13 많은 기업은 재무제표 이외에도 그 기업의 경영성과와 재무성과의 주요 특성 및 기업이 직면한 주요 불확실성을 설명하는 경영진의 재무검토보고서를 제공한다. 이러한 보고서는 다음 항목에 대한 검토를 포함할 수 있다.

(1) 재무성과의 주요 결정 요인과 영향. 이에는 기업이 처한 영업환경의 변화, 그 변화와 영향에 대한 기업의 대응계획 및 재무성과를 유지하고 향상시키기 위한 기업의 투자정책 및 배당정책을 포함한다.

(2) 기업의 자금 조달원천과 자본 대 부채의 목표비율

(3) 한국채택국제회계기준에 따라 재무상태표에 인식되지 아니한 기업의 자원

14 또한 많은 기업은 특히 환경 요인이 유의적인 산업에 속해 있는 경우나 종업원이 주요 재무제표이용자인 경우에 재무제표 이외에도 환경보고서나 부가가치보고서와 같은 보고서를 제공한다. 재무제표 이외의 보고서는 한국채택국제회계기준의 적용범위에 해당하지 않는다.

일반 사항

공정한 표시와 한국채택국제회계기준의 준수

15 재무제표는 기업의 재무상태, 재무성과 및 현금흐름을 공정하게 표시해야 한다. 공정한 표시를 위해서는 '개념체계'에서 정한 자산, 부채, 수익 및 비용에 대한 정의와 인식요건에 따라 거래, 그 밖의 사건과 상황의 효과를 충실하게 표현해야 한다. 한국채택국제회계기준에 따라 작성된 재무제표(필요에 따라 추가공시한 경우 포함)는 공정하게 표시된 재무제표로 본다.

16 한국채택국제회계기준을 준수하여 재무제표를 작성하는 기업은 그러한 준수 사실을 주석에 명시적이고 제한없이 기재한다. 재무제표가 한국채택국제회계기준의 요구사항을 모두 충족한 경우가 아니라면 한국채택국제회계기준을 준수하여 작성되었다고 기재하여서는 아니된다.

한16.1 한국채택국제회계기준을 준수하여 작성된 재무제표는 국제회계기준을 준수하여 작성된 재무제표임을 주석으로 공시할 수 있다.

17 거의 모든 상황에서 공정한 표시는 관련 한국채택국제회계기준을 준수함으로써 달성된다. 또한 공정한 표시를 위해 다음과 같은 사항이 준수되어야 한다.

(1) 기업회계기준서 제1008호 '회계정책, 회계추정의 변경 및 오류'를 준수하여 회계정책을 선택하고 적용한다. 기업회계기준서 제1008호는 구체적으로 적용할 한국채택국제회계기준이 없는 경우 경영진이 고려할 관련 기준의 우선순위를 규정하고 있다.

(2) 회계정책을 포함하여 목적적합하고, 신뢰할 수 있고, 비교가능하며 이해가능한 정보를 표시한다.

(3) 한국채택국제회계기준의 구체적인 요구사항을 준수하더라도 특정거래, 그 밖의 사건 및 상황이 기업의 재무상태와 재무성과에 미치는 영향을 재무제표이용자가 이해하기에 충분하지 않은 경우 추가공시를 제공한다.

18 부적절한 회계정책은 이에 대하여 공시나 주석 또는 보충 자료를 통해 설명하더라도 정당화될 수 없다.

19~24 〈생략〉

계속기업

25 경영진은 재무제표를 작성할 때 계속기업으로서의 존속가능성을 평가해야 한다. 경영진이 기업을 청산하거나 경영활동을 중단할 의도를 가지고 있지 않거나, 청산 또는 경영활동의 중단 외에 다른 현실적 대안이 없는 경우가 아니면 계속기업을 전제로 재무제표를 작성한다. 계속기업으로서의 존속능력에 유의적인 의문이 제기될 수 있는 사건이나 상황과 관련된 중요한 불확실성을 알게 된 경우, 경영진은 그러한 불확실성을 공시하여야 한다. 재무제표가 계속기업의 기준하에 작성되지 않는 경우에는 그 사실과 함께 재무제표가 작성된 기준 및 그 기업을 계속기업으로 보지 않는 이유를 공시하여야 한다.

26 계속기업의 가정이 적절한지의 여부를 평가할 때 경영진은 적어도 보고기간말로부터 향후 12개월 기간에 대하여 이용가능한 모든 정보를 고려한다. 각 상황의 사실내용에 따라 고려의 정도를 결정한다. 기업이 상당 기간 계속 사업이익을 보고하였고, 보고기간말 현재 경영에 필요한 재무자원을 확보하고 있는 경우에는 자세한 분석이 없이도 계속기업을 전제로 한 회계처리가 적절하다는 결론을 내릴 수 있다. 그렇지 않은 경우 경영진은 계속기업의 전제가 적절하다고 판단하기 전에, 현재와 미래의 기대 수익성, 부채상환계획 및 대체적 자본조달의 잠재적 원천과 관련된 다양한 요소를 고려할 필요가 있다.

발생기준 회계

27 기업은 현금흐름 정보를 제외하고는 발생기준 회계를 사용하여 재무제표를 작성한다.

28 발생기준 회계를 사용하는 경우, 각 항목이 '개념체계'의 정의와 인식요건을 충족할 때 자산, 부채, 자본, 광의의 수익 및 비용(재무제표의 요소)으로 인식한다.

중요성과 통합표시

29 유사한 항목은 중요성 분류에 따라 재무제표에 구분하여 표시한다. 상이한 성격이나 기능을 가진 항목은 구분하여 표시한다. 다만 중요하지 않은 항목은 성격이나 기능이 유사한 항목과 통합하여 표시할 수 있다.

30 수많은 거래와 그 밖의 사건은 성격이나 기능에 따라 범주별로 통합되어 재무제표에 표시된다. 통합 및 분류의 마지막 단계는 재무제표에 각 개별 항목으로 나타내기 위하여 관련 자료를 요약하고 분류하여 표시하는 것이다. 개별적으로 중요하지 않은 항목은 상기 재무제표나 주석의 다른 항목과 통합한다. 상기 재무제표에는 중요하지 않아 구분하여 표시하지 않은 항목이라도 주석에서는 구분 표시해야 할 만큼 충분히 중요할 수 있다.

30A 이 기준서 및 다른 한국채택국제회계기준을 적용할 때, 기업은 모든 관련된 사실과 상황을 고려하여 재무제표(주석 포함)에 정보를 어떻게 통합할 것인지를 결정해야 한다. 기업은 중요하지 않은 정보로 중요한 정보가 가려져서 불분명하게 하거나, 다른 성격과 기능을 가진 중요한 항목들을 통합함으로써 기업의 재무제표의 이해가능성을 저하시키지 말아야 한다.

31 일부 한국채택국제회계기준에서는 재무제표(주석 포함)에 포함하도록 요구하는 정보를 명시하고 있다. 한국채택국제회계기준의 요구에 따라 공시되는 정보가 중요하지 않다면 그 공시를 제공할 필요는 없다. 이는 한국채택국제회계기준에 특정 요구사항이 열거되어 있거나 최소한의 요구사항으로 기술되어 있더라도 그러하다. 한국채택국제회계기준의 특정 규정을 준수하는 것만으로는 재무제표 이용자가 특정 거래, 그 밖의 사건 및 상황이 기업의 재무상태와 재무성과에 미치는 영향을 이해하는 데 충분하지 않은 경우 기업은 추가적인 공시를 제공할지도 고려하여야 한다.

상계

32 한국채택국제회계기준에서 요구하거나 허용하지 않는 한 자산과 부채 그리고 수익과 비용은 상계하지 아니한다.

33 자산과 부채, 그리고 수익과 비용은 구분하여 표시한다. 상계표시로 거래나 그 밖의 사건의 실질이 반영되는 경우를 제외하고는, 포괄손익계산서, 재무상태표, 별개의 손익계산서(표시하는 경우)에서의 상계표시는 발생한 거래, 그 밖의 사건과 상황을 이해하고 기업의 미래 현금흐름을 분석할 수 있는 재무제표이용자의 능력을 저해한다. 재고자산에 대한 재고자산평가충당금과 매출채권에 대한 대손충당금과 같은 평가충당금을 차감하여 관련 자산을 순액으로 측정하는 것은 상계표시에 해당

하지 아니한다.

34 제1115호 '고객과의 계약에서 생기는 수익'에서는 약속한 재화나 용역의 이전하고 그 대가로 받을 권리를 갖게 될 것으로 예상하는 금액으로 수익을 측정하도록 요구한다. 예를 들면 인식된 수익 금액은 기업이 제공하는 매매할인이나 수량할증을 반영한다. 기업은 통상적인 영업활동 과정에서 수익을 창출하지는 않지만 주요 수익 창출 활동에 부수적인 그 밖의 거래를 할 수 있다. 동일 거래에서 발생하는 수익과 관련비용의 상계표시가 거래나 그 밖의 사건의 실질을 반영한다면 그러한 거래의 결과는 상계하여 표시한다. 예를 들면 다음과 같다.

(1) 투자자산 및 영업용자산을 포함한 비유동자산의 처분손익은 처분대가에서 그 자산의 장부금액과 관련 처분비용을 차감하여 표시한다.

(2) 기업회계기준서 제1037호 '충당부채, 우발부채 및 우발자산'에 따라 인식한 충당부채와 관련된 지출을 제3자와의 계약관계(예: 공급자의 보증약정)에 따라 보전 받는 경우, 당해 지출과 보전받는 금액은 상계하여 표시할 수 있다.

35 또한 예를 들어, 외환손익 또는 단기매매 금융상품에서 발생하는 손익과 같이 유사한 거래의 집합에서 발생하는 차익과 차손은 순액으로 표시한다. 그러나 그러한 차익과 차손이 중요한 경우에는 구분하여 표시한다.

보고빈도

36 전체 재무제표(비교정보를 포함)는 적어도 1년마다 작성한다. 보고기간 종료일을 변경하여 재무제표의 보고기간이 1년을 초과하거나 미달하는 경우 재무제표 해당 기간뿐만 아니라 다음 사항을 추가로 공시한다.

(1) 보고기간이 1년을 초과하거나 미달하게 된 이유

(2) 재무제표에 표시된 금액이 완전하게 비교가능하지는 않다는 사실

37 일반적으로 재무제표는 일관성 있게 1년 단위로 작성한다. 그러나 실무적인 이유로 어떤 기업은 예를 들어 52주의 보고기간을 선호한다. 이 기준서는 이러한 보고관행을 금지하지 않는다.

비교정보

38 한국채택국제회계기준이 달리 허용하거나 요구하는 경우를 제외하고는 당기 재무제표에 보고되는 모든 금액에 대해 전기 비교정보를 표시한다. 당기 재무제표를 이해하는 데 목적적합하다면 서술형 정보의 경우에도 비교정보를 포함한다.

38A 최소한, 두 개의 재무상태표와 두 개의 포괄손익계산서, 두 개의 별개 손익계산서(표시하는 경우), 두 개의 현금흐름표, 두 개의 자본변동표 그리고 관련 주석을 표시해야 한다.

38B 어떤 경우에는 전기(또는 이전의 여러 기)의 재무제표에서 제공된 서술형 정보가 당기에 계속 관련될 수 있다. 예를 들어, 기업은 그 결과가 전기 말에 불확실하였고 지금까지도 결정되지 않은 법률 분쟁의 세부사항들을 당기에 공시한다. 전기말에 불확실성이 존재하였다는 정보의 공시와 당기에 그 불확실성을 해결하기 위하여 수행된 절차에 관한 정보의 공시로부터 이용자들은 효익을 얻을 수 있다.

38C~44 〈생략〉

표시의 계속성

45 재무제표 항목의 표시와 분류는 다음의 경우를 제외하고는 매기 동일하여야 한다.

(1) 사업내용의 유의적인 변화나 재무제표를 검토한 결과 다른 표시나 분류방법이 더 적절한 것이 명백한 경우. 이 경우 기업회계기준서 제1008호에서 정하는 회계정책의 선택 및 적용요건을 고려한다.

(2) 한국채택국제회계기준에서 표시방법의 변경을 요구하는 경우

46 예를 들어, 유의적인 인수나 매각, 또는 재무제표의 표시에 대해 검토한 결과 재무제표를 다른 방법으로 표시할 필요가 있을 수 있다. 기업은 변경된 표시방법이 재무제표이용자에게 신뢰성 있고 더욱 목적적합한 정보를 제공하며, 변경된 구조가 지속적으로 유지될 가능성이 높아 비교가능성을 저해하지 않을 것으로 판단할 때에만 재무제표의 표시방법을 변경한다. 표시방법을 변경할 때에는 문단 41과 42에 따라 비교정보(문단 38~41 참조)를 재분류한다.

구조와 내용

개요

47 이 기준서는 재무상태표, 포괄손익계산서 또는 자본변동표에 표시되는 특정한 공시사항을 규정하고 있고, 그리고 상기 재무제표나 또는 주석에 그 밖의 개별 항목의 공시사항을 규정하고 있다. 기업회계기준서 제1007호 '현금흐름표'는 현금흐름 정보의 표시에 대한 요구사항을 규정하고 있다.

48 이 기준서에서는 '공시'라는 용어를 넓은 의미에서 종종 사용하고 있는데, 이러한 공시는 재무제표에 표시되는 항목을 포괄한다. 또한 다른 한국채택국제회계기준서에서도 공시사항을 규정하고 있다. 이 기준서나 다른 한국채택국제회계기준서에서 달리 규정하지 않는다면, 그러한 공시사항은 각 재무제표에 표시할 수 있다.

재무제표의 식별

49 재무제표는 동일한 문서에 포함되어 함께 공표되는 그 밖의 정보와 명확하게 구분되고 식별되어야 한다.

50 한국채택국제회계기준은 오직 재무제표에만 적용하며 연차보고서, 감독기구 제출서류 또는 다른 문서에 표시되는 그 밖의 정보에 반드시 적용하여야 하는 것은 아니다. 따라서 한국채택국제회계기준을 준수하여 작성된 정보와 한국채택국제회계기준에서 요구하지 않지만 유용한 그 밖의 정보를 재무제표이용자가 구분할 수 있는 것이 중요하다.

51 각 재무제표와 주석은 명확하게 식별되어야 한다. 또한 다음 정보가 분명하게 드러나야 하며, 정보의 이해를 위해서 필요할 때에는 반복 표시하여야 한다.

(1) 보고기업의 명칭 또는 그 밖의 식별 수단과 전기 보고기간말 이후 그러한 정보의 변경내용
(2) 재무제표가 개별 기업에 대한 것인지 연결실체에 대한 것인지의 여부
(3) 재무제표나 주석의 작성대상이 되는 보고기간 종료일 또는 보고기간
(4) 기업회계기준서 제1021호에 정의된 표시통화
(5) 재무제표의 금액 표시를 위하여 사용한 금액 단위

52 문단 51의 요구사항에 따라 페이지, 재무제표, 주석, 항목 등의 적절한 제목을 표시한다. 어떤 방법이 그러한 정보를 표시하는 가장 좋은 방법인지를 결정하는 데는 판단이 요구된다. 예를 들어, 재무제표가 전자문서로 제공될 때, 페이지가 분리되는 것이 항상 유용하지는 않다. 이러한 경우 재무제표에 포함되는 정보를 이해할 수 있도록 위 항목을 표시한다.

53 흔히 재무제표의 표시통화를 천 단위나 백만 단위로 표시할 때 더욱 이해가능성이 제고될 수 있다. 이러한 표시는 금액 단위를 공시하고 중요한 정보가 누락되지 않는 경우에 허용될 수 있다.

재무상태표

재무상태표에 표시되는 정보

54 재무상태표에는 적어도 다음에 해당하는 금액을 나타내는 항목을 표시한다.

(1) 유형자산
(2) 투자부동산
(3) 무형자산
(4) 금융자산(단, (5), (8) 및 (9)는 제외)
(5) 지분법에 따라 회계처리하는 투자자산
(6) 기업회계기준서 제1041호 '농림어업'의 적용범위에 포함되는 생물자산
(7) 재고자산
(8) 매출채권 및 기타 채권
(9) 현금및현금성자산
(10) 기업회계기준서 제1105호 '매각예정비유동자산과 중단영업'에 따라 매각예정으로 분류된 자산과 매각예정으로 분류된 처분자산집단에 포함된 자산의 총계
(11) 매입채무 및 기타 채무
(12) 충당부채
(13) 금융부채(단, (11)과 (12)는 제외)
(14) 기업회계기준서 제1012호 '법인세'에서 정의된 당기법인세와 관련한 부채와 자산
(15) 기업회계기준서 제1012호에서 정의된 이연법인세부채 및 이연법인세자산
(16) 기업회계기준서 제1105호에 따라 매각예정으로 분

류된 처분자산집단에 포함된 부채

⒄ 자본에 표시된 비지배지분

⒅ 지배기업의 소유주에게 귀속되는 납입자본과 적립금

55 기업의 재무상태를 이해하는 데 목적적합한 경우 재무상태표에 항목(문단 54에서 열거한 항목의 세분화 포함), 제목 및 중간합계를 추가하여 표시한다.

55A 문단 55에 따라 중간합계를 표시할 때에는 다음과 같이 한다.

(1) 한국채택국제회계기준에 따라 인식되고 측정된 금액으로 이루어진 항목들로 구성한다.

(2) 중간합계 구성항목을 명확하고 이해가능하게 하는 방법으로 표시하고 명명한다.

(3) 문단 45에 따라 매기 일관되게 한다.

(4) 재무상태표 관련 한국채택국제회계기준에서 요구하는 중간합계와 합계보다 더 부각되어 나타나지 않도록 한다.

56 기업이 재무상태표에 유동자산과 비유동자산, 그리고 유동부채와 비유동부채로 구분하여 표시하는 경우, 이연법인세자산(부채)은 유동자산(부채)으로 분류하지 아니한다.

57 이 기준서는 표시되어야 할 항목의 순서나 형식을 규정하지 아니한다. 문단 54는 단순히 재무상태표에 구분표시하기 위해 성격이나 기능면에서 명확하게 상이한 항목명을 제시하고 있다. 또한,

(1) 한 항목 또는 통합된 유사 항목의 크기, 성격 또는 기능상 기업의 재무상태를 이해하기 위해 구분표시가 필요한 경우 그러한 항목을 추가로 재무상태표에 포함한다.

(2) 기업의 재무상태를 이해하는 데 목적적합한 정보를 제공하기 위해 기업과 거래의 성격에 따라 사용된 용어와 항목의 순서, 또는 유사 항목의 통합방법을 변경할 수 있다. 예를 들어, 금융회사는 금융회사의 영업목적에 적합한 정보를 제공하기 위해 상기 용어를 변경할 수 있다.

58 추가 항목으로 구분하여 표시할지 여부는 다음 요소를 고려하여 판단한다.

(1) 자산의 성격 및 유동성

(2) 기업 내에서의 자산 기능

(3) 부채의 금액, 성격 및 시기

59 상이하게 분류된 자산에 대해 상이한 측정기준을 사용하는 것은 그 자산의 성격이나 기능이 상이하여 별도 항목으로 구분하여 표시해야 함을 의미한다. 예를 들어, 상이하게 분류된 유형자산에 대해서는 기업회계기준서 제1016호에 따라 원가 또는 재평가금액을 장부금액으로 할 수 있다.

유동과 비유동의 구분

60 유동성 순서에 따른 표시방법이 신뢰성 있고 더욱 목적적합한 정보를 제공하는 경우를 제외하고는 문단 66~76B에 따라 유동자산과 비유동자산, 유동부채와 비유동부채로 재무상태표에 구분하여 표시한다. 유동성 순서에 따른 표시방법을 적용할 경우 모든 자산과 부채는 유동성의 순서에 따라 표시한다.

61 어느 표시방법을 채택하더라도 자산과 부채의 각 개별항목이 다음의 기간에 회수되거나 결제될 것으로 기대되는 금액이 합산하여 표시되는 경우, 12개월 후에 회수되거나 결제될 것으로 기대되는 금액을 공시한다.

(1) 보고기간 후 12개월 이내와

(2) 보고기간 후 12개월 후

62 기업이 명확히 식별 가능한 영업주기 내에서 재화나 용역을 제공하는 경우, 재무상태표에 유동자산과 비유동자산 및 유동부채와 비유동부채를 구분하여 표시한다. 이는 운전자본으로서 계속 순환되는 순자산과 장기 영업활동에서 사용하는 순자산을 구분함으로써 유용한 정보를 제공하기 때문이다. 이는 또한 정상영업주기 내에 실현될 것으로 예상되는 자산과 동 기간 내에 결제 기일이 도래하는 부채를 구분하여 보여준다.

63 금융회사와 같은 일부 기업의 경우에는 오름차순이나 내림차순의 유동성 순서에 따른 표시방법으로 자산과 부채를 표시하는 것이 유동성/비유동성 구분법보다 신뢰성 있고 더욱 목적적합한 정보를 제공한다. 이러한 기업은 재화나 서비스를 명확히 식별 가능한 영업주기 내에 제공하지 않기 때문이다.

64 문단 60을 적용할 때, 신뢰성 있고 더욱 목적적합한 정보를 제공한다면 자산과 부채의 일부는 유동성/비유동성 구분법으로, 나머지는 유동성 순서에 따른 표시방법

으로 표시하는 것이 허용된다. 이러한 혼합표시방법은 기업이 다양한 사업을 영위하는 경우에 필요할 수 있다.

65 자산과 부채의 실현 예정일에 대한 정보는 기업의 유동성과 부채상환능력을 평가하는 데 유용하다. 기업회계기준서 제1107호 '금융상품: 공시'는 금융자산과 금융부채의 만기에 대한 공시를 요구하고 있다. 금융자산은 매출채권 및 기타 채권을 포함하고, 금융부채는 매입채무 및 기타 채무를 포함한다. 자산과 부채가 유동 또는 비유동으로 구분되는지의 여부와 관계없이, 재고자산과 같은 비화폐성 자산의 회수 예정일과 충당부채와 같은 부채의 결제 예정일에 대한 정보도 역시 유용하다. 예를 들어, 기업은 보고기간 후 12개월 후에 회수될 것으로 기대되는 재고자산 금액을 공시한다.

유동자산

66 자산은 다음의 경우에 유동자산으로 분류한다.

(1) 기업의 정상영업주기 내에 실현될 것으로 예상하거나, 정상영업주기 내에 판매하거나 소비할 의도가 있다.

(2) 주로 단기매매 목적으로 보유하고 있다.

(3) 보고기간 후 12개월 이내에 실현될 것으로 예상한다.

(4) 현금이나 현금성자산(기업회계기준서 제1007호의 정의 참조)으로서, 교환이나 부채 상환 목적으로의 사용에 대한 제한 기간이 보고기간 후 12개월 이상이 아니다.

그 밖의 모든 자산은 비유동자산으로 분류한다.

67 이 기준서에서는 유형자산, 무형자산 및 장기의 성격을 가진 금융자산을 포함하여 '비유동'이라는 용어를 사용하고 있다. 만약 의미가 명확하다면 대체적인 용어를 사용하는 것을 금지하지는 않는다.

68 영업주기는 영업활동을 위한 자산의 취득시점부터 그 자산이 현금이나 현금성자산으로 실현되는 시점까지 소요되는 기간이다. 정상영업주기를 명확히 식별할 수 없는 경우에는 그 기간이 12개월인 것으로 가정한다. 유동자산은 보고기간 후 12개월 이내에 실현될 것으로 예상되지 않는 경우에도 재고자산 및 매출채권과 같이 정상영업주기의 일부로서 판매, 소비 또는 실현되는 자산을 포함한다. 또한 유동자산은 주로 단기매매목적으로 보유하고 있는 자산(예: 기업회계기준서 제1109호에 따라 단기매매항목으로 분류되는 일부 금융자산 포함)과 비유동금융자산의 유동성 대체 부분을 포함한다.

유동부채

69 부채는 다음의 경우에 유동부채로 분류한다.

(1) 정상영업주기 내에 결제될 것으로 예상하고 있다.

(2) 주로 단기매매 목적으로 보유하고 있다.

(3) 보고기간 후 12개월 이내에 결제하기로 되어 있다.

(4) 보고기간말 현재 보고기간 후 적어도 12개월 이상 부채의 결제를 연기할 수 있는 권리를 가지고 있지 않다.

그 밖의 모든 부채는 비유동부채로 분류한다.

정상영업주기(문단 69(1))

70 매입채무 그리고 종업원 및 그 밖의 영업원가에 대한 미지급비용과 같은 유동부채는 기업의 정상영업주기 내에 사용되는 운전자본의 일부이다. 이러한 항목은 보고기간 후 12개월 후에 결제일이 도래한다 하더라도 유동부채로 분류한다. 동일한 정상영업주기가 기업의 자산과 부채의 분류에 적용된다. 기업의 정상영업주기가 명확하게 식별되지 않는 경우 그 주기는 12개월인 것으로 가정한다.

주로 단기매매 목적으로 보유하거나(문단 69(2)) 12개월 이내에 결제하기로 되어 있는(문단 69(3)) 경우

71 기타 유동부채는 정상영업주기 이내에 결제되지는 않지만 보고기간 후 12개월 이내에 결제일이 도래하거나 주로 단기매매목적으로 보유한다. 이에 대한 예로는 기업회계기준서 제1109호에 따라 단기매매항목의 정의를 충족하는 일부 금융부채, 당좌차월, 비유동금융부채의 유동성 대체 부분, 미지급배당금, 법인세, 기타 지급채무 등이 있다. 장기적으로 자금을 조달하며(즉, 기업의 정상영업주기내에 사용되는 운전자본의 일부가 아닌 경우) 보고기간 후 12개월 이내에 만기가 도래하지 아니하는 금융부채는 비유동부채이다. 이 경우 문단 72A~75의 규정을 충족하여야 한다.

72 다음 모두에 해당하는 경우라 하더라도 금융부채가 보고기간 후 12개월 이내에 결제일이 도래하면 이를 유동부

채로 분류한다.

(1) 원래의 결제기간이 12개월을 초과하는 경우

(2) 보고기간 후 재무제표 발행승인일 전에 장기로 차환하는 약정 또는 지급기일을 장기로 재조정하는 약정이 체결된 경우

적어도 12개월 이상 부채의 결제를 연기할 수 있는 권리(문단 69(4))

72A 보고기간 후 적어도 12개월 이상 부채의 결제를 연기할 수 있는 기업의 권리는 실질적이어야 하고, 문단 72B~75에서 설명한 바와 같이 보고기간말 현재 존재해야 한다.

72B 보고기간 후 적어도 12개월 이상 부채의 결제를 연기할 수 있는 기업의 권리는 기업이 차입 약정 상의 특정 조건(이하 '약정사항')을 준수하는지 여부에 좌우될 수 있다.

(1) 문단 74~75의 예시와 같이 만약 기업이 보고기간말 또는 보고기간말 이전에 약정사항을 준수하도록 요구받는다면, 이러한 약정사항은 문단 69(4)를 적용할 때 보고기간말 현재 그러한 권리가 존재하는지 여부에 영향을 미친다. 비록 약정사항의 준수 여부가 보고기간 후에만 평가되더라도(예: 약정사항은 보고기간말 현재 기업의 재무상태를 기초로 하지만, 약정의 준수 여부는 보고기간 후에만 평가되는 경우), 이러한 약정사항은 보고기간말 현재 그러한 권리가 존재하는지 여부에 영향을 미친다.

(2) 만약 기업이 보고기간 후에만 약정사항을 준수하도록 요구받는다면(예: 기업의 보고기간말 6개월 후 재무상태에 기초한 약정사항), 이러한 약정사항은 문단 69(4)를 적용할 때 보고기간말 현재 그러한 권리가 존재하는지 여부에 영향을 미치지 않는다.

73 기업이 보고기간말 현재 기존의 대출계약조건에 따라 보고기간 후 적어도 12개월 이상 부채를 연장할 권리가 있다면, 보고기간 후 12개월 이내에 만기가 도래한다 하더라도 비유동부채로 분류한다. 만약 기업에 그러한 권리가 없다면, 차환가능성을 고려하지 않고 유동부채로 분류한다.

74 보고기간말 이전에 장기차입약정의 약정사항을 위반했을 때 대여자가 즉시 상환을 요구할 수 있는 채무는 보고기간 후 재무제표 발행승인일 전에 대여자가 약정위반을 이유로 상환을 요구하지 않기로 합의하더라도 유동부채로 분류한다. 그 이유는 기업이 보고기간말 현재 그 시점으로부터 적어도 12개월 이상 결제를 연기할 수 있는 권리를 가지고 있지 않기 때문이다.

75 그러나 대여자가 보고기간말 이전에 보고기간 후 적어도 12개월 이상의 유예기간을 주는 데 합의하여 그 유예기간 내에 기업이 위반사항을 해소할 수 있고, 또 그 유예기간 동안에는 대여자가 즉시 상환을 요구할 수 없다면 그 부채는 비유동부채로 분류한다.

75A 부채의 분류는 기업이 보고기간 후 적어도 12개월 이상 부채의 결제를 연기할 권리의 행사 가능성에 영향을 받지 않는다. 부채가 문단 69의 비유동부채로 분류되는 기준을 충족한다면, 비록 경영진이 보고기간 후 12개월 이내에 부채의 결제를 의도하거나 예상하더라도, 또는 보고기간말과 재무제표 발행승인일 사이에 부채를 결제하더라도 비유동부채로 분류한다. 그러나 그러한 상황 중 하나에 해당하는 경우, 재무제표이용자가 기업의 재무상태에 부채가 미치는 영향을 이해할 수 있도록 결제 시기에 대한 정보를 공시할 필요가 있을 수 있다(문단 17(3), 76(4)).

76 다음과 같은 사건이 보고기간말과 재무제표 발행승인일 사이에 발생하면 그러한 사건은 기업회계기준서 제1010호 '보고기간후사건'에 따라 수정을 요하지 않는 사건으로 주석에 공시한다.

(1) 유동으로 분류된 부채를 장기로 차환한 경우(문단 72)

(2) 장기차입약정 위반으로 유동으로 분류된 부채에서 해당 위반사항이 해소된 경우(문단 74)

(3) 장기차입약정 위반으로 유동으로 분류된 부채에서 해당 위반사항을 해소할 수 있는 유예기간을 대여자로부터 부여받은 경우(문단 75)

(4) 비유동으로 분류된 부채를 결제한 경우(문단 75A)

76ZA 문단 69~75를 적용할 때, 차입 약정으로 인해 발생한 부채의 결제를 연기할 수 있는 기업의 권리가 보고기간 후 12개월 이내에 약정사항을 준수하는지 여부에 좌우될 때, 기업이 그 부채를 비유동으로 분류하는 경우가 있을 수 있다(문단 72B(2) 참조). 이러한 상황에서 보고기간 후 12개월 이내에 부채가 상환될 수 있는 위험을 재무제표 이용자가 이해할 수 있도록 기업은 다음의 정보를 주석에 공시한다.

(1) 약정사항에 관한 정보(약정사항의 성격 및 기업이 약정사항을 준수해야 하는 시점 포함)와 관련 부채의 장

부금액.

(2) 기업이 약정사항을 준수하기 어려울 수 있음을 나타내는 사실과 상황이 있다면 그 내용(예를 들어, 기업이 잠재적 위반을 피하거나 완화하기 위해 보고기간 중 또는 보고기간 후 조치를 취한 사실). 그러한 사실과 상황에는 보고기간 말 현재 기업의 상황을 기초로 평가한다면 약정사항이 준수되지 않았을 것이라는 사실도 포함될 수 있다.

결제 (문단 69(1), 69(3), 69(4))

76A 부채를 유동 또는 비유동으로 분류할 때, 부채의 결제란 부채를 소멸시키기 위해 계약 상대방에게 다음 (1) 또는 (2)를 이전하는 것을 말한다.

(1) 현금이나 그 밖의 경제적 자원(예: 재화나 용역)

(2) 기업 자신의 지분상품(문단 76B가 적용되지 않는 경우)

76B 계약 상대방의 선택에 따라 기업이 자신의 지분상품을 이전하여 부채를 결제할 수 있는 조건은, 기업이 기업회계기준서 제1032호 '금융상품: 표시'를 적용하여 그 옵션을 지분상품으로 분류하고 동 옵션을 복합금융상품의 자본 요소로서 부채와 분리하여 인식하는 경우라면, 유동 · 비유동 분류에 영향을 미치지 아니한다.

재무상태표 또는 주석에 표시되는 정보

77 기업은 재무제표에 표시된 개별항목을 기업의 영업활동을 나타내기에 적절한 방법으로 세분류하고, 그 추가적인 분류 내용을 재무상태표 또는 주석에 공시한다.

78 세분류상의 세부내용은 한국채택국제회계기준의 요구사항, 당해 금액의 크기, 성격 및 기능에 따라 달라진다. 문단 58에서 정하는 요소도 세분류 기준을 결정할 때 이용한다. 공시의 범위는 각 항목별로 다르며, 예를 들면 다음과 같다.

(1) 유형자산 항목은 기업회계기준서 제1016호에 따른 분류로 세분화한다.

(2) 채권은 일반상거래 채권, 특수관계자 채권, 선급금과 기타 금액으로 세분화한다.

(3) 재고자산은 기업회계기준서 제1002호 '재고자산'에 따라 상품, 소모품, 원재료, 재공품 및 제품 등으로 세분화한다.

(4) 충당부채는 종업원급여 충당부채와 기타 항목 충당부채로 세분화한다.

(5) 납입자본과 적립금은 자본금, 주식발행초과금, 적립금 등과 같이 다양한 분류로 세분화한다.

79 재무상태표, 자본변동표 또는 주석에 다음 항목을 공시한다.

(1) 주식의 종류별로 다음의 사항

(가) 수권주식수

(나) 발행되어 납입 완료된 주식수와 발행되었으나 부분 납입된 주식수

(다) 주당 액면가액 또는 무액면주식이라는 사실

(라) 유통주식수의 기초 수량으로부터 기말 수량으로의 조정내역

(마) 배당의 지급 및 자본의 환급에 대한 제한을 포함하여 각 종류별 주식에 부여된 권리, 우선권 및 제한사항

(바) 발행주식 중 당해 기업, 종속기업 또는 관계기업이 소유하고 있는 주식

(사) 옵션과 주식 매도 계약에 따라 발행 예정된 주식(조건과 금액 포함)

(2) 자본을 구성하는 각 적립금의 성격과 목적에 대한 설명

80 파트너십이나 신탁과 같이 자본금이 없는 경우는 문단 79(1)의 규정에 상응하는 정보를 공시한다. 따라서 지분의 각 범주별로 해당 기간 중 변동내용과 그 지분에 부여된 권리, 우선권과 제한사항을 공시한다.

80A 기업이 다음의 금융상품을 금융부채와 자본 간에 재분류하는 경우에는, 각 범주(금융부채나 자본) 간에 재분류된 금액, 재분류의 시기와 이유를 공시한다.

(1) 지분상품으로 분류되는 풋가능 금융상품

(2) 발행자가 청산되는 경우에만 거래상대방에게 지분비율에 따라 발행자 순자산을 인도해야 하는 의무를 발행자에게 부과한 금융상품으로서 지분상품으로 분류되는 금융상품

포괄손익계산서

81 [국제회계기준위원회에 의하여 삭제됨]

81A 포괄손익계산서에는 당기손익 부분과 기타포괄손익 부분에 추가하여 다음을 표시한다.
(1) 당기순손익
(2) 총기타포괄손익
(3) 당기손익과 기타포괄손익을 합한 당기포괄손익
별개의 손익계산서를 표시하는 경우, 포괄손익을 표시하는 보고서에는 당기손익 부분을 표시하지 않는다.

81B 당기손익 부분과 기타포괄손익 부분에 추가하여 다음을 당기손익과 당기기타포괄손익의 배분 항목으로서 표시한다.
(1) 다음에 귀속되는 당기순손익
(가) 비지배지분
(나) 지배기업의 소유주
(2) 다음에 귀속되는 당기포괄손익
(가) 비지배지분
(나) 지배기업의 소유주
당기순손익을 별개의 보고서에 표시하는 경우, 위 (1)을 그 보고서에 표시한다.

당기손익 부분 또는 손익계산서에 표시되는 정보

82 당기손익 부분이나 손익계산서에는 다른 한국채택국제회계기준서가 요구하는 항목에 추가하여 당해 기간의 다음 금액을 표시하는 항목을 포함한다.
(1) 수익. 다음 (가)와 (나)는 별도로 표시한다.
(가) 유효이자율법을 사용하여 계산한 이자수익
(나) 보험수익(기업회계기준서 제1117호 참조)
(1-1) 상각후원가로 측정한 금융자산의 제거로 발생한 손익
(1-2) 기업회계기준서 제1117호의 적용범위에 포함되는, 발행된 계약의 보험서비스비용(기업회계기준서 제1117호 참조)
(1-3) 출재보험계약의 수익(비용)(기업회계기준서 제1117호 참조)
(2) 금융원가
(2-1) 기업회계기준서 제1109호 제5.5절에 따라 결정된 손상차손(손상차손의 환입을 포함)
(2-2) 기업회계기준서 제1117호의 적용범위에 포함되는, 발행된 계약의 보험금융수익(비용)(기업회계기준서 제1117호 참조)
(2-3) 출재보험계약의 금융수익(비용)(기업회계기준서 제1117호 참조)
(3) 지분법 적용대상인 관계기업과 공동기업의 당기순손익에 대한 지분
(3-1) 금융자산을 상각후원가에서 당기손익-공정가치 측정 범주로 재분류하는 경우, 재분류일에 이전 금융자산의 상각후원가와 공정가치 간 차이로 발생하는 손익(기업회계기준서 제1109호에 정의)
(3-2) 금융자산을 기타포괄손익-공정가치 측정 범주에서 당기손익-공정가치 측정 범주로 재분류하는 경우 이전에 인식한 기타포괄손익누적액 중 당기손익으로 재분류되는 손익
(4) 법인세비용
(5) [국제회계기준위원회에 의하여 삭제됨]
(5-1) 중단영업의 합계를 표시하는 단일금액(기업회계기준서 제1105호 참조)
(6)~(9) [국제회계기준위원회에 의하여 삭제됨]

기타포괄손익 부분에 표시되는 정보

82A 기타포괄손익 부분에는 해당 기간의 금액을 표시하는 항목을 다음의 항목으로 표시한다.
(1) 성격별로 분류하고, 다른 한국채택국제회계기준에 따라 다음의 집단으로 묶은 기타포괄손익의 항목((2)의 금액 제외)
(가) 후속적으로 당기손익으로 재분류되지 않는 항목
(나) 특정 조건을 충족하는 때에 후속적으로 당기손익으로 재분류되는 항목
(2) 지분법으로 회계처리하는 관계기업과 공동기업의 기타포괄손익에 대한 지분으로서 다른 한국채택국제회계기준에 따라 다음과 같이 구분되는 항목에 대한 지분
(가) 후속적으로 당기손익으로 재분류되지 않는 항목
(나) 특정 조건을 충족하는 때에 후속적으로 당기손익으로 재분류되는 항목

83 [국제회계기준위원회에 의하여 삭제됨]

84 [국제회계기준위원회에 의하여 삭제됨]

85 기업의 재무성과를 이해하는 데 목적적합한 경우에는 당기손익과 기타포괄손익을 표시하는 보고서에 항목(문단

82에서 열거한 항목의 세분화 포함), 제목 및 중간합계를 추가하여 표시한다.

85A 문단 85에 따라 중간합계를 표시할 때 다음과 같이 한다.

(1) 한국채택국제회계기준에 따라 인식되고 측정된 금액으로 이루어진 항목들로 구성한다.

(2) 중간합계 구성항목을 명확하고 이해가능하게 하는 방법으로 표시하고 명명한다.

(3) 문단 45에 따라 매기 일관되게 한다.

(4) 포괄손익계산서 관련 한국채택국제회계기준에서 요구하는 중간합계와 합계보다 더 부각되어 나타나지 않도록 한다.

85B 기업은 문단 85에 따라 표시된 '중간합계'와 포괄손익계산서 관련 한국채택국제회계기준이 요구하는 '중간합계 또는 합계'와의 차이를 조정하는 항목을 포괄손익계산서에 표시한다.

86 기업의 다양한 활동, 거래 및 그 밖의 사건의 영향은 빈도, 손익의 가능성 및 예측가능성의 측면에서 상이하기 때문에, 재무성과의 구성요소에 대한 공시는 재무제표 이용자가 달성된 재무성과를 이해하고 미래 재무성과를 예측하는데 도움을 준다. 재무성과의 구성요소를 설명하는데 필요하다면 추가 항목을 당기손익과 기타포괄손익을 표시하는 보고서에 포함하고 사용된 용어와 항목의 배열을 수정한다. 이 때 중요성, 수익과 비용 항목의 성격 및 기능 등의 요소를 고려한다. 예를 들어, 금융회사는 금융회사의 사업목적에 적합한 정보를 제공하기 위해 용어를 수정할 수 있다. 문단 32의 요건을 충족하지 않는다면 수익과 비용은 상계하지 아니한다.

87 수익과 비용의 어느 항목도 당기손익과 기타포괄손익을 표시하는 보고서 또는 주석에 특별손익 항목으로 표시할 수 없다.

당기순손익

88 한 기간에 인식되는 모든 수익과 비용 항목은 한국채택국제회계기준이 달리 정하지 않는 한 당기손익으로 인식한다.

89 일부 한국채택국제회계기준서는 특정항목을 당기손익 이외의 항목으로 인식하는 상황을 규정하고 있다. 기업회계기준서 제1008호는 그러한 두 가지 상황으로서 오류의 수정과 회계정책의 변경 효과를 규정하고 있다. 다른 한국채택국제회계기준서에서는 '개념체계'의 수익 또는 비용에 대한 정의를 충족하는 기타포괄손익의 구성요소를 당기손익에서 제외할 것을 요구하거나 허용한다(문단 7 참조).

기타포괄손익

90 기타포괄손익의 항목(재분류조정 포함)과 관련한 법인세 비용 금액은 포괄손익계산서나 주석에 공시한다.

91 기타포괄손익의 항목은 다음 중 한 가지 방법으로 표시할 수 있다.

(1) 관련 법인세 효과를 차감한 순액으로 표시

(2) 기타포괄손익의 항목과 관련된 법인세 효과 반영 전 금액으로 표시하고, 각 항목들에 관련된 법인세 효과는 단일 금액으로 합산하여 표시

대안 (2)를 선택하는 경우, 법인세는 후속적으로 당기손익 부분으로 재분류되는 항목과 재분류되지 않는 항목 간에 배분한다.

92 기타포괄손익의 구성요소와 관련된 재분류조정을 공시한다.

93 다른 한국채택국제회계기준서는 과거기간에 기타포괄손익으로 인식한 금액을 당기손익으로 재분류할지 여부와 그 시기에 대하여 규정하고 있다. 그러한 재분류를 이 기준서에서는 재분류조정으로 규정하고 있다. 재분류조정은 그 조정액이 당기손익으로 재분류되는 기간의 기타포괄손익의 관련 구성요소에 포함된다. 이러한 금액은 당기나 과거기간에 미실현이익으로 기타포괄손익에 인식되었을 수도 있다. 이러한 미실현이익은 총포괄손익에 이중으로 포함되지 않도록 미실현이익이 실현되어 당기손익으로 재분류되는 기간의 기타포괄손익에서 차감되어야 한다.

94 재분류조정은 포괄손익계산서나 주석에 표시할 수 있다. 재분류조정을 주석에 표시하는 경우에는 관련 재분류조정을 반영한 후에 기타포괄손익의 항목을 표시한다.

95 예를 들어, 재분류조정은 해외사업장을 매각할 때(기업회계기준서 제1021호 참조), 위험회피예상거래가 당기손익에 영향을 미칠 때(현금흐름위험회피와 관련하여 기업회계기준서 제1109호의 문단 6.5.11(4) 참조) 발생

한다.

96 재분류조정은 기업회계기준서 제1016호나 제1038호에 따라 인식한 재평가잉여금의 변동이나 기업회계기준서 제1019호에 따라 인식한 확정급여제도의 재측정요소에 의해서는 발생하지 않는다. 이러한 구성요소는 기타포괄손익으로 인식하고 후속 기간에 당기손익으로 재분류하지 않는다. 재평가잉여금의 변동은 자산이 사용되는 후속 기간 또는 자산이 제거될 때 이익잉여금으로 대체될 수 있다(기업회계기준서 제1016호와 제1038호 참조). 기업회계기준서 제1109호에 따라 현금흐름위험회피나 옵션(또는 선도계약의 선도요소나 금융상품의 외화통화기준스프레드)의 시간가치의 회계처리로 인해 현금흐름위험회피적립금이나 지분의 별도구성요소에서 제거되어, 자산과 부채의 최초원가나 그 밖의 장부금액에 직접 포함되는 금액이 생길 때에는 재분류조정이 이루어지지 않는다. 그러한 금액은 직접 자산이나 부채로 대체된다.

포괄손익계산서 또는 주석에 표시되는 정보

97 수익과 비용 항목이 중요한 경우, 그 성격과 금액을 별도로 공시한다.

98 수익과 비용 항목의 별도 공시가 필요할 수 있는 상황은 다음을 포함한다.

(1) 재고자산을 순실현가능가치로 감액하거나 유형자산을 회수가능액으로 감액하는 경우의 그 금액과 그러한 감액의 환입

(2) 기업 활동에 대한 구조조정과 구조조정 충당부채의 환입

(3) 유형자산의 처분

(4) 투자자산의 처분

(5) 중단영업

(6) 소송사건의 해결

(7) 기타 충당부채의 환입

99 기업은 비용의 성격별 또는 기능별 분류방법 중에서 신뢰성 있고 더욱 목적적합한 정보를 제공할 수 있는 방법을 적용하여 당기손익으로 인식한 비용의 분석내용을 표시한다.

100 문단 99의 분석내용은 당기손익과 기타포괄손익을 표시하는 보고서에 표시할 것을 권장한다.

101 비용은 빈도, 손익의 발생가능성 및 예측가능성의 측면에서 서로 다를 수 있는 재무성과의 구성요소를 강조하기 위해 세분류로 표시한다. 분석내용은 두 가지 형태 중 하나로 제공된다.

102 분석의 첫 번째 형태는 성격별 분류이다. 당기손익에 포함된 비용은 그 성격(예: 감가상각비, 원재료의 구입, 운송비, 종업원급여와 광고비)별로 통합하며, 기능별로 재배분하지 않는다. 비용을 기능별 분류로 배분할 필요가 없기 때문에 적용이 간단할 수 있다. 비용의 성격별 분류의 예는 다음과 같다.

수익		×
기타 수익		×
제품과 재공품의 변동	×	
원재료와 소모품의 사용액	×	
종업원급여비용	×	
감가상각비와 기타 상각비	×	
기타 비용	×	
총 비용		(×)
법인세비용차감전순이익		×

103 분석의 두 번째 형태는 기능별 분류법 또는 '매출원가' 법으로서, 비용을 매출원가, 그리고 물류원가와 관리활동원가 등과 같이 기능별로 분류한다. 이 방법에서는 적어도 매출원가를 다른 비용과 분리하여 공시한다. 이 방법은 성격별 분류보다 재무제표이용자에게 더욱 목적적합한 정보를 제공할 수 있지만 비용을 기능별로 배분하는데 자의적인 배분과 상당한 정도의 판단이 개입될 수 있다. 비용의 기능별 분류의 예는 다음과 같다.

수익	×
매출원가	(×)
매출총이익	×
기타 수익	×
물류원가	(×)
관리비	(×)
기타 비용	(×)
법인세비용차감전순이익	×

104 비용을 기능별로 분류하는 기업은 감가상각비, 기타 상각비와 종업원급여비용을 포함하여 비용의 성격에 대한 추가 정보를 공시한다.

105 비용의 기능별 분류 또는 성격별 분류에 대한 선택은 역사적, 산업적 요인과 기업의 성격에 따라 다르다. 두 방법 모두 기업의 매출 또는 생산 수준에 따라 직접으로 또는 간접으로 연계하여 변동함을 시사한다. 각 방법이 상이한 유형의 기업별로 장점이 있기 때문에 이 기준서는 신뢰성 있고 보다 목적적합한 표시방법을 경영진이 선택하도록 하고 있다. 그러나 비용의 성격에 대한 정보가 미래 현금흐름을 예측하는 데 유용하기 때문에, 비용을 기능별로 분류하는 경우에는 추가 공시가 필요하다. 문단 104에서의 '종업원급여'는 기업회계기준서 제1019호에서의 의미와 동일하다.

자본변동표

자본변동표에 표시되어야 하는 정보

106 문단 10에서 요구하는 바에 따라 자본변동표를 작성한다. 자본변동표에는 다음의 정보를 포함한다.

(1) 지배기업의 소유주와 비지배지분에게 각각 귀속되는 금액으로 구분하여 표시한 해당 기간의 총포괄손익

(2) 자본의 각 구성요소별로, 기업회계기준서 제1008호에 따라 인식된 소급적용이나 소급재작성의 영향

(3) [국제회계기준위원회에 의하여 삭제됨]

(4) 자본의 각 구성요소별로 다음의 각 항목에 따른 변동액을 구분하여 표시한, 기초시점과 기말시점의 장부금액 조정내역

㈎ 당기순손익

㈏ 기타포괄손익

㈐ 소유주로서의 자격을 행사하는 소유주와의 거래(소유주에 의한 출자와 소유주에 대한 배분, 그리고 지배력을 상실하지 않는 종속기업에 대한 소유지분의 변동을 구분하여 표시)

자본변동표나 주석에 표시되어야 하는 정보

106A 자본의 각 구성요소에 대하여 자본변동표나 주석에 기타포괄손익의 항목별 분석내용을 표시한다(문단 106(4)(나) 참조).

107 자본변동표나 주석에 당해 기간 동안에 소유주에 대한 배분으로 인식된 배당금액과 주당배당금을 표시한다.

108 문단 106에서 자본의 구성요소는 각 분류별 납입자본, 각 분류별 기타포괄손익의 누계액과 이익잉여금의 누계액 등을 포함한다.

109 보고기간 시작일과 종료일 사이의 자본의 변동은 당해 기간의 순자산 증가 또는 감소를 반영한다. 소유주로서의 자격을 행사하는 소유주와의 거래(예: 출자, 기업자신의 지분상품의 재취득 및 배당) 및 그러한 거래와 직접 관련이 있는 거래원가에서 발생하는 변동을 제외하고는, 한 기간 동안의 자본의 총 변동은 그 기간 동안 기업 활동에 의해 발생된 차익과 차손을 포함한 수익과 비용의 총 금액을 나타낸다.

110 기업회계기준서 제1008호는 다른 한국채택국제회계기준서의 경과규정에서 달리 규정하는 경우를 제외하고, 실무적으로 적용할 수 있는 범위까지 회계정책의 변경효과에 대해 소급법의 적용을 요구하고 있다. 기업회계기준서 제1008호는 또한 오류수정에 대해서도 실무적으로 적용할 수 있는 범위까지 소급법을 적용하여 재작성할 것을 요구하고 있다. 한국채택국제회계기준이 자본의 다른 구성요소의 소급 수정을 요구하는 경우를 제외하고는 소급법을 적용한 수정과 재작성은 자본의 변동은 아니지만 이익잉여금 기초잔액의 수정을 초래한다. 문단 106(2)는 회계정책 변경에 따른 각 자본항목의 수정사항 총액과 오류수정으로 인한 수정사항 총액을 각각 구분하여 자본변동표에 공시하도록 요구하고 있다. 이러한 수정사항은 과거의 각 기간과 당해 기간의 기초에 대하여 공시한다.

현금흐름표

111 현금흐름 정보는 기업의 현금및현금성자산 창출능력과 기업의 현금흐름 사용 필요성에 대한 평가의 기초를 재무제표이용자에게 제공한다. 기업회계기준서 제1007호는 현금흐름 정보의 표시와 공시에 대한 요구사항을 규정하고 있다.

주 석

구조

112 주석은 다음의 정보를 제공한다.

(1) 재무제표 작성 근거와 문단 117~124에 따라 사용한 구체적인 회계정책에 대한 정보

(2) 한국채택국제회계기준에서 요구하는 정보이지만 재무제표 어느 곳에도 표시되지 않는 정보

(3) 재무제표 어느 곳에도 표시되지 않지만 재무제표를 이해하는 데 목적적합한 정보

113 주석은 실무적으로 적용 가능한 한 체계적인 방법으로 표시한다. 체계적인 방법을 결정할 때, 재무제표의 이해가능성과 비교가능성에 미치는 영향을 고려한다. 재무상태표, 포괄손익계산서, 자본변동표 및 현금흐름표에 표시된 개별 항목은 주석의 관련 정보와 상호 연결시켜 표시한다.

114 주석을 체계적으로 배열하거나 집단으로 묶는 예는 다음과 같다.

(1) 특정한 영업활동에 대한 정보를 집단으로 묶는 것과 같이, 기업의 재무성과와 재무상태의 이해에 가장 목적적합할 것으로 판단되는 활동 분야를 부각시킨다.

(2) 공정가치로 측정되는 자산과 같이, 유사하게 측정되는 항목에 대한 정보를 집단으로 묶는다.

(3) 포괄손익계산서와 재무상태표의 항목 순서를 따른다. 예를 들면, 다음과 같다.

㈎ 한국채택국제회계기준을 준수하였다는 사실(문단 16 참조)

㈏ 적용한 유의적인 회계정책(문단 117 참조)

㈐ 재무상태표, 포괄손익계산서, 자본변동표 및 현금흐름표에 표시된 항목에 대한 보충정보. 재무제표의 배열 및 각 재무제표에 표시된 개별 항목의 순서에 따라 표시한다.

㈑ 다음을 포함한 기타 공시

① 우발부채(기업회계기준서 제1037호 참조)와 재무제표에서 인식하지 아니한 계약상 약정사항

② 비재무적 공시항목, 예를 들어 기업의 재무위험관리목적과 정책(기업회계기준서 제1107호 참조)

115 [국제회계기준위원회에 의하여 삭제됨]

116 재무제표의 작성 기준과 구체적 회계정책에 대한 정보를 제공하는 주석은 재무제표의 별도 부분으로 표시할 수 있다.

회계정책 정보의 공시

117 중요한 회계정책 정보를 공시한다(문단 7 참조). 회계정책 정보는 기업의 재무제표에 포함된 다른 정보와 함께 고려할 때 일반목적재무제표의 주요 이용자가 그 재무제표에 기초하여 내리는 결정에 영향을 줄 것으로 합리적으로 예상할 수 있다면 중요하다.

117A~124 〈생략〉

추정 불확실성의 원천

125 미래에 대한 가정과 보고기간말의 추정 불확실성에 대한 기타 주요 원천에 대한 정보를 공시한다. 이러한 가정과 불확실성에 대한 기타 주요 원천은 다음 회계연도에 자산과 부채의 장부금액에 대한 중요한 조정을 유발할 수 있는 유의적인 위험을 내포하고 있다. 따라서 이로부터 영향을 받을 자산과 부채에 대하여 다음 사항 등을 주석으로 기재한다.

(1) 자산과 부채의 성격

(2) 보고기간말의 장부금액

126~133 〈생략〉

자본

134 재무제표이용자가 자본관리를 위한 기업의 목적, 정책 및 절차를 평가할 수 있도록 관련 정보를 공시한다.

135 문단 134를 준수하기 위해 다음 항목을 공시한다.

(1) 자본관리를 위한 기업의 목적, 정책 및 절차에 대한 비계량적 정보(다음 사항을 포함한다)

㈎ 자본으로 관리하고 있는 항목에 대한 설명

㈏ 외부적으로 부과된 자본유지요건이 있는 경우, 그러한 요건의 내용과 그 요건이 자본관리에 어떻게 반영되고 있는지에 대한 내용

㈐ 자본관리의 목적을 어떻게 달성하고 있는지에 대한 내용

(2) 자본으로 관리하고 있는 항목에 대한 계량적 자료의

요약. 일부 기업은 특정 금융부채(예: 일부의 후순위채무)를 자본의 일부로 간주한다. 또 다른 기업은 어떤 지분의 구성요소(예: 현금흐름위험회피에서 발생하는 구성요소)를 자본의 개념에서 제외하기도 한다.

(3) 전기 이후 (1)과 (2)의 변경사항

(4) 외부적으로 부과된 자본유지요건을 회계기간 동안 준수하였는지의 여부

(5) 외부적으로 부과된 자본유지요건을 준수하지 아니한 경우, 그 미준수의 결과

이러한 공시는 기업의 주요 경영진에게 내부적으로 제공된 정보에 기초한다.

136 기업은 다양한 방법으로 자본을 관리할 수 있으며 여러 가지 상이한 자본유지요건이 있을 수 있다. 예를 들어, 어떤 대기업 집단은 보험업과 은행업을 영위하는 기업을 포함할 수 있으며, 그러한 기업은 여러 국가에서 운영될 수도 있다. 자본유지요건과 자본이 어떻게 관리되는지에 대한 통합 공시가 유용한 정보를 제공하지 못하거나 기업의 자본 원천에 대한 재무제표이용자의 이해를 왜곡시키는 경우, 기업은 각각의 자본유지요건별로 분리하여 정보를 공시한다.

자본으로 분류되는 풋가능 금융상품

136A 지분상품으로 분류되는 풋가능 금융상품에 대하여 다음 사항을 공시한다(단, 다른 곳에서 공시되지 않은 사항).

(1) 자본으로 분류되는 금액에 대한 양적 요약자료

(2) 금융상품 보유자가 재매입 또는 상환을 요구할 때, 그 의무를 관리하기 위한 목적, 정책 및 절차(전기 이후의 변경사항 포함)

(3) 이러한 종류의 금융상품의 상환이나 재매입시 기대되는 현금유출액

(4) 상환이나 재매입시 기대되는 현금유출액의 결정 방법에 관한 정보

기타 공시

137 주석에는 다음 사항을 공시한다.

(1) 재무제표 발행승인일 전에 제안 또는 선언되었으나 당해 기간 동안에 소유주에 대한 분배금으로 인식되지 아니한 배당금액과 주당배당금

(2) 미인식 누적우선주배당금

138 다음 항목이 재무제표와 함께 공표된 기타 정보에 공시되지 않았다면 주석으로 공시한다.

(1) 기업의 소재지와 법적 형태, 설립지 국가 및 등록된 본점사무소(또는 등록된 본점사무소와 상이하다면, 주요 사업 소재지)의 주소

(2) 기업의 영업과 주요 활동의 내용에 대한 설명

(3) 지배기업과 연결실체 최상위 지배기업의 명칭

(4) 존속기간이 정해진 기업의 경우 그 존속기간에 관한 정보

한138.1 상법 등 관련 법규에서 이익잉여금처분계산서(또는 결손금처리계산서)의 작성을 요구하는 경우에는 재무상태표의 이익잉여금(또는 결손금)에 대한 보충정보로서 이익잉여금처분계산서(또는 결손금처리계산서)를 주석으로 공시한다.

한138.2 기업은 수익에서 매출원가 및 판매비와 관리비(물류원가 등을 포함)를 차감한 영업이익(또는 영업손실)을 포괄손익계산서에 구분하여 표시한다. 다만 영업의 특수성을 고려할 필요가 있는 경우(예: 매출원가를 구분하기 어려운 경우)나 비용을 성격별로 분류하는 경우 영업수익에서 영업비용을 차감한 영업이익(또는 영업손실)을 포괄손익계산서에 구분하여 표시할 수 있다.

한138.3 영업이익(또는 영업손실) 산출에 포함된 주요항목과 그 금액을 포괄손익계산서 본문에 표시하거나 주석으로 공시한다.

한138.4 문단 한138.2에 따른 영업이익(또는 영업손실)에 포함되지 않은 항목 중 기업의 영업성과를 반영하는 그 밖의 수익 또는 비용 항목이 있다면 이러한 항목을 추가하여 조정영업이익(또는 조정영업손실) 등의 명칭을 사용하여 주석으로 공시할 수 있으며, 이 경우 다음 내용을 포함한다.

(1) 추가한 주요항목과 그 금액

(2) 이러한 조정영업이익(또는 조정영업손실) 등은 해당 기업이 자체 분류한 영업이익(또는 영업손실)이라는 사실

한138.5~한138.6 〈생략〉

시행일과 경과규정

139 [한국회계기준원 회계기준위원회가 삭제함]

한139.1 이 기준서는 2011년 1월 1일 이후 최초로 개시하는 회계연도부터 적용한다. 다만, 2009년 1월 1일 이후 개시하는 회계연도부터 적용할 수 있다.

한139.2 이 기준서를 2009년 1월 1일 이후 개시하는 회계연도부터 적용하는 경우에는 문단 69(4) 및 106의 개정 내용과 문단 139D를 적용한다.

139A~139D 〈생략〉

한139D.1 문단 한138.2는 2011년 1월 1일 이후에 개시하는 회계연도부터 적용하되 조기적용을 허용한다.

139E~139K 〈생략〉

한139K.1 2012년 9월에 문단 한138.2를 개정하고 한138.3과 한138.4를 추가하였다. 이 개정은 2012년 12월 31일부터 시행하며, 시행일 이후 최초로 종료하는 회계연도부터 적용하되 조기적용을 허용한다. 조기적용하는 경우 그 사실을 공시한다.

139L~139S 〈생략〉

139T 2019년 12월에 공표한 '중요성의 정의'(기업회계기준서 제1001호와 제1008호 개정)에 따라 기업회계기준서 제1001호 문단 7과 기업회계기준서 제1008호 문단 5를 개정하였고, 기준서 제1008호 문단 6을 삭제하였다. 이 개정 내용은 2020년 1월 1일 이후 최초로 시작되는 회계연도부터 전진적으로 적용하되 조기 적용할 수도 있다. 이 개정 내용을 조기 적용하는 경우에는 그 사실을 공시한다.

139U 2020년 12월에 발표한 '부채의 유동·비유동 분류'에 따라 문단 69, 73, 74, 76을 개정하였고 문단 72A, 75A, 76A, 76B를 추가하였다. 이 개정 내용은 2024년 1월 1일 이후 최초로 시작되는 회계연도부터 기업회계기준서 제1008호 '회계정책, 회계추정치 변경과 오류'에 따라 소급적용한다. 이 개정 내용은 조기 적용할 수 있다. 만약 이 개정 내용을 '약정사항이 있는 비유동부채' 발표 후 조기적용하는 경우(문단 139W 참조), 그 기간에 대해 '약정사항이 있는 비유동부채'도 적용한다. '부채의 유동·비유동 분류'를 조기 적용하는 경우 그러한 사실을 공시한다.

139V 2021년 12월에 공표한 '회계정책 공시'에 따라 문단 7, 10, 114, 117, 122를 개정하였고, 문단 117A~117E를 추가하였으며, 문단 118, 119, 121을 삭제하였다. 그리고 국제회계기준 실무서 2 '중요성에 대한 판단' 번역서도 수정하였다. 이 개정 내용은 2023년 1월 1일 이후 최초로 시작되는 회계연도부터 적용하되 조기 적용할 수도 있다. 이 개정 내용을 조기 적용하는 경우에는 그 사실을 공시한다.

139W 2023년 4월에 발표한 '약정사항이 있는 비유동부채'에 따라 문단 60, 71, 72A, 74, 139U를 개정하였고 문단 72B, 76ZA를 추가하였다.

(1) '약정사항이 있는 비유동부채' 발표 후 문단 139U의 개정 내용을 즉시 적용한다.

(2) 다른 모든 개정 내용은 2024년 1월 1일 이후 최초로 시작되는 회계연도부터 기업회계기준서 제1008호 '회계정책, 회계추정치 변경과 오류'에 따라 소급적용하며, 조기 적용할 수 있다. 만약 이 개정 내용을 조기 적용하는 경우, 그 기간에 대해 '부채의 유동·비유동 분류'도 적용한다. '약정사항이 있는 비유동부채'를 조기 적용하는 경우 그러한 사실을 공시한다.

한139.3 2022년 12월에 문단 한138.5를 추가하였다. 이 개정 내용은 2023년 1월 1일 이후 최초로 시작되는 회계연도부터 적용하되 조기 적용할 수도 있다. 이 개정 내용을 조기 적용하는 경우에는 그 사실을 공시한다.

한139.4 2023년 10월에 문단 한138.6을 추가하였다. 이 개정 내용은 2024년 1월 1일 이후 최초로 시작되는 회계연도부터 적용하되 조기 적용할 수도 있다. 이 개정 내용을 조기 적용하는 경우에는 그 사실을 공시한다.

찾아보기

국문 찾아보기

ㄱ

ㅇ

영문 찾아보기

A

B

C

D

E

F

G

I

J

K

L

M

N

O

[저 자 약 력]

김 권 중(金權重)

서울대학교 경영대학 졸업(경영학사)
서울대학교 대학원 졸업(경영학석사)
뉴욕주립대학교(Buffalo) 대학원 졸업(PhD, 회계학)

공인회계사(김앤장 근무)
Who's Who Among PhD Students in American Universities
Deloitte and Touche Doctoral Fellowship
중앙대 회계학과 · 숙명여대 경영학과 교수
뉴욕주립대학교(Buffalo) 회계학과 초빙교수
한국회계학회「회계학연구」편집위원장
한국증권학회「증권학회지」편집위원
한국회계학회「논문상」수상
한국회계기준원「최우수연구상」수상
한국회계학회 Doctoral Consortium 교수(재무회계, 기업가치평가)
우리나라「재무회계 개념체계」집필위원(대표집필)
금융감독원 회계제도심의위원
국제회계위원회(IASC) 국제회계기준 제정위원
공인회계사시험 출제위원
경희대학교 경영대학 교수
현재, 경희대학교 경영대학 명예교수

• **저서**: 재무제표분석과 가치평가(창민사, 2020)
기업가치평가와 회계연구(한국회계학회, 2002, 공저)
통신요금 규제제도의 발전방안(KDI, 1999, 공저)
회계학 핸드북(서울대학교 출판부, 1996, 공저)

• **논문**:「회계학연구」,「증권학회지」,「경영학연구」,「회계저널」,
The Accounting Review,
Journal of Accounting Research,
Journal of Accounting, Auditing and Finance,
Asia-Pacific Journal of Financial Studies,
Seoul Journal of Business 등에 논문 다수 발표

NEW
회계원리(제8판)

2007년 1월 18일 제1판 발행
2014년 2월 10일 제5판 발행
2016년 7월 20일 제6판 발행
2020년 2월 10일 제7판 발행
2024년 2월 20일 제8판 발행
2025년 8월 20일 제8판 3쇄 발행

저 자 **김 권 중**
발행인 윤 동 구
발행처 **창 민 사**
서울시 마포구 창전로 46 4층 401호
등 록 1999. 10. 28/제10-1846호
전 화 3272-1243~4
팩 스 3272-1245
E-mail cmbooks@hanmail.net

정가 35,000원
ISBN 979-11-92272-17-7 93320